U0941177

# 成渝铁路客运专线工程总结

（下　册）

成渝铁路客运专线有限责任公司　编著

中国铁道出版社有限公司

2020年·北　京

**图书在版编目(CIP)数据**

成渝铁路客运专线工程总结/成渝铁路客运专线有限责任公司编著．—北京：中国铁道出版社有限公司，2020.10
ISBN 978-7-113-26914-2

Ⅰ．①成… Ⅱ．①成… Ⅲ．①高速铁路-客运专线-铁路工程-总结-四川 Ⅳ．①U238

中国版本图书馆 CIP 数据核字(2020)第 084283 号

**书　　名**：**成渝铁路客运专线工程总结**
**作　　者**：成渝铁路客运专线有限责任公司

---

**责任编辑**：黎　琳　朱荣荣　　**编辑部电话**：(010)51873193
**封面设计**：高博越
**责任校对**：孙　玫
**责任印制**：高春晓

---

**出版发行**：中国铁道出版社有限公司(100054，北京市西城区右安门西街 8 号)
**网　　址**：http://www.tdpress.com
**印　　刷**：北京建宏印刷有限公司
**版　　次**：2020 年 10 月第 1 版　2020 年 10 月第 1 次印刷
**开　　本**：880 mm×1 230 mm 1/16　印张：54　插页：4　字数：1 733 千
**书　　号**：ISBN 978-7-113-26914-2
**定　　价**：520.00 元(全两册)

---

# 编　委　会

# 序言 xuyan

成渝铁路客运专线位于我国西南地区成渝经济圈，西起四川省成都市的成都东站，向东经简阳、资阳、资中、内江、隆昌后进入重庆市境内，尔后经荣昌、大足、永川、璧山、沙坪坝后到达终点重庆站。线路全长 307.931 km，其中四川省境内长度 185.503 km，重庆市境内长度 122.428 km。成渝铁路客运专线于 2010 年 10 月正式开工，2015 年 12 月建成通车。

成渝铁路客运专线是国家"十一五"重点建设项目，作为国家"四纵四横"快速铁路网的重要组成部分，其建设对于改善西部铁路路网结构，在成渝地区构建一个现代化的快速客运网，形成成渝间新的大能力客运通道具有重大意义。同时，成渝铁路客运专线与西成客专、成兰铁路、兰渝铁路相连打通了与西北、华北、东北地区的快速客运通道，与成贵客专、渝黔铁路、渝昆客专相连打通了与云、贵、珠三角经济区及北部湾地区的快速客运通道，与渝万客专、渝利铁路相连打通了与华东地区及华北、华南部分地区的快速客运通道。

成渝铁路客运专线优化了区域交通运输结构，构建了成渝间现代综合交通体系，对促进成渝经济区经济持续、健康、快速发展具有重要意义，对发挥成都、重庆区域中心城市的辐射作用，加快沿线城镇化进程，促进区域合作产生极其重要的作用。

成渝铁路客运专线地处四川盆地内，所经地貌类型主要有冲积平原、丘陵、低山三种。沿线主要有煤层瓦斯及煤窑采空区、老窑积水、石灰岩采空区、岩溶、滑坡、岩堆、顺层、危岩落石、天然气田等不良地质。全线共有正线隧道 48 座 52.874 km，桥梁 299 座 158.951 km，正线桥隧占线路总长的 67.4%。工程建设过程中参加成渝铁路客运专线建设的全体人员坚持"高起点开局，高标准管理，高效率推进"建设管理方针，团结协作，顽强拼搏，勇于奉献，克服了征拆难度大、工程地质复杂等各种施工困难，确保了成渝铁路客运专线保质保量按期完成开通运营。

在成渝铁路客运专线建设过程中，国家相关部委及沿线各级政府和人民给予了大力支持和帮助，在项目审批、征地拆迁、用水用电、地材供应、生活保障等方面提供了各种方便，为成渝铁路客运专线顺利推进创造了良好的建设氛围和环境。

成渝铁路客运专线全体参建单位按照成渝铁路客运专线有限责任公司的统一部署和安排，各司其职、协同推进成渝铁路客运专线建设，做到了各项工作闭环管理、有序可控，使项目建设投资、工程质量和施工工期等均得到了有效控制，实现了管控目标。

成渝铁路客运专线开通运营后，在各参建单位的鼎力协助下，成渝铁路客运专线有限责任公司编著了《成渝铁路客运专线工程总结》。该书反映了成渝铁路客运专线建设的全过程，总结了建设管理、工程设计、施工技术、科技创新等方面丰硕成果和经验，又客观反映了建设过程中吸取的教训，对典型问题作了重点剖析，并提出了预防和改进建议，是一部实用性强，很有价值的参考文献。

编　者

2020 年 9 月

# 目录 *mulu*

## （上　册）

### 第一篇　综　　述　/　1



### 第二篇　建设管理　/　21

## 第三篇 勘察设计 / 175

（下　册）

# 第四篇

## 工 程 施 工

# 第一章 大型临时设施工程

本章主要以部分代表性大型临时设施及过渡工程为例，介绍大型临时设施及过渡工程的建设方案和施工方法。

## 一、CDSNZQ-1 标段大型临时工程建设方案

### （一）铺轨基地

本标段均为无缝线路，可以充分利用施工单位的成绵乐客专铺轨基地进行长轨铺设，成绵乐客专铺轨基地位于成都动车所存车Ⅰ场内，存轨能力为 120 铺轨公里，铺轨通道为铺轨基地→经成绵乐客专动车走行 3 线→经东客站→各线铺轨。成绵乐长轨铺设基地如若拆除，采用石板滩焊轨基地→成昆货车外绕线→石羊线路所→经南站→各线铺轨。

### （二）T 梁制梁场

本标段所需 T 梁共 362 孔。

该成华区制梁场位于八里站峰前到达场内，生产能力 3 孔/d、存梁能力 200 孔。运梁通道为：T 梁场→经成绵乐客专动车走行 3 线→经东客站 17、18 道（经铁二院检算东客站除 25～26 线和 7～10 线不能作为运梁通道外，其他线路均满足运梁通行要求）→本标段临时存梁场。所需箱梁来自成渝客专 K10＋400 龙泉箱梁场供应，已由成渝客专工程招标完成。

由于该梁场系利用成绵乐客专动车所存车Ⅰ场建设，动车所建设工期要早于标段架梁工期，因此在该标段成渝疏解区位置建设临时存梁基地，位置位于东环引入成都南下行联络线特大桥下，将标段内所需 T 梁先期存放于该处，具体规模及存梁能力详见表 4-1-1。

**表 4-1-1 临时存梁场设置表**

| 位置 | | 存梁能力（孔） | 占地面积（$m^2$） |
|---|---|---|---|
| 里程 | 线路左/右侧 | | |
| DK161＋260（对应成绵乐里程） | 左 100 m | 362 | 27 000 |

### （三）临时材料基地（厂）

考虑到本项目位于成都市二三环之间征地极为困难，不设临时材料基地。

### （四）混凝土集中拌和站

由于本标段工程沿线均为成都市主城区，位于成都市二环路与三环路间，城市对环保要求极高，新建混凝土拌和站以及粉料拌和站手续无法批复，因此充分利用施工单位成绵乐客专已建成的混凝土拌和站进行混凝土供应。根据工程所处范围，将采用施工单位的成绵乐客专工程 3 号、4 号、5 号共 3 座拌和站进行混凝土供应，利用城市既有道路结合纵横向施工便道运输。利用成绵乐客专粒料拌和站 1 座。

具体拌和站的具体能力及供应范围详见表 4-1-2 和表 4-1-3。

**表 4-1-2 混凝土拌和站设置表**

| 编号 | 位置 | | 供应的主要结构物（供应范围） | 生产能力（$m^3/h$） | 占地面积（$m^2$） | 备注 |
|---|---|---|---|---|---|---|
| | 里程 | 线路左/右侧 | | | | |
| 1 号（原成绵乐客专 3 号） | DK147＋000（对应成绵乐里程） | 右 100 m | 成渝三环立交特大桥、成渝右线特大桥、成渝反发联络线特大桥等 | 300 | 11 000 | 2 台 HZS150 型主机 |
| 2 号（原成绵乐客专 4 号） | DK154＋100（对应成绵乐里程） | 左 50 m | 东环线特大桥、东环成都南下行联络线特大桥、东环右线绕行特大桥等 | 600 | 20 000 | 3 台 HZS150 型主机 |

续上表

| 编　号 | 位　置 | | 供应的主要结构物(供应范围) | 生产能力($m^3$/h) | 占地面积($m^2$) | 备　注 |
|---|---|---|---|---|---|---|
| | 里　程 | 线路左/右侧 | | | | |
| 3号(原成绵乐客专5号) | DK169+000(对应成绵乐里程) | 右100 m | 成昆引入成都东上行联络线特大桥、成渝引入成南左右联络特大桥、锦华大道东环右线立交特大桥及标段内框架桥涵洞等 | 360 | 15 000 | 3台HZS120型主机 |

**表 4-1-3　粒料集中拌和站设置表**

| 编　号 | 位　置 | | 供应范围 | 生产能力($m^3$/h) | 占地面积($m^2$) | 备注 |
|---|---|---|---|---|---|---|
| | 里　程 | 线路左/右侧 | | | | |
| 1号(原成绵乐客专粒料站) | DK154+500(对应成绵乐里程) | 左50 m | 本标段 | 500 | 10 000 | 2台主机 |

(五)汽车运输便道

周边交通条件很好,汽车运输便道设置原则考虑重点桥梁工程工点引入线,设置极少量工点引入线及少量乡村道路改扩建,尽量利用城市及乡村既有道路,汽车运输干道利用三环路及牛龙、成洛公路、锦华路、成仁路等,引入线利用城市及乡村道路地段时考虑维修养护费用。

(六)施工临时通信规划

沿线通信设施发达,施工临时通信将利用靠近点的既有通信运营商的通信资源。

生产调度指挥和对外联络利用当地通信网络接入网络、通信电话、传真等,配备手持式对讲机,同时使用移动通信设备进行工地信息沟通。

(七)临时电力线路

成都市郊沿线地方电源充足,施工用电全部采用城市地方电源,结合工程分布情况,就近接用,考虑桥梁工程设置少量临时电力线路。

## 二、CYSG-1标段大型临时工程建设方案

(一)驻地布置

项目经理部设置在成都市龙泉驿区,位于驿和社区文景街199号,离成渝高速公路龙泉收费站约1 km,交通方便,利于现场管理,见表4-1-4。租用一座约4 000 $m^2$酒店改造,共计四层,一层设会议室、部分办公室、餐厅;二层设办公室;三四层住宿。

**表 4-1-4　驻地位置表**

| 序号 | 名　称 | 驻地位置 | 占地(亩) | 备　注 |
|---|---|---|---|---|
| 1 | 经理部 | 龙泉驿龙泉镇 | 2.5 | 租用 |
| 2 | 一分部 | DK6+200 | 8 | 新建活动板房 |
| 3 | 龙泉驿制梁场 | DK10+400右侧 | 10 | 新建活动板房 |
| 4 | 二分部 | DK16+800左侧500 m | 10 | 租用 |
| 5 | 龙泉山隧道进口工区 | DK22+400左侧50 m | 5 | 新建活动板房 |
| 6 | 龙泉山隧道1号、2号斜井工区 | DK22+700右侧500 m | 3 | 新建活动板房 |
| 7 | 龙泉山隧道出口工区 | DK29+300左侧150 m | 8 | 新建活动板房 |
| 8 | 四分部驻地 | DK35+000右侧 | 5.1 | 新建活动板房 |
| 9 | 五分部驻地 | DK41+860左侧 | 8.3 | 新建活动板房 |
| 10 | 六分部驻地 | DK51+000右侧100 m处 | 6 | 新建活动板房 |
| 11 | 简阳制梁场 | 简阳市太平镇飞蛾村 | 14.9 | 生活、办公 |
| 12 | 简阳制枕场 | 简阳市棉丰镇邓家村 | 8.16 | 生活、办公 |

(二)施工场地

施工场地按“方便施工、便于管理、少占地、环保、经济”的原则进行布置,在满足施工的条件下,做到文

明施工和环境保护达标。

场地布置时，空压机房、拌和站、砂石料场尽量远离居民区，或采取防噪措施，避免噪声、扬尘扰民。施工便道各施工队共用，尽量避开居民区，不能避开时，改善路况减少道路扬尘。桥梁预制场选择地势平坦、地基承载力高且稳定、顺线路、紧凑布置。混凝土自动计量搅拌站沿线集中设置，为路基构造物、桥梁、涵洞、隧道、无砟道床等工程提供混凝土。填料拌和站、级配碎石拌和站与混凝土拌和站场地共用。桥、涵、隧钢筋加工房就近设置。

（三）施工便道、便桥

本工程所经地区干线公路主要有：成渝高速公路、G321 国道、城市道路、省道、县道以及乡村道路；道路网较为发达，交通便利。

本线利用上述道路作为运输主干道；修建部分施工便道引入线到各工点。有条件的地段在永久征地范围内沿线路贯通，贯通便道沿线路一侧设置，穿过村庄时改线绕行，梁场至主线路基修筑运梁便道；通往隧道工区和弃渣场大临工程的便道沿沟谷、依山势展线修筑。便道跨越河流或沟谷溪流时修建便桥或利用既有桥梁（必要时进行加固处理），见表 4-1-5 和表 4-1-6。

施工便道技术标准：

平原地段：施工主干道采用双车道，引入线采用单车道，路面宽度一般为 5.5 m 和 3.5 m，底基层为片石（或三七灰土），面层为混凝土、泥结碎石、砂石等结构；在软土或水田地带，基底抛填片石或用三七灰土换填处理并做必要的防护。为方便错车，引入线每 200～300 m 设一会车道。施工便道平面半径一般不小于 15 m，纵坡一般不大于 8%。设计行车速度不小于 35 km/h。便道排水畅通，路面平整无淤泥，不积水，保证各种条件运输畅通。

山区地段：便道宽度干线地段宽 4.5 m；引入线一般地段 4.5 m，困难地段 4.0 m，每 200～300 m 设会车道一处，宽 6.5 m。最小曲线半径一般不小于 20 m，纵坡一般不大于 10%。路面：宽 3.5 m，泥结碎石路面。道路排水：设单侧排水沟，沟底宽和深度不小于 30 cm。

**表 4-1-5　CYSG-1 标段主要便道设置表**

| 序号 | 对应线路里程 | 便道长度(m) | 新建、改建、扩建 | 路面标准 | 备注 |
|---|---|---|---|---|---|
| 1 | DK5+000～DK7+100 | 2 100 | 新建 2 100 m | 采用泥结碎石路面，路面宽 6 m | |
| 2 | DK7+100～DK7+700 | 600 | 新建 600 m | 采用泥结碎石路面，路面宽 6 m | |
| 3 | DK7+700～DK7+800 | 100 | 扩建 100 m | 采用泥结碎石路面，路面宽 6 m | |
| 4 | DK7+800～DK8+160 | 360 | 新建 360 m | 采用泥结碎石路面，路面宽 6 m | |
| 5 | DK8+160～DK8+300 | 140 | 扩建 140 m | 采用泥结碎石路面，路面宽 6 m | |
| 6 | DK8+300～DK9+500 | 1 300 | 新建 1 200 m | 采用泥结碎石路面，路面宽 6 m | |
| 7 | DK9+500～DK10+550 | 1 050 | 新建 1 050 m | 采用泥结碎石路面，路面宽 6 m | |
| 8 | DK10+550～DK10+700 | 150 | 扩建 150 m | 采用泥结碎石路面，路面宽 6 m | |
| 9 | DK10+700～DK11+500 | 800 | 新建 800 m | 采用泥结碎石路面，路面宽 6 m | |
| 10 | DK10+600 | 500 | 新建 500 m | 混凝土路面宽度 8 m | 梁场便道 |
| 11 | DK10+400 | 500 | 新建 564 m | 混凝土路面宽度 7.5 m | 梁场便道 |
| 12 | DK10+400 | 234 | 新建 233 m | 混凝土路面宽度 8 m | 梁场便道 |
| 13 | DK10+400 | 1693 | 新建 1 693 m | 混凝土路面宽度 8 m | 梁场便道 |
| 14 | DK10+400 | 352 | 新建 352 m | 混凝土路面宽度 20 m | 提梁站道路 |
| 15 | DK11+500～DK22+485 | 11 000 | 新建 11 000 m | 泥结碎石，宽度 6 m | |
| 16 | DK12+500 | 280 | 新建 280 m | 泥结碎石，宽度 6 m | |
| 17 | DK16+200 | 220 | 新建 220 m | 泥结碎石，宽度 6 m | |
| 18 | DK17+500 | 240 | 新建 240 m | 泥结碎石，宽度 6 m | |
| 19 | DK21+500 | 250 | 新建 250 m | 泥结碎石，宽度 6 m | |
| 20 | DK21+300～DK22+485 | 1 200 | 新建 400 m 改建 800 m | 泥结碎石，宽度 5.5 m | 进口 |

续上表

| 序号 | 对应线路里程 | 便道长度(m) | 新建、改建、扩建 | 路面标准 | 备注 |
|---|---|---|---|---|---|
| 21 | DK26+600~DK28+800 | 4 000 | 改建扩建 | 泥结碎石宽度 5.5 m | 1、2 号斜进 |
| 22 | DK28+300~DK30+300 | 3 000 | 改建扩建 | 泥结碎石宽度 5.5 m | 出口及 3 号斜井 |
| 23 | DK30+000 | 200 | 新建便道 | 泥结碎石路面宽 4.5 m | |
| 24 | DK30+600 | 700 | 新建便道 | 泥结碎石路面宽 4.5 m | |
| 25 | DK31+600 | 300 | 改扩建 | 泥结碎石路面宽 4.5 m | |
| 26 | DK33+800 | 300 | 改扩建 | 水泥混凝土路面宽 4.5 m | |
| 2427 | DK34+680 | 150 | 新建便道 | | |
| 28 | DK35+700 | 2 500 | 改扩建 | 水泥混凝土路面宽 4.5 m | |
| 29 | DK30+400~DK37+110 | 6 710 | 新修便道 | | |
| 30 | DK37+098~DK37+630 | 740 | 新建 740 m | 泥结碎石路面宽 6 m | |
| 31 | DK37+630~DK38+520 | 4 088 | 新建 1 088 m,扩建既有水泥路 3 km | 泥结碎石路面宽 6 m | |
| 32 | DK39+520 | 4 000 | 新建 1 800 m,扩建既有道路 2 200 m | 新建泥结碎石宽度 6 m,改建泥结碎石路面宽度 6 m | |
| 33 | DK41+270 | 3 000 | 新建 3 000 m | 全为泥结碎石路面,DK41+270~DK41+900 段宽 10 m,其余宽 6 m | |
| 34 | DK43+200 | 5 300 | 新建 2 500 m,扩建既有道路 2 800 m | 扩建路面为水泥路面。新建便道宽度 6 m,泥结碎石路面 | |
| 35 | DK44+825~DK45+500 | 675 | 新建便道 | 泥结石路面宽 5.5 m | |
| 36 | DK45+500~DK45+600 | 100 | 新建栈桥 | 栈桥宽 5 m | |
| 37 | DK45+600~DK47+150 | 11 550 | 新建便道 | 泥结石路面宽 5.5 m | |
| 38 | DK47+150~DK50+500 | 3 350 | 新建便道 | 泥结石路面宽 5.5 m | |
| 39 | DK47+150~DK50+500 | 5 000 | 扩建便道 | 混凝土路面宽 6 m | |
| 40 | DK50+500~DK52+000 | 1 500 | 扩建便道 | 混凝土路面宽 6 m | |
| 41 | DK52+000~DK55+578 | 3 578 | 新建便道 | 泥结石路面宽 5.5 m | |
| 42 | DK41+200~DK42+900 | 700 | 新建 700 m | 混凝土路面宽 6 m | |
| 43 | DK42+050~DK41+850 | 250 | 新建 | 水稳层路面宽 6 m | 运梁坡道 |
| 44 | DK51+050 | 450 | 新建 | 混凝土路面宽 6 m | |
| 合　计 | | 75 310 | | | |

**表 4-1-6　CYSG-1 标段主要便桥设置表**

| 便桥位置 | 桥　跨 | 新建或改建 | 备　注 |
|---|---|---|---|
| DK7+080 | 1×13 m | 新建 | 跨河 |
| DK7+360 | 1×20 m | 新建 | 跨河 |
| DK10+870 | 1×13 m | 新建 | 跨河 |
| DK17+410 | 1×20 m | 新建 | 跨河 |
| DK17+780 | 1×30 m | 新建 | 跨二道河 |
| DK20+780 | 1×30 m | 新建 | 跨东风渠 |
| 乐合桥 | 1×20 m | 改建 | |
| 双碑大桥 | 5×7 m | 改建 | |
| 板板桥 | 1×20 m | 改建 | |
| 便桥 | 1×8 m | 新建 | 跨河 |
| 拱桥 | 3×7 m | 改建 | |
| DK30+000 | 1×10 m | 加固 | 红线外 |

续上表

| 便桥位置 | 桥 跨 | 新建或改建 | 备 注 |
|---|---|---|---|
| DK30+600 | 1×10 m | 新建 | 红线外 |
| DK31+080 | 1×15 m | 新建 | 贯通便道 |
| DK33+500 | 2×20 m | 新建 | 贯通便道 |
| DK35+150 | 1×10 m | 新建 | 贯通便道 |
| DK39+520 | 1×20 m | 新建 | |
| DK40+400 | 1×25 m | 新建 | 跨河 |
| DK49+430 | 1×10 m | 新建 | |
| DK49+480 | 1×10 m | 新建 | |
| DK53+180 | 1×20 m | 新建 | |

(四)施工、生活用水

本标段沿线主要有绛溪河、棉丰水库等河流和水库。本标段生活、施工用水主要取用城镇自来水、绛溪河、棉丰水库等水源或在有条件地段打井取水，对水进行净化处理，水质分析试验合格后方可投入使用。输水干管路采用 $\phi$100 mm 钢管。在各制梁场设置 400 $m^3$蓄水池，各混凝土拌和站设置 200 $m^3$的蓄水池，填料拌和站设置 100 $m^3$的蓄水池。

(五)施工、生活用电

施工用电采用永临结合的电力贯通线供电为主、自发电为辅的供电方法；根据全线重点桥梁、隧道及其他大临工程的分布情况，沿铁路线修建 10 kV 贯通线，并自备发电机以备应急供电。路基加固及防护工程的圬工、中小桥涵及其他比较分散的工点尽可能利用就近驳接的电源或采用自发电。生活用电由各变压器单独架线接入，形成相对独立的生活供电系统。

全线共架设电力干线 67.2 km，同时配置发电机备用。

(六)混凝土拌和站

本标段重点考虑桥梁下部结构、现浇梁、隧道、箱梁预制、无砟道床施工时的混凝土供应，混凝土需求极大。为减少用地面积、保证混凝土质量，同时兼顾附近其他小型构造物和附属工程，沿线按各区段工点结构物混凝土需求量，结合道路、用电、用水、场地等实际情况共设 9 处混凝土拌和站供应整个标段混凝土。具体分布详见表 4-1-7。

**表 4-1-7 CYSG-1 标段混凝土集中拌和站设置表**

| 名称 | 位 置 | 拌和站配置 | 供应范围 | 主要工程 | 占地(亩) | 备注 |
|---|---|---|---|---|---|---|
| 1号 | DK10+400(右侧) | 2 台 HZS120 | DK0+000～DK22+193 | 619 孔梁制梁 | 21 | |
| 2号 | DK17+100(左侧) | 2 台 HZS120 | DK5+000～DK22+485 | 成都高架特大桥基础、墩身及路基 240 m | 36 | |
| 3号 | DK22+335(左侧) | 2 台 HZS70 | DK22+485～DK25+023 | 隧道进口 2 548 m | 15 | |
| 4号 | DK29+300(左侧) | 1 台 HZS90、1 台 HZS60 | DK26+336～DK29+813 | 隧道出口及 3 号斜井 3 479 m | 18 | |
| 5号 | DK34+700(左侧) | 2 台 HZS90 | DK29+813～DK37+108 | 水口村 1、2 号中桥、蜈蚣桥大桥、滴水村双线特大桥、陶家坝特大桥、兴隆寺沟双线特大桥及路基 0.765 km | 20 | |
| 6号 | DK41+350(右侧) | 1 台 HZS120 | DK37+098～DK44+825 | 协和村大桥、枣子湾特大桥、徐家坝特大桥、新华铺大桥、飞蛾地特大桥、肖家山特大桥、吴家沟大桥、8 段路基 3.1 km | 20.7 | |
| 7号 | DK41+900(左侧) | 2 台 HZS120 型 | DK29+839～DK55+320 | 492 孔梁预制 | 17.7 | |
| 8号 | DK51+000(右侧) | 1 台 HZS120 型和 1 台 HZS90 型 | DK44+825～DK55+578 | 狮子沱降溪河特大桥、曹家坝大桥、乌龟山大桥、来家湾大桥、二蛾村大桥、小桥沟特大桥、斗篷山大桥、干堰塘大桥、棉丰水库大桥、角塘湾特大桥、肖家湾特大桥、徐家扁特大桥、何家沟大桥、简阳南车站<br>元宝山隧道及路基工程 3.649 km | 26 | |
| 9号 | DK51+600(左侧) | 2 台 HZS90 型 | DK0+000～DK103+500 | 39 230 块板预制 | 6 | |

(七)路基填料集中拌和站、取弃土场

施工中按照设计土石方调配要求取弃土。本标段设置路基填料集中拌和站 3 处,填料拌和站和级配碎石拌和站和并设置,设改良土、AB 组填料和级配碎石拌和设备。具体分布详见表 4-1-8。

表 4-1-8　CYSG-1 标段填料、级配碎石拌和站设置表

| 名称 | 位置 | 拌和站配置 | 供应范围 | 主要工程数量($m^3$) | 占地(亩) | 备注 |
|---|---|---|---|---|---|---|
| 1 号 | DK31+550 左侧 | WCD500 稳定土搅拌机 | DK29+813～37+108(7 段路基 762 m) | 4 500 | 6.5 | |
| 2 号 | DK41+650 右侧 | WCD500 稳定土搅拌机 | DK37+098～DK44+825(8 段 3.1 km) | 26 000 | 17 | |
| | | 7 380 mm×3 180 mm×3 080 mm 新型改良土拌和机 | | 30 000 | | |
| 3 号 | DK52+100 右侧 | WCZ300-700 稳定土搅拌机 | DK44+825～DK55+578 段(2 段路基 3.45 km,站场 1.5 km) | 13 600 | 24 | |

取弃土场使用前清除原地面表层土,并集中堆放,地面进行平整,及时做好挡土墙、脚墙等支挡工程。取弃土完成后及时对边坡进行加固防护,对场地进行平整、绿化、复垦等。

(八)临时材料厂

根据施工需要,在龙潭寺站设 1 处临时材料厂,负责本标段水泥、钢材、钢绞线等大型材料、设备的装卸、收发作业、仓储和向工地运送业务。

(九)钢筋加工场

钢筋加工场设置见表 4-1-9。

表 4-1-9　CYSG-1 标段钢筋加工场设置表

| 序号 | 名称 | 位置 | 供应范围 | 主要工程数量(t) | 占地(亩) | 备注 |
|---|---|---|---|---|---|---|
| 1 | DK5+200 | 右侧 | DK5+000～DK7+100 | 3 000 | 5 | |
| 2 | DK7+600 | 右侧 | DK7+100～DK8+500 | 2 000 | 5 | |
| 3 | DK9+200 | 右侧 | DK8+500～DK10+000 | 2 000 | 7.5 | |
| 4 | DK11+200 | 右侧 | DK10+000～DK11+500 | 2 000 | 5 | |
| 5 | DK10+200 | 右侧 | DK0+000～DK22+193 | 15 000 | 5.5 | 龙泉驿制梁场 |
| 6 | DK10+600 | 右侧 | DK0+000～DK22+193 | 15 000 | 5.5 | 龙泉驿制梁场 |
| 7 号 | DK13+600 | 左侧 | DK11+500～DK15+500 | 3 000 | 6 | |
| 8 号 | DK16+900 | 左侧 | DK15+500～DK17+000 | 2 000 | 6 | |
| 9 号 | DK17+100 | 左侧 | DK17+000～DK18+500 | 2 000 | 6 | |
| 10 号 | DK19+000 | 左侧 | DK18+500～DK19+500 | 2 000 | 6 | |
| 11 号 | DK20+600 | 右侧 | DK19+500～DK22+485 | 3 000 | 6 | |
| 12 号 | DK22+430 | 左侧 | DK22+485～DK25+023 | 5 000 | 7.5 | |
| 13 号 | DK26+500 | 右侧 300 m | DK26+356～DK25+023 | 3 000 | 7.5 | |
| 14 号 | DK28+800 | 右侧 40 m | DK26+356～DK29+813 | 5 000 | 8 | |
| 15 号 | DK31+550 | 左侧 | 水口村 1 号和 2 号中桥、蜈蚣桥大桥、滴水村特大桥及路基 592 m | 3 000 | 6.6 | |
| 16 号 | DK34+550 | 左侧 | 陶家坝特大桥、兴隆寺特大桥及路基 173 m | 3 000 | 4.9 | |
| 17 号 | DK37+600 | 左侧 | 协和村大桥、枣子湾特大桥及 2 段路基 824 m | 3 000 | 5.6 | |
| 18 号 | DK41+300 | 右侧 | 徐家坝特大桥、新华铺大桥及 3 段路基 1 659 m | 3 000 | 4.2 | |
| 19 号 | DK43+200 | 左侧 | 飞蛾地特大桥、肖家山特大桥、吴家沟大桥及 3 段路基 568 m | 3 000 | 6.3 | |
| 20 号 | DK47+250 | 右侧 | 狮子沱降溪河特大桥、曹家坝大桥、乌龟山大桥、来家湾大桥、二娥村大桥、小桥沟特大桥及路基 978 m | 5 000 | 7.5 | |

续上表

| 序号 | 名称 | 位置 | 供应范围 | 主要工程数量(t) | 占地(亩) | 备注 |
|---|---|---|---|---|---|---|
| 21号 | DK51+600 | 右侧 | 斗蓬山大桥、干堰塘大桥、棉丰水库大桥、角塘湾特大桥、肖家湾双线特大桥及路基1 113 m | 5 000 | 6.5 | |
| 22号 | DK54+100 | 右侧 | 徐家扁特大桥、何家沟双线大桥、元宝山隧道及路基437 m | 8 000 | 7 | |
| 23号 | DK41+900 | 左侧 | DK29+839～DK55+320 | 20 000 | 8.7 | 简阳制梁场 |
| 24号 | DK51+600 | 左侧 | DK0+000～DK103+500 | 10 000 | 2.3 | 简阳板场 |

(十)箱梁预制场

本标段共设置制梁场2处,分别为龙泉驿制梁场和简阳制梁场,两制梁场共占地约为336.2亩,共计预制箱梁1 111孔,见表4-1-10。

**表4-1-10 CYSG-1标段制(存)梁场设置表**

| 序号 | 梁场名称 | 位置 | 总制梁数(孔) | 供应范围 | 制存梁台座 | 占地(亩) | 备注 |
|---|---|---|---|---|---|---|---|
| 1 | 龙泉驿制梁场 | DK10+400 | 619 | DK0+000～DK22+193 | 9/72 | 143.2 | 含进场便道用地约7亩,提梁站用地10.9亩 |
| 2 | 简阳制梁场 | DK41+900 | 492 | DK29+839～DK55+320 | 8/48 | 140.6 | 实际征用坡地、林地160.3亩 |

龙泉驿制梁场位于线路里程DK10+400右侧,占地约143.2亩,生产能力50孔/月,存梁能力128孔。按横列式布置,梁场与铁路线路中心线平行;此处场地较开阔,地势较平坦。本梁场承担着本标段DK5+000～DK22+193段及委建段DK0+000～DK5+000段共619孔简支箱梁的预制任务。双向供梁,最远运距11.8 km。

简阳制梁场位于线路里程DK41+900左侧,占地约160.3亩,生产能力45孔/月,存梁能力129孔。按横列式布置,梁场与铁路线路中心线平行;此处场地较开阔,地势较平坦。本梁场承担着本标段DK29+813～DK55+578段492孔简支箱梁的预制任务。双向供梁,最远运距14.86 km。

(十一)轨道板预制场

本标段在简阳设置1处轨枕预制场,负责DK3+756.335～DK103+500 CRTS-Ⅰ型无砟轨道SK-2型双块式轨枕预制任务,位于资阳市简阳市新市镇金星村,铁路里程约DK60+500处312国道边,占地约115亩,生产能力22 848根/月,见表4-1-11。

**表4-1-11 CYSG-1标段轨道板场设置表**

| 序号 | 板场名称 | 位置 | 总制枕数(根) | 供应范围 | 日生产能力(根) | 占地(亩) | 备注 |
|---|---|---|---|---|---|---|---|
| 1 | 简阳制枕场 | DK60+500 | 308 176 | DK3+756.335～DK103+500 | 816 | 115 | |

(十二)废物、污水处理设施

本标段施工产生的固体废料由汽车运至指定地点处理。

在隧道洞口设污水处理池,桥梁钻孔桩施工设泥浆循环池,在各生活区设废水处理池,工程施工产生的废水、污水及生活污水经过净化处理达标后排放。严禁将含有污染物质或可见悬浮物质的水随意排放。

(十三)消防设施

根据消防要求,在办公区、生活区、油库、机械场及其他各主要作业区域按规定配备足够数量的手持灭火器、防火砂等消防器材。

(十四)火工品仓库

火工品仓库严格按照公安部门管理要求和安全标准建设,远离居民区和施工生产生活区域,并设专人看守。火工品库包括炸药库、雷管库、发放室和看守房,按安全要求呈三角形布置,占地面积200 $m^2$,并报经当地公安部门检查批准后使用。火工品库设置见表4-1-12。

表 4-1-12 CYSG-1 标段火工品库设置表

| 序号 | 对应线路里程 | 储存量(t) | 占地(亩) | 供应范围 | 备注 |
|---|---|---|---|---|---|
| 1号 | DK22+400 左 300 m | 10 | 3 | 龙泉山隧道 DK22+485~DK26+356 | |
| 2号 | DK28+300 左 300 m | 10 | 3 | 龙泉山隧道 DK26+356~DK29+813 及路基 2.3 km | |
| 3号 | DK52+500 左 2 km | 10 | 5 | 200 m 隧道、路基 5 km 长度、简阳南车站 1.529 km | |

(十五)通信

整个标段沿线地方既有的通信设施比较健全方便,项目经理部和各施工队安装程控电话并接入互联网,建立项目部信息管理系统并覆盖各施工队。主要工作人员配置移动电话,各生产生活区联系采用有线和无线通信相结合的方案,保证指挥机构与各工作面的通信连续可靠,满足施工组织需要。

采用建立项目管理信息系统、可视电话会议系统,满足统一开发的“铁路建设项目管理信息系统”的要求。

(十六)试 验 室

试验室设置见表 4-1-13。

表 4-1-13 CYSG-1 标段试验室设置表

| 序号 | 试验室名称 | 位置 | 占地(亩) | 主要试验内容 | 备注 |
|---|---|---|---|---|---|
| 1 | 中心试验室 1 | 成都市龙泉驿区柏合镇双碑村 | 3.50 | 对原材料、混凝土、路基压实质量等进行抽样检测;对混凝土拌和站施工配合比及称量记录等进行抽查;对委外试验项目做好委外工作 | |
| 2 | 中心试验室 2 | 简阳市海螺乡 | 2.22 | 对本管段原材料、混凝土、路基压实质量等进行检测;对本管段混凝土拌和站施工配合比及称量记录等进行抽查;对需要送检的项目进行取样和送检,并做好记录 | |
| 3 | 一分部工地试验室 | 位于主线口 K14+700 附近 | 0.22 | 负责对砂、石等大宗材料及主要原材料的质量检查,及拌和站混凝土性能测试 | |
| 4 | 二分部工地试验室 | 双流县新兴镇简化村 | 0.22 | 负责对砂、石等大宗材料及主要原材料的质量检查,及拌和站混凝土性能测试 | |
| 5 | 三分部工地试验室 | 成都市龙泉驿区柏合镇双碑村 | 0.22 | 负责对砂、石等大宗材料及主要原材料的质量检查,及拌和站混凝土性能测试 | |
| 6 | 四分部工地试验室 | 简阳市贾家镇 | 0.22 | 负责对砂、石等大宗材料及主要原材料的质量检查,及拌和站混凝土性能测试 | |
| 7 | 五分部工地试验室 | 简阳市海螺乡 | 0.22 | 负责对砂、石等大宗材料及主要原材料的质量检查,及拌和站混凝土性能测试 | |
| 8 | 六分部工地试验室 | 简阳市棉丰村 | 0.22 | 负责对砂、石等大宗材料及主要原材料的质量检查,及拌和站混凝土性能测试 | |
| 9 | 七分部工地试验室 | | | 负责对砂、石等大宗材料及主要原材料的质量检查,及拌和站混凝土性能测试 | |
| 10 | 龙泉驿制梁场试验室 | DK10+400(右侧) | 0.8 | 混凝土原材料检测,钢筋力学性能检测;对原材料、混凝土等进行抽样检测;混凝土配合比选定;对混凝土拌和站施工配合比及称量记录等进行抽查;千斤顶、油表校核等试验及计量管理工作;对委外试验项目做好委外工作 | |
| 11 | 简阳制梁场试验室 | 简阳市太平镇飞蛾村四组 | 0.74 | 混凝土原材料检测,钢筋力学性能检测;对原材料、混凝土等进行抽样检测;混凝土配合比选定;对混凝土拌和站施工配合比及称量记录等进行抽查;千斤顶、油表校核等试验及计量管理工作;对委外试验项目做好委外工作 | |

（十七）卫生医疗

本标段的项目经理部和各作业队驻地内组建工地医务室，配备医务人员，医务人员不定期对各施工队驻地及工点进行巡访，做好职工的医疗预防保健和早期抢救知识普及工作。

### 三、CYSG-2标段大型临时工程建设方案

（一）制（存）梁场

本管段共有预制架设箱梁739孔，管段共设置2个预制（存）梁场，即黄古桥梁场和元兴村梁场，见表4-1-14。黄古桥梁场设置里程DK90＋500，预架梁257片；元兴村梁场DK114＋700，预架梁482片。各梁场沿线路走向呈横列式布置，设置于线路旁边，双层存梁方式，便道上路基。

黄古桥制梁场设置制梁台座6个，外模6套，内模4套，钢筋绑扎胎具5套，内模台座6个，存梁台座42个，900 t提梁机1套，900 t运梁车1台，900 t架桥设备1套，2×120 $m^3/h$混凝土拌和站1套，一台2 t卧式蒸汽锅炉，以及其他配套设施，总占地面积120亩。

元兴村制梁场设置制梁台座8个，外模8套，内模6套，钢筋绑扎胎具7套，存梁台座48个，900 t提梁机1套，900 t运梁车1台（过隧道），900 t架桥设备1套（过隧道），2×120 $m^3/h$混凝土拌和站1套，一台2 t卧式蒸汽锅炉，以及其他配套设施，总占地面积150亩。

**表4-1-14 CYSG-2标段制（存）梁场设置表**

| 序号 | 梁场名称 | 位置 | 总制梁数（孔） | 供应范围 | 制（存）梁台座 | 占地（亩） | 备注 |
|---|---|---|---|---|---|---|---|
| 1 | 黄古桥梁场 | DK90＋500 | 257 | DK80＋000～DK103＋350 | 6(42) | 120 | |
| 2 | 元兴村梁场 | DK114＋700 | 482 | DK103＋350～DK129＋950 | 8(48) | 150 | |

（二）材 料 场

管段共设两个材料厂，场地设置靠近车站便于材料运输。其中一分部设1个，于DK81＋200处（2号钢筋加工场旁边）；四分部设1个，于DK125＋800处（9号钢筋加工场旁边）。

（三）混凝土集中拌和站

全线共设置混凝土拌和站8个（其中一个预留），一分部2个，二分部2个（含预留1个），三分部2个，四分部3个，见表4-1-15。站内砂、石料仓不少于8个，料仓用棚架半封闭，料棚高8 m以上。考虑雨季等恶劣气候影响施工，梁场拌和站增加储备水泥罐1～2个。设置在梁场内的拌和站前期用于桥涵施工，开始制梁后专门用于梁场内施工作业。水泥罐基础经厂家验算后按要求施工。

每个拌和站分别配置10～20辆混凝土罐车（容量9 $m^3$），若遇到特殊情况时可就近调配附近拌和站罐车使用。

**表4-1-15 CYSG-2标段混凝土集中拌和站设置表**

| 序号 | 名称 | 里程 | 位置 | 面积($m^2$) | 产量 $m^3/h$ | 供应范围 | 备　注 |
|---|---|---|---|---|---|---|---|
| | 一分部 | | | | | | |
| 1 | 1号拌和站 | DK81＋400 | 右侧 | 14 000 | 90 | DK77＋844.81～DK84＋693 | 双机 |
| 2 | 2号拌和站 | DK90＋500 | 左侧 | 已计入梁场 | 120 | DK84＋693～DK90＋704.46 | 设置在黄古桥梁场内，双机 |
| | 二分部 | | | | | | |
| 3 | 3号拌和站 | DK98＋200 | 左侧 | 16 000 | 120 | DK90＋704.46～DK105＋180.74 | 双机 |
| 4 | 4号拌和站（预留） | DK103＋200 | 右侧 | 14 000 | 90 | | 双机，预留 |
| | 三分部 | | | | | | |
| 5 | 5号拌和站 | DK109＋900 | 左侧 | 14 000 | 90 | DK105＋180.74～DK111＋212.17 | 双机 |
| 6 | 6号拌和站 | DK114＋700 | 右侧 | 已计入梁场 | 120 | DK111＋212.17～DK117＋292 | 设置在元兴村梁场内，双机 |
| | 四分部 | | | | | | |
| 7 | 7号拌和站 | DK121＋000 | 左侧 | 14000 | 90 | DK117＋292～DK121＋120 | 双机 |
| 8 | 8号拌和站 | DK125＋800 | 左侧 | 8 000 | 90 | DK121＋120～DK129＋950 | 双机 |

(四)填料、级配碎石集中拌和站

管段共设改良土(级配碎石)拌和站 4 处,详见表 4-1-16。前期用做拌和改良土,后期改为级配碎石拌和站。

表 4-1-16 CYSG-2 管段填料、级配碎石集中拌和站设置表

| 序号 | 分部 | 设置位置 | 设备配置 | 供应范围 | 占地(m²) |
|---|---|---|---|---|---|
| 1 | 一分部 | DK83+800 左侧 800 m | 1×500 t 稳定土拌和机 | DK77+844.81～DK90+704.46 | 6 000 |
| 2 | 二分部 | DK97+500 左侧 400 m | 1×500 t 稳定土拌和机 | DK90+704.46～DK105+180.74 | 6 000 |
| 3 | 三分部 | DK109+600 右侧 200 m | 1×500 t 稳定土拌和机 | DK105+180.74～DK117+292 | 6 000 |
| 4 | 四分部 | DK124+300 右侧 300 m | 1×500 t 稳定土拌和机 | DK117+290～DK129+950 | 6 000 |
| 合计 | | | | | 24 000 |

(五)施工便道

根据线路周边地方既有道路和工程分布情况,管段内共需改扩新修及运梁便道 150 km,便道设置见表 4-1-17。具体标准如下:

(1)路面路基宽度:引入便道路面宽 6 m,路基宽 7 m;贯通便道路面宽 6.0 m,路基宽 7.0 m,在合适的位置设置会车道。

(2)纵坡坡度:山区段最大纵坡按 8%～10%控制。

(3)平面曲线:一般最小曲线半径为 20 m,极困难条件下为 15 m。

(4)路面:泥结碎石路面,重要主干道设水稳层或混凝土硬化。

(5)便桥设计荷载按载汽-超 20 设计。

表 4-1-17 CYSG-2 标段主要施工便道设置表

| 序号 | 名 称 | 起点里程 | 终点里程 | 新建(m) | 改扩建(m) |
|---|---|---|---|---|---|
| 1 | 路基 | DK77+844.81 | DK78+054.755 | 1 700 | 0 |
| 2 | 杨家湾双线特大桥 | DK78+054.755 | DK78+851.245 | | |
| 3 | 路基 | DK78+851.245 | DK78+951.06 | | |
| 4 | 任家湾双线大桥 | DK78+951.06 | DK79+142.94 | | |
| 5 | 路基 | DK79+142.94 | DK79+363.11 | | |
| 6 | 大风坳双线大桥 | DK79+363.11 | DK79+735.09 | 5 800 | 2 400 |
| 7 | 路基 | DK79+735.09 | DK79+989.32 | | |
| 8 | 资阳沱江特大桥 | DK79+989.32 | DK81+561.98 | | |
| 9 | 资阳车站 | DK81+561.98 | DK83+49.71 | | |
| 10 | 老鸦藤双线大桥 | DK83+49.71 | DK83+274.29 | | |
| 11 | 路基 | DK83+274.29 | DK83+468.36 | | |
| 12 | 雷打坡双线大桥 | DK83+468.36 | DK83+733.64 | | |
| 13 | 路基 | DK83+733.64 | DK83+786.46 | | |
| 14 | 雷打坡双线中桥 | DK83+786.46 | DK83+847.54 | | |
| 15 | 路基 | DK83+847.54 | DK83+872.17 | | |
| 16 | 高庙子双线特大桥 | DK83+872.17 | DK84+693.045 | 4 500 | 1 700 |
| 17 | 路基 | DK84+693.045 | DK84+837.715 | | |
| 18 | 高庙子双线大桥 | DK84+837.715 | DK84+980.285 | | |
| 19 | 路基 | DK84+980.285 | DK85+116.83 | | |
| 20 | 杨家院子双线大桥 | DK85+116.83 | DK85+555.17 | | |
| 21 | 路基 | DK85+555.17 | DK85+995.68 | | |
| 22 | 山河村双线大桥 | DK85+995.68 | DK86+236.32 | | |

续上表

<table>
<tr><th>序号</th><th>名　　称</th><th>起点里程</th><th>终点里程</th><th>新建(m)</th><th>改扩建(m)</th></tr>
<tr><td>23</td><td>路基</td><td>DK86+236.32</td><td>DK86+805.31</td><td rowspan="5">4 500</td><td rowspan="5">1 700</td></tr>
<tr><td>24</td><td>老娃沟双线大桥</td><td>DK86+805.31</td><td>DK87+046.69</td></tr>
<tr><td>25</td><td>路基</td><td>DK87+046.69</td><td>DK87+202.56</td></tr>
<tr><td>26</td><td>白腊山双线大桥</td><td>DK87+202.56</td><td>DK87+721.44</td></tr>
<tr><td>27</td><td>路基</td><td>DK87+721.44</td><td>DK87+887.31</td></tr>
<tr><td>28</td><td>庙儿湾双线特大桥</td><td>DK87+887.31</td><td>DK88+896.69</td><td rowspan="8">3 000</td><td rowspan="8">1 500</td></tr>
<tr><td>29</td><td>路基</td><td>DK88+896.69</td><td>DK89+329.11</td></tr>
<tr><td>30</td><td>余家湾双线中桥</td><td>DK89+329.11</td><td>DK89+430.89</td></tr>
<tr><td>31</td><td>路基</td><td>DK89+430.89</td><td>DK89+660.31</td></tr>
<tr><td>32</td><td>大山坡双线大桥</td><td>DK89+660.31</td><td>DK89+901.69</td></tr>
<tr><td>33</td><td>路基</td><td>DK89+901.69</td><td>DK90+161.36</td></tr>
<tr><td>34</td><td>围子坝双线大桥</td><td>DK90+161.36</td><td>DK90+414.29</td></tr>
<tr><td>35</td><td>路基</td><td>DK90+414.29</td><td>DK90+704.46</td></tr>
<tr><td>36</td><td>围子坝双线中桥</td><td>DK90+704.46</td><td>DK90+781.54</td><td>267</td><td rowspan="3">1 374</td></tr>
<tr><td>37</td><td>路基</td><td>DK90+781.54</td><td>DK91+066.96</td><td>667</td></tr>
<tr><td>38</td><td>清水河双线特大桥</td><td>DK91+066.96</td><td>DK91+855.44</td><td>27</td></tr>
<tr><td>39</td><td>路基</td><td>DK91+855.44</td><td>DK92+408.56</td><td rowspan="3">1 934</td><td rowspan="14">7 670</td></tr>
<tr><td>40</td><td>水井湾双线特大桥</td><td>DK92+408.56</td><td>DK92+943.44</td></tr>
<tr><td>41</td><td>路基</td><td>DK92+943.44</td><td>DK93+043.06</td></tr>
<tr><td>42</td><td>龙门石双线大桥</td><td>DK93+043.06</td><td>DK93+250.94</td><td>374</td></tr>
<tr><td>43</td><td>路基</td><td>DK93+250.94</td><td>DK93+524.91</td><td>147</td></tr>
<tr><td>44</td><td>小陈家湾双线大桥</td><td>DK93+524.91</td><td>DK94+027.09</td><td>80</td></tr>
<tr><td>45</td><td>路基</td><td>DK94+027.09</td><td>DK95+350.41</td><td>520</td></tr>
<tr><td>46</td><td>娘娘庙双线大桥</td><td>DK95+350.41</td><td>DK95+526</td><td rowspan="5">1 107</td></tr>
<tr><td>47</td><td>路基</td><td>DK95+526</td><td>DK95+654.557</td></tr>
<tr><td>48</td><td>水竹林 1 号双线大桥</td><td>DK95+654.557</td><td>DK96+091.45</td></tr>
<tr><td>49</td><td>路基</td><td>DK96+091.45</td><td>DK96+143.7</td></tr>
<tr><td>50</td><td>水竹林 2 号双线大桥</td><td>DK96+143.7</td><td>DK96+384.3</td></tr>
<tr><td>51</td><td>路基</td><td>DK96+384.3</td><td>DK96+805.41</td><td>400</td></tr>
<tr><td>52</td><td>石湾双线大桥</td><td>DK96+805.41</td><td>DK96+980.59</td><td>454</td></tr>
<tr><td>53</td><td>路基</td><td>DK96+980.59</td><td>DK97+225</td><td>334</td><td rowspan="6">1 227</td></tr>
<tr><td>54</td><td>刘家湾隧道</td><td>DK97+225</td><td>DK97+540</td><td>240</td></tr>
<tr><td>55</td><td>路基</td><td>DK97+540</td><td>DK97+588.96</td><td>160</td></tr>
<tr><td>56</td><td>老鸦村双线大桥</td><td>DK97+588.96</td><td>DK97+862.64</td><td>414</td></tr>
<tr><td>57</td><td>路基</td><td>DK97+862.64</td><td>DK97+945.06</td><td>227</td></tr>
<tr><td>58</td><td>走马扛双线大桥</td><td>DK97+945.06</td><td>DK98+152.94</td><td>587</td></tr>
<tr><td>59</td><td>路基</td><td>DK98+152.94</td><td>DK98+656.96</td><td>1 387</td><td rowspan="6">3 508</td></tr>
<tr><td>60</td><td>振书水库双线大桥</td><td>DK98+656.96</td><td>DK99+061.04</td><td>267</td></tr>
<tr><td>61</td><td>路基</td><td>DK99+061.04</td><td>DK99+473.66</td><td>1 054</td></tr>
<tr><td>62</td><td>白果湾双线大桥</td><td>DK99+473.66</td><td>DK99+812.34</td><td rowspan="3">1 547</td></tr>
<tr><td>63</td><td>路基</td><td>DK99+812.34</td><td>DK100+114.06</td></tr>
<tr><td>64</td><td>楠木沟双线大桥</td><td>DK100+114.06</td><td>DK100+371.34</td></tr>
</table>

续上表

<table>
<tr><th>序号</th><th>名　称</th><th>起点里程</th><th>终点里程</th><th>新建(m)</th><th>改扩建(m)</th></tr>
<tr><td>65</td><td>路基</td><td>DK100＋371.34</td><td>DK100＋627.11</td><td rowspan="2">1 547</td><td rowspan="12">3 508</td></tr>
<tr><td>66</td><td>朱家沟双线大桥</td><td>DK100＋627.11</td><td>DK100＋761.59</td></tr>
<tr><td>67</td><td>路基</td><td>DK100＋761.59</td><td>DK100＋800</td><td>307</td></tr>
<tr><td>68</td><td>曾家沟隧道</td><td>DK100＋800</td><td>DK101＋022</td><td>534</td></tr>
<tr><td>69</td><td>路基</td><td>DK101＋022</td><td>DK101＋193.91</td><td>534</td></tr>
<tr><td>70</td><td>柏杨村双线大桥</td><td>DK101＋193.91</td><td>DK101＋590.39</td><td rowspan="5">2 467</td></tr>
<tr><td>71</td><td>路基</td><td>DK101＋590.3</td><td>DK101＋711.56</td></tr>
<tr><td>72</td><td>练家湾双线特大桥</td><td>DK101＋711.56</td><td>DK102＋246.46</td></tr>
<tr><td>73</td><td>路基</td><td>DK102＋246.46</td><td>DK102＋348.21</td></tr>
<tr><td>74</td><td>盐井沟双线大桥</td><td>DK102＋348.21</td><td>DK102＋817.82</td></tr>
<tr><td>75</td><td>路基</td><td>DK102＋817.82</td><td>DK102＋882.56</td><td rowspan="3">1 000</td></tr>
<tr><td>76</td><td>烟坡山双线大桥</td><td>DK102＋882.56</td><td>DK103＋344.17</td></tr>
<tr><td>77</td><td>路基</td><td>DK103＋344.17</td><td>DK103＋856.407</td><td rowspan="4">1 787</td></tr>
<tr><td>78</td><td>李家湾双线大桥</td><td>DK103＋856.40</td><td>DK104＋031.6</td><td>273</td></tr>
<tr><td>79</td><td>路基</td><td>DK104＋031.6</td><td>DK104＋187.66</td><td>440</td></tr>
<tr><td>80</td><td>周家沟双线特大桥</td><td>DK104＋187.66</td><td>DK105＋180.74</td><td>2 254</td></tr>
<tr><td>81</td><td>路基</td><td>DK105＋180.74</td><td>DK105＋382.61</td><td>424</td><td>180</td></tr>
<tr><td>82</td><td>石桥铺大桥</td><td>DK105＋382.61</td><td>DK105＋844.09</td><td>808</td><td>100</td></tr>
<tr><td>83</td><td>路基</td><td>DK105＋844.09</td><td>DK105＋934.61</td><td>190</td><td></td></tr>
<tr><td>84</td><td>苏家冲大桥</td><td>DK105＋934.61</td><td>DK106＋404.09</td><td>822</td><td></td></tr>
<tr><td>85</td><td>路基</td><td>DK106＋404.09</td><td>DK106＋782.01</td><td>794</td><td></td></tr>
<tr><td>86</td><td>梓桐村大桥</td><td>DK106＋782.01</td><td>DK107＋088.39</td><td>536</td><td>1 700</td></tr>
<tr><td>87</td><td>路基</td><td>DK107＋088.39</td><td>DK107＋422.66</td><td>702</td><td></td></tr>
<tr><td>88</td><td>双河口大桥</td><td>DK107＋422.66</td><td>DK107＋806.04</td><td>671</td><td>2 000</td></tr>
<tr><td>89</td><td>路基</td><td>DK107＋806.04</td><td>DK108＋661.41</td><td>1 796</td><td>2 800</td></tr>
<tr><td>90</td><td>马武沟大桥</td><td>DK108＋661.41</td><td>DK108＋836.59</td><td>307</td><td></td></tr>
<tr><td>91</td><td>路基</td><td>DK108＋836.59</td><td>DK109＋105.71</td><td>565</td><td></td></tr>
<tr><td>92</td><td>卢家湾大桥</td><td>DK109＋105.71</td><td>DK109＋346.29</td><td>421</td><td>3 000</td></tr>
<tr><td>93</td><td>路基</td><td>DK109＋346.29</td><td>DK109＋683.76</td><td>709</td><td></td></tr>
<tr><td>94</td><td>半边街大桥</td><td>DK109＋683.76</td><td>DK109＋826.24</td><td>249</td><td>1 500</td></tr>
<tr><td>95</td><td>路基</td><td>DK109＋826.24</td><td>DK110＋191.01</td><td>766</td><td>500</td></tr>
<tr><td>96</td><td>刘家沟1号大桥</td><td>DK110＋191.01</td><td>DK110＋456.29</td><td>464</td><td></td></tr>
<tr><td>97</td><td>路基</td><td>DK110＋456.29</td><td>DK110＋533.76</td><td>163</td><td></td></tr>
<tr><td>98</td><td>刘家沟2号大桥</td><td>DK110＋533.76</td><td>DK110＋676.24</td><td>249</td><td></td></tr>
<tr><td>99</td><td>路基</td><td>DK110＋676.24</td><td>DK110＋903.11</td><td>476</td><td></td></tr>
<tr><td>100</td><td>方大堰塘1号中桥</td><td>DK110＋903.11</td><td>DK111＋012.89</td><td>192</td><td></td></tr>
<tr><td>101</td><td>路基</td><td>DK111＋012.89</td><td>DK111＋118.39</td><td>222</td><td></td></tr>
<tr><td>102</td><td>方大堰塘2号中桥</td><td>DK111＋118.39</td><td>DK111＋212.17</td><td>164</td><td></td></tr>
<tr><td>103</td><td>路基</td><td>DK111＋212.17</td><td>DK111＋256.11</td><td>92</td><td></td></tr>
<tr><td>104</td><td>石河堰特大桥</td><td>DK111＋256.11</td><td>DK112＋469.29</td><td>2 123</td><td>3 000</td></tr>
<tr><td>105</td><td>路基</td><td>DK112＋469.29</td><td>DK112＋624.61</td><td>326</td><td></td></tr>
<tr><td>106</td><td>桐子口大桥</td><td>DK112＋624.61</td><td>DK112＋930.99</td><td>536</td><td></td></tr>
</table>

续上表

| 序号 | 名　称 | 起点里程 | 终点里程 | 新建(m) | 改扩建(m) |
|---|---|---|---|---|---|
| 107 | 路基 | DK112+930.99 | DK113+273.61 | 720 | |
| 108 | 小茶沟大桥 | DK113+273.61 | DK113+710.39 | 764 | |
| 109 | 路基 | DK113+710.39 | DK113+769.76 | 125 | |
| 110 | 芹菜沟大桥 | DK113+769.76 | DK113+912.24 | 249 | 900 |
| 111 | 路基 | DK113+912.24 | DK114+439.41 | 1 107 | |
| 112 | 长河沟大桥 | DK114+439.41 | DK114+614.99 | 307 | 250 |
| 113 | 路基 | DK114+614.99 | DK114+942.41 | 688 | |
| 114 | 元兴村大桥 | DK114+942.41 | DK115+117.59 | 307 | |
| 115 | 路基 | DK115+117.59 | DK115+319.76 | 425 | |
| 116 | 狮子山1号大桥 | DK115+319.76 | DK115+462.64 | 250 | |
| 117 | 路基 | DK115+462.64 | DK115+573.41 | 233 | |
| 118 | 狮子山2号大桥 | DK115+573.41 | DK115+757.29 | 322 | |
| 119 | 路基 | DK115+757.29 | DK115+818.76 | 129 | |
| 120 | 老河堰中桥 | DK115+818.76 | DK115+920.54 | 178 | |
| 121 | 路基 | DK115+920.54 | DK116+068.06 | 310 | |
| 122 | 石坳口大桥 | DK116+068.06 | DK116+325.34 | 450 | |
| 123 | 路基 | DK116+325.34 | DK116+486.76 | 339 | |
| 124 | 瓦窑沟特大桥 | DK116+486.76 | DK117+292.00 | 1 409 | 1 200 |
| 125 | 马鞍梁子隧道 | DK114+200 | DK117+300 左侧 | 3 500 | 1 200 |
| 126 | 回湾村隧道 | DK118+400 | DK119+200 左侧 | 1 800 | 2 100 |
| 127 | 炭山沟隧道 | DK120+000 | DK120+300 左侧 | 2 900 | 2 500 |
| 128 | 天鹅村隧道 | DK121+100 | DK121+200 左侧 | 1 500 | 2 900 |
| 129 | 天鹅村二号隧道 | DK121+400 | DK121+600 左侧 | 1 500 | 2 200 |
| 130 | 横山湾隧道 | DK124+500 | DK124+750 左侧 | 2 300 | 4 500 |
| 131 | 桂花湾隧道 | DK125+000 | DK125+200 左侧 | 800 | 100 |
| 132 | 梯子湾隧道 | DK127+300 | DK127+900 左侧 | 2 100 | 4 100 |
| 133 | 郑家坝沱江大桥成都端 | DK127+900 | DK128+100 左侧 | 4 800 | 5 000 |
| 134 | 郑家坝沱江大桥重庆端 | DK127+900 | DK128+100 左侧 | 1 000 | 2 400 |
| 135 | 狮子坳隧道进口 | DK129+200 | DK129+450 左侧 | 1400 | 4 200 |

### (六)临时电力线路

外供电力线路28.7 km,沿线临时电力线路53.8 km,见表4-1-18。

**表4-1-18　CYSG-2标段十六局管段临时用电设置表**

| 序号 | 项目名称 | 变压器 | 引入线(km) | 低压线(km) |
|---|---|---|---|---|
| 1 | 路基 | 315 kVA | 0.7 | 0.8 |
| 2 | 杨家湾双线特大桥 | | | |
| 3 | 路基 | 315 kVA | 0.8 | 0.5 |
| 4 | 任家湾双线大桥 | | | |
| 5 | 路基 | | | |
| 6 | 大风坳双线大桥 | | | |
| 7 | 路基 | | | |

续上表

<table>
<tr><th>序号</th><th>项目名称</th><th>变 压 器</th><th>引入线(km)</th><th>低压线(km)</th></tr>
<tr><td>8</td><td>资阳沱江特大桥</td><td>630 kVA 沱江东<br>630 kVA 沱江西</td><td>0.6</td><td>0.7</td></tr>
<tr><td>9</td><td>资阳车站</td><td>315 kVA</td><td>0.4</td><td>0.65</td></tr>
<tr><td>10</td><td>老鸦藤双线大桥</td><td rowspan="3">315 kVA</td><td rowspan="3">0.5</td><td rowspan="3">0.75</td></tr>
<tr><td>11</td><td>路基</td></tr>
<tr><td>12</td><td>雷打坡双线大桥</td></tr>
<tr><td>13</td><td>路基</td><td rowspan="3">315 kVA</td><td rowspan="3">0.55</td><td rowspan="3">0.65</td></tr>
<tr><td>14</td><td>雷打坡双线中桥</td></tr>
<tr><td>15</td><td>路基</td></tr>
<tr><td>16</td><td>高庙子双线特大桥</td><td>315 kVA</td><td>0.6</td><td>1.1</td></tr>
<tr><td>17</td><td>路基</td><td rowspan="3">315 kVA</td><td rowspan="3">0.7</td><td rowspan="3">0.65</td></tr>
<tr><td>18</td><td>高庙子双线大桥</td></tr>
<tr><td>19</td><td>路基</td></tr>
<tr><td>20</td><td>杨家院子双线大桥</td><td rowspan="3">315 kVA</td><td rowspan="3">0.6</td><td rowspan="3">0.7</td></tr>
<tr><td>21</td><td>路基</td></tr>
<tr><td>22</td><td>山河村双线大桥</td></tr>
<tr><td>23</td><td>路基</td><td rowspan="4">315 kVA</td><td rowspan="4">0.65</td><td rowspan="4">1.3</td></tr>
<tr><td>24</td><td>老娃沟双线大桥</td></tr>
<tr><td>25</td><td>路基</td></tr>
<tr><td>26</td><td>白腊山双线大桥</td></tr>
<tr><td>27</td><td>路基</td><td rowspan="2">315 kVA</td><td rowspan="2">0.5</td><td rowspan="2">1.2</td></tr>
<tr><td>28</td><td>庙儿湾双线特大桥</td></tr>
<tr><td>29</td><td>路基</td><td rowspan="4">315 kVA</td><td rowspan="4">0.5</td><td rowspan="4">1.1</td></tr>
<tr><td>30</td><td>余家湾双线中桥</td></tr>
<tr><td>31</td><td>路基</td></tr>
<tr><td>32</td><td>大山坡双线大桥</td></tr>
<tr><td>33</td><td>路基</td><td rowspan="3">315 kVA</td><td rowspan="3">0.7</td><td rowspan="3">1.3</td></tr>
<tr><td>34</td><td>围子坝双线大桥</td></tr>
<tr><td>35</td><td>路基</td></tr>
<tr><td>36</td><td>黄古桥梁厂</td><td>黄古桥梁厂设 800 kVA<br>变压器 2 台</td><td>0.8</td><td>0.5</td></tr>
<tr><td>37</td><td>围子坝双线中桥</td><td rowspan="3">400 kVA</td><td rowspan="3">0.35</td><td rowspan="3">1.1</td></tr>
<tr><td>38</td><td>路基</td></tr>
<tr><td>39</td><td>清水河双线特大桥</td></tr>
<tr><td>40</td><td>路基</td><td rowspan="4">315 kVA</td><td rowspan="4">0.45</td><td rowspan="4">1.2</td></tr>
<tr><td>41</td><td>水井湾双线特大桥</td></tr>
<tr><td>42</td><td>路基</td></tr>
<tr><td>43</td><td>龙门石双线大桥</td></tr>
<tr><td>44</td><td>路基</td><td rowspan="4">400 kVA</td><td rowspan="4">0.8</td><td rowspan="4">2.4</td></tr>
<tr><td>45</td><td>小陈家湾双线大桥</td></tr>
<tr><td>46</td><td>路基</td></tr>
<tr><td>47</td><td>娘娘庙双线大桥</td></tr>
</table>

续上表

| 序号 | 项目名称 | 变 压 器 | 引入线(km) | 低压线(km) |
| --- | --- | --- | --- | --- |
| 48 | 路基 | 315 kVA | 0.5 | 0.95 |
| 49 | 水竹林 1 号双线大桥 | | | |
| 50 | 路基 | | | |
| 51 | 水竹林 2 号双线大桥 | | | |
| 52 | 路基 | 500 kVA | 0.45 | 1.5 |
| 53 | 石湾双线大桥 | | | |
| 54 | 路基 | | | |
| 55 | 刘家湾隧道 | | | |
| 56 | 路基 | 315 kVA | 0.55 | 0.7 |
| 57 | 老鸦村双线大桥 | | | |
| 58 | 路基 | | | |
| 59 | 走马扛双线大桥 | 630 kVA | 0.55 | 0.75 |
| 60 | 路基 | | | |
| 61 | 振书水库双线大桥 | 315 kVA | 0.65 | 0.65 |
| 62 | 路基 | | | |
| 63 | 白果湾双线大桥 | 400 kVA | 0.55 | 0.9 |
| 64 | 路基 | | | |
| 65 | 楠木沟双线大桥 | | | |
| 66 | 路基 | 315 kVA | 0.35 | 0.95 |
| 67 | 朱家沟双线大桥 | | | |
| 68 | 路基 | | | |
| 69 | 曾家沟隧道 | 500 kVA | 0.45 | 0.3 |
| 70 | 路基 | | | |
| 71 | 柏杨村双线大桥 | 315 kVA | 0.25 | 0.35 |
| 72 | 路基 | | | |
| 73 | 练家湾双线特大桥 | 315 kVA | 0.55 | 0.55 |
| 74 | 路基 | | | |
| 75 | 盐井沟双线大桥 | 315 kVA | 0.3 | 0.45 |
| 76 | 路基 | | | |
| 77 | 烟坡山双线大桥 | 315 kVA | 0.45 | 0.95 |
| 78 | 路基 | | | |
| 79 | 李家湾双线大桥 | 315 kVA | 0.3 | 0.45 |
| 80 | 路基 | | | |
| 81 | 周家沟双线特大桥 | 400 kVA | 0.5 | 1.1 |
| 82 | 石桥铺大桥 | 315 kVA | 0.2 | 1.2 |
| 83 | 苏家冲大桥 | | | |
| 84 | 梓桐村大桥 | | | |
| 85 | 双河口大桥 | 315 kVA | 0.5 | 1.2 |
| 86 | 马武沟大桥 | | | |
| 87 | 卢家湾大桥 | | | |
| 88 | 半边街大桥 | 315 kVA | 0.1 | 1 |
| 89 | 刘家沟 1 号大桥 | | | |

续上表

| 序号 | 项目名称 | 变 压 器 | 引入线(km) | 低压线(km) |
|---|---|---|---|---|
| 90 | 刘家沟2号大桥 | 315 kVA | 0.1 | 1 |
| 91 | 方大堰塘1号大桥 | | | |
| 92 | 方大堰塘2号中大桥 | 315 kVA共2台 | 0.9 | 1.8 |
| 93 | 石河堰特大桥 | | | |
| 94 | 桐子口大桥 | | | |
| 95 | 小茶沟大桥 | 315 kVA | 1 | 1.6 |
| 96 | 芹菜沟大桥 | | | |
| 97 | 长河沟大桥 | | | |
| 98 | 元兴村大桥 | 315 kVA | 0.2 | 0.8 |
| 99 | 狮子山1号大桥 | | | |
| 100 | 狮子山2号大桥 | | | |
| 101 | 老河堰大桥 | 315 kVA | 2 | 1.5 |
| 102 | 石坳口大桥 | | | |
| 103 | 瓦窑沟特大桥 | | | |
| 104 | 元兴村梁场 | 630 kVA 2台,<br>400 kVA 1台 | 2.5 | 1 |
| 105 | 拌和站 | 500 kVA | 1.5 | 0.6 |
| 106 | 马鞍梁子隧道出口 | 500 kVA | 0.15 | 0.6 |
| 107 | 邱家院子双线特大桥 | 315 kVA 2台 | 0.3 | 2.0 |
| 108 | 回湾村隧道、中桥 | 500 kVA | 0.22 | 0.5 |
| 109 | 1号拌和站、材料加工厂 | 500 kVA | 0.22 | 0.2 |
| 110 | 炭山沟隧道 | 500 kVA | 0.28 | 0.6 |
| 111 | 五里店村双线大桥 | 315 kVA | 0.05 | 0.7 |
| 112 | 天鹅村1号、2号隧道 | 500 kVA | 0.12 | 0.7 |
| 113 | 宁国寺双线大桥 | 315 kVA | 0.11 | 0.9 |
| 114 | 资中北站材料厂 | 315 kVA 2台 | 0.09 | 1.3 |
| 115 | 周家大院子双线特大桥 | 315 kVA | 0.03 | 0.8 |
| 116 | 横山湾隧道、芭蕉村双线大桥 | 500 kVA | 0.03 | 0.8 |
| 117 | 2号拌和站、材料加工厂 | 500 kVA | 0.3 | 0.2 |
| 118 | 桂花湾隧道出口 | 500 kVA+315 kVA | 0.28 | 0.9 |
| 119 | 梯子湾隧道进口 | 500 kVA 2台 | 0.4 | 1.9 |
| 120 | 桐子湾双线大桥 | 315 kVA | 0.08 | 0.4 |
| 121 | 高家沟双线大桥 | 315 kVA | 0.1 | 0.8 |
| 122 | 郑家坝沱江双线特大桥一半、加工厂 | 500 kVA+315 kVA | 0.05 | 0.8 |
| 123 | 郑家坝沱江双线特大桥对岸主墩部分、构件场 | 500 kVA | 0.26 | 0.5 |
| 124 | 狮子坳隧道、2座中桥 | 500 kVA | 0.05 | 0.5 |
| 125 | 3号拌和站(小站) | 315 kVA | 0.08 | 0.8 |

(七)临时通信

区域内通信信号覆盖良好。项目部、各分部各设传真机一部,有线电话数台,所有管理及技术人员一律配手机,保持对内对外联络。测量队配置对讲机(5 km以内),以方便外业测量。

(八)钢梁拼装场

钢结构拼装厂利用前期施工用的钢筋加工厂,不另外设置。

(九)临时渡口、码头、栈桥

管段范围内河流及水库主要有沱江、振书水库等。为满足跨河桥梁施工需要,在资阳沱江特大桥施工处新修栈桥 1 座,长 270 m;郑家坝沱江特大桥施工新修栈桥 1 座,长 320 m;清水河特大桥新修栈桥 1 座,长 170 m;振书水库大桥新修栈桥 1 座,长 250 m。共需新修施工栈桥 1010 m/4 座。栈桥建设经有资质单位(大桥局)设计、验算后按要求进行施工作业。

(十)钢筋加工厂

一分部设 3 个钢筋加工厂,二分部设 2 个钢筋加工厂,三分部设 2 个钢筋加工厂,四分部设 3 个钢筋加工厂,见表 4-1-19。

**表 4-1-19 CYSG-2 标十六局管段钢筋加工场设置表**

| 名 称 | 面积($m^2$) | 设置里程(左/右) | 备 注 |
|---|---|---|---|
| 一分部 | | | |
| 1 号钢筋加工厂 | 3 500 | DK79+600(右 50 m) | |
| 2 号钢筋加工厂 | 4 000 | DK81+100(右 45 m) | |
| 3 号钢筋加工厂 | 4 000 | DK87+300(右 45 m) | |
| 二分部 | | | |
| 4 号钢筋加工厂 | 4 000 | DK94+600(右 50 m) | |
| 5 号钢筋加工厂 | 5 000 | DK100+100(右 65 m) | |
| 三分部 | | | |
| 6 号钢筋加工厂 | 4 000 | DK108+300(右 50 m) | |
| 7 号钢筋加工厂 | 5 000 | DK112+100(右 50 m) | |
| 四分部 | | | |
| 8 号钢筋加工厂 | 3 500 | DK121+000(拌和站内) | |
| 9 号钢筋加工厂 | 2 500 | DK125+800(拌和站内) | |
| 10 号钢筋加工厂 | 2 000 | DK129+300(拌和站内) | |
| 合计 | 37 500 | | |

(十一)取弃土场

全标段内设计挖方 982 万 $m^3$,填方 74 万 $m^3$,弃方 704.7 万 $m^3$,见表 4-1-20。路基填方主要利用挖方土、石和隧道弃渣经过改良填筑,不设取土场。由于弃方数量大,根据沿线地形情况和设计位置合理设置弃土场,弃土场先设挡墙,再弃土,弃完的弃土场地进行平整后达到种植条件。

**表 4-1-20 弃土场设置表**

| 序号 | 位 置 | 弃土量(万 $m^3$) | 占地(亩) |
|---|---|---|---|
| 1 | DK77+200 左侧 200 m | 82.5 | 82.5 |
| 2 | DK80+800 右侧 200 m | 90.0 | 90.0 |
| 3 | DK84+400 左侧 100 m | 60.0 | 60.0 |
| 4 | DK88+600 右侧 50 m | 60.0 | 75.0 |
| 5 | DK91+500 左侧 30 m | 25.2 | 31.5 |
| 6 | DK93+700 右侧 200 m | 21.6 | 27.0 |
| 7 | DK98+600 左侧 50 m | 30.0 | 30.0 |
| 8 | DK102+600 右侧 200 m | 90.0 | 90.0 |
| 9 | DK111+900 左侧 200 m | 72.0 | 90.0 |
| 10 | DK118+800 右侧 30 m | 86.4 | 107.9 |
| 11 | DK123+400 左侧 50 m | 42.0 | 52.5 |
| 12 | DK128+900 右侧 50 m | 45.0 | 67.5 |

(十二)火工品库

管段内设火工品库3处,在二分部设一处、四分部设两处,见表4-1-21。火工品库选址需经当地公安部门审批。炸药与雷管分别修建库房存放,并在库房旁边设值班室,专人进行看管;旁边设一消防池,库房安装避雷设施。库房四周围墙拉设1.5 m高的铁丝网。每处火工品库均设置监控装置和报警装置。

表4-1-21 火工品库设置表

| 序号 | 对应线路里程 | 储存量(t) | 占地(亩) | 供应范围 | 备注 |
|---|---|---|---|---|---|
| 1 | DK96+500 | 3 | 2.2 | DK90+704.4～DK105+180.7 | |
| 2 | DK119+900 线路左侧 | 3 | 3.5 | DK117+292～DK124+755 | |
| 3 | DK126+100 线路左侧 | 3 | 3.5 | DK124+755～DK129+950 | |

## 四、CYSG-3标段大型临时工程建设方案

(一)制 梁 场

本标段共设置两个梁场:东兴制梁场(原园艺村梁场)和隆昌制梁场(原四平村梁场)。东兴制梁场位于线路DK146+800的左侧;隆昌制梁场位于线路DK177+200的右侧。

每个梁场的规划布局都分为拌和站、制梁区、存梁区、运梁区及生活办公区五大部分。每个梁场都设置了1台900 t搬梁机、1台900 t运梁车、1台900 t架桥机、2台50 t龙门吊等设备。架梁工艺都采用运梁车通过引入线和正线路基上桥运输,大吨位架桥机架设箱梁。

东兴制梁场占地138亩(不包括引入线),共有制梁台座6个(其中1座与24 m梁共用),存梁台座42个(5个24 m共用台座,一个静载试验台座),都为双层存梁,最大存梁能力达82孔梁。内模拼装存放区4处,钢筋绑扎胎具4个;钢筋加工区1处。

隆昌制梁场占地130亩,共设置了6个制梁台座,存梁台座42个,都为双层存梁台座,最大存梁能力82孔箱梁。内模拼装存放区4处,钢筋绑扎胎具4个;钢筋加工区1处。

每个梁场的制梁进度达到1孔/d,满足箱梁预制工期的要求。

CYSG-3标段制(存)梁场设置见表4-1-22。

表4-1-22 CYSG-3标段制(存)梁场设置一览表

| 序号 | 梁场名称 | 位　置 | 总制梁数(榀) | 供应范围 | 制存梁台座 | 占地(亩) |
|---|---|---|---|---|---|---|
| 1 | 东兴制梁场 | DK146+800 | 407 | DK129+950～DK156+855 | 6/42 | 138 |
| 2 | 隆昌制梁场 | DK177+200 | 465 | DK156+855～DK186+890.76 | 6/42 | 130 |

(二)材 料 厂

本标段的2个材料厂设置在梁场附近。由于当地碎石供应量很小,且碎石厂比较分散,2个材料厂主要用来生产和堆放碎石,确保碎石供应量能满足生产高峰时段的需求。

(三)混凝土拌和站

本标段混凝土总方量约153.1万$m^3$,建设混凝土拌和站10座(含两个梁场的拌和站)。其中一分部4个拌和站,供应线下工程60万$m^3$混凝土,二分部4个拌和站,供应线下工程57.1万$m^3$混凝土,东兴梁场拌和站供应16万$m^3$混凝土,隆昌梁场拌和站供应20万$m^3$混凝土。

东兴梁场的先架方向里程为DK146+800～DK156+855,长10.055 km,主要由4号、5号拌和站供应,4号、5号拌和站各配置2台HZS75搅拌机,混凝土生产能力能满足的线下工程需求;后架方向施工里程为DK129+950～DK146+800,长16.85 km,由1号、2号拌和站供应,1号、2号拌和站各配置2台HZS120搅拌机,混凝土生产能力能满足线下工程需求。

东兴梁场箱梁预制进度按1孔/d计,东兴梁场拌和站配置了2台HZS120搅拌机,混凝土生产能力可满足要求

隆昌梁场的先架方向里程为DK156+855～DK177+200,长20.345 km,主要由6号、7号拌和站供应,6号拌和站配置2台HZS90搅拌机,7号拌和站配置2台HZS120搅拌机,混凝土生产能力能满足线下工程

需求；后架方向施工里程 DK177＋200～DK187＋890.7，长 10.691 km，混凝土主要由 8 号、10 号拌和站供应，8 号、10 号拌和站各配置 2 台 HZS90 搅拌机，混凝土生产能力能满足线下工程需求。

隆昌梁场箱梁预制进度按 1 孔/d 计，隆昌梁场拌和站配置了 2 台 HZS120 搅拌机，混凝土生产能力可满足要求。

混凝土拌和站具体设置情况见表 4-1-23。

**表 4-1-23 CYSG-3 标段混凝土集中拌和站设置表**

| 序号 | 拌和站名称 | 位 置 | 拌和站配置 | 供应范围 | 主要工程数量 | 占地(亩) |
|---|---|---|---|---|---|---|
| 1 | 1 号拌和站沱江特大桥 | DK135＋500 线路右侧 | 2×HZS120 | DK129＋00～DK135＋00 | 邓家湾双线特大桥、吴家坝沱江双线特大桥、新塘坊隧道、梨儿园隧道 | 36 |
| 2 | 2 号拌和站富溪镇 | DK141＋600 线路右侧 | 2×HZS120 | DK135＋00～DK143＋00 | 富溪镇双线特大桥、坛蹬岩隧道、龙神坳隧道及四方碑隧道等 | 19 |
| 3 | 3 号拌和站东兴梁场 | DK146＋800 线路左侧 | 2×HZS120 | DK129＋950～DK156＋855 | 箱梁预制 | 20 |
| 4 | 4 号拌和站园艺村 | DK148＋800 线路左侧 | 2×HZS75 | DK143＋00～DK151＋000 | 唐家冲内遂高速公路立交双线特大桥等 | 25 |
| 5 | 5 号拌和站东新镇 | DK154＋400 线路左侧 | 2×HZS75 | DK151＋000～DK156＋855 | 内江北站站场及小青龙河双线特大桥成都岸侧等 | 18 |
| 6 | 6 号拌和站铁炉沟 | DK160＋300 线路右侧 | 2×HZS90 | DK156＋855～DK165＋376 | 小青龙河双线特大桥重庆岸侧、郭家寺隧道、清流河双线特大桥、上坎子双线大桥等 | 18 |
| 7 | 7 号拌和站水口寺 | DK167＋700 线路右侧 | 2×HZS120 | DK165＋376～DK171＋000 | 徐家桥双线特大、老鹰咀双线特大桥等 | 27 |
| 8 | 8 号拌和站四坪村 | DK176＋500 线路左侧 | 2×HZS90 | DK171＋000～DK177＋025 | 隆昌北站站场、花院坪双线特大桥等 | 20 |
| 9 | 9 号拌和站隆昌梁场 | DK177＋200 线路右侧 | 2×HZS120 | DK156＋855～DK187＋891 | 箱梁预制 | 10 |
| 10 | 10 号拌和站铜瓦寺 | DK182＋950 线路左侧 | 2×HZS90 | DK177＋025～DK187＋891 | 铜瓦寺双线特大桥等 | 15 |

(四)改良土、级配碎石拌和站

本标段设置改良土、级配碎石集中拌和站 4 处，具体设置情况见表 4-1-24。

**表 4-1-24 CYSG-3 标段改良土、级配碎石集中拌和站设置表**

| 序号 | 拌和站名称 | 位置 | 拌和站配置 | 供应范围 | 工程用途 | 占地 |
|---|---|---|---|---|---|---|
| 1 | 1 号双凼村改良土、级配碎石拌和站 | DK146＋800 右侧 | 90 m$^3$/h | DK132＋955～DK145＋563 | 路堤基床 | 10 |
| 2 | 2 号内江北站改良土、级配碎石拌和站 | DK152＋000 右侧 | 90 m$^3$/h | DK146＋758～DK156＋064 | 路堤基床 | 10 |
| 3 | 3 号水口寺改良土、级配碎石拌和站 | DK167＋600 右侧 | 90 m$^3$/h | DK157＋791～DK171＋000 | 路堤基床 | 10 |
| 4 | 4 号隆昌北站改良土、级配碎石拌和站 | DK177＋400 右侧 | 90 m$^3$/h | DK171＋000～DK187＋891 | 路堤基床 | 10 |

(五)施工便道

本标段能利用的进场道路有：成渝高速公路、G321 国道、省道 206、Y120、内-隆县道。

利用上述道路作为运输主干道，需要修建部分施工便道干线和引入线到各工点，部分利用既有道路拓宽。有条件的地段在永久征地范围内沿线路贯通，穿过村庄的改线绕行，梁场至主线路基修筑运梁通道；通往隧道工区和弃渣场大临工程的便道采用引入线，沿沟谷、依山势展线修筑。便道跨越河流或沟谷溪流时修建便桥或利用既有桥梁绕行。

施工便道一是要充分利用既有道路，尽量少占地；二是在不影响工程施工、不占用正线工程范围的前提下，尽量利用红线内用地，在桥梁、路基等位置不够的地方，临时征用红线外土地 3 m。

经过前期的施工调查，初步计算和实地丈量，原计划需新建、改扩建便道 172.6 km。其中：新建便道共计 108.5 km，改扩建便道共计 64.1 km。栈桥修建 8 座，共计约 470 m。

本标段所处地形都为低矮山丘，施工便道修建困难，线路势必会沿着山形蜿蜒曲折修建。考虑现场实际情况，对重点桥梁工程及通往大临工程的引入便道、路基段、现浇梁、车站、梁场设双车道，路面宽度为

7 m,路基宽 8 m,其他地段设单车道,路面宽度为 4.5 m,路基宽 5.5 m,每隔 200 m 设长 30 m 的错车道(7 m 宽)。便道最大纵坡按 10%控制,最小曲线半径为 20 m。

便道大部分采用泥结碎石路面,地基持力层按不同地质条件进行相应处理,因地制宜采取回填块石、砖渣、煤渣等路基加固措施,面层铺碎石碾压密实,重难点工程等部分地段路面采取混凝土硬化措施。

主要施工便道设置情况见表 4-1-25。

**表 4-1-25　CYSG-3 标段主要施工便道设置一览表**

| 序号 | 对应线路里程 | 便道长度(m) | 新建、改扩建 | 路面标准 | 备注 |
|---|---|---|---|---|---|
| 1 | DK129+950~DK156+850 | 16 900 | 新建 | 路面宽 4.5 m,手摆块石 | 主线便道 |
| 2 | DK133+000~DK133+500 | 1 000 | 改建、扩建 | 路面宽 4.5 m,手摆块石 | |
| 3 | DK133+500~DK135+500 | 5 100 | 新建 | 路面宽 4.5 m,手摆块石 | |
| 4 | DK135+500 | 5 000 | 改建、扩建 | 路面宽 4.5 m,手摆块石 | |
| 5 | DK136+000~DK137+000 | 4 000 | 新建 | 路面宽 4.5 m,手摆块石 | |
| 6 | DK136+000~DK138+500 | 3 000 | 改建、扩建 | 路面宽 4.5 m,手摆块石 | |
| 7 | DK138+050~DK141+800 | 8 000 | 新建 | 路面宽 4.5 m,手摆块石 | |
| 8 | DK143+500 | 4 000 | 改建、扩建 | 路面宽 4.5 m,手摆块石 | |
| 9 | DK146+300 | 1 000 | 改建、扩建 | 路面宽 4.5 m,手摆块石 | |
| 10 | DK148+800 | 300 | 新建 | 路面宽 4.5 m,手摆块石 | |
| 11 | DK149+500 | 100 | 新建 | 路面宽 4.5 m,手摆块石 | |
| 12 | DK151+300~DK155+200 | 4 000 | 新建 | 路面宽 4.5 m,手摆块石 | |
| 13 | DK157+600 | 4 800 | 改建、扩建 | 宽 3.5 m,泥路 | |
| 14 | DK159+080 | 1 050 | 改建、扩建 | 宽 2.3 m,泥路 | |
| 15 | DK160+100 | 3 750 | 改建、扩建 | 铁炉沟宽 3 m,泥路,杨家特大桥无路,需步行 400 m | |
| 16 | DK160+500 | 1 950 | 改建、扩建 | 宽 4 m,泥路 | |
| 17 | DK162+100 | 3 000 | 改建、扩建 | 宽 3.5 m,沥青路面 | |
| 18 | DK163+150 | 750 | 改建、扩建 | 宽 5 m,沥青路面,路面较好 | |
| 19 | DK164+000 | 600 | 改建、扩建 | 宽 2.5 m,泥路 | |
| 20 | DK165+200 | 1 950 | 改建、扩建 | 宽 3.5 m,泥路 | |
| 21 | DK166+200 | 600 | 改建、扩建 | 宽 3 m,泥路 | |
| 22 | DK167+000 | 600 | 改建、扩建 | 宽 3 m,沥青碎石路面 | |
| 23 | DK167+850 | 900 | 改建、扩建 | 水口寺 1、2 号双线大桥、莲花村双线中桥便道宽 3.5 m,沥青碎石路面,苦桩岩双线中桥便道宽 3 m,碎石路面 | |
| 24 | DK168+200 | 1 800 | 改建、扩建 | 宽 2.5 m,碎石路面 | |
| 25 | DK168+450 | 1 050 | 改建、扩建 | 宽 3 m,碎石路面 | |
| 26 | DK168+900 | 750 | 改建、扩建 | 宽 3.5 m,新修碎石路面 | |
| 27 | DK169+500 | 2 400 | 改建、扩建 | 宽 3.5 m,沥青碎石路面 | |
| 28 | DK169+800 | 750 | 改建、扩建 | 宽 2.5 m,泥路 | |
| 29 | DK172+900 | 3 750 | 改建、扩建 | 宽 2.2 m,泥路 | |
| 30 | DK173+090 | 1 500 | 改建、扩建 | 宽 2.2 m,泥路 | |
| 31 | DK173+320 | 750 | 改建、扩建 | 宽 1.8 m,碎石路面 | |
| 32 | DK183+870 | 450 | 改建、扩建 | 山间小路 | |
| 33 | DK174+600 | 300 | 改建、扩建 | 山间小路 | |
| 34 | DK175+700 | 450 | 改建、扩建 | 宽 4 m,碎石路面 | |
| 35 | DK177+450 | 300 | 改建、扩建 | 宽 3.5 m,泥碎石路面 | |

续上表

| 序号 | 对应线路里程 | 便道长度(m) | 新建、改扩建 | 路面标准 | 备注 |
| --- | --- | --- | --- | --- | --- |
| 36 | DK179+100 | 2 250 | 改建、扩建 | 宽 3 m,200 m 泥路,其余为沥青碎石路面 | |
| 37 | DK184+800 | 4 050 | 改建、扩建 | 宽 3 m,部分段碎石路面、泥路面 | |
| 38 | DK185+580 | 2 100 | 改建、扩建 | 宽 3 m,部分段碎石路面、泥路面 | |
| 39 | DK186+450 | 3 750 | 改建、扩建 | 宽 2.5 m 面,烂泥路面,其中有 150 m 为田间小路 | |
| 40 | DK187+200 | 3 750 | 改建、扩建 | 斑竹林道便道宽 2.5 m,沥青碎石路面及部分泥路,碳子林便道宽 2 m,泥路 | |
| 41 | DK156+855～DK187+890.76 | 70 100 | 新建 | 宽 4.5 m,泥碎石路面 | 主线拉通便道 |

(六)临时通信

当地有线通信网络比较发达,电信、移动、联通等通信网络已覆盖所经大部分地区,施工通信较为便利。同时各办公区域配置计算机及网络设备,根据统一要求,自费安装网络接口设备与专用密钥。

当地移动信号网络较好,进场后及时建立"铁路建设项目管理信息系统",项目管理所需数据的传输、交换满足"铁路建设项目管理信息系统"的要求。施工中可配备必要数量的移动电话,便于保持与各方的随时联络和紧急情况下及时信息反馈。工地范围内采用对讲机进行联系,确保通信畅通。

(七)临时电力线路

根据与当地电力部门的联系并结合施工实际情况,需架设专用电力线路,本标段桥梁比重大,施工用电负荷大,众多桥梁工程需要可靠的供电保证,因此本标段施工用电分别从资中银山变电站、东兴牌楼变电站、隆昌普界变电站等接引架设专用电力干线到各个工点箱变位置。

线下桥梁工程用电拟沿线每 1.5 km 设置一台 400 kVA 箱变,隧道每个掘进口一般布置一台 630 kVA 箱变。另在梁场、拌和站的位置单独设置变电站或电源箱,即可满足办公、生活、生产用电要求。在每个隧道掘进口、梁场、拌和站、现场施工作业点配备一台 300 kW 发电机作停电应急电源。东兴梁场配置一台 1 000 kVA 的箱变,隆昌梁场配置一台 800 kVA 的箱变,500 kVA 主要供碎石场设备。并考虑设置与其相适应的发电机作为备用。

由于架设专用电力线路需要一段时间,为满足先期开工点施工进度要求,项目部已在先期开工点准备了大功率发电机,确保先期施工点按期开工。

本标段沿线设置 45 个变压器,其中一分部和东兴梁场安排 22 个变压器,二分部和隆昌梁场安排23 个变压器。全线用电负荷达到 22 835 kVA。

CYSG-3 标段临时用电设置见表 4-1-26。

**表 4-1-26 中交二航局 CYSG-3 标段临时用电设置一览表**

| 变压器编号 | 变压器位置 | 变压器配置(kVA) | 供应范围 | 主要工程 | 备注 |
| --- | --- | --- | --- | --- | --- |
| 1 号 | 明心镇黄泥埂 | 400 | DK129+950～DK131+000 | 邓家湾双线特大桥 | |
| 2 号 | 资中县贺家坝 | 400 | DK131+000～DK132+000 | 邓家湾双线特大桥 | |
| 3 号 | 东林村一组 | 630 | DK132+000～DK133+000 | 新塘坊隧道 | |
| 4 号 | 梨儿园 | 630 | DK133+000～DK133+600 | 梨儿园隧道 | |
| 5 号 | 梨儿园 | 630 | DK133+600～DK135+000 | 梨儿园隧道 | |
| 6 号 | 银山镇 | 800 | DK135+000～DK135+300 | 1 号拌和站、吴家坝沱江双线特大桥 | |
| 7 号 | 银山镇 | 630 | DK135+300～DK136+200 | 红花冲特大桥 | |
| 8 号 | 大联公社 | 400 | DK136+200～DK138+000 | 2 号拌和站 | |
| 9 号 | 大联公社 | 630 | DK138+000～DK138+600 | 龙神坳隧道 | |
| 10 号 | 柏杨湾 | 400 | DK138+600～DK140+100 | 高屋基双线特大桥柏杨湾双线大桥 | |
| 11 号 | 四方碑 | 630 | DK140+100～DK141+350 | 四方碑隧道 | |
| 12 号 | 四方碑 | 500 | DK141+350～DK141+350 | 3 号拌和站 | |

续上表

| 变压器编号 | 变压器位置 | 变压器配置(kVA) | 供应范围 | 主要工程 | 备注 |
|---|---|---|---|---|---|
| 13号 | 富溪镇 | 400 | DK141+350～DK143+200 | 富溪镇双线特大桥 | |
| 14号 | 前进十二队 | 400 | DK143+200～DK144+630 | 排灯坳双线大桥 | |
| 15号 | 双凼村 | 400 | DK144+630～DK146+400 | 钢筋加工区 | |
| 16号 | 双凼村 | 1 300 | DK146+800 | 东兴梁场 | |
| 17号 | 李儿湾 | 630 | DK146+800～DK149+400 | 4号拌和站 | |
| 18号 | 五星村 | 250 | DK149+400～DK150+200 | 第一项目分部驻地 | |
| 19号 | 双安驾校 | 400 | DK150+200～DK152+000 | 内江北车站 | |
| 20号 | 东新镇 | 400 | DK152+000～DK153+000 | 钢筋加工区 | |
| 21号 | 东新镇 | 500 | DK153+000～DK154+350 | 5号拌和站 | |
| 22号 | 新华村四组 | 400 | DK154+350～DK156+855 | 小青龙河双线特大桥 | |
| 23号 | 石罗村 | 400 | DK156+855～DK158+575 | 斑竹园双线中桥 | |
| 24号 | DK159+650 | 400 | DK158+575～DK160+450 | 杨家双线特大桥 | |
| 25号 | 铁炉沟 | 500 | 搅拌站、钢筋场 | 6号搅拌站、钢筋加工场 | |
| 26号 | DK160+500 | 630 | DK160+450～DK161+500 | 铁炉沟双线大桥、 郭家寺隧道 | |
| 27号 | 清流河 | 400 | DK161+500～163+900 | 清流河双线特大桥 | |
| 28号 | 观音堂 | 400 | DK163+900～DK165+950 | 观音堂双线大桥 | |
| 29号 | DK166+100 | 400 | DK165+300～DK166+900 | 徐家桥双线特大桥 | |
| 30号 | 水口寺莲花村 | 630 | DK166+900～DK168+000 | 7号搅拌站、钢筋加工场 | |
| 31号 | 核桃村 | 400 | DK168+000～DK169+300 | 张口岩双线大桥 | |
| 32号 | DK169+700 | 400 | DK169+300～DK170+500 | 小金沟双线大桥 | |
| 33号 | DK171+400 | 400 | DK170+500～DK172+200 | 老鹰咀双线特大桥 | |
| 34号 | 牛油村 | 400 | DK172+200～DK173+100 | 鱼家山双线大桥 | |
| 35号 | DK173+500 | 400 | DK173+100～DK174+300 | 柯家沟1号大桥、3号钢筋加工场 | |
| 36号 | DK174+600 | 400 | DK174+300～DK175+400 | 花院坪双线特大桥1 | |
| 37号 | DK175+600 | 400 | DK175+400～DK176+400 | 花院坪双线特大桥2 | |
| 38号 | DK176+700 | 400 | DK176+400～DK177+500 | 仰天窝双线大桥、通天寺 | |
| 39号 | DK177+000 | 800 | 搅拌站碎石场 | 8号搅拌站、碎石场 | |
| 40号 | 四平村 | 1 300 | 梁场 | 隆昌梁场 | |
| 41号 | 大河村 | 400 | DK177+500～DK179+200 | 隆昌北站四线大桥 | |
| 42号 | DK181+100 | 315 | DK179+200～DK181+900 | 朝阳店双线大桥、四方碑隧道 | |
| 43号 | 潮水村 | 400 | DK181+900～DK183+000 | 铜瓦寺双线特大桥 | |
| 44号 | 古墙村 | 500 | DK183+000～DK184+000 | 10号搅拌站、钢筋加工场 | |
| 45号 | 剑山村 | 400 | DK184+000～DK187+890.7 | 剑山村双线大桥 | |

(八)临时给水干管

本标段范围内河流水系发育,根据对全线主要河流地表水及地下水的水质分析,其大部分水质对混凝土无侵蚀性,施工用水可就近取水或打井取水。生活用水采用自来水或井水。

(九)临时渡口、码头、栈桥

在线路跨河处根据现场情况设置栈桥或埋设涵管,以确保主线便道贯通。在线路跨河处根据现场情况设置栈桥,主要设置栈桥处为跨越小青龙河、清流河及上坎子双线大桥等处,以确保主线便道贯通。栈桥宽度为5.0 m。

根据现场实际情况,在吴家坝沱江双线特大桥修建码头并修建施工栈桥240 m。另外为满足施工便道的畅通，需要在 DK136～DK142 之间设置施工栈桥 4 座，每座栈桥的长度约为 20 m。在小青龙河、清流河、上坎子河设置栈桥 3 座，总长 150 m。

（十）钢筋加工场

本标段共设置 14 个钢筋加工场，总占地 67.9 亩。钢筋场按照原材料堆放区、加工区、成品区布置，场地全部硬化，各类钢材、半成品、成品分类堆放整齐。

CYSG-3 标段钢筋加工场设置见表 4-1-27。

**表 4-1-27 中交二航局 CYSG-3 标段钢筋加工场设置一览表**

| 序号 | 名　称 | 位　置 | 供应范围 | 主要工程数量 | 占地面积(亩) |
|---|---|---|---|---|---|
| 1 | 1 号钢筋加工场 | DK132＋010 主线左侧 | DK129＋950～DK133＋200 | 桩基、承台及墩身 | 4 |
| 2 | 2 号钢筋加工场 | DK135＋500 主线左侧 | DK133＋200～DK135＋993 | 桩基、承台及墩身 | 5 |
| 3 | 3 号钢筋加工场 | DK138＋200 主线右侧 | DK135＋993～DK141＋210 | 桩基、承台及墩身 | 5 |
| 4 | 4 号钢筋加工场 | DK141＋700 主线左侧 | DK141＋210～DK142＋399 | 桩基、承台及墩身 | 5 |
| 5 | 5 号钢筋加工场 | DK144＋400 主线左侧 | DK142＋399～DK143＋710 | 桩基、承台及墩身 | 4 |
| 6 | 6 号钢筋加工场 | DK148＋400 主线左侧 | DK143＋710～DK145＋452 | 桩基、承台及墩身 | 4 |
| 7 | 7 号钢筋加工场 | DK154＋000 主线左侧 | DK145＋452～DK147＋256 | 桩基、承台及墩身 | 5 |
| 8 | 8 号东兴梁场钢筋加工场 | DK146＋800 线路左侧 | DK129＋950～DK156＋855 | 箱梁 | 7.6 |
| 9 | 9 号钢筋加工场(铁炉沟) | DK160＋300 线路右侧 | DK156＋855～DK162＋432 | 桩基、承台、墩身 | 8 |
| 10 | 10 号钢筋加工场(清流河边) | DK162＋460 线路右侧 | DK156＋855～DK165＋376.34 | 桩基、承台、墩身 | 5 |
| 11 | 11 号钢筋加工场(水口寺村) | DK167＋700 线路右侧 | DK165＋376.34～DK171＋000 | 桩基、承台、墩身 | 5 |
| 12 | 12 号钢筋加工场(姚家坡村) | DK173＋500 线路右侧 | DK171＋000～DK177＋025 | 桩基、承台、墩身 | 8.7 |
| 13 | 13 号钢筋加工场(铜瓦寺) | DK182＋850 线路左侧 | DK177＋025～DK187＋890.76 | 桩基、承台、墩身 | 8 |
| 14 | 14 号隆昌梁场钢筋加工场 | DK177＋200 线路左侧 | DK156＋855～DK187＋890.76 | 箱梁 | 8 |

（十一）取弃土场

由于全线线路路基开挖大于填方量，还有 6 座隧道的弃渣需要堆放，本标段只设置弃土场。

弃土场选定在不易被水冲走的封闭沟、谷中，位于正线的沟谷下方。遵照“先挡后弃”的原则，对弃土场容易发生坍塌的一侧设置支挡结构。根据本标段的实际情况，设弃土场 64 个，见表 4-1-28。

**表 4-1-28 CYSG-3 标段取弃土场设置一览表**

| 序号 | 弃土场名称 | 面积(亩) | 位　置 | 弃土数量($m^3$) |
|---|---|---|---|---|
| 1 | 东凌寺弃土场 | 24.9 | DK133＋400，右侧 660 m | 79 680.00 |
| 2 | 梨儿园进口 1 号弃土场 | 21.792 | DK133＋600，右侧 300 m | 116 226.13 |
| 3 | 梨儿园进口 2 号弃土场 | 27.465 | DK133＋640，右侧 600 m | 137 325.00 |
| 4 | 梨儿园出口弃土场 | 23.373 | DK135＋220，右侧 200 m | 124 656.00 |
| 5 | 坛登岩隧道弃土场 | 7.563 | DK136＋600，右侧 120 m | 42 100.70 |
| 6 | 梯子岩 1 号弃土场 | 36.2 | DK136＋600，右侧 125～325 m | 120 666.67 |
| 7 | 菱角滩弃土场 | 30.2 | DK136＋700，左侧 900 m | 96 640.00 |
| 8 | 梯子岩 2 号弃土场 | 38.9 | DK137＋100，左侧 1 220～1 435 m | 129 666.67 |
| 9 | 桂花塘 0 号弃土场 | 28 | DK137＋300，左侧 1 235～1 420 m | 85 866.67 |
| 10 | 桂花塘 22 号弃土场 | 39.7 | DK137＋800，左侧 670～950 m | 127 040.00 |
| 11 | 龙神坳搅拌站弃土场 | 31.1 | DK138＋600，右侧 150 m | 103 666.67 |
| 12 | 龙神坳隧道弃土场 | 21.972 | DK138＋700，左侧 150 m | 123 043.20 |
| 13 | 学堂湾弃土场 | 25.5 | DK139＋350，左侧 350～510 m | 81 600.00 |
| 14 | 柏杨湾弃土场 | 27.8 | DK140＋700，左侧 215～445 m | 92 666.67 |
| 15 | 四方碑弃土场 | 23.868 | DK141＋350，左侧 300 m | 92 448.72 |

续上表

| 序号 | 弃土场名称 | 面积(亩) | 位　置 | 弃土数量($m^3$) |
|---|---|---|---|---|
| 16 | 白马滩弃土场 | 21.6 | DK142+000,左侧 1 220~1 500 m | 67 680.00 |
| 17 | 高山村弃土场 | 19.9 | DK142+450,左侧 2 000 m | 61 026.67 |
| 18 | 熊家湾弃土场 | 14.7 | DK143+450,右侧 220~470 m | 49 000.00 |
| 19 | DK144+200 弃土场 | 42.4 | DK144+200,右侧 100~200 m | 141 333.33 |
| 20 | 排灯坳弃土场 | 25 | DK144+200,右侧 250 m | 78 333.33 |
| 21 | DK145+000 弃土场 | 29.1 | DK145+000,右侧 830~1 080 m | 89 240.00 |
| 22 | 前进 1 号弃土场 | 83.5 | DK146+000,右侧 600 m 处 | 267 200.00 |
| 23 | DK146+200 弃土场 | 41.5 | DK146+200,左侧 350~540 m | 124 500.00 |
| 24 | 前进村 2 号弃土场 | 193.977 | DK146+400,右侧 1 100 m | 1 099 203.00 |
| 25 | DK147+300 弃土场 | 21.6 | DK147+300,左侧 270~470 m | 72 000.00 |
| 26 | 联合弃土场 | 45 | DK147+400,左侧 560 m | 150 000.00 |
| 27 | 苏家湾弃土场 | 28.8 | DK148+000,左侧 450 m | 96 000.00 |
| 28 | 五星村弃土场 | 23 | DK148+300,左侧 550 m | 76 666.67 |
| 29 | DK149+200 弃土场 | 42 | DK149+200,左侧 326 m 处 | 126 000.00 |
| 30 | 平乐 1 号弃土场 | 48.3 | DK150+100,左侧 330 m | 161 000.00 |
| 31 | 平乐二号弃土场 | 25 | DK150+200,左侧 900 m | 80 000.00 |
| 32 | 新建村弃土场 | 23.8 | DK154+930,右侧 1 080~1 470 m | 79 333.33 |
| 33 | 赛峨村弃土场 | 22.9 | DK155+900,左侧 1 815~2 100 m | 68 700.00 |
| 34 | 石锣村弃土场 1 | 34.8 | DK158+75~+290,右侧 115~430 m | 116 000.00 |
| 35 | 石锣村弃土场 2 | 37.1 | DK158+550~+725,右侧 155~540 m | 123 666.67 |
| 36 | 石锣村弃土场 3 | 25.6 | DK159+285~+550,左侧 560~770 m | 85 333.33 |
| 37 | 石锣村弃土场 4 | 148.8 | DK159+280~490,右侧 3 776 m | 496 000.00 |
| 38 | 小河口弃土场 | 97.755 | DK159+350,右侧 3 900 m | 475 741.00 |
| 39 | 郭家村弃土场 | 36.5 | DK160+815~DK161+380,左侧 1 980~2 275 m | 97 333.33 |
| 40 | 郭家寺隧道弃土场 | 15.966 6 | DK160+815~DK161+380,左侧 1 980~2 275 m | 67 166.16 |
| 41 | 上桥村 1 弃土场 | 62.2 | DK161+325~+700,左侧 85~400 m | 207 333.33 |
| 42 | 椑木镇弃土场 | 244.971 | DK161+350,右侧 8 100 m | 1 322 843.40 |
| 43 | 上桥村 2 弃土场 | 23.3 | DK162+855~DK163+060,左侧 735~910 m | 74 560.00 |
| 44 | 进仕村弃土场 | 40.5 | DK163+185~+380,右侧 400~465 m | 135 000.00 |
| 45 | 观音堂弃土场 | 37.1 | DK164+470~+800,右侧 455~650 m | 116 246.67 |
| 46 | 田坝村弃土场 | 46.9 | DK166+660~+807,右侧 180~420 m | 156 333.33 |
| 47 | 苦桩岩弃土场 | 76.3 | DK167+390~+775,右侧 620~920 m | 254 333.33 |
| 48 | 耳朵山弃土场 | 46 | DK168+620~DK169+040,右侧 985~1 460 m | 153 333.33 |
| 49 | 大湾弃土场 | 37.5 | DK168+850~DK169+000,右侧 700~900 m | 125 000.00 |
| 50 | 永东乡场口弃土场 | 54.6 | DK169+700~+975,右侧 640~1 080 m | 145 600.00 |
| 51 | 流油村弃土场 | 48.1 | DK170+150~400,右侧 540~730 m | 153 920.00 |
| 52 | 尧家坡弃土场 3 | 92 | DK172+240~+420,左侧 800~1 120 m | 294 400.00 |
| 53 | 尧家坡弃土场 1 | 57 | DK172+480~+690,左侧 1 090~1 280 m | 190 000.00 |
| 54 | 尧家坡弃土场 2 | 61.7 | DK173+700,右侧 300 m | 205 666.67 |
| 55 | 甘家桥弃土场 1 | 33 | DK174+000,右侧 350 m | 105 600.00 |
| 56 | 甘家桥弃土场 2 | 21 | DK174+250,右侧 400 m | 67 200.00 |
| 57 | 四平村弃土场 1 | 91.3 | DK176+700,左侧 150~400 m | 304 333.33 |

续上表

| 序号 | 弃土场名称 | 面积(亩) | 位 置 | 弃土数量($m^3$) |
|---|---|---|---|---|
| 58 | 四平村弃土场2 | 32.9 | DK177+250～+430,左侧220～450 m | 109 666.67 |
| 59 | 葛藤村弃土场1 | 19.565 | DK177+880～+290,右侧250 m | 69 129.67 |
| 60 | 葛藤村弃土场2 | 21.972 | DK178+400,左侧400 m | 70 310.40 |
| 61 | 五里村弃土场 | 8.300 | DK179+400,右侧350 m | 27 666.67 |
| 62 | 包家山弃土场 | 82.600 | DK180+550,左侧350 m | 269 826.67 |
| 63 | 槽房村弃土场 | 50.200 | DK181+800,左侧200 m | 167 333.33 |
| 64 | 黄花寺村弃土场 | 116.100 | DK185+600,左侧500 m | 387 000.00 |

(十二)火工品库

按火工品管理规定,火工品库位置要远离居民区、工厂、村庄和人员稠密区,考虑本标段的主要火工品用量集中在6座隧道、75段路基、内江北车站和隆昌北车站,库房需适当选在用量大的工点附近,为了今后火工品的领用、退库安全方便,本标段设置火工品库5处。

火工品库包括雷管库、炸药库和看守房。火工品库按安全要求规定呈三角形布置,并报经当地公安部门批准并验收合格后使用。

5处火工品库设置见表4-1-29。

**表4-1-29 CYSG-3标段火工品库设置一览表**

| 序号 | 对应线路里程 | 储存量(t) | 占地(亩) | 供应范围 | 备注 |
|---|---|---|---|---|---|
| 1 | DK133+500左侧 | 10 | 0.8 | DK129+950～DK135 | |
| 2 | DK140+800左侧 | 10 | 1 | DK135～DK150 | |
| 3 | DK154+300左侧 | 10 | 0.8 | DK150～DK156+850 | |
| 4 | DK160+428右侧 | 10 | 1 | DK156+855～DK171+000 | |
| 5 | DK178+182左侧 | 10 | 1 | DK171+0000～DK187+890.76 | |

## 五、CYSG-4标段大型临时工程建设方案

(一)铺轨基地

本标段在新建成渝客专荣昌北站设置铺轨基地1处,设计存轨200 km,负责成渝客专长轨储存及长轨铺设任务。基地占地面积约251亩,设有长轨存放区、道岔存放及拼装区、轨料存放区等。

荣昌铺轨基地设置在新建荣昌北站重庆端,在既有成渝铁路峰高铺车站3道插入一组临时单开道岔(纳入峰高铺车站联锁),修建临时线路1.5 km连通至荣昌铺轨基地。铺轨基地在新建荣昌北站Ⅱ道与新建线路接轨,接轨处预留临时道岔区,暂不铺设无砟道床,待铺轨结束,拆除临时道岔后再进行无砟道床施工。

铺轨基地共设置10股临时线路:1道为第一500 m长钢轨装卸线;2、3、4道为存车、调车线;5道为第二500 m长钢轨和站线轨料装卸线;6道为道岔生产装卸线;7道为机待线;8、9道为整备线;10道为安全线;另外铺设2条联络线、1条渡线。共铺设临时道岔16组。

铺轨基地设500 kV变压器1台,供生产用电;20 t 17 m跨龙门吊4台,用于道岔装卸及拼装;10 t 17 m跨龙门吊2台,用于轨枕及各种轨料装卸;2 t固定式龙门吊64台,用于长钢轨装卸。

(二)制 梁 场

本标段设制梁场2个,分别为龙集制梁场和峰高制梁场,以杜家坝隧道为界安排制、运、架任务。

龙集制梁场位于DK191+780右侧,占地120亩,设制梁台座6个,存梁台座35个,制梁能力1.2孔/d,承担281孔制梁任务。

峰高制梁场位于DK217+500左侧,占地180亩,设制梁台座8个(另预留2个),存梁台座80个,制梁能力1.6孔/d,承担501孔制梁任务。

(三)材 料 厂

材料厂设置尽量与既有成渝铁路车站、既有公路相结合,考虑材料的来源及用料方向,做到材料运输不反向倒流,节省运费;同时方便材料的进出运输。本标段设置材料厂两处,分别设在铺轨基地和唐皇坝村,占地各 12 亩,详见表 4-1-30。

表 4-1-30 材料厂设置表

| 序号 | 厂 名 | 位 置 | 里 程 | 占地面积 |
|---|---|---|---|---|
| 1 | 荣昌材料厂 | 铺轨基地 | DK210+000 | 12 亩 |
| 2 | 永川材料厂 | 唐皇坝村 | DK233+500 | 12 亩 |

(四)钢筋加工厂

本标段共设置 12 处集中钢筋加工场,用于对标段内桥涵、路基、隧道、无砟道床等钢筋的集中加工生产。钢筋加工场设置详见表 4-1-31。

表 4-1-31 钢筋加工场设置表

| 名 称 | 位 置 | 面积($m^2$) | 供应范围 | 运距(km) | 储存能力(t) |
|---|---|---|---|---|---|
| 1 号钢筋加工场 | DK189+200 | 3 500 | DK187+890~DK192+094 | 2.8 | 1 200 |
| 2 号钢筋加工场 | DK193+850 | 3 500 | DK192+094~DK197+800 | 4.0 | 1 200 |
| 3 号钢筋加工场 | DK203+350 | 4 600 | DK197+800~DK203+953 | 5.5 | 2 500 |
| 4 号钢筋加工场 | DK205+200 | 3 000 | DK203+953~DK207+300 | 2.6 | 1 200 |
| 5 号钢筋加工场 | DK208+950 | 3 000 | DK207+300~DK213+319 | 4.3 | 1 000 |
| 6 号钢筋加工场 | DK214+520 | 2 500 | DK213+319~DK215+929 | 1.4 | 1 200 |
| 7 号钢筋加工场 | DK218+580 | 2 500 | DK215+929~DK219+265 | 3.2 | 1 000 |
| 8 号钢筋加工场 | DK220+200 | 2 300 | DK219+265~DK222+695 | 5.3 | 1 000 |
| 9 号钢筋加工场 | DK223+520 | 2 000 | DK222+695~DK224+090 | 4 | 900 |
| 10 号钢筋加工场 | DK225+800 | 3 000 | DK224+090~DK229+142 | 4.2 | 2 500 |
| 11 号钢筋加工场 | DK230+400 | 3 000 | DK229+142~DK234+012 | 4.7 | 1 200 |
| 12 号钢筋加工场 | DK237+700 | 3 500 | DK234+012~DK240+154 | 6.1 | 2 000 t |

(五)铁路岔线、便桥

在既有成渝铁路峰高铺车站 3 道压入 1 组渡线道岔(纳入车站连锁),修建临时铁路 1.5 km 通往荣昌铺轨基地。

(六)混凝土集中拌和站

本标段共设置混凝土拌和站 9 座,其中 2×90 的 4 座,2×120 的 5 座。具体详见表 4-1-32。

表 4-1-32 混凝土集中拌和站设置一览表

| 拌和站编号 | 型号 | 数量(套) | 设置位置 | 供应范围 |
|---|---|---|---|---|
| 1 号混凝土拌和站 | HZS120 | 2 | DK191+780 | 负责龙集制梁场 281 孔箱梁的混凝土供应 |
| 2 号混凝土拌和站 | HZS90 | 2 | DK193+850 | DK187+890~DK197+800 段桥梁、路基、涵洞工程 |
| 3 号混凝土拌和站 | HZS90 | 2 | DK204+000 | DK197+800~DK203+953 段桥梁、路基、涵洞工程 |
| 4 号混凝土拌和站 | HZS90 | 2 | D1K204+900 | DK203+953(长链前)~DK207+135 段桥梁、路基、涵洞及隧道工程 |
| 5 号混凝土拌和站 | HZS120 | 2 | DK214+450 | DK207+135~DK215+929 段桥梁、路基、涵洞工程 |
| 6 号混凝土拌和站 | HZS120 | 2 | DK217+500 | 负责峰高铺制梁场 501 孔箱梁的混凝土供应 |
| 7 号混凝土拌和站 | HZS90+HZS120H | 2 | DK218+620 | DK215+929~DK222+567 段路基、桥梁、涵洞及隧道工程 |
| 8 号混凝土拌和站 | HZS90 | 2 | DK225+150 | DK222+567~DK229+142 段路基、桥梁、涵洞及隧道工程 |
| 9 号混凝土拌和站 | HZS120 | 2 | DK233+550 | DK229+142~DK240+142 段桥梁、路基、涵洞及隧道工程 |

（七）填料拌和站

本标段共设置4座填料拌和站，一至四分部各设1座，前期用作改良土拌和，后期用作级配碎石拌和，具体详见表4-1-33。

**表4-1-33　填料集中拌和站设置表**

| 拌和站编号 | 型　号 | 数量(套) | 面积($m^2$) | 设置位置 | 供应范围 |
|---|---|---|---|---|---|
| 1号填料集中拌和站 | WDB400 | 1 | 13 320 | DK198+500 | DK187+890～DK203+953 |
| 2号填料集中拌和站 | WDB400 | 1 | 12 000 | DK212+200 | DK203+953～DK215+929 |
| 3号填料集中拌和站 | WDB400 | 1 | 12 000 | DK221+100 | DK215+929～DK229+142 |
| 4号填料集中拌和站 | WDB400 | 1 | 19 000 | DK232+200 | DK229+142～DK240+154 |

（八）汽车运输便道

便道的修建按照既满足施工需要，又节省投资的原则，在新建部分的基础上充分利用既有道路进行改建和整修，尽量绕避村庄，减少干扰，方便施工运输。干线按双车道，引入线按单车道设计，双车道路基面设计6.5 m宽，横向双侧排水，横坡4%；单车道路面宽3.5 m，考虑每200 m设错车道(路面宽5.5 m)。

（九）临时通信

本管段沿线通信比较发达，铁路、地方通信网络基本已覆盖本管段，故未架设临时通信干线，临时通信按就近接入铁路、地方通信系统的方式解决。项目经理部领导及各部、室及施工队均安装程控电话，主要施工负责人、安全人员配备移动电话以便及时取得联系。施工现场调度指挥人员、测量班配备对讲机进行现场联络，对讲机频率报请当地公安局批准后使用。

项目经理部建立了运行良好的信息系统，自成网络后通过互联网与成渝公司网络相连。采用统一的“即时通信信息系统”，信息系统保证能与成渝公司系统连接，同时信息网络又覆盖各施工工区，各工区通过专线或Internet与项目部相连接形成网络。

（十）临时电力线路

本标段沿线电源较为发达，覆盖率较高，电源比较充足，能满足施工需要，施工用电采用地方电力线路接出，并在沿线重要结构物附近设置变压站，主要采用S9系列变压器。全标段共设置变压器43台，以供桥涵工程、隧道、混凝土拌和站及附近路基填料生产场、集中地基处理、加固防护工程等的施工用电。本标段主要变压器设置见表4-1-34。

**表4-1-34　变压器设置一览表**

| 分部 | 编号 | 变压器型号、数量 | 设置位置 | 供应范围 |
|---|---|---|---|---|
| 一分部 | 1号变压器 | S9-/10 kV-0.4k 1台 | DK188+350 | 班竹林特大桥 |
| | 2号变压器 | S9-/10 kV-0.4k 1台 | DK189+350 | 贺家埂特大桥 |
| | 3号变压器 | S9-/10 kV-0.4k 1台 | DK190+500 | 龙集大桥 |
| | 4号变压器 | S9-/10 kV-0.4k 1台 | DK191+700 | 黄桷岭桥、马槽子桥、钢筋场 |
| | 5号变压器 | S9-/10 kV-0.4k 1台 | DK194+000 | 2号拌和站 |
| | 6号变压器 | S9-/10 kV-0.4k 1台 | DK193+200 | 龙桥村桥、火烧屋大桥 |
| | 7号变压器 | S9-/10 kV-0.4k 1台 | DK194+250 | 火烧屋中桥、黄家坪桥 |
| | 8号变压器 | S9-/10 kV-0.4k 1台 | DK195+250 | 黄家坪桥、梧桐寺桥 |
| | 9号变压器 | S9-/10 kV-0.4k 1台 | DK196+800 | 高石坎桥、白果湾桥、朝阳冲 |
| | 10号变压器 | S9-/10 kV-0.4k 1台 | DK197+840 | 斑竹山桥、龙灯1号、2号桥 |
| | 11号变压器 | S9-/10 kV-0.4k 1台 | DK201+250 | 兴龙庙大桥 |
| | 12号变压器 | S9-/10 kV-0.4k 1台 | DK203+000 | 双河口大桥 |
| | 13号变压器 | S9-/10 kV-0.4k 1台 | DK203+700 | 游家大桥 |
| | 14号变压器 | S9-/10 kV-0.4k 1台 | DK204+100 | 3号拌和站 |

续上表

| 分部 | 编号 | 变压器型号、数量 | 设置位置 | 供应范围 |
| --- | --- | --- | --- | --- |
| 二分部 | 1 号变压器 | S9-/10 kV-0.4k 1 台 | D1K203+300 | 中大田大桥、杜家坝隧道进口 |
| | 2 号变压器 | S9-/10 kV-0.4k 1 台 | D1K204+935 | 4 号拌和站 |
| | 3 号变压器 | S9-/10 kV-0.4k 1 台 | D1K205+100 | 杜家坝隧道出口 |
| | 4 号变压器 | S9-/10 kV-0.4k 1 台 | D1K206+300 | 杨家坝大桥、黄家坪隧道 |
| | 5 号变压器 | S9-/10 kV-0.4k 1 台 | D1K207+350 | 濑溪河大桥 |
| | 6 号变压器 | S9-/10 kV-0.4k 1 台 | D1K208+200 | 云莲坡大桥 |
| | 7 号变压器 | S9-/10 kV-0.4k 1 台 | DK214+400 | 5 号拌和站 |
| | 8 号变压器 | S9-/10 kV-0.4k 1 台 | DK214+600 | 峰高铺特大桥 |
| 三分部 | 1 号变压器 | S9-/10 kV-0.4k 1 台 | DK216+500 | 熊家坡特大桥至龙屋茎大桥 |
| | 2 号变压器 | S9-/10 kV-0.4k 1 台 | DK218+600 | 红石岩隧道进口、7 号拌和站 |
| | 3 号变压器 | S9-/10 kV-0.4k 1 台 | DK221+900 | 红石岩隧道出口至西沟坳特大桥 |
| | 4 号变压器 | S9-/10 kV-0.4k 1 台 | DK223+400 | 胡家院子隧道出口至东胜村隧道进口 |
| | 5 号变压器 | S9-/10 kV-0.4k 1 台 | DK225+150 | 8 号拌和站 |
| | 6 号变压器 | S9-/10 kV-0.4k 1 台 | DK225+800 | 东胜隧道出口至小安溪 3 号大桥 |
| | 7 号变压器 | S9-/10 kV-0.4k 1 台 | DK227+300 | 响滩子大桥至燕子岩特大桥 |
| | 8 号变压器 | S9-/10 kV-0.4k 1 台 | DK229+000 | 小安溪特大桥 |
| 四分部 | 1 号变压器 | S9-/10 kV-0.4k 1 台 | DK229+350 | 双石桥中桥、双石一号隧道进口 |
| | 2 号变压器 | S9-/10 kV-0.4k 1 台 | DK230+300 | 双石一号隧道出口、金盆屋双线大桥 |
| | 3 号变压器 | S9-/10 kV-0.4k 1 台 | DK230+800 | 双石二号隧道 |
| | 4 号变压器 | S9-/10 kV-0.4k 1 台 | DK231+000 | 冷家坳拌和站、冷家坳双线大桥 |
| | 5 号变压器 | S9-/10 kV-0.4k 1 台 | DK231+700 | 金佳隧道 |
| | 6 号变压器 | S9-/10 kV-0.4k 1 台 | DK231+800 | 茶园湾双线中桥 |
| | 7 号变压器 | S9-/10 kV-0.4k 1 台 | DK232+600 | 赵家院双线中桥 |
| | 8 号变压器 | S9-/10 kV-0.4k 1 台 | DK236+000 | 永川渝昆高速 1 号双线特大桥 |
| | 9 号变压器 | S9-/10 kV-0.4k 1 台 | DK233+550 | 9 号拌和站 |
| | 10 号变压器 | S9-/10 kV-0.4k 1 台 | DK238+250 | 罗家坪隧道 |
| | 11 号变压器 | S9-/10 kV-0.4k 1 台 | DK239+000 | 永川渝昆高速 2 号双线特大桥 |
| 五分部 | 1 号变压器 | S9-/10 kV-0.4k 1 台 | DK191+780 | 1 号拌和站龙集制梁场 |
| | 2 号变压器 | S9-/10 kV-0.4k 1 台 | DK217+500 | 6 号拌和站峰高制梁场 |

#### (十一)临时给水干管

沿线地表水相对丰富,除局部地段水源点分布间隔稍大,水资源较贫乏外,没有特别困难的缺水地区,施工用水可就近取用。经过现场调查,在缺水地段,主要利用沿线常年有水的水源点,通过铺设供水管路,引至工地。

### 六、CYSG-5 标段大型临时设施建设方案

#### (一)施工道路及施工便桥

根据线路周边地方既有道路和工程分布情况,CYSG-5 标段共需修建便道 73.75 km,其中新建引入便道 20.42 km,改(扩)建便道 13.93 km,新建贯通便道 39.4 km。本标段设置施工栈桥 6 座,总长 147 m。一分部 2 座,长 12 m,设在大安隧道进口便道上;二分部 2 座,长 60 m,一座跨九龙河,长 21 m;一座跨梅江河,长 39 m(9+21+9);四分部 2 座,长 75 m,设在璧南河特大桥 5 号～8 号墩处及拌和站便道上(马家大桥);五分部 1 座,长 12 m,设在缙云山隧道斜井处。

(二)施工用电

本标段临时电力线路 67.21 km,分别由永川胜利 110 kV 变电所、璧山东林 110 kV 变电所、沙坪坝金凤 110 kV 变电所引出 10 kV 供电线路供施工用电。但由于永临结合方案实施的时间严重滞后,前期开工的项目采用就近的地方 10 kV 电源,后期开工的项目如永临结合供电线路送电后接取电。

(三)施工用水

隧道施工供水有水源就近修建高压水池供应,无水源工点就近从沟渠中抽水修建高压水池供应或打井供应;大安隧道进出口及斜井、陈家坡隧道进口、缙云山隧道进出口及斜井、上石岩隧道进口、璧山隧道进出口及斜井用水采用打井抽取,在附近山头共设置 11 座高压水池供隧道内施工用水,水池与洞顶高差不小于 40 m,蓄水池设置为 10 m×15 m×1.5 m,储水量不小于 200 t。

混凝土拌和站修建常规蓄水池;现场生产用水主要为混凝土养护及桩基施工用水,可利用就近的河流、水库等水源,离水源较远的地段采用打井取水;经理部及架子队驻地的生活用水采用自来水或打井取水。

(四)驻地建设

项目部、各工区及各作业队生活及办公用,房采用新建或租用地方房屋进行建设。新建生活房屋采取彩钢活动板房,生产房屋采用单层钢结构房屋,生产及生活区场地用混凝土进行硬化处理,建筑物四周设置排水沟,场地内在合理的位置设置污水处理池。各生产生活污水经处理达标后,就近排入当地排水系统。项目经理部及各分部驻地位置及建设情况见表 4-1-35。

**表 4-1-35 项目经理部及各分部驻地位置及建设情况**

| 序号 | 施工单位 | 驻地位置 | 备注 |
|---|---|---|---|
| 1 | 项目经理部 | 永川区萱花西路 263 号 | |
| 2 | 一分部 | DK243＋000 处线路左侧,租用当地农家乐 | |
| 3 | 二分部 | DK248＋700 处线路左侧,租用当地农家乐 | |
| 4 | 三分部 | DK262＋000 处线路左侧,租用距正兴镇 1 km 的当地水务局 | |
| 5 | 四分部 | DK262＋340 处,璧山梁场 | |
| 6 | 五分部 | DK281＋300 处线路左侧,新建活动板房作为驻地 | |
| 7 | 三电分部 | 大安镇安置小区 | |
| 8 | 物资分部 | 永川区宫井路 180 号 | |
| 9 | 架梁分部 | DK262＋320 处,租用当地农房 | |

(五)混凝土拌和站

根据标段混凝土施工总方量确定设置 6 个混凝土拌和站和 5 个喷射混凝土拌和站,具体位置及生产能力见表 4-1-36。

**表 4-1-36 混凝土拌和站设置情况表**

| 序号 | 名　称 | 配　置 | 位　置 | 供应范围 | 所属分部 |
|---|---|---|---|---|---|
| 1 | 1 号拌和站 | 2×60 m³/h | DK243＋200 | DK240＋154～DK245＋750 | 一分部 |
| 2 | 2 号拌和站 | 2×90 m³/h | DK248＋550 | DK245＋750～DK249＋989 | 二分部 |
| 3 | 3 号拌和站 | 3×120 m³/h | DK256＋030 | DK249＋989～DK258＋875 | 二分部 |
| 4 | 梁、板场拌和站 | 2×120＋90 m³/h | DK262＋600 | DK258＋875～DK267＋770 | 四分部 |
| 5 | 4 号拌和站 | 2×90 m³/h | DK273＋000 | DK267＋770～DK276＋500 | 四分部 |
| 6 | 5 号拌和站 | 2×90＋2×60 m³/h | DK281＋300 | DK276＋500～DK288＋992 | 五分部 |
| 7 | 1 号喷射混凝土拌和站 | 750 型 | DK267＋460 | 陈家坡隧道 | 三分部 |
| 8 | 2 号喷射混凝土拌和站 | 750 型 | DK275＋280 | 缙云山隧道进口 | 五分部 |
| 9 | 3 号喷射混凝土拌和站 | 750 型 | DK277＋480 | 缙云山隧道斜井 | 五分部 |
| 10 | 4 号喷射混凝土拌和站 | 750 型 | DK278＋800 | 缙云山隧道出口和上石岩隧道 | 五分部 |
| 11 | 5 号喷射混凝土拌和站 | 750 型 | DK283＋190 | 璧山隧道进口和斜井 | 五分部 |

(六)级配碎石拌和站

标段共设置5个级配碎石拌和站,其中1个独立设置,4个设在混凝土拌和站内。

(七)中心试验室及工地试验室的设置

标段中心试验室设置在梁、板场内,由四分部组建,负责水泥、粉煤灰、外加剂、钢筋等原材料的检验、检测工作;各分部在相应拌和站内设置工地试验室,负责各自分部范围内的混凝土试件强度试验以及路基填筑相关的$K_{30}$、$E_{vd}$、$n$等指标的检测,工地试验室设置标养室。

(八)钢筋加工厂的设置

标段内共设置7个钢筋加工厂,其中在1号~5号混凝土拌和站各设置一处钢筋加工厂;梁、板场内设置一处钢筋加工厂;DK262+100处设置一处钢筋加工厂。钢筋加工厂配置半自动化钢筋笼加工设备,按作业流程配置工装模具。按作业流程进行场地分区:原材料区、下料区、加工区、半成品区、成品区、废料及废品区。规范制作区域和材料标志牌,各功能区应有明确界线标志。场地采用混凝土硬化。

(九)小型预制件场的设置

本标段在梁场内设置一处小型预制件场,占地20亩,负责整个标段桥梁遮板以及路基电缆槽、水沟、电缆槽盖板、栅栏等其他小型预制件。

(十)炸药库的设置

在大安隧道设置一座炸药库,位于大安境内,DK250+030左侧,距离洞口约1 100 m左右;DK254+060~DK258+875陈家坡隧道进出口、璧山车站附近、缙云山隧道进出口、上石岩隧道进口及璧山隧道进出口分别设临时存放点,施工使用炸药采用配送方式,由民爆公司统一配送。

(十一)制 梁 场

本标段在璧山设1处箱梁预制场,位于重庆市璧山县正兴镇,梁场中心里程为DK262+600,占地150亩,线路左侧。共计522孔后张法预应力混凝土单箱单室箱梁。

制梁区设置在2台50 t龙门吊走行轨道内,根据制梁周期、架梁工期、制梁工艺等共设置7个制梁台座、底腹板钢筋预扎台座2个、面筋预扎台座2个、内模拼装台座5个;存梁区共设置40个双层存梁台座满足制架梁工期及存梁数量需求,日制梁1.4孔,月制梁能力42孔,最大存梁能力84孔;混凝土拌和区共设置2台120 $m^3/h$和1台90 $m^3/h$的拌和站,理论生产能力330 $m^3/h$,满足日产箱梁生产需求,同时考虑与板场使用的混凝土需求,紧挨拌和站设置相应的砂石料场;装梁区设置运梁车及运架一体机专用上线通道,同时设置临时装梁台座2座。

(十二)轨 枕 厂

成渝客专CYSG-5标璧山(3号)轨枕场,位于重庆市璧山县正兴镇境内,线路右侧,中心里程DK262+600,与璧山梁场相邻,占地约85亩。主要承担成渝客运专线4标和6标部分、5标全部的双块式轨枕预制任务。

轨枕场平面布置依据施工任务、轨枕铺设工期、施工进度、制枕周期、轨枕预制工艺、轨枕存放方式等对场地进行三大分区块布置(办公生活区、生产区、轨枕储存区)。

生产区为全封闭厂房,厂房内规划2个车间,一个钢筋加工车间,布置钢筋冷轧生产线、钢筋弯曲生产线及桁架钢筋生产线各一条及原材料、半成品、成品堆放区域;一个为轨枕成形车间,布置轨枕环形生产线及成品缓存区域。钢筋加工车间通过10 t桁吊进行原材料、半成品、成品的储存、堆放及转运,完成整个钢筋生产的衔接。轨枕成形车间内环形生产线含轨枕组装、混凝土预制、蒸汽养护、脱模、转运等区域,通过10 t桁吊及模型辊道完成生产线的衔接。混凝土备制采用与梁场共用3号拌和站及混凝土原材料储存区,混凝土运输通过混凝土罐车经混凝土运输专用通道由拌和站运送至车间内,再由10 t桁吊吊运完成混凝土入模。轨枕储存区紧邻厂房布置,通过10 t龙门吊及叉车完成轨枕的堆放及储存。根据轨枕预制及铺枕施工工期安排,按最不利影响因素,轨枕场内最大存放能力约100 000根,可存储高峰期4个月生产量。

## 七、沙坪坝项目大型临时设施建设方案

(一)施工道路及施工便桥

本标段共需修建便道3.93 km,其中新建便道2.83 km,利用原有便道1.1 km。本标段设置施工栈桥2

座，总长 165 m。

（二）施工用电

本标段共安装 4 台箱式变压器，由附近高压线 T 接，容量分别为 800 kVA、630 kVA、1 250 kVA、315 kVA，另外在现场配置 250 kVA 移动柴油发电机 2 台，作为备用电源。

（三）施工用水

主水管采用管径 DN100 的 PPR 管材分两处引入（表 4-1-37），一处重庆高架特大桥台尾至 DK296＋760 段施工用水采用接自沙铁大厦 A 栋前站西路处主供水管道，长 940 m；另一处 DK296＋760 至红岩隧道进口段施工用水采用接自重庆市八中内给水管道，长度 570 m。主水管埋深 80 cm，在市政管网驳接点处设置水表井，井内设总水表和水阀。现场用水管道均采用 DN50 的 PPR 管材，从主供水管道相应位置接入，现场用水主要分为施工用水、临时消防用水、现场办公区和生活区的用水、基坑开挖除尘用水等。

**表 4-1-37　施工用水情况**

| 给水管道位置 | 长度(m) | 管　径 | 主要供应工点 |
|---|---|---|---|
| 高架桥台尾至 DK296＋760 段 | 940 | DN100 | 站南路西段、西连接道、基坑 |
| DK296＋760 至红岩隧道进口段 | 570 | DN100 | 基坑、锚固桩、站南路东段、东连接道 |
| 深基坑周边 | 1 286 | DN50 | 深基坑开挖后，周边喷淋系统 |
| 临时建筑周边 | 2 000 | DN50 | 项目部(现场办公区)、队伍驻地、钢筋加工场等 |

（四）驻地建设

局指挥部和五公司的项目部设在西南政法大学院内，同时在施工现场设办公区。四公司、建筑公司项目部及各子公司队伍驻地设在施工现场。前期四公司项目部设置在实验幼儿园及学林佳苑 B 栋（2 套二居室，2 套一居室，面积 220 $m^2$）内，2016 年 8 月份小广场上盖桥完成后搬至小广场上盖桥上，并在小广场上新建一处队伍驻地。详见表 4-1-38。

**表 4-1-38　项目部及队伍驻地设置**

| 项目部或队伍驻地 | | 位　置 | 占地面积($m^2$) | 建筑面积($m^2$) | 备　注 |
|---|---|---|---|---|---|
| 项目部 | 局指挥部现场办公区 | 站南路 ZNK0＋200 处左侧 50 m | 1 100 | 785 | |
| | 五公司现场办公区 | | | | |
| | 建筑公司项目部 | 翁达平安大厦西南角 | 582 | 577 | |
| | 四公司项目部(前期) | 原实验幼儿园及学林佳苑 B 栋内 | — | 300 | 小广场上盖桥完成前 |
| | 四公司项目部(后期增加) | 小广场上盖桥上 | 1 046 | 700 | 小广场上盖桥 2016.8 完成后 |
| 队伍驻地 | 五公司队伍驻地 | 站南路 ZNK0＋160 左侧 50 m | 3 400 | 1 800 | |
| | 建筑公司队伍驻地 | 站南路 ZNK0＋340 左侧 50 m | 1 300 | 1 000 | |
| 队伍驻地 | 四公司队伍驻地 1 | 风井东侧 | 2 000 | 1 644 | 小广场上盖桥完成前 |
| | 四公司队伍驻地 2 | 小广场上盖桥上 | 1 700 | 1 290 | 小广场上盖桥完成后 |
| | 规划队伍驻地 1 | 重庆高架特大桥 45 号墩附近 | 1 000 | | |
| | 规划队伍驻地 2 | 西连接道东侧消防桥区域 | 1 500 | | 待生化池、消防桥施工完成后利用 |
| | 规划队伍驻地 3 | 站南路隧道顶 | 7 500 | | 站南路隧道完成后利用 |
| | 规划队伍驻地 4 | 西侧商业上盖上 | 6 000 | | 西侧商业上盖完成后利用 |

（五）钢筋加工厂的设置

钢筋加工场根据施工组织安排及铁路上盖工程施工情况分 2 阶段进行布置，前期在场地内设置 4 个大型钢筋加工场，待铁路上盖工程完成后搬迁至铁路上盖上；枢纽结构施工期间，在 6 个高层附近各新增 1 个小型钢筋加工场，并随结构工程施工情况进行搬迁转换，见表 4-1-39。场内钢筋采用平板车（随车吊）并结合塔吊、吊车进行运输。

**表 4-1-39 钢筋加工场设置情况**

| 阶段 | 名称 | 位置 | 面积($m^2$) | 使用期间 | 备注 |
|---|---|---|---|---|---|
| 第一阶段 | 1号钢筋加工场 | 铁路上盖西侧边缘 | 1 800 | 2016年3月建成,使用至对应站场换填前 | 五公司 |
| | 2号钢筋加工场 | 铁路配套用房区域 | 2 100 | 2016年3月建成,使用至铁路配套用房施工前 | 建筑公司 |
| | | 站房区域上盖平台上 | 2 100 | 上盖及站房施工期间 | |
| | 3号钢筋加工场 | 铁路上盖中区东南侧 | 150 | 已建成,使用至对应基坑开挖前 | 五公司 |
| | 4号钢筋加工场 | 铁路上盖东区南侧 | 280 | 2016年3月建成,对应上盖结构施工前 | 四公司 |
| | | 东侧商业上盖平台上 | 2 500 | 上盖施工期间 | |
| 第二阶段 | 5号钢筋加工场 | 双子塔A栋 | 80 | 枢纽结构施工期间 | 五公司 |
| | 6号钢筋加工场 | 双子塔B栋 | 80 | 枢纽结构施工期间 | 五公司 |
| | 7号钢筋加工场 | 成都铁路局办公楼 | 80 | 枢纽结构施工期间 | 四公司 |
| | 8号钢筋加工场 | 五星级酒店 | 80 | 枢纽结构施工期间 | 四公司 |
| | 9号钢筋加工场 | 公寓式办公楼A栋 | 80 | 枢纽结构施工期间 | 四公司 |
| | 10号钢筋加工场 | 公寓式办公楼B栋 | 80 | 枢纽结构施工期间 | 四公司 |

(六)材 料 场

本标段共设置2个材料场,材料场1设置于站南路北侧(主便道右侧)西连接道至站场加盖范围区域,该区域站南路施工前再搬迁至站南路隧道上方。材料场2设置与沙铁大厦B栋南侧,具体见表4-1-40。

**表 4-1-40 材料场工布置情况**

| 项目 | 位置 | 面积($m^2$) | 备注 |
|---|---|---|---|
| 1号材料场 | 站南路北侧 | 1 900 | 2015年3月建成,使用至该段站南路施工前 |
| | 站南路隧道上 | 1 000 | 站南路隧道回填后建设,使用至工程结束 |
| 2号材料场 | 沙铁大厦B栋南侧 | 500 | 材料场边距站场西区上盖承台外侧3 m |

(七)试 验 室

利用四公司试验室作为本项目中心试验室,内设办公室、水泥检验室、力学试验室、土工试验室和样品室。另在局指现场办公区内设置三间标养室,见表4-1-41。

**表 4-1-41 试验室设置表**

| 序号 | 试验室名称 | 位置 | 占地($m^2$) | 主要试验内容 | 备注 |
|---|---|---|---|---|---|
| 1 | 中心试验室 | 红石路152号 | 660 | 标准试验 | |
| 2 | 标养室 | 局指现场办公区内 | 180 | 现场取样 | |

(八)火工品库

本标段设置火工品库1个(炸药储量2 t,占地120 $m^2$),前期位于1号人行通道西侧,后期迁改至一期基坑内。其建设标准和有关要求按照重庆市公安局相关要求办理。

(九)小型预制件场的设置

本标段设置一处小型预制件场,占地2.2亩,负责整个标段路基电缆槽、水沟、电缆槽盖板等其他小型预制件。

(十)弃 土 场

本工程共设3个弃土场。1号弃土场位于沙坪坝区井口镇,2号弃土场位于北碚区同兴镇,3号弃土场位于沙坪坝区土主镇。面积427亩及弃渣容量200万 $m^3$,运距均在35 km左右。

# 第二章 路 基 工 程

本线成都东至终点重庆站正线路基长 100.272 km。成都枢纽成渝客专反发联络线路基长 0.517 km，成贵成渝联络上行线路基长 2.436 km，成贵成渝联络下行线路基长 0.755 km。重庆枢纽路基长 2.18 km。

全线软土、松软土段落多，不良地质工点多且分散。设计大面积采用改良土填筑路基，工后沉降控制难度大。

## 第一节 工 艺 试 验

根据《高速铁路路基工程施工质量验收标准》(TB 10751—2010)的要求，通过工艺性试验确定合适的压实机械，确定填料的松铺厚度和碾压工艺、填料最佳含水率的控制范围、最佳的机械配套和施工组织，确定合理的工艺流程和施工方法，控制基床表层级配碎石填筑质量，以满足验收标准及设计文件要求。

本节以 DK272+021～+343 段路基作为基床表层路堤填筑试验段为例(选取试验段长度为 100 m)，介绍基床表层级配碎石工艺试验。根据基床表层路堤填筑试验段施工方案，从 2013 年 9 月 25 日开始至 2013 年 9 月 30 日结束顺利的完成了试验路段施工，获得了完整的试验数据，为大面积填筑路基基床表层级配碎石施工提供了依据。

### 一、填料质量要求及材料来源

1. 填料质量要求

根据路基施工设计图纸、高速铁路路基工程施工质量验收标准中明确的填料类别，高速铁路路基基床表层填筑材料主要为级配碎石。基床表层级配碎石材料可由开山石块、天然卵石或砂砾石经破碎筛选而成。基床表层级配碎石要求不均匀系数 $C_u$ 不应小于 15，0.02 mm 以下颗粒质量百分率不应大于 3%，大于 22.4 mm 的颗粒中带有破碎面的颗粒所占的质量百分率应不小于 30%，不应含有黏土及其他杂质。基床表层级配碎石粒径级配要求见表 4-2-1。

**表 4-2-1 基床表层级配碎石粒径级配要求**

| 方孔筛孔边长(mm) | 0.1 | 0.5 | 1.7 | 7.1 | 22.4 | 31.5 | 45 |
|---|---|---|---|---|---|---|---|
| 过筛质量百分率 | 0%～11% | 7%～32% | 13%～46% | 41%～75% | 67%～91% | 82%～100% | 100% |

2. 填料来源

结合现场施工实际情况，考虑材料运输距离、材质及成本费用等，选取 0～31.5 mm 连续级配基床表层级配碎石(0～5 mm、5～10 mm、10～20 mm、16～31.5 mm)进行集中拌和、现场填筑施工。

3. 填料进场质量控制

在基床表层级配碎石生产期间，每工作班抽样检验 1 次颗粒级配、黏土及其他杂质含量、大于 22.4 mm 的粗颗粒中带有破碎面的颗粒含量。级配碎石进场时每 5 000 $m^3$ 检验一次颗粒级配。

### 二、级配碎石室内标准试验

按照《高速铁路路基工程施工质量验收标准》、基床表层级配碎石设计图纸等技术文件标准要求，对基床表层级配碎石所用材料进行标准试验检测。利用标准化的击实仪器，通过室内标准试验检测得出级配碎石的最佳含水率和最大干密度，并以该指标评定基床表层级配碎石在填筑压实过程中的质量和指导基床表层级配碎石快速施工。

1. 颗粒级配试验

通过材料选样采用 0～31.5 mm 级配碎石进行施工，分别采用 0～5 mm、5～10 mm、10～20 mm、16～31.5 mm 的单粒径级配进行筛分，进行理论曲线试配找出最佳级配。各粒径碎石掺配比例见表 4-2-2 及图 4-2-1。

**表 4-2-2　基床表层级配碎石级配组成**

| 级配碎石配合比(重量比)：(0～5)mm：(5～10)mm：(10～20)mm：(16～31.5)mm=35：30：15：20 | | | |
|---|---|---|---|
| 石屑，5～10 mm，0～5 mm | 碎　石 | 碎　石 | 碎　石 |
| 0～5 mm | 5～10 mm | 10～20 mm | 16～31.5 mm |
| 35% | 25% | 30% | 10% |

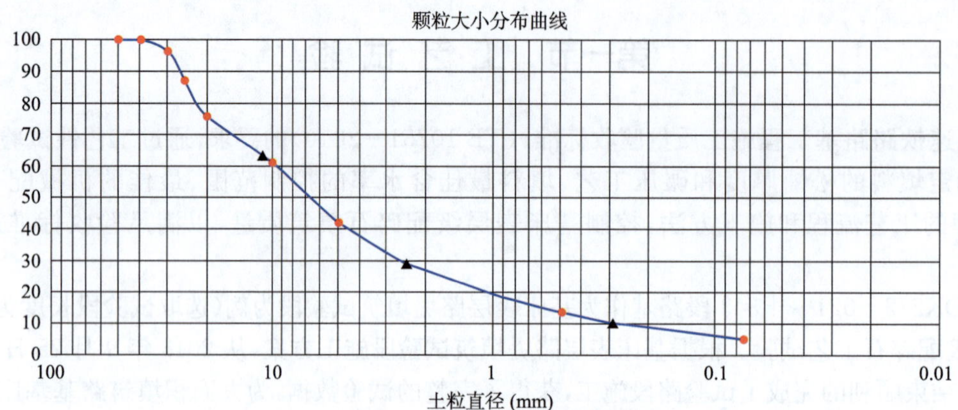


图 4-2-1　基床表层级配碎石合成级配曲线图

2. 标准击实试验

以级配碎石各单粒径筛分结果，按照最佳级配曲线筛分结果确定的各粒径掺配比例要求[(0～5)mm：(5～10)mm：(10～20)mm：(16～31.5)mm=35%：25%：30%：10%]进行标准试验配样。得出该级配碎石的最佳含水率为 4.9%，最大干密度为 2.33 g/cm³。具体击实曲线如图 4-2-2 所示。

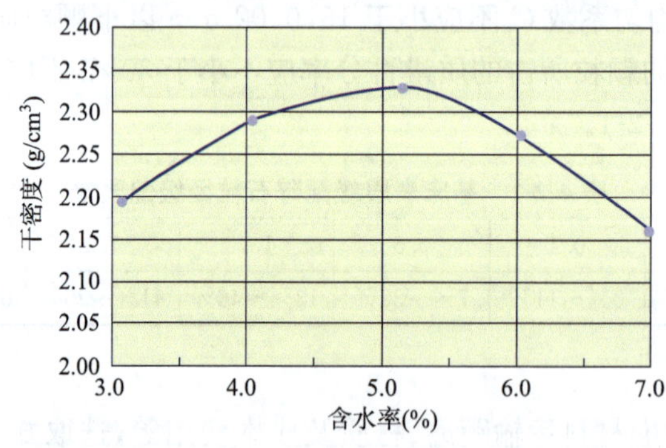


图 4-2-2　标准击实试验最大干密度及最佳含水率击实曲线图

3. 其他试验指标

岚峰碎石场级配碎石检测结果见表 4-2-3。

**表 4-2-3　岚峰碎石场级配碎石检测结果表**

| 序号 | 检测指标 | 实 测 值 |
|---|---|---|
| 1 | 洛杉矶磨耗率(≤30%) | 18.5% |
| 2 | 硫酸钠溶液损失率(≤6%) | 4.5% |
| 3 | 液限(≤25%) | 14% |
| 4 | 塑性指数(≤6) | 4.2% |

续上表

| 序号 | 检测指标 | 实测值 |
|---|---|---|
| 5 | 不均匀系数 $C_u$(≥15) | 23.2% |
| 6 | 0.02 mm 以下颗粒(≤3%) | 1.0% |
| 7 | 大于 22.4 mm 颗粒破碎面(≥30%) | 72% |

经试验室现场取样进行试验，并经监理见证，该级配碎石符合设计规范要求，可作为基床表层填料。

## 三、基床表层级配碎石压实标准及检测要求

### (一)检测指标

以地基系数 $K_{30}$、动态变形模量 $E_{vd}$、压实系数 $K$ 三项指标控制基床表层级配碎石压实质量，见表 4-2-4。

**表 4-2-4 基床表层级配碎石压实标准**

| 填料 | 压实标准 | | |
|---|---|---|---|
| | 地基系数 $K_{30}$(MPa) | 动态变形模量 $E_{vd}$ | 压实系数 $K$ |
| 级配碎石 | ≥190 | ≥55 | ≥0.97 |

### (二)检测点布置

检测点布置区间正线路基沿线路纵向长度每 100 m、站场路基折合正线双线每 100 m，每压实层抽样检验动态变形模量和压实系数各 6 点，其中：区间正线路基左、右距离路基边线 1 m 处各 2 点；抽样检验地基系数 4 点，其中：区间正线路基左、右距路基边线 1 m 处各 1 点，路基中部 2 点；站场路基按填筑分块分区进行检测。碾压时含水率应控制在由试验确定的允许含水率范围内。

## 四、机械设备配置及填料拌和

### (一)施工机械

配备自卸汽车 6 台，洒水车 1 台，推土机 1 台，平地机 1 台，22 t 压路机 1 台，见表 4-2-5。

**表 4-2-5 主要施工机械配备表**

| 序号 | 机械名称 | 规格或型号 | 单　位 | 数　量 |
|---|---|---|---|---|
| 1 | 洒水车 | 10 000 L | 台 | 1 |
| 2 | 推土机 | TY160 | 台 | 1 |
| 3 | 平地机 | PQ190 | 台 | 1 |
| 4 | 振动压路机 | XSM220 | 台 | 1 |
| 5 | 自卸汽车 | 解放 22 $m^3$ | 台 | 6 |
| 6 | 打夯机 | 平板振动夯 4 t | 台 | 2 |

### (二)级配碎石拌和

(1)为快速稳步推进基床表层级配碎石现场连续施工，对基床表层用级配碎石提前备料，采用粒料混凝土拌和站集中拌和外运至施工现场。

(2)级配碎石拌和站采用厂拌设备，装载机配合上料、电脑程控计量，对实际用料配比应打印出相应记录备查。在开始生产拌和级配碎石之前，对拌和计量设备进行计量核准，精度满足要求后方可开始生产，并在以后每工作班生产过程中定时进行校准复核，以确保计量误差满足规范要求。

(3)在生产厂、搅拌场、搅拌设备料斗内，集料储备应分类存放、相互隔开。其中石屑应现用现备，防止因多备造成下雨水化板结失去胶黏力。

(4)防止将泥土铲入，装车前车内要进行清扫，车厢应严密防止小颗粒渗漏。按照搅拌站试拌时确定的最佳组合方式生产。搅拌产量 150 $m^3$/h，装载机上料，6 台汽车运输。

(5)搅拌的混合料要现拌现用，严禁存放。施工中拌和能力、运输能力、摊铺能力要相互匹配、相互衔接。

(6)拌和中要根据配比要求结合天气、运输等条件、认真掌握好含水率，这对级配碎石的质量影响极大，

水少难以压实,水多会造成离析,试验室随时掌握控制材料含水率,并对拌和好的级配碎石含水率进行控制检测。

(7)每工作班生产过程中对搅拌好的级配碎石进行级配检测,不满足要求时试验室要及时给予调整。

## 五、施工方案、施工工艺及参数

### (一)施工方案

采用 22 t 压路机及配套挖、装、运、平整、洒水等设备进行基床表层路堤填筑试验段施工。

1. 下承层准备

下层经各项压实质量检测,符合基床底层压实质量标准要求,人工清除表面杂物,平地机精平表面。填前测量试验所需各断面底面标高(分别为左边桩、中桩、右边桩),精平施工完成后测量相应断面顶面标高(分别为左边桩、中桩、右边桩)。

2. 松铺层厚

采用按横断面全宽纵向水平填筑压实方法,松铺厚度按 25 cm 进行控制。结束后进行相应点位标高测量,碾压合格后再次测量相同位置顶面标高,通过计算取得实际松铺系数。

3. 含水率选取

严格控制级配碎石的含水率。在填筑工艺试验确定的施工允许含水率范围内,进场前首先测定含水率,严禁含水率过高的级配碎石进场。施工时拌和出合格的级配碎石用于基床表层填筑施工,运到施工现场并测定其含水率,最优含水率($W_{opt}$)控制在 4.9%。填料含水率控制在($W_{opt}-3\%$)~($W_{opt}+2\%$)范围内。

### (二)基床表层路堤填筑试验段施工方法及工艺

1. 施工准备

摊铺前先在路基中桩和沉降观测板处 1 $m^2$ 内人工摊铺,两侧边桩上标示出摊铺厚度(采用涂红白相间的木杆在相应的点位埋设稳固),用白线在 25 cm 处挂线。

2. 填筑

基床表层的填筑按基床底层、搅拌运输、摊铺碾压、检测、修整“四区段”和拌和、运输、摊铺、碾压、检测试验、修整养护“六流程”的施工工艺组织施工。采用按横断面全宽纵向水平分层填筑压实的方法,填筑按拟定的松铺厚度进行试验。在填筑中,根据填筑层宽度、车容量及分层填筑的松铺厚度事先计算出堆料间距,并在现场用石灰画格(根据每车 22 $m^3$ 的容量及松铺厚度确定方格网尺寸为 15 m×7.4 m),由专人指挥运料车严格按十字网格卸料。填筑时边坡两侧各加宽 50 cm,以保证边坡处的压实密度。

3. 摊铺平整

先用推土机由两侧往中间将填料依次进行初平,然后利用平地机精平,确保松铺厚度满足拟定要求。用平地机摊铺的地段,应用轮胎压路机快速碾压一遍,暴露的潜在不平再用平地机整平和整形,摊铺时应同时注意将顶面做成双向 4%的排水横坡,以利排水。在平地机摊铺后应由人工及时消除粗细集料离析现象。

4. 洒水晾晒

填筑施工中,先进行填料含水率检测,当级配碎石含水率较低时,应及时采用洒水措施;当级配碎石含水率过大时,采用将填料在路堤上摊铺晾晒进行处理,以确保最佳的含水率时进行碾压施工。

5. 碾压夯实

经现场检测填料含水率满足要求后,采用 22 t 振动压路机进行碾压,沉降观测板处采用小型振动夯实设备碾压。压实顺序按先两侧后中间,先静压后弱振、强振、静压的顺序进行。沉降观测桩附近 1 $m^2$ 范围内用 4 t 小型夯机人工夯实,遍数为 6 遍。压路机具体碾压方式为:先静压一遍、弱振二遍,强振二遍,最后静压一遍收面。静压时速不大于 4 km/h,振动碾压时速不大于 3 km/h。横向接缝处填料应翻挖并与新铺的填料混合均匀后再进行碾压,并注意调整含水率,纵向应避免工作缝。碾压后局部地方出现的不平整应补平并补压。碾压完成的基床表层应控制车辆通行,防止表层扰动,严禁在已完成的或正在碾压的路段上调头或急刹车。

6. 试验检测

在弱振第二遍完成后开始检测,每层均检测地基系数 $K_{30}$ 值(≥190 MPa/m)、动态变形模量 $E_{vd}$ 值(≥55 MPa)、

压实系数 $K$ 值(≥0.97)。

测点布置:测定松铺系数时,沿线路纵向每 20 m 为一个断面,每断面分别测设左、中、右三个位置;为了保证测点的相对位置不发生改变,在测点处采用放置石灰,保证测点为同一点。$K_{30}$、$E_{vd}$、$K$ 三项指标检测点布设如图 4-2-3 所示。

基床表层路堤填筑试验段施工工艺及质量控制流程如图 4-2-4 所示。

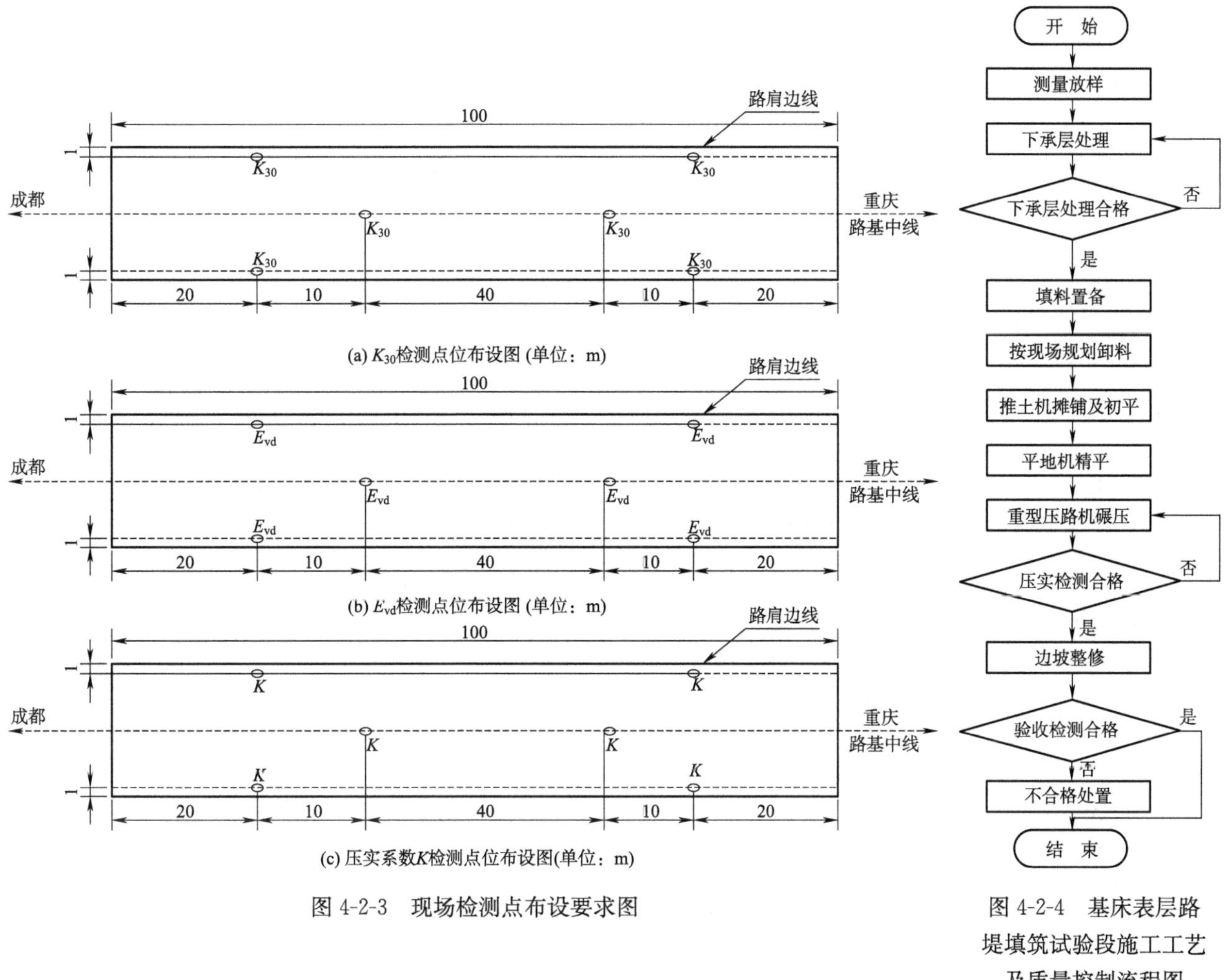


图 4-2-3 现场检测点布设要求图

图 4-2-4 基床表层路堤填筑试验段施工工艺及质量控制流程图

## 六、基床表层级配碎石工艺试验成果整理

### (一)基床表层级配碎石松铺系数的确定

根据试验段松铺厚度与压实厚度测量成果可以计算出松铺系数,见表 4-2-6。

**表 4-2-6 基床表层级配碎石填筑松铺系数表**

| 序号 | 铺筑区段 | 松铺厚度(cm) | 压实厚度(cm) | 松铺系数 $K$ |
|---|---|---|---|---|
| 1 | 第Ⅰ区段 | 23.7 | 20.4 | 1.161 |
| 2 | 第Ⅱ区段 | 24.1 | 21.0 | 1.150 |
| 3 | 第Ⅲ区段 | 24.1 | 20.9 | 1.155 |
| 4 | 第Ⅳ区段 | 24.4 | 21.1 | 1.155 |
| 5 | 平均松铺系数 | | | 1.155 |

根据碾压结果计算平均松铺系数为 1.155。

### (二)碾压遍数的确定

第Ⅰ区段:松铺 23.7 cm,实测含水率(4.5%),静压 1 遍,弱振 1 遍,强振 1 遍,最后静压 1 遍(共 4 遍),

检测结果见表 4-2-7。

表 4-2-7 Ⅰ区段碾压遍数检测结果表

| 序号 | 检测项目 | 检测指标 | | | |
|---|---|---|---|---|---|
| | | 压实系数 $K$ | 动态变形模量 $E_{vd}$(MPa) | 地基系数 $K_{30}$(MPa/m) | 备　注 |
| 1 | 规范要求 | ≥0.97 | ≥55 | ≥190 | — |
| 2 | 检测结果 | 0.972、0.975、0.978 | 65、67、62 | 179、184、183 | $K_{30}$不满足要求 |

第Ⅱ区段:松铺 24.1 cm,实测含水率(4.6%),静压 1 遍,弱振 1 遍,强振 2 遍,最后静压 1 遍(共 5 遍),检测结果见表 4-2-8。

表 4-2-8 第Ⅱ区段碾压遍数检测结果表

| 序号 | 检测项目 | 检测指标 | | | |
|---|---|---|---|---|---|
| | | 压实系数 $K$ | 动态变形模量 $E_{vd}$(MPa) | 地基系数 $K_{30}$(MPa/m) | 备　注 |
| 1 | 规范要求 | ≥0.97 | ≥55 | ≥190 | |
| 2 | 检测结果 | 0.982、0.979、0.983 | 63、67、70 | 188、178、181 | $K_{30}$不满足要求 |

第Ⅲ区段:松铺 24.1 cm,实测含水率(4.6%),静压 1 遍,弱振 2 遍,强振 2 遍,最后静压 1 遍(共 6 遍),检测结果见表 4-2-9。

表 4-2-9 第Ⅲ区段碾压遍数检测结果表

| 序号 | 检测项目 | 检测指标 | | | |
|---|---|---|---|---|---|
| | | 压实系数 $K$ | 动态变形模量 $E_{vd}$(MPa) | 地基系数 $K_{30}$(MPa/m) | 备　注 |
| 1 | 规范要求 | ≥0.97 | ≥55 | ≥190 | |
| 2 | 检测结果 | 0.986、0.979、0.987 | 89、91、93 | 238、222、236 | 满足要求 |

第Ⅳ区段:松铺 24.4 cm,实测含水率(4.7%),静压 1 遍,弱振 2 遍,强振 3 遍,最后静压 1 遍(共 7 遍),检测结果见表 4-2-10。

表 4-2-10 第Ⅳ区段碾压遍数检测结果表

| 序号 | 检测项目 | 检测指标 | | | |
|---|---|---|---|---|---|
| | | 压实系数 $K$ | 动态变形模量 $E_{vd}$(MPa) | 地基系数 $K_{30}$(MPa/m) | 备　注 |
| 1 | 规范要求 | ≥0.97 | ≥55 | ≥190 | |
| 2 | 检测结果 | 0.991、0.988、0.989 | 102、99、109 | 253、261、249 | 满足要求 |

由以上统计数据可知,当松铺厚度为 24.1 cm 和含水率为 4.6%时,判定碾压 6 遍时最为经济。

(三)机械设备组合

根据试验段实际施工情况和试验结果可以得出,当静压一遍、弱振二遍、强振二遍、静压一遍后,各项检测指标均满足设计要求,为今后大面积基床表层级配碎石施工采取同样的机械设备组合与施工工艺提供指导依据。

(四)工艺试验质量评定

在该试验段施工完毕后,根据《高速铁路路基工程施工质量验收标准》(TB 10751—2010)及设计图纸文件要求,组织相关技术人员,对施工完毕的试验路段进行了质量检验,各项指标均符合设计要求与施工规范的规定,因此,试验段的施工达到了预期的目标,可以采用此施工方法及机械设备的组合指导后续本部路基基床表层级配碎石施工。

## 第二节　地 基 处 理

本线路基地基加固措施主要有:原地面处理,挖除换填,砂石、碎石垫层,水泥搅拌桩,CFG 桩,旋喷桩,堆载预压法，冲击碾压法等。

地基加固措施施工前应清除表层种植土，平整场地，做好地表排水系统。当地表存在斜坡时，清除种植土后应尽量使场地平整水平，尤其要注意使横断面方向路基主要受力范围内的场坪水平，坑洼处需进行回填整平时，应采用符合客运专线路基相应部位规定的填料进行回填，并碾压达路基相应部位规定的压实标准；当需挖台阶时，台阶高应在 0.6 m 左右，挖台阶后的场坪斜坡度：一般情况下横向不宜陡于 1∶5，纵向不宜陡于 1∶2。

## 一、原地面处理

1. 施工方法

(1)清除基底表层植被，挖除树根，做好临时排水设施。

(2)地面坡度陡于 1∶5 时，应自下而上挖台阶，台阶顶面作成 4%的内倾斜坡。沿线路横向挖台阶宽度、高度满足设计要求，沿线路纵向挖台阶宽度不小于 2.0 m。根据现场实际情况，可以采用推土机等大型机械辅以人工进行施工。当松土或耕作土的厚度小于 0.3 m 时应碾压密实，当厚度大于 0.3 m 时，进行翻挖并分层回填压实，其压实标准达到路基基床以下部位的压实标准。

2. 施工工艺

原地面处理施工工艺如图 4-2-5 所示。

3. 质量检测控制

(1)原地面处理前，应对地基地质资料进行核查，路堤地基条件应符合设计文件。当不符合时，应及时反馈。

(2)原地面处理后的外观符合下列要求：基底无草皮、树根等杂物，且无积水；原地面基底密实(达到路堤本体压实标准)、平整，坑穴处理彻底，无质量隐患；横坡符合设计要求。

## 二、挖除换填

1. 施工工艺

挖除换填施工工艺流程框图如图 4-2-6 所示。

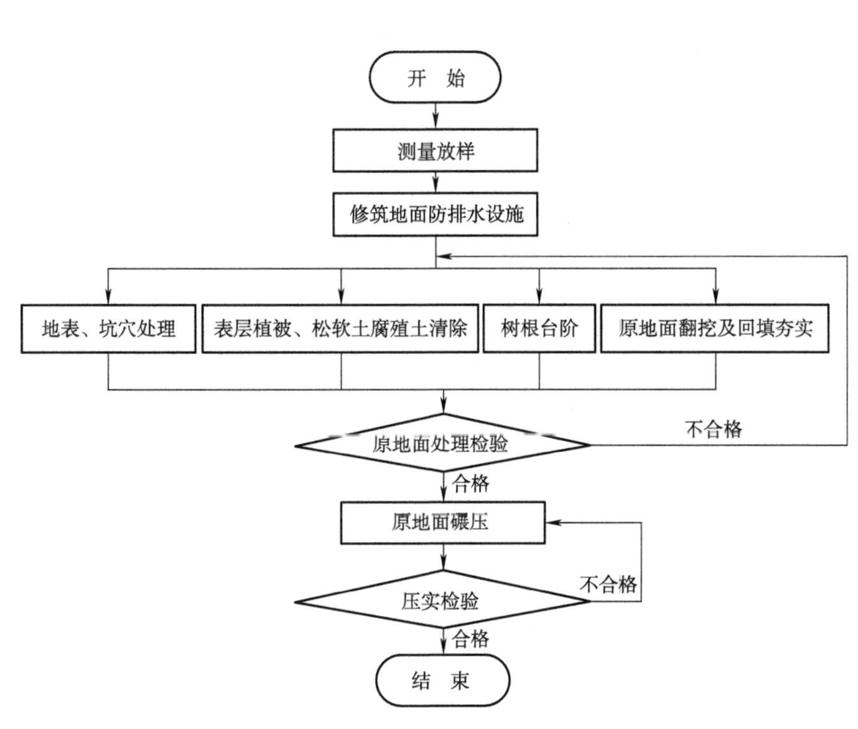


图 4-2-5　原地面处理施工工艺流程图

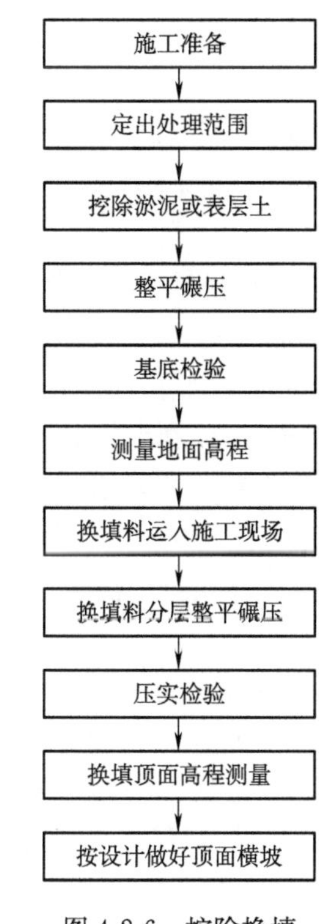


图 4-2-6　挖除换填施工工艺流程框图

2. 施工方法

对施工场地进行清理平整，开挖临时水沟将积水排出路基范围之外，并不得污染农田和周围环境。

根据换填设计核对现场实际情况，确定换填范围，并通过测量定出换填长度及宽度。

根据不同的换填地段地质情况，采用挖掘机开挖，自卸汽车运输，后倾斜料，压路机碾压密实。

地面清表及清淤要彻底，并保证地面平整，按要求碾压密实。斜坡地段按设计挖出台阶。

3. 质量控制

换填所用的填料种类及其质量应符合设计要求。

地表采用人工配合推土机清除植被，保证清表后无树根、杂草、淤泥等。

换填深度范围内的软土层按设计要求挖除干净，采用挖掘机机挖除，预留 30～50 cm 的保护层人工处理。开挖后的换填基坑检验其深度和范围应满足设计要求。

地面整平压实后，做地基承载力检验，保证地基承载力满足设计要求。

分层填筑、摊铺整平换填料，分层压实质量根据换填所处路基位置分别符合基床以下路基、基床的压实标准。

换填施工的各项允许偏差、检验数量及检验方法见表 4-2-11。

**表 4-2-11 换填施工的各项允许偏差、检验数量及检验方法**

| 序号 | 检验项目 | 允许偏差 | 施工单位检验数量 | 检验方法 |
|---|---|---|---|---|
| 1 | 填料 | 符合设计要求 | 每批抽样检验 1 组 | 现场抽样检验、观察 |
| 2 | 换填深度 | 符合设计要求 | 全部检验 | 尺量、水准测量 |
| 3 | 坑底清理 | 符合设计要求 | 全部检验 | 观察 |
| 4 | 压实质量 | 符合设计要求 | 符合设计及规范要求 | 符合设计及规范要求 |
| 5 | 顶面高程 | ±50 mm | 沿线路纵向每 100 m 抽样检验 5 处 | 水准仪量 |
| 6 | 横坡 | ±0.5% | 沿线路纵向每 100 m 抽样检验 5 个断面 | 坡度尺量 |

## 三、砂石、碎石垫层

1. 施工准备

(1)地基处理完毕，具备施工垫层条件，做好临时排水沟。

(2)施工测量工作已经完成，中线、边线测设完毕并标示清楚，地基清理宽度、标高满足设计要求。

(3)已经完成压实工艺试验，确定了施工工艺参数，并报监理审批通过。

2. 施工方法

软土、松软土地基加固处理的桩基已经检验合格，采用小型挖掘机、自卸汽车，配合人工进行基底清理、整平，并按照设计要求进行碾压或夯实，达到基底部位要求的压实标准并检测合格后，将基底表面做成 2%～4%的横坡，以利于排水。

碎石垫层采用分层摊铺和分层碾压的方法组织施工，碎石垫层分为二层施工，厚度分别为 20 cm、20 cm，中间夹铺土工格栅，施工顺序为：碎石摊铺→压实→检测→土工格栅铺设→碎石摊铺→压实→检测→土摊铺→压实→检测；碎石垫层总铺设厚度为 40 cm，分 2 次铺设。碎石垫层铺设碾压合格后在上铺设 10 cm 厚土，并碾压至设计要求密实度。

碎石垫层填筑时，应根据地基表层承载力的不同，分别选择机械分堆摊铺法、顺序推进摊铺法、人工配合轻型机械铺筑法。垫层铺设完毕后及时安排防护工程施工，防止碎石流失。

3. 施工工艺

砂石、碎石垫层施工工艺如图 4-2-7 所示。

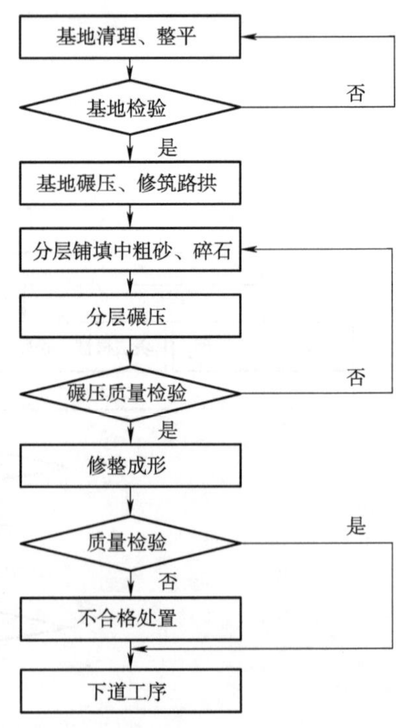


图 4-2-7 砂石、碎石垫层施工工艺流程图

4. 质量检测控制

砂石、碎石垫层主控项目质量标准、检验数量及方法见表 4-2-12。

**表 4-2-12 砂石、碎石垫层主控项目质量标准、检验数量及方法**

| 检验项目 | | 质量要求 | 检查数量 | 检验方法 |
|---|---|---|---|---|
| 原材料 | 碎石 | 碎石垫层应采用未风化的干净砾石或碎石，其最大粒径不得大于 50 mm，含泥量不得超过 5%，且不含草根、垃圾等杂质 | 同一产地、品种、规格且连续进场的砂料，每 3 000 $m^3$ 为一批，当不足 3 000 $m^3$ 时也按一批计。每批抽样检验 1 组 | 在现场抽样检验碎石最大粒径、含泥量，在施工工程中观察检查有无草根、垃圾等杂质及岩性变化情况 |
| 施工 | 铺设 | 砂石、碎石垫层铺设位置应符合设计要求 | 沿线路纵向每一压实层每 100 m 抽样检验 3 处 | 观察、测量 |
| | 压实 | 砂石、碎石垫层的压实质量应符合设计要求 | 沿线路纵向每一压实层每 100 m 抽样检验 3 个点，其中：路基中间 1 点，两侧距路基边缘 2 m 处各 1 点 | 按《铁路工程土工试验规程》(TB 10102)规定的试验方法检验 |

砂石、碎石垫层施工的允许偏差、检验数量及检验方法见表 4-2-13。

**表 4-2-13 砂碎石垫层施工的允许偏差、检验数量及检验方法**

| 序号 | 检验项目 | 允许偏差 | 施工单位检验数量 | 检验方法 |
|---|---|---|---|---|
| 1 | 铺设范围 | ±50 mm | 沿线路纵向每 100 m 抽样检验 3 处 | 尺量 |
| 2 | 厚度 | 不小于设计值 | 沿线路纵向每 100 m 抽样检验 3 处 | 尺量 |
| 3 | 顶面高程 | ±50 mm | 沿线路纵向每 100 m 抽样检验 3 处 | 水准测量 |
| 4 | 横坡 | ±0.5% | 沿线路纵向每 100 m 抽样检验 3 个断面 | 坡度尺量 |

## 四、水泥搅拌桩施工

1. 适用条件及范围

适用于成渝客专路基搅拌桩工程，无基土含水率小于 30%或 pH 值小于 4 的地质条件。

2. 施工准备

做好场地的三通（路通、水通、电通）一平（清除施工现场的障碍物），查清地下管线的位置及确定架空电线的位置、高度；按设计图纸放线，准确定出各搅拌桩的位置；搅拌桩桩位应每隔 5 根桩采用竹片或板条进行现场定位。

对所有的机械设备进行编号，水泥搅拌桩桩长、桩距标牌挂在钻机明显处。

所需材料应提前进场，水泥及外加剂必须有出厂合格证，水泥必须送试验室检验合格后方能使用。

3. 施工工艺

深层搅拌桩施工工艺流程按图 4-2-8 进行。

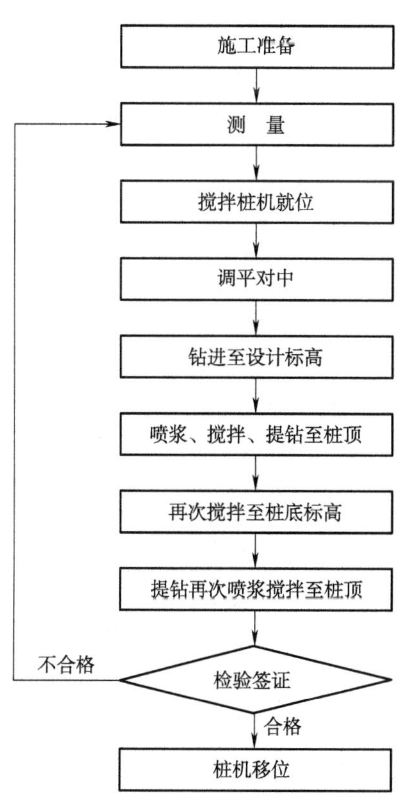

图 4-2-8 水泥搅拌桩工艺流程

(1)搅拌桩机：深层搅拌桩机及相应的辅助设备（灰浆泵、灰浆搅拌机等）。

(2)制备水泥浆：按设计确定的配合比拌制水泥浆，待压浆前将水泥浆倒入集料斗。

(3)预搅下沉：待搅拌机的循环正常后，启动搅拌机电机，放松起重机钢丝绳，使搅拌机沿导架搅拌切土下沉，以 0.48 m/min 的速度沉至要求加固深度，下沉的速度可由电机的电流监测表控制，工作电流不应大于 40 A。

(4)提升喷浆搅拌,搅拌机下沉到达设计深度后,开启灰浆泵将水泥浆压入地基中,边喷边旋转,以0.5 m/min的均匀速度提起搅拌机,与此同时开动灰浆泵将水泥浆以13.3 L/min从搅拌中心管不断压入土中,由搅拌叶片将水泥浆与深层处的软土搅拌,边搅拌边喷浆直到提至地面,即完成一次搅拌过程。

(5)再一次重复搅拌下沉到达设计深度,以0.5 m/min的均匀速度提起搅拌机,与此同时开动灰浆泵将水泥浆以13.3 L/min从搅拌中心管不断压入土中,由搅拌叶片将水泥浆与深层处的软土搅拌,边搅拌边喷浆直到提升至设计加固深度的顶面标高时,集料斗中的水泥浆应正好排空,即完成一根柱状加固体。

(6)清洗:向集料斗注入适量清水,开启灰浆泵,清洗全部管线中的残存水泥浆,直到基本干净,并将黏附在搅拌头上的杂物清洗干净。

(7)移位:重复上述(1)~(6)步骤,再进行下一根桩的施工。

4. 质量检测控制

水泥搅拌桩检测项目见表4-2-14。

**表4-2-14 水泥搅拌桩检测项目**

| 序号 | 检验项目 | 允许偏差 | 施工单位检验数量 | 检验方法 |
|---|---|---|---|---|
| 1 | 固化料和外加剂品种、规格及质量 | 满足设计要求 | 每批抽样检验1组 | 质量证明文件及抽样试验 |
| 2 | 浆体喷射搅拌桩浆液配合比 | 满足设计要求及试验确定 | 施工中每根桩检验2次 | 观察、浆液比重计检测 |
| 3 | 施工数量、布桩形式 | 满足设计要求 | 全部检验 | 观察、现场清点 |
| 4 | 单桩喷浆(粉)量 | 符合设计要求 | 每根桩 | 检查记录 |
| 5 | 成桩长度、复搅长度及间断停浆恢复后的喷浆重叠长度 | 符合设计要求 | 每根桩 | 测量钻杆长度、检查施工记录 |
| 6 | 桩身的完整性、均匀性及桩身无侧限抗压强度 | 满足设计要求 | 总数的2‰,且不少于3根 | 28 d后钻芯取样观察、试验 |
| 7 | 复合地基承载力 | 满足设计要求 | 总数的2‰,且每检验批不少于3根 | 平板荷载试验 |
| 8 | 桩位(纵横向) | 50 mm | 成桩总数的10%抽样检验,且每检验批不少于5根 | 经纬仪或钢尺 |
| 9 | 桩身垂直度 | 1% | | 经纬仪或吊线 |
| 10 | 桩体有效直径 | 不小于设计值 | | 开挖50~100 cm后,钢尺丈量 |

水泥搅拌桩施工允许偏差和检查方法见表4-2-15。

**表4-2-15 水泥搅拌桩施工允许偏差和检查方法**

| 序号 | 项　目 | 允许偏差 | 检查方法 |
|---|---|---|---|
| 1 | 桩位(纵横方向) | 50 mm | 与测量放样点对比,尺量 |
| 2 | 桩身垂直度 | 1.5% | 经纬仪或吊线测钻杆倾斜度 |
| 3 | 单桩喷浆量 | 不小于设计要求 | 查电脑自动记录仪打印记录 |
| 4 | 桩长 | 不小于设计要求 | 喷浆前检查钻杆长度 |
| 5 | 桩体有效直径 | 不小于设计值 | 开挖部分桩体,尺量 |

5. 施工质量保证措施

为保证施工质量,在施工中严格按设计要求和有关施工规范、规程进行。从原材料进场开始至搅拌桩施工结束的每一道工序都严把质量关。搅拌桩施工中尤其要抓好以下方面:

(1)施工前现场地面应予平整,必须清除地上地下一切障碍物。

(2)开机前必须调试,检查桩机运转和输料管畅通情况。

(3)施工时,设计停浆(灰)面应高出操作面标高5 cm,在开挖时应将该施工质量较差段挖去。

(4)保证垂直度:设备就位后,必须平整,确保施工过程中不发生倾斜、移动。要注意保证机架和钻杆的垂直度,其垂直度偏差不得大于1%。施工中采用吊锤观测钻杆的两个方向垂直度和用平水尺测量机架的调平情况,如发现偏差过大,及时调整。

(5)桩机桩位必须对中,对中偏差不得大于 2 cm;桩径偏差不得大于 4%。

(6)水泥浆不得离析。制备好的水泥浆不得有离析现象,停置时间不得超过 2 h。若停置时间过长,不得使用。

(7)施工前确定搅拌机械的灰浆泵输浆量、灰浆经输浆管到达搅拌机喷浆口的时间。用流量泵控制输浆速度,使注浆泵出口压力保持在 0.4~0.6 MPa,并使搅拌提升速度与输浆速度同步进行。

(8)严格按设计确定的参数控制喷浆量和搅拌提升速度。为保证施工质量、提高工作效率和减少水泥浪费,应尽量连续工作。输浆阶段必须保证足够的输浆压力,连续供浆。一旦因故停浆,为防止断桩和缺浆,应将搅拌头下沉到停浆点 0.5 m 以下,待恢复供浆后再喷浆搅拌;如停工 40 min 以上,必须立即进行全面清洗,防止水泥浆在设备和管道中结块,影响施工。

(9)严格控制搅拌时的下沉和提升速度,以保证加固范围内每一深度得以充分搅拌;确保桩身强度和均匀性。

(10)深层搅拌施工中采用两次喷浆的方法,保证四次搅拌,搅拌过程中喷水泥浆两次。

(11)施工中,如因地下障碍物等原因使钻杆无法钻进时,应及时通知监理、设计人员,以便及时采取补桩措施,以保证施工质量。

(12)严格按照设计的水灰比配制浆液,配制好的浆液必须过滤;水灰比控制:根据水泥用量计算每槽用水量,在储水罐上做好标志,在施工中严格做好计量工作。

制备好的浆液不得离析,泵送必须连续,拌制浆液的罐数、石灰和外加剂的用量以及泵送浆液时间等应有专人记录。

(13)施工记录必须详尽完善:施工记录必须有专人负责,深度记录误差不得大于 5 cm,时间记录误差不得大于 5 s。施工中发生的问题和处理情况,均须如实记录,以便汇总分析。

(14)施工中应经常检查施工用电及机械情况,发现问题及时修理。

## 五、CFG 桩施工

### (一)施工准备

(1)核查地质资料,结合设计参数,选择合适的施工机械和施工方法。

(2)进行满足桩体设计强度的配合比试验,确定各种材料的施工用配比。

(3)平整场地,清除障碍物,标记处理场地范围内地下构造物及管线。

(4)测量放线,定出控制轴线、打桩场地边线并标志。

(5)施工前清除地表耕植土,进行成桩工艺试验,确定施工工艺和参数。

### (二)施工方法

CFG 桩施工一般优先采用间隔跳打法,也可采用连打法。具体的施工方法由现场试验来确定。连打法易造成邻桩被挤碎或缩颈,在黏性土中易造成地面隆起;跳打法不易发生上述现象,但土层较硬时,在已打桩中间补打新桩,可能造成已打桩被振裂或振断。在软土中,桩距较大可采用隔桩跳打,但施工新桩与已打桩时间间隔不少于 7 d;在饱和的松散粉土中,如桩距较小,不宜采用隔桩跳打;全长布桩时,应遵循由"由一边向另一边"的原则。

### (三)施工工艺

1. 长螺旋钻管内泵压混合料灌注

(1)施工步骤

①CFG 桩钻机就位后,应用钻机塔身的前后和左右的垂直标杆检查塔身导杆,校正位置,使钻杆垂直对准桩位中心,确保 CFG 桩垂直度容许偏差不大于 1%。

②混合料搅拌

混合料搅拌要求按配合比进行配料,计量要求准确,拌和时间不得少于 1 min。混合料加水量和坍落度(设计要求长螺旋钻管内泵压混合料法施工时,坍落度控制在 16~20 cm),根据采用的施工方法按工艺试验确定并经监理工程师批准的参数进行控制。在泵送前混凝土泵料斗应备好熟料。

③钻进成孔

钻孔开始时,关闭钻头阀门,向下移动钻杆至钻头触及地面时,启动马达钻进。一般应先慢后快,这样既能减少钻杆摇晃,又容易检查钻孔的偏差,以便及时纠正。在成孔过程中,如发现钻杆摇晃或难钻时,应放慢进尺,否则较易导致桩孔偏斜、位移,甚至使钻杆、钻具损坏。当钻头到达设计桩长预定标高时,在动力头底面停留位置相应的钻机塔身处作醒目标记,作为施工时控制孔深的依据。当动力头底面达到标记处桩长即满足设计要求。施工时还需考虑施工工作面的标高差异,作相应增减。

④灌注及拔管

CFG 桩成孔到设计标高后,停止钻进,开始泵送混合料,当钻杆心充满混合料后开始拔管,严禁先提管后泵料。成桩的提拔速度宜控制在 2~3 m/min,成桩过程宜连续进行,应避免因后台供料慢而导致停机待料。灌注成桩完成后,桩顶采用湿黏土封顶,进行保护。施工中每根桩的投料量不得少于设计灌注量。

⑤移机

当上一根桩施工完毕后,钻机移位,进行下一根桩的施工。施工时由于 CFG 桩的土较多,经常将邻近的桩位覆盖,有时还会因钻机支撑时支撑脚压在桩位旁使原标定的桩位发生移动。因此,下一根桩施工时,还应根据轴线或周围桩的位置对需施工的桩位进行复核,保证桩位准确。

2. 长螺旋钻管内泵压 CFG 桩施工

长螺旋钻管内泵压 CFG 桩施工工艺流程如图 4-2-9 所示。

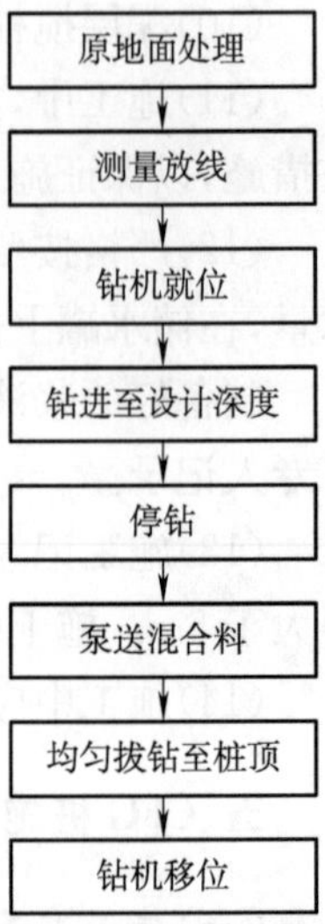

原地面处理 → 测量放线 → 钻机就位 → 钻进至设计深度 → 停钻 → 泵送混合料 → 均匀拔钻至桩顶 → 钻机移位

图 4-2-9 长螺旋钻管内泵压 CFG 桩施工工艺流程图

(四)质量控制及检验

1. 质量控制

(1)为检验 CFG 桩施工工艺、机械性能及质量控制,核对地质资料,在工程桩施工前,应先做不少于 2 根试验桩,并在竖向全长钻取芯样,检查桩身混凝土密实度、强度和桩身垂直度,根据发现的问题修订施工工艺。

(2)CFG 桩的数量、布置形式及间距符合设计要求。

(3)桩长、桩顶标高及直径符合设计要求。

(4)CFG 桩施工中,每台班均须制作检查试件,进行 28 d 强度检验,成桩 28 d 后应及时进行单桩承载力或复合地基承载力试验,其承载力、变形模量应符合设计要求。

(5)通常桩顶混凝土密实度差,强度低,对此采取桩顶以下 2.5 m 内进行振动捣固的措施。

(6)为保证施工中混合料的顺利输送,施工中采取强制式搅拌机。

(7)桩身每方混合料掺加粉煤灰量及坍落度控制根据设计和采用的施工方法按工艺试验确定并经监理工程师批准的参数进行控制。

(8)清土和截桩时,不得造成桩顶标高以下桩身断裂和扰动桩间土。

(9)冬期施工时混合料入孔温度不得低于 5 ℃,对桩头和桩间土应采取保温措施。

(10)跳打施工时应及时清除成桩时排出的弃土,否则会影响施工进度。

(11)整个施工过程中,安排质检人员旁站监督,并作好施工原始记录,记录钻压电流值、孔深、单孔混合料灌入量、堵管及处理措施等。

(12)CFG 桩施工属隐蔽工程,施工完毕报监理签认后方可进行下一道工序施工。

2. 检验

CFG 桩的桩位、垂直度、有效直径的允许偏差符合表 4-2-16 的规定。

**表 4-2-16 CFG 桩施工的允许偏差、检验数量及检验方法**

<table>
<tr><th>序号</th><th colspan="2">检验项目</th><th>允许偏差</th><th>施工单位检验数量</th><th>检验方法</th></tr>
<tr><td>1</td><td colspan="2">间距</td><td>±100 mm</td><td rowspan="3">抽样检验成桩总数的 5%,且不少于 5 根</td><td>尺量</td></tr>
<tr><td rowspan="2">2</td><td rowspan="2">桩径</td><td>振动法</td><td>−20 mm</td><td rowspan="2">尺量</td></tr>
<tr><td>锤击法</td><td>+100 mm,−50 mm</td></tr>
</table>

续上表

| 序号 | 检验项目 | 允许偏差 | 施工单位检验数量 | 检验方法 |
|---|---|---|---|---|
| 3 | 桩身垂直度 | 1.5% | 抽样检验成桩总数的1%,且每检验批不少于3根 | 经纬仪或吊线测桩架倾斜度 |

## 六、旋喷桩施工

### (一)施工方法

高压旋喷桩处理地基是通过高压设备以不小于 20 MPa 的高压向四周加固土层喷射加固浆料,利用高压切割土体,使加固浆料与被加固土体充分混合,同时提升钻杆,从而在加固地层中形成较完整桩体的方法。

高压旋喷桩可以分为单管法、双重管法、三重管法及多重管法,单管法加固体直径一般为 0.3～0.8 m,三重管法为 0.7～1.8 m,双重管法介于两者之间,而多重管可达 2.0～4.0 m,施工时应根据设计成桩直径、现场地质情况进行选择。

施工所采用机械设备主要包括钻机、高压泥浆泵、浆液搅拌器和操纵控制系统、高压管路系统、材料储存系统、各种管材、阀门、接头等辅助设备。

### (二)施工工艺

旋喷桩施工工艺流程如图 4-2-10 所示。

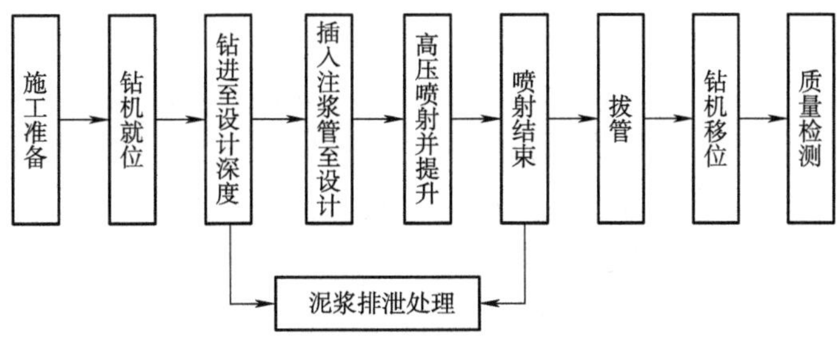


图 4-2-10 旋喷桩施工工艺流程图

(1)施工准备包括:测量放样,平整地表,设置回浆池,标志桩位;在施工现场取样按设计要求进行室内配比试验,确定浆液最佳配比;对水泥等原材料进行检验;施工前进行成桩工艺试验,确定各项技术参数,检验成桩效果。

(2)钻机按现场标志的桩位就位。

(3)根据现场试桩工艺参数钻进至设计处理深度成孔,将喷管插入预定深度的土层中。有些机械设备可以一次成孔。

(4)喷管插入到设计深度后,自下而上进行喷射作业。

(5)喷管提升到达设计标高后,停止喷浆,单桩施工结束。

(6)拔出喷管,钻机移位,进行下一桩的施工。

(7)场地内桩全部施工完毕后,进行施工质量检测。

### (三)技术要求及检测

(1)桩的数量、布置形式、桩长应符合设计要求。

(2)高压旋喷桩的完整性、均匀性、无侧限抗压强度及复合地基承载力应满足设计要求。检验方法采用开挖检验、钻孔取芯、标准贯入试验、载荷试验。检验点的数量应符合设计或验收标准的要求。

(3)桩体几何偏差技术标准及检测见表 4-2-17。

**表 4-2-17 旋喷桩施工质量允许偏差、检验数量及方法**

| 序号 | 检验项目 | 允许偏差 | 检验数量 | 检验方法 |
|---|---|---|---|---|
| 1 | 桩位(纵横向) | 50 mm | 按成桩总数的10%抽样检验,且每检验批不少于5根 | 经纬仪或钢尺丈量 |
| 2 | 桩体垂直度 | 1% | | 经纬仪或吊线测钻杆倾斜度 |
| 3 | 桩体有效直径 | 不小于设计值 | | 开挖 50～100 cm 深后,钢尺量 |

续上表

| 序号 | 检验项目 | 允许偏差 | 检验数量 | 检验方法 |
|---|---|---|---|---|
| 4 | 桩长 | 不少于设计值 | 按设计 | 查施工记录,有怀疑时钻芯 |
| 5 | 桩体无侧限抗压强度 | 不少于设计值 | 按设计 | 取芯检查 |

(四)质量控制措施

1. 材料质量控制

(1)注浆所用的固化剂和外掺剂品种、规格及性能应符合设计。

(2)水泥在使用前需作质量鉴定,搅拌水泥浆所用的水,应符合《混凝土拌和用水标准》。

(3)为了解喷射注浆固结体的性质和浆液的合理配方,必须取现场各层土样,在室内按不同含水率和配合比进行试验,优选出最合理的浆液配方。在正式施工前现场进行喷射试验,查明喷射固结体的直径和强度,验证设计的可靠性和安全性。

2. 施工工艺控制

(1)在正式施工前应进行成桩工艺试验。

(2)施工中钻机安放平稳,钻杆保持垂直,其倾斜度不得大于1.5%,钻机位置与设计位置偏差不得大于50 mm。注浆管分段提升的搭接长度不得小于100 mm。

(3)在注浆过程中出现压力骤然上升或下降、大量冒浆等异常情况时,应及时停止提升和注浆,以防断桩。

(4)严格对固结体的质量进行检验,包括检验固结体的整体性和均匀性、有效直径、垂直度,以及固结体的强度特性,包括轴向压力、水平压力、抗冻性和抗渗性,固结体的溶蚀和耐久性。

(5)喷射注浆时要注意设备开动顺序。以三重管为例,应先空载起动空压机,待运转正常后,再空载起动高压浆;然后同时向孔内送风和水,使风量和泵压逐渐升高至规定值。风水畅通后,旋转注浆管,并开动注浆泵,先向孔内送清水,待泵量泵压正常后即可将注浆泵的吸水管移至储浆桶开始注浆。待估算水泥浆的前峰已流出喷头后,才可开始提升注浆管,自下而上喷射注浆。

(6)喷射注浆中需拆卸注浆管时,应先停止提升和回转,同时停止送浆田;然后逐渐减少风量和水量,最后停机。拆卸完毕继续喷射注浆时,开机顺序也要遵守上条规定。

(7)喷射注浆达到设计深度后,即可停风、停水,继续用注浆泵注浆,待水泥浆在孔口返出后,即可停止注浆;然后将注浆泵的吸水管移到清水箱,抽吸定量清水将泥浆泵和注浆管路中的水泥浆顶出,之后停泵。

(8)对喷射深层长桩,应按地质剖面及地下水等资料,在不同深度,针对不同地层土质情况,选用合适的喷射参数,才能获得均匀密实的长桩。

(9)喷射注浆作业后,由于浆液的析水作用,一般均有不同程度的收缩,使固结体顶部出现凹穴,应及时用水灰比为0.6的水泥浆补灌。

(10)在冒浆过程中,往往有一定数量的土粒,随着一部分浆液沿着注浆管壁冒出地面。冒浆量小于注浆量20%为正常,超过20%或完全不冒浆时,应查明原因,采取相应措施。

## 七、堆载预压

对于设计有堆载预压要求的路段,应要求提前安排施工,保证预压期满足要求。

(一)施工方法

在预压土分层填筑过程中及填筑完成后的预压期内,按照设计要求的频度进行详细的沉降观测,达到规定的预压时间后进行工后沉降分析评估,工后沉降满足设计要求后进行卸载,然后进入基床表层施工程序。如果沉降期满路基沉降变形仍不收敛,及时与监理方、设计方以及业主方取得联系,共同协商,采取延长预压期等相应措施进行处理,使工后沉降最终满足无砟轨道铺设要求。

当路堤填筑至基床底层完成后,先在路基基床底层顶面铺一层土工膜。土工膜幅宽不小于路基宽度,土工膜幅与幅之间考虑0.3 m的搭接,铺设宽度应大于堆载范围每侧不小于1.5 m,其上分层摊铺预压土。堆载预压土填筑过程中第一层填筑应采用轻型机械设备摊铺后压实,防止压破土工膜,污染基床底层顶面。

预压横断面:应满足设计文件要求,一般采用顶部宽度为 8 m、高度为 3 m、边坡坡度 1∶1 的梯形横断面,纵向边坡坡率 1∶4。

预压土分层填筑采用挖掘机配合自卸汽车装运,推土机整平,压路机碾压密实,达到要求的压实标准,满足堆载重量要求。

堆载预压期间和堆载完成后,应加强沉降观测,堆载预压时间不少于 6 个月,通过沉降观测,进行工后沉降分析,分析结果满足设计要求时,预压土卸载应分层卸载,卸载过程中不得污染已施工完成的路基。卸载完成后对基床底层进行修整,必要时补充填土,碾压达到设计要求后进行基床表层级配碎石填筑。

(二)施工工艺

采用挖掘机或装载机装土,自卸汽车运输,推土机摊铺,平地机配合人工整平,压路机静压,边堆土边摊平,严格控制加载速率。

预压土施工工艺顺序为:铺设土工布→分层填筑预压土→放置并进行沉降观测→合格后卸载。

堆载预压施工工艺如图 4-2-11 所示。

(三)技术措施

(1)严格按照设计要求取用预压土,在进行预压土填筑前进行容重的检验,保证其容重满足技术要求。

(2)预压土按照设计的宽度、高度分层进行填筑,并保证其顶面良好的横向排水坡度。堆载过程中进行沉降观测并保护好沉降观测设施,同时根据沉降观测数据及时调整加载速率。

(3)堆载完成后的预压期内按照设计要求的频度进行沉降监测。当堆载预压时间达到设计要求后,根据观测资料,分析确定卸载时间。堆载预压完成达到沉降控制要求后,清除预压土及土工布。卸载时用装载机装土,自卸汽车运输至弃土场,机械施工时预留 30 cm 厚度人工清理,以防污染基床底层和破坏基床底层整体性及稳固性,最后清理土工布。

## 八、冲击碾压

(一)施工工艺

冲击碾压施工工艺如图 4-2-12 所示。

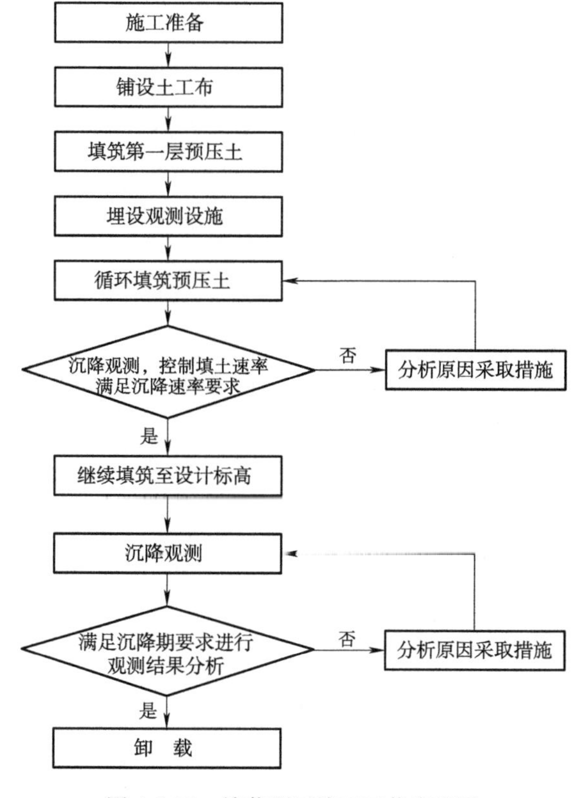


图 4-2-11　堆载预压施工工艺流程图

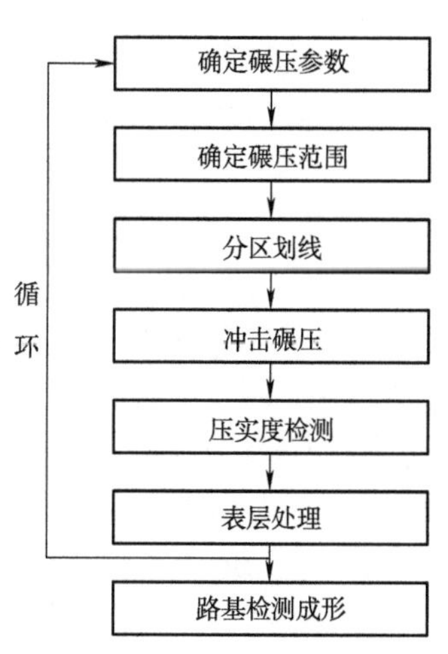


图 4-2-12　冲击碾压施工工艺流程图

(1)施工前按照设计的碾压遍数进行试验性施工,以确定碾压遍数等施工参数。

(2)正式施工前,应标出需要进行冲击碾压的范围,并查明场地范围内地下构造物、管线和电线的位置及高程,采取必要的防护措施,防止由于冲击碾压施工造成损坏。同时要保证碾压范围附近无重要建筑物,若存在重要建筑物应采取预防措施或采用其他地基加固处理措施。

(3)清除处理范围内地表种植土。施工现场若有土坎、沟槽等应采用推土机、平地机或其他措施予以平整,对于坑穴等应填平夯实,且应防止基底积水。对于流向路基作业区的水源应在施工前予以截断,并应在设计边沟的位置开挖临时排水沟,保证施工期间的排水。在施工范围内不得堆放有任何有碍于冲击碾压的物品。

(4)对处理范围进行冲击碾压施工,直至满足施工质量要求。冲击碾压施工符合设计要求后,表层的松土应重新刮平,并用振动压路机压实。

(二)质量检验

(1)施工质量:冲击碾压最后5遍的沉降量不得大于1 cm。碾压面下1 m深度范围内的地基压实系数及地基系数应满足基床以下路堤填料的压实标准。若碾压面下1.0 m深度位于基床底层范围内,压实系数及地基系数应满足基床底层的压实标准。

(2)检验数量:冲击碾压达到设计规定的遍数后,每100 m等间距检查2个断面6点,每断面左、中、右各一点,左、右点距路基边缘1 m处。若未能达到规定的施工质量要求,则继续碾压,直到达到要求为止。

(三)施工注意事项

(1)施工作业前,冲击压路机各系统管路及接头部分应无裂纹、松动现象,确定正常后方可启动。

(2)冲击压路机应匀速碾压,变速时,必须停机。在一个碾压过程中不得变速。碾压过程中应保持正确的方向行驶。

(3)上下坡时,应事先选好挡位,不得在坡上换挡;下坡时不得使用空挡滑行。

(4)转移场地时,应将冲击轮支起离开地面,防止破坏运输道路。

(5)在基底冲击碾压前,应避免先开挖构造物基础、管涵等,待冲击碾压完成后再进行构造物的开挖施工。

## 第三节　一般路基施工

通常情况下,一般路基可以结合当地的地形、地质情况,直接套用标准横断面图,不必进行个别论证和验算。

### 一、基床以下路堤填筑施工工艺

路堤填筑采用A、B组填料,A、B组填料最大粒径不得大于7.5 cm。

路堤填筑采取横断面全宽、纵向分段进行分层填筑。

为保证路基的压实度,松铺厚度必须按试验段路基填土厚度的90%来控制,且每层松铺厚度不大于40 cm。

施工时在路肩位置竖立标尺杆,以控制摊铺厚度,每层填筑按松铺厚度一次到位,根据车厢容积和松铺厚度计算卸土间距,由专人指挥卸车。

如地面有坡度,从低处开始进行分层填筑,达到一定条件后再进行全断面分段填筑。

分层填筑时,松铺厚度宜为300～400 mm或经试验确定,填料级配良好。

同一作业区用不同填料填筑时,各种填料要分层填筑,每一水平层的全宽采用同一种填料,不得混填,以避免路基左右侧沉降不均。

若采用不同填料填筑时,尽量减少不同填料层数,每种填料厚度不得少于50 cm。

每一填筑层必须满足设计要求的平整度和路拱,以保证雨天路基填筑面不积水。路拱在第一层全断面填筑时设置完毕,第二层开始则均厚填筑。

为了确保边坡压实与路堤全断面一致,边坡两侧要各超填0.4～0.5 m,待路基防护施工前用人工配合挖掘机进行刷坡。每层路基填筑压实完毕均应测量放出边线，洒上石灰线，以控制上层填土，确保路基侧面边坡的坡率。

摊铺整平：填筑段在卸土的同时，采用平地机整平，注意每层按要求设置路拱。推土机完成一个区段的推平后，采用平地机进行平整，平地机行驶路线从两侧纵向行驶，逐步向路基中心刮平，同时用人工配合填平凹坑，以保证压实质量。

根据分层施工图和不同的填料情况，选择合适的碾压机械，填筑压实作业采用重型振动压路机，压路机激振力 25～50 t。

碾压顺序由两边向中间进退式碾压，曲线地段先内侧后外侧，横向接头重叠 0.5 m 以上或三分之一轮宽左右，前后相邻两区段重叠 1 m 以上。

根据填料种类、填土厚度和密实度标准，按试验段取得的数据控制机械组合和压实遍数。

对边坡附近的压实，先利用推土机对路肩进行初步压实，压到路肩不发生滑坡，然后再利用压路机碾压。压路机外轮缘距离超填路基的边线保持 30 cm 左右，以保证压路机的安全。对压路机不宜碾压的地方，采用小型打夯机具夯实。

路堤中心高度大于 6 m 时，路堤每填筑 1.8 m 左右采取冲击追密碾压措施，同时对路堤中心填高大于 8 m 的高路堤，其路堤本体采用与基床底层相同的填料和压实标准。

路堤按设计标高填筑完成后，进行修整和测量。恢复中线，每 20 m 设一桩，进行水平标高测量，计算修整高度，施放路肩边桩，修筑路拱，并用平碾压路机碾压一遍，使路基面光洁无浮土，横向排水坡符合要求。

路堤填筑施工工艺流程如图 4-2-13 所示。

路堤整修包括路基面的排水横坡、平整度、边坡等整修内容，路基整修应严格按照设计结构尺寸进行，达到技术标准要求。边坡修整放出路基边线桩，按设计规范要求，对于加宽部分人工挂线刷去超填部分，修整折点，修整后达到转折处棱线明显，直线平直，曲线圆顺。

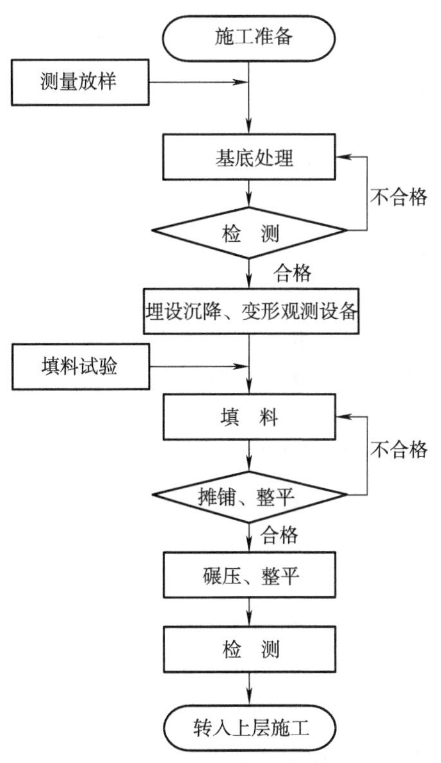


图 4-2-13　A、B 组填料路堤填筑施工流程图

## 二、基床底层填筑施工工艺

基床底层填筑材料为 A、B 组填料，最大粒径不得大于 6 cm。施工前，根据使用的机械及计划使用的填料，进行压实工艺试验。

首先对基床底层下承层中线、高程、平整度、几何尺寸及压实度进行检查验收，合格后进行基床底层填筑。

1. 施工方法

基床底层填筑施工方法基本与基床底层以下路堤填筑相同。第一层采用后退法填筑。其填料用自卸汽车从拌和场运至现场，沿横断面全宽、纵向分层填筑压实。推土机分层初平，检查填料含水率合格后，平地机精平，重型振动压路机碾压，再用平地机精平填筑面，形成路拱。经现场检测，达到设计和施工质量验收标准规定的压实标准后，进行上一层填筑。已填筑完成的基床底层交下道工序施工。

施工中，要根据路基工点图的要求填筑基床以下土的填筑。

2. 施工工艺

基床底层填筑施工工艺基本与基床底层以下路堤填筑相同，仍然按照四区段（填土区段、整平区段、压实区段、检测区段）、八流程（施工测量、地基处理、分层填土、摊铺整平、洒水晾晒、碾压密实、检测签证、路基修整）的施工工艺组织施工。路基基床底层 A、B 组填料填筑施工工艺流程参照基床以下路基填筑施工工艺流程，填筑施工工艺流程与其相同。

每层碾压完毕用灌砂法检测压实密度，每填层的地基系数用 $K_{30}$ 检测仪检测，试件无侧限抗压强度在试验室养护后试验并评定;动态变形模量 $E_{vd}$ 采用轻型落锤仪测试;达到设计要求后,基床底层填料压实标准见表 4-2-18,经监理工程师检查签认后再进行上一层填筑。

**表 4-2-18 基床底层填料压实标准**

| 填料 | 轨道类型 | 压实标准 | 砂类土及细砾土 | 碎石类及粗砾土 |
|---|---|---|---|---|
| A、B组填料 | 无砟轨道 | 地基系数 $K_{30}$(MPa/m) | ≥130 | ≥150 |
| | | 动态变形模量 $E_{vd}$(MPa) | ≥40 | ≥40 |
| | | 压实系数 $K$ | ≥0.95 | ≥0.95 |

基床底层外形尺寸容许偏差见表 4-2-19。

**表 4-2-19 基床底层外形尺寸容许偏差表**

| 序　号 | 项　目 | 允许偏差 |
|---|---|---|
| 1 | 中线至边缘距离 | 0,+50 mm |
| 2 | 宽度 | 不小于设计值 |
| 3 | 横坡 | ±0.5% |
| 4 | 平整度 | 不大于 15 mm |
| 5 | 厚度 | ±30 mm |

按照每次填筑循环(填筑→平整→碾压→检测),在检测期由领工员按照《基床底层外形尺寸允许偏差表》来组织检测路堤外形尺寸。

## 三、基床表层施工工艺

一般地段基床表层采用级配碎石填筑,过渡段的基床表层采用级配碎石掺 5%水泥填筑。在级配碎石拌和站,通过试验现场确定最佳级配拌和后,运至现场配以摊铺机分层摊铺、重型压路机分层碾压。

采用的碎石粒径、级配及材料性能符合《客运专线基床表层级配碎石暂行技术条件》。每一压实层全宽采用同一种类的填料。

基床表层的填筑按验收基床底层、搅拌运输、摊铺碾压、检测修整"四区段"和拌和、运输、摊铺、碾压、检测试验、修整养护"六流程"的施工工艺组织施工。摊铺碾压区段的长度根据使用机械的能力和数量确定。区段的长度一般在 100 m 以上。各区段或流程只能进行该区段和流程的作业,严禁几种作业交叉进行。

级配碎石混合料采用厂拌法拌制,自卸汽车运输,平地机或摊铺机摊铺混合料,顶层采用摊铺机摊铺,振动压路机碾压至设计规定的密实度。工艺流程如图 4-2-14 所示。

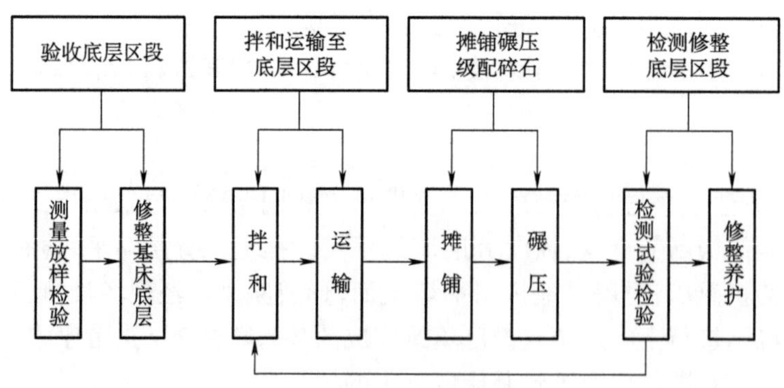


图 4-2-14 基床表层施工工艺框图

级配碎石的级配曲线应接近圆滑,某种尺寸的粒径不应过多或过少。填料分层填筑,每层的压实厚度不超过 30 cm,最小压实厚度不小于 15 cm,过渡段级配碎石中水泥掺入量允许偏差为试验配合比的 0～+1%。

基床表层的压实标准见表 4-2-20。

表 4-2-20 基床表层压实标准

| 填料 | 压实标准 | | |
|---|---|---|---|
| 级配碎石 | 地基系数 $K_{30}$(MPa/m) | 动态变形模量 $E_{vd}$(MPa) | 压实系数 $K$ |
| | ≥190 | ≥55 | ≥0.97 |

基床表层表面中线高程、路肩高程、中线至路基边缘距离、宽度、横坡、平整度允许偏差见表 4-2-21。

表 4-2-21 基床表层表面中线高程、路肩高程、中线至路基边缘距离、宽度、横坡、平整度允许偏差

| 序 号 | 项 目 | 允许偏差 |
|---|---|---|
| 1 | 中线高程 | +10 mm |
| 2 | 路肩高程 | +10 mm |
| 3 | 中线至路基边缘距离 | 0,+20 mm |
| 4 | 宽度 | 不小于设计值 |
| 5 | 横坡 | ±0.5% |
| 6 | 平整度 | 不大于 10 mm |
| 7 | 填筑厚度 | −20 mm |

## 第四节 特殊路基施工

本线主要工点类型有软土路基、膨胀土路基、陡坡路基、深路堑路基等。本节重点介绍路基挖除表层松软土换填渗水土施工技术。

(一)适用范围

适用于成渝客运专线路基挖除表层松软土换填渗水土施工作业。

(二)施工工艺

1. 施工参数

路堤建筑前应对原地面存在的植被、树根、松软表土、腐殖土进行清除,对大于 1∶5 的陡坡,根据现场实际情况进行台阶处理,可以采用推土机等大型机械辅以人工进行施工。机械开挖时应该留有 10 cm 人工清除。

换填法一般用于处理暗沟塘、水稻田等范围的浅层软土地基。根据换填深度选择机械或人工施工。可采用挖掘机或推土机挖除换填深度内表层的软弱土层,再由人工配合挖除到达设计标高,自卸汽车运输换填渗水填料,后倾法卸料,推土机摊铺平整,平地机精平,压路机碾压,分层填筑,直至达到设计标高。

2. 工艺流程(图 4-2-15)

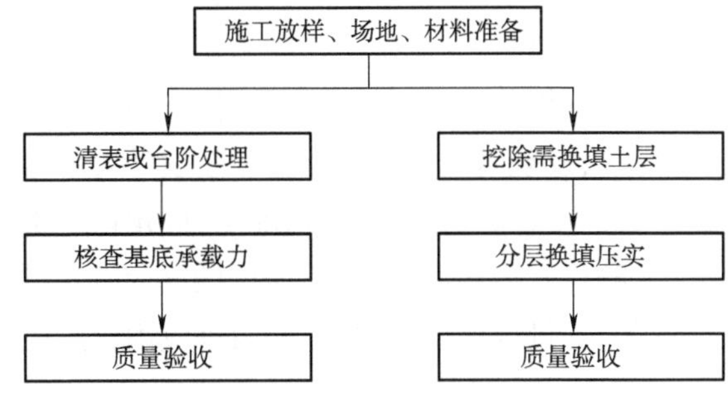

图 4-2-15 工艺流程

3. 施工方法及要求

(1)施工方法

①施工放样,确定需进行原地面处理或是换填的范围,设置临时防排水设施,在开工前对现场需处理范围、深度进行复查;备足换填渗水材料。

②对于需换填处理的情况采用机械挖除换填深度内表层部分土层,直至高于设计换填深度 10 cm 处,再由人工清除剩余软土层达到设计标高,形成 4%的人字横坡,两侧排水沟保持畅通;采用自卸汽车将挖除的土壤运至指定的弃土场。对于原地面处理的情况,采用推土机推除表层需清除的松软土、腐殖土、植被等,斜坡陡于 1∶5 的地段,采用人工划定台阶范围,挖土机进行开挖,形成台阶,沿线路横向台阶的宽度、高度符合设计要求,纵向台阶宽度不小于 1 m。

③换填施工采用自卸汽车运输换填料进场,后倾法卸料,推土机进行初摊铺、平整,压路机碾压。避免自卸汽车直接驶上原位土层,对其造成扰动。

④根据换填层所处路堤部位进行相应的质量检验。在原地面处理之后应对地基承载力进行核查，确认满足设计要求。

(2)施工要求

换填分层压实质量应根据换填料种类及换填所处路堤部位进行相应的压实质量检测控制。

换填顶面高程、横坡、中线至边缘距离、宽度、平整度应符合表4-2-22的要求。

**表4-2-22 宽度、平整度允许偏差及检查要求**

| 序号 | 检验项目 | 允许偏差 | 施工单位检验数量 | 检验方法 |
|---|---|---|---|---|
| 1 | 顶面高程 | ±50 mm | 每100 m等间距检验3处 | 水准仪测 |
| 2 | 横坡 | ±0.5% | 每100 m等距检3个断面 | 尺量 |
| 3 | 中线至边缘距离 | ±50 mm | 每100 m等间距检验3处 | 尺量 |
| 4 | 宽度 | 不小于设计值 | 每100 m等间距检验3处 | 尺量 |
| 5 | 平整度 | 填土50 mm | 每100 m等间距检验5处 | 2.5 m直尺量测 |

地基换填位置允许偏差、检验数量及方法应符合设计或验收标准的要求。

原地面处理完毕后，应根据设计要求或者验收标准的要求对处理后的地基进行验收检测，且应对开挖的台阶宽度、高度等进行检查验收。

换填基坑坡脚线位置的允许偏差为50 mm，采用经纬仪在每个换填基坑沿线路纵向及横向各抽样检验3处。

原地面处理前，应对地基地质条件进行核查，路堤地基条件应符合设计图纸；施工单位通过静力触探等方法沿线路纵向每100 m等间距检验4次。

原地面处理后的外观应满足如下要求：

①基底无草皮、树根等杂物，无积水；

②原地面基底密实、平整，坑穴处理彻底，无质量隐患；

③地面横坡4%符合设计要求。

(三)质量控制措施

(1)严格控制换填所用填料，其种类及技术条件应符合设计要求。

(2)原地面处理及松软土开挖换填范围必须满足设计要求，必须要适当向外扩大30 cm，确保路基基底范围全部换填。

(3)开挖前后应对地质条件进行核对，对于在换填范围内发现的对换填施工有影响的洞穴、墓穴等，或在开挖后发现基底地质条件不满足设计要求等情况，应向设计单位进行反馈，采取措施处理。

(4)在采取机械施工的情况下，应预留底部10 cm的土层人工清理，尽量减少对下伏土层的扰动。

(5)当软土底部起伏较大时，设置台阶，分层填筑。

(6)安排好作业时间，避开雨季或雨天施工。做好换填范围的防排水措施，避免基底浸水。

## 第五节 路 堑 施 工

### 一、路堑开挖施工

(一)总体施工方案

1. 土质、软质岩

当路堑中心高度大于5 m时，采用分层逐层顺坡开挖或纵向台阶法开挖方式。

路堑开挖前，做好堑顶防排水设施，临时排水设施应与永久性排水设施相结合，并与原排水系统顺接。路堑开挖过程中为保证雨水不冲刷边坡和基底，边坡和基底预留不少于50 cm待开挖至设计标高或平台位置时一次开挖完成。刷坡应保证边坡坡度及平整度，对特殊部位做好边坡防护工作。路堑开挖时应合理分段并自上而下分层开挖分层加固,不得采用大拉槽,一次开挖到位。设有支挡结构的路堑边坡应分段开挖、分段施工。设计要求分层开挖、分层防护的路堑边坡,应自上至下分层开挖、分层施工,支挡工程施工应与开挖紧密衔接。如防护不能紧跟完成的,应预留厚度不小于 50 cm 的保护层。

开挖至预定标高后,按设计要求对路基基床厚度内地层和基底采用工程地质描绘、原位测试、电法物探,基床土质压实指标检测($P_S \geqslant 1.8$ MPa、$\delta_0 \geqslant 0.2$ MPa),必要时进行钻探取样等方法,进行地基土地基条件的核查与检测,根据试验结果对不具有足够强度与抗变形能力的土质,根据设计图纸按设计采取换填或其他措施进行地基加固施工。

2. 膨胀土路堑

合理进行施工组织安排,膨胀土路堑施工应尽量避开雨季。边坡支挡和防护结构应及时安排施工,随挖随护,及时封闭边坡。对于不能紧跟开挖及时支护时,边坡预留不小于 0.5 m 厚度的保护层。

膨胀土路堑基底施工开挖面应始终保持不小于 4%的排水横坡,防止积水;对黏性较大,含水率较高的黏性土,适当晾干后再行开挖。

3. 次坚石路堑

次坚石、坚石开挖:采用爆破法松动,挖掘机装车,自卸汽车运输。爆破后产生的大块石采用改炮并配液压破碎锤改小。根据路堑挖深不同分别采用深孔爆破和浅孔爆破,挖深小于 5 m 时用浅孔爆破,挖深大于 5 m 时用深孔爆破。

(二)土质路堑开挖

(1)施工方法

采用机械开挖,机械开挖不到的边角采用人工开挖。边坡坡面人工整修。

根据地形条件和土方调配运距,采用如下不同的机械组合和开挖方法:

1)逐层顺坡开挖:对于土方数量相对集中、土方调运距离在 500 m 以下的路堑开挖,采用推土机配合挖掘机逐层顺坡开挖施工,其中运距 100 m 以内的土方采用推土机直接推送到位。

2)纵、横向台阶开挖:对于地形较缓、土方调运距离在 500 m 以上的路堑开挖,采用推土机配合挖掘机或装载机纵、横向台阶开挖施工,自卸汽车运输。边坡较高时分层开挖,台阶高度 3~4 m,如图 4-2-16 所示。

(2)工艺流程(图 4-2-17)

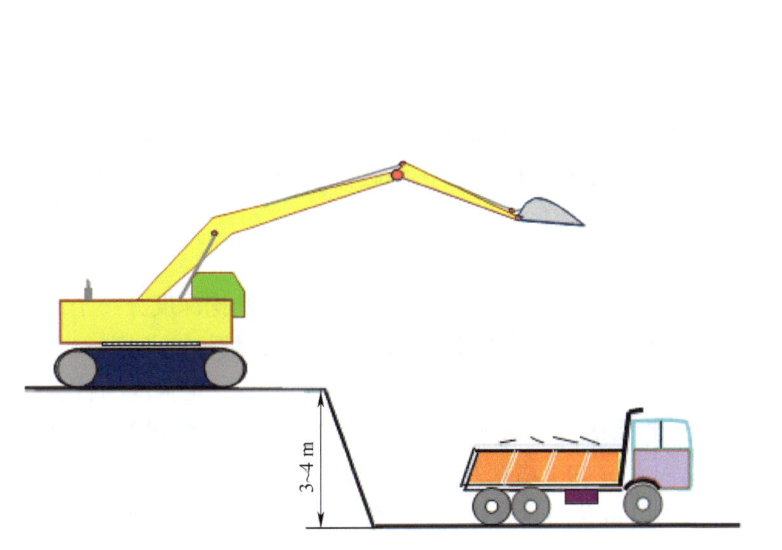


图 4-2-16 挖掘机、自卸车纵向台阶开挖土方示意图

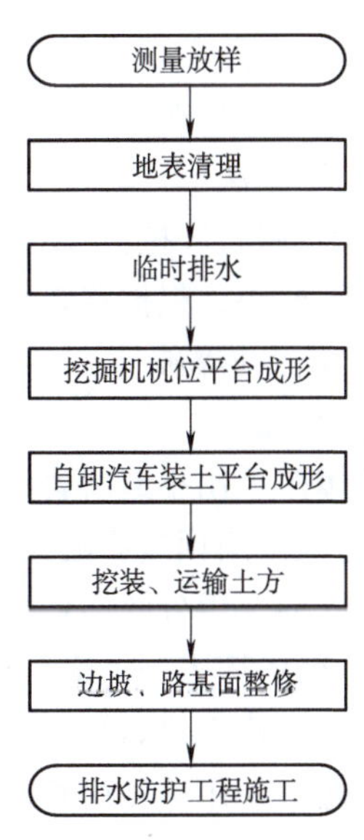


图 4-2-17 工艺流程

(3)技术要求和标准

路基面平顺,路肩线流畅,路拱明显、坡面合度、过渡段顺接流畅,边坡平顺、无明显高低差。

路堑边坡坡率、变坡点、平台位置、侧沟排水坡度允许偏差及检验标准应满足表 4-2-23 要求。

表 4-2-23 路堑边坡坡率、变坡点、平台位置、侧沟排水坡度允许偏差及检验标准

| 序号 | 项 目 | 允许偏差 | 施工单位检验数量 | 检验方法 |
|---|---|---|---|---|
| 1 | 边坡坡率(偏陡量) | 不陡于设计坡率 | 每 50 m 单侧检查 8 点,上、下部各 4 点 | 用坡度尺量、计算 |
| 2 | 变坡点位置 | ±100 mm | 每 100 m 单侧检查 6 点 | 水准仪测或尺量 |
| 3 | 平台位置 | ±100 mm | 每 100 m 单侧检查 6 点 | 水准仪测或尺量 |
| 4 | 平台宽度 | ±50 mm | 每 100 m 侧检查 6 点 | 尺量 |
| 5 | 侧沟排水坡度 | 不得积水 | 每条沟全验 | 目测 |

路基面中线高程、路肩高程、中线至路肩边缘距离、宽度、横坡、平整度允许偏差、检验数量及检验方法见表 4-2-24。

表 4-2-24 路基面中线高程、路肩高程、中线至路肩边缘距离、宽度、横坡、平整度允许偏差、检验数量及检验方法

| 序号 | 检验项目 | 允许偏差 | 沿线路纵向每 100 m 检验数量 | 检验方法 |
|---|---|---|---|---|
| 1 | 中线高程 | ±10 mm | 抽样检验 5 点 | 水准仪测 |
| 2 | 路肩高程 | ±10 mm | 抽样检验 5 点 | 水准仪测 |
| 3 | 中线至路肩边缘距离 | 0~+20 mm | 抽样检验 5 处 | 尺量 |
| 4 | 宽度 | 不小于设计值 | 抽样检验 5 处 | 尺量 |
| 5 | 横坡 | ±0.5% | 抽样检验 5 个断面 | 坡度尺量 |
| 6 | 平整度 | 不大于 10 mm | 抽样检验 10 点 | 2.5 m 长尺量 |

(4)技术质量措施

1)勤测量:开挖前对整个挖方段测量放样,并埋设必要的护桩,以后每开挖 3 m 左右重新测量一次,进行收坡,严防超挖和损伤边坡。

2)预留边坡保护层:机械开挖时预留 50 cm 的边坡保护层,该保护层由人工开挖以保证边坡的坡率和平整度。有边坡防护地段在防护工程施工前开挖该保护层。

3)预留基底保护层:路基开挖至距设计标高 0.3~0.5 m 时停止机械开挖,待边坡防护和堑底水沟施工完后与边坡土方、水沟土方一起施工,采用人工开挖。

4)跟班指挥:每作业点每班都设现场领工员跟班指挥,随时掌握路基宽度和高程情况,协调机械设备的作业效率,及时处理现场出现的各类事件。

*(三)石质路堑开挖*

(1)施工方法

次坚石、坚石开挖:采用爆破法松动,挖掘机装车,自卸汽车运输。爆破后产生的大块石采用改炮并配液压破碎锤改小。根据路堑挖深不同分别采用深孔爆破和浅孔爆破,挖深小于 5 m 时用浅孔爆破,挖深大于 5 m 时用深孔爆破。

(2)浅孔爆破设计

浅孔爆破采用小型凿岩机钻孔,炮孔直径 38~50 mm,孔深 2~4 m,根据开挖深度分一个或两个台阶进行爆破,边坡采用预裂爆破。炮孔方向:中间主炮孔取垂直孔,边坡预裂孔与边坡坡率相同。

预裂孔内采用分散不耦合装药,具体方法是将炸药分别绑扎于长 2.4 m、有一定强度的竹签两端和中间上,每条炸药各插入一个毫秒雷管。装药时仔细地牵住雷管线,将绑有炸药的竹签缓慢放入孔底,在竹签顶端塞入 20 cm 水泥纸,再在水泥纸上面填入 1 m 黏土堵塞并夯实。

浅孔爆破使用毫秒雷管起爆,每排用同段雷管同时起爆,各排按从前到后的顺序起爆。

(3)深孔爆破设计

采用微差挤压梯段爆破方法施工。大型潜孔钻机钻孔,钻头直径为 90 mm,成孔直径为 100 mm,孔深 5~10 m,路堑挖深大于 10 m 时分层开挖,边坡采用预裂爆破或光面爆破。路堑挖深较大边坡设置变坡时,在变坡点高度处分层。除预裂孔和光面孔按坡面坡率钻孔外,其余中间主爆孔均为垂直孔。

预裂孔内采用分散不耦合装药,具体方法是将以上炸药分散绑扎于长 6.4 m、有一定强度的竹竿上,其

中底部 1 m 装药量为其余段的 2.5 倍，分散装入 3 个毫秒雷管，竹竿长度不够时采用搭接绑扎加长。装药时仔细地牵住雷管线，将绑有炸药的竹竿缓慢放入孔底，在竹竿顶端塞入 20 cm 水泥纸，再在水泥纸上面填入 1 m 黏土堵塞并夯实。

(4)工艺流程

石质路堑开挖工艺流程如图 4-2-18 所示。

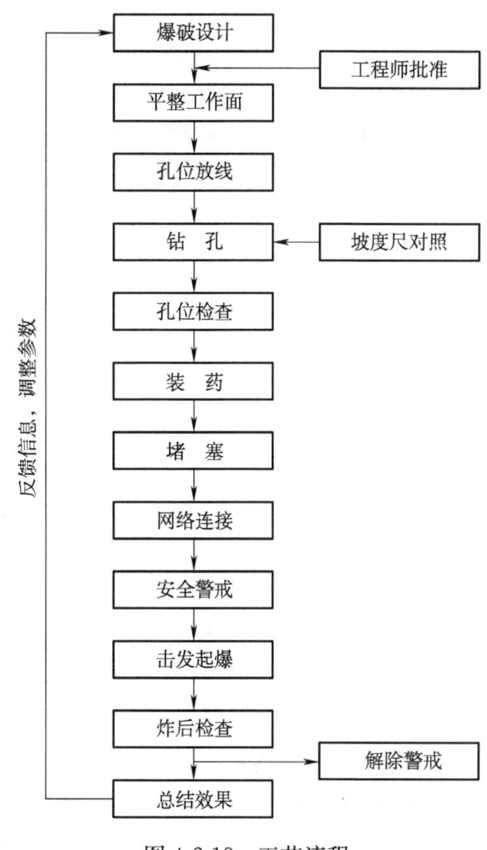

图 4-2-18 工艺流程

(四)安全质量措施

(1)质量保证措施

1)路基施工首先处理好基底。按照现场调查资料，区别不同的土质类别配备各类施工机械，并留有一定备用余地。机械要配套，能力和型号满足施工需要。

2)开工前，先进行施工测量，准确确定线路中桩、边桩的位置和高程。

3)路基开工前首先应做好堑顶天沟、场内水沟、排水涵渠，永久和临时排水相结合，保证排水通畅。

4)路堑应采用纵向分段、分层拉槽方式采用大型机械作业，边坡预留保护层以人工刷坡，边坡成形一段防护一段，刷坡后要尽快按设计要求进行防护。

5)当路堑开挖至设计标高后，应核对路基面和边坡的水文地质和工程地质情况，当与设计不符时，应提出变更设计。

6)边坡按设计要求及时施作防护，保证边坡稳定，免于冲刷、侵蚀等。

7)排水、截水系统完善，排水通畅；地面水沟位置符合设计及实际地形情况，沟底、边坡平顺、整齐，砌筑牢固。

(2)安全保证措施

1)路基工程施工应做好前期准备，进行全面安排，正确选用施工方法，编制实施细则。施工前应详细调查并掌握地质、水文资料，检查易于发生水害地段的施工安全，做好施工中的临时防护工作。对路堑施工，还需预先检查山体有无塌方和滑坡的可能，并拟定防护措施。

2)路基工程采用新技术、新工艺、新机具和新的施工方法时，应制定相应的安全技术措施。

3)施工现场设立安全标志。危险地区必须悬挂“危险”或者“禁止通行”“严禁烟火”等标志，夜间设红灯示警。在施工便道间的交叉口、与公路的交叉口，应设立标志。所有道路的便桥，在桥头树立标志，注明载重能力和限制速度。

4)路堑开挖时，经常注意坡面的稳定。每天开工前、收工前应对坡面、坡顶及附近进行检查，如发现有裂缝和坍方的迹象或有危石、危土时，立即处理，凡不能处理且对施工安全有威胁时，暂时停止施工，并报告上级处理。

5)在高于 3 m 的坡面上作业，必须拴安全绳；严禁在同一安全桩上拴几根安全绳和在一根安全绳上拴几个人。在路堑内作业，必须戴安全帽。

6)开挖作业应与装、运作业面相互错开，严禁上下重叠作业。

7)路堑开挖放炮后，在清理过程中，如发现有瞎炮、残药、雷管等应及时报告，设立警戒区，由爆破人员处理。边坡开挖中如遇地下水出露，应采取临时排水措施后方可继续开挖。岩溶地区，对堑顶或基底的岩溶水、上升泉水应按设计要求进行治理，不得任意堵塞出水口或任意抽水，以免导致突发性坍陷。

8)弃土应保证弃土堆的自身稳定，其位置与高度应根据地形并考虑对附近建筑物以及农田、水利、河道、交通安全的影响，合理设置，先防护后弃土。

9)严禁有间发性癫痫、高血压、心脏病和恶性贫血患者担任撬石和高边坡作业。

10)路堑开挖应自上而下纵向、水平分层开挖，纵向坡度不得小于 4%。严禁掏底开挖。设有支挡结构的路堑边坡应分段开挖、分段施工。半填半挖路基轨道下横跨挖方和填方两部分时，应按设计要求开挖换填,填筑区域基底表面应平整,片石码砌边坡与填筑同时成形,嵌缝密贴,坡面稳定。各种机械要有专人负责维修、保养,并经常对机械的关键部位进行检查,预防机械故障及机械伤害的发生。

(五)环保水保措施

(1)施工中采取措施减少粉尘,减少对生产人员和当地居民造成危害,必要时进行洒水。

(2)居民区尽量安排在白天施工,避免夜间施工噪声影响居民休息。

(3)工程完工后及时清理现场垃圾,做到文明退场。

(4)弃土场必须先防护后弃土,确保弃土环保。

## 二、高路堑开挖施工

(一)总体施工方案

1. 土质、软质岩、强风化硬质岩路堑

当路堑中心高度大于 5 m 时,采用分层逐层顺坡开挖或纵向台阶法开挖方式。

路堑开挖前,做好堑顶防排水设施,临时排水设施应与永久性排水设施相结合,并与原排水系统顺接。路堑开挖过程中,为保证雨水不冲刷边坡和基底,边坡和基底预留不少于 50 cm 待开挖至设计标高或平台位置时一次开挖完成。刷坡应保证边坡坡度及平整度,对特殊部位做好边坡防护工作。路堑开挖时应合理分段并自上而下进行,严禁掏底开挖。设有支挡结构的路堑边坡应分段开挖、分段施工。设计要求分层开挖、分层防护的路堑边坡,应自上至下分层开挖、分层施工,支挡工程施工应与开挖紧密衔接。如防护不能紧跟完成的,应预留厚度不小于 50 cm 的保护层。

2. 硬质岩石路堑

硬质岩石路堑,主体采用松动爆破,边坡采用光面或预裂爆破的方法开挖。根据路堑开挖区岩石的岩性、产状以及开挖高度,进行详细爆破设计,严格控制装药量,爆破后应达到边坡和堑顶山体稳定,基底和边坡平顺、不破碎,基底和边坡凹凸不平处用混凝土或浆砌片石补齐。爆破施工采用潜孔钻机或风钻钻孔,进行松动爆破施工时,纵向分段,竖向分层,逐层施工。

3. 膨胀土路堑

合理进行施工组织安排,膨胀土路堑施工应尽量避开雨季。边坡支挡和防护结构应及时安排施工,随挖随护,及时封闭边坡。对于不能紧跟开挖及时支护时,边坡预留不小于 0.5 m 厚度的保护层。

膨胀土路堑基底施工开挖面应始终保持不小于 4%的排水横坡,防止积水,对黏性较大,含水率较高的黏性土,适当晾干后再行开挖。

4. 岩溶路堑

岩溶地段路堑开挖后,对影响边坡稳定的坡面上的溶洞、溶槽和溶蚀凹坎,采用 M7.5 浆砌片石进行嵌补支顶加固。基底范围内采用电法物探辅以验证性钻孔查清基底岩溶,基床范围内的溶沟、溶槽中充填的黏土全部清除,采用 C15 片石混凝土嵌补。基床及其以下部分溶洞、溶槽,按照设计采用注浆加固。

(二)土方路堑开挖

(1)施工方法

采用机械开挖,机械开挖不到的边角采用人工开挖。边坡坡面人工整修。

根据地形条件和土方调配运距,采用如下不同的机械组合和开挖方法:

1)逐层顺坡开挖:对于土方数量相对集中、土方调运距离在 500 m 以下的路堑开挖,采用推土机配合挖掘机逐层顺坡开挖施工,其中运距 100 m 以内的土方采用推土机直接推送到位。

2)纵、横向台阶开挖:对于地形较缓、土方调运距离在 500 m 以上的路堑开挖,采用推土机配合挖掘机或装载机纵、横向台阶开挖施工,自卸汽车运输。边坡较高时分层开挖,台阶高度 3~4 m。

(2)工艺流程

工艺流程如图 4-2-19 所示。

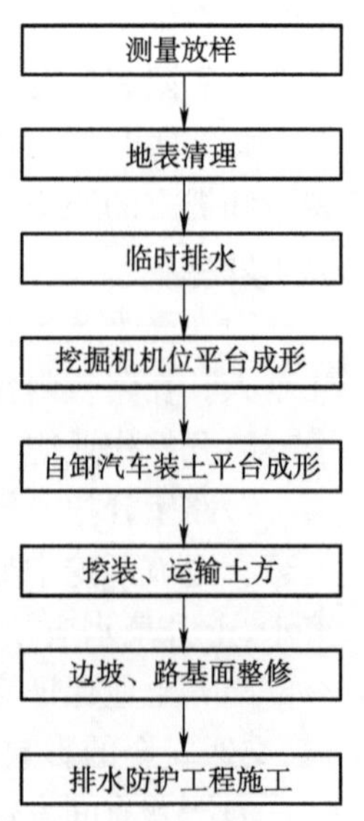

图 4-2-19 工艺流程

(3)技术要求和标准

路基面平顺,路肩线形流畅,路拱明显、过渡段顺接流畅,边坡平顺、无明显高低差。

路堑边坡坡率、变坡点、平台位置、平台宽度允许偏差及检验标准应满足表 4-2-25 要求。

**表 4-2-25　路堑边坡坡率、变坡点、平台位置、平台宽度允许偏差及检验标准**

| 序号 | 项　　目 | 允许偏差 | 施工单位检验数量 | 检验方法 |
|---|---|---|---|---|
| 1 | 边坡坡率(偏陡量) | 不陡于设计坡率 | 每 100 m 单侧检查 2 点,上、下部各 1 点 | 用坡度尺量、计算 |
| 2 | 变坡点位置 | ±200 mm | 每 100 m 单侧检查 3 点 | 水准仪测或尺量 |
| 3 | 平台位置 | ±200 mm | 每 100 m 单侧检查 3 点 | 水准仪测或尺量 |
| 4 | 平台宽度 | ±50 mm | 每 100 m 侧检查 3 点 | 尺量 |
| 5 | 侧沟排水坡度 | 不得积水 | 每条沟全验 | 目测 |

路基面中线高程、路肩高程、中线至路肩边缘距离、宽度、横坡、平整度允许偏差、检验数量及检验方法见表 4-2-26。

**表 4-2-26　路基面中线高程、路肩高程、中线至路肩边缘距离、宽度、横坡、平整度允许偏差、检验数量及检验方法**

| 序号 | 检验项目 | 允许偏差 | 沿线路纵向每 100 m 检验数量 | 检验方法 |
|---|---|---|---|---|
| 1 | 高程 | ±20 mm | 抽样检验 3 点 | 水准仪测 |
| 2 | 中线至路肩边缘距离 | 1、+100 mm | 抽样检验 3 处 | 尺量 |
| 3 | 宽度 | 不小于设计值 | 抽样检验 3 处 | 尺量 |
| 4 | 横坡 | ±0.5% | 抽样检验 3 个断面 | 坡度尺量 |
| 5 | 平整度 | 不大于 15 mm | 抽样检验 5 点 | 2.5 m 长尺量 |

(4)技术质量措施

1)测量:开挖前对整个挖方段测量放样,并埋设必要的护桩,以后每开挖 3 m 左右重新测量一次,进行收坡,严防超挖和损伤边坡。

2)预留边坡保护层:机械开挖时预留 50 cm 的边坡保护层,该保护层由人工开挖以保证边坡的坡率和平整度。有边坡防护地段在防护工程施工前开挖该保护层。

3)预留基底保护层:路基开挖至距设计标高 0.3～0.5 m 时停止机械开挖,待边坡防护和堑底水沟施工完后与边坡土方、水沟土方一起施工,采用人工开挖。

4)跟班指挥:每作业点每班都设现场领工员跟班指挥,随时掌握路基宽度和高程情况,协调机械设备的作业效率,及时处理现场出现的各类事件。

*(三)石质路堑开挖*

(1)施工方法

1)软石

采用大功率推土机配松土器松动,并集中成堆,装载机装车,自卸汽车运输。

2)次坚石、坚石

采用松动爆破法,挖掘机装车,自卸汽车运输。爆破后产生的大块石采用挖掘机配液压破碎锤改小或二次爆破改小。

根据路堑挖深和工程量不同分别采用深孔爆破或浅孔爆破,一般挖深小于 5 m 时用浅孔爆破,挖深大于 5 m 时用深孔爆破。边坡面采用光面爆破或预裂爆破开挖。

(2)爆破设计(以浅孔爆破和边坡光面爆破为例)

浅孔爆破采用风钻钻孔,炮孔直径 38～48 mm,孔深不大于 3 m,根据开挖深度分一个或两个台阶进行爆破,边坡采用光面爆破,预留 1～1.5 m 边坡光爆层。中间主炮孔采取垂直孔,边坡光爆孔与设计边坡坡率相同。

1)主爆区爆破参数

以炮孔深度 $H=3$ m 为例设计,底板抵抗线 $W_p=1.1$ m,超钻深度 $h=(0.1\sim0.33)W_p=0.2$ m,炮孔间

距 $a=1.4$ m，炮孔排距 $b==1.0$ m，单位用药量 $q$（软石为 0.28～0.38 kg/m³，次坚石为 0.35～0.45 kg/m³，坚石为 0.4～0.55 kg/m³），前排炮孔单孔用药量：

$$Q=qW_{\mathrm{p}}aH=0.28\times1.1\times1.4\times3=1.29\ \mathrm{kg}$$

后排炮孔单孔用药量：$Q=qabH=0.28\times1.4\times1.0\times3=1.18$ kg

2)光爆孔的爆破参数(按坡率 1∶0.75 算)

钻孔间距取 $a=0.6\sim1.0$ m，孔深 $H=3.0\times1.25=3.75$ m，线装药密度 $q'=155\sim215$ g/m 取 $q'=180$ g/m，则预裂孔的单孔装药量：$Q=180\times3.75=675$ g，取 $Q=600$ g，即 3 条炸药。

光爆孔的堵塞长度取为 1 m(0.8～1.3 m)。

光爆孔内采用间隔不耦合装药，具体方法是将以上 3 条炸药分别绑扎于长 2.55 m，有一定强度的竹签两端和中间上，每条炸药各插入一个毫秒雷管。装药时仔细地牵住雷管引线，将绑有炸药的竹签缓慢放入孔底，在竹签顶端塞入 20 cm 水泥纸，再在水泥纸上面填入 1 m 黏土堵塞并夯实，如图 4-2-20 所示。

以上爆破参数通过爆破效果检验后进行调整。

浅孔爆破使用毫秒雷管起爆，每排用同段雷管同时起爆，各排按从前到后的顺序起爆。

(3)工艺流程(图 4-2-21)

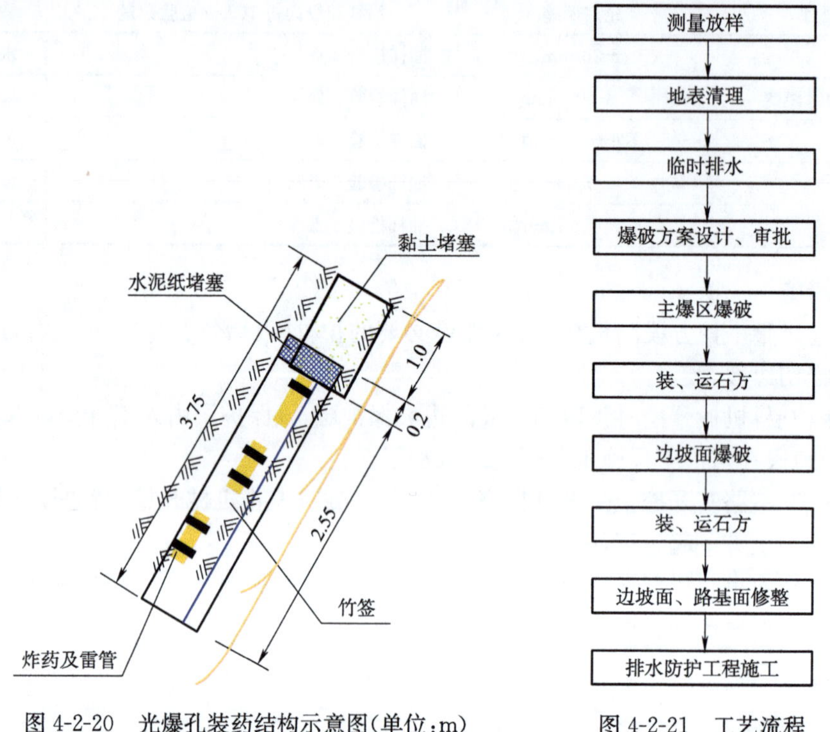


图 4-2-20 光爆孔装药结构示意图(单位:m)

图 4-2-21 工艺流程

(4)技术要求与标准

1)准确爆破，达到预期的爆破形状和数量。

2)确保基床、边坡和堑顶山体稳定、不受破坏。爆出的开挖面完整平顺，底板平整、无根坎。

3)确保现场及附近人员、设备、建筑物的安全，控制爆破飞石、爆破冲击波和振动，杜绝爆破飞石、爆破冲击波和振动造成人身财产损失。

4)浅孔、深孔爆破均应保证岩石块度适合机械铲挖、装运，作为路基填料符合规范要求，大块率控制在 5%以下。

5)预裂爆破和光面爆破保证坡面平顺整齐且稳定无隐患，坡面局部凹凸差不大于 15 cm，边坡上留明显的半个炮孔痕迹，总长度不小于钻孔总长的 70%，且炮孔附近围岩无明显裂碎。检验数量：沿线路纵向每 100 m 抽样检验 5 处。检验方法：观察、尺量。

6)开挖边坡坡率不陡于设计坡率。检验数量：沿线路纵向每 100 m 单侧边坡抽样检验 3 点(上、下各 2 点)。检验方法：吊线尺量计算或坡度尺量。

7)路堑开挖至设计标高后,应核对路基面和边坡的水文地质和工程地质情况,当与设计不符时,应提出变更设计。检验数量:全部检验;当与设计不符时,报设计单位现场确认。检验方法:对照设计文件核对并详细记录。

(5)技术质量措施

1)通过试爆准确选取爆破参数,根据每次爆破的特点不断优化,提高爆破效率。

2)准确布孔,浅孔爆破、深孔爆破均采用梅花形布孔,所有孔位准确测定,保证岩石块度的均匀性,保证边坡位置准确。

3)浅孔爆破钻孔采用托架支撑风钻,并用测尺测定钻孔角度,深孔钻机采用钻机平台,液压调控钻孔角度,采用测尺控制钻孔角度,保证钻孔定位和钻孔角度准确。

4)炮孔钻好后装药前用水泥袋堵住孔口,防止因机械和人员活动导致钻渣落入钻好的炮孔内。

5)起爆网络采用非电毫秒雷管起爆系统,合理确定微差间隔时间。

6)采用孔内微差和孔底反向起爆技术。

(四)安全质量措施

(1)质量保证措施

1)按照现场调查资料,区别不同的土质类别配备各类施工机械,并留有一定备用余地。机械要配套,能力和型号满足施工需要。

2)开工前,先进行施工测量,准确确定线路中桩、边桩的位置和高程。

3)开工前首先应做好堑顶天沟、场内水沟、排水涵渠,永久和临时排水相结合,保证排水通畅。

4)路堑应采用纵向分段、分层拉槽方式采用大型机械作业,边坡预留保护层以人工刷坡,边坡成形一段防护一段,刷坡后要尽快按设计要求进行防护。

5)石质路堑无论是浅孔爆破或深孔爆破,边坡都应进行预裂或光面爆破。一般采用梯段微差爆破,边坡采取预裂或预留光爆层爆破。爆破应进行设计,避免爆破用药超量影响边坡稳定。预裂和光爆应严格控制钻孔位置和方向,装药结构要合理,成形边坡的凹凸不超过 15 cm,孔痕保留 70%以上。爆破设计要在试验中不断修正。

6)当路堑开挖至设计标高后,应核对路基面和边坡的水文地质和工程地质情况,当与设计不符时,应提出变更设计。

7)边坡按设计要求及时施作防护,保证边坡稳定,免于冲刷、侵蚀等。

8)排水、截水系统完善,排水通畅;地面水沟位置符合设计及实际地形情况,沟底、边坡平顺、整齐,砌筑牢固。

(2)安全保证措施

1)路堑工程施工应做好前期准备,进行全面安排,正确选用施工方法,编制实施细则。施工前应详细调查并掌握地质、水文资料,检查易于发生水害地段的施工安全,做好施工中的临时防护工作。对路堑施工,还需预先检查山体有无塌方、滑坡的可能,并拟定防护措施。路堑工程采用新技术、新工艺、新机具和新的施工方法时,应制定相应的安全技术措施。

2)从事爆破等特种作业人员、各种机械的操作人员及机动车辆驾驶人员,必须经劳动部门专业培训和考试并取得合格证后,方准独立操作。

3)施工现场设立安全标志。危险地区必须悬挂"危险"或者"禁止通行""严禁烟火"等标志,夜间设红灯示警。在施工便道间的交叉口、与铁路的交叉口,应设立标志。所有道路的便桥,在桥头树立标志,注明载重能力和限制速度。

4)路堑开挖时,经常注意坡面的稳定。每天开工前、收工前应对坡面、坡顶及附近进行检查,如发现有裂缝和坍方的迹象或有危石、危土时,立即处理,凡不能处理且对施工安全有威胁时,暂时停止施工,并报告上级处理。在高于 3 m 的坡面上作业,必须拴安全绳;严禁在同一安全桩上拴几根安全绳和在一根安全绳上拴几个人。在路堑内作业,必须戴安全帽。

5)开挖作业应与装、运作业面相互错开,严禁上下重叠作业。路堑开挖放炮后,在清理过程中,如发现有瞎炮、残药、雷管等应及时报告,设立警戒区,由爆破人员处理。边坡开挖中如遇地下水出露,应采取临时排水措施后方可继续开挖。岩溶地区,对堑顶或基底的岩溶水、上升泉水应按设计要求进行治理,不得任意堵塞出水口或任意抽水,以免导致突发性坍陷。

6)弃土应保证弃土堆的自身稳定,其位置与高度应根据地形并考虑对附近建筑物以及农田、水利、河道、交通的安全影响合理设置,先防护后弃土。

7)严禁有间发性癫痫、高血压、心脏病和恶性贫血患者担任撬石和高边坡作业。

8)支顶危石悬岩或采用嵌补综合防护的工点应按专门工点要求,制定相应的安全措施进行施工。

9)路堑开挖应自上而下纵向、水平分层开挖,纵向坡度不得小于4%,严禁掏底开挖。设有支挡结构的路堑边坡应分段开挖、分段施工。石质路堑开挖宜采用松动爆破,严禁采用洞室爆破。石质边坡面应采用光面或预裂爆破开挖。爆破设计方案必须经有关部门审核批准后方可实施。

10)半填半挖路基挖方和填方两部分时,应按设计要求开挖换填;填筑区域基底表面应平整,片石码砌边坡与填筑同时成形,嵌缝密贴,坡面稳定。

各种机械要有专人负责维修、保养,并经常对机械的关键部位进行检查,预防机械故障及机械伤害的发生。

(五)环保水保措施

(1)施工中采取措施减少粉尘,减少对生产人员和当地居民造成危害,必要时进行洒水。

(2)居民区尽量安排在白天施工,避免夜间施工噪声影响居民休息。

(3)工程完工后及时清理现场垃圾,做到文明退场。

(4)弃土场必须先防护后弃土,确保弃土环保。

## 第六节 过渡段施工

由于不同结构的刚度差别和不同结构基础的形式不一致而产生的不均匀沉降,在连接处极易产生变形差,造成列车通过时轨道出现变位差,使列车与轨道结构产生较大的相互冲击,从而降低列车运行的平稳性、舒适性,危及列车的安全。因此,确保过渡段的施工质量在施工过程中依然非常重要。

本线涉及的过渡段有桥路过渡段、路堤与涵洞过渡段、路堤与横向结构物过渡段、半挖半填路基及路堤路堑过渡段、隧路过渡段等。过渡段施工根据施工图纸制定施工工艺和过程控制措施,作出详细的作业指导书和相应的质量检查、监督管理制度,并通过现场碾压试验确定完善的施工工艺及处理措施。

### 一、路堤与桥梁过渡段

(一)施工方法

桥台基坑用混凝土分层回填,人工捣固棒捣固密实。路基填筑前,按照设计断面图示,在已施工完成的碎石垫层及台背混凝土上用石灰水和红油漆分别划出一级过渡、二级过渡及分层填筑厚度(每层 20 cm)的分界线,按照分界线的不同区域,分别填筑掺5%水泥级配碎石、A、B组填料和路堤本体填料。其填料均由综合拌和站提供,自卸汽车运至现场,与路堤本体同步填筑:人工配合推土机初平,人工配合平地机精平,压路机碾压,大型机械无法作业的台背区域(距桥台结构物 2 m 范围内)采用人工挂线精平,轻型内燃夯实机碾压。经现场检测,达到设计和施工质量验收标准规定的压实标准后,进行下一层填筑。

桥台空心砖隔离层按设计要求,人工砌筑。

台后搭板按设计尺寸用组合钢模立模、人工绑扎钢筋,混凝土罐车运输泵送混凝土入模,人工捣固和平板振捣器捣固、抹面。

基床底层填筑前,按照设计要求埋设软式透水管。基床底层的填筑方法与填筑路堤本体方法基本相同,初平时用推土机从塔板位置向路堤两侧及路堤纵向送料,碾压、精平与路堤本体相同。

基床表层过渡段范围内全部采用掺5%的级配碎石作填料,分两层与路堤同步填筑。其施工方法见基床表层填筑。

(二)施工工艺

施工工艺流程如图 4-2-22 所示。

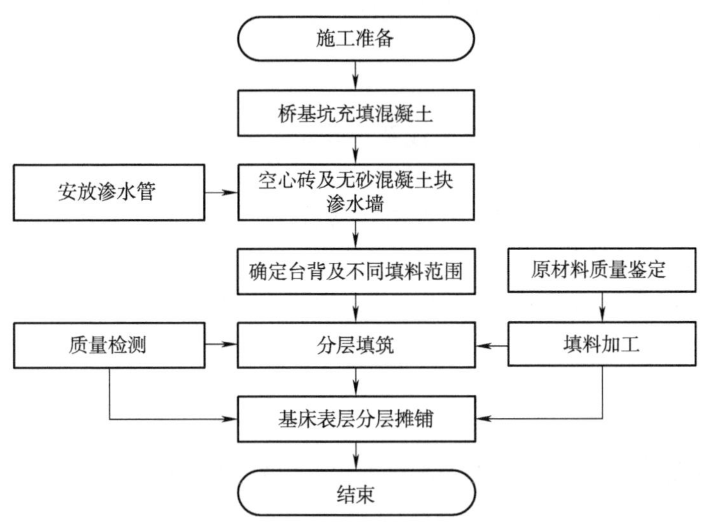


图 4-2-22 桥路过渡段施工工艺框图

## 二、路堤与涵洞过渡段

(一)施工方法

当涵洞顶部至钢轨轨面高度大于 2.0 m 时,在涵洞侧面设置水泥稳定级配碎石(掺加 5%水泥)过渡段,过渡段范围的基床表层级配碎石内掺加 5%的水泥。

当横向建筑物顶至路基面距离小于 2.0 m 时,过渡段设置同路桥过渡段设置二次填料过渡,包括横向建筑物从建筑物顶至基床表层底分层填筑级配碎石。横向建筑物两端各 20 m 范围内基床表层级配碎石内掺入 5%的水泥,包括横向建筑物顶以上至基床表层范围内的级配碎石掺入 5%的水泥,与之连接的填料二次过渡段填筑 A、B 组土,其压实标准同基床底层。

路涵过渡段的施工方法及压实标准等与路桥过渡段相同。

(二)施工工艺

施工工艺流程如图 4-2-23 所示。

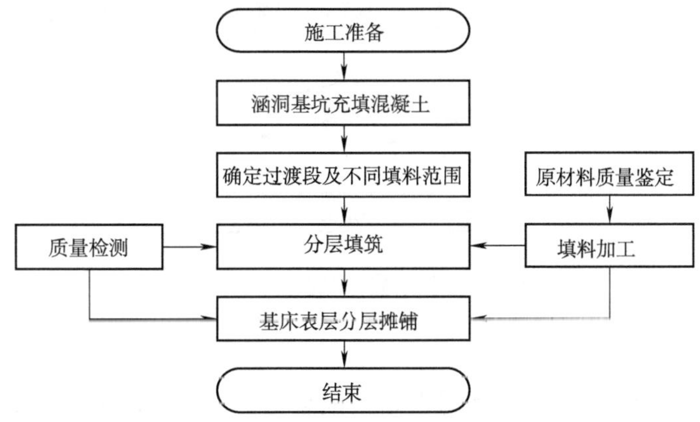


图 4-2-23 路堤与涵洞过渡段施工工艺框图

## 三、路堤与路堑过渡段

(一)路堤与路堑过渡段结构形式

级配碎石过渡段长度 $L$=路堤填高。

过渡段设置为在路堑一侧顺原地面纵向开挖台阶,台阶高度、宽度不小于设计和规范要求。在路堤一侧设置过渡段。

在堑堤过渡分界处路堑侧基床表层以下设置横向排水砂沟内置软式排水管,直径 100 mm。

(二)路堤与路堑过渡段填筑施工方法

(1)台阶开挖、清理

硬质岩路堑台阶开挖按设计尺寸要求采用浅孔小药量光面爆破,过渡段级配碎石与路堤同步填筑、碾压施工。

软质岩、强风化硬质岩、土质路堑过渡段台阶开挖按设计尺寸采用机械开挖,预留 20 cm 土层进行人工清除,确保台阶几何尺寸满足设计要求。

(2)过渡段填筑前,平整台阶地基表面,碾压密实。过渡段的填筑施工与相邻路堤同步进行。

(3)摊铺及压实:过渡段填料与相接路堤同时摊铺碾压,摊铺厚度及碾压遍数按试验后的施工参数进行控制。

(三)质量检测

过渡段碾压后,对压实质量及压实后的每层厚度进行检测,填筑压实标准满足地基系数 $K_{30}$、孔隙率 $n$ 和 $E_{vd}$的要求。

(四)施工工艺框图及说明

(1)施工工艺框图如图 4-2-24 所示。

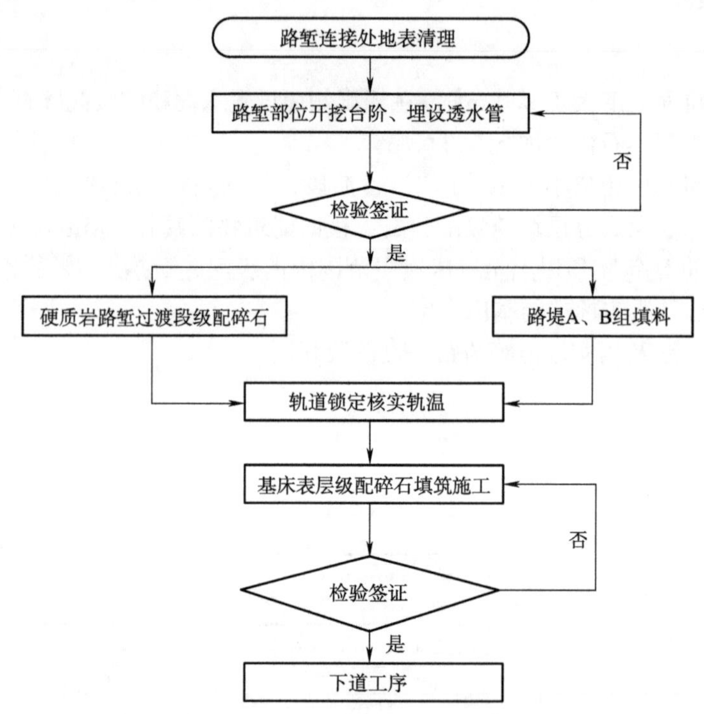


图 4-2-24　路堤与路堑过渡段施工工艺框图

(2)说明

级配碎石采用稳定土拌和机场拌。拌和时严格按配合比拌制,拌和均匀无离析施工,含水率比最佳值大 2%左右。

采用自卸汽车运输,运输中防止混合料离析及水量散失过大,运输时先运级配碎石掺加水泥,再运级配碎石,最后运两侧包边土。

采用轻型压路机压实,压路机先静压后振动,最后静压收光。压实过程中,如表面水分散失过多应洒水压实。

### 四、路堤与横向结构物过渡段

(1)过渡段基底处理与横向结构物及相邻路基的地基同时进行,过渡段填筑与相邻路堤按相同施工区段同步施工。

(2)按设计要求对基底进行处理,经检查验收合格后再进行上层填筑。

(3)将填料用自卸汽车尽快运输到现场,防止水分蒸发损失过多。

(4)涵背两侧每层摊铺厚度为相邻路堤分层摊铺厚度的 1/2,采用小型手扶式振动压路机和冲击夯按工艺试验确定的参数进行碾压夯实。

### 五、隧路过渡段

隧道与土质、软质岩、强风化硬质岩石路堑相接时,在路堑基床范围内设置过渡段,采用级配碎石填料分层填筑,压实标准同基床表层。

### 六、半填半挖路基

开工前,将地表水引排至基底范围以外,并注意边坡的稳定性。特别注意靠山侧地面水的排除和地下水的处理;侧沟、排水沟的渗水可能危及路基稳固时,须有防渗的加固措施。施工傍坡半挖半填路基填堤时,根据地形及挖除土体的宽度,分别采取傍坡槽推或傍坡顺推的作业方法。施工关键是路堑与路堤连接部分的挖台阶处理和半路堤部分的分层压实工艺,必须认真按有关施工设计和要求进行施工。施工中注意采取防滑措施,防止路堤在陡坡基底上的滑动稳定问题产生,包括改善基底条件、设置支撑建筑物(路堤坡脚部分加设护堤、设置挡土墙、加强排水)等。

## 第七节　路基防排水施工

路基防排水主要有地表排水、路堤横向排水沟、地下排水、过渡段排水。

### 一、天沟、侧沟、排水沟

根据测量放线定出的开挖尺寸,采用人工配合机械开挖。开挖过程中检查尺寸和标高,施工中不允许出现超挖。开挖结束后进行垫层找平施工,可挂线控制标高。垫层厚度、表面平整度满足设计要求后方可进行地面排水沟侧壁立模及浇筑混凝土,地面排水沟每 10 m 设置一道横向伸缩缝,施工完成后地面排水沟的线形平直、圆顺,地面排水沟的位置、坡度、长度符合设计要求。

### 二、路堤横向排水设施

路堤横向排水沟应与路基两侧排水沟相接,组成完整的排水系统,水路畅通无隐患。

线间集水井待路基成形后采用整体切割方法施工,路基横向排水管路采用预埋施工工艺,高强耐压 PVC 管在路基填筑过程中预埋设。

### 三、地下排水设施

地下排水设施应与地表排水系统相配套,保证水路畅通。

浆砌工程应采用挤浆法分层、分段砌筑,嵌缝饱满、密实,勾缝平顺无脱落,缝宽大体一致。混凝土现场浇筑。

渗沟的开挖自下游向上游进行,随挖随即支撑并迅速回填,支撑渗沟间隔开挖。渗沟沟内用作排水和渗水的填充料在使用前必须筛选和清洗,回填时应防止土工织物和渗水管受到损伤。

### 四、过渡段排水设施

过渡段台背渗水墙、横向排水沟(管)等排水设施应按设计要求及时完成,其连接方式符合设计要求,铺设应平顺、整齐、牢固,排水畅通。

# 第八节　路基防护工程施工

路基防护工程主要采用浆砌石、混凝土、钢筋混凝土、锚杆框架梁、绿色防护、土工合成材料、防护网等。支挡结构主要采用混凝土挡土墙、锚固桩、桩板挡土墙。进度上服从于路基施工需要，其他绿色防护安排在适宜植物成活季节施工。

## 一、骨架护坡

一般路堤边坡，设人字形接水骨架防护（图 4-2-25）。其施工方法：

(1)边坡开挖。根据设计坡度进行骨架基槽挂线开挖，坡面清刷后拍打密实、平整。

(2)骨架护坡采用现浇混凝土关模施工，由主骨架和支骨架组成。主骨架与边坡水平线垂直，主骨架净间距 5 m，厚 0.6 m，宽 0.6 m，顶面沟槽两侧设置 0.1 m 厚现浇与主骨架同标号挡水缘；支骨架和骨架成 45°角，按人字形铺设，支骨架净间距为 3 m，厚 0.6 m，宽 0.5 m，顶面沟槽下侧设置 0.1 m 厚现浇与骨架同标号的混凝土挡水缘。

(3)骨架护坡顺线路方向每间隔 3 道主骨架，在支骨架拱顶设置一道伸缩缝，缝宽 2 cm，缝内全断面采用沥青麻筋填充，伸缩缝均为贯通缝，严禁切割设置假缝，伸缩缝位置必须与排水槽错开布置，以确保与坡面整体和谐美观。

(4)骨架形成后，应及时回填客土及播种草种。

(5)养生。经必要的养生后，将混凝土浇筑的残留物清除干净，同时不得损坏已成形的网格，如有松动或脱落之处必须及时修整。

图 4-2-25　隧道进口（DK243＋507～DK243＋950）路基

## 二、框架锚杆梁

一般路堑边坡，设框架锚杆梁防护。

1. 钻孔、清孔

坡面检查合格后，按设计进行测量放线测定孔位。

潜孔钻机就位，采用仪器进行定向，确保钻机安放牢固稳定。施钻时采用无水干钻成孔，禁用水冲成孔；钻头直径不小于设计孔径，钻孔深度大于设计深度 0.5 m 以上。

成孔后使用高压空气进行清孔，将孔内岩粉及积水全部清除孔外。

2. 锚杆制作

锚杆采用热轧螺纹钢筋，应符合国家现行标准中相关规定。锚杆钢筋连接采用对接帮焊工艺，双面焊接，焊接长度不小于 $5D$，锚杆定位筋间距符合设计要求。定位筋和帮焊钢筋的焊接注意留出注浆管位置。

3. 注浆

注浆材料采用普通硅酸盐水泥，注浆前按设计强度要求做好配合比试验。采用一次性注浆，即孔底返浆法进行注浆，注浆压力为 0.5～1.0 MPa，注浆过程中，注浆管从孔底缓慢抽出，当孔口冒浆 10 s 以上时才可停灌。

4. 混凝土框架梁施工

按照建设单位文件要求，测量定位后进行锚梁基坑开挖，石质边坡采用人工配合机械刻槽施工，基础底面处理，基底用 2～5 cm 厚水泥砂浆找平，边坡局部超挖较大悬空处采用浆砌片石嵌补。支立模板，支撑牢固，确保结构尺寸满足设计要求。按设计、技术规范要求进行钢筋制安。混凝土浇筑时采用振动棒捣密实。混凝土浇筑完成后，及时覆盖洒水养生。

### 三、绿色防护

主要为边坡开挖面和填筑面，骨架和框架内采用绿色防护。主要有：喷播植草、栽植灌木、喷混植生。

1. 液压喷播植草防护

喷播植草护坡技术是利用液态播种原理，将草籽、肥料、黏着剂、纸浆、土壤改良和色素按一定比例在混合箱内配水搅匀，通过机械加压喷射到边坡坡面而完成植草施工的绿化技术。喷植材料应随拌随喷。护坡喷植后，在 20 d 内必须喷(洒)水养生(下雨例外)，使喷植护坡始终具有足够水分，促使草籽发芽，生长。

施工程序为：施工准备→配料→拌料→喷洒混合料→覆盖→养护→质量检验→场地清理。

2. 栽植灌木

在路基边坡成形后，按设计栽植适合当地气候、土质的灌木。栽植后，经常洒水养护，直到其成活，若由于各种原因，导致其死亡，则即刻补种。

按设计位置及间距进行树坑开挖，坑穴大小应适合。

坑穴开挖后，应检查土壤是否适合于种树，不适合的土壤就用种植土加以换填。将土壤换为种植土后方可进行栽植，种植土可加入 30%以上的泥炭土，一般情况下种树前应对土壤深翻 0.4～0.6 m。完成后，应派专人施肥、浇水，保证树木的成活。

对于较大的树木搬移，需编制详细的吊运方案，保证不损伤树木。

3. 喷混植生护坡

用经纬仪和水准仪测量放线，测放出坡脚桩；人工挂线按设计边坡坡率将边坡精细修刷平整；锚杆及铁丝网按有关规定进行进场检验和送检；试验室选定绿化基材混合物配合比；根据当地的气候、土质、含水率等因素选择草籽种类。

在坡脚和坡顶按照设计尺寸开挖预留沟槽，同时及时施工锚杆及挂设镀锌铁丝网。

挂设镀锌铁丝网时，先将镀锌铁丝网置于坡顶沟槽内，然后从坡顶到坡脚依次铺设。镀锌铁丝网尽量与坡面贴紧，使镀锌铁丝网保持平整，不产生褶皱和悬空。幅与幅之间重叠搭接，横向搭接 10 cm，纵向搭接 20 cm，搭接部分用镀锌铁丝连接。

镀锌铁丝网铺设固定后，采用液压喷播机将绿化基材混合物均匀喷洒在坡面上，然后再在其上喷播土壤改良剂、肥料和草籽的混合物，并视情况撒土覆盖。

覆盖土工膜，并定期洒水，养护边坡直至植草成坪。效果如图 4-2-26 所示。

图 4-2-26　DK271＋240～DK272＋000 路基

## 第九节　路基沉降控制与评估

按照设计要求布置沉降板和观测桩等观测装置,由专门的观测小组负责观测并绘制路堤填高-时间-沉降量关系图,按照总体方案确定的施工顺序分层填筑压实。

路基变形监测分四阶段进行。第一阶段:路基填筑期间的监测,主要监测路基填筑(期间地基沉降及路堤坡脚边桩位移,控制填筑速率。第二阶段:路基填筑完后的变形监测,通过实测数据推算最终沉降量,直到工后沉降分析可满足轨道铺设要求为止。第三阶段:铺设轨道施工期间的监测。第四阶段:铺设轨道后及试运营期的监测(按要求交相关单位)。

路基变形监测包括路基面沉降监测,基底沉降监测,路基本体沉降监测。路基变形监测以路基面沉降和地基变形监测为主,并有针对性的对路涵过渡段差异沉降进行重点观测,观测期不少于6个月。在线路两侧设置地基和路肩观测桩,在地基和基床表层底面设置剖面沉降变形观测装置或在线路中心设置沉降板。

### 一、监测断面设置及原则

测点的设置位置不仅要根据设计要求,同时还应针对施工掌握的地质、地形等情况调整或增设。

观测点最好设在同一横断面上,这样有利于测点看护,便于集中观测,统一观测频率,更重要的是便于各观测项目数据的综合分析。

变形监测断面的间距一般不大于50 m,对于地势平坦、地基条件均匀良好、高度小于5 m的路堤或路堑可以放宽到100 m;对于过渡段和地形地质条件变化较大的地段适当加密。每个工点应不少于2个监测断面;根据工点长度、工程地质条件,确定监测断面数量,其中长度小于50 m的工点,有2个监测断面,过渡段必须有至少1个监测横断面。

路基施工至基床表层一半厚度时,开始进行路基面监测,时间不少于6个月。根据监测结果,分析评价地基的最终沉降量完成时间,及时调整设计措施使地基处理达到预定的控制要求。同时作为竣工验收时控制工后沉降量的依据。测点保护工作十分重要,防止施工机械碰撞,还应考虑现场环境、人为因素的损坏,务必使观测工作能善始善终,取得满意成果。由于填土压实标准高,选用的监测设备应精度高,性能稳定,同时尽量避免造成施工干扰。工作基桩是作为控制测点的基准桩,因此,必须打设在变形区以外,校核基点用以控制工作基点,要求布设在变形区以外地基稳定的地点。

### 二、监测测试项目

以路基中心沉降监测为重点,其他包括路基面位移监测、基底沉降位移监测、路堤本体沉降监测、深层沉降监测,另外还有软土或松软土地段的边桩位移监测等。

(1)路基面沉降监测:路堤地段分别于路基中心、两侧路肩各设一个监测点。每个监测断面共3个点。浅挖路堑(挖深≤3 m),分别于路基中心、两侧路肩各一个监测点,每个监测断面共3个点。

(2)路堤基底沉降监测:路堤填筑前,分别于路堤基底地面的线路中线中心预埋高精度智能型单点沉降计进行监测,各监测断面设1个测点,试验段路基加密,路基填筑前埋设。当地表横坡大于20%时,左右线的外轨处路堤基底地面分别埋设高度智能单点沉降计,一个监测断面为2个测点。

(3)软土地基水平位移监测:软土路基地段,沿线路纵向每隔30～50 m在坡脚外2 m处,设置边桩进行水平位移监测,以控制软土地段的填土速率。每监测断面设2个测点。

### 三、测量的精度及频度

观测频率应与位移速率相适应,位移越小,观测频率也可减慢,反之位移越大,观测频率越要加快。当位移曲线骤然变大时,更要跟踪观测,分析原因,并考虑是否需要采取措施。

测量精度达到二级水准测量标准;测量频度:在路堤填筑期间,应每天监测一次,各种原因停工期间,前2天每监测一次,以后每3天测试一次。填筑施工完成后至铺设无砟轨道期间,前15天内每3天监测一次,第15～30天每星期监测一次,第30天后每15天监测一次。雨后应加密监测。具体应根据监测数据的变化情况,调整监测频度。

## 四、路基沉降控制

(一)路基沉降变形观测范围及内容

根据不同的路基高度及不同的地基条件,主要内容有:

(1)路基面的沉降变形观测,在路肩设沉降观测桩;

(2)路基基底沉降观测,在路基基底设沉降观测板;

(3)路基水平位移观测,在路基坡脚两侧设位移观测桩。

(二)观测点的设置

具体如图 4-2-27 所示。

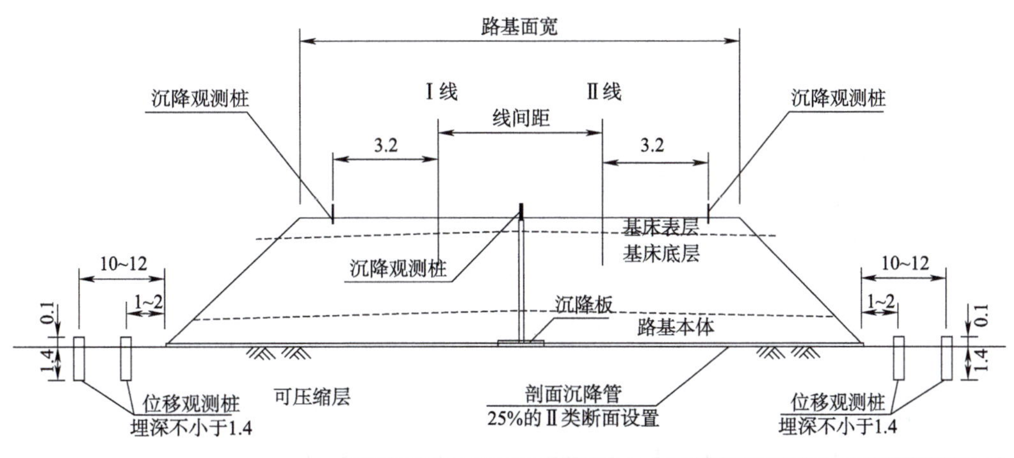


图 4-2-27　路基变形观测桩设置示意图(单位:m)

(三)观测元件与埋设

观测元件除沉降观测桩外,均在地基加固完成后,路堤填筑施工前埋设。

1. 沉降观测桩

选择 $\phi$20 mm 钢筋,顶部磨圆,底部焊接弯钩,待基床表层级配碎石施工完成后,在观测断面通过测量埋置在设计位置,桩周 0.15 m 用 C15 混凝土浇筑固定,如图 4-2-28 所示,完成埋设后测量桩顶标高作为初始读数。

2. 沉降板

由钢底板、金属测杆及保护套管组成,钢底板尺寸为 50 cm×50 cm,厚3 cm,或钢底板尺寸为 30 cm×30 cm,厚 0.8 cm,如图 4-2-29 和图 4-2-30 所示。

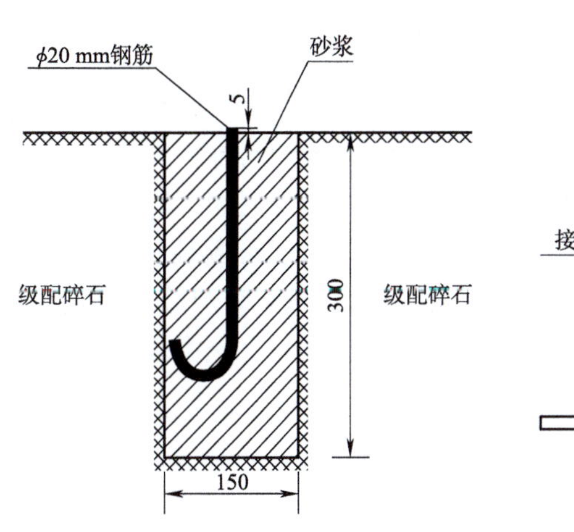


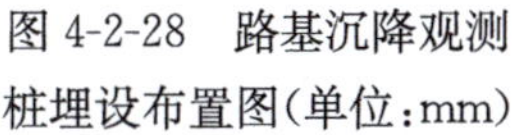
图 4-2-28　路基沉降观测桩埋设布置图(单位:mm)

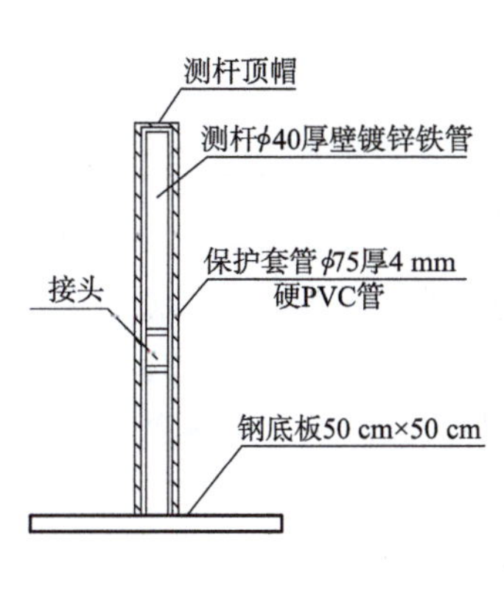

图 4-2-29　路基沉降观测板埋设布置图

图 4-2-30 路基沉降观测板埋设现场照片

3. 位移观测桩

采用 C15 钢筋混凝土预制,断面采用 15 cm×15 cm 正方形,长度不小于 1.5 m。并在桩顶预埋 $\phi$20 mm 钢筋,顶部磨圆并刻画十字线。

(四)观测技术方法与要求

1. 沉降观测桩观测方法

采用水准测量方法,按测量精度要求和频次定期观测路肩观测桩顶面测点高程。

2. 沉降板观测方法

采用水准测量方法,按测量精度要求和频次定期观测沉降板测杆顶面测点高程。沉降板观测时应在测杆头上套一个专用的测量帽。测量帽下部以刚好套入测杆为宜,测量帽上部以中心为一半球形的测点。在沉降板测杆接高时应同时测量接高前后的测杆高程。

3. 观测频次

路基沉降观测的频次不低于表 4-2-27 的规定。

表 4-2-27 路基沉降观测频次表

| 观测阶段 | 观测频次 | |
|---|---|---|
| 填筑或堆载 | 一般 | 1 次/d |
| | 每天填筑量超过 3 层时 | 1 次/每填筑 3 层 |
| | 沉降量突变 | 2~3 次/d |
| | 填筑间隔时间较长 | 1 次/3d |
| 堆载预压或路基施工完毕 | 一般 | 1 次/周 |
| 架桥机(或运梁车)通过 | 全程 | 前 2 次通过时的前后各 1 次;其后每天 1 次,连续 2 次;其后每 3 天 1 次,连续 3 次;其后 1 次/周 |
| 无砟轨道铺设后 | 第 1 个月 | 1 次/2 周 |
| | 1 个月以后 | 1 次/月 |

实际工作进行时,观测时间的间隔还要看地基的沉降值和沉降速率。当两次连续观测的沉降差值大于 4 mm 时应加密观测频次;当出现沉降突变、地下水变化及降雨等外部环境变化时应增加观测频次。路基施工各节点时间(包括路基堆载预压土前后、卸载预压土前后、运梁车架桥机通过前后、基床表层施工、轨道板底座施工、铺板、轨道板精调以及铺轨时间)应具有沉降观测数据。观测应持续到工程验收交由运营管理部门继续观测。

路基沉降观测施工工艺如图 4-2-31 所示。

## 五、沉降评估

路基施工至设计标高后,先持续监测,根据监测数据绘制"时间-填土高-沉降量"曲线,按照实测沉降推

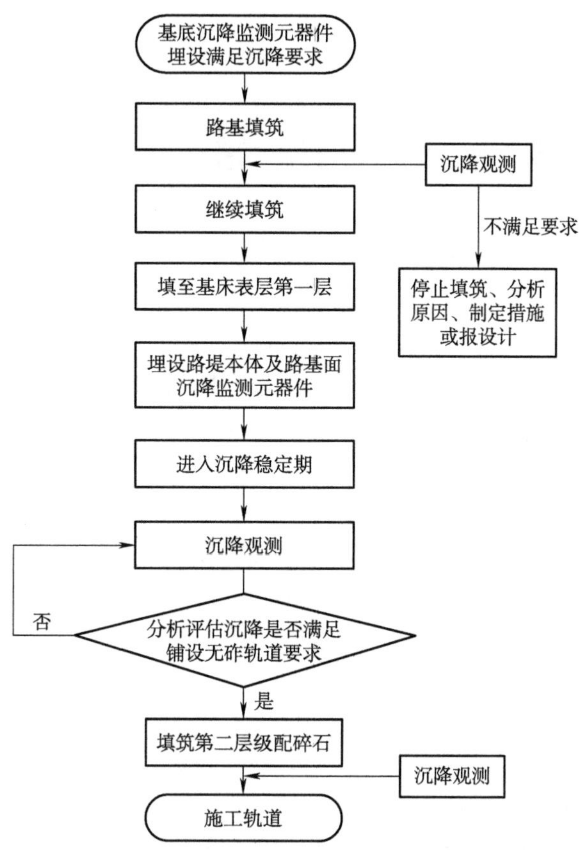


图 4-2-31 路基沉降观测施工工艺流程图

算法或沉降的反演分析法，分析并推算总沉降量、工后沉降值以及后期沉降速率，并初步分析推测最终沉降完成时间，确定铺轨时间。

根据分析结果，结合工期要求，验证、调整设计措施使地基处理达到预定的变形控制要求。当评估结果表明沉降还不能满足要求时，则研究确定是延长路基摆放时间继续监测，还是采取(或调整)地基加固措施，即进行“监测-评估-调整”循环，直到工期要求的时间为止，并满足要求。

# 第三章　桥 涵 工 程

正线桥梁 299 座计 158.951 km;其中,特大桥 75 座共计 108.618 km,大桥 163 座共计 45.18 km,中桥 61 座共计 5.152 km。成渝客专反发联络线特大桥 1 座长 0.867 km;成贵成渝联络上行线桥梁共 5 座计 2.317 km(其中,特大桥 2 座计 2.018 km;大桥 1 座计 0.19 km;中桥 2 座计 0.109 km),成贵成渝联络下行线特大桥1 座计 1.987 km。全线最长桥梁为成都高架特大桥,全长 22.014 km。

全线桥梁结构形式多样,有连续梁、连续梁-拱组合体系、道岔连续梁等,共 17 次跨越高速公路、等级公路和既有铁路,技术含量高,施工难度大。

## 第一节　基 础 施 工

成渝客运专线铁路桥梁基础以钻孔桩基础为主,部分采用沉入桩、扩大基础。本节主要总结明挖基础、挖孔桩基础、钻孔桩基础等的施工技术。

### 一、明挖基础施工

明挖基础施工时,用挖掘机开挖至设计标高,人工配合整修。在坚硬岩石部分,采用控制爆破的方式进行开挖;在地下水较多地段采用水泵抽水或降水法施工。置于岩石中的扩大基础,底层基础满灌。

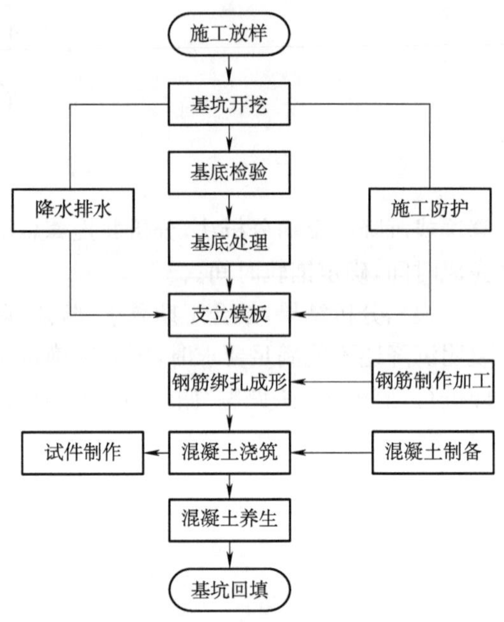

图 4-3-1　明挖基础施工工艺框图

(一)施工工艺流程

明挖基础施工工艺如图 4-3-1 所示。

(二)施工方法

1. 定位放样

根据地质情况定出放坡率,根据基础尺寸、深度、渗水情况确定基坑尺寸。其他情况下,为便于立模、挖排水沟和汇水井,每边加宽 0.5～0.8 m。基坑开挖尺寸偏差符合现行规范的要求。

2. 基坑开挖

基坑开挖采用机械开挖和人工开挖相配合。开挖时控制边坡坡度,注意边坡稳定。根据土质、深度、渗水情况,采取适当的坑壁支护。深度过深时,可将边坡放缓或增加平台。石方开挖时,采取小爆破,尽量避免超挖,同时采取适当的防护措施。

3. 坑壁支撑和排水

当基坑深度较大,放坡开挖土方量较大,土质无法保持稳定时,采取适当的支撑。如有较多渗水时,考虑在坑底周围设排水沟和汇水井,利用水泵排除坑外。当基坑为不稳定的含水土壤,放坡开挖无法保证边坡的稳定或较深基坑用支撑代替放坡开挖,以缩短工期及有其他特殊的需要时,采用支撑加固护壁施工。

抽水注意事项:地面为渗水性的土质,排水采用胶管远引,以防渗回基坑;基坑土质欠稳定时,安置在护道上的排水设备,以小木桩加固;在细、粉砂层中挖基,采用井点降水法施工;在渗水性较大的土层中,一个基坑抽水,可使相邻基坑水位降低,利用其特点安排开挖顺序及排水。

4. 地基检验

基坑开挖接近设计标高时,采用人工清底至设计标高,经监理工程师检查签认,符合设计要求后方可进行下道工序施工，否则应按设计图纸及监理工程师要求进行基底处理。

5. 基础钢筋绑扎

基础钢筋在钢筋加工厂弯曲制作成半成品，现场绑扎成形，垫块使用和设计标号相同的混凝土块。

6. 模板支立

按照基础尺寸放出模板边线，模板采用钢模，其结构及部位尺寸符合规范要求，模板及模板支撑必须要具有足够的刚度、强度和稳定性。尺寸偏差符合现行规范的要求。

7. 混凝土浇筑

混凝土使用的粗细骨料、水泥等，经试验合格后方可使用。混凝土采用具有自动计量和检测装置的拌和站集中供应，混凝土由混凝土输送车运至现场，用混凝土输送泵或泵车泵送入模，插入式振动棒捣固。当混凝土自由下落高度超过 2 m 时，设滑槽或串筒，防止混凝土离析。浇筑混凝土必须认真振捣，不能过振和漏振。基础混凝土与墩台身的连接处，设置直径不小于 16 mm 的预埋钢筋以加强其整体连接，钢筋埋入与露出部分的长度各不小于钢筋直径的 30 倍，间距不大于钢筋直径的 20 倍。

8. 基坑回填

基础混凝土施工完成并达到规定强度后，按设计和规范要求及时进行回填。

## 二、挖孔桩基础施工

挖孔桩采用人工挖孔，钢筋混凝土护壁，扒杆卷扬机提升。施工过程中做好井口防护，确保施工安全。

### (一)施工工艺流程

人工挖孔桩施工工艺流程如图 4-3-2 所示。

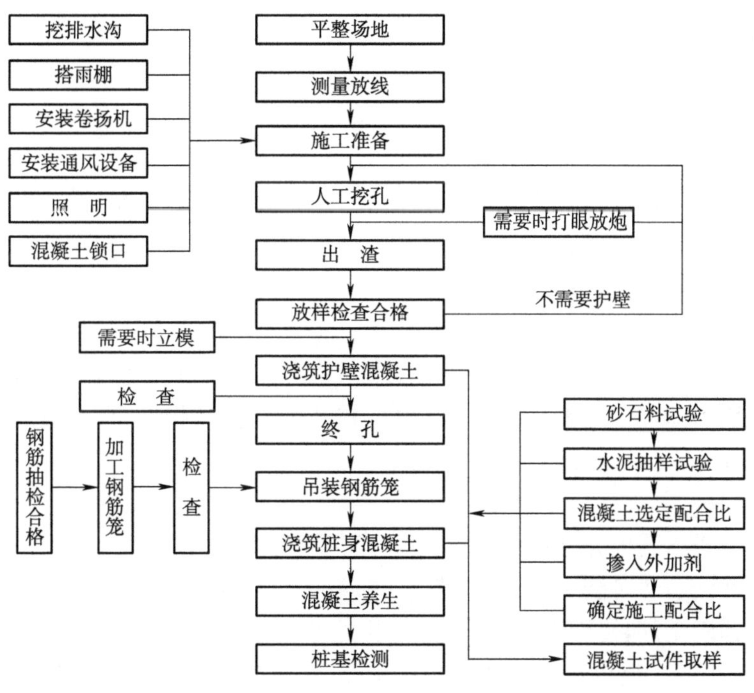


图 4-3-2 人工挖孔桩施工工艺流程图

### (二)施工方法

人工挖孔从上到下逐层用镐、锹进行，遇坚硬土层用锤、钎破碎。挖土次序为先中间后周边，按设计直径加护壁厚度控制截面，允许尺寸误差为 3 cm，孔深超过 10 m 时，要增设通风设备通风送氧，挖孔暂停时，孔口要罩盖。将弃土装入吊桶，用安装在孔口支架上的 1 t 慢速卷扬机垂直提升，吊至地面，用机动翻斗车或手推车运出。

1. 爆破挖孔方式

当挖至基岩层时，可采取小药量浅孔爆破开挖。用手持式风钻成孔，孔径 45 mm，炸药采用 2 号岩石硝铵炸药，毫秒电雷管引爆。

布孔形式为周边按孔距 0.3 m 布孔,隔孔装药,装药孔 12 个,空孔 12 个,空孔作导向,孔深 1.2 m,中心为一捣心孔,孔深 1.5 m,具体形式如同梅花形。

2. 井孔护壁

采用现浇 C25 钢筋混凝土圆形薄筒护壁,护壁钢筋上焊接钢筋制扶梯,供人员上下。本工程所用井圈的护壁混凝土厚度为 20 cm,锁口混凝土厚度为 0.4 m,用 $\phi8$ 钢筋配单层钢筋网。插筋采用 $\phi12$ 螺纹钢,钢筋竖横间距为 30 cm。护壁施工采用自制三块钢模板拼装而成,拆上节、支下节,循环周转使用。模板间用 U 形卡连接,上下设两道 6 号槽钢圈顶紧,钢圈由两半圈组成,用螺栓连接,不另设支撑。以便浇灌混凝土和下节挖土操作。第一节混凝土护壁宜高出地面 20 cm,便于挡地表水和定位。混凝土用机械拌制,用吊桶运输人工浇筑,每隔 1.0～2.0 m 开挖节段护壁一次,扶梯也随护壁延伸而加长。待护壁达到允许强度后,再进行下一节段开挖。

为减小护壁混凝土背渗水压力,当挖至卵石层时,需在护壁混凝土内设置渗水引流管。

3. 注意事项

挖孔桩施工必须集中力量连续作业,迅速完工。

桩位轴线采取在地面十字控制网、基准点。护壁与模中心线控制,将高程引到第一节混凝土护壁上,每节以十字线对中,吊大线锤作中心控制用,用尺杆找圆周,以基准点测量孔深,以保证桩位、孔深和截面尺寸正确。

在挖孔桩施工过程中,特别要注意安全,应防止石块坠落、井壁垮塌、管涌和渗漏以及缺氧等造成的安全事故。

成孔质量要求:

桩孔位中心位置:±50 mm。

孔径:不小于设计桩径。

桩孔倾斜度:小于 0.5%。

护壁混凝土厚允许偏差:±30 mm。

终孔检查处理:挖孔达到设计标高后,进行孔底处理。作到平整,无松渣、污泥及沉淀等软层,嵌入岩层深度符合设计要求;开挖过程中,应经常了解地质情况,若与设计不符,及时向设计单位及监理工程师提出,以便进行设计变更;自检合格后,报请监理、设计验收。

4. 钢筋工程

根据施工条件,挖孔桩的钢筋骨架可在钢筋加工场先加工,现场绑扎吊安。为使钢筋骨架正确牢固定位,除在主筋上要设钢筋"耳环"或混凝土垫块外,也可在孔壁上打入钢钎,用铅丝与主筋绑扎使其牢固定位,钢筋绑扎严格按设计要求进行,对焊接接头和冷挤压接头按相关规范执行。

5. 桩身混凝土

采用拖泵,通过串筒送入孔内,然后用振捣棒分层振捣成形。同时注意以下两点:

桩身混凝土应连续浇筑,尽可能一次浇完,若施工接缝不可避免时,按一般混凝土施工浇筑施工缝的规定办理,并设置上下层锚固钢筋,锚固钢筋的截面积,根据施工缝位置验算。

混凝土灌注至桩顶以后,超出设计桩顶 30～50 cm;然后及时将已离析的混合物及水泥浆等清除干净。

6. 桩的检测

当桩身混凝土达到其设计强度的 70%后,按挖孔桩施工批次抽样检测桩身混凝土的完整性。桩身检测应按相关规范执行。

## 三、钻孔桩基础

### (一)陆域钻孔桩施工

1. 施工工艺流程

钻孔桩施工工艺如图 4-3-3 所示。

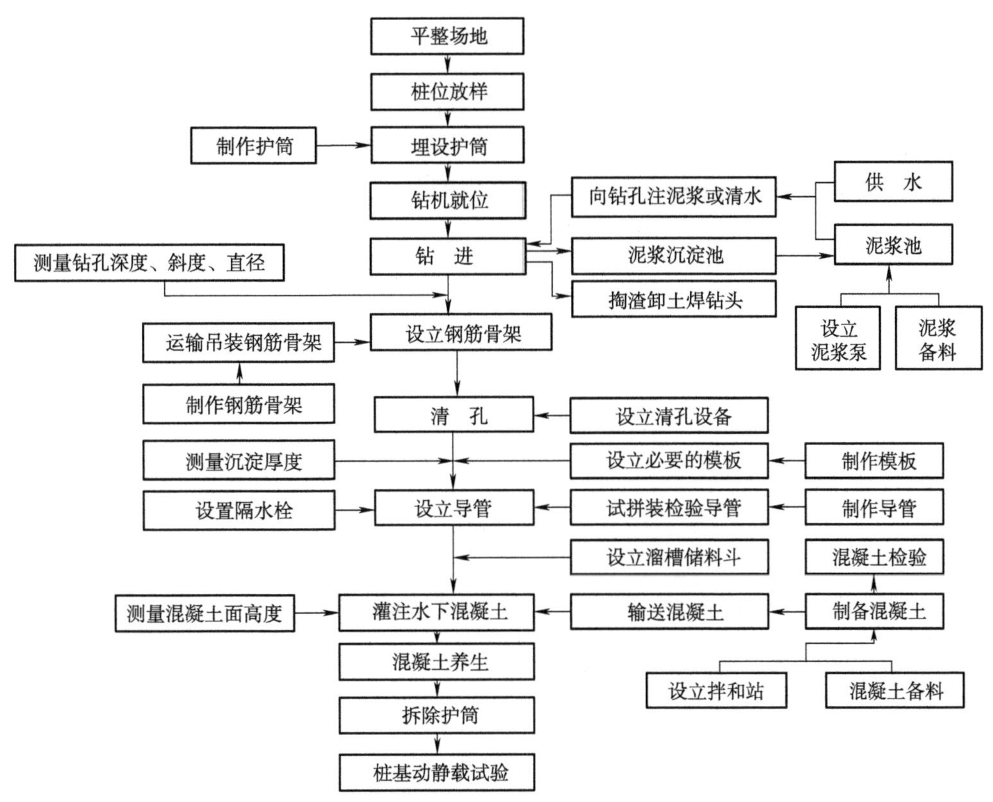


图 4-3-3　钻孔桩施工工艺框图

2. 施工方法

(1)施工准备

场地准备:旱地钻孔时要求平整场地,清除杂物,换除软土,夯打密实。

埋设护筒:采用钢护筒,钢板壁厚 10 mm,高度为 2 m,做成整体圆形,为增加刚度防止变形,在护筒上、下端和中部的外侧各焊一道加劲肋。护筒直径符合设计、规范要求。旱地(浅水经筑岛后按旱地处理)施工护筒埋深 1.5 m,护筒顶高出地面 50 cm,埋设时将护筒周围 0.5～1.0 m 范围内土挖除,夯填黏土至护筒底 0.5 m 以下。

泥浆:泥浆有护壁和悬浮钻渣两个作用。一般可选塑性指数大于 25,粒径小于 0.005 mm 颗粒含量多于总量 50%的黏土制浆。如当地缺少适宜的黏土时,可用略差的黏土,并掺入 30%的塑性指数大于 25 的黏土。所有黏土中不应含有石膏、石灰或钙盐类化合物。调制泥浆时采用将黏土直接投入钻孔内,利用钻锥冲击制造泥浆。

(2)冲击钻机成孔

成孔工艺:开挖时应先在孔内灌注泥浆(有水时可直接投入黏土),采用小冲程,使成孔坚实、竖直、圆顺,能起导向作用,并防止孔口坍塌。当钻进深度超过钻头全高加冲程,且超过护筒底脚以下 2～4 m 后,方可进行正常的冲击;钻进过程中,必须勤松绳、适量松绳,防止打空锤;勤抽渣,使钻头经常冲击新鲜地层。每次松绳量:松软土层为 5～8 cm,密实坚硬土层为 3～5 cm;冲程应根据土层情况而定,坚硬土石层采用高冲程(100 cm);较软土层采用中冲程(75 cm),在易坍塌地层宜用小冲程,并应相应提高泥浆的黏度和相对密度;被冲击破碎的钻渣,少部分和泥浆一起被挤进孔壁,大部分靠反循环泥浆泵将钻渣清除出孔外,清渣必须按时,一般密实坚硬土层每小时纯钻进小于 5～10 cm;松软地层每小时纯钻进小于 15～30 cm 时,应进行清渣。或每进尺 0.5～1.0 m 时清渣一次,每次清至泥浆内含渣显著减少时为止。在初钻孔阶段,为使钻渣挤入孔壁,可待钻进 4～5 m 后再清渣,正常钻进每工班至少应清渣一次。

成孔检查:成孔检查在不同施工阶段和不同作业方式的情况下,可采取不同的检查器械和手段。孔径和孔形检测、孔深和孔底沉渣检测、桩孔垂直度检测及桩位检测。各种成孔检测项目的检测方法、数值、频率等都必须满足现行的技术规范。按施工规范的规定钻孔在终孔和清孔后,应使用仪器对成孔的孔位、孔深、孔形、孔径、垂直度(斜度)等指标进行精确的检测。仪器选用 DM-686Ⅲ型超声波测壁仪和国产 CDJ-1

型超声波钻孔桩井孔检测仪。

清孔:钻孔至设计高程经检查获准后,应即进行清孔,灌注水下混凝土前容许沉渣厚度不大于规范要求。清孔方法主要采用掏渣筒与吸泥机,掏渣或吸泥时应及时向孔内注入清水或新鲜泥浆,保持孔内水位,避免坍孔。

(3)钢筋笼制作与安装

钢筋笼宜整体吊装入孔,为了吊装时有足够的刚度,主筋与加强箍筋必须全部焊接,如条件困难时可分段(每段不超过 6～8 m)入孔,为减少上下节偏心,上下两段应保持顺直,接头最好采用对焊(手扶对焊机),条件不具备时,可采用帮条焊接。钢筋笼入孔后,应牢固定位,以免在灌注混凝土过程中发生掉笼或浮笼现象。

(4)灌注水下混凝土

采用直升导管法灌注水下混凝土。导管上设漏斗,漏斗下设隔水栓。开始时漏斗中储备足量的混凝土拌和物,其数量要保证在切断隔水栓首批混凝土灌注下去后,使导管下口埋入混凝土中 1～3 m。以后尽量采用连续快速灌注,混凝土拌和物通过导管进入已灌好的混凝土中,并始终保证导管口埋在混凝土中(控制在 2～6 m 范围内)。让灌好的混凝土顶托着上面的泥浆和水逐步上升。为使灌注工作顺利进行,应尽量缩短灌注时间,使整个灌注工作在首批混凝土初凝以前的时间内完成。

导管使用无缝钢管,板厚 8 mm,直径 250 mm,中间节长 2 m,底节长 4 m。为了保证导管搭配,导管上部有 1 m 和 1.5 m 两种形式,接头用法兰盘连接,底节导管下端不得有法兰盘。导管使用前应试拼、试压,不得漏水,并编号及自下而上标示尺度。

拌和机数量可根据一台拌和机的生产率、灌注混凝土数量和适当的灌注时间来计算。根据目前施工经验,适当的灌注时间为:桩长<20 m 时为 1.5～2 h;桩长 20～40 m 时,为 2～3 h,如水泥初凝时间少于上列数值时,则首批混凝土必须掺入缓凝剂。

水下混凝土的坍落度应采用 18～22 cm,骨料宜采用河砂、卵石,粗骨料粒径采用 1～4 cm。混凝土采用具有自动计量和检测装置的拌和站集中供应。混凝土由混凝土输送车运至现场,用混凝土输送泵或泵车泵送入导管漏斗。

在混凝土灌注过程中,应设专人经常测量导管埋入深度,并做好记录。

(二)浅水区钻孔桩施工

位于水塘或岸边浅水区的桩基,由于水量小、流速低等特点,采用草袋围堰筑岛作为钻孔平台施工桩基。护筒根据钻机选型确定护筒的直径,并将其打入河床面以下,穿透河床表面的松散覆盖层。水中筑岛时护筒埋入河床面以下 1 m,水中平台上按最高施工水位、流速、冲刷及地质条件等因素确定埋深,必要时打入不透水层,并有导向设备控制护筒位置。

1. 围堰填筑前的准备

施工队伍进场后,首先按要求进行上游围堰填筑。填筑土方从取土场取用,反铲挖掘机开挖,自卸汽车运至工地,卸在上游围堰附近。草袋由仓库运至工地堆放在上游围堰附近。

2. 堰体填筑

草袋围堰的主要填料为黏性土,堰顶宽取 1～2 m,内侧边坡坡率取 1∶0.2～1∶0.5,外侧边坡坡率取 1∶0.5～1∶1。

在实际施工中,外圈围堰码成后,先行抽水,掏挖完内圈围堰位置处的透水层土体;然后堆码内圈围堰土袋,内外堰之间填筑黏土心墙,防止水塘底漏水。用草袋、麻袋或编织袋装松散的黏质土,装土量为袋容量的 1/2～2/3,袋口用麻袋线或细铁丝缝合。本工程采用有黏土心墙的围堰,堆码土袋时,上下左右互相错缝,并尽可能堆码整齐。在水中堆码土袋可用一对带钩的杆子钩送就位。

流速较大时,外圈土袋可装小卵石或粗砂,以防被水冲走,必要时并应抛片石防护,或者外圈改用竹篓或荆条筐内装砂石。

在内外圈土袋堆码至一定高度或出水面后,即可填筑黏土心墙,黏土心墙的填筑采取顺坡填筑,不得直接倾倒在水中。

(三)深水区钻孔桩施工

1. 施工栈桥

狮子沱绛溪河特大桥主墩位于河道内,需搭设钢栈桥作为桩基施工的运输通道,紧靠栈桥在墩位处采用钢管桩搭设钻孔桩施工平台，采用钢板桩围堰施工承台。

栈桥作为施工便道供施工机械、人员、材料运输通行。栈桥宽 7 m，栈桥桥面标高 8.5 m。栈桥基础采用 $\phi$800×10 mm 钢管桩，单桩容许承载能力按 60 t 设计；滩涂部分考虑 2 m 冲刷，桩基入土部分覆盖层极限摩阻力按 25 kPa 计算；栈桥起点与陆地搭接，面板采用厚 12 mm 单面花纹钢板；纵向分配梁采用[12 槽钢，间距 20 cm；横向分配梁采用 I28 b 按 200 cm 间距布置；纵梁采用四列单层双排 200 型贝雷桁架，桩顶横梁采用 I56 b 型工字钢国，钢管桩入土深度 20～40 m，每墩设 2 根桩，横向桩间距 6 m，纵向桩排距 12 m。

钢管桩基础采用 50 t 履带吊和 DZ120 振动锤逐跨施工，履带吊逐跨安装栈桥上构。

2. 钻孔作业平台施工

钻孔作业平台从栈桥旁接出，钻孔平台采用 $\phi$600×10 mm 钢管桩作为支撑桩，H60 型钢为分配梁，平台上部结构采用贝雷梁。钻孔平台由间距为 7.2 m$\phi$600 mm 钢管作为承重桩，钢管驳接处采用单面焊并加补强钢板，钢管之间用[14 槽钢连接，上铺 I32b、I20b 工字钢及 5 cm 厚木板。钻机在钻孔平台就位固定后按照常规方法完成桩基施工。施工作业平台结构示意如图 4-3-4 所示。

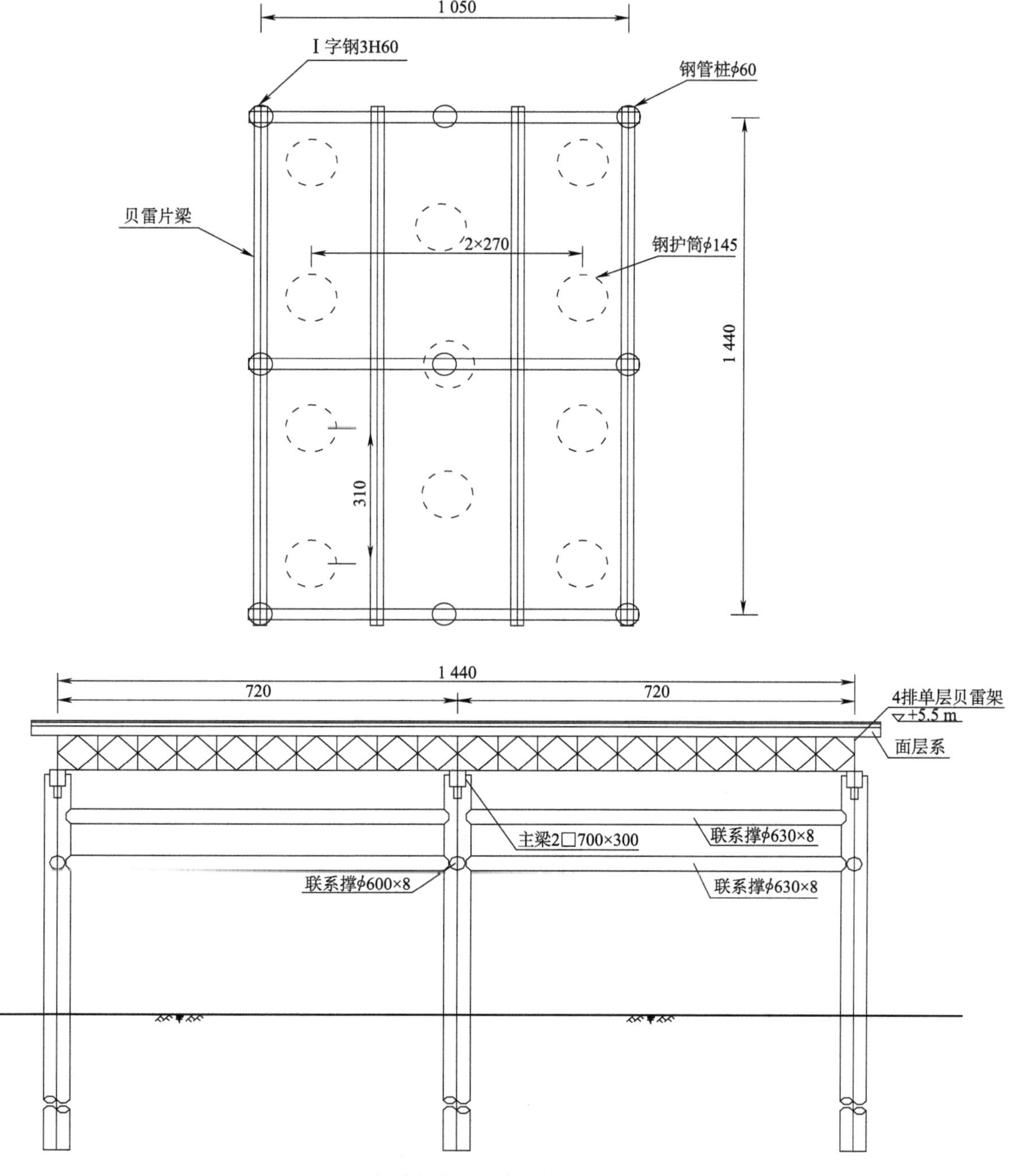


图 4-3-4　钢管桩钻孔平台结构示意图(单位：mm)

为增加施工平台在钻孔过程中的稳定性,施工时采用如下措施以增强钢平台的纵横向刚度:

钢管桩振动下沉完成后,在水位较低时在水面部位采用槽钢安设一道平联并设置相应的剪刀撑。

钻孔桩护筒下沉完成后将钢平台与钢板桩用型钢连接起来,并适当对钢板桩连接部位进行局部加强。

钻孔平台钢管桩采用一台 50 t 履带吊或浮吊配 DZ120 型振动锤施振。为减小施工难度,钢管桩下沉分两次进行,第一次振沉 16.0 m。接长第二节后继续下沉。

施工时,先由 50 t 履带吊将第一节钢管桩吊起并竖向临时固定于钢栈桥边,起吊振动锤与钢管桩连接固定;然后起吊钢管自由下落,桩经测量定位后开动振动锤下沉钢管桩。当第一节桩顶下沉至水面以上 2.0 m后停止下沉进行接高继续下沉。

钻孔平台各构件事先在钢结构加工厂加工好,汽车通过栈桥运达施工现场,采用履带吊吊安。

3. 钢护筒施工

为确保钻孔桩施工质量及安全,护筒底须进入砾石土层 1～3 m,护筒直径根据桩基直径不同分别取 145 mm、170 cm、270 mm,壁厚取 14 mm,采用 Q235 钢板卷制加工。为增强护筒刚度在护筒顶口、底口设置一道加强箍。

护筒采用 DZ120 型振动打桩机下沉,钢护筒沉放时平面位置和垂直度由导向架进行控制,上层导向架设置在钻孔桩施工平台上,下层导向架设置在水面平联上。钢护筒下沉后的垂直度应满足规范及设计要求,平面位置偏差在 5 cm 以内。

4. 钻孔桩施工

施工方法见“陆域钻孔桩施工”部分。

(四)钢板桩围堰

钢板桩围堰施工方案如图 4-3-5 所示。

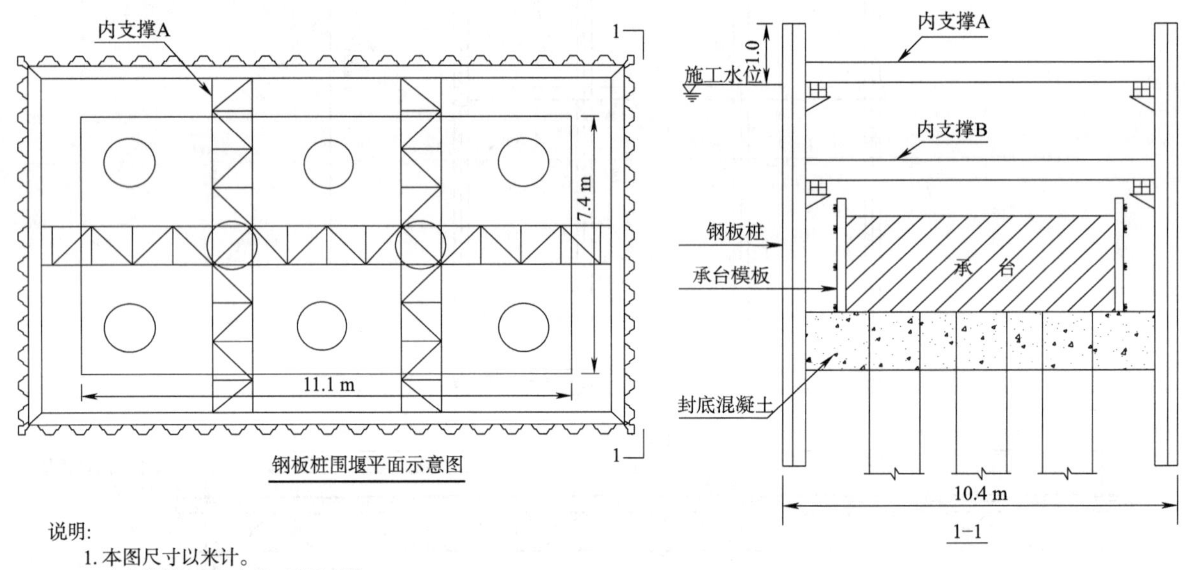


图 4-3-5 钢板桩围堰施工方案示意图

钻孔结束后,拆除部分钻孔平台,利用剩余钻孔平台,安装插打钢板桩导向架。用 DZ60 振动打桩机振动下沉钢板桩至设计标高。插打时要采取措施,保证钢板桩的倾斜不大于 1%和接口严密不漏水,钢板桩插打合龙后及时安装焊接水平支承架。

钢板桩插打完毕后,安装焊接水平支承架、抽水、抓泥、破桩头,清理河床至标高后进行水封,待混凝土强度达设计要求后,进行承台施工。

钢板桩围堰设计时保证足够的强度、刚度和稳定性,采用拉森-Ⅲ形式钢板桩;钢板桩施工前,先进行试拼和维修工作,把钢板桩每三块连接在一起;在钢板桩封底混凝土部位涂沥青,以便于插打和抽拔;利用塔吊墩旁吊机配合 DZ60 振动打桩机插打,板桩插打导向架采用型钢焊接;插打自一侧中间部位向两侧并插打至另一侧中间部位。

合龙，围堰上支撑及封底平台：板桩内除土完成，进行围堰顶支撑安装，支撑采用万能杆件通过 2[30 型钢护圈与围堰相连；在支撑构架上铺设型钢及脚手板，作为围堰除土及封底的施工平台；利用汽车吊机配合抓土机进行挖土施工，当用抓土机取土困难时，可用吸泥机吸取。在取土过程中及时向堰内补水，保持内外压力差。在取土过程中及时测量坑底标高防止超挖。

钢板桩围堰施工工艺流程如图 4-3-6 所示。

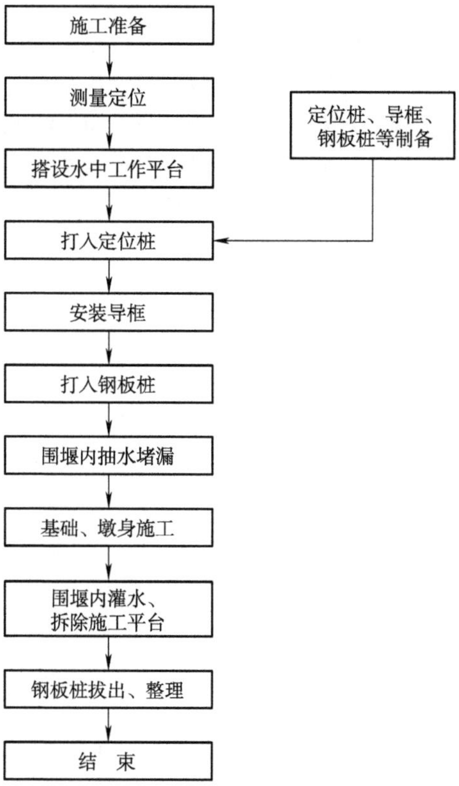

施工准备
测量定位
搭设水中工作平台
定位桩、导框、钢板桩等制备
打入定位桩
安装导框
打入钢板桩
围堰内抽水堵漏
基础、墩身施工
围堰内灌水、拆除施工平台
钢板桩拔出、整理
结　束

图 4-3-6　钢板桩围堰施工工艺流程图

1. 施工准备

(1)钢板桩运到工地后均进行详细检查、丈量、分类、编号及登记。

(2)锁口检查：用一块长 1.5～2.0 m 符合类型、规格的钢板桩作标准，将所有同类型的钢板桩做锁口检查。检查是用绞车或卷扬机拉动标准钢板桩平车，从桩头至桩尾进行。

(3)板桩长度不够时，可用同类型的钢板桩等强度焊接接长，焊接时先对焊接或将接口补焊合缝，再焊加固板，相邻板桩接长缝应注意错开。

(4)钢板桩采用组桩插打，每隔 4～5 m 加一道夹板，夹板在板桩起吊前夹好，插打时逐付拆除，周转使用。组桩的锁口内均涂以黄油混合物油膏，以减少插打时的摩阻力并加强防渗性能。

(5)拼制角桩时，将一块钢板桩纵向割开后，中间用角钢或钢板弯制焊接、铆接或螺栓连接成角桩。

2. 导框制作及安装

钢板桩围堰需用方木或型钢作为内导梁，导框制成围笼。内外导梁间距比钢板桩有效厚度大 8～10 cm，以利钢板桩的插打。矩形围笼导梁按设计尺寸直接下料，导梁接头均安排在横撑支点处，接头用夹板螺栓连接。钢板桩打桩立面和平面如图 4-3-7 和图 4-3-8 所示。

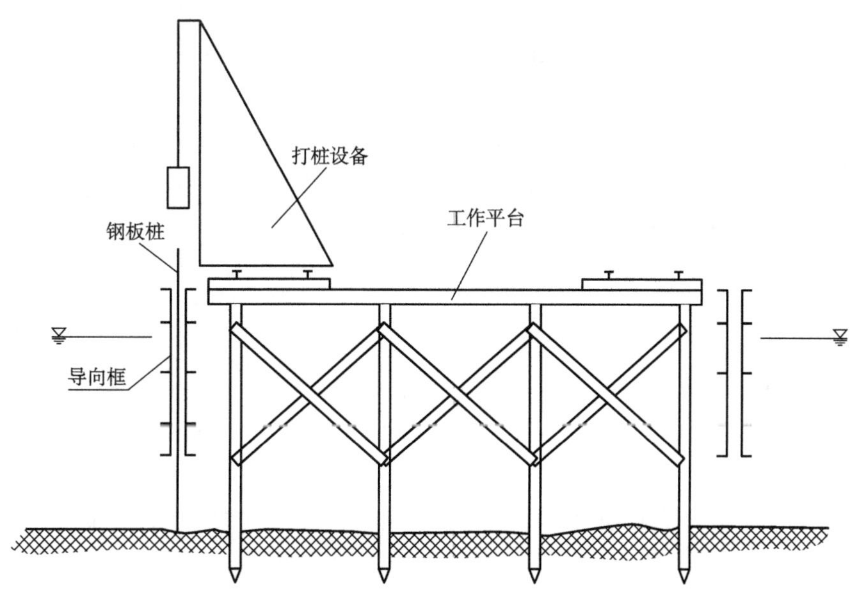


图 4-3-7　钢板桩打桩立面图

安装导框前，先进行测量定位。导框安装时先打定位桩或作临时施工平台。导框在工厂或现场分段制作，在平台上组装，固定在定位桩上。如果不设定位桩，可直接悬挂在浮台上，待插打入少量钢板桩后，逐渐将导框固定到钢板桩上。

3. 插打与合龙

因施工场地水位较浅,故施工时只需搭设简易脚手架,直接用打桩机打桩。

(1)打桩选用较轻型桩架,一般锤重宜大于桩重,锤击能量要适当。一般选用振动打桩机打钢板桩。经过整修或焊接后的钢板桩,要用同类型的钢板桩进行锁口试验和检查。

(2)在施打钢板桩围堰前,在围堰上下游一定距离及两岸陆地设置经纬仪观测点,用以控制围堰长短边方向的钢板桩的施打定位。

(3)钢板桩采用逐块(组)插打到底或全围堰先插合龙后,再逐块(组)打入,矩形围堰先插打上游边,在下游合龙,如图4-3-9所示。

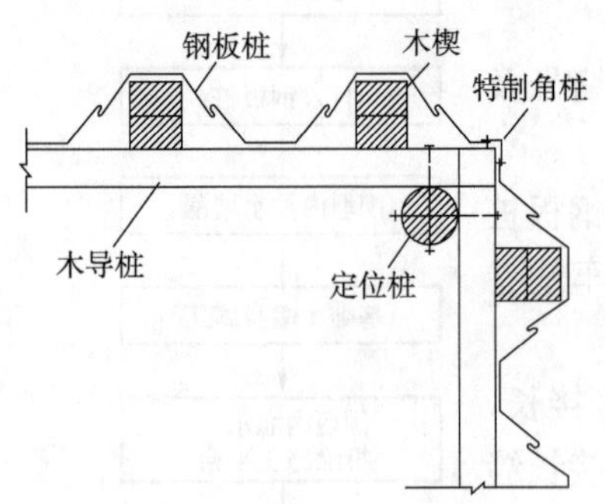


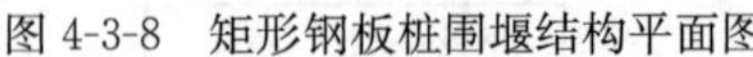

图4-3-8 矩形钢板桩围堰结构平面图

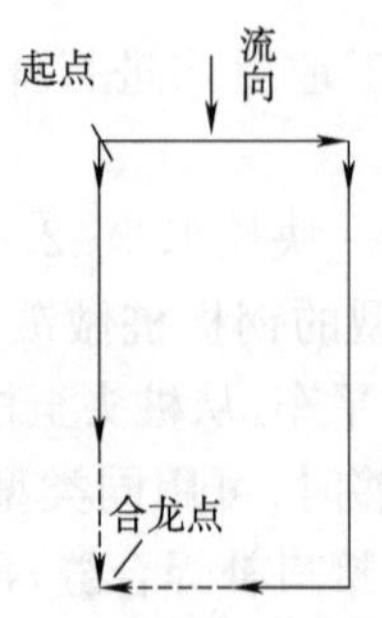


图4-3-9 矩形板桩围堰插打次序图

(4)插打钢板桩时从第一块(组)就要保持平整,几块插好打稳后即与导框固定,然后继续插打。为了使打桩正常进行,设一台吊机来担负吊桩工作。钢板桩起吊后需以人力扶持插入前一块的锁口内,动作要缓慢,防止损坏锁口,插入以后可稍松吊绳,使桩凭自重滑入或用锤重下压;比较困难时,也可以用滑车组强迫插桩,待插入一定深度并站立稳定后,方可加以锤击。

(5)钢板桩打桩前进方向的锁口下端用木栓塞住,防止泥砂进入锁口内,影响以后插打。凡带有接头的钢板桩应与无接头的桩错开使用,不得已时其接头水平位置至少应上下错开2 m以上。

(6)保证钢板桩插打正直、顺利合龙的措施是随时纠正歪斜;歪斜过度不能用拉挤办法整直者要拔起重打;纠正无效时,应特制楔形桩合龙。

(7)钢板桩组桩插打时,组桩的嵌缝用油灰及旧棉絮以钝凿嵌塞。组桩的外侧锁口均应在插打前涂以黄油或混合油膏(黄油∶沥青∶干锯末∶干黏土=2∶2∶2∶1),以减少插打时的摩阻力,并加强防渗能力。

4. 抽水堵漏

钢板桩插打完成并做好加固措施后即可抽水,抽水时检查各点是否顶紧、板桩与导框间木楔是否挤紧,抽水速度不宜过快,要随时观察围堰的变化情况并做出相应处理。当发生锁口渗漏时,用棉絮在内侧嵌塞,同时在漏缝外侧撒大量木屑或谷糠,使其由水流夹带至漏水处自行堵塞。桩脚渗漏时采用在桩脚处填筑土袋的止水方法。若桩脚渗漏是因河床透水引起的,则采用向透水层压注水泥砂浆或采用水下混凝土封底的方法止水。

5. 钢板桩的拔除及整理

(1)钢板桩拔出前,应先将围堰内的支撑及其他设施从上到下陆续拆除,并陆续灌水使内外水压平衡,使板桩挤压消失,拔桩设备可用吊机、打拔桩机、千斤顶、扒杆滑车组及卷扬机等,拔桩可用长卡环扣在拔桩孔上作为吊点。

(2)拔出的钢板桩应清刷干净、修补整理、涂刷防锈油。在运输堆放时,不得碰撞,防止弯曲变形,堆放场地应坚实平整,堆放时应按板桩类型、长度分别编号、登记、堆放整齐。

## 四、沉入桩施工

沉桩方法有锤击法、振动沉桩法和射水法。锤击用于密砂类土、软朔和可朔的黏土。由于锤击沉桩依靠桩锤的冲击能量将桩打入土中,因此桩径不能太大,一般土质中桩径不大于60 cm,桩的入土深度也不能太深,一般土质为20～30 m。振动沉桩法用于砂质土、硬朔及软朔的黏性土和中密及较松软散的碎石、卵石类土。射水法和锤击或振动法也可联合使用，方法的选择应视土质的情况而定。

(一)工艺流程

沉入桩施工工艺流程如图 4-3-10 所示。

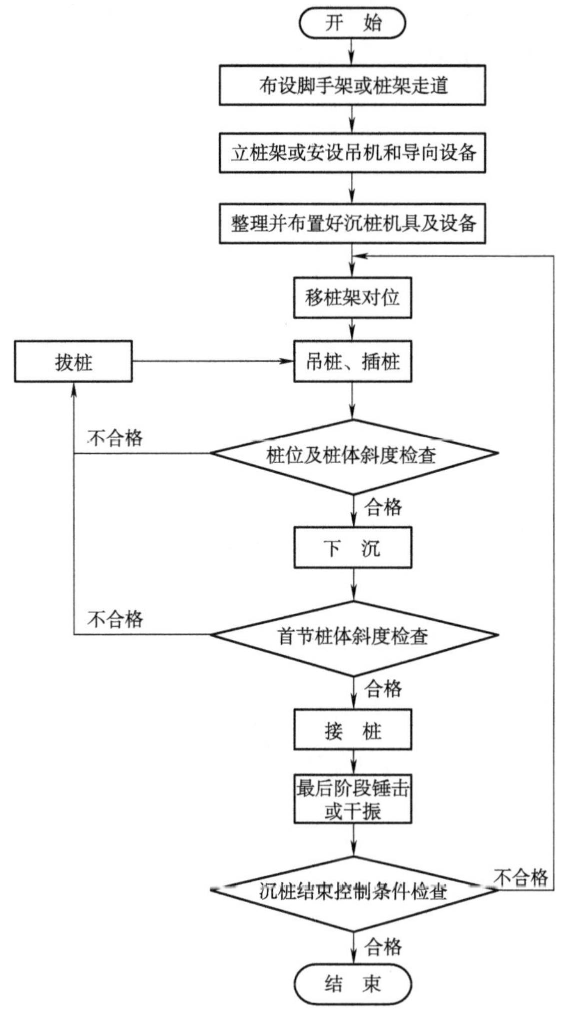


图 4-3-10 沉入桩施工工艺流程图

(二)施工关键工序及技术要点

1. 施工准备

施工场地的动力、电力供应与所选用的桩机机型、数量的动力需求相匹配。

打桩设备主要是桩锤、桩架、起重机具和动力设备等。冲击锤的选择，原则上是重锤低击。桩架用来吊装锤、打桩和控制桩锤的上下运动方向。桩架包括导杆(又称龙门，控制锤和桩在打桩时的上下运动和打桩方向)、起吊设备(滑轮、绞车、动力设备等)、撑架(支撑导杆)及底盘等。其他设备中主要有桩帽与送桩。桩帽主要是承受冲击，保护桩顶，在沉桩时能保证锤击力作用于桩轴线而不偏心。送桩主要用于当桩顶被锤击低于龙门挺而仍需继续沉入时，即需把桩顶送到地面下必要深度处用。

2. 桩机就位

在对施工场地内的表层土质试压后，确保承载力满足压桩机械施工及移动过程中不至于出现沉陷。桩机进场后，检查各部件及仪表是否灵敏有效，确保设备运转安全、正常后，按照打桩顺序，移动调整桩机对位、调平、调直。打桩设备一般都是在地面上拼组后，再用吊车或扒杆以及桩架本身的起吊设备将其竖立起来；也有采用逐节向上拼组的。立好后应按规定平衡重，再拉好缆风绳，保持桩架稳定。

3. 桩的验收、堆放

(1)桩的进场验收

对进场后的桩进行检验，对于不满足要求的管桩要予以退场。

(2)桩的堆放

现场桩堆放场地平整坚实,按桩的使用顺序堆放。堆放层数不宜超过4层。两点支承时设在距桩端0.21倍桩长处;三点支承时设在距桩端0.15倍桩长及桩中点处。每层支承垫木在同一直线上。雨季期间防止地面软化发生不均匀下沉造成管桩断裂和损坏。需要二次倒运时,用吊机及平板车配合操作。如场地条件不具备时,用拖拽的方式,需要用滚木或者对端头板采取一定的保护措施,以免在硬化地面上滑动时磨损套箍。

4. 吊桩

当桩架组立好后即可吊桩、插桩。

起吊桩时,混凝土强度和吊点位置满足设计要求。起吊桩时,平稳提升,使各吊点同时受力。一个吊点吊桩时,吊点设在距桩上端0.3倍桩长处。在起吊中用钢丝绳捆绑并控制桩的下端。桩在起吊、搬运和堆码时防止冲撞和发生附加弯矩。

插桩时要对准桩位,做到桩位、桩中心线及锤中心线在同一直线,然后徐徐放下桩锤,利用锤重把桩压入土中。

5. 沉桩

(1)沉桩顺序

沉桩顺序一般由一端向另一端进行;当桩基平面尺寸较大时,宜由中间向两端或四周进行;当桩的埋深不一时宜先沉深桩后沉浅桩。

(2)沉桩定位

1)直桩定位

直接根据测量桩位进行定位,并现场跟踪测量标高确定打入深度。打入过程中用两台经纬仪在互相垂直的方向上对打入桩进行观测,以保证打入桩的垂直度。

2)斜桩定位

①桩位测量:斜桩与铅垂方向成4°58′19.97″,放样前先对桩位处地面标高进行测量,根据实测标高 $H_1$ 与设计桩顶标高之差确定在此标高时管桩的退后量 $X$,重新计算坐标进行桩位放样,并将放样桩顶标高控制为之前测量实测标高 $H_1$,如图4-3-11所示。

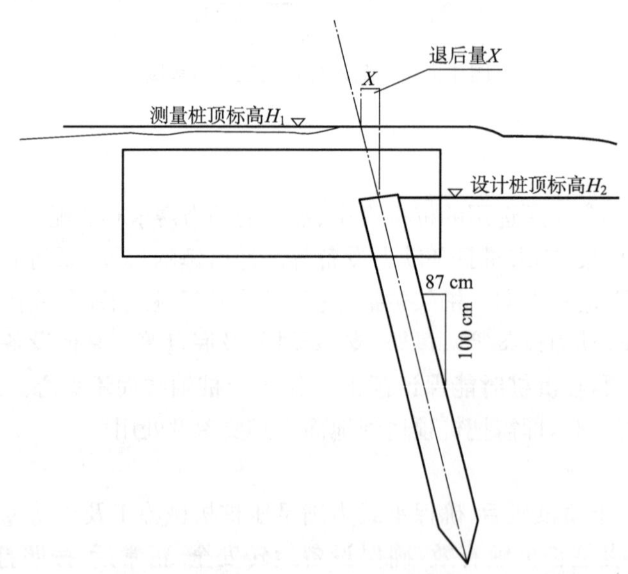


图4-3-11 桩位测量图

②管桩定位:提前在管桩倾斜方向及与其垂直的方向上各测设出2~3个方向桩,用于置镜观测;根据管桩的倾斜角度订做带有水准泡的坡度尺,坡度尺根据管桩不同的倾斜形式可分为两种:100∶8.7和100∶12.3。观测时置于管桩倾斜的方向上并与管桩中线重合、密贴,管桩桩尖对准放样桩位中心,用经纬仪观测

坡度尺的长直角边，并根据倾斜程度对管桩进行调整。倾斜方向上的经纬仪直接观测管桩的中心线即可。

③打入过程中用经纬仪跟踪测量，也可利用带有水准泡的坡度尺在倾斜方向上进行不同位置的测量，随时发现问题并及时调整。

沉桩桩位允许偏差及检验方法按表 4-3-1 执行。

**表 4-3-1 沉桩桩位允许偏差及检验方法表**

| 序号 | 项目 | 允许偏差 | | 检验方法 |
|---|---|---|---|---|
| 1 | 桩位 | 中间桩 | $d/2$ 且不大于 250 mm | 测量或尺量检查 |
| | | 外缘桩 | $d/4$ | |
| 2 | 倾斜度 | 直桩 | 1% | 吊线和尺量检查 |
| | | 斜桩 | $15\%\tan\theta$ | |

注：1. $d$ 为桩径或短边，单位为 mm；
2. $\theta$ 为斜桩轴线与竖直线间的夹角。

6. 锤击沉桩

(1)锤击沉桩用与桩锤相适应的桩帽及适合桩帽大小的弹性衬垫。顶面和底面平整并与桩的中轴线相垂直。送桩沉桩时，桩与送桩的纵轴线保持在同一直线上。送桩紧接桩顶部分，要有保护桩顶的装置。安放送桩前，截除桩头损坏部分并保持桩顶平整。

(2)锤击沉桩开始时用较低落距，并在两个方向观察其垂直度，如图 4-3-12 所示。当入土达到一定深度，确认无误后，再按规定的落距锤击。坠锤落距不宜大于 2 m；单打汽锤落距不宜大于 1 m，柴油锤使锤芯冲程正常。在桩的深入过程中，观察桩锤、桩帽和桩身是否保持在同一轴线上。锤击连续进行，不得中途停顿。

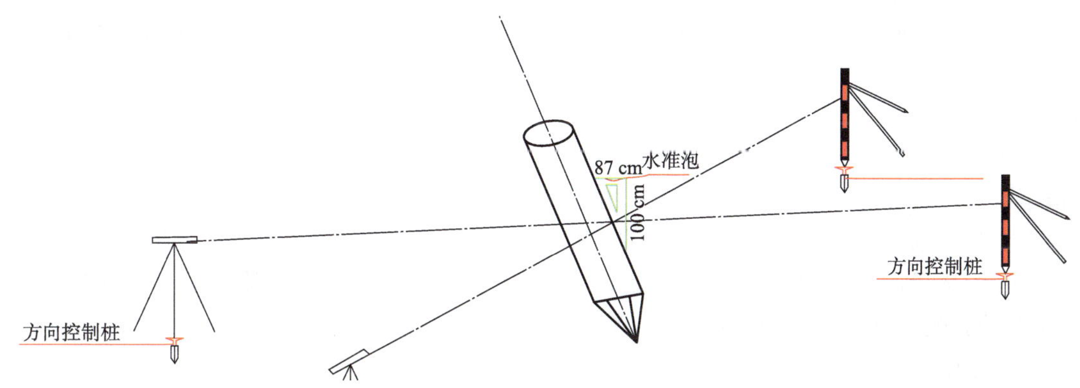


图 4-3-12 锤击沉桩图

(3)在预计或有迹象表明桩尖进入软土层时，改用较低落距锤击。

(4)当落锤高度已达到最大值和每击贯入度小于等于 2 mm 时，立即停锤。但沉桩深度还未达到要求时查明原因，或换锤等措施。

7. 接桩

上、下节桩间的连接用端板焊接连接，焊缝不得突出桩身，与桩身外壁平齐或凹进 1～3 mm，间隙填实，焊缝的长度和厚度符合要求。

接桩时上下节保持在同一轴线上，接头拼接密实、牢固，经检查合格后方可继续沉桩。桩锤、送桩和桩身保持在同一轴线上，保持平整避免产生偏心锤击。

管桩伸入承台 1.2 m，每根桩接头不超过 3 个。

8. 截桩

当管桩顶面高于设计桩顶标高时，需要截桩。经测量找出断接线，用专门的截桩器截桩，严禁用大锤横向敲击、冲撞。

## 五、水中墩钻孔平台施工

曹娥江特大桥起讫里程 DK66＋261.675～DK72＋915.070，总长 6 653.395 m。桥址处曹娥江河床地势平坦，河道弯曲，水流较平缓。水上桥墩基础施工采用设水上栈桥和钻孔平台。以该工程为例介绍水中墩钻孔平台施工技术。

曹娥江特大桥水中墩钻孔工作平台采用钢管桩型钢平台，平台设计考虑 2 台钻机同时作业要求且满足吊车吊装工作要求；钻孔平台设置了吊车作业区和钻机钻孔作业区。

### (一)施工平台施工方案

曹娥江特大桥水中墩主墩 97 号、98 号、99 号三个墩在曹娥江中，故需搭设 3 个钻孔平台，满足水中基础施工要求；施工平台紧联着栈桥，平台尺寸为 30.0 m×32.0 m。考虑后期承台钢板桩的施工，承台两边预留了工作区。

1. 平台施工总体方案

栈桥搭设完成后展开钻孔平台的施工；在已打设好的栈桥下游搭设钻孔平台，钢管桩打设采用 50 t 履带吊结合 DZ60 振动锤从栈桥处逐步向外推进打设；钢管桩打设完成后，50 t 履带吊在桥上或平台上进行钢管桩连接系的连接和进行平台梁部及平台面搭设。

2. 平台平面结构和跨径组合

根据承台尺寸、河床地质及后序承台施工等情况，钻孔平台采用 5.5 m＋6.8 m×3＋5.5 m 的跨径组合；下部结构形式为 $\phi$539×8 mm 钢管桩，同一排钢管桩间水平杆采用 $\phi$273×6 mm 钢管，交叉杆采用[18 槽钢进行连接；平台面系下层承重主梁 2I56a，承重主梁上采用 2I40a(3I40a)工字钢横梁，上层平台面横铺 I22a @30 cm 分配梁工字钢上铺 8 mm 厚钢板；工作平台通过第一排钢管与栈桥钢管桩连接，达到与施工栈桥连接固定作用；97 号、98 号、99 号承台中心处平台面标高分别与其相连栈桥面标高一致，两侧坡度与栈桥坡度保持一致，同时桥面系通过平台的分配梁 I22a 向栈桥侧伸进 30～40 cm，达到保证与栈桥的平面平稳衔接及通车要求。

### (二)钻孔平台钢管桩施工工艺及方法

1. 施工机具的确定

(1)根据设计图及现场地质情况，经比选采用振动沉桩。

(2)施工机具进场后，应进行调试，确保设备完好，施工过程中注意检查，保持良好状态。

(3)振动锤的选择，应考虑锤的振动力 $P$ 是否能克服桩在下沉中土的动摩阻力 $R$；同时应验算振动上拔力对桩身结构的影响；振动锤功率不小于 45 kW。

2. 施工工艺流程

准备工作→自重下沉→振动沉桩→钢管桩接长→振动下沉到位。

3. 试验桩打设

参照栈桥已完成的试验桩进行。

4. 施工方法

(1)桩位测定：根据桩位平面图及测量基准点，测放桩位，经项目部批准后，方可开始下沉钢管桩。

(2)振动沉桩机、机架、桩帽应连接牢固；沉桩机和桩中心轴应保持在同一直线上。

(3)沉桩前，应尽可能在每根桩的一侧用油漆划上段落标记，以便于沉桩时显示桩的入土深度。

(4)沉桩顺序，一般由一端向另一端连续进行。当桩埋深有深有浅时，宜先沉深桩后沉浅桩。

(5)开始沉桩时宜用自重下沉，待桩身有足够稳定性后，再采用振动下沉。

(6)在沉桩开始时，应严格控制桩位及竖桩的竖直度，在沉桩过程中不得采用顶、拉桩头或桩身的办法来纠偏，以防桩身开裂并增加桩身附加力矩。

(7)每一根桩的沉桩作业，应一次完成，不可中途停顿过久，以免土的摩阻力恢复，继续下沉困难。

(8)应认真做好沉桩记录。

5. 沉桩过程

应注意防止桩的偏移，遇到下列情况应即暂停，待分析原因，采取适当措施后方可继续沉桩作业。

(1)贯入度发生急剧变化。

(2)桩身突然倾斜、位移或锤击时有严重回弹。

(3)桩头弯曲或桩身开裂。

(4)桩因地面有严重隆起或下沉。

(5)桩架发生倾斜或晃动。

(6)施工过程中桩有上浮。

(7)振动桩锤的振幅有异常现象。

6. 振动沉桩的停锤控制标准

(1)设计桩尖处为淤泥质粉质黏土(水中),根据贯入度变化并对照地质资料,确认桩尖已沉入该土层,贯入度达到控制贯入度时,即可停锤。

(2)当贯入度已达到控制贯入度,而桩尖标高未达到设计标高时,应继续锤入至钢管桩达到设计长度时可停锤。

(3)当桩尖已达设计标高,而贯入度仍较大时,应继续锤击,使其贯入度接近控制贯入度。

(4)同一群桩基础中,各桩的最大贯入度应大致接近,而沉入深度不宜相差过大,避免基础产生不均匀沉降。

7. 钢管桩焊接接长

(1)钢管桩接长焊接要保证管节对口保持同一轴线后再焊接。

(2)焊接点对点和施焊应对称进行。

(3)采用多层焊,每焊完一层焊缝后应及时清除焊渣,并作外观检查,层与层之间的焊缝接口应错开。

(4)钢管桩的每个接头用 4 块 10 cm×9 cm 厚度不小于管壁的钢板贴焊补强。

8. 钢管桩遇到石质基础时打设方法

靠近打设钢管桩时有可能碰到抛石,此时可采取如下方法解决:

(1)改变主梁跨径,移动桩位。在一定范围内移动桩位,重新打设,重新设计上部结构,来适应地形。

(2)若移动桩位后仍无法打设,说明该范围内抛石量大,抛石层厚,则可以下钢套箱,浇筑水下混凝土,预埋钢管作基础。

9. 钢管桩联结系施工

钢管桩打设完毕后必须先施工部分联结系,后施工平台上部结构;但剩余联结系原则上应尽快施工,一般滞后 1~2 跨平台的施工。

(三)钻孔平台上部结构施工

1. 施工工艺流程

调整钢管桩顶面标高→安装主梁→铺设中层横梁→铺设上层分配梁→铺设面板→焊接护栏。

2. 安装主梁

首先在打设好的钢管桩顶测量好标高后,在钢管桩顶割槽,铺设垫板后铺设主梁 2I56a 工字钢并焊接牢固。

3. 安装中层横梁

在铺设完成的主梁上严格按设计图纸的间距和位置,在岸上加工完成横梁 2I40a(3I40a)工字钢并焊接牢固。

4. 铺设上层分配梁

在铺设完成的中层横梁上按设计间距铺设 I22a 工字钢分配梁,并焊接牢固。

5. 铺设面板

在铺设完成的分配梁上铺设花纹钢板后焊接,特别是接头加强焊接,防止行车后钢板变形上翘,不利于行车。

6. 焊接护栏

平台面完成后及时焊接外围护栏,护栏高度同栈桥护栏并与栈桥护栏连接在一起,形成安全保护。

(四)平台使用及维护

(1)平台完成后组织相关人员进行质量验收,通过后方可使用平台。

(2)平台在使用过程中难免出现一些问题(比如:防护栏的碰撞损坏,桥面钢板的变形翘起,安全标示的损坏等)要及时给予修复。当栈平台桥出现较大问题时,需报工程部,待总工程师和工程部研究后制定可行方案再实施。

(3)平台使用期间,吊车作业严格在规定吊车作业区作业。

(4)平台的汛期洪水位达到或超过设计水位时,停止平台的使用并设立停用牌;在台风登陆期间,停止平台的使用并设立停用牌。

(5)冬季平台桥面安全作业:考虑所处位置为南方,较少的霜冻期和下雪,因此平台基本为全年正常作业。确有霜冻和雪时,原则上封闭平台,待霜、雪融化后方可使用平台。

## 六、桩基承台及扩大基础施工

(一)工艺流程

桩基承台、扩大基础施工工艺流程如图 4-3-13 所示。

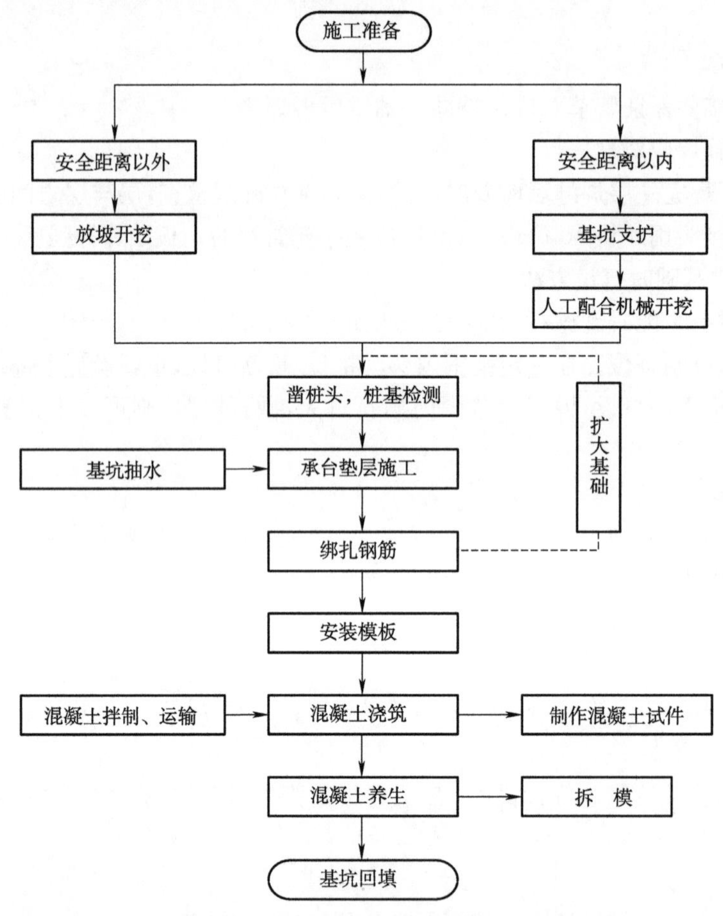


图 4-3-13 桩基承台、扩大基础工艺流程图

(二)施工关键工序及技术要点

1. 施工准备

(1)设备就位

挖机、自卸车就位,抽排水设备要齐全、完整。供电电缆要完好,以确保其正常供电和安全用电。

(2)对于基坑较深、边坡不稳或基坑边缘距便道距离不足时,采取插打钢板桩进行基坑防护;对于水中基坑用筑岛、土袋围堰抽排河水、便桥钢板桩围堰等形式进行防护施工。

1)岛:对于在河岸附近、小水塘和水沟中的承台可直接用筑岛施工。必要时插打钢板桩防护。

2)土袋围堰:在桥址两侧堆码土袋,结构如图 4-3-14 所示,堆码的土袋上下、左右层相互错开,堆码密实整齐。中间打设两排木桩并回填黏土至围堰顶面。对施工桥址处形成一围蔽区域,用抽水机组抽排区域中的水,并用机械清除上层淤泥,晾晒 2～3 d 后根据现场地质情况回填不同厚度的塘渣,现场备有 20～30 mm 厚的钢板用于应急使用。土袋围堰如图 4-3-14 所示。

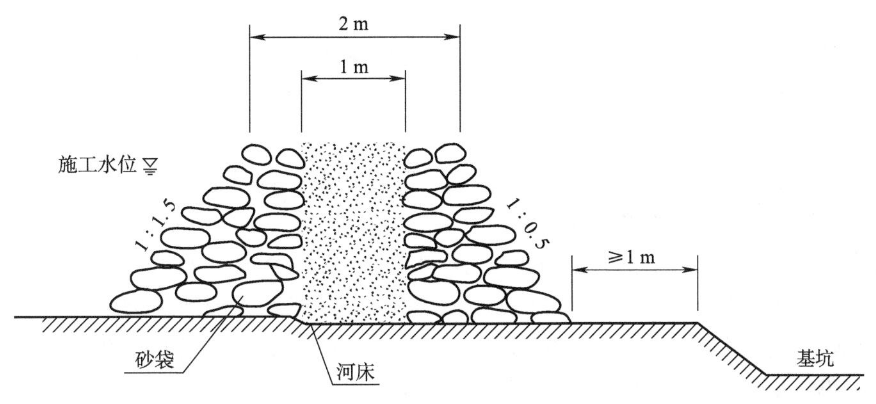


图 4-3-14 土袋围堰图

3)便桥及钢板桩围堰施工平台:主要适用于流速较大的深水河床、砂类土、黏性土河床及淤泥质较深基坑。打设钢板桩前按承台设计尺寸各边加宽 1.5 m。钢板桩采用定形规格的接口类型一致,并且连锁紧密。上部四周用焊接槽钢围撑,并在四个角处焊接槽钢斜撑。对于较深承台单个挖掘机无法满足开挖要求的,可用两台挖掘机或长臂挖掘机进行开挖。

2. 施工放样

先根据施工图纸计算出承台四个角的坐标,然后根据坐标按照所布导线进行桩位放样。桩位放样完成后利用水准仪测出承台位置的原地面标高,然后根据实测标高和设计标高值推算出从原地面下返 $H$ 距离为承台底面高程,即开挖深度为 $H$+垫层厚度。根据高度和坡度(放坡开挖时)推算出上口开挖线的位置。然后在基坑上口线的位置撒(白灰)开挖标志线。

3. 基坑开挖

(1)一般基坑开挖防护

1)安全保证措施:

①开挖由桥梁架子队长直接负责,开挖前做好施工人员安全培训工作,特别是现场机械操作人员的安全教育工作,确保开挖工序的安全稳步进行。施工员做好测量放线,控制好边坡的稳定,由专职安全员组织施工人员及时检查边坡安全情况,全天候检测,并及时上报检测数据。

②项目部设专职安全人员,对桥梁架子队施工现场的安全情况进行现场排查,发现安全隐患及时整改,确保基坑开挖顺利进行。

2)应急措施及注意事项:

①应急措施在基坑开挖期间,设专人检查基坑稳定,发现问题及时处理。基坑开挖后,如边坡出现坍塌现象,应及时采取措施,清除坍塌土方,采取打锚杆和喷混凝土等措施稳定边坡。地基承载力检测合格后,应及时浇筑基础混凝土,严禁长期将基坑暴露,以免发生塌方等意外。

②坑边不准堆积弃土,不准堆放建筑材料、存放机械。基坑边外部荷载不得大于 15 kPa。

3)操作安全技术措施:

①技术人员必须在基坑开挖前对现场施工人员进行技术交底,并持证作业,挂牌负责,定机定人操作。

②所有进场机械必须进行严格的检查,保证机械设备完好。

③夜间施工配备足够照明,派专人指挥施工机械及车辆。

④加强基坑监测,发现问题及时通知施工负责人,做好应急处理。

(2)邻近既有线基坑开挖防护

1)邻近既有线基坑开挖防护基本要求:

①严格按照批准的施工方案组织施工。严格按与各设备管理单位签订的安全协议和划定的界限施工,严禁私自扩大施工范围。

②严格执行《铁路营业线施工及安全管理办法》(铁运〔2012〕280 号)进行既有线施工。施工前,应对现场作业人员进行既有线施工安全知识学习和安全教育,并做好相应记录,并对学习者进行考核,考试合格后方可进行既有线施工。

③严格按照《铁路工程施工安全技术规程》的规定,遵照执行。

④涉及营业线施工必须按规定着装,佩戴必备的防护用品和正确使用防护用具,严格执行安全技术操作规程。

⑤横越线路时,必须做到"一站、二看、三通过",严禁与列车抢越、严禁钻车底或穿越两车间隙,严禁在道心或枕木上行走,严禁扒乘机车车辆以车代步。

⑥根据安全协议,严格施工登记把关和现场监控制度,施工项目负责人、把关人员未到现场不准施工。邻近既有线施工项目未签订安全协议不准施工,设备管理单位监控人员未到现场不准施工。

⑦按《既有线施工运输安全管理规定》和《铁路工务安全规则》设置施工安全防护,主战联络员、现场防护人员经路局有关单位培训考试合格、责任心强的正式职工担任。

⑧既有线施工期间,在施工地点两端设置防护员和中间设置防护员、驻站联络员,未有防护前提下严禁施工。

⑨机械设备操作人员、特种作业人员,必须经专业安全技术培训考试合格后,方可持证上岗。

⑩严格执行劳动安全防护措施:防车辆伤害;防高处坠落;防止触电伤害;防止起重伤害;防止机具伤害。

⑪邻近既有线施工时,机械作业必须严格按"一机一人,专人指挥、专人防护、人随机走"制度进行防护。

⑫邻近既有线作业(路基帮宽)防止施工机具材料造成侵限,而影响既有线行车安全;加强巡查,防止小型机具(导体)搭接在两根钢轨上造成"红光带"事故。

⑬施工前必须与工务段或派出所签订安全协议(栅栏开口、里程、开口大小等)。施工时将施工地点的防护栅栏拆除,挂设安全警示牌,并派人看守,严禁非施工人员进入,施工完成后恢复栅栏封闭。

2)邻近既有线基坑开挖防护应注意

①对影响既有线路基稳定的工程,应避开雨季施工,确需在雨季施工的控制工程,项目队必须提出施工方案,制定安全措施,报经有关部门审查同意后方可施工。

②在既有线旁开挖挡土墙的基础有碍路基稳定时,采用挖马口的方式,分段开挖随挖随浇筑混凝土挡墙,不得长距离连续开挖或长期不砌。有坍塌可能时,及时采用钢板桩支护。

③路基帮填采用大小型机械结合、人工配合的方法进行施工。即在远离既有线地段采用大型机械施工,在靠近既有线地段采用小型机械配合人工施工,在机械不易靠近地段用人工进行开挖、回填和压实。

④施工前在铁路限界外 0.5 m 划出界挂线,用标志牌标示施工作业场地界限,施工过程中禁止机械和人员越过场地界限,确保人员、机械不侵入铁路限界。

⑤台阶开挖前在施工场地配备足够的应急防护材料,台阶开挖后派专人密切注意既有路基的稳定性,并观测其位移,发现有失稳趋势出现立即报告现场指挥人员及技术人员进行处理。

⑥摊铺碾压作业时要注意周边管线,作业前检查线线最低净空是否能满足施工需要,当不能满足大型机械施工时要及时换用小型施工机械。

⑦当有列车通过时,安全人员要提前通知施工人员停止作业,并指挥现场施工人员、机具撤离施工区域,以免发生危险。

加强对路基下沉变形、原有路堑边坡稳定性的观测,同时做好观测记录,并及时整治既有线路基病害,确保行车安全

(3)深基坑开挖防护

钢板桩的选择根据工程所在地场地特点,结合钢板桩的特性、施工方法等方面进行考虑。

1)深基坑开挖防护安全保证措施:

①开挖由桥梁架子队长直接负责,开挖前做好施工人员安全培训工作,特别是现场机械操作人员的安全教育工作,确保开挖工序的安全稳步进行。施工前做好测量放线,控制好边坡的稳定,由专职安全员组织

人员及时检查边坡安全情况，全天候监测，并及时上报监测数据。

②项目部设专职安全人员，对桥梁架子队施工现场的安全情况进行现场排查，发现安全隐患及时整改，确保基坑开挖顺利进行。

2)深基坑开挖防护操作安全技术措施：

①技术人员必须在基坑开挖前对现场施工人员进行技术交底，并持证作业，挂牌负责，定机定人操作。

②所有进场机械必须进行严格的检查，保证机械设备完好。

③夜间施工配备足够照明，派专人指挥施工机械及车辆。

④加强基坑监测，发现问题及时通知施工负责人，做好应急处理。

3)深基坑开挖防护的应急措施及注意事项：

①在基坑开挖期间，设专人检查基坑稳定，发现问题及时处理。基坑开挖后，如边坡出现坍塌现象，应及时采取措施，清除坍塌土方，采取打锚杆和喷混凝土等措施稳定边坡。地基承载力检测合格后，应及时浇筑基础混凝土，严禁长期将基坑暴露，以免发生塌方等意外。

②坑边不准堆积弃土，不准堆放建筑材料、存放机械。基坑边外部荷载不得大于 15 kPa。

(4)水中墩基坑开挖防护

填土筑岛。水中墩承台靠近河边、浅水、水流慢，所以采用填土筑岛。先测量放线定出墩基础的桩位，就近选择合适的土源，用自卸运输车把土方运至墩位处进行回填，筑岛长宽比桥墩承台的设计尺寸加大 1～2 m，筑岛高出水面约 1 m，碾压平整。

施工机具的选择。考虑工程的工程规模、土质情况、作业能力及作业环境，采用机械打拔机，打拔机采用液压原理固定桩端，牢固可靠，不易损坏桩顶，适合于在黏土层中打桩作业，且可以插打任意形式的板桩，辅助设施简单，操作方便，振动力小，施工速度快，噪声小。

钢板桩的整理、堆放。钢板桩不论新购置，还是租赁，进入施工现场前需进行检查整理，完整无损的钢板桩可运入现场；因钢板桩为围水结构，需检查钢板桩桩身有无割洞、割缝及破损，发现缺陷处及时修整，以保证钢板桩在使用过程中不漏水，并满足强度要求；检查单块钢板桩规格尺寸是否一致，板桩长度及长度方向的板宽是否一致，有无楔形现象，若发现需作适当调配或修整；板桩检查合格后，在堆放时尽量不使其弯曲变形，避免碰撞，尤其不能将锁口破坏；堆放场地应平整、坚实，不产生大的缺陷。最下层板桩应垫木块，每块板桩间要留有一定通道，便于吊机或运输车辆的通行。

锁口润滑及防渗。为防止板桩在形成桩墙后出现渗漏现象，板桩插打前在两侧锁口涂以热的混合油膏，以减少插打时的摩阻力，并增加防渗性能。

插打与合龙。钢板桩插打时，开始的一部分先插打，后一部分则先插合龙，后再统打的施工方法。此方法可减小合龙误差，且施工进度较快。插打前，应设置插打钢板桩导向框，在导框上放出每块板桩的位置线。插打时应尽量将板桩贴靠导向框，并严格控制好桩的垂直度，尤其第一根桩要从两个相互垂直方向同时控制，确保垂直不偏。在板桩插打前，在锁口内涂刷热的混合油膏，并将不进行插连一侧的锁口采用木楔塞紧(第一块插打的板桩需两侧全部塞紧)，以免泥土或砂砾进入增加插桩阻力和降低防渗性能。板桩插打一块或几块后，即与导框进行联系。板桩起吊时，为防止板桩弯曲变形，可将吊点移至距桩头不大于三分之一桩长的范围内，并采用捆吊法。为保证板桩插打正直、顺利合龙，在插打过程中及时纠正偏斜，当偏斜过大不能用拉压方法调正时，应拔起重新插打。

承台开挖抽水及内支撑焊接。承台开挖与内支撑焊接同步进行，钢板桩插打施工完毕，承台开挖到支撑位置，即进行内围檩施工，其主要作用是防止围护结构变形。钢板桩围堰的防渗能力较好，但遇有锁口不密、个别桩入土不够及桩尖打裂、打卷等情况时，仍会发生渗漏。锁口不密的漏水可在抽水发现后以板条、棉絮、麻绒等在板桩内侧嵌塞，或在漏缝处侧水中撒下大量炉渣与锯末或谷糠等随水夹带至漏缝处自行堵塞。漏缝处较深时，也可将炉渣等装袋，到水下适当深度时逐渐倒出炉渣堵漏。开挖抽水时检查围檩各节点是否顶紧，板桩与围檩间木楔是否敲紧，防止因开挖抽水而出现事故。抽水速度不能过快，且要随时观察围堰的变化情况。在打桩过程中会碰到下面有块石，从而造成卡缝不严，存在漏水和淤泥现象，现场采用方木堵缝和钢筋焊接固定的方法处理，至于少量的桩间缝隙水可不必处理，在基坑边挖一积水坑强排即可。

钢板桩的拔出。承台施工回填完毕,即可拔出钢板桩。拔除时先略锤击振动拔高 1～2 m,然后依次将所有钢板桩均拔高 1～2 m,使其松动后,再依次拔除。对桩尖打卷及锁口变形的桩,可加大拔桩设备的能力,将相邻的桩一齐拔出。

水中墩承台开挖深度小于 5 m 的采取土袋围堰填筑施工平台,开挖时按放坡开挖并做好排水。围堰开挖完成后必须保证围堰顶部宽度 5 m,超出水面至少 50 cm 以上。

4. 桩头凿除及检测

待垫层有一定的强度后可以凿除桩头。凿除桩头要平整,根据设计图纸预留桩顶伸入承台 10～15 cm 不等,具体以现场交底为准。机械凿除时注意不要损伤桩头混凝土,在凿至距桩顶设计标高 30 cm 时改为人工凿除,确保桩头混凝土不松动。凿至设计标高后,打磨超声波检测平台,桩中心打磨一点,直径 10 cm,外围 3 个点,直径 6 cm。桩头凿完后报桩检单位进行检测并报监理工程师验收,检测合格后进行下一道工序施工。

5. 钢筋绑扎

(1)钢筋进场及加工

钢筋采用钢筋场集中加工模式。进场钢筋要有产品合格证书及现场实验室出具的钢筋力学性能合格检测报告。钢筋的规格、型号、形状、尺寸必须符合要求。检查每批钢筋的外观质量,钢筋平直且无局部折曲;钢筋表面不得有裂纹、结疤和折叠;钢筋表面的油渍、漆污、水泥浆和用锤敲击能剥落的浮皮、铁锈等均清除干净;表面的凸块和其他缺陷的深度和高度不得大于所在部位尺寸的允许偏差。加工后的钢筋,表面不留有削弱钢筋截面的伤痕;利用冷拉法矫直钢筋时,钢筋的矫直伸长率为:Ⅰ级钢筋不得大于 2%;Ⅱ级钢筋不得大于 1%。

每批检验的钢筋由同一牌号、同一炉罐号、同一规格、同一交货状态组成,并不得大于 60 t。在经外观检查合格的每批钢筋中任选二根钢筋,在其上各截取一组试样,每组试样各制 2 根试件,分别作拉伸(含抗拉强度、屈服点、伸长率)和冷弯试验。当试件中有 1 个试验项目不符合要求时,另取双倍数量的试件对不合格项目做第二次试验;当仍有 1 根试件不合格时,则该批钢筋判为不合格。所有钢筋的试验必须在监理工程师同意的试验室进行。

施工前对从事钢筋加工工作的人员进行培训,培训合格后持证上岗。做好所需钢筋的备料工作,经检验合格后挂牌分别堆放。

加工机械:钢筋弯曲机、钢筋切断机、砂轮切割机等。

工艺设备:用于进行钢筋弯制、焊接加工的加工平台,撬棍、各种扳手、绑扎架等。

承台钢筋在钢筋场集中加工完成后,成品由平板车运送到施工地点。

(2)桩基检测合格后即可以绑扎承台钢筋,要严格按照施工技术交底施作。首先在垫层面上弹出钢筋的外围轮廓线,并用粉笔或记号笔画出每根钢筋的平面位置,再进行底层钢筋排布。底层钢筋网置于桩头之上,与桩头钢筋焊接牢固。底层钢筋焊接完成后,按设计要求焊接支撑钢筋及墩身综合接地钢筋,支撑钢筋用于支撑承台顶层钢筋。对于双层承台,第二层承台钢筋宜在第一层模板支立后进行。根据墩身高度确定承台预埋墩身钢筋的长度,用电焊将其与承台顶层钢筋焊接在一起,形成整体骨架,并用设计尺寸大小的胎具进行固定,防止灌注混凝土时钢筋振动偏位。将墩身的两根钢筋作为综合接地钢筋,并与承台内的综合接地钢筋按通用图要求焊接好,同时做出标记。综合接地接头钢筋严格按施工技术交底要求施工。所有焊接接头必须进行外观检验,其要求是:焊缝表面平顺,没有较明显的缺口、凹陷、焊瘤、夹渣及气孔,严禁有裂纹出现。

综合接地电阻必须在灌注混凝土前测试,电阻值不得大于 1 Ω。

钢筋加工的允许偏差及检验方法见表 4-3-2。

**表 4-3-2　承台钢筋加工、制作允许偏差检验方法**

| 序号 | 名　称 | 允许偏差(mm) | 检测方法 |
|---|---|---|---|
| 1 | 受力钢筋排距 | ±5 | 尺量,两端、中间各 1 处 |
| 2 | 同一排中受力钢筋间距 | ±10 | |

续上表

| 序号 | 名　称 | | 允许偏差(mm) | 检测方法 |
|---|---|---|---|---|
| 3 | 分布钢筋间距 | | ±20 | 尺量，连续 3 处 |
| 4 | 箍筋间距 | 绑扎骨架 | ±20 | |
| | | 焊接骨架 | ±10 | |
| 5 | 钢筋保护层厚度 $c$ | $c \geqslant 35$ mm | +10，−5 | 尺量两端、中间各 2 处 |

6. 模板拼装

承台模板用组合钢模板。承台钢筋绑扎完成后，进行自检是否合格，不合格时进行调整，直到检查合格；报请监理工程师检查，检查合格后进行模板拼装。模板背部用钢管背带加固保证其整体性，模板钢管背带竖向双根每 0.7 m 一道，横向双根每 0.7 m 一道，拉筋穿过模板伸入背带横向双根钢管中，用螺帽压住燕尾扣固定；模板顶部用钢管配合扣件锁定、对拉；模板底部用混凝土封底以防止漏浆。模板安装位置、尺寸、高程符合设计和规范要求，每竖向钢管处上下用方木支承，支承基底稳固，并用木楔塞紧。不管是多层承台还是单层承台，在承台最顶部按照模板上口尺寸控制模板的平面尺寸、轴线偏位、相邻模板高差，且应满足设计及规范要求，见表 4-3-3。

**表 4-3-3　承台各部位允许偏差及检验方法**

| 序号 | 项　目 | 允许偏差(mm) | 检验方法 |
|---|---|---|---|
| 1 | 轴线位置 | 15 | 尺量每边不少于 2 处 |
| 2 | 表面平整度 | ±5 | 2 m 靠尺和塞尺不少于 3 处 |
| 3 | 高程 | ±20 | 测量 |
| 4 | 两模板内侧宽度 | +10，−5 | 尺量不少于 3 处 |
| 5 | 相邻两模板表面高低差 | 2 | 尺量 |
| 6 | 前后、左右边缘距设计中心线尺寸中心 | ±50 | 尺量各边 2 处 |

为保证承台钢筋保护层厚度，在钢筋和模板之间用预制垫块，垫块用水泥砂浆制成，强度不低于施工承台的混凝土强度，50 mm 立方体，厚度同保护层，垫块内预埋 20～22 号绑扎线。

7. 灌注混凝土

浇筑混凝土之前，必须清除钢筋上的油渍及基底、模板上的杂物，并检查模板的加固情况。混凝土用泵送或滑槽灌注。混凝土灌注采用水平分层连续灌注方式，分层厚度为 30 cm。浇筑间断超过混凝土初凝时间时，按灌注中断处理，且留出施工缝，并做好记录。施工缝的处理符合验标要求。当发现混凝土失去流动性浇筑困难时，不得二次加水拌和使用。插入式振捣器移动间距不得大于振捣器作用半径的 1.5 倍，插入下层混凝土内深度为 5～10 cm，振捣时间 30 s 并达到以下条件时可结束振捣：混凝土表层开始泛浆、不再冒泡、混凝土表面不再下沉。混凝土灌注过程中，设专人检查模板、支撑、钢筋、预埋件和预留孔洞情况，发现问题及时处理，并做好记录。当混凝土表面出现泌水时采取措施予以消除，但不得扰动已浇筑的混凝土。混凝土初凝前，进行混凝土面的提浆、压实、抹光工作。初凝后终凝之前，进行二次压光。

混凝土试件留置：在混凝土浇筑时根据规范要求的混凝土总方量确定标养试件的制作组数，并留置现场同条件养护试件，数量不少于 2 组。

灌注混凝土时注意按设计要求埋设承台沉降观测标。

8. 混凝土养生

(1)温差控制措施

1)根据设计要求需埋设冷却管的承台可按承台厚度进行分层布设。承台厚 3 m、3.5 m 的按两层布置，层间距 1 m，分别距上下表面 1 m、1.25 m；承台厚 4～5 m 的按三层布置，且层间距、上下层到上下表面的距离相等，冷却管从承台两头引出。冷却管用直径 32 mm 的标准铸铁水管，通过水泵抽冷却管内的水进行循环，将混凝土内部的热量带走，降低混凝土内部温度。当混凝土内外温度差大于 25 ℃时，及时调整养护措施，取加大冷却水的流通速度，降低冷却水的初始温度等措施，通过以上方式可保证大体积混凝土的内外温度差控制在 20 ℃以内，避免混凝土温差过大引起裂纹的产生。冷却管布置如图 4-3-15 和图 4-3-16 所示。

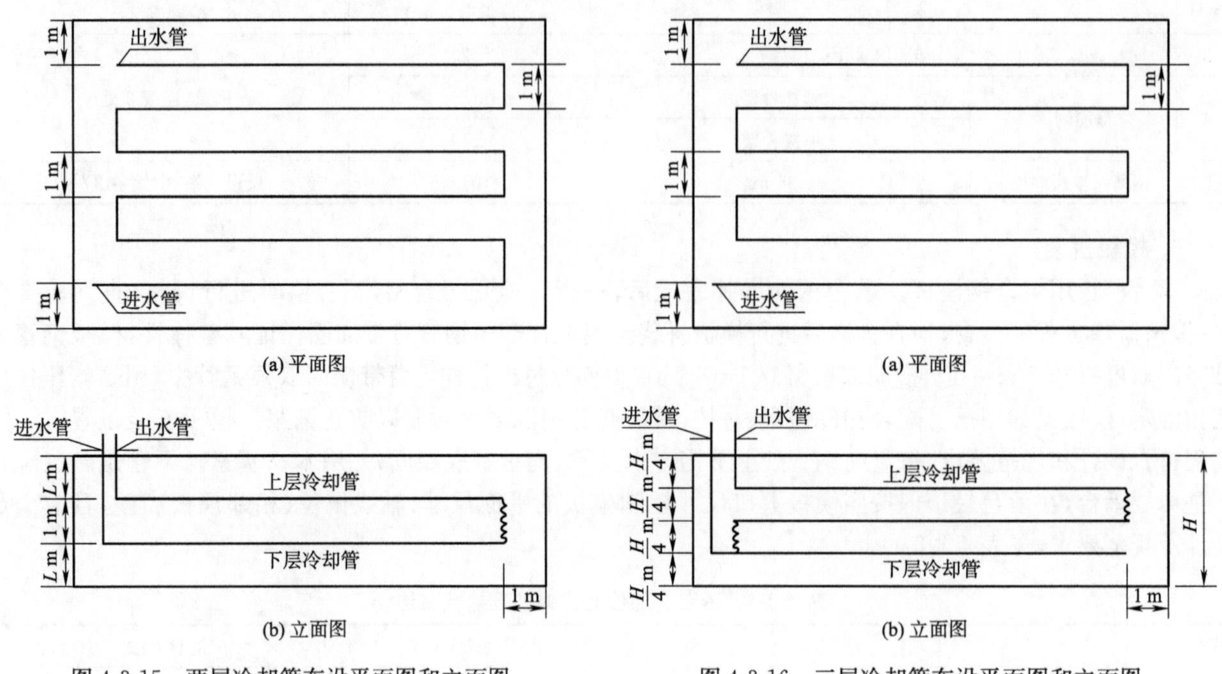


图 4-3-15　两层冷却管布设平面图和立面图　　图 4-3-16　三层冷却管布设平面图和立面图

2)混凝土未覆盖养生前，可在混凝土表面喷雾降温、保湿养护。

(2)养生

1)承台顶面低于原地面时，在混凝土拆模后可在承台表面四周用水养护。延长混凝土的保湿时间。

2)混凝土终凝后覆盖双层麻袋片浇水进行养护，原则上维持 5 d 湿润覆盖状态，视测温度结果而定。如 5 d 内混凝土中心温度与大气温度温差已小于 10 ℃，可提前撤除；如 5 d 仍达不到此标准，则继续湿润覆盖，但浇水养护期始终不少于 14 d。

3)混凝土养护期间还要注意保温措施，防止混凝土表面温度受环境因素影响而发生剧烈变化。派专人测温，保证混凝土芯部与表层、表层与环境之间的温差不超过 15 ℃。

4)保湿养护期间，夏天取麻袋或土工布遮阳和挡风，控制温度和干热风的影响；冬季用塑料薄膜保温保湿，保证混凝土养生要求。

9. 基坑回填

混凝土达到拆模强度后，按立模顺序逆向进行模板拆除；拆模时不得损伤混凝土，并减少模板破损。

承台混凝土拆模养护后，及时进行基坑回填工作。基坑回填时必须排除基坑内积水及挖除淤泥及杂物，土层夯实至承台混凝土表面相平。待墩身施工完成后及时回填至原地面处，并做出排水坡，防止积水。

10. 大体积混凝土施工保证措施

施工时按批复的混凝土配合比，严格执行。降低入模前混凝土浇筑的温度，采用冷却水配制混凝土，粗细骨料均搭设遮阳棚，避免日光暴晒。夏季施工尽量安排在晚 9:00～早 8:00 之间，以最大限度地降低大体积混凝土入模温度。混凝土浇筑前在承台中设冷却管，采用 30 mm 直径有一定强度的钢管，每个承台配备一台潜水泵，在第一批混凝土初凝时由专人负责往冷却管内注入凉水降温，冷却水流量大于 15 L/min，冷却水采用水车倒运的井水或地表水，持续养生 7 d。混凝土浇筑完成并终凝后及时覆盖双层土工布洒水养护，维持 7 d 湿润覆盖状态，视测温结果而定；如 5 d 内混凝土中心温度与大气温度温差已小于 10 ℃，可视情况提前撤除；如 5 d 仍达不到此标准，则继续湿润覆盖，但浇水养护期始终不少于 14 d。在条件许可混凝土拆模后，可在承台表面四周用土围堰蓄水养护，延长混凝土的保湿时间。混凝土养护期间还要注意保温措施，防止混凝土表面温度受环境因素影响而发生剧烈变化。派专人测温，保证混凝土芯部与表层、表层与环境之间的温差不超过 20 ℃。保湿养护期间，采取遮阳和挡风措施，控制温度和干热风的影响。现场设至少 6 台振捣器，加强振捣；以获得密实的混凝土，提高密实度和抗拉强度；浇筑后及时排除表面积水，进行二次抹面，防止早期收缩裂纹的出现。

## 第二节 墩台施工

### 一、墩台身施工

(一)施工工艺流程

墩台身施工工艺流程如图 4-3-17 所示。

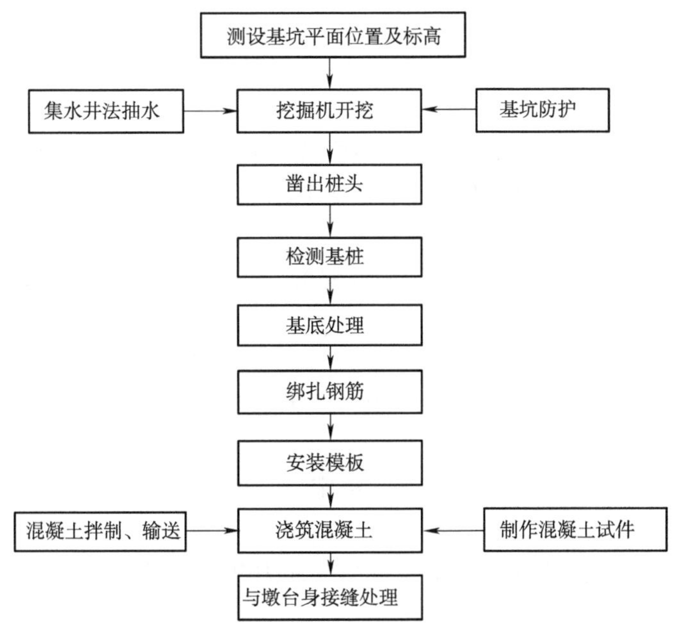


图 4-3-17 桥梁墩台施工流程图

(二)基坑开挖

桩身混凝土达到一定的强度后，进行基坑开挖。在基坑开挖线以外 5 m 处，设置纵横向截水沟将地表水排入天然水沟。基底四周挖排水沟并采用集水井抽水，严禁积水浸泡基坑。

采用挖掘机放坡开挖，坑底预留 30 cm 人工清底。并根据地质情况，设置木桩或钢管桩等临时支护措施，防止边坡坍塌。

(三)凿出桩头、桩基检测

破除桩头前，应在桩体侧面用红油漆标注高程线，以防桩头被多凿，造成桩顶深入承台内高度不够。破除桩头时采用风镐结合人工凿除；上部采用风镐凿除，下部留有 10～20 cm 由人工进行凿除。凿除过程中保证不扰动设计桩顶以下的桩身混凝土。严禁用挖掘机或铲车将桩头强行拉断，以免破坏主筋。将伸入承台的桩身钢筋清理整修成设计形状；复测桩顶高程，进行桩基检测。

桩头凿完后，应报于监理验收，并经超声波等各种检测合格后方可浇筑垫层混凝土。

(四)钢筋绑扎

承台基坑开挖至设计基底高程经检验合格后，立即浇筑基础垫层混凝土。钢筋绑扎应在垫层混凝土达到设计强度 75%后进行。在垫层面上弹出钢筋的外围轮廓线，并用油漆标出每根钢筋的平面位置。承台钢筋集中加工，现场进行绑扎，底层钢筋网片与桩身钢筋焊接牢固；搭设钢管架绑扎，定好上层钢筋和预埋与承台内的墩身钢筋。

(五)模　板

承台模板宜采用大块钢模，吊车配合安装。也可以采用组合钢模和胶合板支立。模板立设在钢筋骨架绑扎完毕后进行。采用绷线法调直，吊垂球法控制其垂直度。加固通过型钢、方木、拉杆与基坑四周坑壁挤密、撑实，确保模板稳定牢固、尺寸准确。墩身预埋钢筋的绑扎在模板立设完毕后进行，根据模板上口控制其准确性,采用与承台钢筋焊接,形成一个整体骨架以防移位。

(六)灌注混凝土

混凝土采用集中拌和,自动计量,罐车运输,泵送入模,插入式振捣器振捣。

混凝土的浇筑环境温度昼夜差平均不低于 5 ℃或最低温度不低于−3 ℃,局部温度也不高于 40 ℃,否则采用经监理工程师批准的相应防寒或降温措施。在下层混凝土初凝或能重塑前浇筑完上层混凝土,混凝土下落高差大于 2 m 时,设串筒或溜槽。

混凝土分层浇筑,分层厚度控制在 30～45 cm。振捣采用插入式振动器,振捣时严禁碰撞钢筋和模板。振动器的振动深度一般不超过棒长度 2/3～3/4,振动时要快插慢拔,不断上下移动振动棒,以便捣实均匀,减少混凝土表面气泡。振动棒插入下层混凝土中 5～10 cm,移动间距不超过 40 cm,与侧模保持 5～10 cm 距离,对每个振动部位,振动到该部位混凝土密实为止,即混凝土不再冒出气泡,表面出现平坦泛浆。

(七)基坑回填

混凝土达到设计强度后进行基坑回填,湿陷性地段桥墩承台采用 3∶7 灰土回填,基坑四周同步进行;回填土分层回填,每层厚度 10～20 cm,用 3TA55 冲击夯夯实。

(八)养　　生

在混凝土浇筑完成并且初凝后,在夏季予以洒水保湿养护,冬季采用薄膜包裹或覆盖养护。养护用水及材料不能使混凝土产生不良外观质量影响。

(九)施工注意事项

(1)墩台身施工前,应将基础顶面浮浆凿除,冲洗干净,整修结构钢筋。并在基础顶面测定中线、水平,标出墩台底面位置。

(2)墩台身模板及支架应有足够的强度、刚度与稳定性。模板宜采用大块钢模板。模板接缝应严密,不得漏浆。

(3)墩台身模板采用整体吊装时,其吊装高度视吊装能力并结合墩台施工分段而定,一般宜为 2～4 m,并应有足够的整体性和刚度。

(4)墩台身钢筋的加工安装、混凝土的施工、养护和拆模等应符合相关施工技术标准和高性能混凝土技术条件的相关规定。接地钢筋的安装应符合设计要求。

(5)浇筑混凝土时,应经常检查模板、钢筋、沉降观测点及预埋部件的位置和保护层的尺寸,确保其位置正确不发生变形。

(6)墩台身混凝土宜一次连续浇筑。当分段浇筑时,施工缝应符合施工技术标准的相关规定。

(7)墩台台帽施工前后均应复测其跨度及支承垫石高程。施工中应确保支承垫石钢筋网及锚栓孔位置正确,垫石顶面平整,高程符合设计要求。

(8)墩台施工完毕,应对全桥进行中线、水平及跨度贯通测量,并标出各墩台的中心线、支座十字丝、梁端线及锚栓孔位置。暂不架梁的锚栓孔或其他预留孔,应排除积水将孔口封闭。

(9)浇筑大体积混凝土结构前,应根据结构截面尺寸大小预先采取必要的降温防裂措施,如搭设遮阳棚、预设循环冷却水系统等。

(10)锥体护面铺砌应自下而上分段进行。反滤(垫)层应按规定分层做好,并应边做反滤(垫)层边砌筑,同时做好沉降缝和泄水孔。

(11)桥台道砟槽面应做好防水层、保护层与排水坡度,平顺无凹坑。

(12)锥体护面施工挂线,砌面要平顺。砌筑时不允许边砌边补土。

## 二、实体墩台施工

(一)施工程序与工艺流程

1. 施工程序

每个桥墩为一个施工作业区,包括六个区段:放样区段、安全防护区段、钢筋绑扎区段、立模和调整区段、混凝土浇筑区段、拆模及养护区段。

施工程序为:施工准备→施工放样→基础凿毛→钢筋绑扎→模板安装→混凝土浇筑→拆模→墩身混凝

土养护。

2. 工艺流程(图 4-3-18)

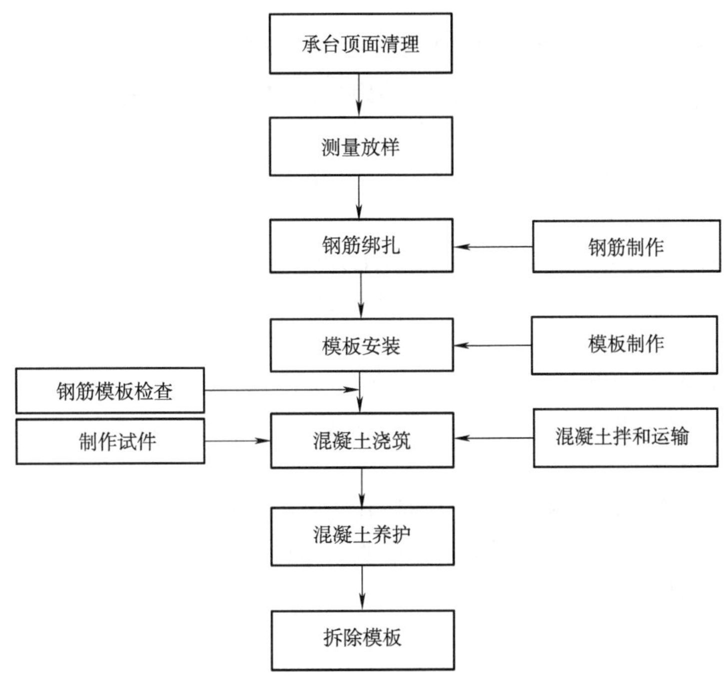


图 4-3-18 桥梁实体墩台施工流程图

(二)施工要求

本管段实体墩墩身较低,采用大块钢模板一次整体浇筑成形,混凝土通过泵送入模或吊装入模,墩身模板和钢筋采用汽车起重机垂直吊装作业。墩身浇筑完成后先带模浇水养生,拆模后覆盖塑料膜养生。

1. 模板

模板制作:模板采用大块整体钢模,选用大于 6 mm 厚钢板面板。要求模板表面平整,尺寸偏差符合设计要求,具有足够的刚度、强度、稳定性,且拆装方便,接缝严密不漏浆。

模板加固应经过受力检算,加劲肋采用型钢。实体墩台身施工,模板框架采用 22 号槽钢,加劲肋采用 50 mm 等边角钢加固。

模板安装好后,检查轴线、高程符合设计要求后加固,保证模板在灌注混凝土过程受力后不变形、不移位。模内干净无杂物,拼合平整严密。支架结构的立面、平面安装牢固,并能抵挡振动时偶然撞击。支架立柱在两个互相垂直的方向加以固定,支架支承部分安置在可靠的地基上。模板检查合格后,刷脱模剂。

要把整修模板作为一道重要工序,凡使用的钢模,每次使用前应认真修理平整;不平要扎平,开焊处要补焊磨光;上紧扣件,方能灌注混凝土。

在混凝土灌注过程中应指定专人加强检查、调整,以保证混凝土建筑物形状、尺寸和相互位置的正确。

2. 钢筋施工

桥梁墩台钢筋由加工厂统一下料加工,运至现场绑扎安装。钢筋的制作和安装必须符合现行规范和验标要求。

钢筋基本要求:运到现场的钢筋具有出厂合格证,表面洁净。使用前将表面杂物清除干净。钢筋平直,无局部弯折。各种钢筋下料尺寸符合设计及规范要求。

成形安装要求:桩顶锚固筋与承台或墩台基础锚固筋按规范和设计要求连接牢固,形成一体;基底预埋钢筋位置准确,满足钢筋保护层的要求;钢筋骨架绑扎适量的垫块,以保持钢筋在模板中的准确位置和保护层厚度。

为保证浇筑混凝土时钢筋保护层厚度,且必须保证在混凝土表面看不到垫块痕迹,因此侧模安装可采用塑料垫块或钢筋骨架外侧绑扎特殊造型的同级混凝土垫块。以增加混凝土表面的美观性。

钢筋接头所在截面按规范要求错开布置,同一截面钢筋接头不得超过该截面钢筋总数的 50%。钢筋加工时应采用闪光对焊或电弧焊连接，并以闪光对焊为主；以承受静力荷载为主的直径为 28～32 mm 带肋钢筋，可采用冷挤压套筒连接；现场钢筋连接也可采用螺丝套筒连接。

3. 混凝土浇筑

(1)混凝土采用自动计量集中拌和站拌和，混凝土输送车运输，泵送入模。

(2)混凝土坍落度要严格按照试验的数据控制，混凝土自由倾落高度超过 2 m 时，必须用滑槽或串筒灌注，串筒出口距混凝土表面 1.5 m 左右，防止混凝土离析。

(3)浇筑前对支架、模板、钢筋和预埋件进行检查，并将模板内的杂物、积水和钢筋上的污垢清理干净；模板的缝隙填塞严密，内面涂刷脱模剂。

(4)浇筑时检查混凝土的均匀性和坍落度。混凝土分层浇筑厚度不超过 30 cm，并用插入式振动器振捣密实。振动器移动间距不超过其作用半径的 1.5 倍与模板保持 5～10 cm 的间距，插入下层 5 cm 左右，防止碰撞模板钢筋及预埋件。

(5)混凝土的捣固：混凝土的捣固是保证质量的关键工序，必须严密组织，规范操作。一是必须固定人员，责任到人，分片承包。二是捣固要适当，既要防止振捣不足，也要防止振捣过度，以混凝土不再下沉、表面开始泛浆、不出现气泡为度。

(6)混凝土的浇筑连续进行，如因故必须间断时，其间断时间小于前层混凝土的初凝时间或能重塑的时间，并经试验确定，若超过允许间断时间，须采取保证质量措施或按工作缝处理。大体积混凝土施工中要注意内外温差及混凝土核心温度最大值的控制。

(7)浇筑混凝土时，应经常检查模板、钢筋、沉降观测点及预埋部件的位置和保护层的尺寸，确保其位置正确不发生变形。

(8)在混凝土浇筑过程中，随时观察所设置的预埋螺栓、预留孔、预埋支座的位置是否移动，若发现移位时及时校正。注意模板、支架等支撑情况，设专人检查，如有变形、移位或沉陷立即校正并加固。混凝土浇筑完成后，及时用塑料薄膜包裹并定时洒水养护。当昼夜平均气温低于 5 ℃时或最低气温低于－3 ℃时，应按冬期施工处理。

(9)混凝土浇筑必须坚持动态质量控制和“三方值班制”(工程项目领导、技术和试验人员)，人、机、料、工每一个环节应具备条件，不得盲目施工。

4. 墩台身混凝土的养护

夏季用塑料薄膜、尼龙布围包墩台或用麻布围包墩台洒水养护，冬季采用覆盖保温方式养护。养护时间按施工规范要求操作。

养护期间混凝土强度未达到规定强度之前，不得承受外部荷载，当混凝土强度满足拆模要求，且芯部与表层混凝土温差、表层混凝土与环境之间温差不大于 15 ℃时，方可拆模。

5. 支承垫石和锚栓孔

支承垫石浇筑采用定制钢模板，与墩身模板连接牢固，采取全桥联测和跟踪测量的方法，精确控制各墩支承垫石顶面相对和绝对标高满足设计要求。预留孔洞定位准确，固定牢固，施工时跟踪测量，施工完适时拆除模具，清理空洞，检查位置、深度，进行二次处理。预留孔洞当年不能实现架梁，需要越冬时，必须采取封闭措施，确保孔内不积水，避免冰涨破坏。

(三)施工注意事项

(1)墩身采用大块钢模板，墩身一次立模到顶，一次浇筑混凝土；桥台耳墙高度范围内的台身和托盘、顶帽应一次性浇筑成形。

(2)外加剂：所使用的外加剂使用前必须在经过试验室鉴定合格后，由项目负责人批准使用，使用外加剂时须采用计量装置。

(3)同一桥用同一厂、同一强度等级的水泥，砂石料必须来自同一料场、同一材质。

(4)桥墩严禁偏压。

(5)墩台施工完毕，应对全桥进行中线、水平及跨度贯通测量，并标出各墩台的中心线、支座十字线、梁端线及锚栓孔位置。暂不架梁的锚栓孔或其他预留孔，应排除积水将孔口封闭。

(6)墩台顶帽施工前后均应复测其跨度及支承垫石高程。施工中应确保支承垫石钢筋网及锚栓孔位置正确,垫石顶面平整,高程符合设计要求。

(7)施工缝:混凝土圬工的施工接缝,应按设计指定的定形图规定办理。当设计无规定时,应按下列要求:混凝土基础和混凝土墩台身的接缝,应按墩身的周边(略小于 5 cm)预埋 $\phi$16 mm 以上钢筋(光圆钢筋两端需弯标准弯钩,螺纹钢筋两端弯成直钩)或其他铁件,埋入与露出长度不小于钢筋直径的 30 倍(不含弯钩),间距不大于钢筋直径的 20 倍。

## 三、空心墩台施工

### (一)技术要求

(1)模板均采用厂制大块钢模板,模板整体拼装时要求错台<1 mm,拼缝<1 mm。安装时,用缆风绳将钢模板固定,利用经纬仪校正钢模板两垂直方向倾斜度。

(2)钢筋在加工场按设计图纸集中下料,分型号、规格堆码,编号,平板车运到现场,在桥墩钢筋骨架定位模具上绑扎。

(3)混凝土采用集中拌和,混凝土输送车运输,输送泵或泵车泵送入模,分层浇筑,连续进行,插入式振捣器捣固。

### (二)空心墩台施工方法

墩身外侧模板选用大块钢模板,内侧采用定形钢模板。对于收坡高墩,且同类型桥墩数量较多的,应采用大块成套钢模,分段支立、浇灌,在不同墩位间倒用。

空心墩底部的实心部分单独分次浇筑,墩身每次的最高高度控制在 5 m 以内,施工中加强施工组织。墩身钢筋、模板根据地形、墩高等条件,由汽车起重机、自制提升架负责垂直提升,混凝土由混凝土泵或泵车泵送入模。超过 25 m 的空心墩采用翻模施工。

1. 工艺流程(图 4-3-19)

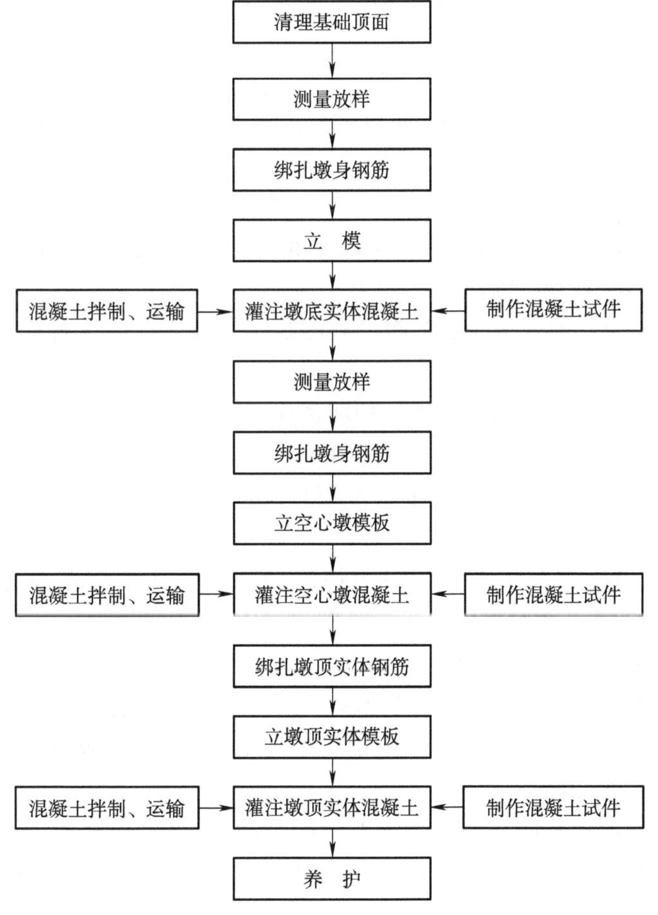


图 4-3-19　25 m 以下空心墩台施工工艺流程图

2. 模板工程

墩台身外模模板采用大块整体钢模，选用厚不少于 6 mm 钢板面板，加工时，派专业工程师在加工厂家进行全过程跟踪，保证面板、平整度、接缝、尺寸误差的质量要求。内模采用组合钢模。

模板进场后，进行清理、打磨，以无污痕为标准，刷脱模剂，并用塑料薄膜进行覆盖。立模前进行试拼，保证平整度小于 3 mm，加固采用内撑和外加拉杆形式，保证空心薄壁误差小于 5 mm。搭设支架时，在两个互相垂直的方向加以固定，支架支承在可靠的地基上。墩台空心内的顶部采用搭设碗扣支架，$\phi$50 钢管加固，安装好后，检查轴线、高程，保证模板、支架在灌注混凝土过程中受力后不变形、不移位。

3. 钢筋的制备

基本要求：钢筋具有出厂合格证；钢筋表面洁净、平直，无局部弯折，使用前将表面油腻、鳞锈等清除干净；带肋、光圆钢筋及盘条，其性能分别符合规定；各种钢筋下料尺寸、钢筋的弯制和末端符合设计及规范要求。

钢筋安装要求：承台与墩台基础锚固筋按规范和设计要求连接牢固，形成一体；基底预埋钢筋位置准确，满足钢筋保护层的要求，墩身钢筋与预埋钢筋按 50%接头错开配置；墩身钢筋规格多、数量大，为确保施工精度和绑扎质量，钢筋绑扎作业在固定胎架上绑扎；采用定形塑料垫块，保证钢筋的保护层厚度。

4. 混凝土浇筑

(1)混凝土采用自动计量集中拌和站拌和，混凝土输送车运输，泵送入模。

(2)混凝土坍落度要严格按照试验的数据控制，混凝土自由倾落高度超过 2 m 时，必须用滑槽或串筒灌注，串筒出口距混凝土表面 1.5 m 左右，防止混凝土离析。

(3)浇筑前对支架、模板、钢筋和预埋件进行检查，并将模板内的杂物、积水和钢筋上的污垢清理干净；模板的缝隙填塞严密，内面涂刷脱模剂。

(4)浇筑时检查混凝土的均匀性和坍落度。混凝土分层浇筑厚度不超过 30 cm，并用插入式振动器振捣密实。振动器移动间距不超过其作用半径的 1.5 倍与模板保持 5～10 cm 的间距，插下下层 5 cm 左右，防止碰撞模板、钢筋及预埋件。

(5)混凝土的捣固：混凝土的捣固是保证质量的关键工序，必须严密组织，规范操作。一是必须固定人员，责任到人，分片承包。二是捣固要适当，既要防止振捣不足，也要防止振捣过度，以混凝土不再下沉、表面开始泛浆、不出现气泡为度。

(6)混凝土的浇筑连续进行，如因故必须间断时，其间断时间小于前层混凝土的初凝时间或能重塑的时间，并经试验确定；若超过允许间断时间，须采取保证质量措施或按工作缝处理。大体积混凝土施工中要注意内外温差及混凝土核心温度最大值的控制。

(7)浇筑混凝土时，应经常检查模板、钢筋、沉降观测点及预埋部件的位置和保护层的尺寸，确保其位置正确不发生变形。

(8)在混凝土浇筑过程中，随时观察所设置的预埋螺栓、预留孔、预埋支座的位置是否移动，若发现移位时及时校正。注意模板、支架等支撑情况，设专人检查，如有变形、移位或沉陷立即校正并加固。混凝土浇筑完成后，及时用塑料薄膜包裹并定时洒水养护。当昼夜平均气温低于 5 ℃时或最低气温低于－3 ℃时，应按冬期施工处理。

(9)混凝土浇筑必须坚持动态质量控制和“三方值班制”(工程项目领导、技术和试验人员)，人、机、料、工每一个环节应具备条件，不得盲目施工。

5. 墩台身混凝土的养护

根据施工对象、环境、水泥品种、外加剂以及混凝土性能的不同提出具体的养护方案，各类混凝土结构的养护措施及养护时间遵守相关规范的规定。当新浇结构物与流动水接触时，采取防水措施，保证混凝土在规定的养护期之内不受水的冲刷。

拆模后的混凝土立即使用保温保湿的无纺土工布覆盖，外贴隔水塑料薄膜，使用自动喷水系统和喷雾器，不间断养护，避免形成干湿循环，养护时间不少于 7 d 后，拆除养生毯，再用塑料薄膜紧密覆盖，保湿养护 14 d 以上。

养护期间混凝土强度未达到规定强度之前，不得承受外荷载。当混凝土强度满足拆模要求，且芯部混凝土与表层混凝土之间的温差、表层混凝土与环境之间的温差均≤15 ℃时，方可拆模。

6. 支承垫石和锚栓孔

支承垫石浇筑采用定制钢模板，与墩帽模板连接牢固，采取全桥联测和跟踪测量的方法，精确控制各墩支承垫石顶面相对和绝对标高满足设计要求。预留孔洞定位准确，固定牢固，施工时跟踪测量，施工完适时拆除模具，清理空洞，检查位置、深度，进行二次处理。预留孔洞当年不能实现架梁，需要越冬时，必须采取封闭措施，确保孔内不积水，避免冰涨破坏。

## 四、高墩翻模作业

翻模施工法适用于桥梁 25 m 以上的空心墩施工。但对于收坡高墩，且同类型桥墩数量较多的，应采用大块成套钢模，分段支立、浇灌，在不同墩位间倒用。

(一)技术要求

(1)模板均采用厂制大块钢模板，模板整体拼装时要求错台<1 mm，拼缝<1 mm。安装时，用缆风绳将钢模板固定，利用经纬仪校正钢模板两垂直方向倾斜度。

(2)钢筋在加工场按设计图纸集中下料，分型号、规格堆码，编号，平板车运到现场，在桥墩钢筋骨架定位模具上绑扎。

(3)混凝土采用集中拌和，混凝土输送车运输，输送泵或泵车泵送入模，分层浇筑，连续进行，插入式振捣器捣固。

(二)翻模施工法

翻模施工的模板提升方式有吊机提升法和液压穿心千斤顶提升。

1. 液压穿心千斤顶提升系统翻模施工方法

(1)高墩翻模的施工工艺流程

高墩为减轻自重，一般设计为空心墩。高空心墩采用翻模进行施工，翻模由模板、工作平台、吊架、提升设备组成。翻升模板建议采用 2 层布置，每层高 4.0 m，以墩身作为支承主体。上层模板支承在下层模板上，循环交替上升。工作平台采用 20 号槽钢组拼成形的空间桁架结构，配合随升收坡吊架，为墩身施工人员提供作业平台，稳定性能良好。平台的提升系统采用液压穿心千斤顶进行提升，自动化程度高，可控性能良好。

圆端形翻模总装图如图 4-3-20 所示。矩形空心墩翻模与圆端形空心墩翻模设计、施工原理相同，外模形状按矩形设计，工艺流程参见圆端形翻模工艺流程。圆端形翻模施工工艺流程如图 4-3-21 所示。

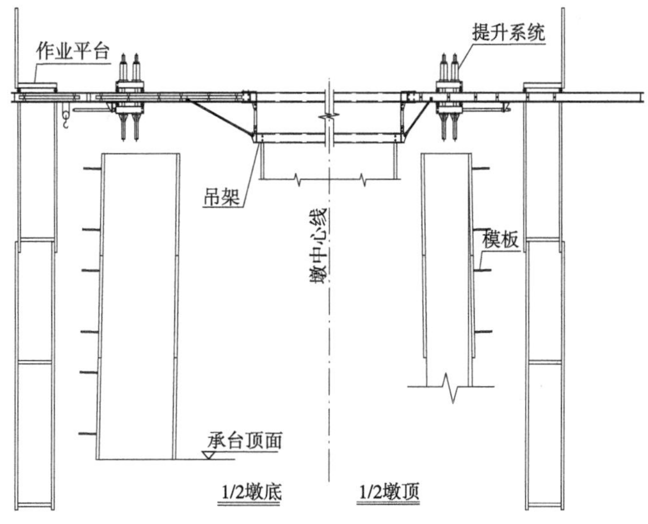


图 4-3-20 圆端形空心墩翻模总装图

(2)施工过程

1)下部实心段施工

外模的支立好坏直接关系到以后的施工，要求尺寸正确，外模顶水平，否则在空心段施工时，造成模板

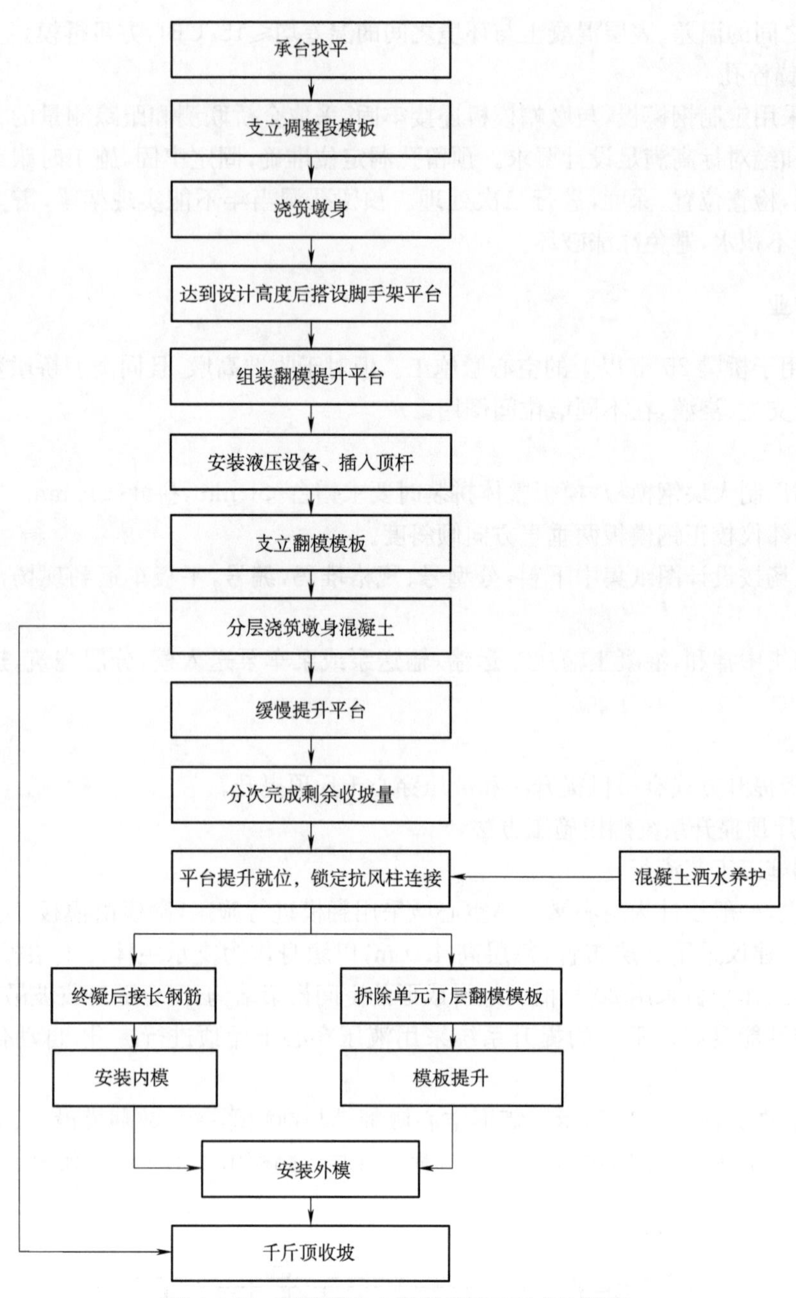

图 4-3-21 圆端形空心墩翻模施工工艺流程图

不平整。

2)翻模安装

①搭设平台吊装的脚手架

利用短钢管在实心段上及墩身四周搭设一脚手架平台，安放整体吊装的平台。

②平台的组装、吊装

组装按由内到外的顺序，在平地上进行组装；组装时，内外钢环按圆心对称安装在辐射梁上，不得有偏心；辐射梁均匀分布在半个圆周，采用丁顺结合布置，安装好后将所有螺丝拧紧，并涂上黄油；利用塔吊进行整体吊装，每侧辐射梁下设 2 台千斤顶。

③安装预埋件及液压设备

预埋靴子的位置要特别准确，它是为整个平台的顶杆预先造孔，使套管能顺利提升，保证平台的平衡。平台安装就位后安装千斤顶，插入顶杆套管，并采取措施保护套管不与混凝土粘连。

④组装翻模

内外模板各设 2 层，翻模按顺序、部位进行组装。组装时，模板间缝隙要严密，内外模板间按设计尺寸进行校正，并安设拉筋和撑木。

3)绑扎钢筋

钢筋绑扎严格按照设计图进行绑扎。

4)灌注混凝土

混凝土由拌和站集中拌制，混凝土搅拌运输车运至墩下，混凝土输送泵泵送入模，对称均匀浇筑。

混凝土灌注到模板顶时，要低于模板口 1～2 cm，为方便下一板组装翻模，防止有错台。当混凝土的强度大于 3 MPa 时清除浮浆，凿毛混凝土表面，进行第二、三节段施工。

在灌注过程中用测量仪器随时观测预埋件的位置及模板、支架等支撑情况，如有变形和沉陷立即校正并加固。

5)提升平台

翻模组装后，第一次提升平台在混凝土灌入达到一定高度后进行，时间宜在混凝土初凝后、终凝前，提升高度以千斤顶的 1～2 个行程为限(一个行程 3 cm)。

第二次及以后每次提升(终凝前)，每小时提升一次；当混凝土表面发硬时，每半小时提升一次；当混凝土表面发白时，再提升 1～2 个行程。

混凝土终凝后，每 4～6 h 提升一次；模板组装完毕后，在灌混凝土前提升一次，以检查套管是否被粘住；在浇筑下一板混凝土前把套管擦干净，并涂油。

平台提升总高度以能满足一节模板组装高度为准，同时控制在终凝后达到设计高度，切忌空提过高。

平台提升过程中注意随时进行纠偏、调平。收坡在平台提升至总行程一半后进行，终凝前完成，就位后专人检查。

平台的提升操作人员应选派责任心强、素质较高的工人，培训后上岗。

6)模板翻升

模板解体：模板可视情况分为若干个大块整体翻升，此工作在灌注最上层模板混凝土过程中提前进行。解体前先用挂钩吊住模板，然后拆除拉筋、围带等。

模板翻升：待平台提升到位后，用倒链将最下层模板吊升至安装位置。提升过程中(包括平台的提升)有专人检查，以防模板与固定物挂碰。

检查模板组装质量，符合桥墩设计要求。检查合格后安放撑木，拧紧拉筋。

7)墩顶实心段及托盘、顶帽的施工

墩顶实心段施工时，先拆除内模及内吊架，然后安装实心段的过梁和底模，再安装实心段外模。

墩帽施工时，托盘与顶帽分两次进行施工；每次将平台升至所装模板高度后，再安装托盘或顶帽模板，然后绑扎钢筋、灌注混凝土。

8)翻模拆除

拆除按照与组装的相反顺序进行。先拆除模板，后拆除平台。

拆除平台时，在墩顶用短钢管搭设一脚手架平台，使液压平台稳放于脚手架平台上，将套管与平台的螺栓松开(不要卸掉)，将千斤顶倒置套在顶杆上，反向爬升，将顶杆依次抽出；完后，拆除平台上所有设备，将套管与平台的螺栓全部松掉，利用双索吊同时起吊，整体吊装，最后拔出套管，灌孔。

2. 吊机提升法

(1)施工特点

翻模由上、下两组同样规格的模板组成，随着混凝土的连续灌注，下层混凝土达到拆模强度后，用吊机配合自下而上将模板拆除，接续支立，如此循环往复，完成桥墩的灌注施工。

(2)施工方法及工艺要求(以圆端形薄壁空心墩为例)

1)墩身模板

外模分上、下两节，一次支立而成，接缝采用阴阳锲接头，模板制作精度如下：尺寸误差小于 2 mm，倾斜角偏差小于 1.5 mm，孔位误差小于 1 mm。为确保工程质量，在工厂内统一加工。模板用槽钢骨架与 6 mm 钢板组焊成整体。施工过程中，两节模板交替轮番往上安装，每一节都立在已浇筑混凝土的模板上。内模采用组合钢模拼装,内外模间设带内纹的对拉螺栓,以利于拆模和避免墩身混凝土内形成孔洞。墩身内腔每隔一定高度预设型钢作支撑梁,上面搭设门式脚手架作为装拆内模和浇筑混凝土工作平台之用。安装和拆卸模板,提升工作平台以及钢筋等物品的垂直运输均由塔吊完成。每块外模背面沿墩身上升方向焊接两条带孔钢轨,并使上、下节模板的钢轨对齐,工作平台利用插销固定在钢轨上。安装好上节外模后,可取下插销,利用塔吊将平台沿钢轨向上滑升到上节固定,如图 4-3-22 所示。

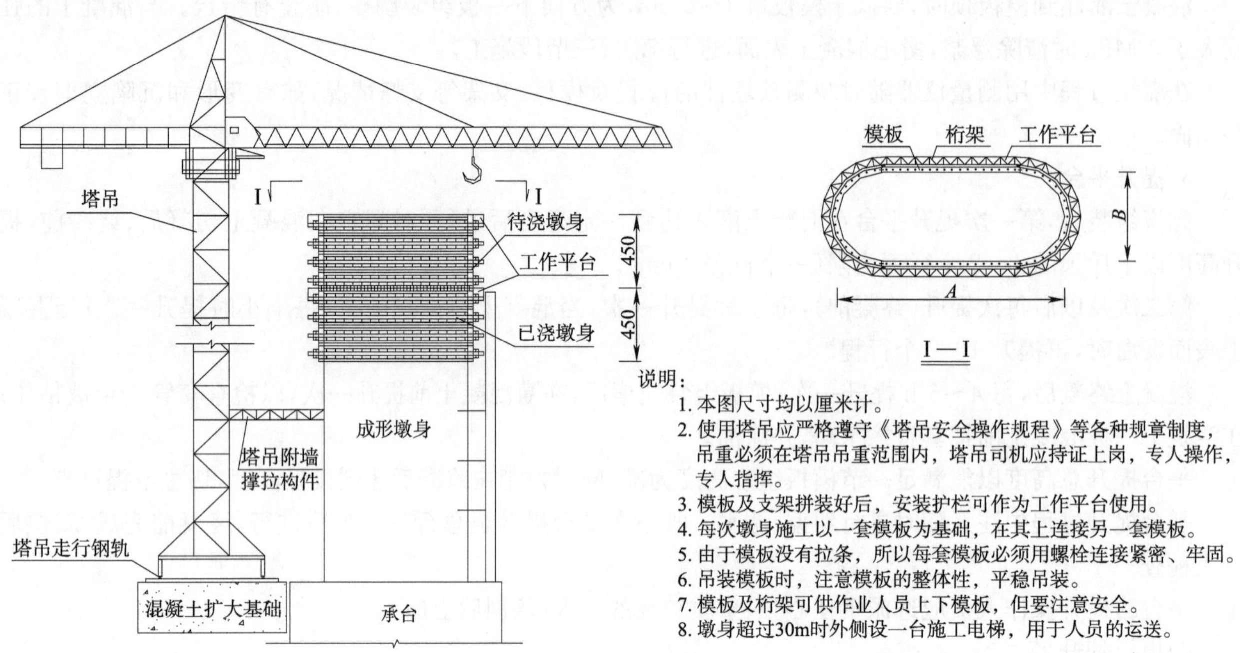


图 4-3-22 墩身翻模施工示意图

2)模板位置调整

当四大块模板组拼成形后,所有螺栓不必拧紧,留出少量松动余地。模板前后方向偏斜的调整通过手拉葫芦拉至正确位置,左右偏斜的调整则在模板底边靠倾斜方向的一端塞加垫片实现。模板之间的缝隙塞加胶条,防止漏浆。由于模板制作及起始第一节模板调整的精度都很高,以后每次调整幅度很小。调整完毕后,拧紧全部螺栓,即可浇筑混凝土。

3)拆模

在安装钢筋的同时,可以开始拆下面一节外模工作。拆模时用手拉葫芦将下面一节模板与上面一节模板上下挂紧,同时另设两条钢丝绳拴在上下节模板之间。拆除左右和上面的连接螺栓,然后通过两个设在模板上的简易脱模器使下节模板脱落。脱模后放松葫芦,使拆下的模板由钢丝绳挂在上节的模板上。然后逐个将四周各模板拆卸并悬挂于上节模板上。这样将拆模工作和钢筋安装工作同时进行,节约至少半天时间,同时最大限度地减少了对塔吊工作时间的占用。

## 第三节 T 形简支梁的制运架

钢筋混凝土 T 形简支梁桥制作简单,但其截面形状不稳定,运输和架设难度大、技术复杂。以下以 CYSG-3 标段标隆昌北四线大桥、隆昌北四线中桥桥梁工程为例,总结钢筋混凝土 T 形简支梁的制作、运输和架设技术。

### 一、工程概况

CYSG-3 标段,隆昌北四线大桥有 4 孔 32 m T 梁,隆昌北四线中桥有 3 孔 32 m T 梁,共有 28 榀 32 m T 梁。T 梁从养马河梁场价购,采用 160 t 专用 T 梁架桥机运架到位。

## 二、施工工艺流程

T梁安装施工工艺如图 4-3-23 所示。

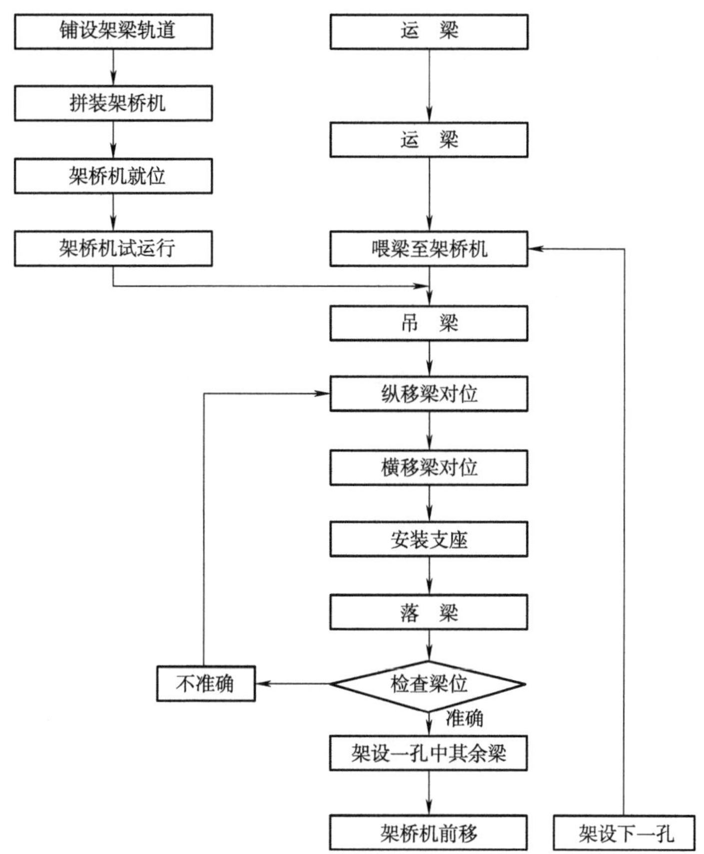


图 4-3-23 T梁架设施工工艺流程图

## 三、主要施工工艺

在架梁前，先根据图纸准确施工好支承垫石，垫石顶用高强度等级水泥砂浆抹平，使其顶面高程符合规范要求，再精确测定支座中心位置。待垫石混凝土达到强度后可进行支座安装和架梁。安装用的支座要标出制造厂家的支座类型和编号，支座水平安装，保证支座表面平整度在规定范围内。在吊运第一片T梁前，要对龙门吊、架桥机进行试吊、试运行。所有的吊运设备，不允许超负荷运行。

利用架桥机天车和架桥机整体纵移、横移将梁片对准支座中心下落T梁，以支座的纵、横中线控制就位。落梁时，两天车落梁速度尽量保持一致，梁体两端高差不大于 15 cm，避免产生水平分力，影响就位精度。以此类推，完成每跨单幅五片梁的架设，然后将天车退至后支点处，收起前支点，焊接T梁横隔板连接钢板后将架桥机向前运行至下一孔架梁状态，重复上述步骤架完全桥T梁。

## 四、施工要点

(1)架桥机就位

首先在桥头路基上铺设轨道，在轨道上将架桥机组装就位，并进行试运转。架桥机就位试运转正常后，架桥机推进至桥台位置，准备架梁。

(2)喂梁

通过预制场龙门吊，将梁从存梁场吊起，横运至运梁平车上，拉至桥位向架桥机喂梁。

(3)吊梁

首先用专用吊梁钢丝绳捆绑，捆梁应在梁底部安放护梁铁瓦，以免在边角处形成应力集中压坏梁体混凝土,影响梁的使用。架桥机将梁缓缓吊起,起动架桥机上的电动滑车,前移至桥垮位置。吊梁时,应先将主梁吊离轨道平车 20 cm,暂停起吊,检查千斤顶、吊具、吊点等,确认安全后,方可继续起吊。往前移梁时应平整,严禁制动,以防引起落梁事故。

(4)落梁就位

启动架桥机横梁上的电动滑车,架桥机整体横移至预定位置后落梁就位。落梁时应仔细检查支座位置是否准确,确认无误后,缓缓落梁就位,检查梁体是否稳定,梁底是否平整,是否存在三条腿现象,确认无误后,方可解除钢丝绳。

(5)重复上述(2)～(4)工序至一孔桥架设完毕。

(6)架桥机前移,重新就位,架设下一孔桥。

重复上述(2)～(6)工序直至全桥架设完毕。

(7)梁体架设完毕后,对梁体纵向和横向预埋件进行焊接,确保梁体稳定。

## 第四节　简支箱梁的制运架

本节主要介绍 CYSG-5 标段梁场的简支箱梁制运架,以此总结简支箱梁的制运架施工技术。

### 一、箱梁预制

1. 工程概况

(1)梁场设置

梁场位于重庆市璧山县正兴镇境内,占地 150 亩,预制 522 孔后张法预应力混凝土单箱单室箱梁,其中 32 m 梁 485 孔,24 m 梁 37 孔。梁场最大月生产箱梁 45 孔,平均每天生产 1.45 孔。根据箱梁预制周期(5 d)计算,共配置 7 个制梁台座(为满足 24 m 箱梁生产,其中一个制梁台座设置为 32 m、24 m 共用台座)。梁场最大月存梁 87 孔,其余月份存梁仅在 70 孔以下,存梁区共设置 40 个双层存梁台座,为满足 24 m 梁的存放其中设置 4 个 32 m 与 24 m 梁共用台座。最大存梁能力:存梁区 40×2+制梁区 7+装梁区 2=89 孔。搬运机采用 MDEL900 型轮胎式搬运机。

(2)主要结构尺寸

32 m、24 m 预应力混凝土梁均采用单箱单室截面形式,主要结构尺寸见表 4-3-4。

表 4-3-4　各种梁型主要结构尺寸

| 主要项目 | 32 m 梁 | 24 m 梁 |
|---|---|---|
| 长度 | 32.600 | 24.600 |
| 顶宽 | 12.000 | 12.000 |
| 中部底宽 | 5.500 0 | 5.500 0 |
| 端部底宽 | 5.500 0 | 5.500 0 |
| 中部腹板厚 | 0.450 | 0.450 |
| 中部底板厚 | 0.280 | 0.280 |
| 中部顶板厚 | 0.340 | 0.340 |
| 梁中心截面高 | 3.090 | 3.090 |
| 悬臂长 | 2.65 | 2.65 |
| 悬臂端部厚度 | 0.284 | 0.284 |
| 梁端底板厚 | 0.700 | 0.700 |
| 梁端顶板厚 | 0.650 | 0.650 |
| 梁端腹板厚 | 1.050 | 1.050 |
| 底板、顶板、腹板变截面长度 | 3.000 | 3.000 |
| 底板、顶板、腹板加厚长度 | 1.500 | 1.500 |

(3)预应力体系设计

32 m 预应力箱梁纵向预应力钢束腹板采用 16 束 9-$\phi^{j}$15.2;底板采用 1 束 12-$\phi^{j}$15.2,10 束 9-$\phi^{j}$15.2 钢绞线(当二期恒载为 120～140 kN/m 时)。钢绞线性能符合 $R_{yb}$=1 860 MPa,$E_{y}$=1.95×105 MPa,群锚锚具,锚下张拉控制应力采用(0.7～0.75)$R_{yb}$,采用内径 80 mm 和 90 mm 橡胶抽拔棒成孔。箱梁预制时张拉腹板弯束、底板直束,腹板弯束锚固在预制梁两端腹板上;底板直束锚固在底板梁端。

(4)普通钢筋体系设计

预制梁纵向钢筋均采用 $\phi$12 mm 的二级钢筋,在箱梁断面以基本间距 10 cm 设置;箱梁顶板、底板顶层横向钢筋采用 $\phi$16 mm 的二级钢筋,横向腹板钢筋采用直径 $\phi$18 mm 的二级钢筋,箱内倒角钢筋采用直径 $\phi$12 mm 的二级钢筋双根并排布置,翼缘板底层钢筋采用 $\phi$12 mm 的钢筋,顶板、底板、腹板钢筋顺桥向基本间距为 10 cm。在预制梁端对横向钢筋进行了加强,底板顶层钢筋采用 $\phi$25 mm 二级钢筋,底板底层分别采用单层、双层 $\phi$20 mm 的二级钢筋间隔布置。面筋与腹板钢筋的连接处的斜向钢筋采用 $\phi$12 mm 的二级钢筋。

(5)支座布置

箱梁支座采用盆式橡胶支座,单片箱梁设 4 个支座,其中固定端设一个固定支座、一个横向支座;活动端设一个纵向支座、一个多向支座。有关盆式支座技术标准、试验方法、检验规则等应满足《盆式支座技术条件》中的相关要求。

2. 模型工程

制梁模型板采用钢模板,外模数量与制梁台座的比例按照 1∶1 配置,共配置 32 m 外侧模、底模 7 套,内模 4 套,24 m 内模 1 套,其中配置 24 m 与 32 m 梁共用 1 个预制台座。

(1)模板设计思路

模板系统不仅对箱梁结构尺寸和外观质量控制有重要的影响,而且其可操作性直接影响箱梁预制施工进度,因此,模板设计按照“施工方便、结构简单、经济合理”的设计原则进行。根据预制箱梁结构设计的形状和特点,模板系统分为底模、侧模、内模和端模四部分,采用侧模包底模和端模,底、侧、内模包端模的组合方式。内模采用单元节段式液压系统、折臂收缩的设计理念,外模设计采用整体式、高刚度的外模,减小维修量。

(2)底模系统结构设计

底模长度设计比箱梁长,便于端模的加固;由于纵向预应力要在预制台位上进行,张拉后,梁体重力主要作用在底模两端,因此对两端 2 m 范围的底模进行加强。

底模板通过横向扁担梁支撑在制梁台位。底模板采用 14 号 b 型槽钢及 12 mm 厚的热扎钢板制成网状骨架,在骨架上面贴焊大块热扎钢板制成,钢板标准段厚 10 mm,加强段厚 20 mm。扁担梁使用双槽钢及钢板,背向组焊而成,标准段扁担梁双槽钢型号为 16 号,加强段为 20 号。在扁担梁的两端设置子母铁楔盒,待侧模安装好后,打入子母铁楔,如图 4-3-24 所示。

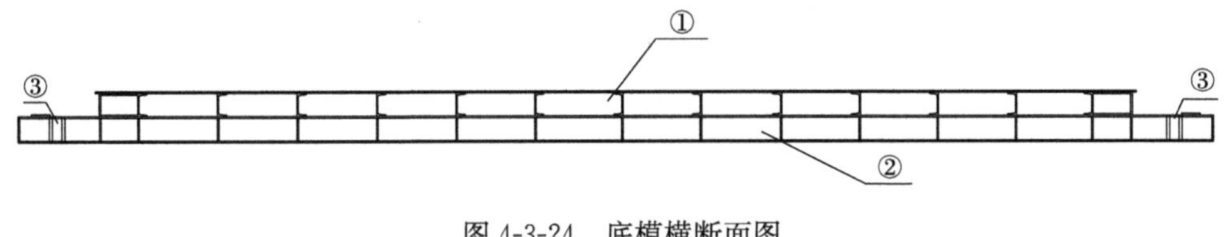


图 4-3-24　底模横断面图

①—底模板;②—扁模板;③—铁楔盒子。

底模需分段设计、制作、运输和安装,待安装好后,在底模横向中间,长度方向 $L/4$～$L/2$ 处设置直径 8 cm 的泄水孔。内模竖向支撑在底模板处的模板使用 14 号工字钢进行加强,使内模竖向集中力分布到网状骨架上,避免该处局部变形过大。

在底模两端相应位置钻孔预埋支座板和防落梁板,用锚固螺栓将支座板及防落梁板固定在底模上。

(3)外侧模系统结构设计

由于箱梁的外形尺寸受侧模控制,因此侧模设计以刚度控制为主,并留有一定的储备。

侧模面板采用 8 mm 热轧钢板,纵向采用 12 号工字钢加劲,横向采用 12 mm 钢板加劲。侧模板焊接在刚性骨架上,刚性骨架采用16号和14号工字钢组焊成整体,骨架的外侧采用竖向螺旋撑杆支撑于预埋在水泥地面的预埋钢板上。螺旋撑杆直径为 $\phi$50 mm,两端通过销孔,上与骨架,下与混凝土地面预埋件铰接相连,中间段为 $\phi$90 mm的螺旋套管,丝口行程为30 cm,通过转动竖向中间段的螺旋套管调节侧模板上侧面板高度,使之符合安装精度要求,如图4-3-25所示。

侧模板内侧支撑固定在台座上的元宝垫上,由于该处在混凝土浇筑时所受压力最大,因此对该处采用16号槽钢和10 mm加劲板进行加强处理,如图4-3-26所示。

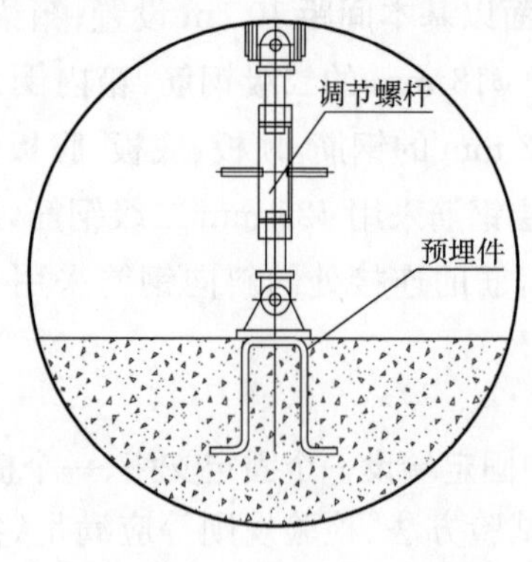


图4-3-25 螺旋撑杆大样图

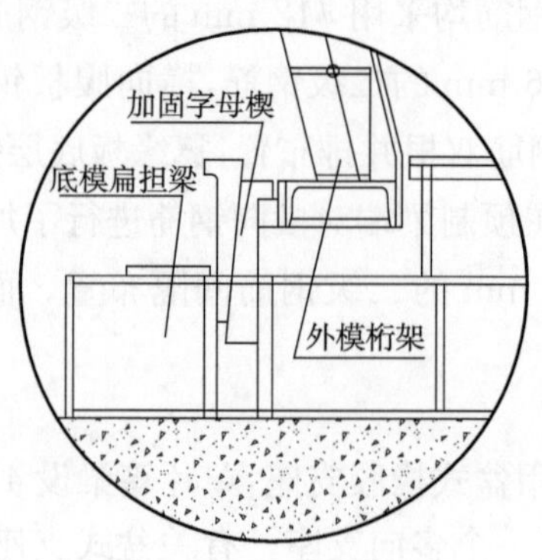


图4-3-26 侧模加固图

侧模上端两外侧采用可活动的栏口板确定箱梁的悬臂板宽度。栏口板与侧模的连接方式:在侧模板上横向设置长条孔,使用螺栓连接。

(4)内模系统结构设计

一套内模板从梁跨中左右对称,标准段23.4 m,分6节,其中4节4 m段,2节3.7 m段;变截面段分2节,每节2.3 m;孔口段分2节,每节2.46 m;总长32.92 m。

(5)标准节段的模板

标准节段的模板分成下部模板、腹部模板、R处模板和顶部模板四个部分,如图4-3-27和图4-3-28所示。模板采用14号等边角钢、14b型槽钢及12.6号工字钢制成网状骨架,上部贴焊6 mm厚的热轧钢板,分部组焊。

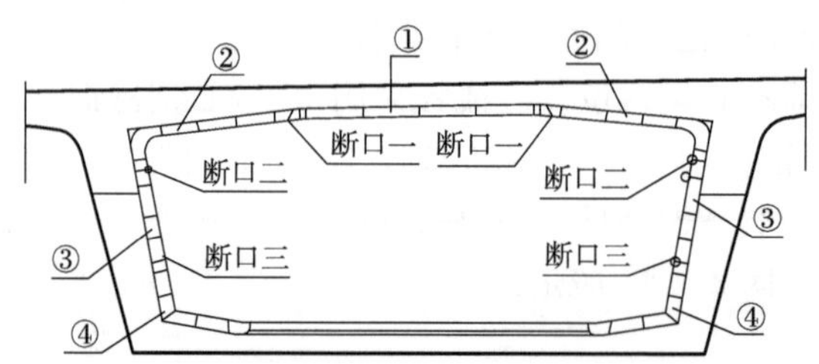


图4-3-27 内模板分块横断面图

①—顶部模板;②—R处模板;③—腹部模板;④—下部模板

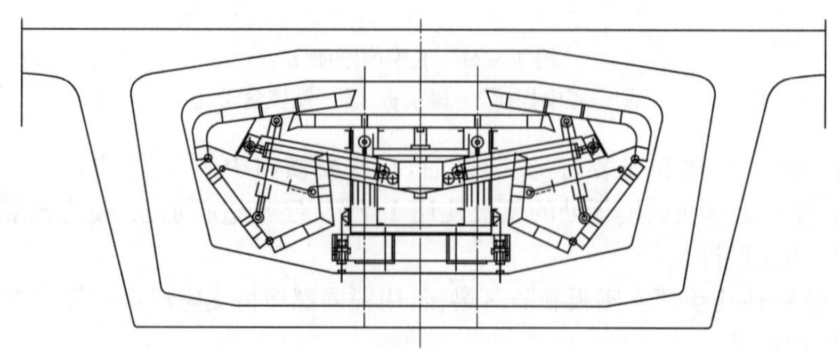

图4-3-28 内模板收龙后横断面图

断口一为向下斜 45°角，断口二及断口三等间距布置绞连接，这样便于拆模时分步折叠收龙内模板。

内模吊装孔设置在顶板上，每节段 4 个，直径 20 cm；吊装孔在混凝土浇筑时，作为底板混凝土的补料孔，待底板混凝土浇筑完后，将设置在该处的活动孔盖盖上，浇筑顶板混凝土。

(6)车架、支撑及走行系统设计

车架是内模面板支撑着力的骨架结构，需确保内模在施工中的整体稳定性，同时要确保脱模时内模收缩折叠后的高度、宽度要小于箱梁孔口尺寸，且还要为浇筑混凝土时给施工人员提供足够大的操作空间。

车架是由型钢组成的桁架结构。车架的立柱设置上下两段可伸缩的嵌套立柱，通过液压及销栓固定可升降台车高度，使内模收龙后的高度满足出梁孔口的要求，并用 20 号槽钢及 7.5 号等边角钢与立柱组焊成桁架受力结构。车架支撑采用竖向 $\phi$80 mm 的螺旋顶杆支撑在底模上，旋转螺旋顶杆可调整内模高度。

内模单元节段的支撑采用液压支撑及机械撑杆辅助的支撑系统。车架整体重量支撑在底模上，每个车架 4 根；内模板的重量主要采用可伸缩的液压大臂支撑；4 只液压撑杆用于内模下部模板的张开及收缩；4 只液压撑杆用于内模腹部模板的张开及收缩；3 只液压撑杆用于内模顶部模板的张开及收缩；模板中部通过水平向及斜向各 4 根的限位螺旋顶杆固定，底部通过 3 根过河螺旋撑杆连接固定，使整个内模形成一个几何不变体系，确保内模板在浇筑过程中的外观尺寸不变。

走行系统：车架底部外侧安装走行轮，拆模时在走行轮下安装钢轨，并在箱梁梁体外侧一端安装内模走行钢架，内模折叠收龙后，使用卷扬机配合拖拉内模出梁体。

(7)液压系统设计

液压内模的液压系统为一独立的系统。液压系统由电动机、油泵、油箱、控制阀及油缸等元件组成。液压系统安装在车架上组成液压台车。在每台液压车上装有 18 只油缸，其中：4 只用于内模侧模下部模板的收缩；4 只用于内模侧模中部模板的收缩；4 只安装在车架水平油缸的伸缩套内，用作内模整个侧模板的收缩；2 只用于内模顶部模板的收缩；4 只安装在车架立柱的伸缩套内，用作的车架升降。油缸的动作采用手动操作集中控制。

(8)端模系统结构设计

端模系统结构设计考虑整块设计，整块设计有几大优点，除能保证其强度、刚度要求外，还需保证以下几个方面：一是安装和拆卸方便，能快速进行端模拆卸、安装，加快箱梁模板进度；二是加固方式与侧模、底模、内模栓接成整体；三是能确保预留张拉孔道、钢筋的位置尺寸准确。

端模板的面板采用 8 mm 厚的钢板，断面如图 4-3-29 所示。

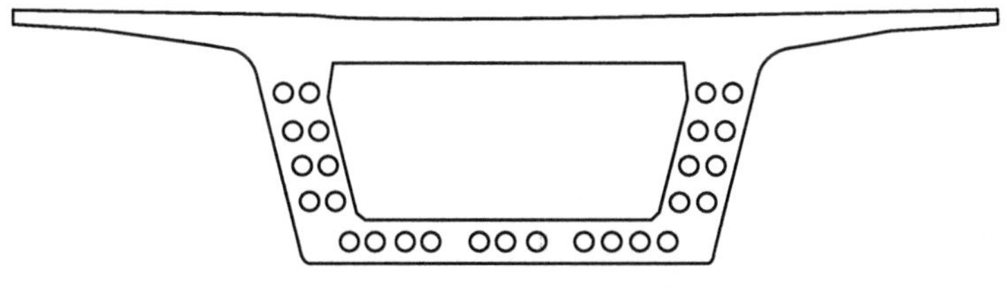

图 4-3-29　端模断面布置图

(9)新制模型组装、调试和验收

制作过程中模板的尺寸与长度(分扇长度和组拼后总长度)要求准确；模面要平直，转角要光滑，焊缝要平顺；每扇连接螺栓孔的配合要准确；端模要平正，预应力孔道预留孔的位置要准确，误差不超过 3 mm；每扇底脚要平直；两侧铁楔块、撑杆数量齐全，铁楔口完好。

模板制成后应进行单扇检测、组拼验收。对不合格的部位必须进行整修直至合格。

新制模板在交付使用前，应以每套钢模作为一个验收批，由专职质检员和工长共同验收。验收以图纸设计要求为依据，对模型进行单扇和组装后逐项检查，详细记录检查结果并建立该模板管理档案。质检部门对钢模检查验收并出具验收合格证后，方能投入使用。模板安装尺寸偏差要求见表 4-3-5。

表 4-3-5 模板安装尺寸偏差要求

| 序号 | 项 目 | 要 求 |
| --- | --- | --- |
| 1 | 模板总长 | ±10 mm |
| 2 | 底模板长 | +5 mm,0 |
| 3 | 底模板中心线与设计位置偏差 | ≤2 mm |
| 4 | 桥面板中心线与设计位置偏差 | ≤10 mm |
| 5 | 腹板中心线与设计位置偏差 | ≤10 mm |
| 6 | 模板倾斜度偏差 | ≤3% |
| 7 | 底模不平整度 | ≤2 mm/m |
| 8 | 桥面板宽 | ±10 mm,0 |
| 9 | 腹板厚度 | +10 mm,0 |
| 10 | 底板厚度 | +10 mm,0 |
| 11 | 顶板厚度 | +10 mm,0 |
| 12 | 端模板预留孔偏离设计位置 | ≤3 mm |

(10)模板的安装、拆除施工工艺

1)施工准备

钢模板安装前,作好各项准备和机具检查工作。对模板及配件应按规格的数量逐项清点,并检查模型的几何尺寸,板面是否平整、光洁。检查合格后,工作板面应涂刷脱模剂或模板漆,其余地方必须除锈后涂刷防锈漆。检查吊装模型使用的吊具、穿销、钢丝绳是否安全,齐备;检查模型安装前所需的各类连接件、紧固件是否齐全。

2)底模安装

制梁台座施工完毕后即可安装底模。底模安装采用 125 t 吊车配合人工进行,首先分块吊装就位,从中间向两侧分块初步调整好标高,在此过程中应控制好底模中线。待中线和标高均调整好后将连接螺栓拧紧,然后将面板进行焊接,再精确调整标高。在第一片箱梁预制施工前应做好台座的沉降观测初始值,在以后的每一片梁施工后均应观测底模标高变化情况并进行调整(在扁担梁与制梁台座预埋件间垫垫铁)。底模反拱设置为 22 mm,在 U 梁顶面通过支垫钢板调节底模横担达到预设反拱目的。

3)侧模安装

侧模的初次安装施工待底模安装完成后,采用 125 t 吊车配合人工进行。安装过程中应重点控制分块吊装变形以及将单块焊接成整体时的面板变形;焊接好后将侧模滑移到位,下缘用铁楔子锁紧,使侧模与底模密贴;外侧用顶压杆调整好侧模的高度,调整时采用渐进方式,不能一步到位,而使模板变形。在以后的侧模安装时只需调整内侧铁楔和外侧顶压杆即可。

4)端模安装

端模安装采用 125 t 吊车配合人工进行,由于受内模安装和锚垫板、预留钢筋定位等方面的影响,端模安装应在内模安装前后各进行一部分。安装过程中应重点控制好:端模的横向和竖向垂直度以及箱梁的总长度;端模上张拉孔道位置以及预留钢筋的位置正确;使端模与底模、侧模、内模锁紧连接,加固好避免跑模和漏浆。

5)内模安装

内模安装在底腹板钢筋安装就位后进行。首先在内模拼装台座上将单节整修好,然后拼装成整体,经检查合格后,面板刷脱模剂;然后通过走行轨道直接驱动至箱梁内部;待内模就位时,应重点控制好内模的中线位置与底模的中线重合、顶面高度,支撑螺旋杆旋紧持力确保内模稳定性。

6)模板拆除

根据箱梁结构特点和模型数量配置情况,侧模及底模不需拆除。只需拆除端模和内模,其拆卸顺序为先拆端模后拆内模。

端模拆除:采用 16 t 吊车稳定模板,再使用两个 10 t 的链条葫芦,一端拉在焊在端模上的钢鼻子上,一端拉在预埋在混凝土地面的钢箍上，均匀用力拆除端模，使端模在均匀受力和不翘曲的情况下被拆除。端模拆除后，搬运堆放过程中防止变形，清理配件并进行清渣、刷脱模剂，进入下一个施工循环。

内模拆除：内模拆除待混凝土强度达到设计要求。内模拆除时分段进行，先拆除连接螺栓，再利用台车油缸，下拉内模顶板，再上翘压板，收液压大臂将腹板收龙。内模收龙后搭设轨道，利用卷扬机拖拉脱模车出内箱至内模拼装台。拆下的模板和配件均应涂油后分类堆放整齐。拆除内模时必须要有通风设施，使桥梁箱内空气流通，保证施工人员身体健康。

拆除模型应满足以下条件：

①梁体混凝土强度

箱梁拆模时的混凝土强度，要达到设计强度的 60%以上(≥30 MPa)，且能保证构件棱角完整时方可拆模。用与梁体混凝土同等养护条件的试件强度确定拆模时间。

②拆模温度

a. 梁体混凝土芯部与表层、箱内与箱外、表层与环境温差均不大于 15 ℃，以防止梁体混凝土产生早期裂缝。

b. 气温急剧变化时不宜脱模。

c. 必须按技术部门签发的脱模通知单，核对梁号后进行脱模，未取得通知单不得脱模。

7)模板维修、保养

模型在移梁后即可进行整修。先进行底模平整度检查，若底模下沉变形需割开底模扁担梁与台座的焊接处，加垫厚薄不一的钢板调整平整度，调整好后再焊接固定；若没有变形只需清渣、涂脱模剂即可。底模调整好后进行侧模调整，主要是高度的调整和梁型的调整。内模拆除后吊运到专门的拼装台座进行整修，主要是将分段、分块拆除的模板进行连接。将拆模过程中局部变形处进行矫正；利用液压撑杆、螺旋撑杆调整几何尺寸使之符合安装精度要求，拼装成整体并检验合格后涂脱模剂。模型如需进行大规模的整修，整修完毕之后必须按照新制模型验收标准进行再次验收。

模型拆卸后，应及时对模型进行检查：有无变形、破损，及时清渣、涂油，更换损坏的零配件及防漏胶条，对振裂的焊缝及时修补；定时涂刷防锈油漆，避免模型腐蚀生锈；模型运输、安装时严格执行操作程序，避免模型不必要的损伤。

3. 钢筋工程

(1)原材料标准

钢筋混凝土用热轧圆钢筋(执行 GB 13013 标准)。钢筋表面不得有裂纹、结疤和折叠。钢筋表面允许有凸块，但不得超过横肋的高度，钢筋表面上其他缺陷的深度和高度不得大于所在部位尺寸的允许偏差。

1)低碳钢热轧圆盘条(执行 GB/T 701 标准)

盘条表面不得有裂纹、折叠、结疤、耳子、分层及夹杂，允许有压痕及局部的凸块、凹坑、划痕、麻面，但其深度或高度(从实际尺寸标示起)不得大于 0.20 mm。盘条应将头尾有害缺陷部分切除。

2)钢筋混凝土用热轧带肋钢筋(执行 GB 1499 标准)

钢筋表面不得有裂纹、结疤和折叠。钢筋表面允许有凸块，但不得超过横肋的高度，钢筋表面上其他缺陷的深度和高度不得大于所在部位尺寸的允许偏差。

3)检查试验

每批钢筋应由同牌号、同炉罐号、同规格的钢筋组成，每 60 t 为一批，不足 60 t 也按一批计。超过 60 t 的部分，每增加 40 t(或不足 40 t 的余数)，增加一个拉伸试验试样和一个弯曲试验试样。

钢筋的表面质量应逐支检查。

钢筋的外形尺寸由制造厂控制保证，一般只进行钢筋直径的个别抽查。钢筋直径的测量精确到 0.1 mm。

钢筋的力学及工艺性能需抽样复验，抽样复验应在外观质量检查合格的基础上进行。每批钢筋任抽 2 根钢筋各取 1 组试样，每组试样各制成 2 根试件，分别做拉伸(含抗拉强度、屈服点和伸长率)按《金属材料 室温拉伸试验方法》(GB 228)和冷弯试验按《金属材料 弯曲试验方法》(GB/T 232)。经试验若有 1 个项目不合格，应取 2 倍数量的试件对不合格项目作第 2 次复验，如仍有 1 根试件不合格，则该批钢筋作为不合格品处理。

钢筋的各种化学成分的含量由制造厂方保证,经检验合格的钢筋在加工和安装过程中出现异常现象(如脆裂、焊接性能不良或力学性能显著不正常等)时,应作钢材化学成分分析。

箱梁钢筋分底板、腹板和面板在钢筋台座上绑扎成形,采用两台 50 t 轮胎式搬运机吊装入模内安装。

(2)钢筋加工

箱梁钢筋均安排在预制场钢筋房集中加工,采用钢筋调直机、闪光对焊机、钢筋切断机以及钢筋弯曲机等机械设备进行钢筋半成品加工。预应力管道定位网的制作,采用预先设计并加工好的胎具上进行焊接加工,其中定位钢筋间距不超过 500 mm。

1)基本要求

使用前应根据使用通知单核对是否与实物相符。钢筋在加工弯制前应调直。钢筋表面的油渍、漆污和用锤敲击能剥落的浮皮、铁锈等均应清除干净,带有颗粒状、片状老锈的钢筋不得使用。

钢筋加工的形状、尺寸必须符合设计要求。加工后的钢筋在表面上不应有削弱钢筋截面的伤痕。

用冷拉法矫直钢筋时,其冷拉伸长率为:Ⅰ级钢筋不得超过 2%;Ⅱ级钢筋不得超过 1%。

钢筋焊接采用闪光对焊,预埋件钢筋采用手工电弧焊。

2)钢筋的调直

采用钢筋调直截断机作业,其工艺流程为:备料→调直机调直→截断→码放→转入下道工序。

①将需调直的盘条钢筋吊放在距调直机约 3～4 m 处,将调直机限位器长度调至钢筋所需的长度(如长度超出调直机支架范围,则需将支架延长),人工放盘,将盘条一端喂进调直机的调直筒内。

②开动调直机,钢筋开始自动调直并按调直机限位器所确定的长度自动截断。

③人工配合将支架上的钢筋取下,整齐码放。

钢筋调直后应符合下列质量要求:

①钢筋应平直,无局部折曲。

②钢筋表面的油污、油漆、水泥浆和用锤敲击能剥落的浮皮、铁锈等均要清除干净。

③加工后的钢筋表面不应有削弱钢筋截面的伤痕。

3)钢筋切断

①采用钢筋切断机作业,其工艺流程为:备料→划线(固定挡板)→试断→成批切断→钢筋堆放。

②备料。钢筋裁切应有下料单,备料时将同规格钢筋,根据不同长度进行长短搭配,一般应先切断长料,后断短料,以尽量减少短头。

③划线(固定挡板)。划线时应避免用短尺量长度,避免累计误差。在切断机和工作台相对固定的情况下,在工作台上设置固定断料的活动挡板,下料时以切断机的固定刀口作为起始线,活动挡板作为末端。

④切断。钢筋切断机固定刀片与冲切刀片间应有 1～2 mm 的间隙,刀刃应磨成一定的角度。

将要切断钢筋的长度用石笔标志在工作台上,沿标志固定挡板,将钢筋端头顶齐,如有弯折部分应先将弯折部分切断再顶齐。

钢筋端头要顶到活动挡板,将钢筋落入切断机切断,为防止差错。应先试断一根,检查合格后再成批切断。

在下长料时,注意钢筋“同一连接区段”内焊接接头的截面面积不得超过总截面面积的 50%,“同一连接区段”(两焊接接头在钢筋直径的 35 倍范围且不小于 500 mm 以内,两绑扎接头在 1.3 倍搭接长度范围且不得小于 500 mm 以内,均视为“同一连接区段”,凡接头中点位于该连接区段长度内的接头均属于同一连接区段)内同一根钢筋上不得超过一个接头。同一根钢筋上应少设接头。

⑤钢筋切断质量要求。钢筋的断口不得有马蹄形或起弯等现象。为确保钢筋长度的准确,钢筋切断要在调直后进行,定尺挡板的位置固定后应复核,其允许偏差±5 mm。

4)钢筋弯曲成形

①工艺流程:准备→划线→试弯→成批弯曲→堆放。

②准备:钢筋在弯曲成形前,首先需熟悉要进行弯曲加工钢筋的规格、形状和各部分尺寸,以便确定弯曲操作步骤和准备机具等。

③划线:根据钢筋表上标明的尺寸,用石笔将各弯曲点位置在工作台上划出,并将活动挡板移至画线位置固定。图纸所注尺寸系指钢筋外皮边缘间距。对于一端为180°标准弯钩时系指弯钩外缘切线至钢筋轴线间距离;对于两端为180°标准弯钩时,系指外缘至外缘的距离;90°标准钩亦指外缘至外缘的距离;135°标准钩则按设计大样图办理。

④试弯:在进行成批钢筋弯曲操作前,各类型的弯曲钢筋都要试弯一根,然后检查其弯曲形状、尺寸是否和施工图纸要求相符,并校对钢筋的弯曲顺序、弯曲定位销角度、挡板位置、所定的弯曲标志、板距等是否合适。经过调整合格后,再进行成批生产。

⑤弯曲成形注意事项:

钢筋弯折处的弯曲直径及末端的弯钩应符合设计的规定;如设计无要求时,应符合下列规定:

a. 所有受拉热轧光圆钢筋的末端应作成180°的半圆形弯钩,弯钩直径不得小于2.5$d$,钩端应留有不小于3$d$的直线段。

b. 受拉热轧带肋钢筋的末端,应采用直角形弯钩,钩端的直线长度不应小于3$d$,直钩的弯曲直径不得小于5$d$。

c. 弯起钢筋应弯成平滑曲线,其曲率半径$r$不小于钢筋直径的10倍(光圆钢筋)或12倍(带肋钢筋)。

d. 用光圆钢筋制成的箍筋,其末端应做不小于90°的弯钩,弯钩的弯曲内直径应大于受力钢筋直径,且不应小于箍筋直径的2.5倍;弯钩平直部分的长度,一般结构不小于箍筋直径的5倍,有抗震要求的结构应符合相关抗震规范要求。

钢筋的弯折如图4-3-30所示。

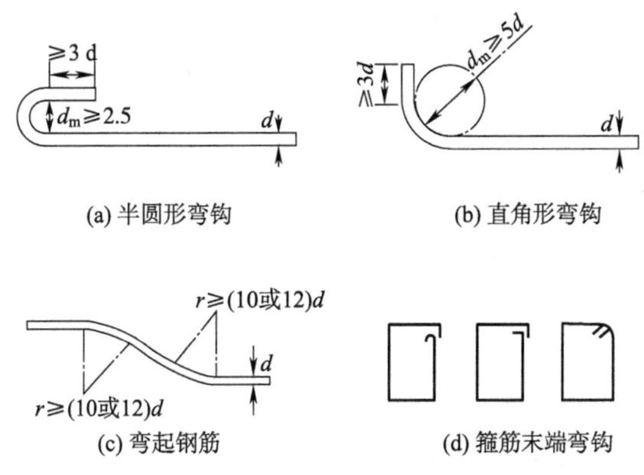

图4-3-30　钢筋的弯折

e. 钢筋接头应避开钢筋弯曲处,距弯曲点不应小于钢筋直径的10倍。

f. 手工弯曲时,钢筋必须放平,扳子应托平,用力应均匀,不得上下摆动,以免钢筋发生翘曲。

g. 钢筋弯制从中部开始,逐步弯向两端,弯钩应一次弯成。

h. 在弯制过程中,发现钢筋或对焊接头开裂、脆断、太硬、回弹等失常现象,应及时反映,查明原因予以处理。

⑥钢筋弯曲成形质量要求:

a. 钢筋形状正确,平面上没有翘曲不平现象。

b. 钢筋末端弯钩的净空直径不小于钢筋直径的2.5倍。

c. 钢筋弯曲点处不得有裂纹,对Ⅱ级钢筋弯曲超过90°时,弯曲直径不得小于5$d$;

(3)钢筋绑扎、吊装

箱梁钢筋分底、腹板钢筋和面板钢筋两部分,分别在各自的钢筋预扎架上绑扎成形。预扎架用∟63×63×8的角钢栓焊而成,并按钢筋坐标预设卡口来对钢筋预扎进行定位。钢筋绑扎作业要点:

1)施工顺序

钢筋的交叉点用铁丝绑扎结实。钢筋成形主要在钢筋房场内完成,钢筋绑扎在预扎台座上进行分体式绑扎。主筋绑扎工艺流程如下:绑扎底板底层、腹板外层钢筋(含底板接地钢筋焊接、通风孔、泄水孔加强弹簧预置)→安装定位网(与腹板外层钢筋相连)→安装抽拔橡胶管(同时绑扎底、腹板端头钢筋及支座加强钢筋)→绑扎腹板内层、底板上层钢筋→定位网片与腹板内层钢筋相连→吊入制梁台座→安装端模、接地端子预埋安装→检查调校纵向管道→班组、部门按"自检、互检、专检"要求进行验收→报专业监理工程师验收→进入下一道工序。

面筋绑扎工艺流程如下:绑扎顶板底层钢筋→绑扎顶板顶层钢筋(含预埋防护墙、竖墙A、竖墙B预埋钢筋)→吊装至制梁台座→安装泄水孔、吊装孔、静载试验等预埋孔→焊接综合接地钢筋,测电阻→局部调整钢筋骨架达到验收条件→班组、部门按"自检、互检、专检"要求进行验收→报专业监理工程师验收→进入下一道工序。

2)混凝土保护层垫块

①在钢筋与模板间设置保护层垫块,梁体保护层垫块采用C60细石混凝土,其抗腐蚀能力和抗压强度高于梁体混凝土,水胶比为0.29。

②混凝土保护层垫块设置位置合理,散布均匀,呈梅花形;数量保证在构件侧面和底面不少于4个/$m^2$,在局部钢筋密集区域适当增加垫块数量。

③保护层垫块尺寸应保证钢筋混凝土保护层厚度准确,采用平垫和凹垫两种(平垫用于双排钢筋并列部位,凹垫用于单根钢筋支垫部位)。

④保护层垫块绑扎应牢固,绑扎垫块和钢筋的扎丝头不伸入保护层内。

⑤梁体各部位混凝土保护层厚度除顶板顶层为30 mm外,其余均为35 mm。混凝土保护层垫块外形尺寸有效高度允许误差为(+5 mm、0)。

3)钢筋绑扎胎具

梁场共设有预扎架4个,其中主筋预扎架2个,面筋预扎架2个。

①主筋预扎架预扎

主筋预扎架是采用[100槽钢、[50槽钢、∟65角钢、∟50角钢等,按照设计图纸进行焊接完成后进行组拼,预扎架组拼完成后,技术质检部门需对其焊接质量及外形尺寸进行检查,验收合格后方可投入使用。

主筋绑扎时,纵向和横向钢筋的间距按照图纸设计要求,在角钢竖直面的肢上采用焊接短钢筋头固定钢筋间距,以保证钢筋的绑扎质量。

为保证纵向和横向钢筋的位置正确及两侧腹板钢筋的保护层厚度满足规定的允许误差要求,在胎模具的两外侧底边分别焊一角钢,用其竖直肢作支档,在绑扎时,将横向筋的弯钩及腹板箍筋贴紧此肢背,即可保证钢筋的正确位置及外侧钢筋的整齐。

2. 面筋预扎架预扎

面筋预扎架是采用∟50角钢按照设计图纸,在角钢竖直面的肢上焊接短钢筋头,将钢筋正好靠在钢筋头旁,以保证钢筋位置准确。预扎架制作完成后,技术质检部门须对其焊接质量及外形尺寸进行检查,验收合格后方可投入使用。

4)钢筋绑扎

①箱梁钢筋骨架采用分体式绑扎、分体吊装就位方式。

②管道定位网钢筋骨架应焊接牢固,确保搬运使用中不变形。骨架尺寸精确,管道坐标得到有效保证。

③在钢筋与模板间设置保护层垫块,模板安装和灌注混凝土前,指定专人仔细检查保护层垫块的位置、数量及紧固程度,确保垫块的安装质量。

④梁体钢筋绑扎要求:

钢筋两端及转角处的交叉点均应绑扎。

箍筋转角与钢筋的交接点均应绑扎。

箍筋弯折处与架立筋交点逐点绑扎。

箍筋接头叠合处逐点绑扎。

箱梁拐角处的交叉点应全部绑扎,中间平直段交点采用梅花跳扎。

胶拔管绑扎点间距不得大于50 cm。

绑扣形式应按逐点改变绕丝方向(8字形)交错绑扎(即正反扣绑扎法)。以不易松脱为准,绑点如有松脱,应紧扣或重绑。

绑扎用的扎丝要向里弯,不得伸向保护层内。

5)钢筋的接头规定

①受拉区域内的Ⅰ级光圆钢筋末端应做成彼此相对的标准180°弯钩,Ⅱ级带肋钢筋应做成彼此相对的直角弯钩。绑扎接头的搭接长度(由两钩端部切线算起)Ⅰ级钢筋不得小于$30d$,Ⅱ级钢筋不得小于$35d$,且不得小于300 mm,钢筋搭接部分的中心及两端(三处)应用扎丝绑扎结实。

②受压光圆钢筋以及轴心受压构件中任意直径的纵向钢筋末端不作弯钩,但钢筋的搭接长度不应小于

$30d$，且不得小于 200 mm。

③钢筋接头应设置在钢筋承受应力较小处，并应分散布置。配置在“同一连接区段”内受力钢筋截面面积，占受力钢筋总截面面积不得超过 50%。

④钢筋接头应避开钢筋弯曲处，距弯曲点不应小于 10 倍钢筋直径。

梁中的箍筋必须与主筋垂直，偏差不超过允许值。

箍筋的末端向内弯曲，箍筋转角与钢筋的交接点需绑扎牢靠。

梁体钢筋最小净保护层除顶板顶层为 30 mm 外，其余均为 35 mm。浇筑混凝土前，应仔细检查钢筋保护层垫块的位置、数量及其紧固程度。箱梁底面和侧面的垫块至少为 4 个/$m^2$，绑扎垫块和钢筋的铁丝头不得伸入保护层内。保护层垫块采用细石混凝土垫块，其尺寸应保证保护层厚度的准确性，其形状应有利钢筋的定位。

钢筋骨架绑扎完毕后，采用 2 台 50 t 轮轨式搬运机通过专用吊具进行装吊，同时采用加强钢筋加固骨架以保证骨架刚度和骨架吊装以后的尺寸。

(4)综合接地钢筋安装

1)工艺流程

接地钢筋 N9 与梁体底板横向钢筋 N19 连接→底板 N19 钢筋与梁体 U 形钢筋 N6 连接→N6 钢筋与顶板钢筋 N1 连接→梁顶梁体钢筋 N1 与梁体纵向钢筋 N21 连接→接地钢筋 N2、N4、N5 与梁顶 N1 连接→接地钢筋 N10 与接触网预埋钢板 2 及梁顶纵向钢筋 N21 连接→防护墙 N1 与梁顶纵向钢筋 N21 连接。

注：施工时需严格按照施工图安装。

2)安装要求

①综合接地钢筋与梁体钢筋采用搭接焊连接。

②所有接地钢筋之间的连接采用 L 形与 $\phi16$ 光圆钢筋（HPB235）焊接，焊接长度单面焊 200 mm，双面焊 100 mm，焊接厚度大于 4 mm。

③综合接地系统钢筋与梁体钢筋或支座板钢筋相碰时，适当移动接地钢筋。

④梁顶面纵横向接地钢筋采用梁体钢筋 N21 和 N1，腹板接地钢筋采用梁体钢筋 N6，并按要求焊接牢固。

⑤桥面板中预埋的防护墙钢筋中用于接地的钢筋采用每段防护墙中无过水孔（或过人槽口）端部的 N1 钢筋，且 N1 钢筋与防护墙下部的梁顶纵向钢筋 N21 连接。

⑥梁上设置接触网支柱时，用 N10 钢筋将纵向接地钢筋 N21 与设置在接触网支柱基础（含拉线基础）底层预埋钢板 2 连接，同时每个接触网支柱基础锚栓均应与底层钢板 2 施以饱满焊接。

⑦梁内预埋接地端子套筒最终表面应与最外层混凝土（桥面保护层混凝土）表面平齐，凸出高度应控制在 2 mm 以内。

⑧接地钢筋不允许外露。桥面接地端子在施工中用专用塑料盖封闭端头，然后用塑料胶带缠绕包裹，防止水泥砂浆等渣滓进入套筒。梁底接地端子用螺栓固定在底模上，与底模密贴。

⑨每孔梁端截面的接地端子组设在小里程（成都）端，桥面横向接地钢筋需要在梁两端焊接预留。与桥台相连的简支梁，其大里程端也需设接地钢筋环路，但接地端子仅在梁底设两个。

⑩桥梁混凝土灌注前，必须由监理对各焊接处的电通路畅通及焊接质量进行签认，并且桥面板中预埋的防护墙接地钢筋 N1 上端焊接短钢筋接头作为不易灭失的标志。

(5)钢筋吊装

箱梁钢筋面积大、重量大，钢筋吊装采用特制吊具，要求吊具具有较大的刚度，起吊时吊具及钢筋不得发生过大变形，吊具须具有通用性，既能起吊梁体主筋又能起吊桥面筋。

吊具结构采用型钢焊接。起吊时钢筋笼内穿入短钢管以分散集中力。

钢筋吊装采用两台 50 t 龙门吊施工，并指定专人指挥。

(6)预埋及管道

1)预埋设施

所有预埋件应位置准确，预埋钢板应保持平整，预埋钢筋应绑扎牢固，预埋钢筋包括防护墙、接触网支柱基础、电缆槽竖墙等。梁体混凝土完成浇筑后,需对预埋外露钢筋涂刷水泥浆避免预埋钢筋锈蚀。

桥面泄水管及管盖采用 PVC 管材,其材质应符合《无压埋地排污、排水用硬聚氯乙烯(PVC-U)管材》(GB/T 20221)规定。泄水管、管盖管顶面不高于桥面,管径、外露长度符合要求;泄水管固定工装连接螺栓需在灌注过程中保持紧固状态。箱梁脱模后需按设计要求安装桥面外露泄水管。

锚垫板应与端模锚穴密贴,压浆孔朝上并用海绵堵塞,锚垫板出口与橡胶管之间应用封口胶封紧,弹簧筋应与喇叭管接触并均匀的分布在喇叭管周围。

2)预应力管道

①胶管规格

通桥(2008)2322A-Ⅱ(31.5 m 跨度)梁制孔橡胶管采用内径为 $\phi$30 mm,外径分别为 $\phi$90 mm 和 $\phi$80 mm 的高压橡胶抽拔管成孔。

通桥(2008)2322A-Ⅴ(23.5 m 跨度)梁制孔橡胶管采用内径为 $\phi$30 mm,外径分别为 $\phi$70 mm 和 $\phi$80 mm 的高压橡胶抽拔管成孔。

②管道形成

制孔橡胶管的定位采用定位网工艺施工。

a. 管道定位网片应按设计制作,定位网的加工应在专用定位网工装上进行。定位网安装间距满足设计要求,且不大于 50 cm。应确保管道平顺、定位准确、绑扎牢固,并保证浇筑混凝土时管道不上浮及旁移,端模板处管道不得下垂。

b. 制孔橡胶管在跨中采用内径为较橡胶管直径大 5 mm,厚度为 0.5 mm、长度 500 mm 的短铁皮管套接,套接外须用胶带缠紧,并用扎丝绑牢,以防止水泥浆进入管道内部。两根橡胶管在跨中必须对接,其间隙不得大于 10 mm。

c. 在形成管道时,应在制孔橡胶管全段范围内穿入钢绞线作为芯棒。伸出梁端的制孔橡胶管及芯棒在端模孔加塞橡胶辅助套支撑,同时在梁端用专用支撑架支撑以确保预留管道轴线与梁端支承垫板面垂直。

③拔管

a. 拔管时间

拔管时间与混凝土强度及气温有关。拔管过早则混凝土容易塌陷或造成孔道变形,拔管过晚则可能拔断胶管,因此抽拔管应在混凝土初凝之后、终凝之前进行。一般以混凝土抗压强度达 5～8 MPa 时抽拔为宜,拔管时间以孔道不变形、坍孔、裂纹和无抽拔事故为准,当用手触压混凝土不留凹坑即可抽拔。抽拔胶管应先试拔,即胶管拔出后孔道壁光滑,孔道内无落沙或残渣,孔道不发生变形及塌陷现象,胶管上不附着水泥浆则可,否则应延长拔管时间。

b. 拔管顺序

先拔芯棒,后拔胶管;先拔下层胶管,后拔上层胶管;先拔灌梁的起始端,后拔灌梁结束端。

c. 拔管方法

采用卷扬机抽拔。胶管端部系尼龙吊装带。每次拔管数量不得超过 2 根。

d. 孔道检查及问题处理

胶管拔出后,应立即用直径比胶管外径小 5 mm 的橄榄形检孔器进行孔道通过检查,并趁混凝土强度尚不太高时进行扩孔处理。若胶管被拔断,可用烧红的铁钩插入残留胶管内并立即灌水冷却,然后拉拔,若还不能拔出则采用找准断管部位,凿开混凝土进行处理。

④制孔橡胶管的检查与清理

a. 由于制孔橡胶管拔断后处理非常困难,因而胶管安装前和拔出后均应进行检查,若有直径小于预留孔道 4 mm、脱胶或有表面深于 1.5 mm 的裂纹不得使用。

b. 确定不能使用的橡胶管应清理出场,避免混用;可以使用的胶管应堆码整齐。

c. 制孔橡胶管系吊装带的一端端头需用红色(外径 $\phi$90 mm 管)、蓝色(外径 $\phi$80 mm 管)和黄色(外径 $\phi$70 mm 管)油漆标记清楚,方便安装选管的同时也避免安装过程中调头出错。

4. 混凝土工程

预制箱梁所需混凝土由理论生产能力为 330 $m^3/h$ 的混凝土搅拌站供应,搅拌站配备计算机程控系统及精确电子计量系统，其生产效率和混凝土搅拌质量满足制梁要求。配备 3 台 80 $m^3/h$ 混凝土输送泵和 3 台移动式 HG24 混凝土布料杆，三点同时输送混凝土入模灌注箱梁。

根据"通桥(2008)2322A"桥梁设计图纸，生产的桥梁各部位混凝土强度等级、弹性模量及混凝土性质见表 4-3-6。

**表 4-3-6　桥梁各部位混凝土强度等级、弹性模量及混凝土性质**

| 梁体混凝土 | | | 封锚混凝土 | | 压　浆 | |
|---|---|---|---|---|---|---|
| 强度等级 | 混凝土性质 | 弹性模量 | 强度等级 | 混凝土性质 | 强度等级 | 性　质 |
| C50 | 高性能耐久性 | 35.5 GPa | C50 | 干硬性补偿收缩 | 28 天抗压≥50 MPa；抗折≥10 MPa | 高性能、无收缩、防腐 |

(1)配合比

根据《客运专线高性能混凝土暂行技术条件》《客运专线预应力混凝土预制梁暂行技术条件》的规定，原材料品质、混凝土设计强度等级、混凝土耐久性以及施工工艺对工作性的要求，通过计算、试配、调整等步骤选定。混凝土拌和物性能应满足施工要求，配置成的混凝土应满足设计强度和耐久性等质量要求。

1)原材料选定

进行原材料的比选复试，确定品质性能符合《客运专线高性能混凝土暂行技术条件》《客运专线预应力混凝土预制梁暂行技术条件》《铁路混凝土工程施工质量验收标准》的规定要求的水泥、粉煤灰、矿渣粉、砂、石、外加剂和水。

水泥：重庆金江水泥有限公司 P·O 42.5 低碱普通硅酸盐水泥。

矿渣粉：采用重庆腾辉建材有限公司 S95 级磨细矿渣粉。

粉煤灰：采用重庆华珞粉煤灰开发有限责任公司 F 类Ⅰ级粉煤灰。

外加剂：采用山东华伟银凯建材科技股份有限公司 NOF-AS 聚羧酸盐高性能减水剂。

粗骨料：采用铜梁岚峰碎石场 5～10 mm，10～20 mm 二级配碎石。

细骨料：采用湖南洞庭湖开采的硬质洁净天然中粗河砂，细度模数：2.6～3.0。

水：璧山制梁场地下水。

2)混凝土的配合比

梁体混凝土配合比(每立方混凝土用量)水泥：粉煤灰：矿粉：细骨料：(10～20 mm)粗骨料：(5～10 mm)粗骨料：水：外加剂＝333 kg：80 kg：62 kg：702 kg：768 kg：329 kg：146 kg：4.75 kg；各指标如下：

混凝土中胶凝材料用量为 475 $kg/m^3$，水胶比：0.307。

矿物掺合料掺量：采用矿渣粉与粉煤灰双掺技术，掺量为胶凝材料的 30%。

碱含量：采用非碱活性骨料(砂、石)时，混凝土的总碱含量没有限制要求；不得采用具有碱-碳酸盐反应的骨料。采用砂浆棒膨胀率在 0.10%以下的碱-硅酸反应活性骨料；当采用砂浆棒膨胀率在 0.10%～0.20%的碱-硅酸反应活性骨料时，由水泥、矿物掺合料、外加剂和水带入混凝土的碱含量之和应不大于 3.0 $kg/m^3$；且应按《客运专线高性能混凝土暂行技术条件》的要求进行掺合料和复合外加剂抑制混凝土碱-骨料反应有效性评价。梁场采用砂浆棒膨胀率小于 0.10%的碱-硅酸反应活性骨料。

氯离子含量：混凝土拌和物中各种原材料(包括水泥、矿物掺合料、砂、石、外加剂和水等)带入混凝土的氯离子总量应不超过胶凝材料总量的 0.06%。梁场采用混凝土的氯离子总含量为胶凝材料总量的 0.02%。

3)混凝土的拌和物性能

坍落度及其时间损失：箱梁预制采用拌和站输送泵直接泵送至台座位置，布料机布料入模浇灌的生产工艺，按入模坍落度不小于 120 mm 进行控制。混凝土出机至入模间的时间间隔会导致混凝土坍落度有一定程度的损失，因此混凝土的出机坍落度按 200 mm±20 mm 进行控制，混凝土拌和物坍落度 45 min 损失不大于 10%。

含气量：根据《客运专线预应力混凝土预制梁暂行技术条件》的要求，混凝土应具有 F200 的抗冻性，因此混凝土应适量引入微气泡，新拌混凝土的含气量控制为 2%～4%。

当混凝土含气量低于2%时,需在混凝土中掺入引气剂,引气剂掺入量由试验室通过试验确定。

4)混凝土的力学性能

立方体抗压强度:梁体28 d龄期混凝土的强度应满足设计强度等级C50要求。在配合比设计时,混凝土的28 d龄期配制强度应控制不小于59.9 MPa。

静力抗压弹性模量:梁体28 d龄期混凝土的弹性模量应不小于35.5 GPa。

5)混凝土的抗裂性

对混凝土拌和物性能满足要求的试拌配合比进行抗裂性对比试验,选择抗裂性相对较好的混凝土配合比进行耐久性试验。

6)混凝土的耐久性能

电通量:混凝土的56 d龄期电通量应不大于1 000 C。

抗冻性:混凝土的56 d龄期抗冻性应≥F200。

抗渗性:混凝土的56 d龄期抗渗性应≥P20。

抗碱骨料反应性:采用砂浆棒膨胀率小于0.10%的碱-硅酸反应活性骨料。

护筋性:不锈蚀钢筋

7)试件

配合比选定试验必须制作抗冻性、抗渗性、抗氯离子渗透性、抗碱-骨料反应性等混凝土耐久性试件各一组,进行耐久性试验。

(2)施工准备

梁体混凝土施工准备包括技术准备、机械设备及计量器具的准备、材料准备、劳动力准备,还包括组织混凝土施工从拌和、泵送、灌注和振捣的协调一致和突然状态下保证灌注顺利进行的措施。开盘前,应办理模板、钢筋、制孔管和各种预埋构件及保护层垫块等工序的检查签证手续;应检查搅拌机、混凝土输送泵及管道、浇筑、振动等各工序设备的运转情况,风、水、电、气的供应情况;掌握天气预报情况,冬季施工时制定冬季混凝土施工保证措施,收集气温情况,采取何种保温措施,做好现场人员、设备准备,做好施工中的温度控制等准备措施。

(3)混凝土搅拌及运输

1)混凝土搅拌

①混凝土拌制工艺流程如图4-3-31所示。

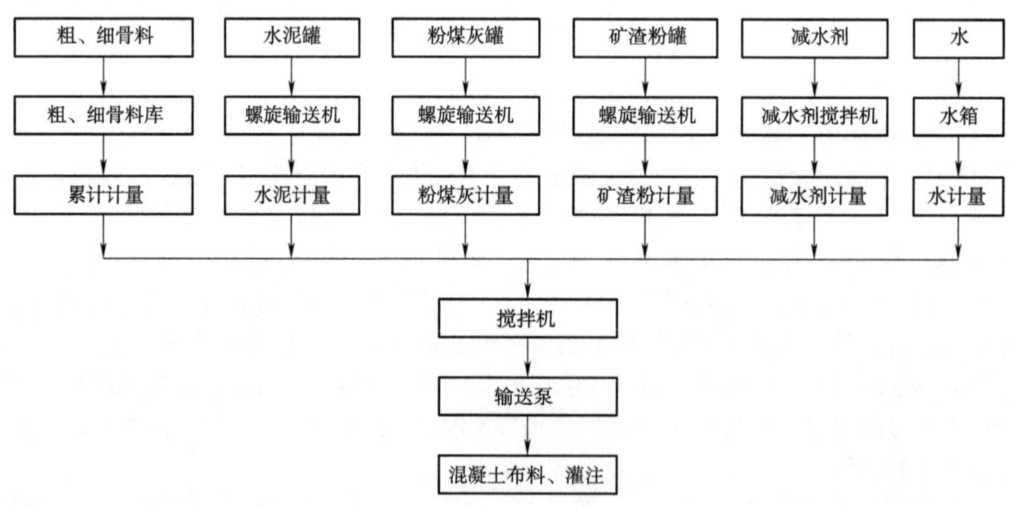


图4-3-31 混凝土拌制工艺流程

②混凝土采用双卧轴式强制搅拌机搅拌,电子计量系统自动计量原材料。

③搅拌混凝土的下料顺序:依次下细骨料、水泥、矿物掺合料、外加剂、水、粗骨料,搅拌至均匀为止。总搅拌时间为2~3 min,且混凝土必须搅拌均匀,颜色一致。

④混凝土拌制速度和灌注速度要密切配合，拌制服从灌注，以免灌注工作因故障停顿而使机内储存混凝土。如因故障灌梁中断，常温下混凝土滞留在搅拌机内的时间不应超过 30 min，最长不应超过混凝土的初凝时间(初凝时间应根据水泥性能、环境温度、水胶比和外加剂类型、运输距离等条件通过试验确定)。否则，应将搅拌筒彻底清洗后才能重新拌和混凝土。

⑤每台班搅拌机拌和的第一盘，均采用梁体混凝土配合比除去粗骨料后拌和。在下盘材料装入前，搅拌机内的拌和料应全部卸清。

2)混凝土运输

①箱梁混凝土运输采用直接泵送方式。混凝土泵送前应先试泵，即先泵水，再泵砂浆检查，确认泵和输送管道畅通。试泵的水和砂浆不得打入梁体。开始泵送时，泵送应处于慢速、均匀并随时可以进行反泵的状态，待各方面都正常后再转入正常泵送。

②混凝土泵开始工作后，泵送过程中应保持持续泵送，必要时可以通过调节泵送速度以维持泵送的连续性，中途不得停机。如非停机不可，停机时间如超过 15 min，应每隔 4～5 min 开泵一次，使泵机进行正转和反转两个方向，同时开动料斗搅拌器，防止料斗中混凝土离析。如停泵超过 45 min 或混凝土出现离析现象，应将管内混凝土清除，并清洗泵机、泵管。混凝土在搅拌后 60 min 内泵送完毕，且应在二分之一初凝时间内入泵，并在初凝时间内浇筑完毕。

③为避免日晒、雨淋和寒冷气候对混凝土质量的影响，防止局部混凝土温度升高(夏季)或受冻(冬季)，混凝土泵管应加上覆盖物或保温隔热材料。

(4)混凝土浇筑和捣固

由于梁体混凝土数量较大，且为高性能混凝土，为缩短灌注时间，混凝土搅拌站及泵送设备均采用三套独立系统，连续浇筑、一次成形，以保证梁体混凝土在 6 h 内浇筑完成。混凝土浇筑应满足《客运专线高性能混凝土暂行技术条件》的有关规定和要求。

箱梁混凝土灌注时，选择模板温度在 5～35 ℃的时段浇筑预制梁混凝土。在炎热气候下浇筑混凝土时，应避免模板和新浇混凝土受阳光直射，入模前的模板与钢筋温度以及附近的局部气温不应超过 40 ℃。应尽可能安排傍晚浇筑而避开炎热的白天，也不宜在早上浇筑以免气温升到最高时加速混凝土的内部温升。在相对湿度较小、风速较大的环境下，宜采取喷雾、挡风等措施或在此时避免浇筑有较大面积混凝土暴露的桥面板。若已开盘灌注偶遇下雨则及时做好防雨工作，及时覆盖，随揭随盖，加强捣固，并增加砂石含水率测定次数，根据含水率及时调整水灰比。

灌注总的原则为“先底板、再腹板、最后顶板，从中间向两端，再由两端向中间”。用三台布料机从箱梁的两端向中间对称布料、连续灌注，以水平分层(灌注厚度不大于 300 mm)、斜向分段(工艺斜度为 1∶4～1∶5)的施工工艺左右对称方式灌注。浇筑顺序：按照“底板与腹板倒角处→腹板→底板→顶板”的顺序如图 4-3-32 所示。

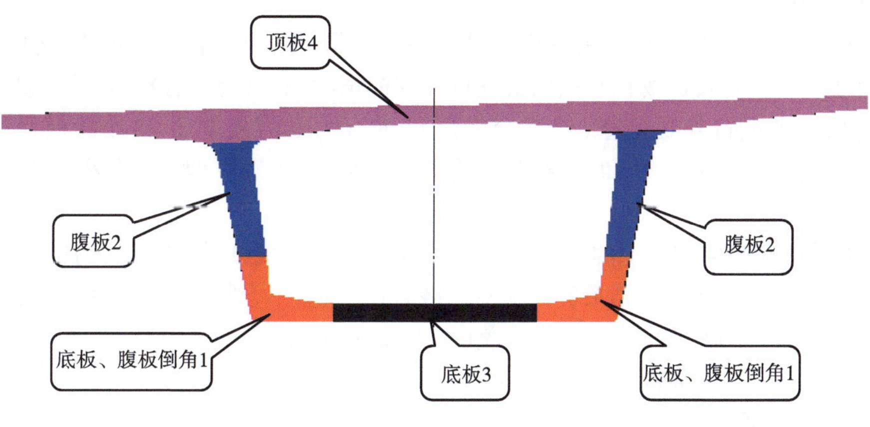


图 4-3-32　灌注顺序图

底板混凝土浇筑时，两台输送泵分别从梁端两腹板沿腹板方向，边移动边浇筑混凝土。当混凝土浇筑到高于底板混凝土时,改用从内模顶的预留孔浇筑底板混凝土,振捣采用插入式振动棒和附着式振动器振捣(底板混凝土仅采用插入式振动棒捣固)。梁端两腹板混凝土浇筑时,采用同步对称浇筑腹板混凝土,防止两边混凝土面高低悬殊,造成内模偏移或其他不良后果。当两腹板槽灌平后,开始浇筑桥面板混凝土。桥面混凝土也从两端向跨中顺序推进,在跨中结束整个箱梁混凝土浇筑工作。

箱梁混凝土捣固,采用附着式侧振、底振和插入振组合振捣工艺。在底模和侧模上安装高频振动器,在箱梁内模上安装高频振动器。灌注梁体底板时开启底振,辅以插入式捣固棒捣固;梁体端部依靠插入式捣固棒和侧振振实,高频振动器提浆;梁体翼板用插入式捣固棒振实,用底振和侧振消泡;底板混凝土达到设计厚度的区域,底振不再启动。梁体混凝土灌注时一般情况下工频和高频振动器每次振动时间开启约为60 s左右,但以混凝土密实为准,即混凝土不再下沉,无气泡溢出,表面泛浆。插入式捣鼓棒采用30和50捣固棒,其中箱梁顶板12根,内箱8根。操作插入式振动棒时宜快插慢拔,垂直点振,不得平拉(亦不得用捣固棒驱赶混凝土),不得漏振,谨防过振;振动棒移动距离应不超过振动棒作用半径的1.5倍($\phi$50捣固棒约40 cm),每点振动时间约20～30 s,振动时振动棒上下略为抽动,振动棒插入深度以进入前次浇筑的混凝土面层下50～100 mm为宜。浇筑过程中注意加强倒角、交界面以及钢筋密集部位的振捣。对桥面和内箱表面,在适当时候进行第一次整平抹面和第二次收浆抹平;其中,箱梁顶面采用提浆整平机以使表面平整、排水通畅、满足设计和施工规范要求。

浇筑过程中,设专人检查模板、附着式振动器和钢筋,发现螺栓、支撑等松动应及时拧紧和打牢模板铁楔;发现振动器运作出现故障,应及时更换振动器,避免振动不及时而导致混凝土出现空洞和蜂窝麻面;发现漏浆应及时堵严,钢筋和预埋件如有移位,及时调整保证位置正确。同时在使用插入式振动棒时,避免振动棒直接接触预应力孔道,防止管道位置变动。

(5)混凝土养护

本工程采用自然养护方式,对已浇筑完毕的混凝土,对其表面采取覆盖物覆盖,并采取洒水养护的方式。

(6)预应力工程

1)钢绞线(执行GB/T 5224标准)

预制箱梁的预应力筋采用标准强度为1 860 MPa,公称直径$\phi$15.24 mm的高强度低松弛钢绞线,其力学性能应符合表4-3-7规定。

**表4-3-7 钢绞线力学性能表**

| 公称直径(mm) | 强度级别(MPa) | 绞线的破断力不小于(kN) | 屈服负荷不小于(kN) | 伸长率不小于 | 1 000 h松弛率(低松弛) | |
|---|---|---|---|---|---|---|
| | | | | | 70%最小破断力 | 80%最小破断力 |
| 15.24 | 1 860 | 260.7 | 234.6 | 3.5% | ≤2.5 | ≤3.5 |

注:弹性模量为195 GPa

①钢绞线验收规则

a. 钢绞线应成批验收,每批钢绞线由同牌号、同炉罐号、同规格、同生产工艺、同交货状态的钢绞线组成,每批质量不大于30 t。每批进场钢绞线均要进行弹性模量和拉伸试验,合格后方可使用。

b. 钢绞线进场后先进行外观检查,外观合格后再进行力学性能试验和弹性模量检测。表面质量和外形尺寸检测逐盘进行。伸直性和力学性能试验从每批中任选3盘(每批小于3盘,应逐盘)进行检测。

c. 力学性能的抽样检验应在选定的各盘端部正常部位截取1根试件,进行拉力(整根钢绞线的最大负荷、屈服负荷、伸长率)试验。当试验结果有1项不合格时,除该盘不合格外,还应从未试验过的钢绞线盘卷中取2倍数量的试样进行复验,当仍有1项不合格时,则该批钢绞线判为不合格。

d. 松弛性能可由厂方提供试验报告。

e. 包装、标志和质量证明书。每盘卷钢绞线应捆扎结实,捆扎不少于6道。每股钢绞线盘卷均应拴挂标牌,其上应注明供方名称、商标标记,产品标记、数量、出厂编号、规格、强度级别、执行标准号等。

每一合同批钢绞线应附质量证明书,其中注明:供方名称、地址和商标、规格、强度级别、需方名称、合同号、产品标记、质量、件数、执行标准号、试验结果、技术监督部门印记、检验出厂日期。

②锚夹具(GB/T 14370 标准)

铁路箱梁用锚具、夹具和连接器应具有可靠的锚固性能、足够的承载能力和良好的适用性,以保证充分发挥预应力筋的强度,并安全地实现预应力张拉作业。

预应力筋-锚具组装件,除必须满足静载锚固性能外,尚必须满足循环次数为 200 万次的疲劳性能试验。

锚具进场验收:

a. 按照图纸及技术标准批量验收。每批产品的数量是指同一种类、同种材料和同一生产且连续进场的预应力筋锚具,每 1 000 套为一批,不足 1 000 套也按一批计。

b. 外观检查:从每批中抽取 10%的锚具,但不少于 10 套,检查锚具的外观和尺寸。如有一套表面有裂纹或影响锚固能力的尺寸超过允许偏差,另取双倍数量的锚具重做检查,如仍有一套不符合要求,则应逐套检查,合格者方可使用。

c. 硬度检查:从每批中抽取 5%的锚具且不少于 5 套,每套锚具另至少抽取 5 片夹片做硬度试验。硬度检验每个锚具测试 3 点,每个夹片测试 3 点,当硬度值符合设计要求的范围应判为合格,如有 1 个零件不合格,则应另取双倍数量重做检验,如仍有 1 个零件不合格,则应逐个检验,合格者方可使用。锚具的检验按《金属洛氏硬度试验　第 1 部分:试验方法》(GB/T 230.1)标准进行。

d. 从每批锚具中抽取 3 套试件做静载锚固性能检验。预应力筋实测极限拉力按 3 根预应力筋实测拉力平均值取值,预应力筋的效率系数 $\eta_p$ 取 0.99,锚具的静载锚固性能应达到效率系数 $\eta_a \geqslant 0.95$,极限总应变 $\varepsilon_{apu} \geqslant 2.0\%$。静载锚固性能检验有一个不符合要求时,则另取双倍数量重做检验,如仍有一个试件不合格,则该批判为不合格。

e. 标志

锚具应有制造厂名、产品型号或标记、制造日期或生产批号,对容易混淆而又难于区分的锚固零件,应有识别标记。

f. 包装

锚具出厂时应成箱包装,并应符合 JG/T 5012 的有关规定,包装箱内必须附有产品合格证、装箱单和产品说明书。产品合格证内容包括:型号和规格;适用的预应力钢材品种、规格、强度等级;产品批号;出厂日期;有签章的质量合格文件;厂名、厂址。

2)预应力束制作

钢绞线按设计孔道长度加张拉设备长度加余留锚外不少于 100 mm 的总长度下料。切割时,用铁丝在每端离切口 30～50 mm 处绑扎,平放用砂轮锯切割。对钢绞线编束时,每 1～1.5 m 用铁丝绑扎,铁丝扣向里,绑好的绞线钢束,编号挂牌存放。

3)预应力束运输

在预制场预应力束制作区进行钢绞线的下料和编束,并按设计编号分类挂牌堆放。梁体预应力施工前,搬运至待施工台位穿束、张拉。

4)预应力管道安装与定位

预应力成孔采用橡胶抽拔管。根据预应力筋束的直径纵向预应力管道选用 $\phi$80 mm 和 $\phi$90 mm 橡胶抽拔管成孔。

①橡胶抽拔管接头处理

橡胶抽拔管采用两根 18 m 长,在梁长 1/2 处连接接长,用长度 300 mm、厚 0.5 mm 镀锌铁皮套管连接,连接处端口用密封胶封口严密,做好标记便于观察接头连接情况。所有管道的压浆孔、抽气孔均设在锚座上,排气孔设在锚具的附件上。压浆管、排气管最小内径为 20 mm。

②橡胶抽拔管的安装定位

在布管前,按设计规定的管道坐标进行放样,并用定位网钢筋控制张拉管道的各点坐标,定位网在钢束直线段间距不大于 50 cm,弯曲段为 10～15 cm,与主梁钢筋焊牢,并保证浇筑混凝土时管道不上浮及旁移。当主筋预扎完毕后,将橡胶抽拔管穿入设计位置,待主筋吊入制梁台位后,再全面检查并细调制孔管,使其完全满足设计要求。

5)预应力束安装和张拉

将钢绞线对号穿入预应力孔道内,孔道内保持畅通,无水和其他杂物。预应力筋安装在孔道中后,将孔道端部开口密封防止湿气进入。任何情况下,必须防止电焊作业的焊渣等各种因素对预应力筋或金属件的损坏。

预应力施工采用ZB4-500油泵供油,用YCW300千斤顶进行纵向张拉,张拉油表不低于1.0级。

千斤顶在使用前需进行精度校验,使用过程中每200次或超过1个月以及出现不正常现象时重新校验。油表检验与千斤顶视为一个单元进行检验,千斤顶在张拉作业前必须与油表配套校正,其校正系数不大于1.05。

纵向预应力分预张拉、初张拉和终张拉三个阶段,采用四台千斤顶左右对称、两端同步进行张拉,先张拉腹板束,后张拉底板束;先张拉长束,后张拉短束。张拉时根据取得的管道摩阻试验数据,调整张拉力,实行张拉力和伸长值指标双控;张拉以张拉吨位控制为主,钢束伸长量进行校核。在制梁台位上,当梁体混凝土强度达到设计强度的80%以上,即按照设计初张拉力和设计张拉顺序进行初张拉,然后吊梁至存梁台位上。待梁体混凝土强度和弹性模量均达到设计值后,再施加全部预应力。

纵向张拉程序:0→0.1$\sigma_K$(测初始伸长值、测工具锚夹片外露)→$\sigma_K$(测伸长值、测工具锚夹片外露、持荷3 min)→补油至$\sigma_K$→回油到0(测总回缩量、工作锚夹片外露量)。

张拉质量控制如下:

①预施控制应力后,钢绞线两端张拉伸长值之和不超过计算值的±6%(超出此限时应查明原因)。

②全梁断丝、滑丝总数不超过钢丝总数的1%,并不得位于梁体的同一侧,且一束内断丝不得超过一丝。

③钢绞线、锚具回缩量不大于6 mm。

④锚固后夹片表面应平整,同束夹片外露量差不超过2 mm。

⑤因处理滑丝断丝而引起钢绞线束重复张拉时,同一束不超过3次;若钢丝与锚具因滑丝而留有明显刻痕时,应予更换。

认真作好张拉记录和张拉过程中出现各种情况的原始记录,终张拉后经检查并确认全部合格后方可割丝。

6)割丝

终张拉完成后,将锚圈口处的钢绞线束作上记号,24 h后检查确认无滑丝断丝现象即可割丝,切断处距夹片尾3~4 cm,割丝用角磨机切割。

7)梁体管道压浆

孔道压浆在终张拉完毕后进行,采用真空辅助压浆工艺。施工时,请具有此类工作经验的专业技术人员现场进行指导并制定工艺细则据以实施。压浆前清除掉孔道内的杂物和积水,压浆材料为高性能、无收缩、防腐灌浆剂。

①压浆材料

a. 水泥浆技术要求

水泥浆用水泥强度等级不低于42.5级低碱硅酸盐水泥或低碱普通硅酸盐水泥。

拌和水需不含对预应力筋或水泥有害的成分。可采用清洁的饮用水;如采用非饮用水,事先要经过检验,并达到混凝土拌和用水的要求。

水泥浆要掺入高效减水剂、阻锈剂;高效减水剂要符合GB 8076的规定,掺量由试验确定;阻锈剂掺量宜为12 kg/m$^3$或按产品使用说明掺加。严禁掺入氯化物或其他对预应力筋有腐蚀作用的外加剂。

水泥浆要饱满密实,体积收缩率小于2%。

b. 水泥浆的技术条件:

浆体水胶比不超过0.30;浆体不得泌水;浆体流动度宜控制在30~50 s;抗压强度:水泥浆的抗压强度采用7.07 cm×7.07 cm×7.07 cm立方体试块。28 d龄期强度需符合设计强度要求或不低于35 MPa。

②压浆设备

配备BW-320柱塞灰浆泵、砂浆搅拌机和水循环式真空泵。

③压浆程序

a. 张拉施工完成后,清水冲洗,高压风吹干,安装两端锚垫板上的压浆孔、连接管和连接阀,进行封锚,抽真空。

b. 启动电机使搅拌机运转，然后加水，再缓慢均匀地加入水泥，拌和时间不少于 1 min；然后将调好的水泥浆放入压浆罐，压浆罐水泥浆进口处设 2.5 mm×2.5 mm 过滤网，以防杂物堵管。

c. 压浆按先下后上的顺序，由一端以 0.7 MPa 的恒压力向另一端压送水泥浆，当另一端溢出的稀浆变浓，达到规定的稠度后，保压 2 min 以上，封闭出浆口。

d. 继续压浆至压力达到 0.7 MPa，若无漏浆则关闭进浆阀门卸下输浆胶管。压浆用的胶管一般不超过 30 m，若超过 30 m 则压力增加 0.1 MPa。

e. 压完浆后保压 1～2 h，如无水泥浆反溢现象，则拆卸压浆连接管和连接阀。

8)封锚

压浆之后及时进行封锚，封锚采用 C50 混凝土。压浆作业后，进行封端。先将梁端凿毛，并将承压板表面的粘浆和锚具外部的灰浆铲除干净，对锚具进行防锈处理，同时检查确认无漏压的管道后，设置钢筋网浇筑加膨胀剂的 C50 混凝土。封端混凝土表面与梁体端面平齐，严格控制浇筑封端后的梁体长度。

(7)支座板及防落梁预埋板安装技术要求

1)检查

支座板及防落梁预埋板使用专用胎具焊接制作，其尺寸精度应满足设计要求。安装前需进行如下检查：

①满焊且焊缝高度不小于 6 mm，外观无夹杂、砂眼等缺陷；

②套筒应垂直于梁底钢板，套筒对角线距离应符合设计要求；

③支座预埋板、防落梁预埋板应采用螺栓与底模固定在一起，预埋板与底模之间的缝隙采用钢化腻子封闭，防止进浆；

④支座板及防落梁预埋板保持平整，任意方向的不平整度不得超过 2 mm。

2)安装要求

支座板安装后，四个支座板相对高差不得超过 2 mm，两端支座螺栓中心距误差应控制在±2 mm。

支座板应安装牢固，位置正确，板底面与底模应密贴。

(8)梁体管道及孔的预埋

所有梁体预留孔均增设相应的螺旋钢筋，其中桥面泄水孔、吊装孔处钢筋可适当移动，并增设螺旋筋和斜置井字形钢筋进行加强。

①吊装孔成孔采用预埋 PVC 管，安装时采用特制三角工桩固定于侧模和端模上。

②桥面泄水孔采用预埋 PVC 管固定在钢筋上，PVC 管两端用橡胶封堵住，避免混凝土灌注时漏进 PVC 管内；箱梁底部泄水管利用内模车竖向支撑成孔。

③通风孔采用特制模型在混凝土灌注前从外模外侧将其插入通风孔位置，并固定在外模上。

(9)附属构造的预埋施工

附属构造的施工，均在梁体吊装到桥位上后进行。但在箱梁预制中应安装其相应的预埋件。

①防撞墙

预制梁体时，在防撞墙相应部位预埋防撞墙钢筋。

②电缆槽

预制梁体时，在电缆槽相应部位预埋钢筋。

桥面设有接触网支柱及下锚拉线基础时，应注意在基础的相应部位预留通信电缆通过的孔道。

③接触网支柱基础

接触网支柱跨距为 50 m 左右，实际设置根据总体布置设置。

桥上设置接触网一般支柱基础时，预制梁体时在相应位置预埋接触网锚固螺栓及加强钢筋，支柱基础混凝土可在梁体吊装到桥位后与电缆槽竖墙一同灌注。

桥上设置接触网锚柱时，除预埋锚固螺栓及加强钢筋外，还应注意在相应位置设置下锚拉线基础预留钢筋。

明确每片梁的接触网支柱、拉线的类型、预埋位置。预埋板和预埋螺栓按设计要求进行防腐处理。接触网支柱预埋螺栓、拉线预埋螺栓顶部要齐平，垂直度偏差不大于 1 mm。

④桥梁伸缩缝

梁体就位后在梁端接缝处设置伸缩装置。如梁体架设后不能保证精度,为保证伸缩缝装置安装位置准确,应在梁端预留槽口,槽口尺寸应满足伸缩缝安装要求,待伸缩装置与梁体预留钢筋连接后,现浇梁端混凝土。

(10)综合接地的安装

根据通信、信号、电力等专业要求,结合《客运专线综合接地技术实施办法》进行综合接地布置。用于综合接地的纵向和横向钢筋,可利用原位置或附近的梁体非预应力结构钢筋。综合接地系统钢筋与梁体钢筋或支座板钢筋相碰时,可适当移动接地钢筋。梁体接地钢筋单独预留接地螺母,接地螺母通过焊接钢筋与梁体钢筋连为一体。其中应对预埋螺母进行锌铬涂层防锈处理。

为满足通信信号专业的要求,在有中继站处相临两孔梁的梁端设置与通信、信号、电力槽相对应的锯齿形槽口。在制梁时要注意相临两孔梁的锯齿形口要对齐,具体布置由总体单位根据桥梁所处位置确定。

(11)桥牌

每片箱梁均设置桥牌。桥牌应标明:跨度、荷载等级、设计图号、梁号、梁体质量、制造厂家、制造年月、许可证标志(QS标志)和编号等。

(12)箱梁场内运输及存放

梁场内箱梁的运输采用1台900 t轮胎式搬运机从制梁台座吊至存梁台座上。

箱梁场内运输设备为专用设备,其性能简述如下:MDEL900式轮胎式搬运机的作用就是将制梁场内制、存梁台座间32 m/24 m跨度铁路双线整孔箱梁的转移及将存梁台座上的箱梁转运至提梁站内的临时存梁台座上。

MDEL900型轮胎式搬运机跨度43.5 m,净跨39 m,起升高度9 m(主梁下净空9.5 m),整车重量约420 t,爬坡能力1.5%,整机由PLC集中控制,动力由2×273 kW发动机提供。搬运机主要部件:主梁、支腿、大车运行机构、起升机构、横移小车、起升吊具、动力系统、安全装置。主要技术参数见表4-3-8。

**表4-3-8 MDEL900型轮胎式搬运机主要技术参数表**

| 序号 | 项　目 | 技术参数 | 备　注 |
|---|---|---|---|
| 1 | 额定起重量 | 900 t | |
| 2 | 最大静止起重量 | 950 t | |
| 3 | 跨度 | 43.5 m | |
| 4 | 爬坡能力 | 1.5% | |
| 5 | 提升高度 | 9 m | 地面到预制梁顶部 |
| 6 | 工作环境温度 | −1 ℃～+40 ℃ | |
| 7 | 内净宽 | 39 m | 下部 |
| 8 | 整机满载走行速度 | 0～35 m/min | |
| 9 | 整机空载走行速度 | 0～17 m/min | |
| 10 | 轮压 | $7.231\times10^{5}$ Pa | |
| 11 | 轮胎数 | 56 | |
| 12 | 轮胎规格 | 18.00×25 | |
| 13 | 自重 | 约420 t | |

梁体的吊点设在梁端桥面的腹板内侧,吊点面积不小于460 mm×380 mm。箱梁的运输支点应设置在梁端底板的腹板下方,距梁端距离≤3.0 m。

存梁及顶梁支点应设置在梁端底板的腹板下方,距梁端距离≤1.5 m。

箱梁存放期间应对存梁台座进行存梁前后的沉降观测,存梁后的观测应根据实际情况确定观测频率,观测完成后并形成沉降观测成果表。

## 二、简支梁的运架

1. 工程背景

JQ900A 型架桥机承担成渝客运专线 CYSG-5 标段 16 座桥 296 孔双线箱梁的架设，架设范围内有 5 座桥梁共计 70 孔梁，在架设方向坡度为－25‰(表 4-3-9)，超出 JQ900A 型架桥机架设额定坡度 20‰。为确认 JQ900A 架桥机架设大坡道的安全性，特致函中铁工程机械研究设计院“关于 JQ900A 架桥机架设成渝线大坡道的函”，得到准架的回复。

表 4-3-9　大坡度桥梁分布表

| 序号 | 桥　　梁 | 坡度 | 孔　　数 |
|---|---|---|---|
| 1 | 石坪村 2 号双线大桥 | －25‰ | 9 |
| 2 | 石梯岩双线大桥 | －25‰ | 15 |
| 3 | 凯家湾 1 号双线中桥 | －25‰ | 3 |
| 4 | 凯家湾 2 号双线中桥 | －25‰ | 1 |
| 5 | 梅江河双线特大桥 | －25‰ | 37 |
| 合　　计 | | | 65 |

2. 设备情况介绍

所用的 JQ900A 型架桥机 1 号柱属于整体式结构，1 号柱只有升降油缸，其中插销孔位是内孔 5 行，外孔一行；3 号柱插销孔位是内孔 5 行，外孔 2 行，内孔最后一行用于驮运，不作正常架梁插销孔位。

实际操作中坡度±3.5‰时视为平坡架设，结合以往施工经验及架桥机生产厂家技术要求，在大坡道上的架梁程序同平坡作业一致，只在桥梁架设时确保机臂纵向水平控制在±3.5‰以内，即可视为平坡条件架梁。

3. 平坡架梁条件的控制

JQ900A 型架桥机通过改变 1 号、3 号柱伸缩柱插销位置，有效地调整机臂的纵向水平度。上坡时，1 号柱缩短，3 号柱伸长。反之，下坡时，1 号柱伸长，3 号柱缩短，保证机臂水平度。同时还要根据 1 号柱的稳定性和 2 号柱支腿垫箱离梁面的高度在现场就实际情况加以调整。大坡道纵移过程在变孔位纵移时，使机臂的坡度小于梁面的坡度，纵移前后(纵移前和整机走行时)机臂坡度控制在±12‰以内。即主要考虑以下三方面的因素：一是纵移前机臂的坡度；二是整机走行后机臂的坡度；三是整机走行后 2 号柱离梁面的高度。±20‰以内的架梁时穿销情况如图 4-3-33 所示。

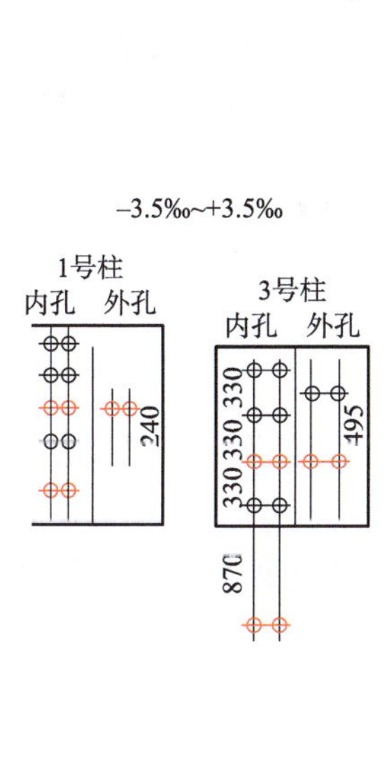


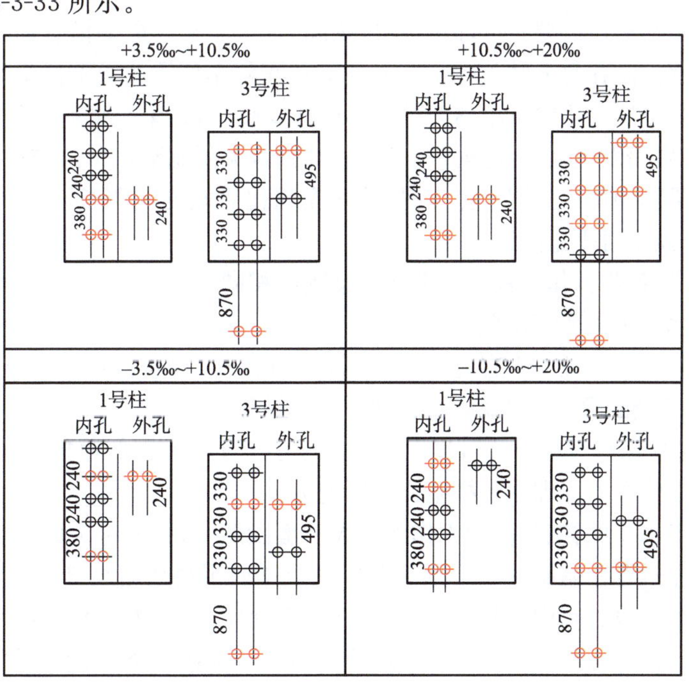


图 4-3-33　各种架梁工况下的穿销孔位图

4. 25‰下坡道架梁工作流程

(1)变孔前准备工作

①架桥机支立于桥头,并在 1 号柱上悬挂线锤,确保 1 号柱的垂直度。1 号、3 号柱孔位在正常架梁孔位基础上 1 号柱升 1 个孔位(24 cm),3 号柱降 1 个外孔(16 cm),在 1 号柱加垫垫箱及杂木板,采用测量仪器调整机臂水平,控制在−3‰左右。

②水平调整完成后,采用拉杆将 1 号柱固定于梁面(桥台面),并用四条反向链条葫芦将 1 号柱与桥面防撞墙钢筋连接,确保 1 号柱的稳定性。

③提升 3 号柱,走行轮组内摆至走行位置并支撑。

④2 号小车退至机臂尾部,拆除 2 号柱支撑枕木,纵移架桥机。

(2)架桥机纵移

①由于梁面坡度为−25‰,3 号柱纵移过程中支点位置逐渐降低,造成机臂呈上升坡度,2 号柱离桥面距离越来越高,在 2 号柱加枕木确保 2 号柱离桥面处于低位,当不断纵移 3 号柱高度不变的支点位置越来越低,造成机臂与 1 号柱的夹角越来越大,架桥机纵移阻力增大,为了克服阻力,可在中间重新调整机臂水平位置,将 2 号柱支撑(避开梁跨中),退 1 号、2 号桁车到 2 号柱后,拔出 1 号柱销子,拆除一层垫箱后,重新插入 1 号柱销子,打好 4 条反向保险,1 号桁车前进到纵移位置,伸出 2 号柱 4 个支腿,拆除杂木,使 2 号柱高出梁面,并使 1 号、3 号柱受力,来回操作以上工序,使架桥机纵移到位。

②2 号柱纵移到位,支撑 2 号柱,并升起 2 号柱四个油缸。在 2 号柱四个油缸完全受力,2 号柱下横梁上加垫垫箱或杂木,重新支撑 2 号柱,确保 1 号柱托轮不受力,挂轮受力时,拆除 1 号柱拉杆及反向链条葫芦,并拔除 1 号柱油缸升降销,起升 1 号柱,1 号柱纵移。

③1 号柱纵移至前方墩台并支撑,采用水准仪观测机臂水平,并通过垫箱和杂木调整,控制机臂水平在平坡范围内。3 号柱由窄式支撑变宽式支撑,达到架梁工况。

5. 运梁

(1)运梁车在运梁过程中,监护人员要随时注意道路情况。若运梁道路中有多处大坡道上坡和下坡,应在每处坡道前 50 m 处设置警示牌,提醒司机进行减速,缓慢运输箱梁通过。

(2)运梁通过大坡道路面时,监护人员应注意运梁车是否打滑,随时准备渣石,对打滑路面进行铺设,保证运梁车顺利通过。若遇运梁车溜动,应及时放置止轮器,防止运梁车溜滑。

(3)为防止箱梁因惯性作用脱离运梁车,在箱梁运输过程中严禁紧急制动,尤其是大坡道运送箱梁。

6. 喂梁

(1)运梁车对位时要一度停车,在机长同意后,监护人员手摸着运梁车急停,在随时可停车的状态下,低速行驶,速度控制在每分钟 15 m 内,并在运梁车停车位置放置不低于 200 mm 高的止轮器,防止运梁车继续前进,冲撞 2 号柱。运梁车距离架桥机 2 号柱 2 m 时,运梁车将前进手柄回中,让运梁车自由滑动,到位时为防止制动滞后而发生溜车,将前进手柄稍微向后,关闭制动,打好止轮器。

(2)运梁车到位后立即支撑支腿,前端支腿比后端支腿稍长,以控制运梁车纵向水平,保证运梁车托梁台车与桁车拖梁时平稳前进。

(3)架梁:各步骤作业程序同平坡架梁顺序相同。

7. 安全注意事项及防护措施

(1)纵移时 1 号柱的垂直度控制:1 号柱人员随时观察其垂直度是否发生变化,一旦出现变化必须立即报告并拉动急停装置,待加固确认后方可继续纵移。

(2)3 号柱纵移过程中的可靠制动:整机走行只能采用低速挡前进,工作人员提前准备好木楔,监护运行,走行结束停车时立即用木楔塞住轮胎前方。

(3)机臂水平的控制:测量工作配合大坡道段架梁,测量时认真复核,防止出现计算错误。

(4)作业过程中基础的稳定性:1 号柱司机随时观察垫箱及垫石的变化,如有情况,立即采取加固措施。

(5)吊梁架设过程中 1 号、2 号、3 号柱体无前倾:派专人观察柱体的变化,如发现各柱体有前倾时,立即报告机长或带班队长,及时采取整改措施。整改达到作业条件后方可继续施工。

现场照片如图 4-3-34～图 4-3-36 所示。

图 4-3-34 梅江河特大桥 25‰大坡道架梁

图 4-3-35 运架一体机架梁作业

图 4-3-36 梅江河特大桥

## 第五节 简支、连续梁的桥位现浇

### 一、0 号段梁部施工

(一)0 号段临时固结

连续梁临时支墩采用钢管支撑,直接支撑在承台上,临时支墩伸入 0 号段。钢管中部填充中干砂并压实,钢管顶部放置钢筋笼,钢筋笼伸入 0 号段 65 cm,钢管顶部预留部分的混凝土与 0 号段混凝土一起浇筑。

(二)0 号段模板安装

主墩上的 0 号段采用整体一次浇筑完成。

0 号段模板采用挂篮底模及侧模,外模采用侧模包底模;当挂篮侧模不够时,以模板从上往下布置的原则进行模板配置,内模采用小块钢模。

吊底模就位,并调整好底模标高及位置,与现浇支架上方木采用钯钉定位,底板及腹板钢筋和预应力筋安装完成后,接着吊装侧模,侧模上下端采用钢丝绳及倒链临时与现浇平台连接,由于 0 号段支座处的梁体局部加宽 55 cm,两侧模之间设一块专用侧模,此侧模采用竹胶板(熊猫板)外背方木和背杠进行加固,以满足 0 号段施工要求,模板之间用螺栓连成整体。待另一侧模板临时固定后,侧模上下端安好支撑杆及拉杆,拆除临时固定钢丝绳及倒链。再绑扎底腹板隔板钢筋,安装底板及竖向预应力系统,检查合格后吊装内模和隔板模,内模采用底模上搭设钢管脚手架固定位置,隔板模设拉杆。

(三)钢筋及预应力管道安装

0 号段钢筋种类多、数量大,构造复杂。施工前对所有的钢筋大样进行复核使之与箱梁的尺寸相对应,分清绑扎先后顺序使箱梁钢筋与横隔板钢筋绑扎交错进行,互相协调。钢筋在钢筋棚集中加工,现场绑扎成形。

0 号段集中了全桥大部分纵向顶板束管道,安装管道时直线段每隔 60 cm、曲线段以每隔 30 cm 以 $\phi$8 mm 定位钢筋焊于梁体钢筋骨架上,以保证管道定位准确牢固。为防止水泥浆渗入波纹管,堵塞预应力管道,混凝土浇筑前在纵向管道内插入略小于管道直径的 PVC 管。钢筋、管道密集,如发生冲突,允许进行局部调整,调整原则是先普通钢筋,后精轧螺纹钢筋,然后是横向预应力钢筋。应保证纵向预应力钢束管道位置准确不动,横向预应力钢筋张拉槽处的梁体钢筋可切割。

(四)混凝土施工

混凝土一次浇筑完成,先由横隔板最低处开始向梁端推进,分层分部位浇筑完成。首先完成底板的浇筑,然后再进行腹板及顶板的浇筑。混凝土浇筑时需考虑混凝土内部水化热问题,采用布设降温钢管方式降低混凝土内部温度,确保混凝土芯部温度与混凝土表面温度差控制在 15 ℃以内,混凝土连续浇筑。混凝土运输车运送混凝土,混凝土垂直运输采用泵送,$\phi$50 mm 插入式振动棒捣固密实。

(五)混凝土养护及降温措施

外露面混凝土浇筑完初凝后及时喷雾状水养护或喷养护剂,及时覆盖无纺土工布并安装自动喷淋装置确保养护湿度,洒水养护不少于 14 d。

其余部位混凝土带模养护至混凝土强度 90%以上,并不少于 5 d。在混凝土带模养护期间,需特别注意对钢模接缝处的养护,采用窄条土工布将钢模接缝覆盖并使用钢夹固定,定时洒水以确保土工布在养护期间始终保持湿润。

养护期间在钢模外定时喷水,以降低钢模表面温度,在混凝土强度达到设计强度的 80%后,可适当松开钢模,向钢模内混凝土进行浇水养护直至拆模覆盖养护。

(六)张拉、压浆、封端

预应力张拉在混凝土强度及弹性模量均达到 90%、混凝土龄期不少于 5 d 后方可进行,张拉顺序按施工顺序从外到内左右对称张拉,其张拉顺序及工艺如下:

1. 张拉顺序

箱梁预应力管道成孔,预应力锚具及张拉设备根据设计规范配套选定,并对千斤顶进行标定、校正,以保证张拉质量。纵向预应力先腹板钢束,后顶板束;竖向精轧螺纹钢筋施工采用二次张拉工艺。

2. 张拉步骤

竖向预应力的张拉初应力为设计的 10%,以此作为伸长量的起算点;纵向预应力在混凝土强度达到设计强度的 90%,且浇筑时间不少于 5 天后进行张拉。预应力钢筋、钢绞线,一律采用张拉应力与伸长值双指标控制,以张拉应力为主控。

3. 管道压浆

张拉完成后,立即进行管道压浆,压浆前用压缩空气清除杂物和积水。管道压浆采用真空压浆工艺。压浆采用按先下后上、由低向高、集中在一处的孔道一次压完的顺序进行;由一端向另一端进行压注。每个压浆孔道必须一次压完,不得中途停。压浆完成后,及时清洗压浆机和压浆管。

## 二、挂篮施工

(一)挂篮技术性能

抗倾覆稳定系数走行时大于2,浇筑混凝土时大于2。主桁杆件安全系数大于2。

(二)挂篮的试验与拼装

挂篮主要由主桁架、行走及锚固系统和模板系统三大部分组成。

1. 挂篮加载试验

试验加载时按施工中挂篮受力最不利的梁段荷载进行等效加载。试验过程中加载分级进行,测定各级荷载作用下挂篮产生的挠度和最大荷载作用下挂篮控制杆件的内力。根据各级荷载作用下挂篮产生的挠度绘出挂篮的荷载—挠度曲线,由曲线可以得出使用挂篮施工各梁段时将产生的挠度,为大桥悬臂施工的线性控制提供参考。

2. 挂篮拼装

当墩顶的0号段施工结束后,即可拼装挂篮。在挂篮拼装前,可将各部位大件如主桁片、主桁横向联结系、内外模桁架等预先组拼,组拼件大小可根据吊车的起吊重能力确定。挂篮拼装应尽量保证拼装过程中的强度和稳定性。拼装顺序如下:

(1)在浇筑好的梁段上从0号段的中心向两侧各铺设轨道,将露出箱梁顶面的竖向预应力筋插入轨道底面的预留孔内,接长竖向预应力钢筋。测量确认轨距、水平和位置无误后,用精轧螺纹钢筋及锚具将轨道固定。

(2)安装前后支座。

(3)吊装菱形桁架,过程为:先吊一片对好位置并利用后锚临时锚固;再吊另一片,安装横向连接系统,将两片桁架连成整体,锁定后锚。

(4)安装前横梁、前吊杆和后吊带。

(5)吊装底模架及底模板(可以分别吊装,也可将底模和底模架拼装好后整体吊装)。

(6)吊装内模架走行梁,安装好前吊杆、后吊带。

(7)安装外模,由于外模已在0号段使用,故只需将外模走行梁插入外模框架内,用5 t倒链滑车拖至2号梁段位置即可。

(8)吊装顶板纵向张拉平台。

(9)调整挂篮位置,调整内容及标准为:挂篮中线应与桥梁中线重合(偏差不得超过5 mm);变形量以现场实测值为准,在悬灌过程中,根据混凝土作业量将弹性变形值分次进行调整,每次的调整量为4~6 mm。

(三)挂篮悬浇施工

利用0号段桥面对称拼装好两套挂篮后,即可进行悬臂灌注施工。

(1)安装底板、腹板钢筋并安装预应力管道,预留底桁后锚孔。

(2)安装1号梁段内的内模架和内模,并调整好标高。

(3)安装端模板,并与内外模板连接。

(4)绑扎顶板钢筋并安装预应力管道。预埋内、外滑梁的吊杆孔及桥梁附属结构钢筋。

(5)为避免梁段与梁段之间形成错台现象,按先底板后腹板,由前向后的灌注顺序一次对称灌注2号梁段。

(6)养护及拆模,及时对梁段端头进行凿毛。

(7)穿束及张拉。

(8)压浆。

(9)按照上述循环方式一次完成悬灌。

## 三、梁体混凝土施工

梁体混凝土采用悬臂灌注施工技术,根据设计及连续梁工艺的要求,混凝土必须同时满足高强、早强、高流态、缓凝四大技术指标。混凝土运输方式为:用混凝土输送泵泵送至浇筑工作面。

梁体混凝土的下料:底板混凝土由前端挂设串筒输送到位,腹板下部混凝土由腹板中部开的振捣窗输送到位,上部混凝土直接由顶面输送到位。

混凝土施工时,为了避免在梁段交界处出现错台现象,混凝土从梁的前端向后端浇筑。浇筑时,必须注意悬臂两端对称,悬臂两端混凝土的重量相差不得超过设计要求。

捣固时注意预应力锚下混凝土的振捣质量,做到混凝土内实外美。

## 四、预应力施工

上部结构预应力系统包括纵向预应力、横向预应力、竖向预应力。纵向预应力钢束采用 $\phi^s$15.2 mm 的高强度低松弛钢绞线,锚固系统采用群锚双向张拉;横向预应力钢束采用 $\phi^s$15.2 mm 的高强度低松弛钢绞线,均采用单端张拉方式,锚固端采用 P 锚;竖向预应力钢筋采用 $d$32 精轧螺纹钢,设置在各段腹板处,基准间距为 50 cm,张拉时采用单端张拉,张拉端设在桥面。

### (一)预应力安装

主桥预应力钢束种类较多,在施工过程中应注意严格按照钢束编号设置、接长预应力钢束波纹管,防止出现错误。

浇筑混凝土时,管道内可内衬硬塑料管芯,混凝土浇筑完成后拔出,这样对防止管道变形、漏浆有较好效果。混凝土浇筑后及时通孔、清孔,发现堵塞及时处理。

横向预应力管道安装时要注意防止出现水平和竖直弯曲,严禁施工人员踩踏和挤压。

竖向预应力筋安装时,注意梁底锚固端的封闭,防止漏浆。

### (二)预应力张拉

预应力钢束必须在混凝土强度达到设计张拉强度才可张拉。

纵向预应力钢束张拉采用 YCW500A 型千斤顶,横向预应力采用 YCJ32 型千斤顶,竖向预应力采用 YC60A 型千斤顶,张拉机具张拉前要配套标定。

按设计顺序张拉作业,张拉实行张拉吨位与引伸量双控。预应力钢束、粗钢筋张拉达到张拉吨位时,其实际与理论引伸量之间的允许误差控制在±6%之间,实际引伸量值应扣除钢束的非弹性变形影响。

张拉预应力钢束时,要求同一断面的断丝率不得大于 1%,且不允许整股钢绞线拉断。

预应力钢束张拉完毕,严禁撞击锚头和钢束,保证锚具与预应力的质量,必须尽早进行封锚,在封锚之前,采取妥善措施,防止锚头锈蚀。

竖向预应力粗钢筋在第一次张拉完成约 20 d 后,再进行二次复张,各阶段张拉时,采用测力扳手拧紧螺帽,以保证张拉质量。

### (三)管道压浆

预应力钢束在张拉完成后,应在 24 h 内完成压浆。压浆前用高压水将孔道内的杂质清洗干净,然后方可压浆。按先下后上,由低向高,集中在一处的孔道一次压完的顺序进行,由一端向另一端进行压注。

为保证管道内浆液密实,压浆采用真空辅助吸浆技术。在施工前,制定相应操作规程,对施工人员进行岗前培训,并在施工前进行真空压浆试验。

浆液使用纯水泥浆,并掺入 FDN 减水剂及适量膨胀剂,以减少水泥浆收缩徐变,增加孔道内密实度。

压浆水泥浆液由拌浆机拌制,拌好的浆液通过 2.5 mm×2.5 mm 的细筛后,存放于储浆桶中供压浆使用,浆液温度控制在 8~24 ℃之间。当真空压浆机出浆浓度较高时,关闭出浆口阀门,继续压浆,当压力升至 0.8~1.0 MPa 时,稳压并将进浆口阀门关闭,保证压浆饱满、密实。每个压浆孔道必须一次压完,不得中途停顿,压浆完成后,及时清洗压浆机和压浆管,以备下一梁段使用。

## 五、连续梁合龙段施工

### (一)边跨合龙段施工

1. 施工准备

(1)悬臂梁段浇筑完毕,拆除悬臂挂篮。

(2)清除箱顶、箱内的施工材料、机具,用于合龙段施工的材料、设备有序放至墩顶。

(3)在两悬臂端预备配重水箱。

(4)近期气温变化规律测量记录。

(5)边跨合龙段与边跨等高度现浇段一样,采用满堂支架支模施工。悬臂梁段浇筑完毕,拆除挂篮,接长边跨等高度现浇段支架,拼装合龙段支架,支架的搭设与现浇段要求一样。外模采用挂篮模板,底模采用18 mm厚胶合板,内模采用组合钢模。

2. 普通钢筋及预应力管道安装

普通钢筋在地面集中加工成形,运至合龙段绑扎安装,绑扎时将劲性骨架安装位置预留,等劲性骨架锁定后补充绑扎。底板束管道安装前,应试穿所有底板束,发现问题及时处理。合龙段底板束管道采用钢管或者用双层波纹管替代,管道内穿入钢绞线芯模,以保证合龙段混凝土浇筑后底板束管道的畅通。其余预应力束及管道安装同箱梁悬灌梁段。

3. 合龙锁定

合龙前使悬臂端与边跨等高度现浇段临时连接,尽可能保持相对固定,以防止合龙段混凝土在浇筑及早期硬化过程中发生明显的体积改变。锁定时间按合龙段锁定设计执行,临时"锁定"是合龙的关键,合龙"锁定"遵循又拉又撑的原则,即"锁定"包括焊接劲性骨架和张拉临时预应力束。支撑劲性骨架采用"预埋槽钢+连接槽钢+预埋槽钢"三段式结构,其断面面积及支承位置根据锁定设计确定。合龙时,在两预埋槽钢之间设置连接槽钢,并由连接钢板将连接槽钢与预埋槽钢焊接成整体,同时注意焊缝应设在不同截面处。临时预应力束按设计布置,临时预应力张拉吨位按锁定设计确定,劲性骨架顶紧后进行张拉,临时束张拉锚固后不压浆,待合龙完毕后再将劲性骨架拆除。

4. 浇筑合龙段混凝土

合龙段混凝土浇筑过程中,按新浇筑混凝土的重量分级卸去平衡重(即分级放水),保证平衡施工。合龙段混凝土选择在一天中气温较低时进行浇筑,可保证合龙段新浇筑混凝土处于气温上升的环境中,在受压的状态下达到终凝,以防混凝土开裂。

5. 预应力施工

合龙段永久束张拉前,采取覆盖箱梁悬臂并洒水降温以减小箱梁悬臂的日照温差。底板预应力束管道安装时要采取措施保证管道畅通,待合龙段混凝土达到设计规定强度和相应龄期后,先张拉边跨顶板预应力束,再张拉底板第一批预应力束,按照设计要求的张拉吨位及顺序双向对称进行张拉。横向、竖向及顶板纵向预应力施工同箱梁悬灌梁段施工,合龙段施工完毕后,拆除临时预应力束并对其管道压浆。

6. 拆模

直线段支架下落,拆除模板及支架

(二)中跨合龙段施工

1. 吊架及模板安装

中跨合龙梁段采用合龙吊架施工,合龙吊架和模板采用施工挂篮的底篮及模板系统组装施工。

安装步骤为:

(1)将挂篮的底模整体前移至合龙段另一悬臂端。

(2)在悬臂端预留孔内穿入钢丝绳,用几组滑车吊起底篮前横梁及内外滑梁的前横梁。

(3)拆除挂篮前吊杆。

(4)用卷扬机调整所有钢丝绳,使底篮及内外滑梁移到相应位置,安装锚杆、吊杆和连接器将吊架及模板系统锚固稳定。

(5)将主桁系统退至0号梁段后拆除。

2. 设平衡重

采用在悬臂端的水箱中加水的方法设平衡重,近端及远端所加平衡重吨位由施工平衡设计确定。

3. 钢筋及预应力安装

普通钢筋及预应力管道安装与边跨合龙段相同。

4. 合龙锁定

合龙前使合龙段两共轭悬臂端临时连接,尽可能保持相对固定,以防止合龙段混凝土在浇筑及早期硬化过程中发生明显的体积改变。合龙前除悬臂端按平衡要求设置平衡重外,如施工控制有要求时还将对合龙段处采取调整措施。合龙段支撑劲性钢骨架施工及临时预应力束张拉施工同边跨合龙段施工。

5. 解除锁定

解除连续梁墩顶的临时锁定,并切断该墩临时支座锚固钢筋,完成体系转换。浇筑合龙段混凝土,中跨合龙段混凝土浇筑与边跨合龙段施工相同。

6. 预应力施工

中跨合龙完成后,张拉中跨预应力束,再张拉边跨底板第二批预应力束,合龙段施工完毕后,拆除临时预应力束并对其管道压浆。拆除模板及吊架。

**六、线形监控**

(一)主梁新浇节段线形控制

新浇节段的高程在混凝土浇筑过程中用前端高程控制,在通知单上给出标准状态下立模标高、混凝土浇筑完成、预应力张拉状态下的前端绝对高程,同时给出温度变化曲线。新浇节段在立模和浇筑混凝土过程中,由于温度和施工荷载的不确定性,主要控制节段前后点高差。挂篮主桁弹性变形和模板支架的非弹性压缩在立模时予以预调;在混凝土浇筑过程中,可通过前吊杆来控制新浇段前端点高差;挂篮桁架和模板支架等的变形对节段高程的影响,用预抬挂篮平台的方法清除。

(二)线形控制

每一节完成后,将测试资料进行标准化处理(温度修正、近期目标线等),然后与设计值一起综合分析、比较,以确定调整措施和下一节段的立模高程。在边、中跨合龙前加大测试密度,以使实际状态接近此时的设计目标。

高程线形测量以通过线路测设在 0 号段水准基点为依据,对已浇各块的水准标志进行测量,根据水准标志与梁底高差关系,推算梁底的实际线形,为下一节段的线形高程提供依据。

中线测线以通过导线测量在两个 0 号段中心连线(桥轴线)为基准,测定已浇各段中线点相对桥轴线的偏距,为下一节段延伸提供依据,同时每隔一定段数检测其与起点的距离变化,以了解主梁混凝土变化及弹性压缩的影响。

以上测量工作均应安排在日出前大气温度变化小,气候稳定的时间内同步进行。

## 第六节　大跨度桥梁施工

大跨度桥梁是指主跨单跨跨度大于 100 m 的桥梁或者一联多于 3 跨的连续梁桥。

**一、成都高架特大桥**(双线部分)

(一)工程概述

成都高架特大桥(双线部分)在 CYSG-1 标段范围内,采用了 1 联(32+48+32)m 连续梁、1 联(40+56+40)m 连续梁、1 联(40+64+40)m 连续梁和 2 联(48+80+48)m 连续梁共 5 联连续梁,跨越了绕城高速、成昆货运专线、在建公路、城市道路以及东风渠。

本桥双线部分中心里程为 DK3+440,全长 20 218.97 m,孔跨布置为:2×32 m 变宽简支梁+5×32 m+(48+80+48)m 连续梁+29×32 m+(40+2×64+40)m 连续梁+5×32 m+(5×32)m 三变双连续梁+10×32 m+2×24 m+5×32 m+(5×32)m 三变双连续梁+9×32 m+(38+64+40)m 连续梁+9×32 m+2×24 m+52×32 m+(48+80+48)m 连续梁+7×32 m+1×24 m+36×32 m+2×24 m+11×32 m+2×24 m+9×32 m+(40+64+40)m 连续梁+9×32 m+2×24 m+5×32 m+1×24 m+34×32 m+1×24 m+34×32 m+2×24 m+21×32 m+2×24 m+9×32 m+1×24 m+5×32 m+(32+48+32)m 连续梁+20×32 m+2×24 m+66×32 m+2×24 m+4×32 m+2×24 m+1×32 m+(40+56+40)m 连续梁+

61×32 m+1×24 m+10×32 m+2×24 m+10×32 m+1×24 m+29×32 m+(48+80+48)m 连续梁+41×32 m。桥墩采用圆端实体桥墩、圆端空心桥墩，194 号～197 号墩、265 号～268 号墩、394 号～397 号墩、494 号～495 号墩、611 号～614 号墩为连续梁桥墩；桥台采用矩形空心桥台；基础采用钻孔灌注桩基础，钻孔桩桩径采用 1.0 m、1.25 m 和 1.5 m。

本段控制工程为：(48+80+48)m 连续梁跨越绕城高速公路和东风渠，为大跨度连续梁施工，中心里程分别为 DK7+035.76、DK20+347.76，(40+64+40)m 连续梁跨越成昆货运铁路外绕线，施工工期 14.4 个月。

桥梁工程特点有：桥梁结构形式有连续梁、简支梁，且多次跨越既有公路和铁路，技术含量高，施工难度大。工后沉降和混凝土徐变控制标准高。

(二)施工组织设计

1. 施工组织总体思路

根据工程特点和施工组织规划原则，拟定工程施工组织总体思路如下：

在所有施工过程中，钻孔桩施工、大体积混凝土施工及预应力施工为特殊施工过程，需加强施工控制。

以连续作为施工控施工作为重点，成都高架特大桥下部结构、现浇梁施工作为施工控制主线，突出重点、突破难点、保证关键、兼顾一般，进行总体施工组织布置和规划。桥梁下部结构划分为 4 个区段，配备相应设备、人员、资金、材料供应等生产要素，主体工程按照区间平行、区内流水组织，相关工程穿插施工，合理安排施工顺序及工期。

2. 施工关键线路

根据工期计划和施工进度安排，施工关键线路为：

施工准备→成都高架特大桥下部结构(DK5+000～DK22+192)→DK16+911 处(40+56+40)m 连续梁→DK10+400～DK22+192 桥面系→DK10+400～DK0+000 桥面系→配合铺轨→收尾→自检→联合调试→初验。

(三)控制工程及重难点工程

项目部对全段工程从工期、规模、技术含量、工程复杂程度等方面进行分析，确定本段控制工程、重点(关键)和难点工程。重点(关键)和难点工程及特点见表 4-3-10。

**表 4-3-10 重点(关键)和难点工程及特点**

| 序号 | 工程名称 | 工程特点、难点 | 工程概况 |
|---|---|---|---|
| 1 | 跨绕城高速公路连续梁(48+80+48) m | 连续梁采用挂篮现浇，连续梁跨度大，节段重，线形控制要求高，在施工中监控工作量大，质量要求高；绕城高速公路交通运输量大，挂篮施工时安全防护要求高 | 与绕城高速公路成 67°角斜交，净空高约 10 m。<br>基础为桩基础+承台+承台垫块的结构形式。基础采用钻孔灌注桩基础，边跨墩设 11 根 $\phi$1.25 m 桩基，主墩设 12 根 $\phi$1.5 m 桩基，设计桩长 24～29 m。承台分为一级承台和二级承台。墩身采用圆端形实体墩，194 号～197 号为连续梁桥墩，194 号、197 号为副墩，高度分别为 16 m、17 m，195 号、196 号为主墩，高度分别为 13 m、12 m。桥梁主梁为单箱单室，变高度、变截面结构，底板高按二次抛物线变化。箱梁顶宽 12 m，底宽 6.7 m，桥梁建筑总宽 12.28 m，箱梁最大高度 6.65 m，最小高度 3.85 m |
| 2 | 跨成昆铁路货运专线(40+64+40) m | 连续梁采用挂篮现浇，线形控制要求高，安全防护要求高，对既有线施工安全控制要求高 | 与成昆铁路货运线成 56°角斜交，净空高约 8.45 m。<br>基础为桩基础+承台+承台垫块的结构形式。基础采用钻孔灌注桩基础，副墩设 11 根 $\phi$1.25 m 桩基，主墩设 11 根 $\phi$1.5 m 桩基，设计桩长 24～26 m。承台分为一级承台和二级承台。墩身采用圆端形实体墩，265 号～268 号为连续梁桥墩，265 号、268 号为副墩，高度分别为 18 m、17 m，266 号、267 号为主墩，高度分别为 15 m、14 m。桥梁主梁为单箱单室，变高度、变截面结构，底板高按二次抛物线变化。箱梁顶宽 12 m，底宽 6.7 m，桥梁建筑总宽 12.28 m，箱梁最大高度 6.05 m，最小高度 3.85 m |
| 3 | 跨地方公路连续梁(32+48+32) m | 连续梁采用支架现浇施工，施工中对地基处理要求高，支架搭设需要专项施工方案并通过专家评审 | 与在建公路在平面上成 128°左右交角，连续梁底面与路面最大距离为 14.2 m。<br>基础为桩基础+承台+承台垫块的结构形式。孔桩为钻孔灌注桩，孔桩直径 1.25 m，最大深度 30 m；墩身采用圆端形实体墩，394 号～397 号桥墩为连续梁墩，其中 394 号主墩高 8 m，395 号主墩高约 11 m；梁体为单箱单室，变高度、变截面结构，箱梁顶宽 12 m，中支点处梁高 4.05 m，跨中 12 m 直线段及边跨 14.75 m 直线段梁高为 3.05 m，梁全长 112 m，梁体施工采用三角形后锚点挂篮，悬臂浇筑施工 |

续上表

| 序号 | 工程名称 | 工程特点、难点 | 工程概况 |
|---|---|---|---|
| 4 | 跨龙华路连续梁(40+56+40) m | 连续梁采用挂篮现浇,连续梁线形控制要求高,施工技术复杂、难度大;在施工中监控工作量大,质量要求高;龙华路交通运输量大,挂篮施工时安全防护要求高 | 与龙华路在平面上成90°左右交角,连续梁底面与路面最大距离为9.3 m。 |
| 5 | 跨东风渠连续梁(48+80+48) m | 连续梁采用挂篮现浇,连续梁跨度大,节段重,线形控制要求高,施工技术复杂、难度大;在施工中监控工作量大,质量要求高;东风渠流量大,水土保持、水流畅通及抗干扰性要求高 | 与东风渠在平面上成45°左右交角,铁路桥与东风渠渠面水位最大距离为10 m,堤坝顶距连续梁底最大距离为7.5 m。<br>基础为桩基础+承台+承台垫块的结构形式。孔桩为钻孔灌注桩,孔桩直径1.5 m,最大深度30 m;墩身采用圆端形实体墩,611号~614号桥墩为连续梁墩,其中611号主墩高9 m,612号主墩高约7 m;梁体为单箱单室,变高度、变截面结构,箱梁顶宽12 m,底宽6.7 m,中支点处梁高6.65 m,跨中9 m直线段及边跨13.25 m直线段梁高为3.85 m,梁全长177.5 m,梁体施工采用三角形后锚点挂篮,悬臂浇筑施工 |

(四)施工方案

桥梁工程的施工组织以架梁作业为控制主线,按照先台后墩、先特殊桥跨墩后标准桥跨墩的原则,共设8个桥梁施工队承担桥梁下部结构和连续梁等现浇梁的施工,按重点保证特大桥、特殊孔跨基础施工、现浇梁施工、箱梁架设的总体顺序,组织进行平行流水施工。桥梁附属在主体工程完成后及时施工。

下部结构根据进度要求合理划分施工单元,采取多开工作面的方法,分段平行流水,长桥短修,确保整桥工期。钻孔桩采用旋挖钻施工、承台和墩柱采用厂制大块钢模,混凝土由混凝土拌和站集中拌和,运输至施工现场。

1. 基础施工方案

钻孔灌注桩根据地质状况主要采用冲击钻机或旋挖钻钻孔,泥浆护壁法成孔,导管法灌注水下混凝土。

承台基坑采用挖掘机开挖,人工配合进行清底并确保基坑无积水,必要时在基坑外周设置降水井。基坑开挖视土质及地下水情况,选用放坡、带挡板加支撑支护防护、钢板桩等防护形式。混凝土采用组合钢模板立模,嵌入基岩部分基础满灌混凝土,大体积混凝土预埋冷却管控制内部温度。

2. 桥梁墩身

实体墩、矩形空心桥台采用大块组合钢模板一次立模浇筑。墩、台身钢筋在钢筋加工厂制作成半成品,现场绑扎成形;钢筋、模板采用汽车吊或附墩式塔吊垂直提升,人工配合安装;墩、台身混凝土采用集中拌和,混凝土输送泵施工。

3. 结构混凝土施工

混凝土按耐久性混凝土设计配合比,所有混凝土均由沿线混凝土拌和站集中生产,拌和站机械供料、电子计量。混凝土采用混凝土运输车运输,混凝土输送泵或泵车灌注,振捣器振捣,分层浇筑成形,覆盖洒水养护。大体积混凝土采取必要的温控防裂、防腐蚀措施,保证混凝土的防腐蚀和耐久性。

4. 桥梁梁部施工

(1)预应力混凝土连续梁

本段连续梁采用全液压式三角形挂篮悬灌施工,各节段采用挂篮分段悬臂对称浇筑,中跨合龙段采用合龙吊架,边跨合龙段在直线段现浇支架上施工,先合龙边跨,后合龙中跨。

(2)现浇连续梁

连续梁边跨合龙段采用支架现浇法施工。

5. 桥面系施工方案

箱梁桥面铺装施工主要包括防撞墙、电缆槽、接触网支柱基础、人行道挡板、遮板及桥面防水层、保护层、伸缩缝的铺设安装施工。

电缆槽、防撞墙、接触网支柱基础采用立模现浇方式进行施工。

(五)主要施工工艺和施工方法

1. 钻孔桩基础

(1)施工工艺流程

钻孔灌注桩施工工艺流程如图 4-3-37 所示。

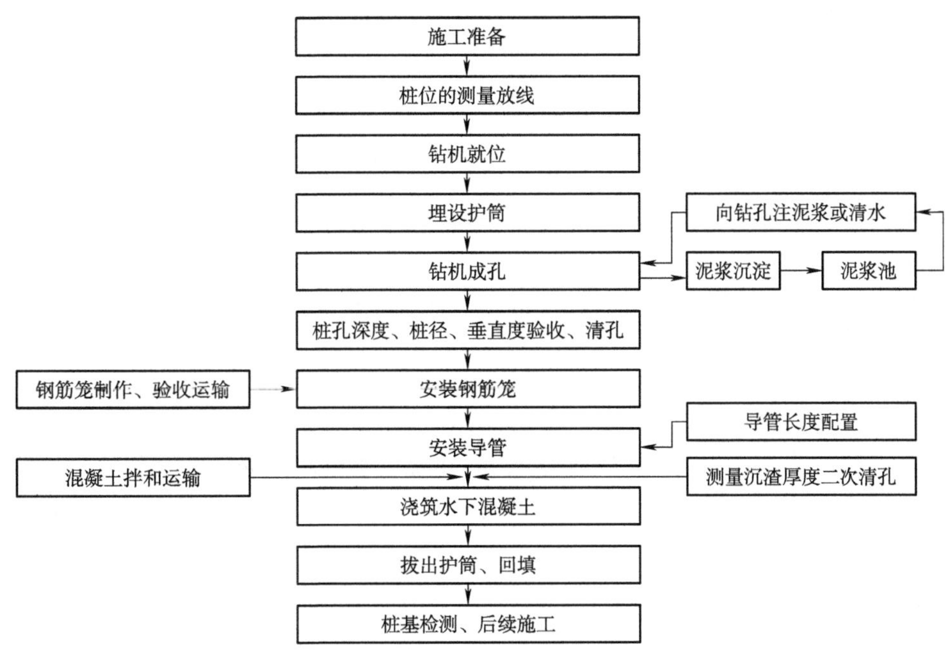


图 4-3-37　钻孔桩施工工艺框图

(2)施工方法

1)施工准备

场地准备:旱地钻孔时要求平整场地,清除杂物,换除软土,夯打密实。

埋设护筒:采用钢护筒,钢板壁厚 10 mm,高度为 2 m,做成整体圆形,为增加刚度防止变形,在护筒上端、下端和中部的外侧各焊一道加劲肋。护筒直径符合设计、规范要求。旱地(浅水经筑岛后按旱地处理)施工护筒埋深 1.5 m,护筒顶高出地面 50 cm,埋设时将护筒周围 0.5～1.0 m 范围内土挖除,夯填黏土至护筒底 0.5 m 以下。

泥浆:泥浆有护壁和悬浮钻渣两个作用。一般可选塑性指数大于 25,粒径小于 0.005 mm 颗粒含量多于总量 50%的黏土制浆。如当地缺少适宜的黏土时,可用略差的黏土,并掺入 30%的塑性指数大于 25 的黏土。所有黏土中不应含有石膏、石灰或钙盐类化合物。调制泥浆时采用将黏土直接投入钻孔内,利用钻锥冲击制造泥浆。

2)钻机成孔

冲击钻成孔工艺:开挖时应先在孔内灌注泥浆(有水时可直接投入黏土),采用小冲程,使成孔坚实、竖直、圆顺,能起导向作用,并防止孔口坍塌。当钻进深度超过钻头全高加冲程,且超过护筒底脚以下 2～4 m 后,方可进行正常的冲击;钻进过程中,必须勤松绳、适量松绳,防止打空锤;勤抽渣,使钻头经常冲击新鲜地层。每次松绳量:松软上层为 5～8 cm,密实坚硬上层为 3～5 cm。冲程应根据土层情况而定,坚硬土石层采用高冲程(100 cm),较软土层采用中冲程(75 cm),在易坍塌地层宜用小冲程,并应相应提高泥浆的黏度和相对密度。被冲击破碎的钻渣,少部分和泥浆一起被挤进孔壁,大部分靠反循环泥浆泵将钻渣清除出孔外。清渣必须按时,一般密实坚硬土层每小时纯钻进小于 5～10 cm、松软地层每小时纯钻进小于 15～30 cm 时,应进行清渣。或每进尺 0.5～1.0 m 时清渣一次,每次清至泥浆内含渣显著减少时为止。在初钻孔阶段,为使钻渣挤入孔壁,可待钻进 4～5 m 后再清渣,正常钻进每工班至少应清渣一次。

旋挖钻成孔工艺:钻机就位前,应对钻孔各项准备工作进行检查。钻机安装后的底座和顶端应平稳,在钻进中不应产生位移或沉降。就位完毕,施工队对钻机就位自检。钻孔前,按施工设计所提供的地质、水文资料绘制地质剖面图,挂在钻台上。针对不同地质层选用不同的钻头、钻进压力、钻进速度及适当的泥浆比重。

钻孔作业应分班连续进行,由质检工程师填写钻孔施工记录,交接班时应交代钻进情况及下一班应注意事项。应经常对钻孔泥浆及钻机对位进行检测,不符合要求时,应及时改正。应经常注意地层变化,在地层变化处应捞取样渣保存。

钻孔过程中应观察主机所在地面和支脚支撑地面处的变化情况,发现沉降现象及时停机处理。因故停机时间较长时,应将套管口保险钩挂牢。

成孔检查:成孔检查在不同施工阶段和不同作业方式的情况下,可采取不同的检查器械和手段。孔径和孔形检测、孔深和孔底沉渣检测、桩孔垂直度检测及桩位检测。各种成孔检测项目的检测方法、数值、频率等都必须满足现行的技术规范。按施工规范的规定,钻孔在终孔和清孔后,应使用仪器对成孔的孔位、孔深、孔形、孔径、垂直度等指标进行精确的检测。

清孔:钻孔至设计高程经检查获准后,立即进行清孔,灌注水下混凝土前容许沉渣厚度不大于规范要求。清孔方法主要采用掏渣筒与吸泥机,掏渣或吸泥时,应及时向孔内注入清水或新鲜泥浆,保持孔内水位,避免坍孔。

3)钢筋笼制作与安装

钢筋笼宜整体吊装入孔,为了吊装时有足够的刚度,主筋与加强箍筋必须全部焊接,如条件困难时可分段(每段不超过 6~8 m)入孔。为减少上下节偏心,上下两段应保持顺直,接头最好采用对焊(手扶对焊机);条件不具备时,可采用帮条焊接。钢筋笼入孔后,应牢固定位,以免在灌注混凝土过程中发生掉笼或浮笼现象。

4)灌注水下混凝土

采用直升导管法灌注水下混凝土。导管上设漏斗,漏斗下设隔水栓。开始时漏斗中储备足量的混凝土拌和物,其数量要保证在切断隔水栓首批混凝土灌注下去后,使导管下口埋入混凝土中 1~3 m。以后尽量采用连续快速灌注,混凝土拌和物通过导管进入已灌好的混凝土中,并始终保证导管口埋在混凝土中(控制在 2~6 m 范围内)。让灌好的混凝土顶托着上面的泥浆和水逐步上升。为使灌注工作顺利进行,应尽量缩短灌注时间,使整个灌注工作在首批混凝土初凝以前的时间内完成。

导管使用无缝钢管,厚 8 mm,直径 300 mm,中间节长 2 m,底节长 4 m。为了保证导管搭配,导管上部有 1 m 和 1.5 m 两种形式,接头用法兰盘连接,底节导管下端不得有法兰盘。导管使用前应试拼、试压,不得漏水,并编号及自下而上标示尺度。

拌和机数量可根据一台拌和机的生产率、灌注混凝土数量和适当的灌注时间来计算。根据目前施工经验,适当的灌注时间为:桩长<20 m 时为 1.5~2 h;桩长 20~40 m 时,为 2~3 h,如水泥初凝时间少于上列数值时,则首批混凝土必须掺入缓凝剂。

水下混凝土的坍落度应 18~22 cm,骨料宜采用河砂、卵石,粗骨料粒径采用 1~4 cm。混凝土采用具有自动计量和检测装置的拌和站集中供应,混凝土由混凝土输送车运至现场,用混凝土输送泵或泵车泵送入导管漏斗。

在混凝土灌注过程中,应设专人经常测量导管埋入深度,并做好记录。

2. 承台施工

(1)施工工艺流程

承台施工工艺流程如图 4-3-38 所示。

(2)施工方法

1)基坑开挖:陆上承台基坑开挖采用机械开挖方式,人工配合修整。在基坑开挖过程中注意排水和降水。承台模板采用组合钢模板,混凝土采用具有自动计量和检测装置的拌和站集中供应,通过混凝土搅拌运输车运至现场后,用混凝土泵车泵送入模。对于体积较大的承台采用预埋冷却管的方式降温。

2)破桩:破桩应采用水平锯切割,破桩后应保持桩头的完整。破桩的同时清除高出承台面的封底混凝土。其余部位承台采用人工配合挖掘机进行开挖至破桩位置,破桩完成后,人工清除剩余部分土方,并对基底进行硬化处理。

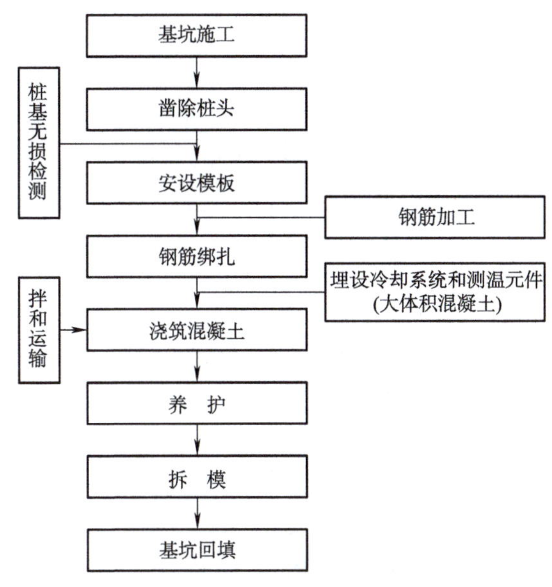


图 4-3-38　承台施工工艺框图

3)模板:承台模板使用组合钢模,并用方钢制横纵扣带调平调直钢模,在交叉点处使用短方木支撑于坑壁或钢板桩侧壁上。

4)钢筋:承台钢筋采用加工场弯制的半成品,现场绑扎成形。钢筋保护层使用同级别混凝土预制垫块控制。

5)混凝土测温、降温:混凝土施工前埋设冷却系统、布设测温点,施工过程中通过冷却管通循环水降低混凝土内部水化热,并进行温度观测,控制混凝土内外温度梯度,防止开裂。承台内布设一层冷却水管,不间断通水循环降温,如图 4-7-39 所示。

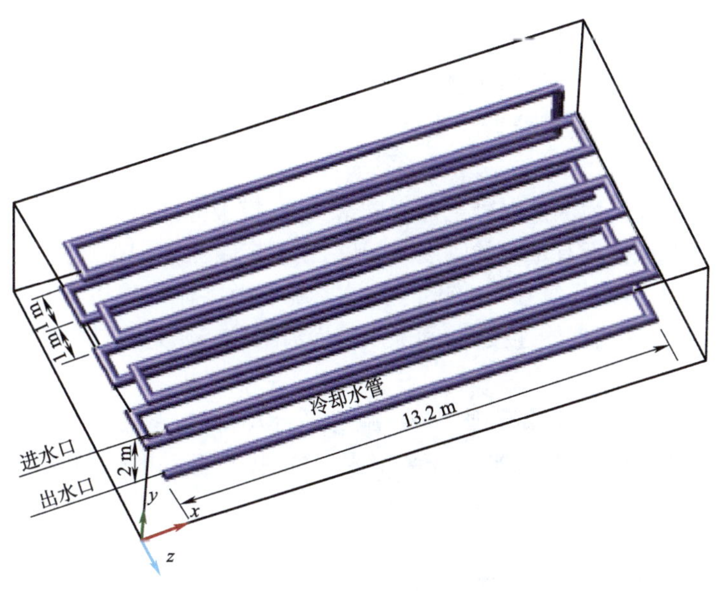


图 4-3-39　承台冷却水管布置示意图

6)混凝土浇筑:承台混凝土采用具有自动计量和检测装置的拌和站集中供应,陆地上混凝土由混凝土输送车运至现场,用混凝土泵车或输送泵泵送入模;鱼塘施工时,混凝土采用混凝土输送车运至岸边,然后用混凝土输送泵泵送入模。浇筑时分层进行,分层厚度不大于 30 cm。混凝土振捣使用插入式振捣器,混凝土浇筑至设计标高时,表面使用木抹刮平,用光抹压光,并在混凝土初凝前用光抹多次收光,以防止混凝土表面产生收缩裂纹。表面采用覆盖的方式洒水养生。

3. 墩身施工

(1)施工工艺流程

实体墩施工工艺流程如图 4-3-40 所示。

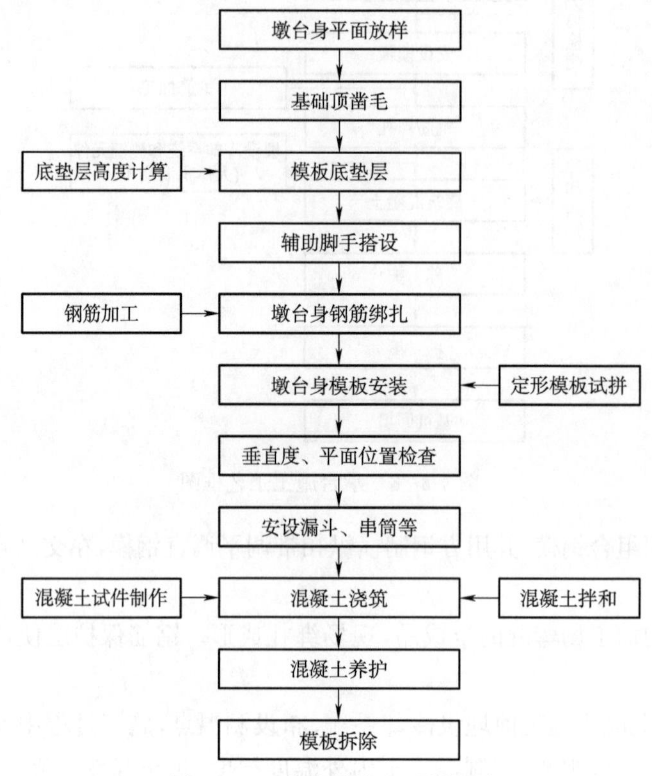


图 4-3-40 实体墩施工工艺框图

(2)施工方法

本段实体墩身采用大块定形钢模板,连续灌注墩身混凝土,一次整体浇筑成形。墩身模板和钢筋采用汽车吊垂直吊装作业。墩身混凝土采用集中拌和,混凝土运输车运输、泵送入模的方式施工。墩身浇筑完成后先带模浇水养生,拆模后覆塑料膜养生。

1)模板

模板采用特制定形钢模板。为保证混凝土外观质量美观,模板标准节每节高 2.0 m,另外根据墩高不同配不同的调整节模板。为保证模板有足够的刚度和强度,模板背带采用[10 槽钢,面板采用 6 mm 厚优质冷轧钢板。模板在专业厂家制作,制作时在平台上的胎具控制下做整体施焊以保证其整体刚度及几何形状。钢模节片之间采用企口工艺,使用螺栓连接,节间隙用双面海绵胶条密封,以防混凝土施工时漏浆。

2)支架安装

墩身模板安装前,在墩身四周搭设钢管脚手架、施工平台及爬梯,钢管脚手架闭合,要有足够的刚度及稳定性满足施工荷载。支架结构的立面、平面安装牢固,并能抵挡振动时偶然撞击。支架立柱在两个互相垂直的方向加以固定,支架支承部分安置在可靠的地基上。

3)模板吊装和板缝处理

分节或大块板扇用吊车吊装。吊装时要采取措施控制模板的变形。模板安装好后,检查轴线、高程符合设计要求后加固,保证模板在灌注混凝土过程受力后不变形、不移位,模内干净无杂物,拼合平整严密。板缝的处理采用在接缝处夹海绵条或缝外补平等方法。接缝要求紧密,不漏浆,确保外观平滑顺直。

4)检查校正

模板吊装拼接完成后,检查中线、模板各部位尺寸、顶面高程,模板表面平整度和板缝间的错台等。

5)模板加固与表面处理

在模板调整校正符合要求后,进行加固。初次加固完成后再次复核尺寸是否满足要求。模板检查合格后,将模板内部和表面油污、杂物清除干净,并在模板面上涂刷脱模剂。

6)钢筋施工

运到现场的钢筋具有出厂合格证，表面洁净。使用前将表面杂物清除干净。钢筋平直，无局部弯折。各种钢筋下料尺寸符合设计及规范要求。

墩身钢筋在加工厂集中下料，现场人工绑扎，并与墩台基础锚固筋按规范和设计要求连接牢固，形成一体；钢筋骨架按每平方米设置 4 个垫块，以保持钢筋在模板中的准确位置和保护层厚度。

7)浇筑混凝土

混凝土采用自动计量集中拌和站拌和，混凝土输送车运输，泵送或汽车吊吊送入模。正式浇筑前，经试验优选配合比，确定坍落度、振捣时间、振捣次数等技术参数。

混凝土浇筑前，将基础与墩、台身接头处混凝土进行凿毛，清除浮浆及松动部分，冲洗干净，并整修连接钢筋。浇筑时在墩身整个平截面内对称水平分层进行，浇筑层厚控制在 30 cm 以内，同时注意纠正预埋铁件的偏差，保证混凝土密实和表面光滑整齐，无垫块痕迹。

混凝土浇至支座垫石顶面时注意抹平压实，并特别注意锚栓孔的预留(采用符合尺寸圆木，在浇筑过程中控制圆木的位置，保证其设计位置符合架梁要求)，如果支座高度与设计预留的高度有变化，则要注意根据支座中心处的梁底标高调整支承垫石的高度，支承垫石的标高允许偏差(+0/－10 mm)控制。

混凝土的浇筑连续进行，如因故必须间断时，其间断时间小于前层混凝土的初凝时间或能重塑的时间，并经试验确定；若超过允许间断时间，须采取保证质量的措施或按工作缝处理。

在混凝土浇筑过程中，随时观察所设置的预埋螺栓、预留孔、预埋支座的位置是否移动，若发现移位时及时校正。注意模板、支架等支撑情况，设专人检查，如有变形、移位或沉陷立即校正并加固，处理后方可继续浇筑。

8)拆模

墩台混凝土达到拆模强度后，立即拆模，拆模时要轻敲轻打，以免损伤主体混凝土的棱角或在混凝土表面造成伤痕。拆下的模板清理干净，涂油，堆放整齐，并用篷布覆盖。

9)混凝土养护

混凝土终凝后就开始洒水养护，墩台表面盖麻袋以保持湿润。拆模后采用塑料薄膜包裹，养护期内向薄膜内喷水，保持其湿度。当气温偏低时采用草帘包裹，草帘内外加塑料薄膜。

(3)支承垫石和锚栓孔

墩台的支承垫石和锚栓孔在墩台浇筑过程中一次浇筑、预留处理到位。采取跟踪测量和精确定位措施严格控制其位置和标高。

4. 支架法现浇连续梁

DK13+673 处跨越地方道路连续梁，以及其余 4 座连续梁边跨合龙段均采用支架现浇法施工，搭设支架前，应对地基进行处理。

支架采用 WDJ 标准碗扣脚手脚安装。

外模采用大块钢模，内模采用可拆装式钢内模，在厂家定形制作。

钢筋采用在工厂加工后，运到现场人工绑扎成形。

混凝土采用拌和站集中拌和，由混凝土输送车运至现场，再由混凝土泵车直接泵送入模。混凝土一次浇筑成形。混凝土采用覆盖塑料薄膜养护。

(1)支架施工

墩梁式支架根据承受荷载、地质情况通过受力检算确定墩柱及纵横梁布置形式，桥梁上跨既有公路不能中断交通时，需留出的通道并满足通行要求，设置必要的防护。

墩柱上直接放置螺旋千斤顶，纵、横梁(为组合截面)，以及分配梁，安装底模及侧模，并按设计要求及预压观测结果设置反拱。

支架搭设完成后，为消除支架体系塑性变形对现浇梁箱梁质量的不利影响，应按照设计及规范要求对支架进行静载试验。按腹板及其两侧混凝土重量的 1.2 倍进行压重，在墩柱上下两端做观测点观测其沉降量和变形。据此来确定底模反拱的设置，而在施工第一孔梁后，要根据实测的沉降和张拉起拱对线形进行修正。

预拱度设置按跨中值最大,梁端值为零,沿梁纵向按抛物线设置。

(2)模板施工

1)模板铺设:先铺底模,按设计值预设反拱值,并根据沉降、张拉上拱度及时调整反拱值。底模与底模之间连接缝隙贴上软塑双面胶,通过连接螺栓拧紧、挤压,调整错台后,铲除多余双面胶,可达到接缝处平整、严密不透光,效果良好。

2)外侧模拼装同底模相似,拼装外侧模时,控制好模板角度与标高,底模与外侧模的连接螺栓要上足且拧紧。

3)涂刷脱模剂:底模、外侧模拼好后,打磨其上异物及铁锈,然后涂刷BTT脱模漆。脱模漆表面光洁度好,自然形成瓷釉;防漆脱模剂须在干燥的环境下涂刷,不能在有露水的夜里或雾天里涂刷,否则易形成脱皮现象。

4)内模安装:内模板为可拆装式钢模板,支架由[14槽和∟75角钢组成,每块模板之间的接缝用胶带纸封堵,保证不漏浆。内模分节组拼,待梁体底、腹板钢筋绑扎好后,通过汽车吊整体吊装,然后再把每节模板连接起来,形成整体内模。

5)内外侧模板通过梁体两侧通风孔用$\phi$16 mm拉杆对拉起来。由于内模是钢模,自重较大,再加上拉杆,克服内模上浮现象。

6)脱模:混凝土灌注后,第二天拆除端模,待混凝土强度达到设计强度80%时,拆除内外侧模,底模须待预应力初张拉且支架顶面螺旋千斤顶放松后再拆除。

(3)钢筋及预应力筋安装

钢筋按设计要求在现场钢筋加工厂集中下料弯制成形后,在梁部底模上绑扎成形。预应力筋按设计图表的下料长度下料,编束后用铁丝绑扎牢固。箱梁预应力孔道采用波纹管定位钢筋控制线形,防止漏浆,定位钢筋的位置严格按设计坐标布置,保证孔道成形符合设计要求,混凝土作业时,波纹管不能被扰动。

(4)混凝土施工

立模、绑扎钢筋完成经监理工程师检查合格后,即可进行混凝土浇筑。混凝土由混凝土拌和站集中供应,混凝土通过施工便道由混凝土运输车运输,混凝土泵车泵送入模。梁体混凝土浇筑顺序:从两端向中间水平分层、斜向分段、两侧腹板对称、连续浇筑。每层混凝土的灌注厚度不得超过30 cm。浇筑时同一断面先浇筑底板,后腹板和顶板。

混凝土浇筑入模时下料要均匀,混凝土的振捣与下料交替进行。梁体混凝土浇筑时,采用插入式振动器进行振捣;桥面采用悬空式整平机进行整平压实,顶板混凝土浇筑完毕后,初凝前人工用抹子进行二次收浆、赶压,防止裂纹,并将表面压光,以保证桥面铺装的铺装质量。

在自然气温较高的情况下,混凝土初凝后,采用洒水养护。梁体为泵送混凝土,胶凝材料用量较大,产生的水化热较大,为防止因干缩、温差等因素出现的裂缝,在混凝土浇筑完成后12 h内即以土工布覆盖养护,并在其上覆盖塑料薄膜,梁体洒水次数应能保持混凝土表面充分潮湿。梁体养护用水与拌制梁体混凝土用水相同。

(5)预应力施工

预应力张拉采用两端整体张拉。预应力张拉时,应按"对称、均衡"原则进行,相同编号的钢束应左右对称进行,张拉采用张拉力为主、伸长量作为校核的原则进行双控。

检查梁体混凝土强度及混凝土弹性模量是否达到设计要求;计算钢束理论伸长值;清除箱梁端部锚垫板上及喇叭管内的水泥浆,调整箱梁两端钢绞线束的外露长度大致相等;在第一跨箱梁张拉时要对锚头、孔道等引起的摩阻损失进行实际测定,根据实测结果计算张拉控制力,并与设计单位协商进行修正。

锚具和千斤顶在使用前,对其外形外观、硬度、锚固性能及工艺性能进行抽样复检,合格后方能使用。

箱梁预应力施工采用双控法,以应力控制为主,伸长值作校核,其张拉程序为:0→初应力$\sigma_k$(测伸长值初值)→张拉到控制应力$\sigma_k$(静停5 min,测伸长值终值,计算并校核伸长值)→回油锚固(测回缩量)。

在张拉过程中,如发现滑丝、断丝,立即停止操作,查明原因,作好记录。若滑丝、断丝的数量超过有关规定时,经监理工程师检查同意后重新换束。

(6)管道压浆

张拉完成后确定预应力筋无断丝、滑丝现象,然后切除多余钢绞线,封堵锚头,封锚水泥浆强度达到10 MPa时即可压浆。压浆时间以张拉完毕不超过48 h控制,同一管道压浆作业要一次完成不得中断,且梁体及环境温度不得低于5 ℃。

压浆采用真空辅助压浆工艺,压浆泵采用连续式,同一管道压浆应连续进行,一次完成。其工作原理为:在孔道的一端采用真空泵对孔道进行抽气,使之产生负压,在孔道的另一端用压浆泵进行灌浆,直至充满整条孔道。浆体注满管道后,应在0.50~0.60 MPa压力下持压2 min,确认出浆浓度与进浆浓度一致时,方可封闭保压。水泥浆搅拌结束至压入管道的时间间隔不应超过40 min。冬季压浆时应采取保温措施,并掺加防冻剂。

(7)拆模及拆除支架

混凝土养护达到设计强度后,即可拆模卸架,拆模应注意保护梁体混凝土不受碰撞和缺棱掉角。卸架时应从跨中开始,逐步对称拆除相邻节点,使梁体均匀承载。

5. 悬臂连续梁施工

(1)挂篮要通过挂篮试压消除非弹性变形,测定弹性变形;0号段、直线段施工时也要通过对支架预压消除非弹性变形。

(2)挂篮在安装、拆除、走行和混凝土浇筑每一工况,整体稳定系数不小于2.0。临时支座的设计要有足够的安全储备并有专人在施工过程中负责观测。

(3)0号段钢筋密集,预应力管道纵横交错,施工时要加强混凝土振捣,波纹管接头连接严密牢固,在管道内插入硬质塑胶管防止漏浆堵孔。

(4)悬臂浇筑两侧对称、平衡进行,保持两侧的施工荷载偏差在设计允许范围内。根据施工控制方案,对各工况的情况进行测量并据此进行线形控制。安排专业人员进行线形控制,确保结构外形及结构受力满足设计要求。

(5)悬灌梁各部分截面一次浇筑完成,当混凝土自流高度大于2 m时,必须采用溜槽或导管输送混凝土。分节段施工时,新旧混凝土接缝表面必须凿毛、清洗,以保证新旧混凝土结合良好。混凝土养护要求保温、保湿、防晒,养护不少5 d,尽量减少收缩和温差的影响,以确保混凝土的施工质量。

(6)施工时要通过在内外模之间设置对拉杆、加大模板刚度等措施,消除节段之间的施工错台,确保外观质量达到创优标准。

(7)合龙前将合龙口临时锁定,选择在一天中气温最低时或按设计要求的气温浇筑合龙段混凝土,根据试验确定混凝土中掺加外加剂的型号及数量。

## 二、资阳沱江多线特大桥

(一)工程概况

资阳沱江多线特大桥,中心里程DK80+781.65,起止里程DK79+989.32~DK81+561.98,全长1 584.66 m。全桥孔跨布置(90+180+90)m连续梁-拱组合体系+10×32 m双线简支箱梁+7×32 m双线连续梁+(24+5×32+24)m双线连续梁+(24+3×32+24) m三变四连续梁+5×32 m双变三连续梁+3×32 m双线简支箱梁+1×24 m双线简支箱梁。

该桥跨沱江、既有成渝铁路,采用(90+180+90)m连续梁-拱组合体系,先梁后拱法施工,水中桩采用钢板桩围堰筑岛钻孔施工,梁体采用悬臂挂篮现浇施工,拱部利用连续梁上临时支架完成半拱拼装,利用主墩上搭设的竖向转体系统将两个半拱吊装合龙。进入资阳车站为双线、多线连续道岔梁,采用支架现浇施工。该桥施工工艺复杂,质量要求高,施工干扰大,安全施工压力大,安全措施要求高,环保要求高。

(二)施工组织

1. 全桥总体布置和队伍安排

(1)拌和站布置

DK81+400处的沱江东拌和站负责供应全桥的混凝土。混凝土罐车通过栈桥运抵施工部位。

(2)桥梁下部构造由一个作业架子队施工完成。连续梁-拱体系施工由现浇梁作业架子队施工。

2. 施工顺序

考虑本桥跨越沱江采用现浇梁-拱组合体系,上场立即组织进行连续梁下部结构施工,完成后进行悬臂现浇施工和拱体系施工;其次优先安排现浇多线道岔梁下部构造施工,完成后进行现浇梁施工。其他桥墩按照架梁先后顺序组织施工。

3. 主要大型临时设施和料具

本工程主要大型临时设施包括拌和站、作业队驻地、钢筋加工场、0 号块及边跨现浇支架、连续梁施工挂篮,见表 4-3-11。

表 4-3-11 主要大型临时设施和料具一览表

| 序号 | 项　目 | 单位 | 数量 | 备　注 |
|---|---|---|---|---|
| 1 | 进场道路 | km | 1.5 | 占地 7 000 $m^2$ |
| 2 | 生产生活场地 | 处 | 2 | 约占地 4 000 $m^2$ |
| 3 | 钢筋加工场 | 处 | 2 | 3 000 $m^2$ |
| 4 | 桥墩、台模板 | 套 | 4 | 含拱体系墩模 1 套 |
| 5 | 挂篮 | 对 | 2 | |
| 6 | 钢结构预装厂 | 处 | 1 | 占地 2 000 $m^2$ |
| 7 | 栈桥 | 座 | 1 | 长 200 m |
| 8 | 搅拌站 | 处 | 1 | 14 000 $m^2$ |

4. 主要机械设备配备

机械设备配备见表 4-3-12。

表 4-3-12 主要施工机械设备表

| 序号 | 机械设备名称 | 规格型号 | 单　位 | 数　量 |
|---|---|---|---|---|
| 1 | 混凝土运输车 | JCQ8 | 台 | 6 |
| 2 | 冲击钻机 | HG-200 | 台 | 12 |
| 3 | 冲击钻机 | YCJF-25 | 台 | 2 |
| 4 | 挖掘机 | PC200-7 长臂 | 台 | 1 |
| 5 | 挖掘机 | PC220-7 | 台 | 5 |
| 6 | 塔吊 | 50 m | 台 | 2 |
| 7 | 汽车起重机 | QY25 | 台 | 4 |
| 8 | 汽车起重机 | QY50 | 台 | 2 |
| 9 | 混凝土汽车泵 | SY5295THB-37 | 台 | 2 |
| 10 | 混凝土输送泵 | HBT60B | 台 | 4 |
| 11 | 混凝土输送泵 | HBT60A-1406 | 台 | 1 |
| 12 | 混凝土拌和机 | 900 | 台 | 2 |

(三)施工技术方案

主桥采用“先梁后拱”法施工。

连续梁施工方案:采用型钢托架法施工连续梁 0 号梁段,采用挂篮悬臂浇筑主梁悬浇段,采用钢管支架法施工现浇段,采用挂篮法施工边跨和中跨合龙段。

钢管拱施工方案:采用钢管及型钢搭建临时支架,采用原位支架法完成钢管拱拼装,而后按依次灌注拱肋上弦管、下弦管、缀板内混凝土,按指定顺序张拉吊杆,调整吊杆力,施工桥面系,最后调整吊杆力至设计索力。

(四)主要施工方案、施工方法及工艺

1. 0 号块施工方案

(1)0 号块施工流程

施工流程如图 4-3-41 所示。

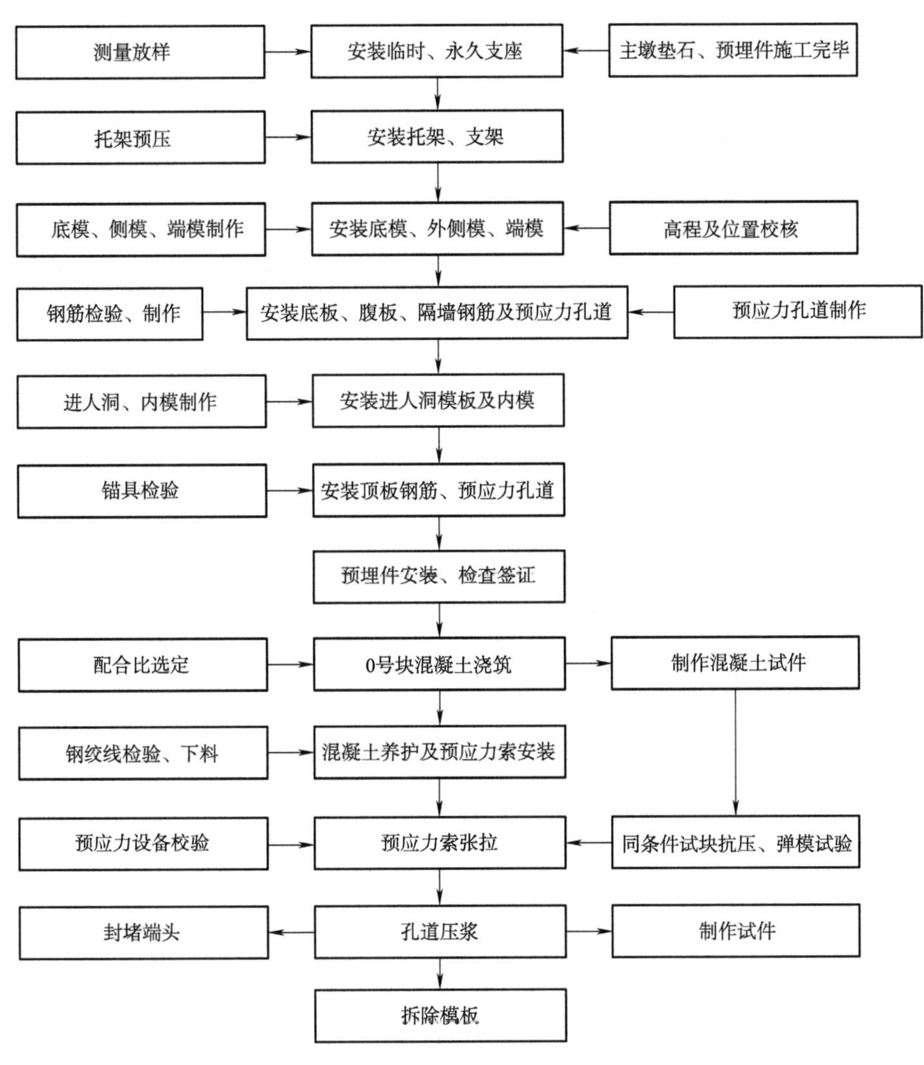


图 4-3-41　0 号块施工流程图

(2)支座安装

1)墩身施工时,在墩顶和支撑垫石上准确预留永久支座下座板各锚栓孔位置。

2)支座安装采用 200 t 吊车吊装就位,安装灌浆用模板,并用水将支承垫石浸湿,支座调整完成后,采用重力式灌浆法灌注支座砂浆。

3)在 0 号块立模时,要注意梁底预埋钢板和楔形块的设置,保证支座上盆与梁底楔形块之间的密贴,并用支座锚固螺栓固定,防止支座发生偏移。

4)活动支座安装后,应根据收缩徐变值和合龙时的温度设置支座纵向预偏量,支座纵向预偏量由设计单位提供。在支座预偏量选定后,需在支座制造厂家的技术指导下完成支座预偏量调整。资阳沱江多线特大桥选定合龙温度为 10 ℃,支座预偏量按设计提供支座预偏量表取值。

5)支座上方梁体内设置四层钢筋网,为保证混凝土浇筑质量,支座处钢筋网与梁体钢筋网的层间距不能小于 3 cm。

(3)临时支座固结

为承受悬臂施工中 T 构梁重量及产生的不平衡力矩,按设计要求设置临时固结措施,通过临时支座,将悬臂箱梁临时锚固。

临时支座布置在顶帽上,每个主墩 6 个,临时支座为 280 cm×150 cm×90 cm 长方体,采用 C55 混凝土浇筑,内设 164 根长度为 322 cm 的 HRB335$\phi$32 螺纹受拉钢筋,钢筋两端设 90°弯钩,埋入顶帽及梁部长度不小于 35$d$ 即 112 cm。钢筋及临时支座位置要准确,若锚固钢筋与梁体普通钢筋冲突,则适当调整梁体普通钢筋位置。

临时支座的顶面和底面设置 10 cm 厚 M40 硫黄砂浆隔离层,以利于在合龙后拆除临时支座。施工时在墩帽混凝土浇筑完毕精确测量临时支座位置后,埋设电热管并浇筑 10 cm 厚的 M40 硫黄砂浆隔离层;然后安装临时支座箍筋及模板,依据梁体 12.9‰的纵坡详细计算、测量临时支座标高并预留顶部 10 cm 厚硫黄砂浆隔离层位置后浇筑混凝土;最后根据已浇筑混凝土顶面标高再次埋设电热管并浇筑硫黄砂浆隔离层至 0 号块底板标高,精确找平,以确保 0 号块底板与临时支座接茬处混凝土表面光滑密实。临时支座严格按照设计实施。

施工注意事项:临时支座施工前必须根据梁体构造,按照 12.9‰的纵坡详细计算、测量临时支座顶面(或梁底)标高;硫黄砂浆隔离层施工前必须现场进行硫黄砂浆的烧除试验,试验满足施工要求后按要求实施;桥墩两侧梁段混凝土浇筑应对称、平衡浇筑。

2. 悬浇段施工方案

(1)挂篮设计

1)挂篮构造

挂篮为菱形挂篮,菱形架各杆件采用 2[40b 普通热轧槽钢组焊,前横梁由 2HN600×250 热轧 H 型钢组焊,底托系统前、后托梁由 2HN600×200 热轧 H 型钢组焊,下纵梁由 HN500×200 热轧 H 型钢组焊。主桁系统约重 22.9 t,行走系统约重 14.2 t,前横梁重约 5.43 t,底托系统重 25.85 t(含底模模板重量),内模系统重 10 t(含模板重量),内滑梁及提吊系统约重 17.68 t(吊杆重量估算),侧模重 6.5 t。

2)挂篮制作

①挂篮邀请有相应资质的单位进行设计计算和加工制作。

②挂篮各杆件必须精确加工,确保栓孔间距及销孔位置。

③构件的焊接应由有经验的焊工施焊,保证焊接质量。焊缝及加工件质量要求与验收办法应参照《钢结构工程施工质量验收规范》执行。

④出厂构件派专人进行检查验收,不合格者严禁出厂。

3)挂篮组装试拼

①待主构架所有杆件加工齐全后,应在加工厂内进行试拼。尺寸合格后,拧紧节点板螺栓及连接销螺帽;所有螺栓连接构件必须严格控制扭矩,防止松紧不一。

②挂篮底模架加工完毕后应与底模横梁进行组拼试验,确保整个构件平整度。同时检查底模吊耳位置是否准确。

③检查挂篮所有精轧螺纹钢与其配套螺帽的配合情况。

④所有构件检查完毕并满足相关要求后应分组编号,作出明确标记,而后运往现场正式拼装。

4)挂篮现场拼装

①准备工作

对现场吊车支放位置进行平整,然后吊车就位,利用墩柱施工时现有的施工平台进行吊装。挂篮主桁架及单件重量大于 5 t 的杆件采用吊车进行吊装,单件重量小于 5 t 的采用塔吊进行吊装。挂篮主桁架部分在地面拼装完毕后再行吊装,其余杆件分块吊装,吊装就位后再在墩顶拼装成整体。根据组拼工作需要,配备足够的现场吊装指挥人员、配合工人、所需工具及连接螺栓等构件。

②拼装程序

a. 找平行走梁

待 0 号块施工完毕后,用中粗砂浆找平行走梁垫下方梁体顶面。

b. 铺设垫梁

将长度为 500 mm 的垫梁(双拼 I20b)按照间距 500 mm 均匀布设在梁体竖向预应力筋间隙内。

c. 安装行走梁

从 0 号块两端向跨中安装行走梁,找平行走梁顶面,准确定出行走梁中线,然后锚固螺栓、锁定行走梁。

d. 安装挂篮主桁前后支点挂轮

从行走梁后端穿入后支点挂轮,前端穿入前支点挂轮。

e. 安装挂篮主桁架

挂篮主桁架共分为五部分，分别是：主梁、前斜拉梁、后斜拉梁、立柱、门架。

具体拼装顺序为：菱形构架在地面拼装完毕，然后用吊车进行吊装，门架构件采用吊车或塔吊进行吊装，先将菱形构架就位，最后安装门架。

f. 安装挂篮前吊挂系统

在安装完毕挂篮主桁架后即可进行挂篮前吊杆的安装，具体安装方法为：在 0 号块将底模、侧模吊杆及扁担梁、销轴托槽拼装完毕，整体吊装至挂篮前上横梁对应位置，侧模吊杆同理安装。

吊杆顶部锁定后将底模吊杆下端与底模前下挂梁吊耳通过销子连接并锁定；底模后吊挂系统由两部分组成，在施工 a1～a19 号段时底模外侧吊点使用双根精轧螺纹钢，安装时严格控制底口扁担梁，避免螺纹钢受弯；在施工各节段时全部使用精轧螺纹钢通过精轧螺帽，将后下挂梁锚固在梁体底板上。

g. 安装侧模滑道梁

在 0 号块施工时即可进行侧模滑道的安装工作。安装过程如下：首先确定挂篮侧模与 0 号块已浇筑节段连接牢固后，即可通过卷扬机将侧模滑道吊装穿入侧模滑道槽口，安装前后吊杆及挂架。

h. 移动侧模就位

侧模前后吊杆安装完毕后，提升螺纹钢使侧模底口脱离底部支架。在侧模模板桁架前端和侧滑道梁前端之间安装 10 t 倒链，通过倒链牵引侧模前移至底模前后下挂梁之间，下放前后吊杆，使侧模下落至底模前后下挂梁之间。

i. 调整挂篮姿态

侧模移动就位后提升底模前后杆，使底模脱离托架。根据测量控制点调整挂篮前后位置，同时移动底、侧模使之准确就位。锁定底、侧模后锚点。

j. 全面检查

挂篮组装完毕，应全面检查安装质量和复核挂篮中线、高程，挂篮使用前进行走行性能和静载试验。

5)挂篮拆除

合龙段施工完毕后即可进行挂篮拆除作业，具体过程如下：

①合龙段施工完毕后将挂篮后退到一定位置，用吊车或卷扬机将模板等构件按种类直接吊装到桥面，再用运输车运至主墩墩顶处，用塔吊吊装至桥下。

②合龙段不使用的内模、滑道梁等构件在施工合龙段前全部拆除。

③挂篮主桁在梁顶分段拆除，运输车运至主墩墩顶处梁面，逐个用塔吊吊装下放。

④拆除行走梁和垫梁，逐个吊装下放。整个吊装作业必须有专人指挥，所用的钢丝绳在使用前必须做到逐根检查，确保无断丝、松动后方可使用。

(2)永久支座及模板安装

1)支座安装

支座安装前应对其规格型号、外观质量、性能、上下座板螺栓孔中心距、组装后全高、涂装质量等项目进行检查，检查合格后方可使用。支座在底模安装前进行安装，固定和活动支座安装位置及方向应符合设计要求。

支座安装优先采用整体吊装，永久支座安装前，应对支座安装范围内的支承垫石顶面进行凿毛处理，使其露出 75%以上新鲜混凝土面，并将支承垫石顶面预留锚栓孔清理干净。支座安装时，上座板顶面高程应符合设计要求和现行高速铁路桥涵工程施工质量验收标准的规定，支座上座板与梁底钢板必须平整密贴无空隙，并应上紧连接螺栓；支座下座板与垫石间应按设计要求灌浆垫实。

支座锚栓的规格、质量、埋置深度和外露长度均应符合设计要求和相关标准规定，支座和锚栓位置调整准确后应及时进行锚栓固结施工。

活动支座安装后，应根据收缩徐变值和合龙时的温度设置支座纵向预偏量，支座纵向预偏量由设计单位提供。在支座预偏量选定后，需在支座制造厂家的技术指导下完成支座预偏量调整，施工班组不得擅自进行支座预偏量调整。资阳沱江多线特大桥选定合龙温度为 10 ℃，支座预偏量按设计提供支座预偏量表取值，设计单位提供的支座纵向预偏量见表 4-3-13。

表 4-3-12　资阳沱江双线特大桥(90+180+90)m 双线连续梁支座纵向预偏量

| | 左边跨合龙温度(℃) | 预偏量(cm) | | 左边跨合龙温度(℃) | 预偏量(cm) | | 左边跨合龙温度(℃) | 预偏量(cm) |
|---|---|---|---|---|---|---|---|---|
| 0 号墩 | 6 | −4.9 | 1 号墩 | 6 | −3.4 | 3 号墩 | 6 | 1.6 |
| | 8 | −5.5 | | 8 | −3.7 | | 8 | 1.8 |
| | 10 | −6.0 | | 10 | −4.1 | | 10 | 2.0 |
| | 12 | −6.6 | | 12 | −4.4 | | 12 | 2.1 |
| | 14 | −7.1 | | 14 | −4.8 | | 14 | 2.3 |

注:1. 预偏量值为支座上摆中心相对于支座下摆中心的偏移量,以大里程方向为正。
2. 根据此表可内插计算各墩支座纵向偏移量。

2)模板安装

模板安装前应进行全面检查,模板结构应简单牢固、便于安拆;板面应平整、光洁,接缝应平齐、严密;底模与侧模间应采取措施封堵严密,严防漏浆。

内、外模位置应按梁体结构尺寸、高程并考虑预留施工拱度进行安装;内模与底模间应设置支拉杆牢固定位,防止浇筑混凝土时内模下移或上浮。

模板的焊接板缝应打光磨平,一般模板接缝表面应对接平顺,非焊接板缝较小时应用胶带贴封严密,防止漏浆。

模板安装应与钢筋安装和混凝土浇筑工作相配合。模板安装精度应高于梁体要求精度。模板间支拉紧固件安装必须按照模板及支架结构设计要求安装齐全、牢固且松紧适度,保证混凝土浇筑过程中模板不变位、不变形、不松动。模板与施工操作平台应分别设置。

模板与混凝土面接触部分应全部涂刷脱模剂。脱模剂应符合以下规定:拆模时不黏附混凝土和对混凝土表面无污染、对钢模无侵蚀、能够长期存储不变质、涂刷后有效时间长的脱模剂。脱模剂应涂刷均匀。

(3)钢筋及预应力管道安装

钢筋安装时,钢筋的品种、数量、规格、材质应符合设计要求。底板钢筋分上下层制成网片,腹板钢筋制成骨架,顶板及悬臂板钢筋分上下层制成网片,锚头垫板与螺旋钢筋焊成整体。

底板下层钢筋网片安装应使用符合设计要求设,不低于梁体混凝土强度及耐久性能的垫块,垫块应错开放置在底模与钢筋间。

腹板钢筋骨架插入底板钢筋网片定位后,安装腹板根部的倒角钢筋,安装腹板的竖向预应力钢筋,安装底(腹)板纵向预应力筋的锚头垫板,然后穿入预应力筋成孔管道。

钢筋的交叉点应靠紧焊牢,当采用绑扎搭接时,相邻绑扎点的铁丝扣,绑扎方向应呈八字形,铁丝扣头应弯入内侧,不得伸入钢筋保护层中。

预应力管道定位钢筋与梁体钢筋连接牢固,以确保管道在混凝土浇筑和振捣过程中不弯沉、不上浮、不旁移。

管道波纹管安装前,应进行通孔检查,发现变形或有穿通缺陷时,应及时调整或截除。接头管两端应使用密封胶带封闭严密,防止漏气、漏浆。

(4)混凝土浇筑

混凝土采用拌和站拌和、罐车运输、泵车浇筑。混凝土浇筑工艺同悬浇段混凝土浇筑工艺。

(5)预应力施工及孔道压浆

施工工艺同 0 号段预应力施工及孔道压浆施工中的相关工艺要求。

3. 合龙段施工方案

(1)合龙顺序(图 4-3-42)

(2)中跨合龙

1)中跨合龙梁段采用挂篮系统直接施工,模板采用施工挂篮的底篮及模板系统。

安装步骤为:

①在中跨 b19 号段浇筑时按照挂篮前吊带对应位置预留长 60 cm 宽 10 cm 的矩形槽,另一端悬臂施工

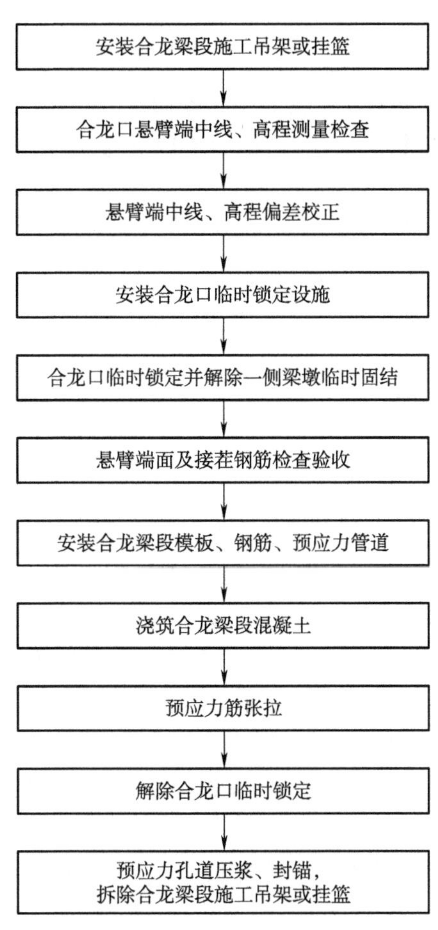


图 4-3-42 合龙段施工流程图

的最后一段在相应位置预留挂篮孔位。

②将挂篮的内滑梁和多余的模板拆除吊出箱梁。

③将挂篮预留槽的一侧挂篮后退,退至不影响中垮合龙施工为止,但不要拆除(避免造成 T 构两侧重量偏差过大)。

④将挂篮的底篮和侧模整体前移至合龙段另一悬臂端,使挂篮前吊带直接进入直线段预留槽内。

⑤在最后一节段施工预留孔处安装底模后吊杆,解除底模后横梁吊挂在侧模滑道上的辅助吊杆,提升底模,安装侧滑道梁的中吊杆并提升侧模就位。调整底模和侧模使它与两侧混凝土尽可能的紧密接触,防止施工错台的产生。

2)合龙锁定:合龙口临时锁定,应在合龙口最大悬臂端高程符合设计要求和相关规定时进行锁定。由于梁体收缩变形滞后于最低环境温度 2～3 h,故一般宜在一日之晨进行锁定。现场采用 I45 工字钢作刚性支撑,共设 4 个。锁定前,应先将刚性支撑的一端与梁端预埋件焊接,到计划锁定时间时,再对称、快速地将刚性支撑的另一端与梁体的预埋件焊接。刚性支撑连锁后,应将临时预应力筋按设计要求张力值尽快张拉,形成支-拉锁定结构将合龙口锁定。

3)混凝土连续梁合龙口临时锁定后,应立即将合龙口一侧的梁墩固结及支座临时锁固约束解除,使梁的一侧能在合龙口临时锁定装置连接下沿支座自由伸缩。

合龙口临时锁定设施应在合龙梁段纵向预应力孔道压浆前拆除。梁体预应力筋张拉时,用作临时锁定的永久预应力束。设于梁体内部的刚性支撑,应在浇筑混凝土时在其中部留出长宽约 10 cm 的缺口,以便在梁体预应力孔道压浆前,从预留缺口切断刚性支撑,然后用于梁体同等级混凝土封闭缺口。

4)浇筑合龙段混凝土:合龙段混凝土浇筑前,应全面检查模板及钢筋、预应力管道、钢筋保护层垫块及模板紧固件等安装情况。

合龙梁段混凝土选择在一天中气温较低时快速、连续进行浇筑,一般选在夜间浇筑,凌晨前完成初凝,可保证合龙段新浇的混凝土处于气温上升的环境中，在受压的状态下达到终凝，以防混凝土开裂。混凝土浇筑时等效卸载配重。合龙段混凝土浇筑完成后应加强保温保湿养护，控制梁体内外温差，并应将合龙梁段及两悬臂端部 1 m 范围内进行覆盖洒水，降低日照温差影响。拆模后，除梁体顶面外的其他混凝土表面，应及时喷涂混凝土养护液对混凝土进行保护，梁体顶面仍应继续覆盖洒水保湿养护。混凝土浇筑时的其他注意事项与箱梁悬臂浇筑梁段施工相同。

5)预应力施工：中跨合龙完成后，待混凝土强度及弹性模量达到设计的 100%，且龄期不小于 5 天后应及时进行预应力筋张拉。预应力筋张拉顺序及张拉力值必须符合设计要求。合龙口临时锁定利用永久预应力筋作为临时预应力筋时，其补充张拉施工应符合设计要求，当设计无要求时应在其他纵向预应力筋全部张拉完毕再进行补充张拉到设计锚固吨位。

预应力筋张拉完成后应及时进行压浆和封锚施工。张拉、压浆、封锚的其他要求同悬臂浇筑段。

6)拆除模板和挂篮。

(3)边跨合龙

边跨合龙采用挂篮合龙，同中跨合龙相同在对应的位置预留矩形槽和后锚孔位，把挂篮前移到一定位置，调整好底模和侧模，即可进行钢筋绑扎和预应力管道安装固定(合龙程序及工艺同中跨合龙)。

(4)体系转换

混凝土连续梁中跨合龙梁段纵向预应力筋全部张拉完毕，应立即解除相应 T 构全部永久活动支座的临时锁定设施，实现连续梁结构体系转换。落梁前将埋设在梁底临时支座上部硫黄砂浆中电阻丝同时通电，确保所有临时支座中硫黄熔化速度一致，使固定支座面受力均匀，并应观测墩顶梁体高程及应力和永久支座受力状态变化情况，发现异常时应立即停止作业，查明原因，保证施工安全。

(5)主梁合龙施工控制要点

1)掌握合龙期间的气温预报情况，测试分析气温与梁温的相互关系以及梁体温度变形规律，为合龙施工提供依据。

2)根据结构情况及梁温的可能变化情况，选定刚性临时锁定措施锁定合龙口。

3)选择日气温较低，温度变化幅度较小时锁定合龙段并浇筑合龙段混凝土。

4)合龙口的锁定，应迅速对称进行。先将体外刚性支撑一端与梁端部预埋件焊接(或栓接)，然后利用体外临时撑杆调节合龙段间距再迅速将外刚性支撑另一端与梁连接，临时预应力束也应随之快速张拉。在合龙口锁定后，立即释放一侧固结约束，使梁一端在合龙口锁定的连接下能自由伸缩。

5)为保证浇筑混凝土过程中，合龙口始终处于稳定状态，应在合龙口两端悬臂预加压重稳定悬臂，预压重量应符合设计要求，当设计无要求时可按合龙梁段现浇混凝土重量之半加载，并应于混凝土浇筑过程中按等量换重方式逐步撤除。

6)混凝土达到设计要求的强度后，解除另一端支座临时固定约束，完成体系转换，然后按照设计要求张拉全桥剩余预应力束，当利用永久束时，只需按设计顺序将临时锁定钢束放松至零，再重新张拉至设计拉力即可，在预应力束张拉压浆完成后，要及时拆除主墩的临时固结措施。

7)在施工中，正式支座已按设计要求的位置、高程及位移量进行安装和设置，应控制好箱梁施工中的挠度以及临时支座的解除，为使合龙段施工处于稳定状态，将永久支座的临时锁定释放。以保证连续梁整体受力符合设计状态。

## 三、郑家坝沱江双线特大桥

### (一)工程概况

郑家坝沱江双线特大桥，中心里程 DK129＋070，起止里程 DK128＋292.14～DK129＋218.69，全长 926.55 m。全桥孔跨布置 20～32 m 双线简支箱梁＋(78＋168＋78)m 连续梁-拱组合体系。

该桥为跨沱江处采用(78＋168＋78)m 连续梁-拱组合体系。采用先梁后拱法施工，梁体采用悬臂挂篮现浇施工，拱部利用缆索吊完成拱圈的拼装。该桥施工工艺复杂，质量要求高。交通干扰大，施工安全措施要求高，环保要求高。

(二)施工组织

1. 全桥总体布置和队伍安排

(1)拌和站布置。在本桥两端分别由相应拌和站供应混凝土。

(2)桥梁下部构造由一个作业架子队施工完成。连续梁-拱体系施工由现浇梁作业架子队施工。

2. 施工顺序

考虑本桥跨越沱江采用现浇梁-拱组合体系,上场立即组织进行连续梁下部结构施工,完成后进行悬臂现浇施工和拱体系施工;其次优先安排现浇多线道岔梁下部构造施工,完成后进行现浇梁施工。其他桥墩按照架梁先后顺序组织施工。

3. 主要大型临时设施和料具

本工程主要大型临时设施包括拌和站、作业队驻地、钢筋加工场、0号块及边跨现浇支架、连续梁施工挂篮。详见表4-3-14。

**表4-3-14 主要大型临时设施和料具一览表**

| 序号 | 项 目 | 单 位 | 数 量 | 备 注 |
|---|---|---|---|---|
| 1 | 进场道路 | km | 1.5 | 占地7 000 $m^2$ |
| 2 | 生产生活场地 | 处 | 2 | 约占地4 000 $m^2$ |
| 3 | 钢筋加工场 | 处 | 2 | 3 000 $m^2$ |
| 4 | 桥墩、台模板 | 套 | 4 | 含拱体系墩模1套 |
| 5 | 挂篮 | 对 | 2 | |
| 6 | 钢结构预装场 | 处 | 1 | 占地2 000 $m^2$ |
| 7 | 栈桥 | 座 | 1 | 长320 m |

4. 主要机械设备配备

主要施工机械设备见表4-3-15。

**表4-3-15 主要施工机械设备表**

| 序号 | 机械设备名称 | 规格型号 | 单 位 | 数 量 |
|---|---|---|---|---|
| 1 | 混凝土运输车 | JCQ8 | 台 | 6 |
| 2 | 冲击钻机 | HG-200 | 台 | 12 |
| 3 | 冲击钻机 | YCJF-25 | 台 | 2 |
| 4 | 挖掘机 | PC200-7长臂 | 台 | 1 |
| 5 | 挖掘机 | PC220-7 | 台 | 5 |
| 6 | 塔吊 | 50 m | 台 | 2 |
| 7 | 汽车起重机 | QY25 | 台 | 4 |
| 8 | 汽车起重机 | QY50 | 台 | 2 |
| 9 | 混凝土汽车泵 | SY5295THB-37 | 台 | 2 |
| 10 | 混凝土输送泵 | HBT60B | 台 | 4 |
| 11 | 混凝土输送泵 | HBT60A-1406 | 台 | 1 |

(三)主要施工方案、施工方法及工艺

主要施工方案、方法及工艺详见“资阳沱江多线特大桥”。

## 四、吴家坝沱江双线特大桥

(一)工程概况

吴家坝沱江双线特大桥跨越沱江规划Ⅴ级航道,线位与沱江水流交角约80°,采用(76+144+76)m连续梁跨越沱江。桥台采用矩形空心桥台,桥墩采用圆端形,基础采用$\phi$1 m、$\phi$1.25 m、$\phi$1.5 m、$\phi$2.5 m的钻孔桩。桥梁中心里程为DK135+838,全长734.48 m。孔跨结构为13×32 m简支梁+(76+144+76)m连续梁。结构形式为预应力混凝土连续梁、框架式桥梁等。

(二)施工组织

本跨预应力混凝土连续梁(76+144+76)m 由桥梁施工架子队组织施工，各单元之间实行分段平行流水作业。

全桥分 2 个施工单元，桥梁下部结构施工单元和桥梁上部结构施工单元，各单元之间实行分段平行流水作业。桥梁下部结构设 6 个流水作业面，13 号～15 号墩各为 1 个流水作业面，引桥墩及其他墩另设 3 个作业面，每个下部结构施工作业面平行作业；上部结构设 4 个作业面，即 1 个挂篮为 1 个作业面。

(三)总体施工方案

施工组织上以控制下部钻孔桩、连续梁的施工质量为主线，以提前拉通箱梁架设通道为目标，制定合理的施工工序并精心组织施工。

施工前与沱江海事、航道部门联系，取得水上施工许可证后方可施工。

组织人员修筑临建，贯通施工便道，加工钢护筒，架设供电线路，铺设供水管道；细化施工方案，挂篮交由有资质、信誉好的生产厂家加工制作，各块件尺寸满足运输能力及限界要求，为正式施工创造条件。

陆上桩基及河滩地将场地平整完成后，填筑钻孔平台并将其压实，避免产生沉陷；通过精确测量确定的桩基中心位置，埋设钢护筒。根据地质情况，采用冲击钻机、循环钻机等设备进行桩基施工。

主桥 14 号、15 号深水区桩基施工时搭设钻孔钢平台。

陆域承台采用明挖法进行施工。明挖施工采用扩大开挖或支护开挖，施工中注意放坡、取土和排水三大问题。

主桥基础及上部结构施工时，两岸均设置施工栈桥与主墩相连。同时在成都岸设置施工码头一座，方便材料和其他周转物资的倒运。

施工时首先进行水中主墩钻孔平台的搭设和两岸施工栈桥的拉通建设，尽快形成开工作业面，抢先进行主墩的钻孔桩、承台、墩身的施工，接着施工两岸的边墩及桥台，然后是主梁的施工。

承台除 16 号台采用放坡开挖施工，其他均采用围堰施工方案。其中 14 号、15 号主墩承台采用双壁钢围堰施工方案，13 号边墩采用钢板桩围堰方案。

主桥墩身均采用爬模分节浇筑施工方案。

上部预应力混凝土变截面连续箱梁均采用菱形挂篮悬灌施工。对于连续箱梁施工在施工组织上提前安排，确保架桥机按期通过，保证全段架梁工期。

混凝土采用自动计量集中拌和站拌和，混凝土搅拌运输车运输，混凝土输送泵泵送入模，插入式振捣棒振捣密实；无纺土工布覆盖加隔水塑料薄膜保温保湿法养生。

挂篮采用全密封，连续梁采用挂篮悬灌施工方案，本桥 12 跨 32 m 简支箱梁采用预制架设方案。

(四)施工工艺及方法

1. 主墩桩基工程施工

主桥 14 号主墩桩基直径为 $\phi$250 cm，桩基底部地质为泥岩夹砂岩；15 号主墩桩基直径为 $\phi$250 cm，桩基底部地质为泥岩夹砂岩。

钻孔灌注桩采用搭设水上钻孔钢平台、振动下沉钢管桩、安装工程钻机进行施工。每墩投入 4 台钻机进行桩基钻孔施工；钻孔泥浆采用优质膨润土造浆护壁，以确保成孔质量。起重设备采用桅杆吊、履带吊、汽车吊等，在每个主墩布置一台 900 kN·m 桅杆吊。桅杆吊用于钻孔灌注桩、封底混凝土、承台施工中的钢筋、模板及各种物资的吊运工作。

2. 主墩承台工程施工

14 号、15 号两个主墩承台尺寸相同，分上下两层。下层承台平面尺寸 19.30 m×14.30 m，承台底标高分别为 291.197 m 和 294.425 m，顶标高分别为 299.26 m 和 300.76 m，两层承台总厚度分别为 8.063 m 和 7.355 m。

主墩承台采用双壁钢围堰法施工，钻孔桩完成后，开始围堰拼装下沉。

(1)双壁钢围堰施工

1)钢围堰结构形式

钢围堰采用双壁钢围堰，壁厚为 1.5 m。钢围堰分三节制作，每节制作时可根据现场条件自行划分单元块，不同节之间块的划分线应错开 100 mm。

14 号墩钢围堰内空尺寸为 14.30 m×19.30 m，底板标高 291.197 m(封底混凝土初步按照 2 m 设计)，围堰顶部标高 303.197 m，总高度 12 m。

15 号墩钢围堰内空尺寸为 14.30 m×19.30 m，底板标高 294.425 m(封底混凝土初步按照 2 m 设计)，围堰顶部标高 305.425 m，总高度 11 m。

2)钢围堰拼装

钻孔桩完成后，改造钻孔平台，用型钢将钢护筒纵横连成整体，在钢护筒上焊搭首节钢围堰拼装平台。用塔吊把钢围堰块件吊在平台上组装，并在围堰内侧与护筒之间设柔性导向装置，可微调结构。

3)钢围堰下沉

钢围堰拼接两节后，才能起吊入水下沉。每次将已接成整体的钢围堰下沉。在每次拼接时，设一临时操作平台，接好后，继续下沉钢围堰，直到钢围堰沉到设计标高。

钢围堰采用液压千斤顶和手拉葫芦进行沉放作业，在钢管桩上设置柔性导向装置，钢围堰下沉时，被导向装置约束，不会偏位。

钢围堰主要采用空气吸力机实施下沉施工，并增加抓斗抓泥等辅助下沉措施。当钢围堰下沉途中遇到岩石地质层时，采取微差松动爆破破除，然后清渣后继续下沉。

(2)围堰封底混凝土施工工艺及方法

钢围堰封底混凝土方量大，采用陆上混凝土拌和站生产混凝土，混凝土罐车运送混凝土到施工现场。由 2 根布料杆分配到料斗内，采用不排水水下导管法浇筑混凝土，钢平台上悬挂导管及料斗，每个围堰均采用 $\phi$273 mm 的无缝钢管作导管，按作用半径 4.0 m 计算，布置多根导管，漏斗的容积为 0.9 $m^3$。混凝土采用中心集料斗布料，其设计储料容积为 20 $m^3$，按导管封口阶段进行容量控制，即中心集料斗的储料满足每根导管首封混凝土量的要求。

混凝土浇筑临近结束时，全面测出混凝土面标高，根据测量结果，对混凝土面标高偏低的测点附近的导管增加灌注量，直至所测结果满足要求。

当所有测点的标高满足控制要求后，结束封底混凝土灌注。

保证混凝土的浇筑能力，勤检测混凝土的坍落度。

(3)主桥墩承台施工

围堰内封底混凝土达到设计强度后，开始对围堰内进行抽水，在抽水时随时监测围堰的变形，抽到第一层的设计标高后，立即进行围堰内支撑的焊接。在水抽干后，如有零星渗水，采用封堵止水，清理完表面后，复测混凝土表面标高，高于设计的人工凿除。

1)承台分成两次浇筑，第 1 次施工下承台(4.0 m)，第 2 次施工上承台(两墩分别为 3.5 m 和3.0 m)，每次承台混凝土分层一次浇筑完成。

2)钢筋在陆上加工场加工，汽车运到现场安装，直径大于 22 mm 的钢筋采用机械连接；在钢筋网格交叉点间断点焊，以确保钢筋网在施工过程中不发生大的偏移。塔柱预埋钢筋用角钢精加工定位框来定位钢筋位置和竖直度。

3)为了降低承台混凝土水化热导致内外温差，在钢筋绑扎的同时，在承台内布置冷却水管。冷却水管选用普通钢管，要求导热性好，并有一定强度。冷却水管层距 1.5 m，水平距 1.0 m，其接头用套管焊接，每层设一个进水口和一个出水口。

4)混凝土由搅拌站生产，混凝土罐车运送到施工现场，采用拖泵泵送混凝土经 2 台布料杆进溜筒入仓，插入式振捣器振捣密实。混凝土分层下料振捣，分层厚度 30 cm。

3. 墩身工程施工

桥台为空心桥台，墩高较高时采用空心圆端型桥墩。13 号、14 号及 15 号桥墩墩高分别为 28.00 m、30.00 m 和 30.00 m，均为空心圆端型桥墩。

低墩(≤15 m)采用大块钢模板一次性整体浇筑；高墩(>15 m)采用爬模分段浇筑。陆域区墩柱施工时先将地面整平、压实，然后搭设施工支架；水中墩则直接在筑岛围堰和承台上搭设支架施工，施工顺序与基础相一致。

混凝土采用自动计量集中拌和站拌和，混凝土搅拌运输车运输，混凝土输送泵泵送入模，插入式振捣棒振捣密实；无纺土工布覆盖加隔水塑料薄膜保温、保湿法养生。

4. 预应力混凝土连续梁施工方法

(1)施工方案

预应力混凝土连续梁采用菱形挂篮悬灌施工。

0 号块采用 $\phi$120 cm 钢管立柱、型钢搭设支架的办法施工。外侧 $\phi$100 cm 钢管内灌注 C30 混凝土，兼做连续梁施工的临时锚固墩，以抵抗施工时可能产生的最大不平衡力。箱内顶板采用门式脚手架支撑。支架搭设完毕后需进行预压，以检验支架受力情况及消除非弹性变形。预压完成后灌注 0 号段，然后在 0 号段上安装挂篮，并进行预压，再对称向两侧顺序灌注其他标准梁段。0 号块先临时固结，形成 T 构，待合龙后再进行体系转换。

边跨现浇段及边跨合龙段，采用墩旁支架法施工；中跨合龙段采用合龙吊架法施工，吊架底篮及模板采用挂篮的相应部件。在当日最低温度时，灌注合龙梁段混凝土。

悬灌施工跨越沱江时，挂篮采用全密封，并搭设防护钢棚架进行防护，防止桥上物品掉落江中。防护棚架用钢管架搭设而成，顶部铺设双层竹跳板和帆布防护。

吴家坝沱江双线特大桥共投入菱形挂篮 4 个，悬灌每节段施工周期按 10 天计。

(2)连续梁施工步骤

步骤一：桥梁基础、墩身工程施工完毕，如图 4-3-43(a)所示。

步骤二：安装墩旁托架，安装永久支座和临时支墩(座)，施工 0 号块，如图 4-3-43(b)所示。

步骤三：安装施工挂篮，对称悬灌施工 1 号块，如图 4-3-43(c)所示。

步骤四：连续对称悬灌施工箱梁至最后一个对称节段，如图 4-3-43(d)所示。

步骤五：边跨现浇段施工，拆除挂篮，如图 4-3-43(e)所示。

步骤六：安装吊架，边跨合龙施工，如图 4-3-43(f)所示。

步骤七：安装吊架，中跨合龙施工，全面成桥，如图 4-3-43(g)所示。

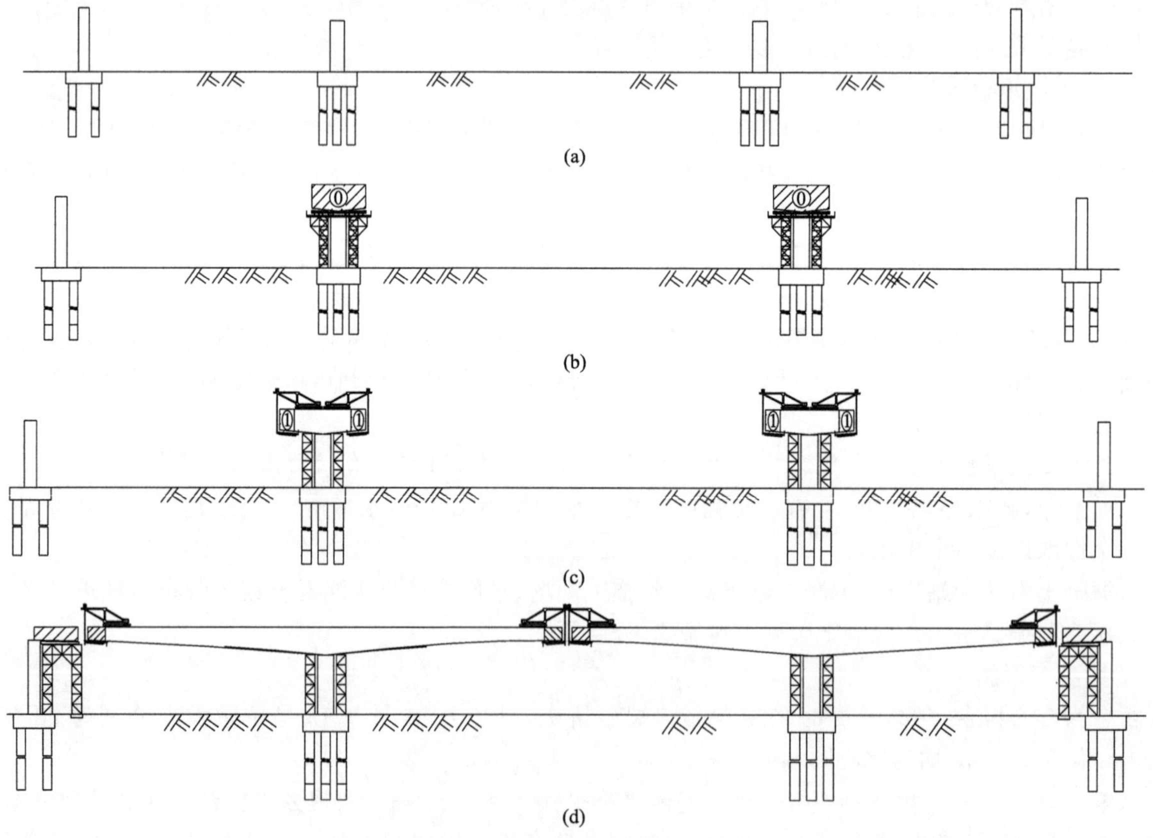


图 4-3-43

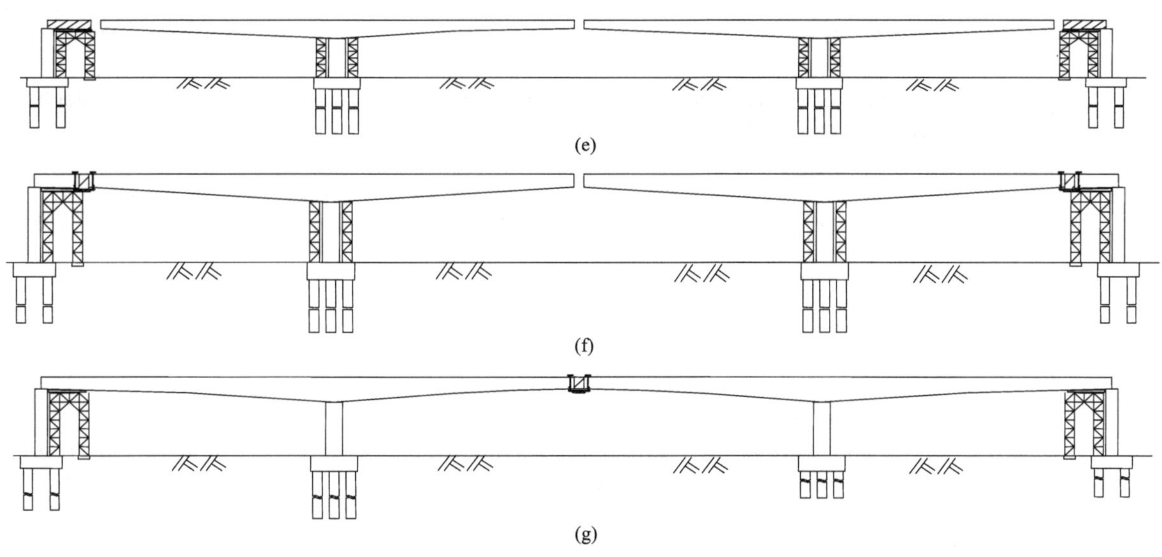


图 4-3-43　连续梁施工步骤图

## 五、永川渝昆高速 1 号双线特大桥

### (一)工程概况

永川渝昆高速 1 号双线特大桥为 CYSG-4 标段的重点桥梁，本桥跨越渝昆高速公路及昌州大道，线路与高速公路交角约 21°，与昌州大道交角约 17°，采用(72＋128＋72)m 连续梁跨越渝昆高速公路，昌州大道局部改移从桥侧及连续梁边跨下通过。桥台采用矩形空心桥台，桥墩采用圆端形桥墩，基础采用 $\phi$1 m、$\phi$1.25 m、$\phi$1.5 m 钻孔桩。

中心里程为 DK236＋036，全长 3 620.51 m。孔跨式样为 2×24 m＋18×32 m＋(40＋64＋40)m 连续梁＋22×32 m＋(72＋128＋72)m 连续梁＋40×32 m＋(32＋48＋32)m 连续梁＋5×32 m＋1×24 m＋6×32 m＋1×24 m。

### (二)施工组织

1. 劳动力组织

安排桥涵施工队的桩基施工队、桥梁施工队约 540 人负责大桥施工。

2. 施工机具安排

配备 16 台钻机(其中冲击钻 8 台、回转钻机 8 台)、墩台身模板 12 套、挂篮 6 套(12 只)、吊车 2 台、塔吊 6 台，挖掘机 2 台及混凝土搅拌输送车、混凝土输送泵、装载机、变压器、发电机等施工设备。

3. 施工场地布置

永川渝昆高速 1 号双线特大桥主要临时设施有：施工便道、混凝土集中拌和站、变压器房、钢筋(结构)加工场和其他生产和生活房屋等。

### (三)施工方案、施工方法

(1)施工方案、施工方法概述，见表 4-3-16。

表 4-3-16　永川渝昆高速 1 号双线特大桥施工方案、施工方法简表

| 序号 | 施工项目 | 主要施工方案、施工方法 |
|---|---|---|
| 1 | 基础施工 | 钻孔桩基础使用冲击钻机或回转钻机施工，在道路和其他结构物附近采用回转钻机成孔。<br>陆上钻孔桩采用回转钻机及冲击钻机成孔，泥浆分离器清孔，垂直导管法灌注桩身水下混凝土。<br>墩台扩大基础开挖采用人工配合挖掘机开挖，基坑开挖时，备足抽水设备，以及时排除地下水。<br>钢筋笼集中加工，用特制平板车运至墩旁，汽车吊安装。<br>混凝土由搅拌站集中生产，罐车运输，垂直导管法灌注水下混凝土 |

续上表

| 序号 | 施工项目 | 主要施工方案、施工方法 |
|---|---|---|
| 2 | 承台 | 承台采用明挖施工,在道路和其他结构物附近采用钢板桩围堰施工方案。一般基坑开挖采用人工配合挖掘机开挖,基坑开挖时,备足抽水设备,以及时排除地下水。<br>承台钢筋在现场一次性绑扎成形,模板采用大块组合钢模板。<br>采用自动计量拌和站集中供应,混凝土输送车运输,浇筑采用混凝土输送泵或输送泵车,一次性连续灌注成形。<br>承台为大体积混凝土,采取优化配合比,使用掺合料及外加剂,及在混凝土内埋设冷却水管散热和外包保温等措施,避免出现大体积混凝土温度裂缝 |
| 3 | 墩(台)身 | 低墩(≤15 m)采用大块钢模板一次性整体浇筑,高墩(>15 m)采用爬模或翻模分段浇筑,要尽量减少施工接缝,保证混凝土表观平整。<br>实心低墩采用整体钢模板一次立模,整体浇筑。<br>桥台:模板采取大块定形钢模板,支立模板时通过拉筋对拉进行支撑,台身一次性立模灌注成形。<br>钢筋:在钢筋加工场集中下料制作,现场绑扎钢筋骨架。钢筋与机具可采用汽车吊提升进行垂直运送。<br>墩台身模板均采用大块钢模。墩高小于 15 m 的桥墩,采用大块整体钢模立模浇筑,6 m 以内的墩身采用一次立模浇筑;6.0 m 以上的墩身,根据情况可一次或分两次浇筑成形。空心墩内模采用组合钢模,并在每节内模上预留振捣窗,以便浇筑过程中方便混凝土振捣。模板间的接头采用钢面板对口,外垫止水胶条的办法来解决漏浆和接缝太宽影响美观的问题。墩帽使用整体钢模板,与墩身模板一样分段制作,采用螺栓连接成为一体。<br>高性能耐久性混凝土在混凝土拌和站集中拌制,混凝土搅拌运输车运送至工点,泵送入模,高频式振捣灌注;保温保湿法养生 |
| 4 | 梁体上部结构施工 | 预应力箱梁在预制场集中预制,运梁车运梁,架桥机架梁。<br>悬臂现浇连续梁施工:<br>本桥有三联连续梁,采用挂篮悬臂浇筑对称施工。<br>连续梁 0 号块采用托架施工,悬臂段采用挂篮悬浇施工,边跨直线段采用支架现浇施工,合龙段采用合龙吊架施工。0 号梁段采用墩顶预埋锚板和三脚架施工,并采取墩顶临时固结方案。连续梁各墩采用 1 套(2 只)挂篮,对称同时灌注,连续梁合龙顺序为先边跨后中跨。施工中须对现浇节段箱梁各工况的应力和变形进行系统监测,进行数据分析处理和偏差调整。在 0 号段上安装挂篮,利用挂篮在墩上两端对称悬臂灌注。<br>边跨现浇梁段采用满堂支架,在支架上施工;中跨合龙梁段利用吊架施工。混凝土采用集中生产(满足高性能混凝土的要求及混凝土耐久性和抗腐蚀性要求),由混凝土输送泵输送。施工中须对现浇节段箱梁各工况的应力和变形进行系统监测,进行数据分析处理和偏差调整 |

(2)跨高速公路及公路的防护

连续梁跨越高速公路、公路连续梁施工时,向渝昆高速公路公司、永川交通局申请采用梁端防护,利用挂篮的悬臂系统设置吊篮,将整个挂篮及梁段施工区域封闭;已施工完的梁体防护采用桥面两侧搭设防护栏杆,并挂设密目防护网的方式防止物体坠落。

(3)施工方案

详细施工方案见桥涵施工方案、施工工艺、方法(桩基、承台、墩身、0 号段、1～$N$ 号段悬灌、合龙段、现浇段、预应力张拉等)。

## 六、永川渝昆高速 2 号双线特大桥

### (一)工程概况

永川渝昆高速 2 号双线特大桥中心里程为 DK239＋025,全长 1 695.167 m。共 36 跨,其中 32 m 简支梁 27 跨,24 m 简支梁 5 跨,(40＋64＋40) m;(32＋48＋32) m;(72＋128＋72) m;(40＋64×2＋40) m 连续梁各1 联。具体的孔跨布置为:1×24 m＋1×32 m＋(40＋64＋40) m 连续梁＋1×24 m＋(32＋48＋32) m 连续梁＋2×24 m＋1×32 m＋(72＋128＋72) m 连续梁＋3×32 m＋1×24 m＋6×32 m＋(40＋2×64＋40) m 连续梁＋13×32 m＋2×24 m。本桥跨越成渝高速公路及规划神女湖大道,线位与成渝高速公路交角约 23°,采用(72＋128＋72)m 连续梁跨越;与神女湖大道交角约 74°,采用(40＋64＋40)m 连续梁跨越。本桥采用矩形空心桥台,圆端形桥墩,基础采用 $\phi$1 m、$\phi$1.25 m、$\phi$1.5 m 的钻孔桩。

### (二)施工组织

1. 劳动力组织

安排桥涵施工队的桩基施工队、桥梁施工队、综合施工队共 380 人负责大桥施工。

2. 施工机具安排

配备 16 台钻机(其中冲击钻 8 台、回转钻机 8 台)、墩台身模板 12 套、挂篮 9 套(18 只)、吊车 2 台、塔吊

6 台、挖掘机 2 台及混凝土搅拌输送车、混凝土输送泵、装载机、变压器、发电机等施工设备。

3. 施工场地布置

永川渝昆高速 2 号双线特大桥主要临时设施有：施工便道、混凝土集中拌和站、变压器房、钢筋(结构)加工场和其他生产和生活房屋等。

(三)施工方案、施工方法

(1)施工方案、施工方法概述，见表 4-3-17。

表 4-3-17　永川渝昆高速 2 号双线特大桥施工方案、施工方法简表

| 序号 | 施工项目 | 主要施工方案、施工方法 |
|---|---|---|
| 1 | 基础施工 | 钻孔桩基础使用冲击钻机或回转钻机施工，在道路和其他结构物附近采用回转钻机成孔。<br>陆上钻孔桩采用回转钻机及冲击钻机成孔，泥浆分离器清孔、垂直导管法灌注桩身水下混凝土。<br>墩台扩大基础开挖采用人工配合挖掘机开挖，基坑开挖时，备足抽水设备，以及时排除地下水。<br>钢筋笼集中加工，用特制平板车运至墩旁，汽车吊安装。<br>混凝土由搅拌站集中生产，罐车运输，垂直导管法灌注水下混凝土 |
| 2 | 承台 | 承台采用明挖施工，在道路和其他结构物附近采用钢板桩围堰施工方案。一般基坑开挖采用人工配合挖掘机开挖，基坑开挖时，备足抽水设备，以及时排除地下水。<br>承台钢筋在现场一次性绑扎成形，模板采用大块组合钢模板。<br>混凝土采用自动计量拌和站集中供应，混凝土输送车运输，浇筑采用混凝土输送泵或输送泵车，一次性连续灌注成形。<br>承台为大体积混凝土，采取优化配合比，使用掺合料及外加剂，在混凝土内埋设冷却水管散热和外包保温等措施，避免出现大体积混凝土温度裂缝 |
| 3 | 墩(台)身 | 低墩(≤15 m)采用大块钢模板一次性整体浇筑，高墩(>15 m)采用爬模或翻模分段浇筑，要尽量减少施工接缝，保证混凝土表观平整。<br>实心低墩采用整体钢模板一次立模，整体浇筑。<br>桥台：模板采取大块定形钢模板，支立模板时通过拉筋对拉进行支撑，台身一次性立模灌注成形。<br>钢筋：在钢筋加工场集中下料制作，现场绑扎钢筋骨架。钢筋与机具可采用汽车吊提升进行垂直运送。<br>墩台身模板均采用大块钢模。墩高小于 15 m 的桥墩，采用大块整体钢模立模浇筑，6 m 以内的墩身采用一次立模浇筑；6.0 m 以上的墩身，根据情况可分一次或两次浇筑成形。空心墩内模采用组合钢模，并在每节内模上预留振捣窗，以便浇筑过程中方便混凝土振捣。模板间的接头采用钢面板对口、外垫止水胶条的办法来解决漏浆和接缝太宽影响美观的问题。墩帽使用整体钢模板，与墩身模板一样分段制作，采用螺栓连接成为一体。<br>高性能耐久性混凝土在混凝土拌和站集中拌制，混凝土搅拌运输车运送至工点，泵送入模，高频式振捣灌注；保温保湿法养生 |
| 4 | 梁体上部结构施工 | 预应力箱梁在预制场集中预制，运梁车运梁，架桥机架梁。<br>悬臂现浇连续梁施工：<br>本桥有四联连续梁，采用挂篮悬臂浇筑对称施工。<br>连续梁 0 号块采用托架施工，悬臂段采用挂篮悬浇施工，边跨直线段采用支架现浇施工，合龙段采用合龙吊架施工。0 号梁段采用墩顶预埋锚板和三脚架施工，并采取墩顶临时固结方案。连续梁各墩采用 1 套(2 只)挂篮，对称同时灌注，连续梁合龙顺序为先边跨后中跨。施工中需对现浇节段箱梁各工况的应力和变形进行系统监测，进行数据分析处理和偏差调整。在 0 号段上安装挂篮，利用挂篮在墩上两端对称悬臂灌注。<br>边跨现浇梁段采用满堂支架，在支架上施工；中跨合龙梁段利用吊架施工。混凝土采用集中生产(满足高性能混凝土的要求及混凝土耐久性和抗腐蚀性要求)，由混凝土输送泵输送。施工中需对现浇节段箱梁各工况的应力和变形进行系统监测，进行数据分析处理和偏差调整 |

(2)跨高速公路、公路的防护

连续梁跨越高速公路、公路连续梁施工时，向渝昆高速公路公司、永川交通局申请采用梁端防护，利用挂篮的悬臂系统设置吊篮，将整个挂篮及梁段施工区域封闭；已施工完的梁体防护采用桥面两侧搭设防护栏杆，并挂设密目防护网的方式防止物体坠落。

(3)施工方案

详细施工方案见桥涵施工方案、施工工艺、方法(桩基、承台、墩身、0 号段、1～$N$ 号段悬灌、合龙段、现浇段、预应力张拉等)。

## 第七节　桥面系工程施工

桥面系施工主要内容包括桥面防水层、保护层、电缆槽、盖板、遮板及人行道栏杆、围栏、吊篮、检查梯等。

电缆槽:电缆槽由竖墙和盖板组成。竖墙在梁体浇筑完成后进行现场灌注,灌注梁体混凝土时在竖墙相应部位预埋钢筋,使竖墙与梁体连接为一体,以保证电缆槽竖墙在桥面上的稳定性。

过轨预留孔:为保证通信、信号电缆过轨需要,根据设计要求在梁端电缆槽内安设直径 100 mmPVC 管,兼作电缆槽内排水孔。

接触网支柱基础:浇筑梁体混凝土时,在相应位置预埋接触网锚固螺栓及加强钢筋,支柱基础混凝土在梁体浇筑完成后与电缆槽竖墙现场一并灌注,如设计在桥面需设置接触网锚柱,还需要预埋锚拉线基础预留钢筋。

人行道挡板、撑杆:人行道外侧设置人行道挡板,通过现浇竖墙混凝土时的预留钢筋安装于桥面;人行道挡板所需遮板在预制场统一预制。

防水层、保护层:防水层及保护层应在挡砟墙、电缆槽竖墙浇筑后现场铺设。挡砟墙施工时应在相应部位预留保护层连接钢筋。

围栏、吊篮、检查梯:先在钢筋加工场完成围栏、吊篮、检查梯的钢构加工,待桥墩施工完成后及时安装,并做好防腐、防锈处理。

人行道支架施工、步板、避车台:先在钢筋加工场完成支架加工,在预制场完成步板的预制,待梁体架设后采用专用台车进行安装。安装完成后及时做好防腐、防锈处理。

声屏障:梁体完成后根据设计要求进行安装。

1. 施工工艺流程

人行道盖板、挡板、声屏障及遮板预制和安装施工工艺流程如图 4-3-44 所示。

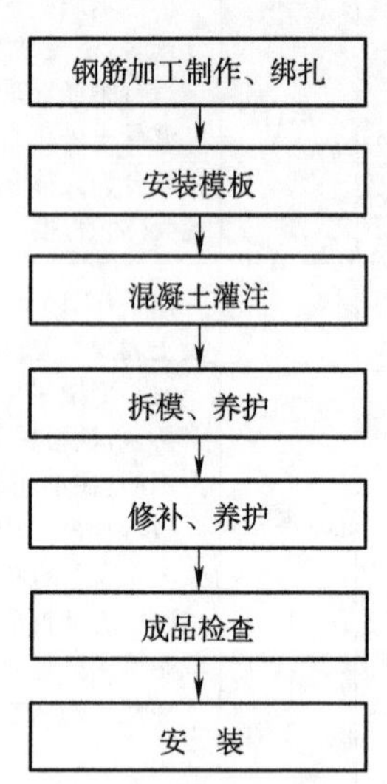

图 4-3-44　行道盖板、挡板、声屏障及遮板施工工艺流程图

2. 电缆槽竖墙施工

(1)钢筋绑扎

严格按设计图下料、加工、制作、绑扎,其技术标准要求同防撞墙。

(2)模板安装

1)竖墙分为 A、B、C 三种,待遮板安装完毕后方能施工竖墙 A,竖墙 A 的钢筋要与遮板的预埋筋连接好,严格按设计标高、设计位置控制好竖墙 A 的模板高度与位置,同时要兼顾遮板、竖墙 B、竖墙 C、防撞墙三者之间的相应高程与位置。

2)竖墙 B、竖墙 C 的钢筋要与预埋在梁体内的钢筋连成一个整体,模板安装时根据防撞墙的位置与高程来确定竖墙 B、竖墙 C 的位置与高程,因竖墙 B、竖墙 C 的高度与宽度均较小,故在安装模板时尤其要控制好其线形与标高。

3)竖墙断缝的形成在横竖两个方向均要垂直,安装竖墙隔板时要固定好其位置,以防其在混凝土捣固过程中发生偏移。

(3)混凝土灌注、养护、拆模

1)拌和混凝土时保证搅拌机的计量准确,并严格按试验室提供施工配合比施工。

2)将已拌好的混凝土运输至灌注处,再用铁锹等工具将混凝土倒入模内,振动棒要快插慢提,减少墙体表面气泡。

3)严格执行捣固工艺,确保混凝土的振捣质量。

4)灌注竖墙 A 时应与遮板预留的槽口一起灌注抹平收光,控制好竖墙顶面的保护层厚度,避免太大而出现裂纹,灌注至竖墙设计标高后,对其顶面要用抹刀抹平、抹光。

5)混凝土灌注完毕后,及时覆盖,待凝固后加强洒水养护。

6)混凝土灌注完毕后 5 h 左右,及时拔出竖墙断缝隔板,同时注意保护断缝处的混凝土棱角。

7)当混凝土强度达到设计强度的 50%时方可拆除模板,拆模时严禁对竖墙混凝土造成硬伤、掉角或引起模板变形,模板拆除后要及时对竖墙进行修补、模板进行整修,涂刷脱模油,并继续洒水养护约 7 d左右。

3. 人行道栏杆、挡板、声屏障及遮板预制和安装施工

(1)钢筋加工与绑扎

严格按设计图纸要求下料制作、绑扎,其质量标准要求同前。

扶手预制件,因断面小并有预留立柱孔,运输和安装中易造成开裂,原有的两根钢筋无法保证构件强度,因此在施工中增加两根补强钢筋,可保证构件多次翻转和吊运。

(2)模板安装

1)模板安装前,先涂上脱模剂,再按设计图纸要求组装模板。

2)遮板的模板按遮板的安装放置状态安装,外露混凝土与钢模板直接接触,可保证外露混凝土棱角分明,轮廓清晰;盖板也按其放置状态安装模板,每套模板需放在钢板平台上,保证盖板底部的平整光滑;扶手模板翻过来安装使扶手上表面与钢模直接接触,保证上表面的光滑、圆顺。

3)模板安装完毕后,应对其密封性进行有效控制,防止预制件漏浆、砂面、流水线等质量通病。

(3)混凝土灌注

1)混凝土采用搅拌机集中拌和,并严格按施工配合比施工。

2)混凝土运输采用手推车或翻车运送至灌注处,再用铁锹入模。

3)针对遮板、盖板、栏杆预制件,分别采用振动棒、平板振动器、小振动棒进行振捣。并严格执行混凝土捣固工艺,确保混凝土质量。

4)灌注盖板混凝土时,其顶面要进行第二次赶光、抹平,底板要放置水平,有利于安装的质量,确保外形美观。

(4)拆模、养护、修补

1)混凝土灌注完毕后应及时覆盖并加强洒水养护。

2)当混凝土强度达设计强度的75%以上时方可拆除模板,拆模时严禁生拉硬拽和用大锤猛敲,防止小预制件开裂、掉角和模板变形。

3)拆模后应及时对外露混凝土面的局部空洞、气泡、漏浆、砂面进行修补和处理,凿除其边角的毛刺。尤其是扶手的上表面,需用砂布进行打磨处理,确保倒角及顶面的平顺、圆滑。

4)拆模后的预制件经过修补处理后,其外露混凝土如有质量通病或影响美观、结构外形尺寸不符合要求的应作为废品处理。

(5)成品的堆放及吊运

成品预制件当其混凝土强度达设计强度75%以上时,方可进行搬运和吊装,堆放应与地面隔离,其堆放高度应根据成品预制件及垫层的承载力和稳定性来确定,在吊运过程中应绑扎牢固,预制件与装运设施、绑扎器材间的接触摩擦处,应加衬垫保护,防止损伤预制件。每批预制件应有生产编号,每孔梁所用预制件应整组编号。不合格的成品预制件应另行堆放,并应有明显标记。

(6)预制件的安装

1)桥面系安装施工的总体要求:横平竖直,防撞墙、栏杆、扶手、盖板要平、顺、直、色泽一致、外形美观。

2)安装的总体顺序:遮板→立柱→扶手→隔柱→盖板。

3)遮板的安装:先在安装遮板处的桥面基层抹一层2 cm左右厚的砂浆,根据设计位置挂上通线,然后将遮板吊装至相应位置,调整其高度至符合要求后将遮板上的预埋筋与竖墙A预埋筋焊接成一个整体。

4)栏杆的安装:先将立柱准确对位于遮板的槽口内,调整垂直并用木楔固定,然后再安装扶手,最后再安装隔柱,待整孔梁安装完毕后用砂浆填充其预埋槽口。安装时要保证栏杆的线形及高度。

5)盖板的安装:安装时盖板下部需抄垫严实,不得形成翘板现象,同时要严格控制盖板顶面的标高(与遮板顶面标高一致),盖板间的缝隙要均匀一致,使安装好后的缝隙处在一条直线上,盖板间错台不大于1 mm,特别是要防止盖板在铺设过程中形成的翘板现象。

4. 桥面系主要施工要点

(1)高度重视和充分认识到桥面系工程质量的重要性,切实杜绝“重主体,轻附属”的思想,从组织机构、技术手段、人员培训、资金投入等方面,保证桥面系工程质量要求。

(2)桥面系施工是一个较复杂的系统工程,必须超前策划,精心设计,分解目标,确定标准。制定详细、

有针对性的技术措施,重点控制预制件的结构尺寸和颜色标准一致。全桥必须进行测量放线,各个安装工序必须有验收标准和检验手段,操作人员施工前要进行认真培训,熟知施工操作工艺和标准,确保工程质量。

(3)按设计和技术条件要求进行施工工艺设计,严格按工艺要求进行施工,源头把关,过程控制,通过工序的质量来保证总体质量。首件要验收总结,各道工序要验收,预制构件要一次成形,严格出场检验制度,加强防撞墙、竖墙的现场浇筑和养护,加强预制构件的成品保护,桥面系位置准确,结构尺寸控制要严。

(4)混凝土质量内实外美,色泽一致,表面平整、光滑,棱角分明。

(5)认真做好中线、水平控制,全桥直线段平直,曲线段圆顺,过渡自然。

(6)精心策划,精心施工。从桥面系模板的设计加工、构件的预制养护、防水层和保护层的施工、挡砟墙和竖墙的浇筑、遮板和栏杆的安装,到成品保护,各道工序均制定了具体的施工措施。

(7)桥面系工程的施工,要求达到"四线、一面、一光洁"的效果。

1)四线:防撞墙顶面、棱角一条线;遮板顶面、棱角、下缘一条线;栏杆一条线;盖板界线一条线。

2)一面:电缆槽盖板铺设后顶面和遮板上口一个平面。

3)一光洁:混凝土外观整洁,大面平整,颜色一致,棱角分明,无漏浆砂面,无硬伤掉角,无污染,无脱皮开裂。

(8)切实解决好接口界面处的差异,保证标准一致。做好桥台和梁部、箱形梁和其他连续梁型、线下墩台和线上桥梁、桥梁主体和四电作业、桥梁施工和轨道施工的衔接。

## 第八节　涵洞工程施工

涵洞施工本着"尽早开工、尽早完工、以利后序"的原则组织施工。涵洞安排在路基填方前施工,以保证路基填筑的正常进行,路基作业面内根据路基施工顺序合理安排平行或流水作业。基础开挖前需做好基础周围的临时排水设施,临时排水设施应与永久排水设施相结合;水中基础开挖采用围堰筑岛;基础采用挖掘机开挖,人工修整基坑,石方基础需爆破时采用风动凿岩机打眼小炮爆破;涵洞基础以下松软土按照设计进行换填和 CFG 桩加固,经检验合格后施工涵洞。

本节以 CYSG-3 标段涵洞工程为例介绍涵洞工程施工技术。CYSG-3 标段内有框架涵 55 座,共 1 494.43 横延米,主要规格为 1×3 m、1×4 m、1×5 m 和 1×6 m,主要用途为人行道,人行道兼排洪、立交等功能。

(一)施工工艺流程

框架涵施工工艺流程如图 4-3-45 所示。

(二)施工工艺

1. 土方开挖施工

土方开挖之前,对于排灌涵先设置导流管的方式实施排灌水的水流过渡。导流管的直径根据排灌渠的大小决定。

箱形涵基坑土方采用挖掘机开挖,土方由自卸汽车运输,采取人工修理边坡。当挖掘机开挖土方到达距基底还有 30 cm 时由人工挖除。若为石质土层,则采取人工手持风镐、钢钎等工具挖除,不要用爆破施工,因为爆破施工容易破坏地质结构,对正线路基不利。

非桩基涵洞基坑开挖后,立即以触探法对基底承载力进行检查,检查合格后基坑清理至设计标高。报验合格后,立即浇筑洞身基础混凝土。

基坑开挖时,做好截、排水工作(基坑外设挡水埂,坑内设环形排水沟、集水井随时抽除集水),防止基坑遭水浸泡,使地基条件恶化。

2. 基础处理施工

框架涵地基主要采用 CFG 桩和换填等方式加固地基,施工中要根据图纸要求进行地基处理。

涵洞处基础处理施工参见框架式桥梁施工章节。

3. 钢筋混凝土洞身施工

本工程箱形涵洞身全部采用原位分伸缩缝段现浇施工。涵身分 2 次浇筑成形:第 1 次浇筑底板及底板

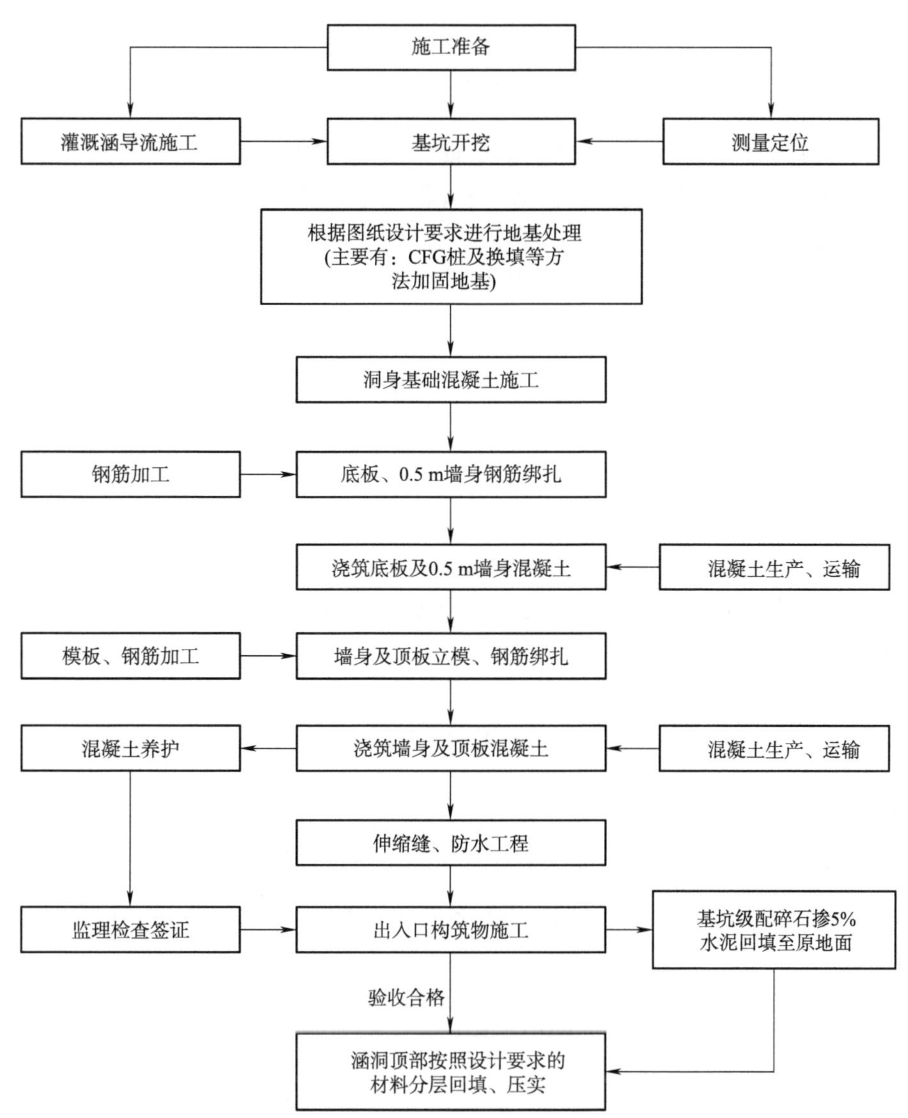

图 4-3-45　框架涵施工工艺流程

以上 50 cm 墙身，第 2 次浇筑侧墙及顶板。

洞身内模采用钢框竹胶板，外模可采用组合钢模板，洞身内支架采用满堂碗扣式支架并按规定设置剪刀撑和扫地杆等。

钢筋在车间集中弯制，汽车运至现场绑扎成形。

混凝土由邻近搅拌站集中供应，泵送入模浇筑。

浇筑底板前基础顶面凿毛并冲洗干净。

为加强两次浇筑的连接和保证洞身整体防水性能，水平施工缝做成“凹”字形，即在第 1 次浇筑时将厚度为边墙厚度 1/3 的方木埋入混凝土中，待混凝土终凝后取出，且在方木取出前将施工缝凿毛并冲洗干净。

底板混凝土达到设计强度的 70％后，方可搭设支架、立模、绑扎钢筋、浇筑边墙及顶板混凝土。

混凝土分层浇筑(层厚≤30 cm)。混凝土浇筑时注意两边侧墙对称均衡进行，侧墙混凝土通过小直径导管或串筒浇筑，插入式振动器振实，底板、顶板混凝土采用插入式、平板式振动器振实。注意防止漏振或过振。

顶板混凝土强度达到规范许可值后，方可拆除模板及支撑。之后进行变形缝、防水层及附属工程施工。

4. 翼墙施工

现浇翼墙内模采用竹胶板、方木和钢管加固，外模采用组合钢模、钢管加固。基础施工时按规范预埋接茬钢筋，基础与墙身接触面凿毛清洗干净。因外墙面为非竖直面，加强模板及其支撑系统的刚度，外模板采用地锚与基础连接以加强抗浮能力，采用坍落度较小的混凝土浇筑，混凝土浇筑速度不宜过快，以免模板爬升和出现墙面“鼓肚”现象而影响外观。

5. 沉降缝、防水层等施工

沉降缝要贯穿整个断面，基础、边墙沉降缝和盖板竖缝同在一个竖直面上。沉降缝施工时要注意宽度均匀一致，并确保缝内填料密实。

防水层及包缝选在晴天敷设，并确保与圬工黏结良好，对于平整度差的圬工可以先用高标号砂浆找平后再敷设。防水层施工前将涵身上的尖凸处打磨平整，将泥土、杂物等清除干净，保持涵身表面干燥，以保证防水材料与涵身的黏结。防水层及包缝敷设时要使沥青涂刷均匀，麻布平顺。

锥坡砌体采用挤浆法砌筑，架设样架或靠尺控制圆顺度和平整度。

6. 基坑、涵顶的回填

(1)基坑的回填

根据设计要求，涵洞基坑采用级配碎石掺5%水泥回填至原地面。水泥级配碎石在混凝土搅拌站采用稳定土搅拌机生产，专用密封汽车运送到施工现场，用小型机械振动密实，紧贴着墙体部分采用人工打夯予以密实。

(2)涵洞顶面路基填筑

在洞身混凝土强度达到设计强度的100%后方可进行上部路堤填筑工作，涵洞顶部按照设计要求的材料分层回填、压实。当洞顶覆土厚度小于1 m时杜绝重型机械通过。回填工作由路基队实施，施工方法详见路基施工章节部分。

## 第九节　沉降变形控制与评估

### 一、沉降变形观测

(一)观测点设置原则

每个桥墩均设置承台观测标、墩身观测标。承台各对角设置2个；墩身观测标每墩2处，位于墩身两侧。如图4-3-46所示。

简支梁的一孔梁设置观测标6个，分别位于两侧支点及跨中；连续梁上的观测标，根据不同跨度，分别在支点、中跨跨中及边跨1/4跨中附近设置，3跨以上连续梁中跨布置点相同。如图4-3-47和图4-3-48所示。

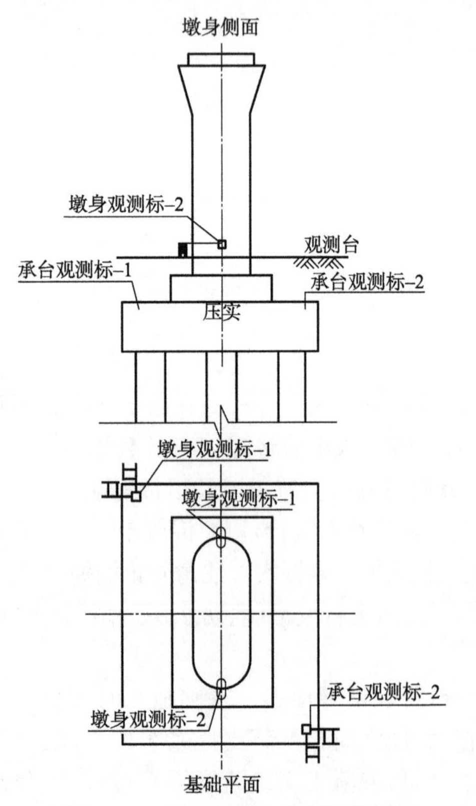


图4-3-46　承台与墩身观测标设置图

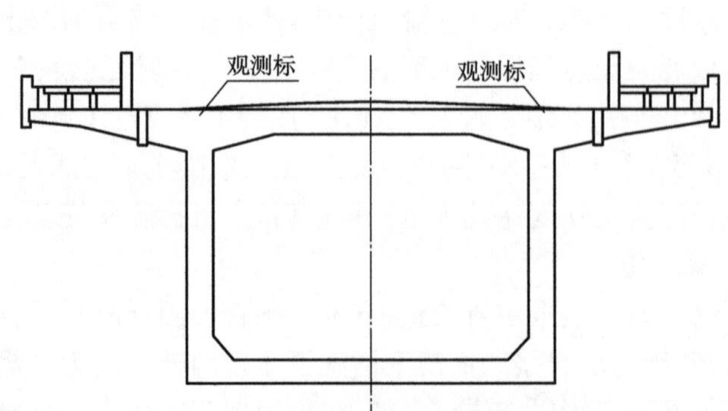


图4-3-47　梁部测点横向布置示意图

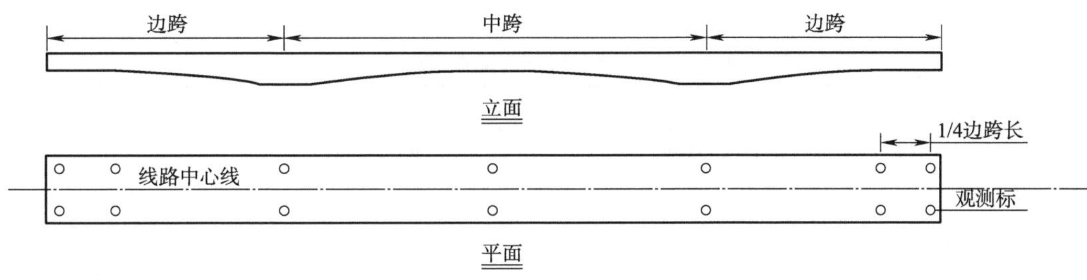


图 4-3-48　连续梁梁部测点纵向布置示意图

涵洞变形观测包括涵洞自身及涵顶填土沉降观测两部分组成。每座涵洞均要进行沉降观测，观测标原则上应设在涵洞两侧的边墙上，在涵洞进出口及涵洞中心分别设置，每座涵洞测点数量为 6 个。涵洞填土后观测点可从边墙位置移动到帽石上，涵洞进出口的帽石上各设置两个测点，位于帽石两侧位置。涵顶填土沉降观测参照路基地段沉降观测点布置方式，采用在涵顶线路中心位置埋设沉降板进行观测的方式，如图 4-3-49 所示。

(二)观测元件与埋设技术要求

1. 承台观测标

选择 $\phi20$ mm 不锈钢棒，顶部磨圆并刻画十字线，埋置深度不小于 0.1 m，高出埋设表面 3 mm，表面做好防锈处理，如图 4-3-50 所示。完成埋设后测量桩顶标高作为初始读数。

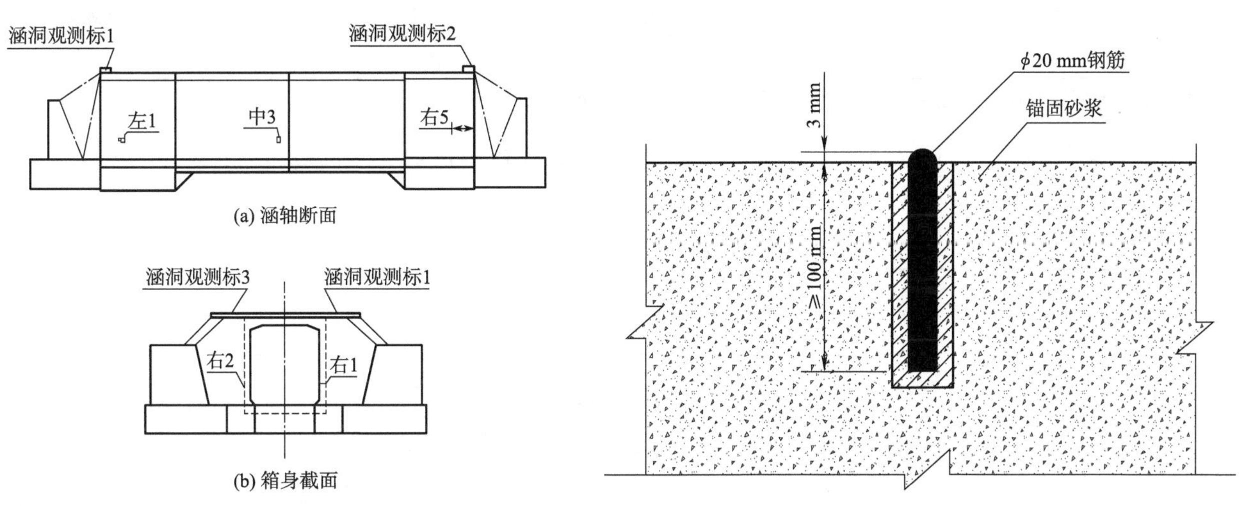


图 4-3-49　涵洞观测标埋设位置示意图

图 4-3-50　承台观测标设置

2. 墩身观测标

采用 $\phi14$ mm 不锈钢螺栓，如图 4-3-51 所示。

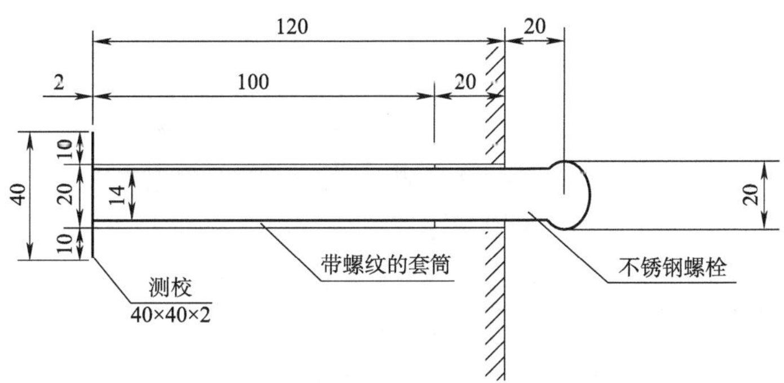


图 4-3-51　墩身观测标设置

(三)观测频次要求

每个桥梁墩台承台施工完成后开始进行首次沉降观测,按表 4-3-18 中要求的时间间隔进行。

**表 4-3-18　墩台基础沉降观测频次表**

<table>
<tr><td colspan="2" rowspan="2">观测阶段</td><td colspan="2">观测频次</td><td rowspan="2">备　注</td></tr>
<tr><td>观测期限</td><td>观测周期</td></tr>
<tr><td colspan="2">墩台基础施工完成</td><td>—</td><td>—</td><td>设置观测点,进行首次观测</td></tr>
<tr><td colspan="2">墩台混凝土施工</td><td>全程</td><td>荷载变化前后各 1 次,或 1 次/周</td><td>承台回填时,临时观测点取消</td></tr>
<tr><td rowspan="3">预制梁桥</td><td>架梁前</td><td>全程</td><td>1 次/周</td><td></td></tr>
<tr><td>预制梁架设</td><td>全程</td><td>前后各 1 次</td><td></td></tr>
<tr><td>附属设施施工</td><td>全程</td><td>荷载变化前后各 1 次或 1 次/周</td><td></td></tr>
<tr><td rowspan="3">桥位施工桥梁</td><td>制梁前</td><td>全程</td><td>前后各 1 次</td><td></td></tr>
<tr><td>上部结构施工中</td><td>全程</td><td>荷载变化前后各 1 次或 1 次/周</td><td></td></tr>
<tr><td>附属设施施工</td><td>全程</td><td>荷载变化前后各 1 次或 1 次/周</td><td></td></tr>
<tr><td colspan="2">架桥机(运梁车)通过</td><td>全程</td><td>同路基</td><td></td></tr>
<tr><td colspan="2">桥梁主体工程完工~无砟轨道铺设前</td><td>≥6 个月</td><td>1 次/周</td><td>岩石地基的桥不宜少于 2 个月</td></tr>
<tr><td colspan="2">无砟轨道铺设期间</td><td>全程</td><td>1 次/天</td><td></td></tr>
<tr><td colspan="2" rowspan="3">无砟轨道铺设完成后</td><td>24 个月　0~3 个月</td><td>1 次/月</td><td rowspan="3">工后沉降长期观测</td></tr>
<tr><td>4~12 个月</td><td>1 次/3 个月</td></tr>
<tr><td>13~24 个月</td><td>1 次/6 个月</td></tr>
</table>

注:观测墩台沉降时,应同时记录结构荷载状态、环境温度及天气日照情况。

梁体徐变变形观测需在梁体施工完成后开始布置测点,并在张拉预应力前进行首次观测,各阶段观测频次根据表 4-3-19 中要求的时间间隔进行。

**表 4-3-19　梁体徐变观测频次表**

<table>
<tr><td>观测阶段</td><td>观测周期</td></tr>
<tr><td>预应力终张拉</td><td>张拉前、后各 1 次</td></tr>
<tr><td rowspan="4">预应力张拉完成~无砟轨道铺设前</td><td>张拉完成后第 1 天</td></tr>
<tr><td>张拉完成后第 3 天</td></tr>
<tr><td>张拉完成后第 5 天</td></tr>
<tr><td>张拉完成后 1~3 月,每 7 天为一测量周期</td></tr>
<tr><td>桥梁附属设施安装</td><td>1 次/周,要求安装前、后必须各有 1 次</td></tr>
<tr><td>无砟轨道铺设期间</td><td>1 次/天</td></tr>
<tr><td rowspan="3">无砟轨道铺设完成后</td><td>第 0~3 个月,1 月/次</td></tr>
<tr><td>第 4~12 个月,1 次/3 月</td></tr>
<tr><td>第 12~24 个月,1 次/6 个</td></tr>
</table>

每个涵洞基础施工完成后开始进行首次沉降观测。涵洞沉降观测据表 4-3-20 中要求的时间间隔进行,涵洞顶填土沉降的观测应与路基沉降观测同步进行。

**表 4-3-20　涵洞沉降观测频次表**

<table>
<tr><td rowspan="2">观测阶段</td><td colspan="2">观测频次</td><td rowspan="2">备　注</td></tr>
<tr><td>观测期限</td><td>观测周期</td></tr>
<tr><td>涵洞基础施工完成</td><td></td><td></td><td>设置观测点</td></tr>
</table>

续上表

| 观测阶段 | 观测频次 | | 备　注 |
|---|---|---|---|
| | 观测期限 | 观测周期 | |
| 涵洞主体施工完成 | 全程 | 荷载变化前后各1次或1次/周 | 观测点移至边墙两侧 |
| 洞顶填土施工 | 全程 | 荷载变化前后各1次或1次/周 | |
| 架桥机(运梁车)通过 | 全程 | 前后 | 至少进行2次通过前后的观测 |
| 涵洞完成～无砟轨道铺设前 | ≥6个月 | 1次/周 | 岩石地基不宜少于2个月 |
| 无砟轨道铺设期间 | 全程 | 1次/天 | |
| 无砟轨道铺设完成后 | 0～3个月 | 1次/月 | 工后沉降长期观测 |
| | 4～12个月 | 1次/3月 | |
| | 13～24个月 | 1次/6月 | |

注:架桥机(运梁车)通过时观测要求:每1次/1天,连续2次;其后每1次/3天,连续3次,以后1次/周。

### 二、沉降变形评估

(一)沉降观测的组织准备

(1)建立沉降观测管理体系。管理体系成员单位应包括建设、咨询、设计、施工、监理单位,各单位应确定工作组织(人员),指定工作负责人(联系人)。

(2)建立沟通联系工作制度,保证沉降观测工作协调、有序开展。

(3)沉降观测工作启动前,设计单位对各参与单位的有关人员进行必要的技术培训或交底。

(4)施工单位按《基础工程沉降观测设计方案》要求布设沉降观测点及观测断面,埋设观测元器件,配备适应测量要求的有关仪器设备。观测工作启动前,施工单位应报请监理单位对测点布置、元器件埋设、测量仪器等准备工作进行检查验收,以确保观测测量工作具备合格的工作基础。

(二)施工期内的沉降变形观测及分析评估

(1)施工单位按《基础工程沉降观测设计方案》进行沉降观测工作,每月按要求格式汇总观测资料,适时将汇总的观测资料(含电子文档)提交设计单位。观测资料应得到监理单位的审核签字确认。原始记录资料,由施工单位保存备查。

(2)设计单位根据沉降观测资料进行工程稳定分析和趋势预测,根据分析和预测结果提出相应的工程措施建议,适时整理形成沉降观测分析报告提交给成渝沉降观测评估组。

(3)沉降变形评估

1)成渝客专沉降观测评估小组,对设计单位提交的沉降观测分析报告进行适时评估,必要时组织专家研讨会进行评审,确认基础工程是否满足无砟轨道铺设技术条件。

2)建设单位和咨询单位对沉降观测成果及评估报告进行审核确认。

3)无砟轨道铺设后的沉降变形观测按《客运专线无砟轨道铺设条件评估技术指南》(铁建〔2010〕158号)执行。

## 第十节　新工艺、新工法、新装备、新材料的应用及效果

(一)目前施工现状

目前旋挖钻机大量用于桥梁桩基础施工,该类型钻机具有施工速度快、扩孔率小、燥声小、场地要求不高等特点。钻孔完毕后,一般采用循环泥浆进行清孔、钻头清孔、人工下至孔底进行清孔三种方式,但三种方式进行孔底沉渣清除均较困难,难以达到设计及规范要求桩基沉渣厚度不得大于5 cm的规定,致使桥梁沉降难以得到保证。

针对这一问题,项目部成立QC小组,研发一种能有效的解决孔底沉渣厚度难以满足设计及规范要求的旋挖钻捞渣筒,并且这种捞渣筒清理沉渣的方法比循环泥浆方式更节约、更环保,也符合如今提倡节能减排的要求,节约了成本,减少了排放。

(二)采取的改进措施

(1)根据现场旋挖钻机钻头结构,制作与旋挖钻机钻头相同的捞渣筒,捞渣筒用钢管为主体,钢管壁厚10 mm,外直径1 200 mm(适用于直径1 250 mm的桩基,其他直径的桩基相应减小钢管外直径即可),高度1 m。采用20 mm、10 mm的钢板做钢护筒上部连接、加强及下部底板。在捞渣筒底部设 $\phi$40 mm的眼孔,上铺设一层 $\phi$3 mm铁丝网,间距10 mm×10 mm,以利于捞渣过程中排水,具体如图4-3-52所示。

(2)采用20 mm厚钢板,制作成与钻头底部相同的底板,并在底板上钻孔,钻孔直径为40 mm,并在底部设扇形进渣口、扇形斜口、扇形挡渣板,以上工作完成后,将底板焊接在筒体上,具体形状如图4-3-53所示。

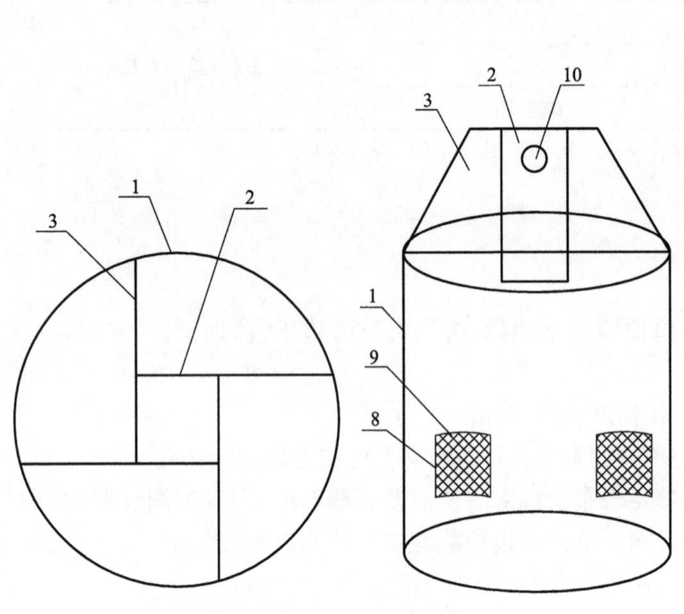


图4-3-52　捞渣筒结构示意图1

1—筒体;2—钻杆固定套;3—连接板;8—沁水口;9—滤网;10—钻杆固定孔

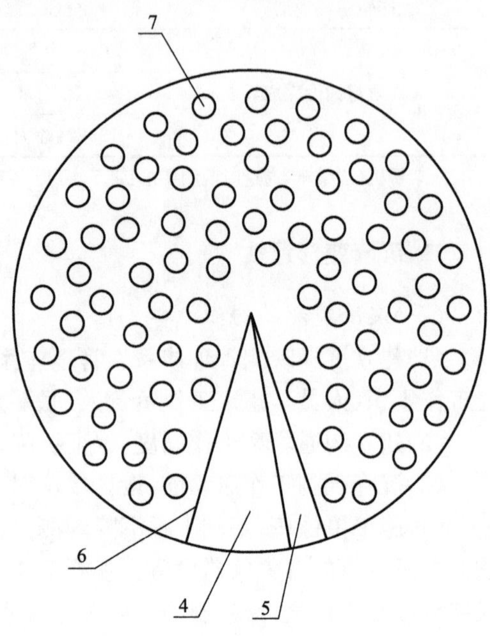


图4-3-53　捞渣筒结构示意图2

4—进渣口;5—斜口;6—挡渣板;7—沁水孔

(3)在筒体侧壁切割15 cm×15 cm方孔4个,方孔距筒体底部30 cm左右,并在内部采用直径12 mm圆钢焊制间距3 cm×3 cm的钢筋网,以便于铺设过滤网。

(4)在底板上采用3 mm钢丝网,网格间距10 mm×10 mm,双层布置,并采用直径12 mm圆钢施焊固定钢丝网,作为过滤设施。

(三)效果检查

此捞渣筒利用旋挖机的工作原理,将捞渣筒底部设置为带进渣口的平板结构,通过旋转将沉渣装入捞渣筒并提出,从而有效地解决了孔底沉渣厚度难以满足设计及规范要求的难题。

通过在成渝客运专线梅江河双线特大桥上的应用,取得在无水情况下,沉渣厚度为3 cm;在有水的情况下,沉渣厚度为4 cm的效果,无论在有水还是无水的情况下,沉渣厚度均小于5 cm,满足设计要求的桩基沉渣厚度不大于5 cm,可以在施工中广泛运用。

# 第四章　隧 道 工 程

全线正线隧道48座长52.874 km,其中双线隧道46座长44.631 km,单线隧道2座长8.243 km,折合长度占线路总长的15.8%。5 km以上隧道3座长19.081 km,最长隧道为龙泉山隧道全长7.328 km。

全线短隧道较多,以Ⅳ、Ⅴ级围岩为主,比重占88%。正线48座隧道中有32座隧道位于运架通道上,施工工期紧张。全线高风险隧道较多,且环境地质极为敏感。

## 第一节　一般隧道施工

本节主要从隧道的超前支护、洞身开挖、初期支护、基底处理、仰拱和填充施工等方面介绍一般隧道施工、隧道洞口、洞内设施、运营通风及防排水等工程施工将分别在本章后续作介绍。

### 一、超前支护

(一)超前大管棚

(1)施工工艺流程

超前大管棚施工工艺流程如图4-4-1所示。

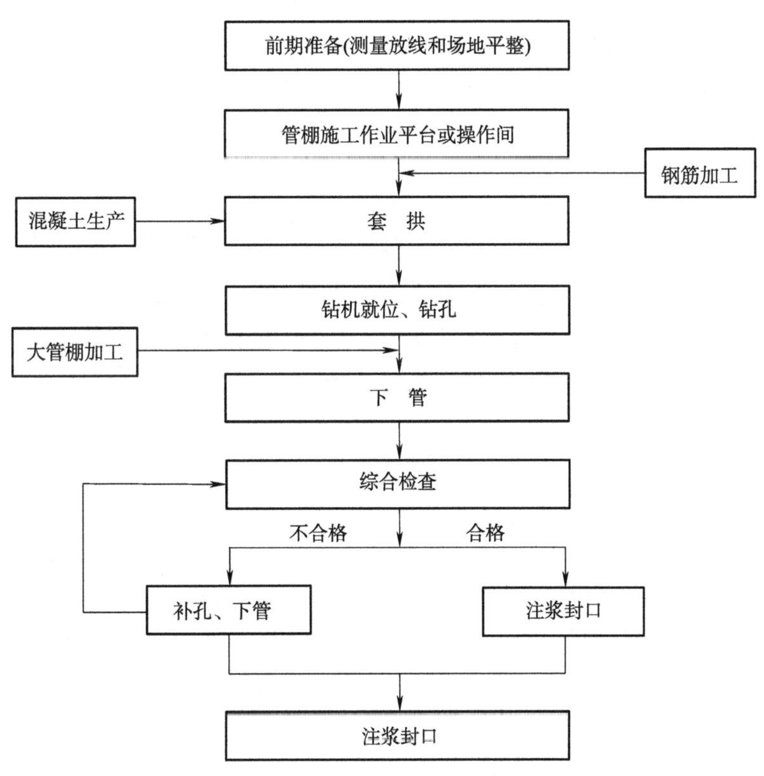


图4-4-1　超前大管棚施工工艺框图

(2)工艺要求

超前大管棚采用水平地质钻机造孔,钢管采用钻机推进器顶进,高压注浆泵注浆。

施作套拱:在洞口里程外起拱线以下路基土石方留一长约5 m平台,然后在洞外洞口交界处架立钢架,间距0.75 m,用连接筋焊接成一整体。在钢支撑上安设导向钢管,数量、环向间距和外插角与大管棚设计一致。导向钢管的安装要测量精确定位,使钢管位置与方向准确无误,导向钢管与钢架焊为整体。然后按设计浇筑导向墙,导向墙厚 1.0 m,宽 1.5 m。导向墙完成后,喷射厚 15 cm C20 混凝土封闭周围仰坡面及掌子面,以防止浆液从周围仰坡渗漏。搭设钻孔平台架、安装钻机。

钻孔:采用水平地质钻机,从导向管内钻孔。开孔时,低压慢转,钻进过程中利用倾斜仪等测量设备有效控制钻孔质量,保证终孔偏斜率在 1/2 000 以内,孔深误差+0.5 m。

安装大管棚钢管:钻孔达到深度后,依次拆卸钻杆。管棚钢管顶进采用钻机连接套管自动顶进,钢管节段间用丝扣连接,顶进时,采用 6 m 和 3 m 节长的管节交替使用,以保证隧道纵向同一断面内的接头数不大于 50%,管壁上按设计钻压浆孔。管棚顶到位后,钢管与导向管间隙用速凝水泥等材料堵塞严密,以防注浆时冒浆。

注浆:注浆前先将孔内泥砂清干净(可用高压水冲洗),再进行注浆。

浆液采用水泥浆,注浆压力约 2 MPa,注浆参数根据现场试验予以调整。

施工过程中为了防止注浆过程中发生串浆,每钻完一个孔,随即安设该孔的钢管并注浆,然后再进行下一孔的施工。

管棚封堵塞设有进浆孔和排气孔,当排气孔流出浆液后,关闭排气孔,继续灌浆,达到设计注浆量或注浆压力时,方可停止注浆。

(二)超前注浆小导管

超前小导管设计采用 $\phi$42 mm 超前注浆小导管加固,环向间距 30 cm 或 40 cm,小导管长 3.5 m。超前小导管施工前用喷射混凝土封闭掌子面,然后施作超前小导管形成一定厚度的加固圈后,进行开挖等作业。小导管施工工艺流程如图 4-4-2 所示。

超前小导管沿开挖轮廓线外 10 cm 施作,外插角为 10°～15°,采用 YT-28 风动凿岩机钻孔后安装超前小导管,并与钢架焊接固定。采用注浆泵进行注浆作业。

小导管在构件加工厂制作,前端做成尖锥形,尾部焊接 $\phi$8 mm 钢筋加劲箍,管壁上每隔 15 cm 交错钻眼,眼孔直径为 6～8 mm。

风动凿岩机钻孔后,将小导管按设计要求插入孔中,围岩软弱地段用游锤或凿岩机直接将小导管沿钢架中部打入,尾部与钢架焊接,共同组成预支护体系。

注浆设备采用注浆泵,注浆参数严格按设计和施工规范进行。注浆前先喷射厚 5～10 cm 混凝土封闭掌子面作止浆墙,当单孔注浆量达到设计注浆量时,结束注浆。注浆参数应根据注浆试验结果及现场情况调整。注浆作业中认真填写注浆记录,随时分析和改进作业,并注意观察施工支护工作面的状态。小导管注浆工艺流程如图 4-4-3 所示。

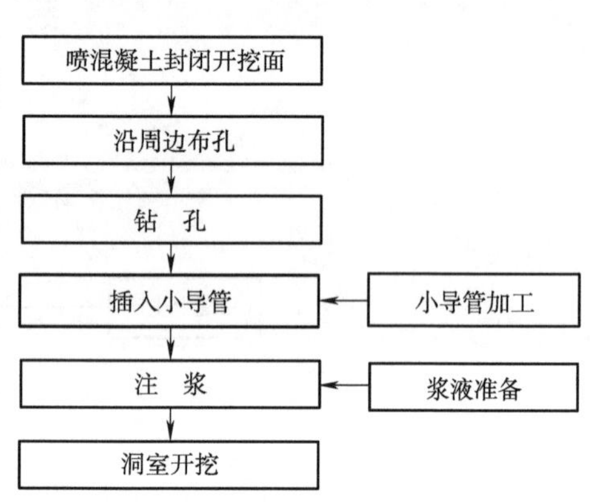


图 4-4-2　小导管施工工艺流程如图

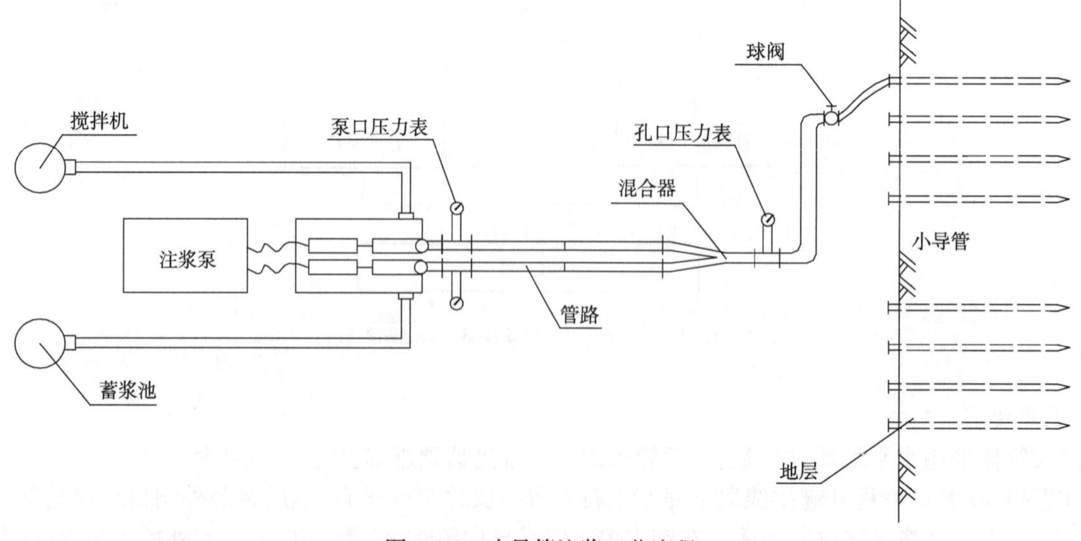


图 4-4-3　小导管注浆工艺流程

## 二、洞身开挖

一般地段洞身开挖、出渣及初期支护施工工艺流程：超前地质预测预报→洞身开挖→出渣运输→洞身支护施工→衬砌施工→无砟轨道基础施工。

### (一)不同围岩地段的开挖方法

一般隧道开挖采用新奥法原理组织施工，Ⅳ级围岩地段采用台阶法施工，Ⅴ级围岩地段采用大拱脚台阶法、CRD法或中隔壁(CD)法。

(1)台阶法

一般Ⅳ级围岩采用台阶法开挖，台阶长度5～10 m，周边采用光面爆破减少对围岩的振动以控制成形。上台阶风钻钻孔，挖掘机扒渣到下断面，下台阶利用风钻钻孔，开挖循环进尺为2.5 m。下断面出渣利用装载机装渣，自卸汽车运渣至指定的弃渣场地。台阶法施工工艺流程如图4-4-4所示。

(2)大拱脚台阶法施工

对Ⅴ级围岩采用大拱脚台阶法开挖。大拱脚台阶法主要适合于少爆破和弱爆破围岩的开挖支护施工，开挖进尺控制在0.6～1.0 m。开挖、支护过程中量测紧跟、及时反馈，以调整支护参数。大拱脚台阶法的施工工序和施工工艺流程框分别如图4-4-5和图4-4-6所示。

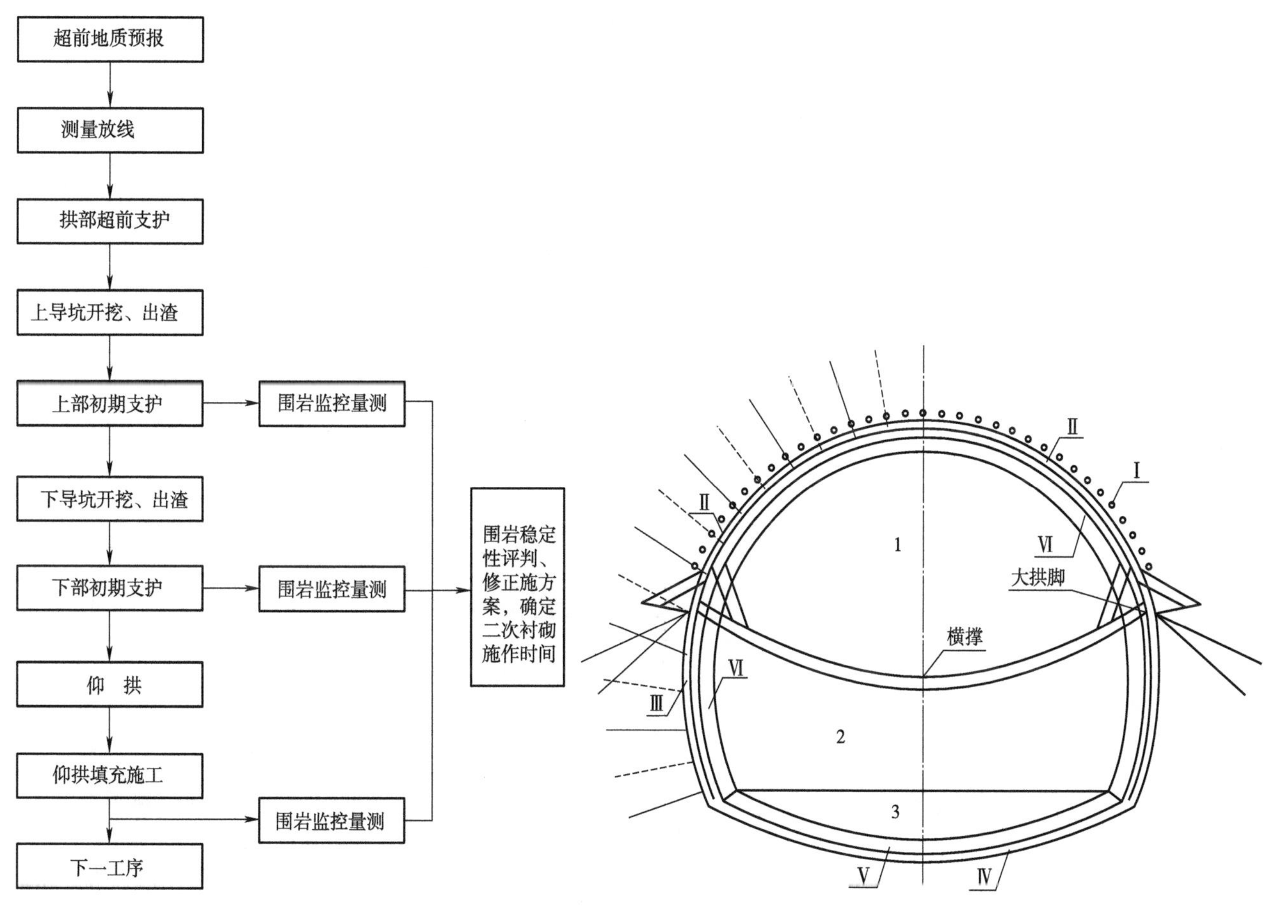


图4-4-4 台阶法施工工艺流程框图

图4-4-5 大拱脚台阶法的施工工序图

(3)CRD法施工

对Ⅴ级围岩浅埋段采用交叉中隔壁法(CRD法)，将隧道分侧分层进行开挖，分部封闭成环。每开挖一部均及时施作锚喷支护、安设钢架、施作中隔壁、安装底部临时仰拱。一侧超前的上、中部，待初期支护完成且喷射混凝土达到设计强度70%以上时再开挖隧道的另一侧的上、中部；然后开挖一侧的下部；最后开挖另一侧的下部，左右交替开挖。施工工序如图4-4-7所示。

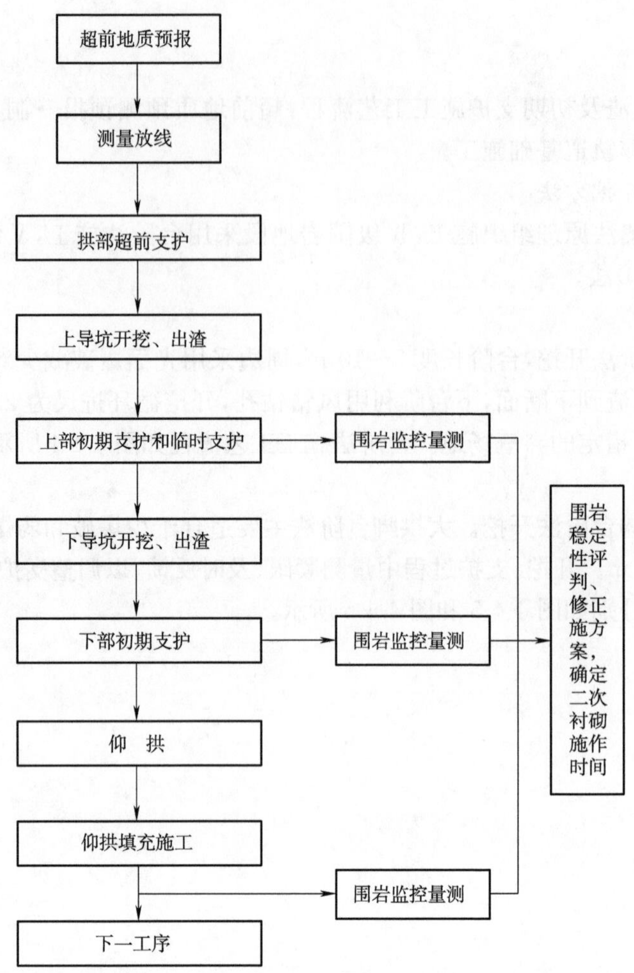


图 4-4-6　大拱脚台阶法施工工艺流程图

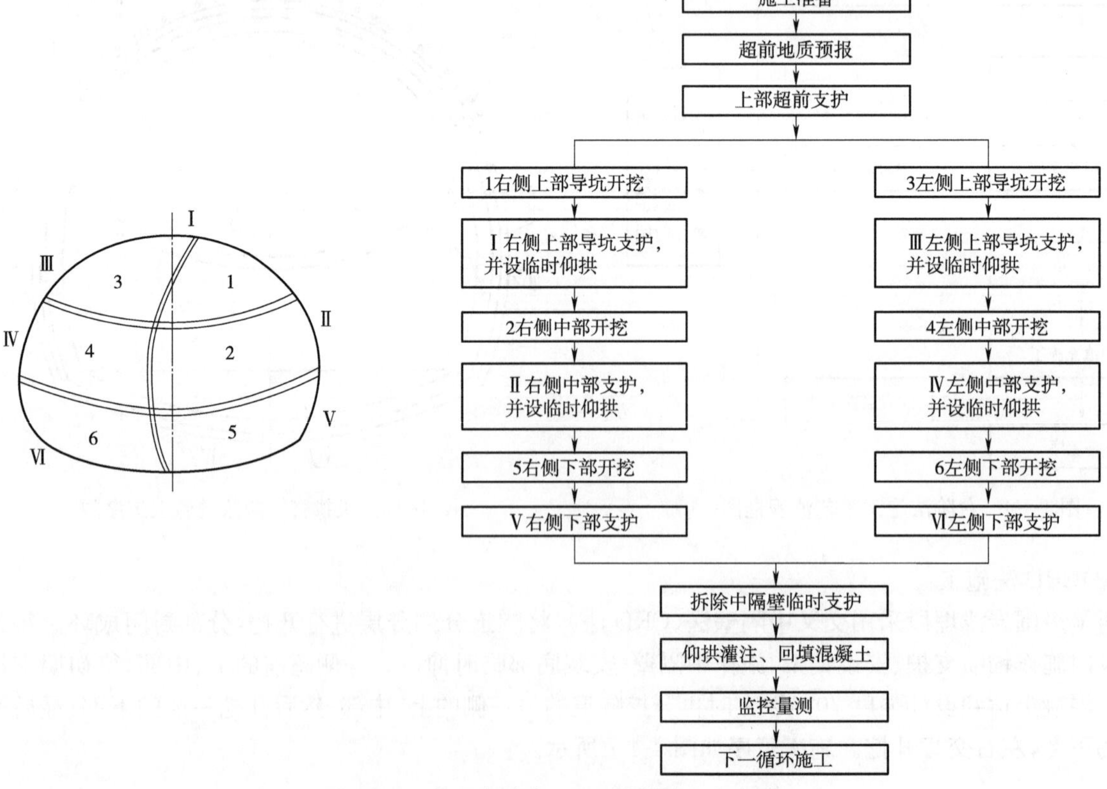


图 4-4-7　交叉中隔壁(CRD)法的施工工序图

(4)CD法施工

隧道Ⅴ级围岩采用CD开挖法,先由上至下分台阶开挖隧道单侧导坑,并及时施作导坑初期支护和临时支护,再按同样顺序开挖另一侧导坑,两侧导坑纵向错开长度根据现场地质情况并结合具体施工情况确定。开挖完成后及时施作初期支护,使其封闭成环,确保结构的稳定。土层采用人工配合挖机开挖,岩层采用弱爆破开挖,挖掘机配合装载机装渣,自卸汽车运输。中隔壁(CD)法施工工序如图4-4-8所示。

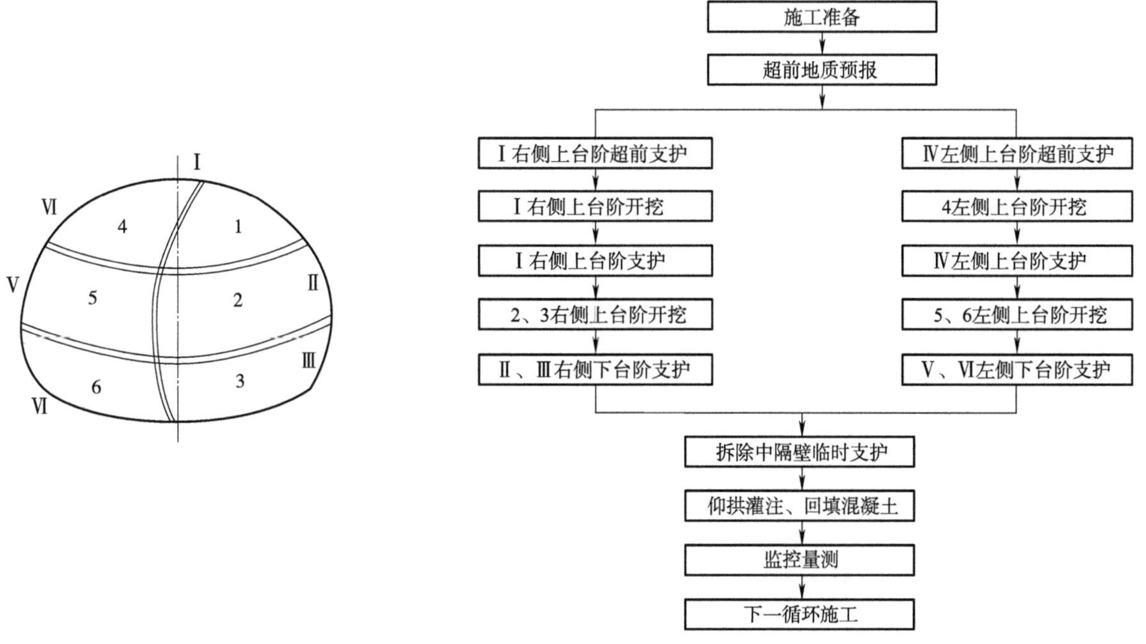


图4-4-8 中隔壁(CD)法施工工序图

(二)光面爆破

(1)施工工艺流程

光面爆破施工工艺流程如图4-4-9所示。

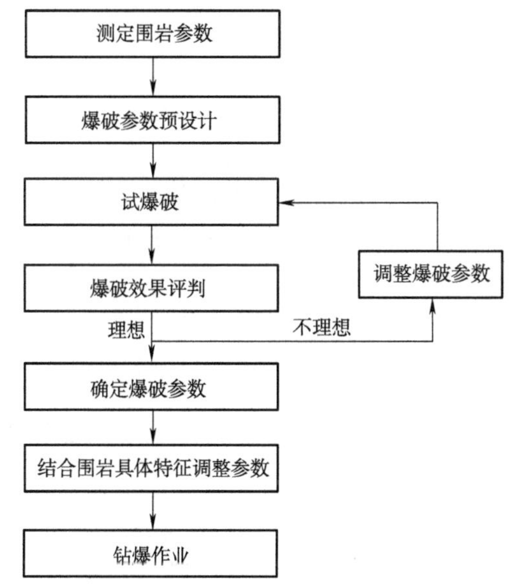


图4-4-9 光面爆破施工工艺流程图

(2)钻爆设计

1)设计原则

据地质条件,开挖断面、开挖进尺、爆破器材等编制光面爆破设计方案。根据围岩特点合理选择周边眼间距及周边眼的最小抵抗线,辅助炮眼交错均匀布置,周边炮眼与辅助炮眼眼底在同一垂直面上,掏槽眼加深20 cm。

严格控制周边眼装药量,间隔装药,使药量沿炮眼全长均匀分布。选用低密度、低爆速、低猛度的炸药;本工程采用乳化炸药,非电毫秒雷管起爆。采用微差爆破,周边眼采用导爆索起爆,以减小起爆时差。

2)钻爆设计要求

爆破作业由爆破工程师根据地质条件、开挖断面、开挖方法、掘进循环进尺、钻眼机具、爆破器材等进行爆破设计。编制详细的爆破作业指导书,并负责进行试验、数据收集分析、参数调整、指导施工。

采用光面爆破,合理选择爆破参数,根据围岩情况合理选择中空直眼或斜眼掏槽。爆破后要求炮眼痕迹保存率:硬岩≥80%,中硬岩≥60%,并在开挖轮廓面上均匀分布,两次爆破衔接台阶不大于15 cm。

每次爆破后通过爆破效果检查,分析原因,及时修正爆破参数,提高爆破效果,改善技术经济指标。

洞口附近爆破施工严格控制单段装药量,降低振速,确保周边民房及其他构筑物的安全。

(3)掏槽方式

采用中空直眼或斜眼掏槽。直眼掏槽操作较简单,钻孔方向易掌握;当石质较硬、断面较大时,采用斜眼掏槽,以便减少钻眼数量。

(4)放样布眼

钻眼前,测量人员要用红铅油准确绘出开挖面的中线和轮廓线,标出炮眼位置,其误差不得超过 5 cm。在直线段,可用 3～5 台激光准直仪控制开挖方向和开挖轮廓线。

每次测量放线的同时,对上次爆破断面进行检查,利用《隧道开挖断面量测系统》对测量数据进行处理,及时调整爆破参数,以达最佳爆破效果。

(5)定位开眼

采用钻孔台车钻眼时,台车与隧道轴线要保持平行。台车就位后按炮眼布置图正确钻孔。对于掏槽眼和周边眼的钻眼精度要求比其他眼要高,开眼误差要控制在 3 cm 和 5 cm 以内。

(6)钻眼

钻工要熟悉炮眼布置图,要能熟练地操纵凿岩机械,严格按钻爆设计实施。定人定位,周边眼、掏槽眼由经验丰富的司钻工司钻。一定要有丰富经验的老钻工司钻,台车下面有专人指挥,准确定位钻杆,以确保周边眼有准确的外插角(眼深 3 m 时,外插角小于 3°;眼深 5 m 时,外插角小于 2°),尽可能使两茬炮交界处台阶小于 15 cm。同时,应根据眼口位置及掌子面岩石的凹凸程度调整炮眼深度,以保证炮眼底在同一平面上。

同类炮眼钻孔深度达到钻爆设计要求,眼底保持在一个铅垂面上。

(7)清孔

装药前,需用由钢筋弯制的炮钩和小于炮眼直径的高压风管输入高压风,将炮眼石屑刮出和吹净。

(8)装药结构及堵塞方式

装药采用分片分组按炮眼设计图确定的装药量自上而下进行,雷管"对号入座"。所有炮眼均以炮泥堵塞,堵塞长度不小于 20 cm。

周边眼装药结构是实现光面爆破的重要条件,严格控制周边眼装药量,采取分段非连续装药结构。施工时采用不耦合装药结构,不耦合装药系数控制在 1.4～2.0 范围内。

根据岩石强度选用不同猛度、爆速的炸药,有水地段及周边眼选用乳化炸药,其余均用 2 号岩石硝铵炸药。周边眼用 $\phi25\times200$ 小药卷,不耦合装药,其余炮眼用 $\phi40\times500$ 药卷。采用塑料导爆管非电起爆。对于煤层、瓦斯地段采用煤矿安全炸药和毫秒电雷管。

(9)连接起爆网路

起爆网路为复式网路,以保证起爆的可靠性和准确性。连接时要注意:导爆管不能打结和拉细;各炮眼雷管连接次数应相同;引爆雷管应用黑胶布包扎在离一簇导爆管自由端 10 cm 以上处。网路连好后,专人负责检查。

(10)光面爆破控制标准

根据技术规范,采用严格的光面爆破控制标准。光面(预裂)爆破控制标准见表 4-4-1。

**表 4-4-1 光面(预裂)爆破控制标准表**

| 序号 | 项　目 | Ⅳ级 | Ⅴ级 |
|---|---|---|---|
| 1 | 拱部平均线性超挖量(cm) | 15 | 10 |
| 2 | 边墙平均线性超挖量(cm) | 10 | 10 |
| 3 | 仰拱、隧底平均线性超挖量(cm) | 10 | 10 |
| 4 | 拱部最大超挖量(cm) | 25 | 15 |
| 5 | 仰拱、隧底最大超挖量(cm) | 25 | 25 |
| 6 | 两炮衔接台阶最大尺寸(cm) | 15 | 15 |
| 7 | 炮眼痕迹保存率(%) | ≥60% | |
| 8 | 局部欠挖量(cm) | 5 | 5 |
| 9 | 炮眼利用率 | 95% | 100% |

(11)微振爆破施工参数控制

1)不良地质地段采用微振控制光面爆破。微振爆破作业段最大一段允许装药量：

$$Q_{max}=R^3\times\left(\frac{V_{kp}}{K}\right)^{3/a}$$

式中　$Q_{max}$——最大一段爆破药量(kg)；

$V_{kp}$——安全速度(cm/s),取 $V_{kp}=2$ cm/s；

$R$——爆破安全距离(m)；

$K$——地形、地质影响系数；

$a$——衰减系数。

$K$、$a$ 值是针对隧道的具体情况,在多次试爆基础上进行 $K$、$a$ 值回归分析后确定。根据爆破物距爆心的安全距离要求,并由此推出每段的最大装药量。

2)微振控制爆破参数:上半断面微振爆破参数见表 4-4-2,下半断面微振爆破参数见表 4-4-3。具体实施时,结合试验确定。

**表 4-4-2　上半断面微振爆破参数表**

| 周边眼间距<br>E(cm) | 抵抗线<br>W(cm) | 眼深<br>(m) | 辅助眼间排距<br>(cm) | 线装药密度<br>(kg/m) | 最大段控制药量<br>(kg) |
|---|---|---|---|---|---|
| 30～40 | 40～50 | 1.5 | 80～90 | 0.15～0.25 | ≤4.5 |

**表 4-4-3　下半断面微振爆破参数表**

| 周边眼间距<br>E(cm) | 孔排距<br>(m) | 眼深<br>(m) | 线装药密度<br>(kg/m) | 最大段控制药量<br>(kg) |
|---|---|---|---|---|
| 60～80 | 0.8～0.9 | 2 | 0.2～0.3 | ≤4.5 |

(12)光面爆破和预裂爆破参数控制

光面爆破参数见表 4-4-4,预裂爆破参数见表 4-4-5。

**表 4-4-4　光面爆破参数表**

| 岩石类别 | 周边眼间距<br>E(cm) | 周边眼抵抗线<br>W(cm) | 相对距离<br>E/W | 装药集中度<br>q(kg/m) |
|---|---|---|---|---|
| 极硬岩 | 50～60 | 55～75 | 0.8～0.85 | 0.25～0.3 |
| 硬岩 | 40～50 | 50～60 | 0.8～0.85 | 0.15～0.25 |
| 软质岩 | 35～45 | 45～60 | 0.75～0.8 | 0.07～0.12 |

**表 4-4-5　预裂爆破参数表**

| 岩石类别 | 周边眼间距<br>E(cm) | 至内排崩落眼间距<br>(cm) | 装药集中度<br>q(kg/m) |
|---|---|---|---|
| 极硬岩 | 45～50 | 40 | 0.3～0.4 |
| 硬岩 | 40～45 | 40 | 0.2～0.25 |
| 软质岩 | 35～40 | 35 | 0.07～0.12 |

## 三、初期支护

### (一)初期支护方法

初期支护是复合式衬砌的重要组成部分,初期支护既要与围岩共同变形,又要有足够的强度和刚度能控制围岩变形。初期支护的组成形式应根据工程地质与水文地质情况、隧道净空及覆盖厚度等因素确定,主要支护形式有:喷射混凝土支护、喷锚网支护、钢架喷射混凝土支护等。洞身支护施工工序流程为:开挖后初喷混凝土→系统支护(系统锚杆、钢筋网、型钢钢架)施工→复喷混凝土至设计厚度→进入下一循环。

### (二)施工工艺

(1)砂浆锚杆施工工艺

钻孔采用锚杆钻机,注浆工艺依据锚杆布置位置不同,拱部采用双管排气注浆法;侧墙采用单管注浆法。注浆设备采用专用高压注浆泵。砂浆锚杆施工工艺流程如图 4-4-10 所示。

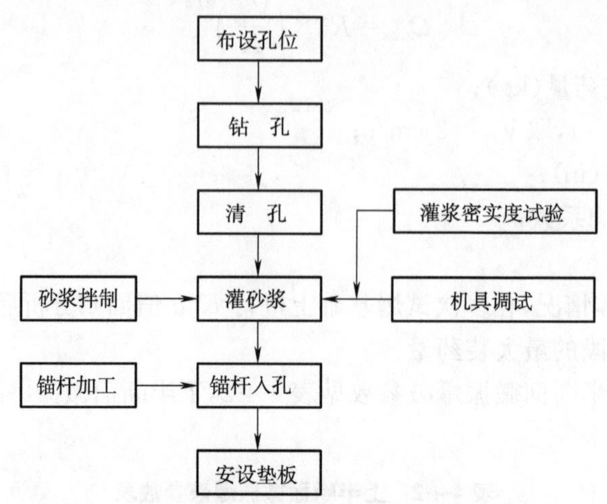


图 4-4-10 砂浆锚杆施工工艺流程

开孔前做好量测工作,按设计要求布孔并做好标记,开孔偏差不大于 10 cm;锚杆孔的孔轴方向满足施工图纸的要求,图纸未规定时垂直于开挖面,局部加固锚杆的孔轴方向与可能滑动面的倾向相反,交角大于 45°。

锚杆预先在洞外按设计要求加工制作,施工时锚杆钻孔位置及孔深必须精确,锚杆要除去油污、铁锈和杂质。用高压风清除孔内岩屑;对于边墙锚杆先用注浆泵将水泥砂浆注入孔内,然后将加工好的杆体插入孔内,并将锚杆与钢筋网焊为整体;对于拱部锚杆采用先安装锚杆后进行注浆,上仰孔若采用注浆器压注锚固砂浆时应设止浆塞和排气管。待孔内砂浆终凝后按规范要求抽样进行锚杆抗拔试验。

孔深度必须达到施工图纸的规定,孔深偏差值不大于±50 mm。用高压风冲洗、清扫锚杆孔,确保孔内不留石粉,不得用水冲洗钻孔。

砂浆采用高浓度砂浆,配合比通过现场实验确定,一般水泥∶砂宜为 1∶1～1∶2(重量比),水灰比宜为 0.38～0.45。砂浆坚持随拌随用的原则,对超过初凝时间的砂浆做报废处理。砂浆的干缩率必须在允许的范围内。

止浆塞塞入牢固,以确保能承受锚杆及注满锚杆孔砂浆的重量。排气管必须确保插入锚杆孔底,排气孔未出浆前,不得停止注浆。止浆塞在砂浆具有一定强度后方可拔出,拔出时不得振动锚杆。单管注浆、双管注浆作业示意如图 4-4-11 所示。

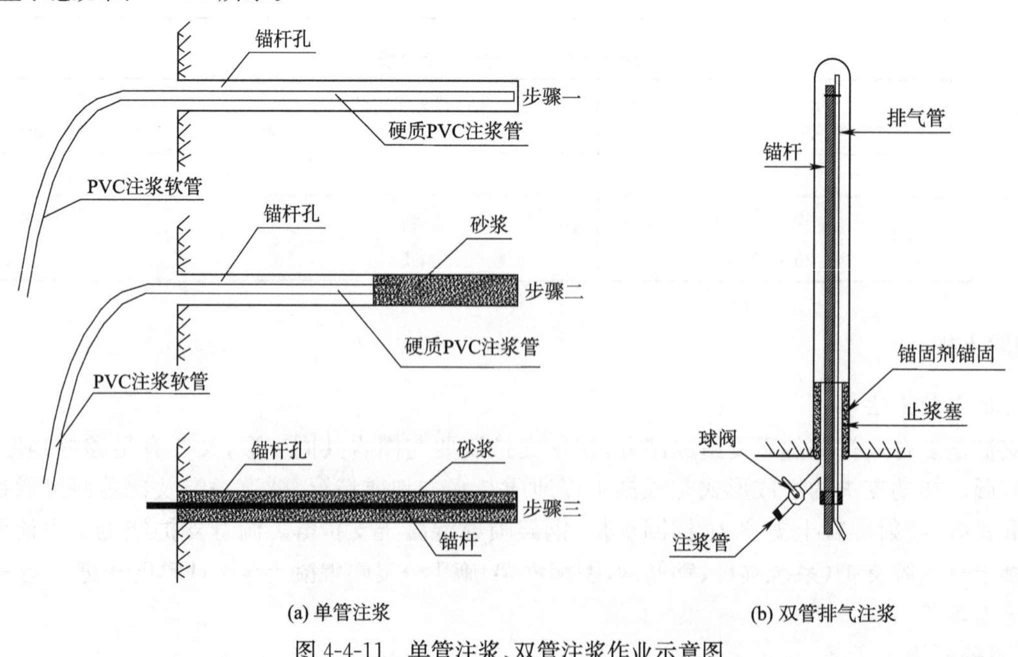


图 4-4-11 单管注浆、双管注浆作业示意图

(2)中空注浆锚杆

采用组合式中空注浆锚杆直径 $\phi22$、长 4.0 m 或普通中空锚杆直径 $\phi25\times7$、长 4.0 m。一般主要设在拱部范围，采用锚杆钻机或凿岩台车钻孔，注浆泵注浆施工。中空注浆锚杆施工工艺流程如图 4-4-12 所示。

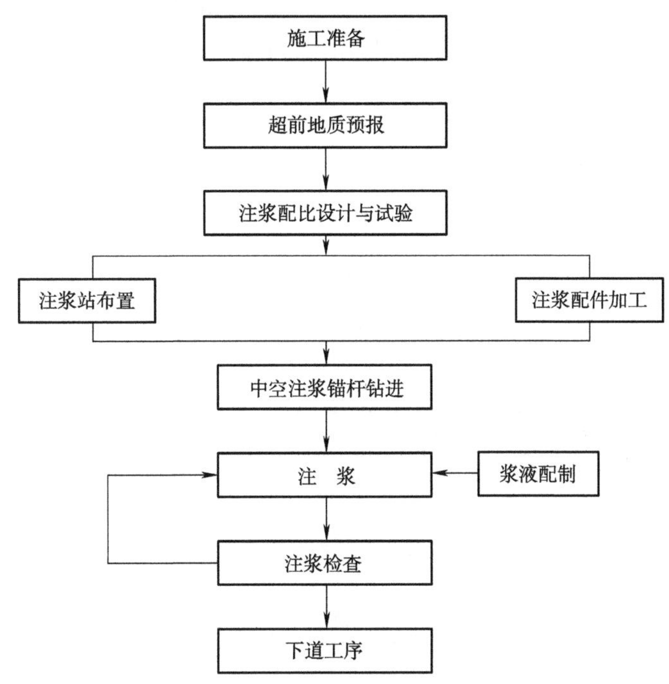


图 4-4-12　中空注浆锚杆施工工艺流程图

1)注浆参数

注浆压力：一般为地下水静水压的 2～3 倍，同时应考虑岩层的裂隙阻力，根据现场情况试验后确定。但瞬间最高压力值不应超过 0.4 MPa。

浆液扩散半径 $r$ 的确定：根据已有资料进行工程类比及现场渣体注浆试验情况选定注浆压力范围，确定浆液扩散半径 $r$ 的大小。

注浆孔距 $D$ 与排距 $L$ 的计算：

$$L=D\sin60^\circ$$

$$D=2r\cos30^\circ$$

单孔注浆量：

$$Q_{注}=\pi r^2 h\eta\beta$$

式中　$r$——浆液扩散半径(m)；

$h$——压浆段有效长度(m)；

$\eta$——岩石裂隙率；

$\beta$——浆液在裂隙内的有效充填系数。

2)钻孔

采用锚杆钻机或风钻钻孔，成孔后杆体插入锚杆孔时，保持位置居中，锚杆杆体露出岩面长度不大于喷层厚度；有水地段先引出孔内的水或在附近另行钻孔再安装锚杆；并安设止浆塞和孔口垫板，插入排气管；止浆塞通过锚杆打入孔口 30 cm 左右。

3)注浆

用注浆泵(1.5～5 MPa)压注水泥砂浆，注浆压力 0.5～1.0 MPa。锚杆孔内砂浆应饱满密实，砂浆内添加适量的微膨胀剂；注浆必须等浆液从孔口周围溢出，才算注满；锚杆垫板与孔口混凝土密贴；随时检查锚杆头的变形情况，待水泥浆终凝后扭紧固定孔口垫板的螺栓。

(3)喷射混凝土施工

隧道初期支护喷射混凝土采用湿喷工艺,喷射混凝土施工工艺流程如图 4-4-13 所示。

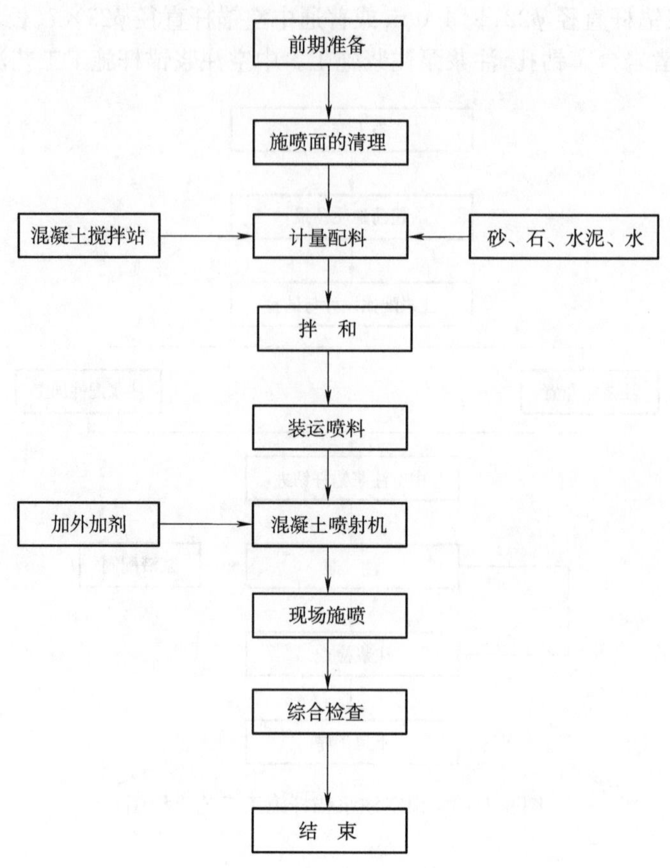


图 4-4-13 喷射混凝土施工工艺流程框图

喷射混凝土材料符合设计和规范规定,采用三联机湿喷混凝土。喷混凝土料由洞外自动计量拌和站生产。搅拌生产混凝土时,采用汽车式搅拌输送车运输混凝土,将料卸入三联机,人工或机械手配合三联机喷混凝土。

喷混凝土前处理危石,检查开挖断面净空尺寸,如有欠挖及时处理后再喷;在不良地质地段,设专人随时观察围岩变化情况,当受喷面有涌水、淋水、集中出水点时,先进行引排水处理。施工机具布置在无危石的安全地带。喷射前设置控制喷混凝土厚度的标志,检查电线路、设备和管路。

喷射前用高压水冲洗受喷面,当受喷面遇水易泥化时,用高压风吹净岩面。

开机先开主机,再依次开振动棒、计量泵、送风阀。

在喷射混凝土达到初凝后方能喷射下一层。首次喷射混凝土厚度不小于 50 mm。喷射作业分段、分片、分层,每段长度不超过 6 m。喷射顺序按由下而上,先边墙,后拱脚,最后拱顶,喷头成螺旋形缓慢均匀移动,每圈压前面半圈,绕圈直径约 30 cm,有较大凹洼处,先喷射填平。速凝剂掺量准确,添加均匀。

喷嘴与岩面垂直,距受喷面 1.5～2.0 m。开挖后及时初喷,出渣后及时复喷。

严格控制拌和物水灰比,经常检查速凝剂注入环的工作情况,发现问题及时处理。

施工中经常检查出料弯头、输料管和管路接头,处理故障时断电、停风,发现堵管时立即停风关机。

喷射完成后先关主机,再依次关送风阀、计量泵、振动棒,然后用清水将主机、输送管路内残留物冲洗干净。

(4)喷掺纤维混凝土施工工艺

1)微纤维的主要作用

抗裂:掺入微纤维有效提高混凝土因塑性收缩、温度应力、干缩等因素导致的裂纹,提高抗裂能力。0.1%体积掺量,抗裂能力提高 100%以上。

抗渗:有效提高混凝土抗渗防潮性能,可作为一种有效的刚性本体自防水添加材料。0.1%体积掺量,抗渗能力提高 100%以上。

抗冲击：有效提高混凝土冲击、抗震能力。0.05%体积掺量，锤击测试，初裂及粉碎锤击次数成倍提高，砂浆薄板抗冲击强度测试，提高≥25%。

抗磨：明显提高混凝土砂浆面的耐磨能力达 50%～100%。明显减少起尘、鳞状、片状剥落等破损现象。

减少回弹：对混凝土/砂浆喷射施工时掺加纤维 0.1%可以比未加微纤维减少回弹量 10%～20%以上，节约施工成本。

2)施工工艺流程

喷射微纤维混凝土工艺流程如图 4-4-14 所示。

3)工艺要求

选用符合国家标准的普通硅酸盐水泥；细骨料选用细度模数大于 2.5 的硬质洁净中粗砂，使用时含水率控制在 5%～7%；粗骨料选用粒径不大于 10 mm 的连续级配碎石或卵石；经检验合格的拌和用水；外加剂的选用需经监理工程师批准，其初凝时间不大于 5 min，终凝时间不大于 10 min。

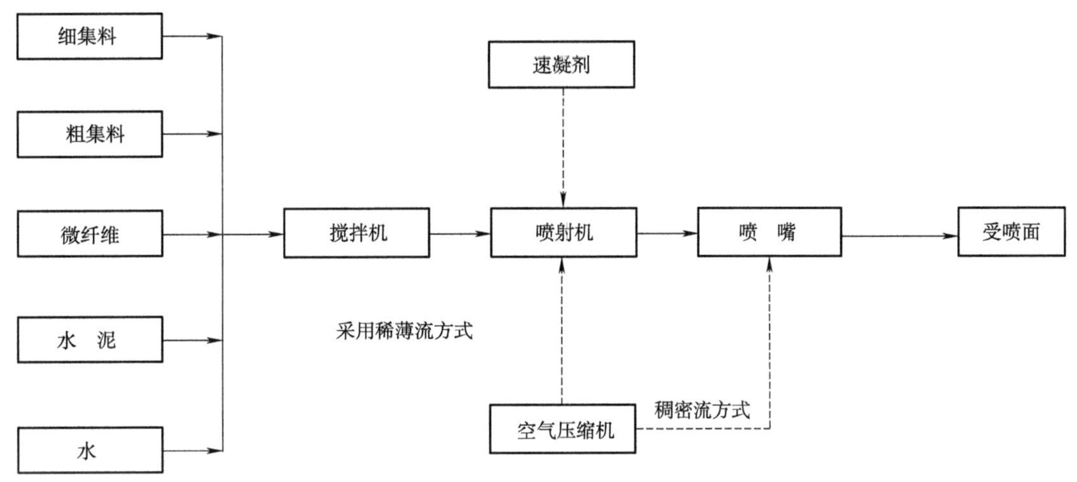


图 4-4-14　喷射微纤维混凝土工艺流程图

在喷射混凝土之前，必须用高压水或高压风冲洗岩面。如遇渗水，堵水或引水后方可进行喷射混凝土作业。

纤维可按照配比一次性投入，投料次序为：水→石子→砂→水泥→纤维，用搅拌机搅拌 1.5 min，再连续搅拌不小于 3 min。拌和好的混凝土在运输途中要防止骨料离析，采用自转动的混凝土运送罐车运送。在喷射微纤维之前，先素喷一层混凝土找平，分两次喷到设计厚度。

(5)钢筋网铺设施工工艺

钢筋网铺设施工工艺流程如图 4-4-15 所示。

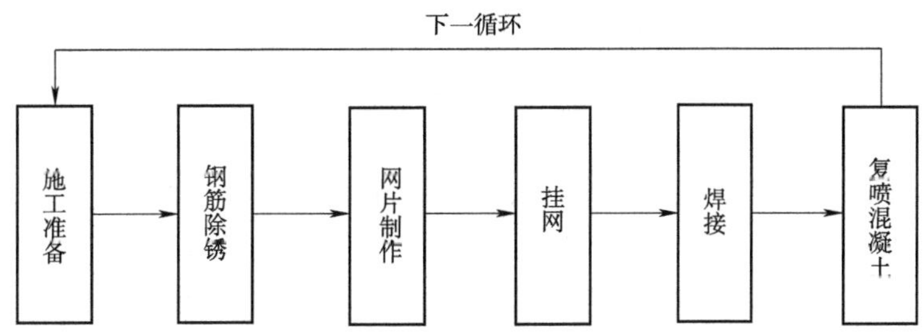


图 4-4-15　钢筋网铺设施工工艺流程图

钢筋需经试验合格，使用前要除锈，在洞外分片制作。

钢筋网片运到洞内后，按围岩的大致起伏形状进行敷设，与锚杆尾连接。挂网在初喷混凝土及施作锚杆后进行。用人工挂网，搭接长度不小于 10 cm。采用人工铺设，利用锚杆和钢架连接牢固。必要时利用风钻气腿顶撑，以便贴近岩面，与锚杆和钢架绑扎连接(或点焊焊接)牢固。钢筋网和钢架绑扎时，绑在靠近岩面一侧,受力较好。

喷混凝土时,减小喷头至受喷面距离和风压,以减少钢筋振动,降低回弹。保证钢筋网喷混凝土保护层厚度不小于 2 cm。

(6)钢架施工工艺

1)施工工艺流程

钢架施工工艺流程如图 4-4-16 所示。

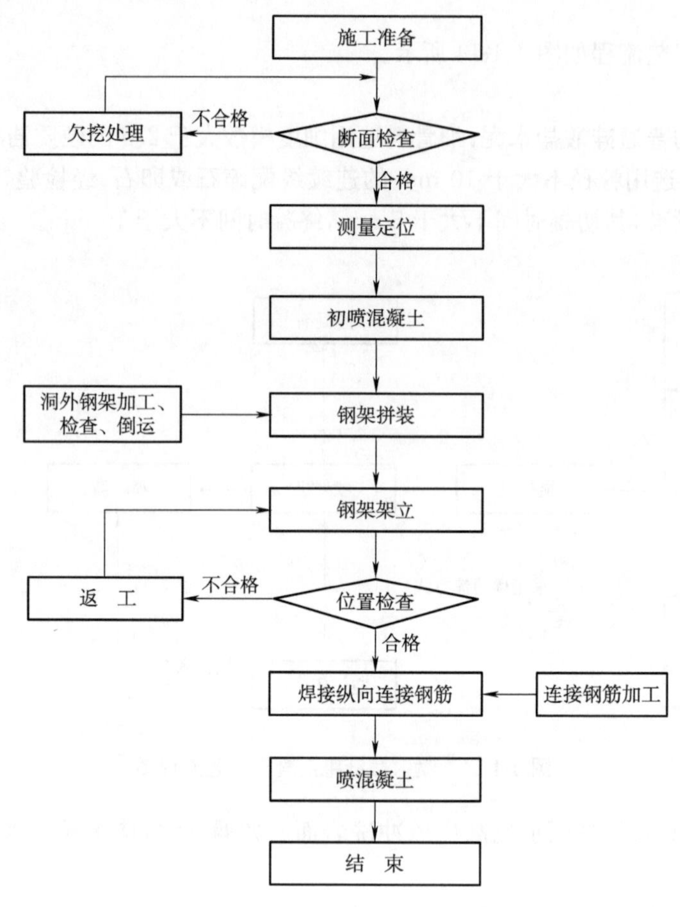


图 4-4-16　钢架施工工艺流程框图

2)工艺要求

钢架按设计尺寸在洞外下料分节焊接制作,制作时严格按技术交底执行,保证每节的弧度与尺寸均符合要求,每节两端均焊连接板,节与节之间通过连接板用高强度螺栓连接牢固,洞外加工后试拼检查。

钢架在开挖及初喷混凝土后及时安装。钢架与围岩之间的间隙用喷混凝土喷密实,禁止用石块、木楔、背柴等填塞。钢架安装尺寸允许偏差:横向和高程为±5 cm,垂直度±2°。

钢架安装时,严格控制其内轮廓尺寸,且预留沉降量,防止侵限。

钢架安装好后,用锚杆锁固固定,防止其发生移位。

钢架的下端设在稳固的地层上,拱脚高度低于上部开挖底线以下 15～20 cm。拱脚开挖超深时,加设钢板或混凝土垫块。超挖较大时,拱背垫填混凝土垫块,以便抵住围岩,控制其变形的进一步发展。

两排钢架间用钢筋拉杆纵向连接牢固,环向间距符合设计要求,以便形成整体受力结构。

钢架要全部被喷射混凝土覆盖,保护层厚度不小于 4 cm。

## 四、基底处理、仰拱和填充施工

仰拱、填充紧随开挖进行,Ⅳ级围岩仰拱至掌子面距离不得大于 50 m,Ⅴ级围岩仰拱至掌子面距离不得大于 40 m。为减少其与出渣运输的干扰,采用仰拱栈桥跨过施工地段,以保证隧道底部的施工质量,从根本上消除隧底质量隐患,确保结构稳定。仰拱和填充混凝土超前二次衬砌施作,并分段整体灌注,仰拱严禁半幅施工，确保仰拱及底部施工质量。仰拱混凝土灌注前，基底清除干净，达到无虚渣、无积水。仰拱混凝土自中间向两侧对称浇筑，插入式振捣器进行振捣密实。仰拱混凝土终凝后才可进行填充混凝土的施工，混凝土强度达到规范要求后方可在其上方行车。仰拱施工工艺流程如图 4-4-17 所示。

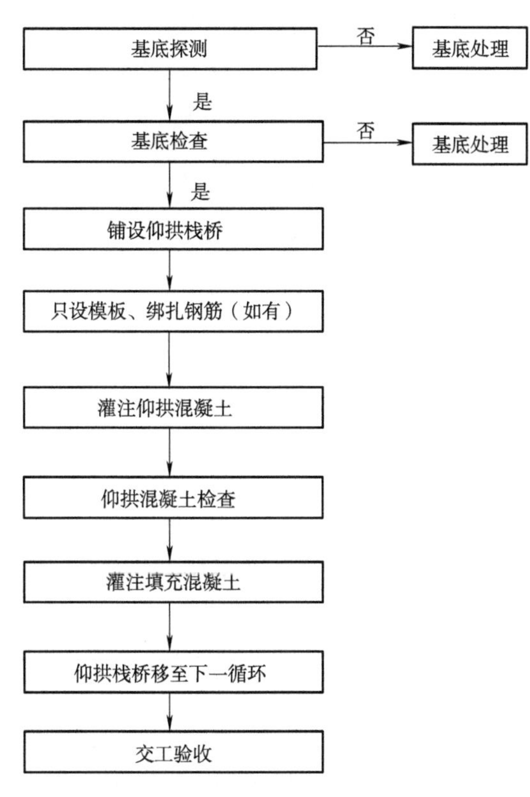

图 4-4-17　仰拱施工工艺流程图

**五、隧道衬砌施工**

1. 隧道衬砌类型

隧道衬砌类型有：明洞衬砌、整体衬砌和复合式衬砌。衬砌混凝土有钢筋混凝土和素混凝土，为减少裂纹可能在混凝土中掺加纤维。防水等级为一级，拱墙设复合防水板，施工缝设止水带。衬砌工序安排采取先浇筑仰拱混凝土，再浇筑填充混凝土，后拱墙施工；仰拱全幅超前施工，拱墙衬砌采用模板台车衬砌。衬砌混凝土均采用自动计量搅拌站生产，混凝土罐车运输，泵送混凝土入模。严格按设计和技术标准施工，保证“尺寸准确，强度合格，内实外美，不渗不漏，快速施工”目标。

正洞拱墙衬砌根据围岩及初期支护的变形监控量测情况综合确定。浅埋及地质情况差地段仰拱应紧跟开挖面施作与拱墙早封闭成环。

Ⅳ级围岩二次衬砌至掌子面距离不得大于 90 m，Ⅴ级围岩二次衬砌至掌子面距离不得大于 70 m。

拱墙采用 12 m 模板台车衬砌，泵送混凝土入模，每环在拱顶预留压浆管兼排气管，保证拱顶混凝土与围岩密贴。混凝土采取附着式振捣器振捣，辅以插入式振捣器辅助振捣。特殊地段，附属洞室采用衬砌台架和组合钢模板衬砌。钢筋混凝土衬砌地段，钢筋在洞外下料加工，弯制成形，洞内绑扎或拼装焊接，钢筋绑扎采用多功能作业台架施工。

2. 注意事项

(1)仰拱应及时施作，仰拱一次开挖长度不宜超过 6 m。

(2)必须清除隧底虚渣、淤泥和杂物，超挖部分用同级混凝土回填。

(3)仰拱混凝土应整体浇筑一次成形，填充混凝土应在仰拱混凝土终凝后浇筑，填充混凝土强度达到 5 MPa 后允许行人通过，达到设计强度的 100%后允许车辆通行。

(4)仰拱、仰拱填充施工前须将上循环混凝土仰拱接头凿毛处理，并按设计要求设置止水带。

(5)根据设计要求，施工缝处钢筋应断开，并要注意与拱墙衬砌施工缝处于同一竖直面上。

## 第二节　长大、重难点隧道施工

**一、新龙泉隧道**

(一)线路概况

隧道全长 7 328 m，进口里程 DK22＋485，出口里程 DK29＋813。全隧位于直线上，隧道纵坡为 4‰的下坡。本隧 DK23＋210～DK25＋900(2 690 m)为高瓦斯区段，其余为低瓦斯区段；其中Ⅲ级围岩 1 505 m 占 20.5%，Ⅳ级围岩 4 695 m 占 64.1%，Ⅴ级围岩 1128 m 占 15.4%。

(二)工程地质条件

隧道为高瓦斯隧道，其中 DK23＋210～DK25＋900 为高瓦斯区，其余为低瓦斯区。

隧道位于新华夏系第三沉降带四川盆地西缘的川西褶皱带中，主要构造体系为龙泉山褶皱带，发育褶皱有卧龙寺向斜和龙泉山大背斜；断层带有龙泉驿断层和尖尖山断层。隧道地质节理裂隙发育，主要以构造裂隙为主,浅部多为风化卸荷裂隙。根据岩性、地貌、构造因素分为5个富水带:龙泉驿断层富水带,卧龙寺向斜富水带,龙泉山大背斜强富水带,尖尖山断层强富水带及砂岩,泥岩接触带强富水带。隧道正常涌水量为15 900 $m^3/d$,雨季最大涌水量为19 080 $m^3/d$;地下水具硫酸盐侵蚀,作用等级H1~H2。同时存在松软土、膨胀土及石膏等不良地质。

(三)隧道重、难点工程施工方案

1. 总体施工方案

根据施工总体部署,龙泉山隧道高瓦斯区段共分三个作业工区:进口工区,平导工区,1号、2号斜井工区。

进口工区负责正洞DK22+485~DK22+925(440 m),正洞DK23+131~DK24+970(1 804 m);其中DK22+485~DK22+527(42 m)为明洞段,采用明挖法施工;洞身Ⅴ级围岩段采用CD法开挖;Ⅲ、Ⅳ级围岩段采用台阶法开挖;进口工区为高瓦斯工区,采用有轨双车道运输,采用巷道式通风,洞内设备全部采用防爆型。

进口平导工区负责平导DK22+485~DK24+935(2 450 m)、正洞DK22+925~DK23+131(206 m);为高瓦斯工区,平导开挖采用全断面施工,采用有轨单线运输。平导从1号横通道进入正洞,采用巷道式通风,洞内设备全部采用防爆型。

1号、2号斜井工区负责1号副斜井(400 m)、2号主斜井(440 m)、平导DK24+935~DK26+366(1 431 m)、正洞DK24+935~DK26+366(1 431 m),为高瓦斯工区,洞内设备全部采用防爆型。

斜井开挖采用全断面施工。1号主斜井采用有轨双车道运输;2号副斜井有轨单车道运输。

在1号主斜井与正洞接口处设运输转换平台。正洞和平导施工采用电瓶车牵引运输,斜井洞内采用绞车牵引运输。前期采用压入式通风,横通道贯通后采用巷道式通风;洞内固定设备及施工设备全部采用防爆型。

2. 软弱岩施工技术措施

隧道存在软岩地段采取下述技术措施:一是做好地质超前预测预报。二是短进尺,弱爆破,减少对围岩的扰动。三是加强用水管理。四是建立日常量测管理,记录初位移速度和最终位移值,根据不同岩类确定控制位移值标准。五是为了防止断面挤入,采用短台阶分部开挖,下半断面开挖和仰拱同时施工,并及时浇筑仰拱。判断底部隆起或下沉,必要时对底部设横撑,打底部锚杆或向底部注浆,控制下沉或上隆。六是在墙部两侧锚杆接长,使锚杆长度超过围岩塑性区。七是为了防止支护开裂,增加或增强钢筋网,必要时湿喷混凝土。八是对掌子面用超前支护或注浆封闭。

3. 断层施工技术措施

(1)施工方法

对于断层破碎带的处理,本着“超前探、预注浆、强支护、弱爆破”的原则,稳扎稳打,稳中求快。结合以往的施工经验,采用超前钻探,根据钻探结果,及时确定断层位置。必要时采用全封闭深孔水泥浆液注浆固结、堵水,大管棚或小导管超前支护,采用大拱脚台阶法,循环进尺控制在0.8~1.0 m。

(2)技术措施

1)超前预报

采用综合超前地质预报手段,探明前方地质与水文情况,确定断层位置。

2)断层地段施工的防排水

当断层带地下水是由地表水补给时,在地表设置截排水系统;对断层承压水,在每个掘进循环中,向前进方向钻凿不少于2个超前钻孔,其深度宜在4 m以上,以探明地下水的情况;随工作面的推进挖好排水沟,并根据岩质情况,必要时加以铺砌;反坡施工时,则除准备足够的抽水机械设备外,设置适当的积水坑(100 m左右设一处)。

3)小导管超前支护

在断层破碎带及其附近,岩层破碎,围岩自稳能力差,如果不采取措施,可能出现塌方。因此,必要时采用小导管超前支护。

采取加强防排水等措施加以治理;如果主要表现为围岩破碎软弱,则加强初期支护或增强超前支护。

4. 涌水段施工技术措施

突然涌水塌方的防治措施：

对于岩层断层破碎带等有可能严重突水、突泥地段，在接近断层破碎带富水区时，采用超前地质钻探，了解地质及地下水情况。一般每 100 m 施作一次。当有异常情况时适当加密，每个断面布设 2 个探测孔(其中一孔取岩芯)，探测孔 25 m 一个循环，单孔长度 30 m 左右，相邻探测孔之间的搭接长度 5 m。

对于一般的突水，根据“以排为主，以堵为辅”的原则，加大排水力度。平时储备一定数量的水管及抽水设备，存放于洞口附近的库房及材料场。

而堵水方案则采用水泥浆液，进行全封闭预注浆，将隧道四周开挖轮廓线外 3～5 m 厚度的围岩结成一个封闭的截水帷幕，以堵截地下水流入隧道。

(四)隧道主要施工方案及方法

1. 平导及横通道施工

(1)平导各级围岩开挖方法为全断面法。

(2)采用挖装机装渣，电瓶车有轨运输出渣。

(3)喷射混凝土、锚杆、钢筋网铺设与钢架支护等同正洞施工工艺、方法及措施。

(4)衬砌工序采取先底板后拱墙施工，底板混凝土采用全幅施工，拱墙衬砌采用衬砌台车或采用人工拱架配钢模施工。

(5)通风根据不同的施工阶段分别采用压入式和巷道式通风。

(6)开挖期间采用潜水泵抽水至洞外。平导施工管线布置如图 4-4-18 所示。

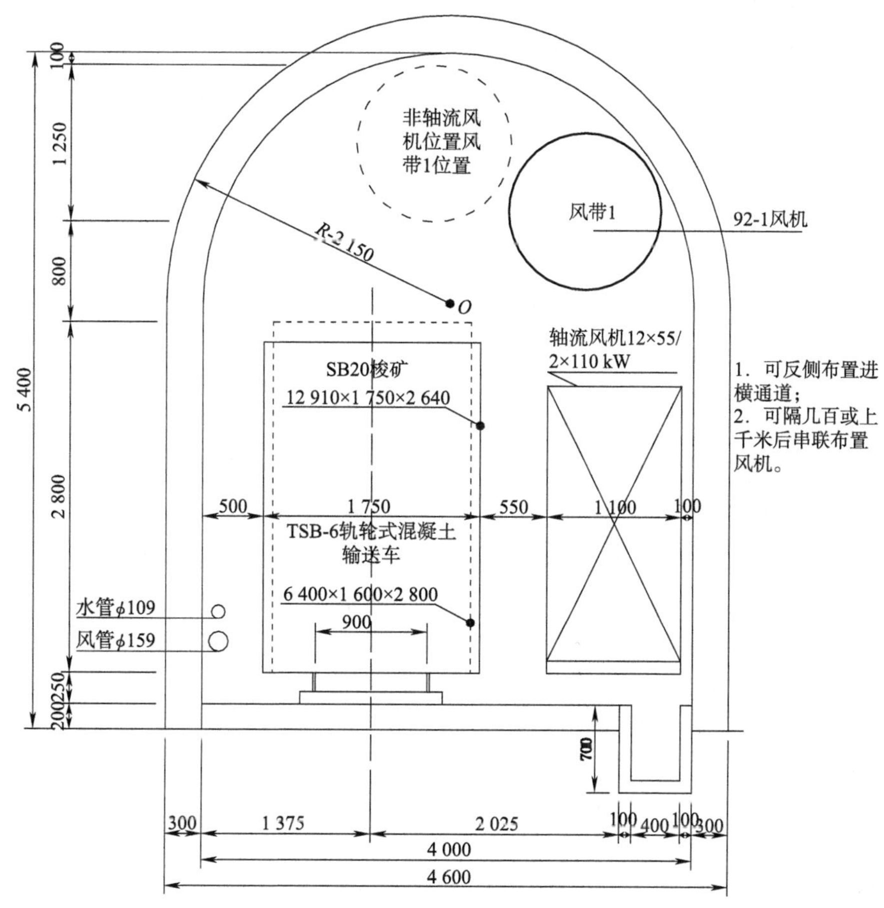


图 4-4-18　平导施工管线布置示意图(单位：mm)

2. 横通道施工

横通道采用全断面或台阶法开挖，开挖断面及衬砌断面与平行导洞相同。在横通道与主洞或平导连接处，需加强支护。

3. 二次衬砌及仰拱施工

(1)二次衬砌

钢筋按要求在洞外工厂化加工,运料车运输到现场,在台车上人工安装绑扎。根据测量控制点先扎外层环向定位钢筋,用纵向筋将定位钢筋连接后,以纵向筋作为其他环向筋之依据,扎完外层后再用相同方法安扎内层钢筋,并及时将内外层钢筋用蹬筋连接,电弧焊点焊,以加强整体刚度。钢筋安设完成后,按中线标高进行轮廓尺寸检查,合格后于内层钢筋挂设 5 cm 厚砂浆垫块,以确保混凝土灌注后钢筋保护层厚度。

拱墙衬砌采用 12 m 液压钢模衬砌台车施工,最后施工水沟电缆槽,待二次衬砌强度达到设计要求后采取回填注浆。

(2)仰拱及铺底施工

仰拱施工工艺如图 4-4-19 所示。

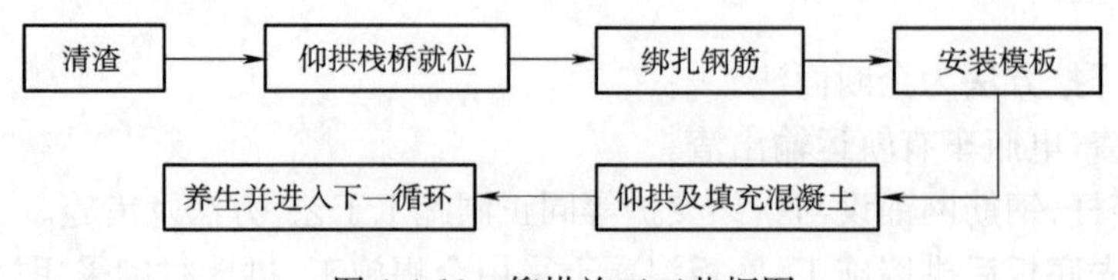


图 4-4-19 仰拱施工工艺框图

仰拱混凝土施工采用移动式仰拱栈桥施工,移动式隧道仰拱栈桥能够使车辆运输及仰拱施工同时进行,避免平行作业下的施工干扰,缩短循环作业时间,提高隧道施工效率。整幅仰拱一次施工完毕,人工配合挖装机清渣。把基底的虚渣、杂物及淤泥清除干净,排除积水后,灌注仰拱。绑扎钢筋人工进行,混凝土由运送车直接入仓进行灌注,待仰拱混凝土终凝后再灌注填充混凝土。需要注意的是灌注仰拱混凝土和灌注填充混凝土必须分开进行。待仰拱混凝土初凝后方可进行仰拱填充灌注,两者浇筑时间间隔不少于 1 d。

(3)二次衬砌与掌子面间距离

按照铁建设〔2010〕120 号文件要求,软弱围岩及不良地质铁路隧道的二次衬砌应及时施作,二次衬砌距掌子面的距离:Ⅵ级围岩不得大于 90 m,Ⅵ、Ⅴ级围岩不得大于 70 m。

4. 瓦斯排放系统及瓦斯隔离板施工(含瓦斯检测监控)

本隧道为高瓦斯隧道,其中 DK23+210～DK25+900 为高瓦斯区,其余为低瓦斯区。

高瓦斯区(进口工区,平导工区,1、2 号斜井工区),采用有轨运输,区内所有固定移动设备、电器开关、照明装置均采用防爆型。

(1)瓦斯排放孔布置

在距预测瓦斯突出位置 5 m 垂距的掌子面处向瓦斯突出段布设 $\phi$108 排放钻孔。排放钻孔应超过瓦斯突出面 0.5 m,隧道上台阶设 5 个钻孔,下台阶设 4 个钻孔(孔位布置根据具体情况调整)。

对于瓦斯突出工区,宜采用上下半断面长台阶法开挖,利用上台阶排放下部台阶的部分瓦斯,其台阶长度应根据通风需要和隧道结构安全性、围岩稳定性综合考虑确定;下部台阶瓦斯排放应采取下列措施:

1)可在上部台阶底部打俯角孔排放;

2)孔距与排距宜为 1.0 m;

3)每排排放钻孔连线应与岩层走向平行。

(2)排放注意事项

1)排放瓦斯时,隧道停止掘进,排放时间为 15～30 d,施作检查孔检查瓦斯突出效果,无突出危险,则可停止排放,否则应继续排放或采取其他措施。

2)排放孔施作前应加强排放工作面已开挖段的支护,防止塌方。

3)排放孔施工过程中应注意观察各种异常情况及动力现象,当某孔施工中动力现象严重,可暂停该孔施工,待其他孔施工完毕后再补打该孔。

4)每钻完一个孔应检测该孔瓦斯浓度,以后每天进行两次,掌握排放效果和修正排放时间。

5)排放孔施工必须严格按设计施钻,钻孔过程中应有专人检查其角度和长度。

6)钻孔过程中应加强工作面风流及回风道风流中瓦斯浓度检测,当排放工作面瓦斯浓度达到 1.5%时,应立即撤出人员，切断电源，加强通风。

(3)效果检验

瓦斯排放措施实施后，应进行排放效果检查，以确认是否有效。当检验结果的各项指标都在瓦斯突出危险临界值以下，则认为措施有效；否则，认为措施无效，应采取延长排放时间，增加排放孔数量等补救措施。在隧道工作面布置 4 个检验孔，其中上台阶掌子面中间一个，其他 3 孔分别布置在上台阶掌子面上部和两侧，终孔位置位于排放控制范围的边缘上。按《铁路瓦斯隧道技术规范》(TB 10120)进行瓦斯突出危险性预测，瓦斯压力法和钻孔瓦斯涌出速度法的检验指标临界值分别为 0.74 MPa 和 4 L/min。当检验结果各项指标都在瓦斯突出危险临界值以下，则认为措施有效，否则，认为措施无效。前方瓦斯仍有突出危险性，应采取延长排放时间、增加排放钻孔或采取瓦斯抽放等补救措施直至安全。

(4)瓦斯监测

为加强瓦斯监测，确保安全，成立以分部经理为组长，分部书记和副经理为副组长，部门负责人为成员的领导小组。加强日常监督抽查，同时下设进口及平导、1 号和 2 号斜井、3 号斜井、出口检测小组，每个小组配备 3 名瓦斯检测人员，进行 24 h 不间断的检测。

(5)放炮管理

1)瓦斯工区钻孔作业应符合下列规定：

①开挖工作面附近 20 m 风流中瓦斯浓度必须小于 0.5%；

②必须采用湿式钻孔；

③炮眼深度不应小于 0.6 m。

2)瓦斯工区装药与爆破作业应符合下列规定：

①爆破地点 20 m 内，风流中瓦斯浓度必须小于 0.5%；

②爆破地点 20 m 内，矿车、碎石等物体阻塞开挖断面不得大于 1/3；

③通风应风量足，风向稳，主要通风机无循环风；

④炮眼内煤、岩粉应清除干净；

⑤炮眼封泥不足或不严不应进行爆破。

3)瓦斯工区的爆破作业必须采用煤矿许用炸药。

4)瓦斯工区必须采用专用起爆器起爆，并使用煤矿许用电雷管。严禁使用秒或半秒级电雷管。使用煤矿许用毫秒延期电雷管时，最后一段的延期时间不得大于 130 ms。洞内爆破时，人员应撤至洞外。当隧道太长必须撤至 500 m 以外。

5)瓦斯工区采用电雷管起爆时，严禁反向装药。采用正向连续装药结构时，雷管以外不得装药卷。

在岩层内爆破，炮眼深度不足 0.9 m 时，装药长度不得大于炮眼深度的 1/2；炮眼深度为 0.9 m 以上时，装药长度不得大于炮眼深度的 2/3。在煤层中爆破，装药长度不得大于炮眼深度的 1/2。

所有炮眼的剩余部分应用炮泥封堵。炮泥应用水炮泥和黏土泡泥。水炮泥外剩余的炮眼部分应用黏土炮泥填满封实。严禁用煤粉、块状材料或其他可燃性材料作炮泥。

6)爆破网路和连线，必须符合下列要求：

①必须采用串联连接方式。线路所有连接接头应相互扭紧，明线部分应包覆绝缘层并悬空。

②母线与电缆、电线、信号线应分别挂在巷道的两侧，若必须在同一侧时，母线必须挂在电缆下方，并应保持 0.3 m 以上间距。

③母线应采用具有良好绝缘性和柔软性的铜芯电缆，并随用随挂，严禁将其固定。母线的长度必须大于规定的爆破安全距离。

④必须采用绝缘母线单回路爆破。

⑤严禁将瞬发电雷管与毫秒电雷管在同一串联网路中使用。

⑥严禁用轨道、金属管、大地等作回路。

⑦电力起爆必须使用防爆型起爆器作为起爆电源，一个开挖工作面不得同时使用两台及以上起爆器起爆。

⑧下列情况之一，严禁装药爆破：装药和爆破前，爆破地点附近 20 m 以内风流中的瓦斯(天然气)浓度

达到 1%时。爆破地点 20 m 内堆放的机具设备、石渣、材料等堵塞巷道断面 1/3 以上时。炮眼内发现异状、温度骤高骤低、有显著瓦斯涌出、煤岩松散等情况时。

⑨在瓦斯工区进行爆破作业时,爆破 15 min 后应巡视爆破地点,检查通风、瓦斯、煤尘、瞎炮、残炮等情况,遇有危险必须立即处理。在瓦斯浓度小于 0.5%,一氧化碳浓度小于 0.5%,解除警戒后,工作人员方可进入开挖工作面工作。

⑩严格执行"一炮三检"和"三人连锁爆破制"。放炮后,必须对工作面的岩渣进行洒水降尘。

5. 隧道施工通风

由于龙泉山隧道属于高瓦斯隧道,隧道瓦斯危险等级划分见表 4-4-6。

**表 4-4-6 隧道瓦斯危险等级**

| 段别 | 位置 | 地层 | 里程 | 长度(m) | 瓦斯危险等级 |
|---|---|---|---|---|---|
| A 段 | 卧龙寺向斜段 | $J_2s$、$J_3s$ | DK22+485～DK23+210 | 725 | 低瓦斯 |
| B 段 | 三大湾背斜核部 | $J_2s$ | DK23+210～DK25+900 | 2 690 | 高瓦斯 |
| C 段 | 单斜构造段 | $J_2s$、$J_3s$、$J_p3p$ | DK25+900～DK29+813 | 3 913 | 低瓦斯 |

由表 4-4-6 可以看出,隧道高瓦斯段里程为 DK23+210～DK25+900,距离隧道进口端较近,所以隧道进口端采用平导以配合正洞进行巷道式通风。各工区的通风方式见表 4-4-7。

**表 4-4-7 隧道各工区通风方式**

| 序号 | 工区 | 运输方式 | 长度(m) | | 通风方式 |
|---|---|---|---|---|---|
| | | | 斜井 | 正洞/平导 | |
| 1 | 进口 | 无轨 | — | | 压入式通风 |
| | 正洞 | | | 0～440 | |
| | 平导 | | | 0～440 | |
| 2 | 正洞 | 无轨 | — | 440～646 | 压入式通风 |
| | 平导 | | | 440～725 | |
| 3 | 正洞 | 有轨 | — | 646～725 | 进入高瓦斯段,巷道式通风 |
| | 平导 | | | 725～925 | |
| 4 | 正洞 | 有轨 | — | 725～1 800 | 进入高瓦斯段,巷道式通风 |
| | 平导 | | | 925～2 025 | |
| 5 | 正洞 | 有轨 | — | 1 800～2 485 | 进入高瓦斯段,巷道式通风 |
| | 平导 | | | 2 025～2 485 | |
| 6 | 1 号、2 号斜井 | 无轨 | 406 | | 压入式通风 |
| | 斜井施工 | | 406+49 | | |
| 7 | 正洞 | 有轨 | | 0～900 | 巷道式通风 |
| | 平导 | | | 0～834 | |
| 8 | 正洞 | 有轨 | | 900～1 406 | 巷道式通风 |
| | 平导 | | | 900～1 406 | |
| 9 | 3 号斜井 | 无轨 | 525 | 1 684 | 斜井与正洞采用压入式通风 |
| 10 | 正洞出口 | 无轨 | — | 1 793 | 压入式通风 |

## 二、新中梁山左右线隧道

### (一)工程概况

新中梁山左右线隧道是全线控制性工程。隧道全长 4 124 m/4 119 m,采用双线双洞分修,最小线间距为 20 m,最大线间距为 66 m。左线隧道进口里程为 DK290+296,出口里程为 DK294+420;右线隧道进口里程为 YDK290+305,出口里程为 YDK294+424;左线隧道进口位于一半径为 10 000 m 的右偏曲线上,其余均为直线，右线隧道进口位于一半径为 8 000 m 的右偏曲线上，其余均为直线；线路纵坡靠隧道进口段为上坡，靠隧道出口段为下坡，最大为 25‰。

在左线隧道 DK293+160 处引出重庆北联络线左线隧道与襄渝二线双碑隧道相接，隧道长 1 430 m；在右线隧道 YDK293+050 处引出重庆北联络线右线隧道与襄渝二线双碑隧道相接，隧道长 2 313 m；在右线隧道 YDK292+520 处引出重庆西联络线右线隧道与童西线新双碑隧道相接，隧道长 1 614 m。

左、右线隧道分别上跨既有襄渝铁路隧道；下穿成渝高速公路大学城左、右线隧道；下穿拟建童西线新双碑隧道以及襄渝二线新双碑隧道。新中梁山隧道大跨段立体示意如图 4-4-20 所示。具体立交情况见表 4-4-8。

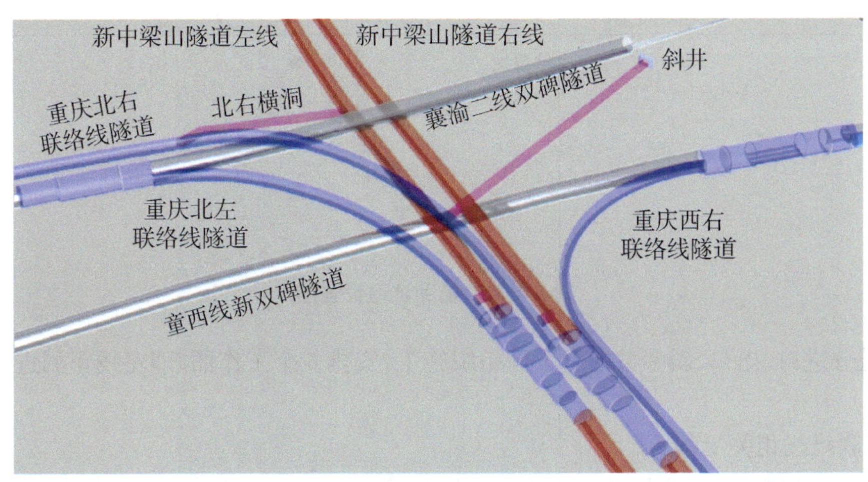


图 4-4-20 新中梁山隧道大跨段立体示意图

**表 4-4-8 中梁山左右线隧道与既有隧道立交情况表**

| 线别 | 立交线路 | 隧道名称 | 立交形式 | 交点里程 | 角度 | 净距(m) |
|---|---|---|---|---|---|---|
| 中梁山左线隧道 | 襄渝铁路（单线） | 中梁山隧道 | 上跨 | DK291+124 | 34° | 2.05 |
| | 成渝高速 | 大学城隧道右线 | 下穿 | DK291+625 | 35° | 10.9 |
| | | 大学城隧道左线 | 下穿 | DK291+539 | 35° | 8.1 |
| | 童西线（双线） | 新双碑隧道 | 下穿 | DK293+835 | 84° | 1.1 |
| | 新襄渝铁路（双线） | 新双碑隧道 | 下穿 | DK293+900 | 89° | 2.3 |
| 中梁山右线隧道 | 襄渝铁路（单线） | 中梁山隧道 | 上跨 | DK291+220 | 34° | 3.3 |
| | 成渝高速 | 大学城隧道右线 | 下穿 | DK291+723 | 35° | 12.4 |
| | | 大学城隧道左线 | 下穿 | DK291+637 | 35° | 9.4 |
| | 童西线（双线） | 新双碑隧道 | 下穿 | DK293+830 | 82° | 1.2 |
| | 新襄渝铁路（双线） | 新双碑隧道 | 下穿 | DK293+904 | 87° | 2.6 |

（二）施工组织

1. 辅助坑道设置及任务分工

在右线隧道 YDK293+760 线路前进方向右侧设斜井 1 座，井身纵坡为 5.6%。斜井与右线线路大里程方向的平面夹角为 73.9°，长 277 m，采用双车道无轨运输，斜井内净空采用 7.5 m(宽)×6.2 m(高)。左线与右线通过横通道相连。横通道内净空尺寸 5 m(宽)×6 m(高)，横通道交于左线里程 DK293+735.46 处，横通道坡度为 1.97%，横通道与左线线路大里程方向的平面夹角为 72.6°，长 65.5 m。辅助坑道设置如图 4-4-20 所示。

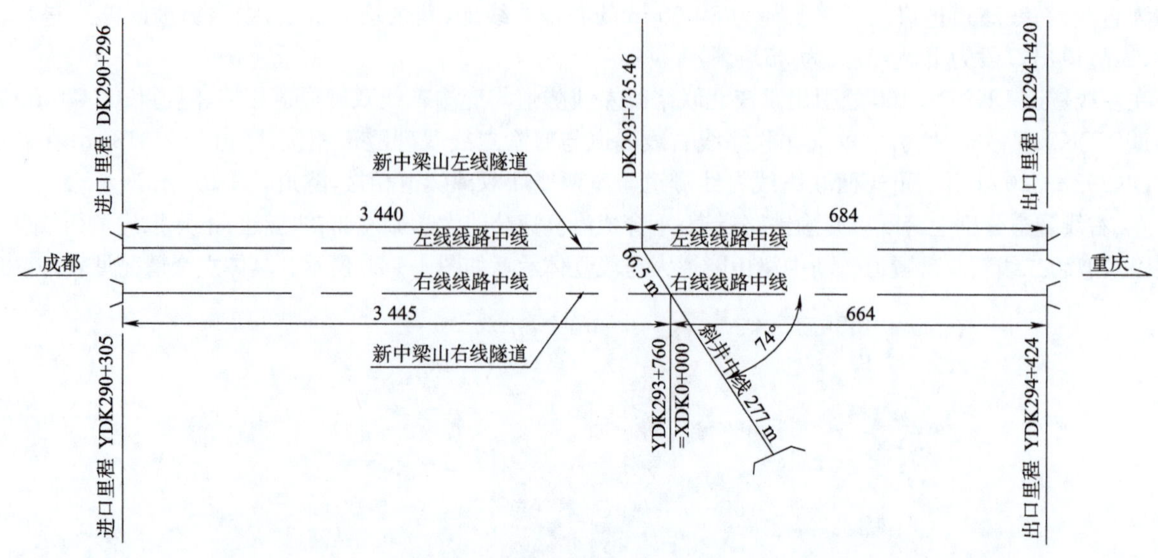


图 4-4-21 辅助坑道设置图

左、右线隧道分进口、出口、斜井共三个工区组织施工，安排 6 个工作面，即左线正洞进出口、右线正洞进出口、斜井。

2. 营业线及联络线相关工程

新中梁山左右线隧道分别在 DK291＋124 和 YDK291＋220 处上跨既有襄渝铁路中梁山隧道，交叉角度均为 34°，净距分别为 2.05 m/3.3 m。为确保隧道施工和既有线运营安全，需对襄渝铁路中梁山隧道进行加固处理。上跨既有隧道前先行对既有隧道进行钢拱架加固，确保既有隧道稳定，如图 4-4-22 和图 4-4-23 所示。既有隧道加固段达到设计强度后，在利用铣挖机对新建隧道进行机械开挖，以保证新建隧道施工对既有隧道扰动降至最低。拆除既有条石衬砌(左右线共计 90 m)采用钢筋混凝土衬砌置换。

图 4-4-22 上跨既有隧道前先行对既有隧道进行钢拱架加固

图 4-4-23 既有隧道完成钢架加固后效果

(三)主要施工方法

1. 洞身施工

全隧按照锚喷构筑法施工，采用光面爆破及湿喷技术，设复合式衬砌。

洞身Ⅴ级围岩段采用大拱脚台阶法开挖；Ⅲ、Ⅳ级围岩采用台阶法开挖。二次衬砌采用整体式模板台车，泵送混凝土浇筑，仰拱先期施作并整体灌注。

2. 不良地质及特殊地段施工

(1)岩溶发育段

动态设计考虑左线隧道 DK290＋780～＋870、DK291＋525～＋575、DK291＋615～＋665、DK292＋

615～+675、DK292+745～+795、DK293+375～+480 帷幕注浆 6 段共 405 m，右线隧道 YDK290+770～+860、YDK291+515～+575、YDK291+645～+705、YDK292+585～+635、YDK292+690～+740、YDK293+325～+430 帷幕注浆 6 段共 415 m，并采用相应的加强衬砌。发现的大型涌水及帷幕注浆施工如图 4-4-24～图 4-4-26 所示。

图 4-4-24　超前水平探孔发现大型涌水

图 4-4-25　对钻孔实施注浆

图 4-4-26　注浆结束，涌水被封堵在开挖轮廓线以外

(2)煤层采空区

对左线隧道 DK290+296～DK290+850、DK291+650～DK292+650、DK293+400～DK294+050 段，右线隧道 YDK290+325～YDK290+850、YDK291+670～YDK292+600、YDK293+360～YDK294+010 煤层采空区按以下预处理方案进行处理：

方案①：当采空区位于隧道断面中部，在隧道衬砌边墙两侧施作混凝土护墙，护墙外侧采用土石回填；当采空区位于隧道断面之上，在隧道拱部施作混凝土护拱，护拱上设缓冲层。

方案②：当采空区位于隧道断面下方且被坍落土石填充，而且，隧道底部距基岩面不超过 3 m 时，清除隧底煤层采空区充填物，采用混凝土回填。

方案③：当采空区位于隧道断面下方且被坍落土石填充，而且，隧道底部距基岩面超过 3 m 且不大于 20 m 时，对隧底采空区采用钢管桩注浆加固。

方案④：当采空区位于隧道断面下方且未被坍落土石填充，而且，隧道底部距基岩面超过 3 m 且不大于 20 m 时，采用竖井与采空区贯通，回填混凝土。

(3)与既有隧道交叉

与既有隧道交叉地段采取非爆破法开挖或控制爆破开挖，上跨既有襄渝铁路隧道地段采取对既有隧道

进行加固并拆换衬砌;下穿既有铁路、公路隧道地段采取超前大管棚预注浆加固,Ⅴ级Ⅰ型复合式衬砌,具体如下:

①左右线隧道均上跨既有襄渝铁路新中梁山隧道,两隧道开挖净距约 4 m 左右,施工时对既有线进行加固并拆换衬砌,采用钢筋混凝土衬砌。既有线加固范围长度 90 m。正线 DK291+125~+145、YDK291+322~+342 段施工时采用加强衬砌、拱墙格栅钢架及 $\phi$108 大管棚加强支护,控制爆破开挖。

②左线隧道分别于 DK291+560、DK291+652 两处下穿大学城左右线隧道,施工 DK291+550~+590、DK291+635~+665段采用加强衬砌、拱墙格栅钢架及 $\phi$108 大管棚加强支护,控制爆破开挖。

③右线隧道分别于 YDK291+800、YDK291+900 两处下穿大学城左右线隧道,施工 YDK291+780~+820、YDK291+880~+920 段采用加强衬砌、拱墙格栅钢架及 $\phi$108 大管棚加强支护,控制爆破开挖。

⑤往重庆北右联络线隧道于 DK293+717 上跨正线新中梁山左线隧道,正线 DK293+690~+750 段采取加强衬砌;往重庆北联络右线 CBLYDK0+620~+675 采取控制爆破开挖。

⑥左右线隧道分别于 DK293+834、YDK293+823 两处下穿童西线新双碑隧道。施工 DK293+824~+844、YDK293+813~+823 段采用控制爆破开挖。

⑦左右线隧道分别于 DK293+900、YDK293+900 两处下穿襄渝二线双碑隧道,正线 DK293+890~+910、YDK293+890~+910 段已委托襄渝二线同步施工。

(4)大跨段

左线 DK293+110~DK293+350、右线 YDK292+450~YDK292+700、YDK293+050~YDK293+300 大跨过渡段采取带临时仰拱台阶法、CD 法或双侧壁导坑法(图 4-4-27、图 4-4-28)开挖,拱墙或全环格栅钢架(型钢钢架)及拱部超前小导管加强支护,衬砌采用相应的大跨段特殊衬砌以及双联拱衬砌。施工时采用短进尺,强支撑,初期支护紧跟掌子面,及时衬砌成环,保证施工安全。

图 4-4-27 隧道 E 型断面(202 $m^3$)采用 CD 法开挖

图 4-4-28 隧道 G 型断面(274 $m^3$)采用双侧壁导坑法开挖

(5)重庆北联络线左、右线隧道

1)联络线左线隧道与襄渝二线双碑隧道并行地段净距约 8 m,采取控制爆破开挖,其余地段采取一般爆破开挖;联络线右线隧道主要采取一般爆破开挖。控制爆破应采取弱爆破,短进尺,严格控制装药量,以确保既有隧道二次衬砌结构不受损坏。

2)联络线右线隧道于 DK293+717 上跨正线新中梁山左线隧道,隧道 CBLYDK0+620~+675 上跨段采取控制爆破开挖。

3. 反坡排水施工

(1)斜井工区正洞反坡排水施工,在斜井与左、右线隧道相交处设置集水仓,通过斜井将隧道积水排出洞外,待斜井工区与出口工区左右线隧道贯通后,通过隧道出口将水顺坡排出洞外。

(2)斜井工区联络线隧道及进口工区局部地段反坡排水施工,采取分段设置集水井,通过小型水泵将开挖面的积水抽到最近的集水井内,再用抽水机从集水井通过水管直接将水排出洞外。

(3)隧道反坡排水配置两个独立的供电系统,反坡排水系统排水能力大于预测最大涌水量的 20%以上,同时备用足够的抽水设备,满足施工要求。

4. 围岩量测、地表监测、瓦斯和水量水压监测

(1)全隧包括斜井、往重庆北、往重庆西联络线隧道均应进行围岩监控量测,其中与既有隧道交叉段采取既有隧道变形自动监控量测,根据监测结果及时调整施工措施。

(2)左线隧道于 DK290＋375～＋815、DK293＋445～＋870,右线隧道于 YDK290＋440～＋870、YDK293＋465～＋YDK294＋010 段穿越煤系地层,局部有瓦斯积聚的可能,施工前建立完善的瓦斯监测检查制度,施工中加深炮眼并加强瓦斯探测、监测和施工通风,配备固定式和便携式瓦检仪,配置专职的瓦检员,对隧道进行 24 h 巡回检测。

(3)左线隧道 DK290＋780～＋870、DK291＋525～＋575、DK291＋615～＋665、DK292＋615～＋675、DK292＋745～＋795、DK293＋375～＋480 共6 段405 m;右线隧道 YDK290＋770～＋860、YDK291＋515～＋575、YDK291＋645～＋705、YDK292＋585～＋635、YDK292＋690～＋740、YDK293＋325～＋430 共6 段415 m,岩溶极为发育,并存在有突水突泥可能,采取水量水压监测,及时监测地下水的水量及水压情况,准备足够抽水设备,降低突水突泥风险后果。当监测到异常时,及时根据隧道内的排水情况采取堵水措施,同时加强隧道地表居民用水监测,以确保地表居民饮用水不受影响。

## 三、新红岩隧道

### (一)工程概况

新红岩隧道位于成渝客专沙坪坝至菜园坝区间,为双线隧道,设计时速 100 km,全长 6 699 m,为极高风险隧道。进口段长 480 m 和出口段长 382 m 利用既有梨菜线单线隧道扩孔,其余 5 837 m 为新建。

全隧均为Ⅳ、Ⅴ级软岩,其中Ⅳ级 2 080 m,Ⅴ级 1 700.5 m。不良地质为泥岩风化剥落、危岩落石、隧道地形偏压、顺层偏压、出口仰坡顺层。

### (二)施工组织

对既有单线隧道改扩建为双线隧道,采取封闭组织施工,安排既有小龙坎隧道进口及既有红岩隧道进、出口共三个工区进行施工。各工区具体任务划分见表 4-4-9。

**表 4-4-9 新红岩隧道工区任务划分**

| 工作口名称 | 施工任务描述 | 围岩数量 |
|---|---|---|
| 小龙坎进口工区 | 正洞 DK297＋290～DK298＋065(775 m) | Ⅴ级 430 m<br>Ⅳ级 345 m |
| 红岩进口工区 | 正洞 DK298＋065～DK300＋231(2 166 m) | Ⅴ级 340 m<br>Ⅳ级 1 826 m |
| 红岩出口工区 | 正洞 DK300＋200～DK301＋055(855 m) | Ⅴ级 805 m<br>Ⅳ级 50 m |

### (三)主要施工方案

全隧以Ⅳ、Ⅴ级围岩为主,除小龙坎、红岩、交农村既有隧道进出口接长明洞段采用明挖法施工外,其余段落均采用暗挖法施工。

(1)15 m 以下埋深里程段

由于埋深浅,隧道施工对地表建筑物的影响明显,特别是地表沉降不易控制,建筑物会因不均匀沉降而开裂,施工风险极高。对该埋深段的地表建筑物进行拆迁并采用非爆法开挖。其中新红岩隧道出口(原交农村隧道拱顶上方)埋深极浅,且隧道围岩为强风化泥岩夹砂岩,上覆盖人工回填土,采用明挖法。

(2)15～30 m 埋深里程段

由于非爆法开挖无振动,可采用非爆法开挖出的空间作为隔振空间,以降低下部爆破开挖振动;或利用非爆法开挖出的空间作为掏槽临空面,以降低全断面爆破开挖时掏槽振动。故对于 15～30 m 埋深段采用非爆破＋控制爆破法开挖,以达到能即控制爆破振动又能达到加快施工进度的目的,如图 4-4-29 所示。

(3)30～50 m 埋深里程段

控制爆破法开挖。可在新建段施工采用下导超先行,后续预留扩挖层、光爆层的爆破施工方案。而对于扩挖段,则直接利用原有的即有隧道作为临空面进行扩挖。

埋深 30～50 m 段落采用数码电子雷管与导爆管毫秒雷管组合式控爆工法，如图 4-4-30 所示。

图 4-4-29 埋深 15～30 m 段落采用全断面数码电子雷管控爆

图 4-4-30 采用数码电子雷管与导爆管毫秒雷管组合式控爆工法

(4)大于 50 m 埋深里程段

将最大循环进尺控制在 1.5 m 以下，全断面弱爆破开挖。亦可视爆破振动效果决定是否采用具有精确延时功能的电子毫秒雷管。故对于大于 50 m 埋深里程段采用控制爆破进尺的全断面弱爆破开挖法。当围岩软弱时亦可采用台阶法施工。

(四)关键工艺及质量控制

软弱围岩隧道Ⅳ、Ⅴ、Ⅵ级地段采用台阶法施工时，应符合以下规定：

上台阶每循环开挖支护进尺Ⅴ、Ⅵ级围岩不大于 1 榀钢架间距，Ⅳ级围岩不大于 2 榀钢架间距。边墙每循环开挖支护进尺不大于 2 榀。仰拱开挖前必须完成钢架锁脚锚杆，每循环开挖进尺不大于 3 m。隧道开挖后初期支护及时施作并封闭成环，Ⅳ、Ⅴ级围岩封闭位置距离掌子面不大于 35 m。

初期支护：初期支护钢架应工厂化制造，出厂前进行检验试拼装。当采用格栅钢拱架时，应采用八字结格栅拱架。喷混凝土应采用湿喷工艺。

监控量测：隧道监控量测按现行《铁路隧道监控量测技术规程》(TB 10121)的规定建立等级管理、信息反馈和报告制度。隧道监控量测作为关键工序纳入现场施工组织。监控量测设置专职人员并经培训后上岗。隧道拱顶下沉和净空变化的量测断面间距：Ⅳ级围岩不大于 10 m、Ⅴ级围岩不大于 5 m。隧道浅埋、下穿建筑物地段，地表设置监测网点并实施监测。当拱顶下沉、水平收敛速率达 5 mm/d 或位移累计达 100 mm 时，应暂停掘进，并及时分析原因，采取处理措施。当采用接触量测时，测点挂钩应做成闭合三角形，保证牢固不变形。

二次衬砌：软弱围岩及不良地质铁路隧道的二次衬砌应及时施作，二次衬砌距掌子面的距离：Ⅳ级围岩不得大于 90 m，Ⅴ级围岩不得大于 70 m。

(五)工程重难点及主要工程技术措施

(1)地表建筑物密集段

隧道 DK300＋565～DK300＋055 段上方建筑物密集，对埋深在 17 m 以下采用非钻爆法施工，$\phi$108 大管棚超前支护，全环 I18 型钢钢架初期支护；埋深大于 17 m 时采用钻爆法施工，$\phi$42 小导管超前支护，I18 型钢钢架或格栅钢架初期支护。其中埋深在 17～50 m 时采取控制爆破施工，按地表爆破振动波速度不大于 2 cm/s 控制爆破规模。非钻爆法采取单臂掘进机开挖。

对埋深在 15～20 m 范围内的隧道顶地表建筑物(隧道中线左右侧 10～17 m 范围内)中居民实施临时安置；对埋深小于 15 m 的隧道顶地表建筑(隧道中线左右侧 10 m 范围内)实施拆迁。

(2)下穿特殊构筑物段

本隧道于 DK297＋390～DK297＋420 附近下穿公路，公路路面距隧道拱顶约 8 m，施工时采用非钻爆法施工，并采用型钢钢架及 $\phi$108 大管棚加强支护。

该段施工前于地表埋设监测点，沿公路平行布置，均匀分布于隧道中线两侧，施工期间对监测点进行监测。

本隧道于 DK297＋510～DK297＋740 段下穿地铁站(净距 5.7 m)并上跨地铁隧道(净距 3.36 m)。施工采取非钻爆法施工，并严格控制既有隧道衬砌拆除进尺，初期支护及时封闭，二次衬砌紧跟，施工期间隧道内及地表设置监测点进行监测。

(3)施工遵循事项

1)现场施工根据设计初选参数进行现场试验调整相关爆破参数。

2)爆破施工地段布设地表监测网，隧道内监测网对地表爆破振动速度、地表下沉、地表建筑物下沉及倾斜；隧道内拱顶下沉、洞内净空水平收敛、钢架应力等进行监测。根据监测结果分析调整隧道爆破施工、支护时间及顺序等参数，确保地表建筑物安全的目的。

3)施工前做好既有隧道内管线的迁改工作。

4)既有隧道衬砌拆除时，跳槽拆除，对拆除进尺进行严格的控制。

5)严格控制隧道的开挖进尺，并及时施工初期支护，保证初期支护快速封闭成环。对于浅埋段落，初期支护变形值基本稳定后及时施工二次衬砌。

## 四、大安隧道

(一)工程概况

大安隧道位于重庆市境内永川—璧山段，起讫里程为 DK243＋950～DK249＋004，中心里程 DK246＋477，全长 5 054 m。隧道位于半径为 10 000 m 左偏的曲线上，隧道进口纵坡为 0.3％的上坡，出口纵坡为 0.4％以及 1.05％的下坡，变坡点里程分别为 DK245＋400 及 DK248＋400。

隧道Ⅴ级围岩 554 m，Ⅳ级围岩 3 850 m，Ⅲ级围岩 650 m。隧道不良地质为泥岩风化剥落、危岩落石、隧道顺压偏压、进口路堑边坡顺层，存在瓦斯等有害气体。斜井进口周围遍布良田和水塘，附近有两座水库，隧址区域水源相当丰富，洞身渗水相当严重。

(二)施工组织

本隧道设置贯通斜井一座，位于线路左侧，斜井与正洞相交里程为 DK246＋100，斜井长 653 m，最大坡度 10％。

隧道施工分 4 个工作面，分别为进口工作面、斜井工作面(进洞后两个方向开挖)及出口工作面。

(三)主要施工方案

大安隧道施工严格按照新奥法原理、设计文件及瓦斯隧道施工规范要求进行组织，施工前做好洞身超前地质预报，对洞身地质、水文及瓦斯有毒气体等进行预测，施工中坚持“管超前、严注浆、短开挖、强支护、勤量测、早封闭”的原则施工，同时加强对有毒有害气体监测。建立以多功能开挖台架、全断面衬砌模板台车、挖掘机、装载机、汽车运输为主要特征的机械设备配套施工体系，实现钻爆、装运、喷锚、衬砌等机械化作业线的有机配合，严格机械设备管、用、养、修制度，科学管理，达到优质快速施工的目的。

根据围岩类别来确定不同的开挖方法，明挖段采用挖掘机开挖，局部岩石采用松动爆破开挖；洞门边坡采用先喷锚挂网防护，再施作大管棚进行围护，最后进洞。进出口浅埋偏压段Ⅴ级围岩采用大拱脚法施工，采用人工风镐开挖；

Ⅲ级围岩采用全断面开挖，Ⅳ级围岩采用微台阶法开挖，Ⅴ级围岩采用台阶法预留核心土及大拱脚台阶法预留核心土开挖，采用无轨运输方式，装载机装渣，自卸车运渣。如使用台阶法施工，采取挖掘机翻渣，装载机装渣，自卸车运渣，以保证出渣速度。

瓦斯隧道，通风是保证安全的重要技术措施。因此，专门设置通风管理小组进行通风管理，管理设备的保养及围护，确保施工期间通风不间断，为施工创造安全作业环境。通风采用压入式通风。

为随时掌握隧道内瓦斯浓度，施工过程加强洞内瓦斯检测，瓦检员携带便携式瓦检仪对开挖掌子面、捡底作业面、二次衬砌作业面以及沟槽、低洼、易聚集有害气体的空间及位置全方位不间断的检测。

大安隧道进出口分别如图 4-4-31 和图 4-4-32 所示。

图 4-4-31　大安隧道进口

图 4-4-32　大安隧道出口

## 五、缙云山隧道

### (一)工程概况

本隧道起讫里程为 DK275+355～DK278+530，全长 3 175 m。隧区剥蚀低山地貌，地形受构造控制，山脉走向与温塘峡背斜岩层走向一致，呈南北向展布。区内最高点为隧道中部须家河组砂岩山岭的狮子岩附近，高程 636.7 m，最低标高为区域南西侧的王家沟，高程 274 m。相对高差 362.7 m。最大埋深约 316 m。隧道位于一半径为 8 000 m 右偏的曲线上，隧道为 0.35%的上坡。

隧址区不良地质为泥岩风化剥落、进出口危岩落石、进口滑坡、采空区及煤层瓦斯；特殊岩土为膨胀岩。

### (二)施工组织

缙云山隧道制约着管段内六座桥梁的架梁施工，施工时首先安排长隧道施工。本隧道原计划开始时间 2010 年 11 月 1 日，贯通时间 2012 年 6 月 4 日，总工期 21 个月(含准备期 3 个月)。

根据工期计划安排和架梁工期计划要求，隧道需要在 DK277+300 处增加斜井，隧道进口端设置在暗洞与明洞交界处，进口段 150 m 明洞与隧道暗洞平行作业，隧道施工分 4 个工作面，分别为明洞工作面、进口工作面、斜井工作面及出口工作面。进口工作面承担隧道开挖及衬砌 779 m，斜井工作面承担隧道开挖及衬砌 1 651 m，出口工区承担隧道开挖及衬砌 595 m。各工作面均按无轨运输组织施工。

### (三)主要施工方案

为尽快形成隧道开挖工作面，隧道进口进洞选择在明洞和暗洞交界处，从隧道左侧拉槽进入隧道中心线后，扩挖至隧道开挖工作面。为尽量少刷边仰坡，清理土石方至拱脚标高，在拱部衬砌断面外向前打一圈长管棚(留 3～5 m 不打入围岩)并注浆，然后贴壁施工临时拱圈，将外露管棚埋入拱圈内，确保安全后再进行开挖支护进洞。

根据围岩级别选择开挖方法，其中Ⅴ、Ⅳ级围岩段采用台阶法、大拱脚台阶法、台阶法开挖；隧道明洞段采用明挖法施工；暗挖段采用锚喷构筑法施工，光面爆破法开挖。

全隧仰拱超前，拱墙一次衬砌；洞身Ⅳ级围岩地段设拱墙格栅钢架及拱部 $\phi42$ 超前锚管加强支护；洞身

Ⅴ级围岩地段设全环格栅或Ⅰ20b工钢钢架及拱部$\phi$42超前小导管加强支护；进出口段设$\phi$108超前大管棚支护，ZL50C装载机装渣，15～20 t自卸汽车运输出渣，二次衬砌仰拱先行，采用仰拱栈桥作为运输通道，拱墙采用拌和站拌和、混凝土输送车、混凝土输送泵、液压衬砌台车、人工捣固的流水线作业。

斜井洞身采用台阶法开挖施工，锚喷施工支护采用ZL50型正装正卸装载机装渣，PC120挖掘机配合人工找顶，10 t自卸汽车运输出渣。Ⅲ级围岩采用锚喷衬砌，Ⅳ、Ⅴ(主要为该级围岩)级围岩段采用模筑衬砌，无轨单车道运输，衬砌采用1台6 m长模板衬砌台车，混凝土由拌和站集中拌制，混凝土罐车运输，泵送入模。施工时注意根据超前地质预报情况，及时采取局部注浆等堵水措施。

本隧道有危岩落石、人工填土、软土、松软土、隧道顺层偏压、煤层采空区、瞿塘峡背斜、岩爆等不良地质情况，主要集中在隧道进出口两端及穿越瞿塘峡背斜段，施工中要加强地质预报工作。根据地质超前预报及掌子面实际地质情况，采用交叉中壁法、大拱脚台阶法施工，初期支护采用小导管注浆超前支护，型钢进行加强，当断层带围岩特别破碎时改为长管棚注浆支护。

## 六、璧山隧道

### (一)工程概况

本隧道起讫里程为DK283＋185～DK286＋650，全长3 465 m。隧道位于新华夏系四川沉降带川东褶皱带中，隧道主体构造为北碚向斜。隧道最大埋深约220 m。隧道位于直线上，隧道进口为0.62%的上坡，出口为0.3%下坡，边坡点里程为DK285＋400。

隧道不良地质有泥岩风化剥落、危岩落石。特殊岩土为松软土、膨胀岩。洞身泥岩质软，岩层水平、节理发育。隧道进口段存在危岩落石。隧道进口为675 m浅埋Ⅴ级围岩。为避开该段，特设置斜井增加工作面，缩短工期。

### (二)施工组织

本隧道原计划开始时间2010年11月1日，贯通时间2012年6月10日，总工期21月(含准备期3个月)。

根据工期计划安排和架梁工期计划要求，隧道需要在DK283＋780处增加斜井，隧道进口端设置在暗洞与明洞交界处，进口段25 m明洞与隧道暗洞平行作业，隧道施工分3个工作面，分别为进口工作面、斜井工作面及出口工作面。进口工区承担隧道开挖及衬砌595 m，斜井工区承担隧道开挖及衬砌1 666 m，出口工区承担隧道开挖及衬砌1 204 m。各工区均按无轨单车道运输组织施工。

### (三)主要施工方案

为尽快形成隧道开挖工作面，隧道进洞选择在明洞和暗洞交界处，从隧道左侧拉槽进入隧道中心线后，扩挖至隧道开挖工作面后，尽量少刷边仰坡，清理土石方至拱脚标高，在拱部衬砌断面外向前打一圈长管棚(留3～5 m不打入围岩)并注浆，然后贴壁施工临时拱圈，将外露管棚埋入拱圈内，确保安全后再进行开挖支护进洞。

斜井先施工约80 m明槽后进洞，斜井洞身采用台阶法开挖施工，采用ZL50型装载机装渣，PC120挖掘机配合人工找顶，10 t自卸汽车运输出渣。Ⅲ级围岩采用锚喷衬砌，Ⅳ、Ⅴ(主要为该级围岩)级围岩段采用模筑衬砌，无轨单车道运输，衬砌采用1台6 m长模板衬砌台车，混凝土由拌和站集中拌制，混凝土罐车运输，泵送入模。施工时注意根据超前地质预报情况，及时采取局部注浆等堵水措施。

本隧道有危岩落石、人工填土、软土、松软土、隧道顺层偏压、煤层采空区、瞿塘峡背斜、岩爆等不良地质地段，主要集中在隧道进出口两端(DK283＋185～DK283＋860、DK286＋470～DK286＋650)及DK285＋430～DK285＋630范围内，施工中要加强地质预报工作，根据地质超前预报及掌子面实际地质情况，采用交叉中壁法、大拱脚台阶法施工，初期支护采用小导管注浆超前支护，型钢进行加强，当断层带围岩特别破碎时改为长管棚注浆支护。

# 第三节 特殊不良地质条件隧道施工

## 一、低瓦斯隧道

大安隧道、缙云山隧道设计为低瓦斯隧道，寨山坪隧道有天然气存在，达不到爆炸极限，但有瓦斯突出的可能。

(一)含煤地层施工

煤系地层处理工序如图 4-4-33 所示。

(1)含煤地层地段应采用地震波、反射法等物探手段进行前方岩层界面预报定位,并采用 3 个 $\phi$108 超前水平钻孔(1～3 号孔),取岩心进行验证,验证孔每 25 m 一循环,30 m/孔,搭接 5 m。

(2)当超前物探及验证孔确认有煤时,增加不少于 3 个 $\phi$108 超前水平钻孔(4～6 号孔),进一步确认煤层厚度,煤层位置,岩体破碎程度,每 25 m 一循环,30 m/孔,搭接 5 m。

(3)当超前水平钻孔确认煤层厚度、位置后,根据探测情况,若煤层厚度大于 0.3 m 或有瓦斯溢出时,则应按瓦斯防治措施要求开展以下工作:距煤层垂距 10 m 处,施作超前探测孔,并详细记录岩芯资料,确定煤层厚度、倾角、走向及与隧道的关系,并分析煤层顶、底板岩性,掌握并收集探孔施作过程中的瓦斯动力现象。距煤层垂距 5 m 时施作一组预测孔(每组不少于 5 孔),进行煤与瓦斯突出危险性预测。

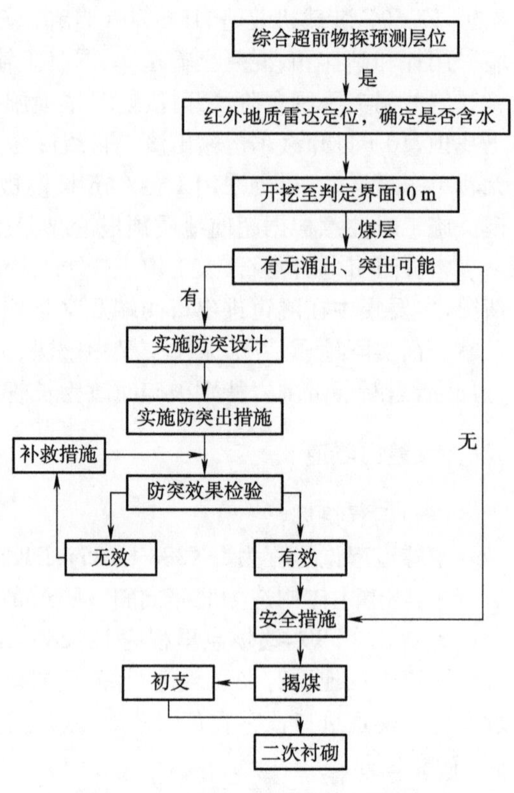

图 4-4-33　煤系地层处理工序流程图

(二)瓦斯监测

大安隧道、缙云山隧道、寨山坪隧道所有施工机电设备均采用防爆型,按瓦斯隧道相关要求施工,并建立健全安检制度,制定应急预案。

1. 一般规定

从事隧道施工的所有人员,必须经过瓦斯隧道安全技术培训,经考核合格方可允许上岗。

建立专职瓦斯、天然气等有害气体的安检机构,加强瓦斯、天然气等有害气体的监测,特别注意拱顶、开挖凹凸处等瓦斯、天然气易产生聚集部位的监测。安检人员必须执行巡检制度。

各种电器设备和施工机械的防爆性能,必须经专职人员检查,确认合格后方可进洞使用。

加强火源管理,建立洞口安检制度,严禁将火柴、打火机及其他易燃物品带入洞内,严禁穿着化纤衣物进洞。

2. 超前探测施作要求

隧道正洞及辅助坑道均应全断面超前探测,超前探孔孔径 108 mm,单孔长度为 30 m,搭接长度不小于 5 m。辅助坑道探测孔如图 4-4-34 所示,并在超前探孔处设置检测点,以检测是否有害气体涌出。若探测到有害气体,应根据记录确定有害气体的涌出位置。

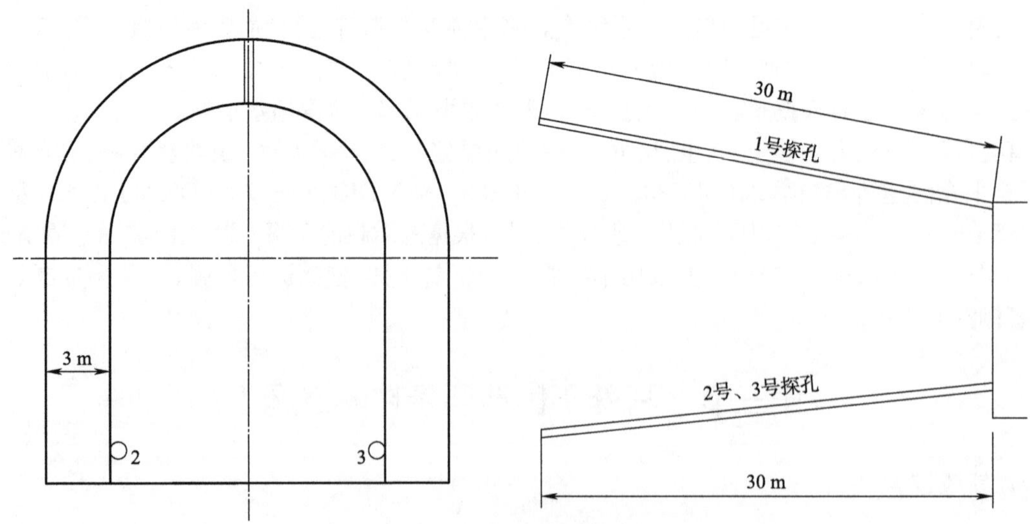

图 4-4-34　辅助坑道探测孔布置示意图

3. 瓦斯、天然气等有害气体检测

瓦斯监测，采用便携式瓦斯检测仪。检测地点及范围应符合下列要求：

(1)开挖工作面风流、回风流中，爆破地点附近 20 m 内的风流中及局部塌方帽顶处。

(2)坑道总回风的风流。

(3)局扇及电气开关前后 10 m 的风流中。

(4)各种作业台车和机械附近 20 m 内的风流中。

(5)电动机及其开关附近 20 m 内的风流中。

(6)隧道洞室中，如变电所、水泵站、水仓等瓦斯易于积聚处。

(7)煤线或接近地质破碎带处。

每个检测地点应设置明显的瓦斯记录牌。每日的检测结果应及时填写在瓦斯记录本和记录牌上，并逐级上报。瓦斯检测人员必须执行瓦斯巡回检查制度。

4. 瓦斯、天然气等有害气体排放

(1)在瓦斯、天然气等有害气体涌出孔附近施作排放孔，排放钻直径 $\phi$108，排放孔设置根据瓦斯涌出部位、涌出量、涌出压力等确定。

(2)实施排放后，必须进行排放效果检验。

5. 施工注意事项

(1)临时停工的地点不得停风。否则，必须切断电源，设置栅栏和警标；恢复通风后，需经瓦检人员进行检测，达到允许浓度后，方可复工，否则施工人员不得入内。

(2)停工区的瓦斯或二氧化碳浓度达到 3%，必须在 24 h 内封闭完毕。

(3)瓦斯探测孔各循环搭接长度不得小于 5 m。

(4)各种有害气体容许浓度按相关卫生标准执行。

(三)煤层瓦斯及其他有害气体防治措施

缙云山隧道 DK275＋510～DK277＋800 按线路纵坡及 DK277＋800～DK278＋530 按 2‰上坡在二次衬砌背后设置 $\phi$80 瓦斯排放管。大安隧道采用水气分离装置，进行煤层瓦斯及其他有害气体防治。高端洞口水气分离装置及低端洞口水气分离装置如图 4-4-35 和图 4-4-36 所示。

瓦斯等有害气体的排放路径：纵向盲沟→水气分离装置→纵向盲沟→瓦斯排放管排入大气。

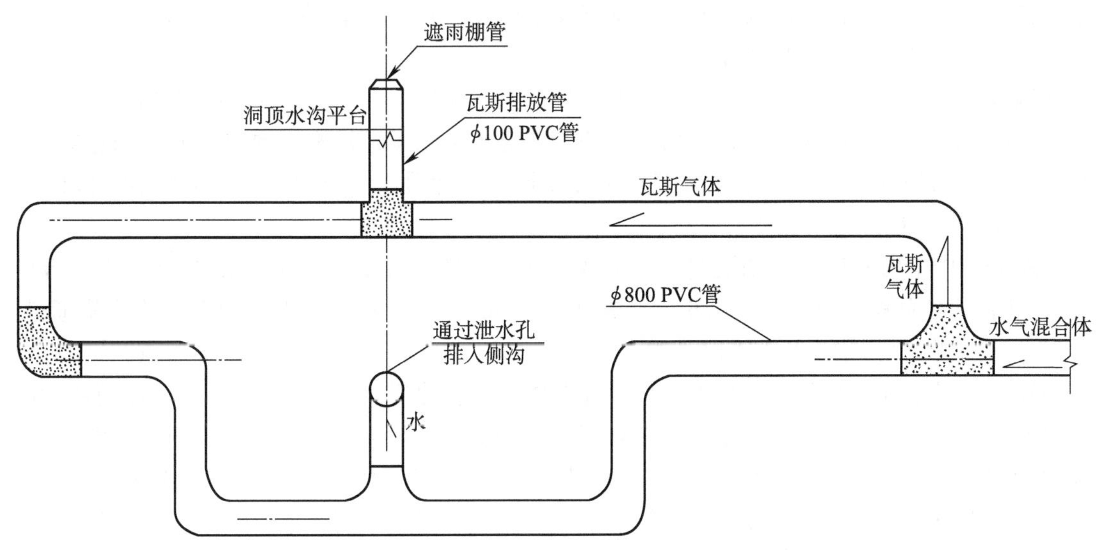


图 4-4-35　高端洞口水气分离装置

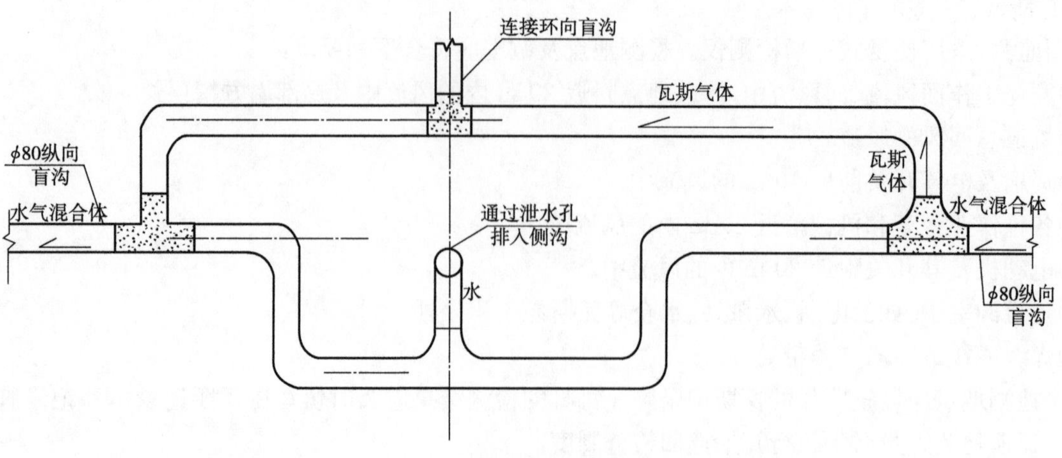


图 4-4-36 低端洞口水气分离装置

## 二、西左联络线中梁山隧道

(一)工程概况

1. 线路概况

成渝客专重庆西左联络线中梁山隧道进口里程 CXLZDK1＋110,出口里程 K824＋500,全长 3 924.499 m。其中进口工区 CXLZDK1＋110～CXLZDK2＋147 段为新建隧道,CXLZDK2＋147(＝K821＋612.501)～K824＋500 段为既有隧道扩建段。全隧按 60kg/m 重型轨道标准设计,采用有砟轨道道床,轨道结构高度 77 cm。本隧除 K824＋494～K824＋500 段采用明挖法施工明洞衬砌外,其余均采用暗挖法施工,设置复合式衬砌。

2. 既有隧道概况

重庆西左联络线中梁山隧道扩建段长 2 887.5 m,在既有襄渝线中梁山隧道基础上进行扩挖改造,隧道断面由 53 $m^2$扩至 61.3 $m^2$(±0.6 $m^2$)。既有隧道修建于 20 世纪 70 年代,拱部为混凝土,边墙为条石衬砌。根据竣工图显示,既有隧道隐患较多,主要有 3 处大型涌水、2 处煤窑采空区、局部地段瓦斯、4 次大型塌方以及多处溶腔类空洞。

针对既有隧道的各类病害,为进一步探明既有衬砌背后情况,方便后期施工,现场组织在全隧范围内进行 2 次地质雷达物探及一次钻孔钎探(5 m 一个断面,每断面 3 个孔)。探测结果显示,除竣工图中描述的病害以外,另发现全隧背后均有不同程度的空腔。

既有襄渝线中梁山隧道全长 3 983.79 m,出口位于半径为 700 m 的曲线上,隧道设在±3‰人字坡上。既有隧道为 20 世纪 70 年代修建,拱部为混凝土,边墙为条石衬砌(部分段为混凝土),隧道存在渗漏水、开裂、二次衬砌背后空洞及不密实等病害。竣工图纸显示原隧道背后空洞回填小于 1 m 的 24 处,1～2 m 的有 7 处,超过 2 m 的有 6 处。

施工前对既有中梁山隧道现状情况进行了详细调查,一是调查了既有中梁山隧道左侧平行导坑情况(平导中线与正洞中线间距 20 m;全长 3.6 km,进口 1.8 km,出口 1.8 m,平导与正洞间设有横通道,夹角约为 45°)。其中进口平导共有 13 个横通道,3 个作为排水通道;出口平导共有 13 个横通道,其中有 5 个作为排水通道使用。二是通过对既有隧道左侧平行导坑中裸露围岩地质调查,判定平导与设计地质情况基本吻合。三是对既有中梁山隧道采用钎探方式进行现场探测,通过钎探结果发现既有隧道衬砌背后拱顶、拱腰部位存在大量空洞或不密实带。其中,拱顶空洞带累计 1 909 m,其中 0.5～1 m 段落共 870 m,1～2 m 段落共 910 m,3 m 以上段落 129 m。四是调查发 K823＋270 处洞顶存在一涌水点,水从岩石裂缝喷涌出。K823＋242.07～＋272.62 段洞顶设置一引水渡槽及泄水洞,泄水洞高 3 m,宽 5 m,通过顶部修建排水沟将涌水引至平行导坑。渡槽内围岩采用锚杆支护,未进行封闭,每隔 2.5 m 设置一道宽 1.0 m 混凝土横梁。

(二)主要风险点

(1)本隧道于 CXLZDK2＋088(K293＋704.218)处下穿成渝客专新中梁山左线隧道,交角约 34°,净距

3.3 m，轨面高差 12.86 m；于 K821＋668(K293＋795.742)处下穿成渝客专新中梁山右线隧道，交角约 34°，净距 4.35 m 右，轨面高差 13.912 m。下穿段首先施作 $\phi$108 大管棚超前支护，完成后根据施工进度，逐榀拆除对既有襄渝线隧道加固的 I20b 型钢钢架；然后采用非爆破方式进行开挖。

(2)岩溶发育、地下水丰富。既有中梁山隧道正洞共有十多处大小股水，根据水流大小，处理时在水流较大处均于人行道设置横向排水沟，将水通过整体道床中心水沟引至平导中排出，其中扩建影响段存在大型涌水情况 3 处。

(3)全隧共穿过煤窑采空区 2 处。

(4)有 1.4 km 的施工区段出现过有害气体硫化氢出露；背斜核部有出露瓦斯的可能。

(5)原隧道施工过程中出现多次塌方，其中大型溶腔塌方 4 处。

(三)特殊段落处理措施

1. 既有中梁山隧道洞顶渡槽处理

现场情况：既有中梁山隧道洞顶 K823＋270 处存在一涌水点，水从岩石裂缝喷涌出。洞顶 K823＋242.07～＋272.62 段设置一引水渡槽及泄水洞，泄水洞高 3 m，宽 5 m，通过顶部修建排水沟将涌水引至平行导坑。渡槽内围岩采用锚杆支护，未进行封闭，每隔 2.5 m 设置一道宽 1.0 m 混凝土套拱。

建议方案：

(1)新建扩挖隧道开挖至渡槽段落前，在渡槽套拱间隔空位处采用 I20b 工字钢加固，间距 1.0 m，系统锚杆采用 $\phi$25 砂浆锚杆，间距 1.0 m×1.0 m；锁脚锚管采用 $\phi$42 钢管，长度 3.5 m。

(2)建议采用两根 $\phi$200 钢管加型钢支架将出水口的部分涌水引排至对面平导之中，以解决隧道开挖过程中拱顶渡槽侧沟排水问题。在渡槽影响区段初期支护施工完成后重新修筑渡槽内水沟，将水沟高度抬高至新建隧道开挖面以上 60 cm，将出水点的流水由新建水沟引至原流水通道，经原流水通道引至平行导坑流出洞外。

(3)隧道开挖至渡槽段落时采用机械开挖，该段为Ⅲ级围岩，开挖进尺控制在 1 m 以内，开挖时注意保护混凝土套拱及新修筑的水沟不被破坏。

2. 原竣工图显示大塌方特殊地段

原竣工图情况：(1)K823＋281.21～＋316.21 段坍方高度距拱顶 5 m，宽度 4 m，长度 6 m。处理时用小钢轨及钢钎打入拱顶作挑梁，立拱架灌注混凝土拱圈，拱圈中共有 22 根支撑未撤，坍空部分回填片石。

(2)K823＋571.21～K823＋579.21 拱右侧坍方，长 6 m，宽 4 m，呈锅底形。处理时用 20 根长 2 m 钢钎垂直打进边墙，顺边墙方向打入 7～8 m 长的钢轨 6 根做托梁，采用圆木扇形支撑，坍方部位用渣回填。

建议措施：(1)提前对松散体进行注浆固结；

(2)增设超前 $\phi$42 小导管支护，环向 0.4 m，23 根；

(3)初期支护加强，立 I18 工字钢架，间距 0.6 m/榀。

3. 原竣工图显示溶洞特殊地段

原竣工图情况：(1)K821＋496.21～K821＋504.21 揭示溶洞坍塌后高度距拱顶 4.5 m，长度 7～8 m。处理时采取清除一点，支撑一点，随进随撑，打拱时逐渐撤换支柱，部分支撑未撤除，拱顶浆砌片石 0.4～0.5 m 厚，其余回填片石及填塞木。

(2)K821＋571.21～K821＋581.21 揭示旧溶洞沉积物，黄泥夹块石有水。坍体高度距拱顶 10 m 以上，未测至顶点，长度约 10 m。处理时用 7～8 m 长的小钢轨由拱上部打入挑梁，共打入小钢轨 40 余根，然后立木排架支撑，随进随打拱部混凝土，加厚拱部混凝土至 0.6～0.7 m 厚。坍空位置部分回填了片石及填塞木。

建议措施：(1)提前对松散体进行注浆固结；

(2)增设超前 $\phi$42 小导管支护，环向 0.4 m，23 根；

(3)初期支护加强，立 I18 工字钢架，间距 0.6 m/榀。

4. 原竣工图显示采空区特殊地段

原竣工图情况：(1)K823＋982.21～＋984.21 发现旧煤洞与线路正交，煤层厚 0.8～1.2 m，开挖后有地下水涌出，施工采用了圆木支撑，衬砌加强，坍方部分用弃渣回填，并进行了压浆。

(2)K823+776.21～K824+226.21 揭示旧煤洞一个，穿过两处煤层，有较大股水流出，采用了反复压浆处理。

建议措施：(1)开挖揭示后排出洞内积水并清除淤泥，防止泥岩软化。

(2)煤窑采空区段(Ⅴ级围岩)初期支护由格栅钢架变更为 I18 工字钢架，拱墙设置，间距 0.6 m 一榀，超前支护采用 $\phi$42 小导管。

(3)采空区范围内开挖轮廓线范围以外左右侧各 5 m 范围内将堆积物挖出，开挖成倒梯形，采用 C20 混凝土回填。

(4)开挖采空区采用锚网喷防护，锚杆长 2 m，间距 1 m×1 m，梅花形布置，喷混凝土厚 15 cm，在回填混凝土底部预留一根 $\phi$100 波纹管(外裹无纺布)，将波纹管与侧沟连通。

(5)开挖仰拱后应进一步确认采空区范围。检测，做好通风。

## 三、重庆北联络线双碑扩挖隧道

### (一)工程概况

1. 线路概况

成渝客专重庆北联络线双碑扩挖隧道为将既有襄渝二线双碑隧道由单线扩挖为双线，设计时速120 km，隧道全长 1 739.1 m。

2. 既有隧道概况

根据襄渝二线既有双碑隧道设计图纸，二次衬砌结构：进口浅埋段 60 m 和出口段 110 m 为 C30 钢筋混凝土外，其余 1 568 m 均为 C25 素混凝土。支护：进口段Ⅴ级浅埋和Ⅴ级围岩共 208 m 设置格栅拱架，其余 1 530 m 均为挂网喷锚，如图 4-4-37 和表 4-4-10、表 4-4-11 所示。进行双碑隧道扩挖施工时，需要对既有隧道圬工进行拆除。

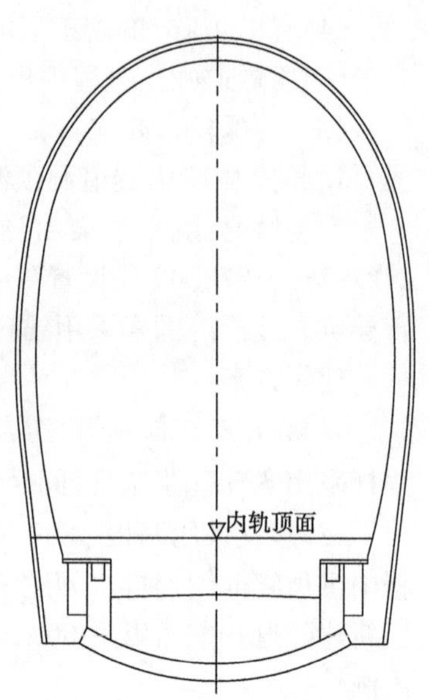


图 4-4-37 既有双碑隧道断面图

表 4-4-10 既有双碑隧道洞身衬砌表

| 起讫里程 | | 长度(m) | 衬砌类型 | 拱、墙、仰拱 | 隧底填充 |
|---|---|---|---|---|---|
| LgDK9+202 | LgDK9+262 | 60 | Ⅴ级(浅埋) | C30 钢筋混凝土 | C20 混凝土 |
| LgDK9+262 | LgDK9+410 | 148 | Ⅴ级 | C25 混凝土 | C20 混凝土 |
| LgDK9+410 | LgDK10+030 | 620 | Ⅳ缓 | C25 混凝土 | C20 混凝土 |
| LgDK10+030 | LgDg10+375 | 345 | Ⅲ级 | C25 混凝土 | C20 混凝土 |
| LgDK10+375 | LgDK10+830 | 455 | Ⅳ级 | C25 混凝土 | C20 混凝土 |
| LgDK10+830 | LgDK10+940 | 110 | Ⅳ级加强 | C30 钢筋混凝土 | C20 混凝土 |

表 4-4-11 格栅钢架数量表

| 项　目 | 单　位 | 单线 | | | 小　计 |
|---|---|---|---|---|---|
| | | Ⅲ | Ⅳ | Ⅴ | |
| | | 345 m | 1 185 m | 208 m | 1 738 m |
| 格栅钢架 | 榀 | 0 | 0 | 223 | 223 |
| | kg | 0 | 0 | 129 445 | 129 445 |

3. 隧道扩挖概况

根据初步设计电子版图纸，新建双碑(扩孔)隧道衬砌、支护参数情况如下：Ⅲ级围岩共 365 m 未设置拱架。Ⅳ级围岩共 1 115 m，设置为格栅钢架支护，每榀间距 1 m。Ⅴ级围岩共 258 m，其中，YLgDK9+202～YLgDK9+280 为大跨段；YLgDK9+202～YLgDK9+240 段隧道宽度为 16.08 m，采用 H175 型钢钢架支护，每榀间距 0.6 m；YLgDK9+240～YLgDK9+280 段隧道宽度为14.28 m，采用 I20b 型工字钢支护，每榀间距 0.6 m；YLgDK9+280～YLgDK9+362 段Ⅴ级为正常扩挖段，隧道宽度为 11.28 m，采用格栅拱架支护，每榀间距 0.8 m。具体围岩、支护情况见表 4-4-12。

**表 4-4-12 隧道洞身衬砌、支护表**

| 序号 | 分段里程 | | 长度(m) | 衬砌类型 | 施工方法 | 钢架 | |
|---|---|---|---|---|---|---|---|
| | 起始里程 | 终止里程 | | | | 类型 | 部分 |
| 1 | YLgDK9+202 | YLgDK9+240 | 38 | Ⅴ级C段加强复合 | 中隔壁法 | H175 型钢钢架 | 全环 |
| 2 | YLgDK9+240 | YLgDK9+280 | 40 | Ⅴ级C段加强复合 | 台阶法 | I20b 型钢钢架 | 全环 |
| 3 | YLgDK9+280 | YLgDK9+362 | 82 | Ⅴ级Ⅰ型加强复合 | 台阶法 | I18 型钢钢架 | 全环 |
| 4 | YLgDK9+362 | YLgDK9+400 | 38 | Ⅴ级复合 | 台阶法 | 格栅钢架 | 全环 |
| 5 | YLgDK9+400 | YLgDK9+955 | 555 | Ⅳ级复合 | 台阶法 | 格栅钢架 | 拱墙 |
| 6 | YLgDK9+955 | YLgDK9+975 | 20 | Ⅴ级复合 | 台阶法 | 格栅钢架 | 全环 |
| 7 | YLgDK9+975 | YLgDK9+020 | 45 | Ⅳ级复合 | 台阶法 | 格栅钢架 | 拱墙 |
| 8 | YLgDK10+020 | YLgDK10+385 | 365 | Ⅲ级复合 | | | |
| 9 | YLgDK10+385 | YLgDK10+580 | 195 | Ⅳ级复合 | 台阶法 | 格栅钢架 | 拱墙 |
| 10 | YLgDK10+580 | YLgDK10+620 | 40 | Ⅴ级Ⅰ型加强复合 | 台阶法 | I18 型钢钢架 | 全环 |
| 11 | YLgDK10+620 | YLgDK10+940 | 320 | Ⅳ级复合 | 台阶法 | 格栅钢架 | 拱墙 |

扩挖主要工程数量为:拆除既有格栅钢架 223 榀,拆除既有隧道圬工 24 522 $m^3$,衬砌混凝土 42 275 $m^3$,喷射混凝土 11 377 $m^3$,锚杆 175 943 m,钢支撑 1 013 t。具体工程数量见表 4-4-13。

**表 4-4-13 双碑隧道扩挖工程数量表**

| 序号 | 项目名称 | 单位 | 数量 |
|---|---|---|---|
| 1 | 拆除格栅钢架 | 榀 | 223 |
| 2 | 拆除混凝土 | $m^3$ | 24 522 |
| 3 | 扩挖 | $m^3$ | 95 635 |
| 4 | 喷射混凝土 | $m^3$ | 11 377 |
| 5 | 二次衬砌、仰拱及填充混凝土 | $m^3$ | 42 275 |
| 6 | 中空锚杆 | m | 79 720 |
| 7 | 砂浆锚杆 | m | 96 223 |
| 8 | 格栅/型钢钢架 | T | 1 013 |
| 9 | 连接用钢 | T | 389 |
| 10 | 防水板 | $m^2$ | 42 526 |
| 11 | 土工布 | $m^2$ | 42 526 |
| 13 | 纵向盲管 | m | 3 824 |
| 14 | 环向盲管 | m | 4 610 |
| 15 | 背贴式止水带 | m | 9 540 |
| 16 | 中埋式止水带 | m | 9 485 |

双碑隧道扩挖在既有隧道右侧进行,将既有单线隧道扩挖成双线,详细扩挖范围及区域如图 4-4-38 所示。

(二)工程难点分析

隧道难点主要有四点。一是进口洞口Ⅴ级浅埋偏压段设置大跨,开挖宽度达 16.2 m,风险极高;二是隧道下穿变电站、渣滓洞、白公馆等环境敏感点,最小埋深 16.2 m,爆破振速不大于 0.2 cm/s,施工过程中控制难度大;三是穿越煤窑采空区及废弃人防工程。四是由于既有菜东线封闭推迟,导致隧道工期紧张,施工期间洞内共 6 个工作面同时施工,现场施工组织、物流管理较困难。

(三)施工组织

隧道由进口、斜井及 YLgDK10+375 新开作业面 3 个位置,其中 YLgDK10+375 处安排两个工班进行

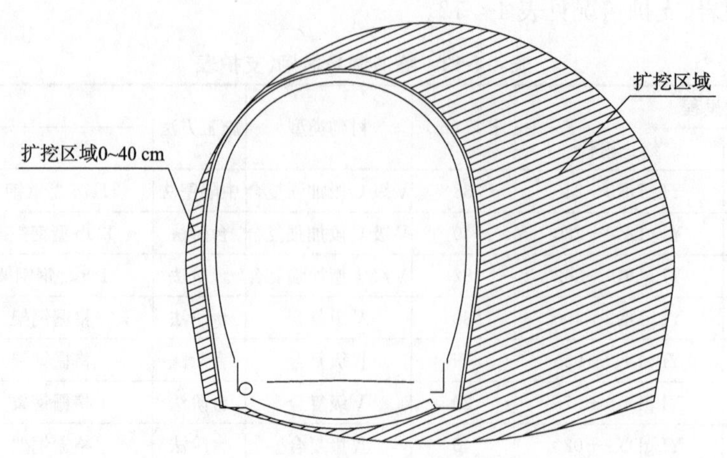


图 4-4-38 隧道扩挖示意图

施工,共 4 个作业工班进行施工,分别为进口工班、斜井工班、YLgDK10+375 小里程工班、YLgDK10+375 大里程工班。

四电及轨道拆除后,在 YLgDK10+375 处新开一工作面,安排两个工班分别向小里程和大里程方向施工,斜井工班先向小里程施工至 YLgDK9+650,再向大里程施工至 YLgDK10+120。进口工班施工任务为 448 m;斜井工班施工任务为 470 m;YLgDK10+375 处小里程工班的施工任务为 255 m;YLgDK10+375 处大里程工班的施工任务为 565 m。施工任务划分如图 4-4-39 所示。

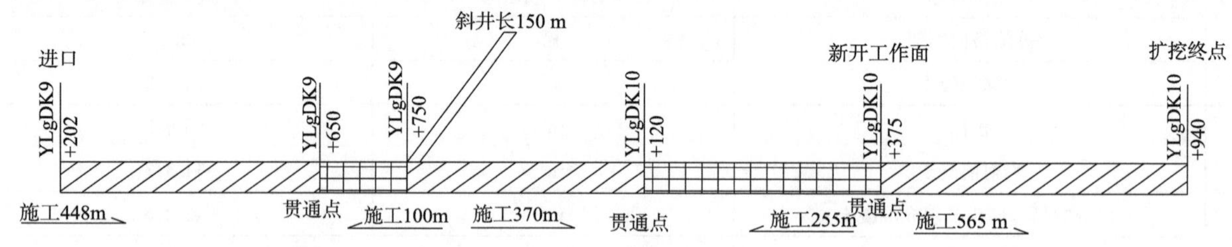


图 4-4-39 施工任务划分

(四)主要施工方案

全隧除 DK302+180~+186.4、DK304+252.3~+260 段采用明挖法施工外,其余均采用暗挖法施工。

暗挖采用锚喷构筑法施工,YLgDK9+955~YLgDK10+385 段下穿凉亭变电站,采用非爆掏槽+控制爆破,其余段采用一般爆破开挖。Ⅲ、Ⅳ、Ⅴ级围岩段采用台阶法开挖,其中 YLgDK9+202~YLgDK9+240 段Ⅴ级围岩大跨段,采用中隔壁法施工。

施工共分为五步:

第一步:施工准备阶段,其中包括通风设备、高压用风设备、高压用水设备、电缆、运输设备准备就绪,施工机械设备、人员,弃渣及材料运输准备等。

第二步段:既有设备改迁,包括既有四电拆除、轨道拆除及道砟清运等。

第三步:既有隧道衬砌、拱架拆除,扩挖、初期支护及仰拱施工,期间对既有隧道进行监控量测。

第四步:隧道扩挖完成后进行二次衬砌施工。

第五步:进行附属工程施工。

(五)交叉施工中的干扰及解决方案

1. 施工中的交叉干扰

在施工过程中,由斜井工班进入后,YLgDK10+375 新开工作面施工时,风管、水管、电线均要通过斜井进入,斜井工班向大里程施工时,对 YLgDK10+375 处新开工作面形成干扰。同时,YLgDK10+375 小里程工班施工时,对 YLgDK10+375 大里程工班施工形成干扰。

YLgDK10＋375 大小里程工班施工时，同时共用既有隧道进行施工材料和出渣的运输。施工时，安排专人进行协调调度，确保两个工班施工车辆错开运输时间，保证通道的畅通。

斜井设计为单车道，承担着 3 个工班出渣运输及施工材料的运输任务，但斜井宽度设计仅为 5 m，在施工中除去风管、水管、电线的布置空间外，只有不到 4 m 宽的通行空间。容易造成进出车辆堵塞，影响施工进度，建议斜井改为双车道。

干扰工作面施工时，对掌子面爆破影响范围内的管线统一采用钢管防护，钢管直径 30 cm，钢管可拆卸。随施工进程进行移动，保证斜井掌子面施工时能保护好管线。

2. 交叉施工干扰解决方案

在洞内新开工作面时，多个工作面交叉施工，互相干扰。主要表现在：风、水、电各种管线在进口掌子面处爆破时的防护。多个作业面施工材料运输的干扰。

采用如下解决方案：

(1)风、水、电管线的防护

在洞内新开工作面后，同时出现多个工作面作业情况，斜井位置工作面和其他工作面之间施工管线的干扰很大，干扰工作面施工时对掌子面爆破影响范围内的管线统一进行钢管防护，钢管直径 30 cm，钢管可拆卸，如图 4-4-40 所示。

(2)多个工作面施工与出入通道干扰的解决方案

在进行钻孔时考虑门洞的宽度，在钻孔台车就位时，保证既有隧道出入口均不小于 3.5 m，使得在钻孔和喷锚等工序施工时既有隧道能照常通行，如图 4-4-41 所示。

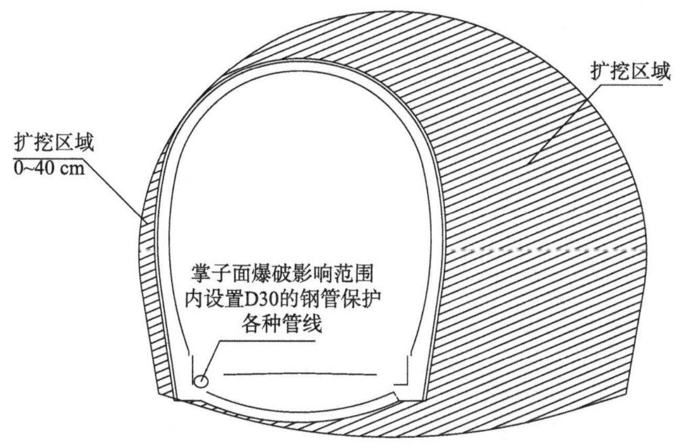


图 4-4-40 风、水、电管线的防护

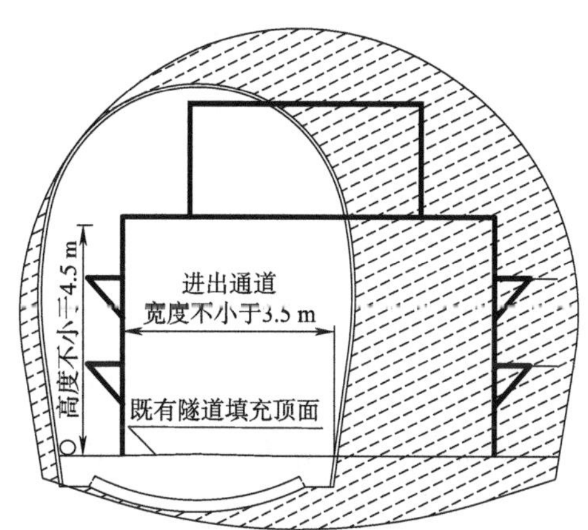


图 4-4-41 多个工作面施工与出入通道干扰的解决方案

## 第四节 洞口工程施工

隧道洞口段工程包括洞口土石方开挖、边仰坡防护及洞口段衬砌、明洞、洞门、明暗洞交接处的施工等。结合隧道洞口地形、地貌、工程地质和水文地质条件，并考虑到施工开挖边坡的稳定性，本着“早进晚出”、“减少开挖”的原则，洞口与明洞工程采用明挖法施工。及时进行边仰坡及岩面喷锚防护施作并加强对山坡稳定情况的监测、检查，确保施工安全。

洞口段施工工艺流程如图 4-4-42 所示。

### 一、洞口排水及坡面处理

施工前先进行测量放线，根据测量放线做好边坡开挖轮廓线和截水天沟，以利截排水，同时将洞口段开挖线以外 10～15 m 范围的漏斗、洼地等进行处理，防止地表水向下渗漏或陷穴等继续扩大影响隧道施工安全，确保边仰坡稳定。施工前均需做好排水系统，确保洞口段排水畅通，避免排水不畅引起的洞口段土体发生大的沉降和变形。

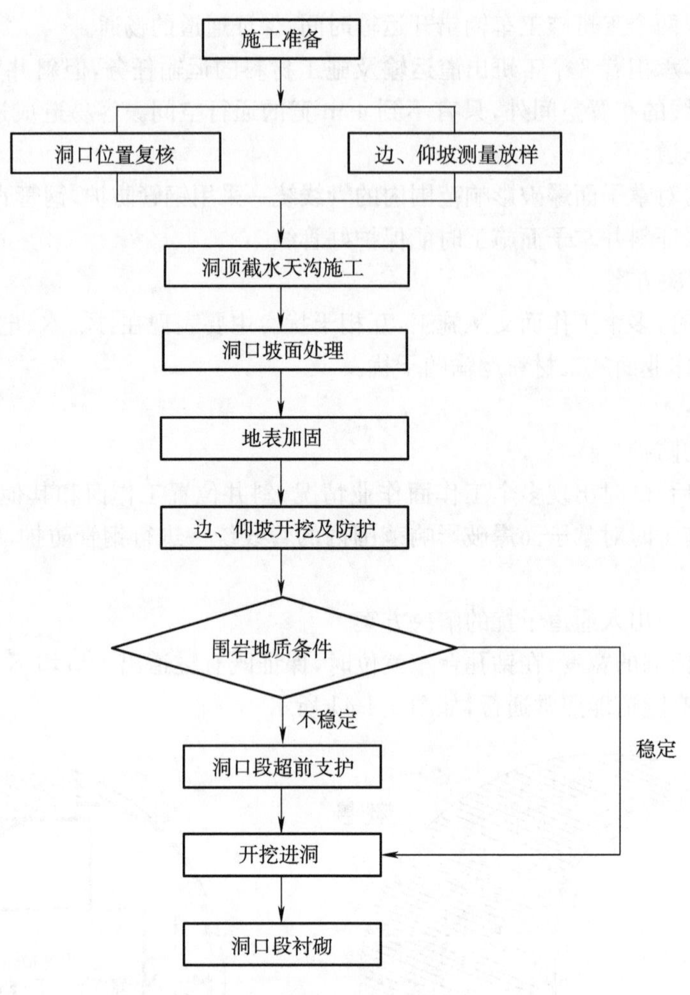


图 4-4-42　洞口段施工工艺流程

对仰坡上方的危岩落石进行如下处理:

(1)清除松动的危岩落石;

(2)采用 M10 浆砌片石对危岩落石进行嵌补;

(3)采用主动防护网加固危岩落石;

(4)在危岩落石下方设置钢轨格栅。

## 二、洞口边仰坡开挖及防护

根据设计图纸和施工现场布置,在洞口范围内测量放样边坡控制桩,按照设计坡比分层开挖,分层开挖高度 2.0 m,采用随开挖随防护,永久防护坡面锚杆框架梁护坡。

施工中尽量减少对原有植被的破坏和对洞口的扰动,开挖洞口时以尽量减少破坏原有植被和岩体为原则,按设计坡度一次性整修到位,围岩破碎的部位用网喷锚杆加固。洞口场地用铲装机辅以推土机整平压实;遇坚硬石质地层人工钻眼小炮爆破。洞口段开挖将充分考虑洞内施工需要,合理布置供风、供水、供电设施,材料存放及加工场地、机械停放场地。

## 三、暗洞进洞施工

采用套拱法进洞,具体作法:洞口开挖至起拱线,在洞口衬砌外采用三榀型钢钢架紧贴仰坡放置,间距 0.75 m,纵向用 $\phi22$ mm 钢筋连接,经测量检查,同隧道洞口开挖断面一致后,与仰坡锚杆焊接固定,施作 $\phi42$ mm 超前小导管或超前大管棚超前支护,浇筑挂板混凝土固结,形成洞室轮廓。按设计图纸进洞方法进行进洞施工。隧道上台阶前进一定距离后，施作下台阶，完成临时支护、仰拱，尽快形成封闭。洞口应加强防排水，防止积水长时间浸泡墙脚和隧底造成边墙围岩失稳。

## 四、进口段明洞施工

(1)施工顺序

明洞全部采用明挖法施工。具体施工顺序：测量放线→排截水沟施作→边仰坡开挖、支护(锚网喷支护及抗滑桩施工)→基底处理(如果设计有要求)→仰拱、填充施工→拱墙衬砌→明洞防水层施工→洞顶回填。明洞段施工工艺流程如图 4-4-43 所示。

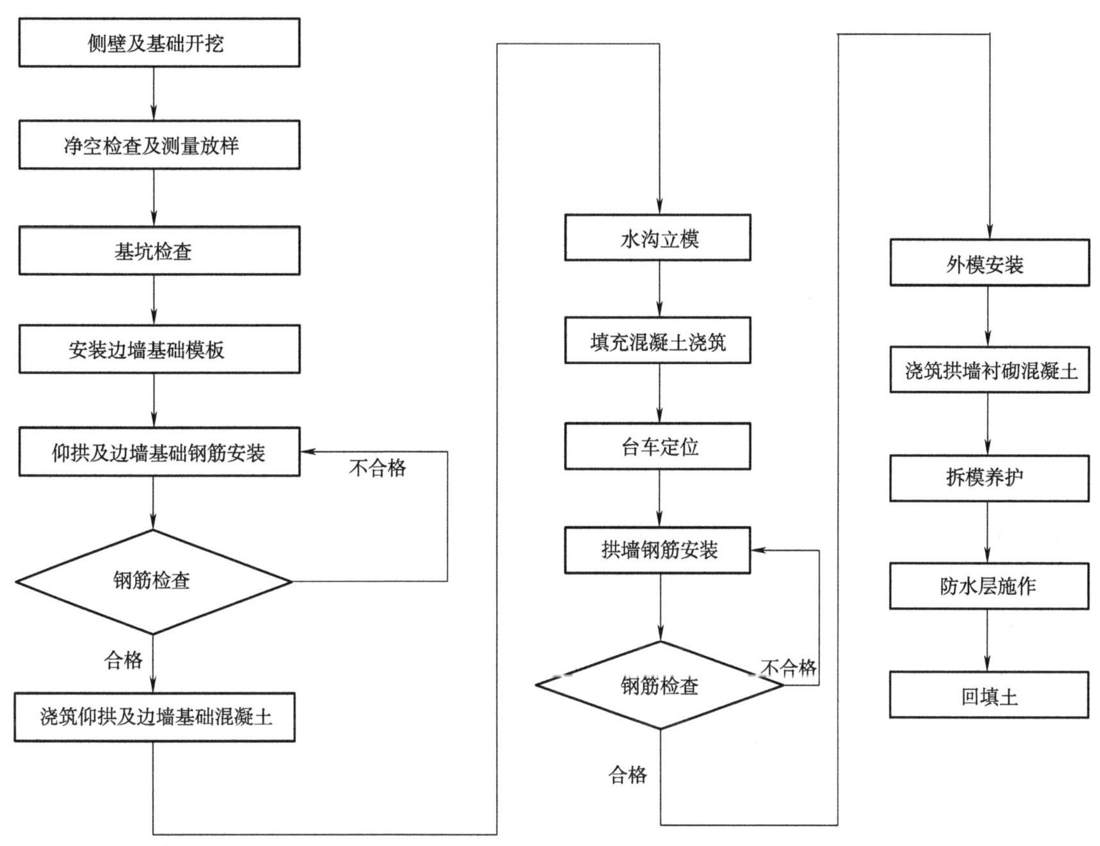


图 4-4-43　明洞段施工工艺流程

(2)施工方法、施工工艺

明洞土石方开挖采取横向分层纵向分段的方法进行施工，采用挖装机开挖，必要时采取弱爆破和人工配合机械刷坡，铲装机装渣自卸汽车出渣。按照设计施作边仰坡防护。开挖完成后进行基底处理，基底承载力达到要求后施作仰拱、填充混凝土，填充混凝土在仰拱混凝土终凝后进行浇筑。

隧道明洞衬砌在仰拱填充完成后由洞内向洞口方向，先仰拱后拱墙的顺序施工。

明洞衬砌均采用模板台车作内模(喇叭口段采用组合钢模作内模)，外模采用组合钢模对拱墙衬砌混凝土一次性灌注，混凝土由自动拌和站生产，罐车运输，泵送入模，插入式振捣器振捣。洞口衬砌与隧道洞门整体灌注后进行洞顶回填施工。

明洞回填分层填筑，每层层厚不大于 1 m，左右对称回填。码砌及浆砌分层错缝进行、夯填密实，确保施工质量。

## 五、洞门施工

洞口段衬砌施工完毕后，及时施作洞门，洞门尽量在雨季之前修筑完毕，且做好防、排水设施，减少地面水对洞口段施工的影响。洞门施工工艺流程如图 4-4-44 所示。

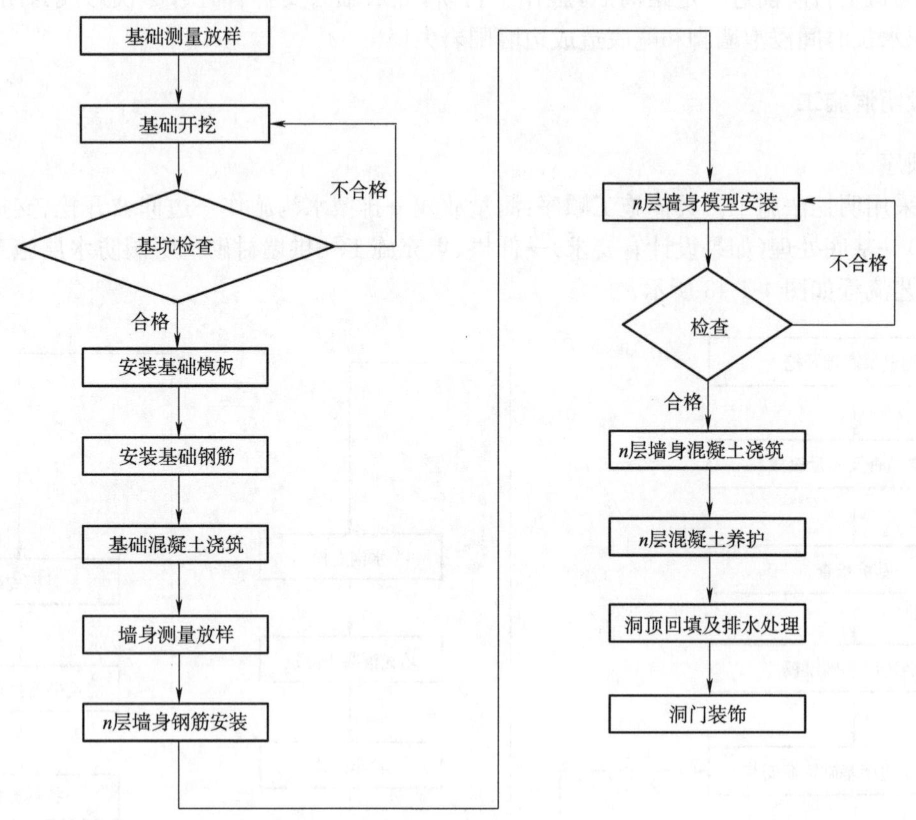


图 4-4-44 洞门施工工艺流程图

## 第五节 洞内设施工程施工

### 一、水沟及电缆槽施工

沟槽施工在拱、墙混凝土和仰拱填充施工完成后进行，水沟电缆槽采用 C25 钢筋混凝土，盖板采用 C35 钢筋混凝土预制。为使新旧混凝土结合密贴，对旧混凝土界面进行凿毛处理。水沟、电缆槽使用自制定形钢模，尺寸准确，棱角分明，线条顺畅，盖板安装平稳。

电缆槽盖板提前在洞外预制；沟槽身施工在边拱混凝土完成后现浇。电缆沟槽采用槽钢和角钢制作支架，模板采用定形钢模。捣固采用插入式振动器。施工时注意模板安装顺直、尺寸正确、支撑牢固、捣固密实，净空尺寸及高程符合设计要求并按设计间距两侧设泄水孔。铺设平稳。拆模后及时洒水养护并防止其他工序施工时损坏。预制构件安装采用人工配合就位。

### 二、隧道预留洞及预埋件施工

隧道各种预留洞包括专业需要的综合洞室、综合洞室底部余长电缆腔、综合洞室内部通信及电力等相关专业设备安装空间、隧道内双侧电缆槽、电力电缆沟及通信、信号电缆沟；预埋件主要包括吸声板、照明和紧急照明等支架的预埋件，施工中应严格根据施工设计文件的尺寸、种类和位置进行预留和安装。

(1)各类洞室的开挖支护

隧道内的各类洞室开挖，在正洞掘进至其位置时一次开挖成形。当施工中发现原定位置地质不良时，施工单位会同设计、监理及业主对现场进行调查研究，确定变更位置。开挖后，预留洞室锚喷支护紧跟，并对正洞连接处加强支护。

(2)各类洞室防、排水工程施工

1)各类洞室与正洞连接处的防、排水工程与正洞一次完成；

2)与正洞连接的折角处，防水层根据铺设面的形状平顺铺设，不得出现空鼓。

(3)各类预埋管件、预留孔、槽以及各类洞室二次衬砌施工

1)各类洞室衬砌施工与隧道衬砌同时进行，灌注成一体。

2)认真检查防、排水工程的质量，只有在防、排水工程符合设计要求时，方可灌注混凝土。

3)衬砌中衬砌边墙内的各类洞室按设计位置进行定位，模板架设时将经过防腐与防锈处理后的预埋管件绑扎牢固，留出各种孔、槽及边墙内的各类洞室位置，并与模板衬砌台车连为一体，确保在灌注混凝土时各类孔、槽及边墙内的各类洞室不产生移位。

(4)在二次衬砌浇筑前，还要注意各种灯具、电缆支架等的预埋件，按设计图纸指定的里程、标高准确无误地预埋。所有预埋件位置偏差应在允许范围内。

## 第六节　运营通风及防灾救援工程施工

### 一、通风施工

#### (一)隧道通风方式的选择

洞内施工通风排烟采用自然通风和机械通风相结合的方式。隧道洞口 150 m 范围内采用自然通风外，其余地段采用以压入式机械管道通风为主，自然通风为辅的通风方式。隧道通风排烟系统平面布置如图 4-4-45 所示。

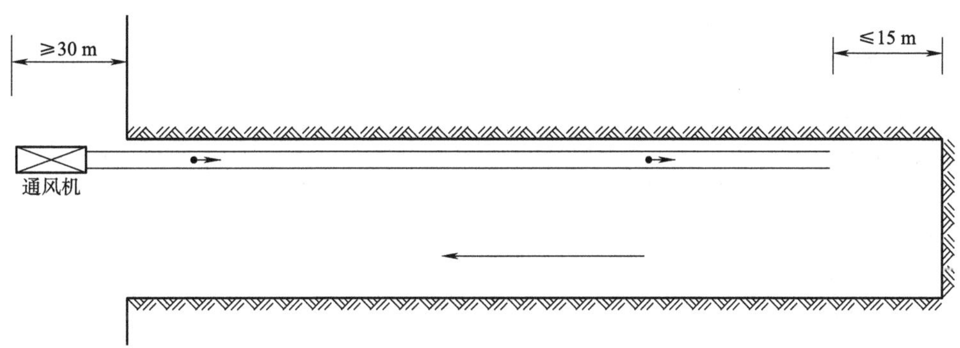


图 4-4-45　隧道通风排烟平面布置示意图

#### (二)通风管理

派专人进行通风排烟值班。风管吊挂做到平、直、稳、紧，确保在水平面上无弯曲，风管无皱褶，无扭曲，且不漏风。风机及风管必须随掘进面延伸。

为保证通风畅通，防止通风管被破坏，把通风管悬挂于隧道起拱线以上，并高于洞内行走机械的高度。吊挂风管的缆索要拉平、拉紧；锚杆要打牢、矫直；风管上的吊环间距要设置均匀，做到无一缺损和无一漏挂。

风筒与风机连接处采用 30 m 长铁皮变径风筒与软式风筒连接；在工作面风筒末端也增加一节 10 m 长铁皮风筒，防止爆破时破坏风筒；通风机安装必须稳固，通风方向与正方向一致。

通风机与风管使用要做长远规划，避免反复安装。通风设备要定时检修和保养，出现问题，及时维修，保证通风效果。平时有两台性能良好的通风机备用，如果隧道通风机突然损坏可随时更换，以确保通风系统时刻处于良好状态。做好风机用电计划，避免后期电压降太大，不能满足要求。洞内管线布置如图 4-4-46 所示。

#### (三)隧道通风设计

根据《铁路隧道施工规范》(TB 10204)中的规定，隧道整个施工过程中，作业环境应符合下列卫生及安全标准：

隧道内空气中氧气含量按体积计不得小于 20%，有害气体和粉尘含量符合表 4-4-14 的要求。

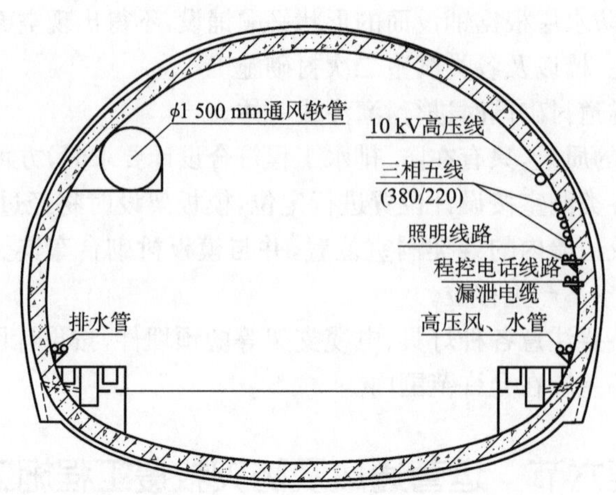


图 4-4-46 洞内管线布置示意图

**表 4-4-14 空气中有害物质的最高容许含量**

| 名 称 | 最高容许浓度 | | 备 注 |
|---|---|---|---|
| | 按体积 | 按重量 ($mg/m^3$) | |
| 二氧化碳($CO_2$) | 0.5% | | |
| 甲烷($CH_4$) | 0.75%～1% | | 开挖面瓦斯浓度大于 1.5%时,所有人员必须撤至安全地点 |
| 一氧化碳(CO) | 0.002 4% | 30 | 特殊情况下 CO 浓度可为 100 $mg/m^3$,但人员进入工作面时间不得超过 30 min |
| 氮氧化合物换算成 $NO_2$ | 0.000 25% | 5 | |
| 含有 10%以下游离 $SiO_2$ 的其他粉尘 | | 10 | 含有 80%以上游离 $SiO_2$ 的生产粉尘不宜超过 2 $mg/m^3$ |

隧道内气温不得高于 28 ℃,洞内噪声不得大于 90 dB。

隧道施工通风为提供洞内各项作业所需的最小风量,每人供应新鲜空气 3 $m^3$/min,采用内燃机作业时,供风量不小于 3 $m^3$/(min·kW)。

隧道施工通风的风速不小于 0.15 m/s;最大风速工作面不大于 4 m/s,运输通道和通风洞内不大于 6 m/s。隧道施工采用综合防尘措施,并按规定时间测定粉尘和有害气体浓度。

### 二、防灾救援工程

大安隧道和缙云山隧道斜井作为救援通道。大安隧道斜井位于线路左侧,斜井与正洞相交里程为 DK246+100,斜井长 653 m。缙云山隧道防灾救援通道,由斜井更改而成,为紧急出口;救援通道位于 DK277+480 左侧,长度 185 m。

## 第七节 防排水施工

隧道防排水是隧道施工质量控制关键点之一,以结构自防水为根本,加强钢筋混凝土结构的抗裂防渗能力,提高其耐久性、防水性,同时以变形缝、施工缝等接缝防水作为重点,以防水层加强防水,是自身施工及管理水平高低的体现。防排水施工按照"防、截、排、堵相结合,因地制宜综合治理"的原则进行,通过系统治理,达到隧道不渗、不漏、无湿渍的防水目标。

(一)防排水措施

隧道防水等级必须达到国家标准《地下工程防水技术规范》(GB 50108)规定的一级防水等级标准,衬砌采用防水混凝土,隧道内设双侧水沟排水与中心排水沟,初期支护与二次衬砌间设柔性防水层或采用新型防排水系统。防水板一般地段拱墙铺设,富水地段全断面铺设,防水板厚度不小于 1.5 mm;防水板背后环向设置 LDPE 排水板型盲沟,在隧道两侧边墙墙脚外侧泄水孔标高处分别设置 φ80 的纵向透水管盲沟,环向排水板型盲沟与纵向盲沟连接，纵向盲沟与隧道侧沟连接。二次衬砌施工缝、变形缝处设止水带。隧道结构防排水施工工序及流程如图 4-4-47 所示。

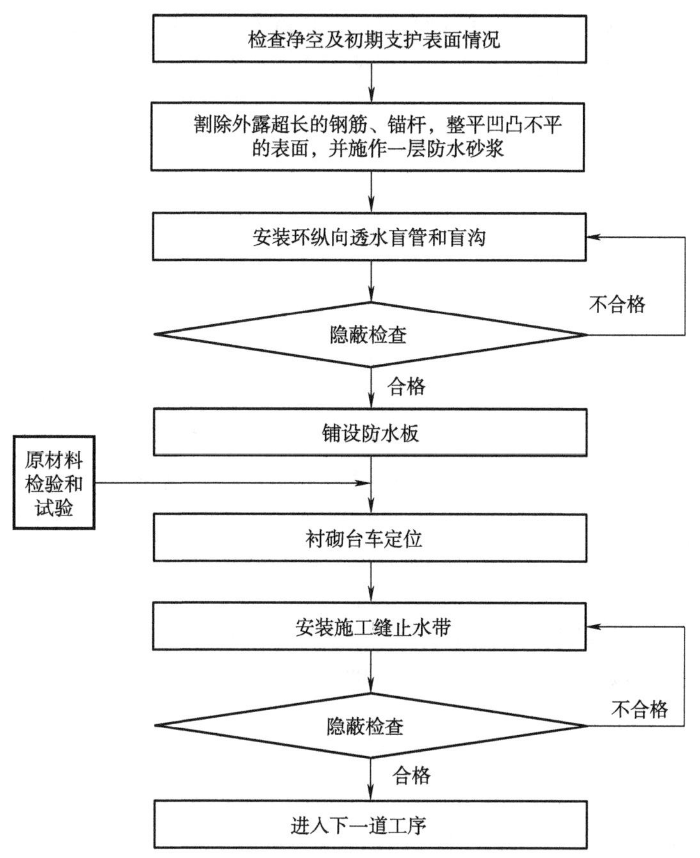


图 4-4-47 隧道结构防排水施工工艺流程图

(二)初期支护防水

喷混凝土施工时喷射密实，抗渗等级满足设计要求。

(三)系统盲管施工

(1)环向排水盲管施作方法

隧道初期支护与防水板间设软式透水环向盲管，在泄水孔标高处直接与隧道排水侧沟相连通。环向盲管设置间距满足设计要求。

(2)纵向排水盲管施作方法

纵向排水盲管沿纵向布设于隧道左、右墙脚外侧泄水孔标高处，分段设置，段长符合设计要求，中间安排水管与隧道排水侧沟相连。

按规定划线，以使盲管位置准确合理，盲管安设的坡度与线路坡度一致。沿线钻孔，定位孔间距 30～50 cm。

将膨胀锚栓打入定位孔或用锚固剂将钢筋头预埋在定位孔中，固定钉安在盲管的两侧。

用无纺布包住盲管，用扎丝捆好；用卡子卡住盲管，然后固定在膨胀螺栓上。

(3)边墙泄水管施作方法

模板台车就位后，开始施作边墙泄水管，泄水管的直径为 80 mm，间距 2 m。在模板台车上对应于泄水管的位置开有与泄水管直径相同的孔，泄水管一端安在模板台车的预留孔上，另一端采用三通连接在纵向排水管上，并固定牢固。

环向与纵向、纵向与泄水管之间的三道连接必须紧密可靠，防止松脱，必要时用防水胶带进行固连。盲管与喷射混凝土层面的间距不得大于 5 cm，盲管与岩面脱开的最大长度不得大于 10 cm。

(4)环向盲沟

按设计要求结合现场实际情况,每设计段长设一排水盲沟与水沟沟身连接。在水量较大地段适当加密。

(四)防水层施工

初期支护与二次衬砌间铺设 1.5 mm 厚 EVA 防水板和土工布作为防水层,材质符合设计要求标准,防水板采用无钉铺设。无钉铺设施工方法如图 4-4-48 所示。

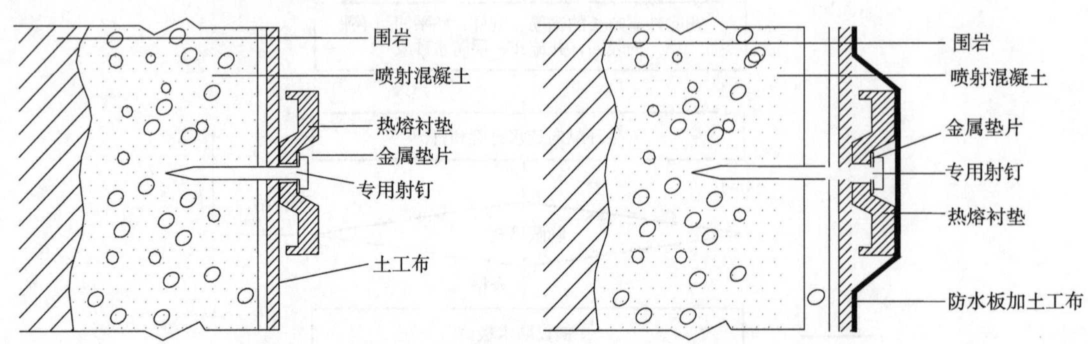


图 4-4-48 隧道防水板无钉铺设施工示意图

(1)基面处理

基面处理:铺设防水层前对初期支护大致找平,边墙及拱部补喷找平、底部砂浆找平。对外露的锚杆、管棚等切除、磨平,水泥砂浆封堵找平等,并全环施作一层 2 cm 厚的防水砂浆。

出水点处理:在铺设防水板前,初期支护喷层表面漏水及时处理,采用注浆堵水或埋设排水管直接排水到边沟,保持基面的干燥。

(2)铺设防水板

防水板采用无钉铺设方法,一次铺设长度根据混凝土循环灌注长度确定,铺设前先行试铺,再加以调整。防水板采用无钉孔铺设,即先用 $\phi$80 塑料垫圈和射钉将无纺布固定于基面上(垫圈间距:拱 0.5～0.8 m,边墙 1.0 m,呈梅花形布置),再将防水板用专用黏合剂黏合在垫圈上。

(3)施工缝防水

环向施工缝采用中埋橡胶止水带+外贴止水带的复合防水构造,纵向施工缝采用中埋钢边橡胶止水带+遇水膨胀止水胶的复合防水构造,变形缝采用中埋橡胶止水带+外贴止水带+嵌缝材料的复合防水构造。隧道衬砌防水板背后环向设置 $\phi$50 mm HDPE 单壁打孔波纹管,隧道两侧边墙墙角外纵向分段设置 $\phi$100 mm HDPE 双壁打孔波纹管,每段纵向盲沟设置一处(底端)$\phi$50 mm 泄水孔连接到隧道侧沟,泄水孔间距 12 m。

(4)防水板质量检查和处理

1)外观检查。防水板铺设均匀连续,接缝宽度不小于 25 mm,搭接宽度不小于 100 mm,接缝平顺、无褶皱、均匀连续,无假焊、漏焊、焊穿或夹层等现象。

2)接缝质量检查。防水板搭接用热合机进行焊接或专用胶黏结,接缝为双面缝,中间留出空隙以便充气检查。检查方法为:用 5 号注射针头与打气筒相连,针头处设压力表,将打气筒加压至 1.5 MPa 时,停止充气,保持该压力达 2 min,否则说明有未焊好之处。用肥皂水涂在焊接缝上,产生气泡地方重新焊接或黏结,直到不漏气为止。检查数量采取随机抽样的原则,每 10 条抽试一条,为保证质量,每天每台热合机焊接制取一个试样,注明取样位置、焊接操作者及日期,供试验检查之用。

3)要保持防水层接头处的洁净、干燥,同时在下一阶段施工前不得将其弄破损。

4)二次衬砌混凝土浇筑前加强对防水层的保护,注意钢筋的运输及绑扎过程中可能对防水板产生的损伤,发现层面有破损及时修补。

(5)铺设防水板的施工技术措施

防水板铺设前,先割除混凝土衬砌表面外露的锚杆头、钢筋尖头等硬物,凹凸不平处需先喷平,使混凝土表面平顺;局部漏水处需先进行处理。

防水板，特别是在凹凸较大的基面上，要预留足够的松散系数，使其留有余地，并在断面变化处增加悬挂点，保证缓冲面与混凝土表面密贴。同时做好防水板与泄水孔的密闭性连接。

铺设防水板地段距开挖工作面不小于爆破安全距离。

衬砌混凝土灌注前检查防水板质量，填写检查证。灌注衬砌混凝土时，不损坏塑料防水板。

防水板是易燃物品，一旦烧穿，影响防水效果，因此工作区内禁止烟火，并设消防设施和高压水管备用。

（五）止水带施工

止水带施工中采用泡沫塑料对止水带进行定位，避免其在混凝土浇筑过程中发生移位。浇筑混凝土时注意避免混凝土中的尖角石子和锐利的钢筋刺破止水带。在二次衬砌混凝土浇筑后的 12 h 内，拆除堵头模板，然后用钢丝刷将接缝处的混凝土刷毛，并将接缝处清理干净。在下组混凝土浇筑前先将接缝混凝土洒水润湿，然后刷水泥浆两道，30 min 后可以浇筑混凝土。止水带全环施作，止水带施作除材料长度原因外，只允许有左右两侧边上部两个接头，接头搭接长度不小于 30 cm。止水带施工工艺流程如图 4-4-49 所示。

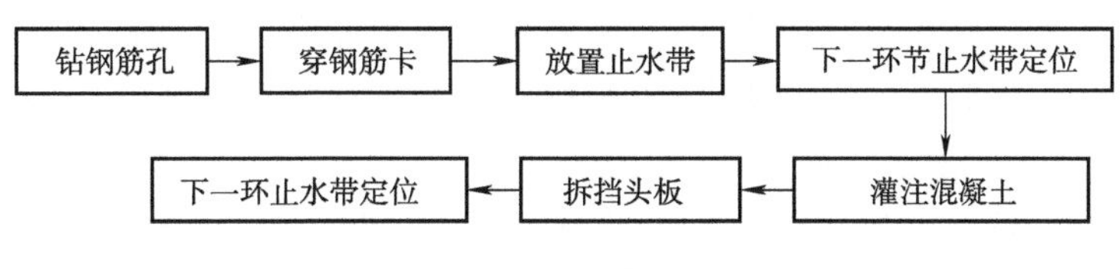


图 4-4-49　止水带施工工艺框图

（六）排水边沟施工

进、出口工作面排水边沟与电缆沟槽同时在二次衬砌全部完成后施作。盖板预制，沟槽采用架立定形钢模板立模，人工灌注混凝土，插入式振捣器捣固密实。

（七）抗渗混凝土

全隧采用抗渗混凝土施工，混凝土抗渗等级不小于设计标准，因此选用合格的原材料，进行选配混凝土配合比，严格控制外加剂的品质和掺量，严格搅拌时间和运输过程的时间控制，使混凝土浇筑过程做到连续，振捣密实，保护层达到规定要求等措施，保证混凝土抗渗性指标达到规范要求。在施工过程中应采用以下技术措施：

(1)降低水灰比

混凝土拌和物的水灰比对硬化混凝土孔隙率的大小、数量起决定性作用，直接影响着混凝土结构密实性。在满足水泥完全水化及湿润砂石所需水量前提下，水灰比越小，混凝土密实性越好，抗渗性及强度越高。

适当提高水泥用量、砂率及灰砂比，在一定水灰比限值内，水泥用量和砂率对混凝土抗渗性的影响是比较明显的，足够的水泥用量和适宜的砂率，可以保证混凝土中水泥砂浆的数量和质量，使混凝土获得良好的抗渗性。防水混凝土水泥用量不得少于 300 kg/m$^3$，砂率不小于 35%，灰砂比宜为 1∶2.0～1∶2.5。

选择适宜的水泥品种与强度等级：用于防水混凝土的水泥，应具有抗水性好，泌水性小，水化热低。防水混凝土宜选用普通硅酸盐水泥、火山灰质硅酸盐水泥，水泥强度等级不低于 32.5 级。

(2)掺外加剂和外掺料

按设计在混凝土中掺入 HEA 防水剂和外掺料（粉煤灰或硅粉），可按要求改善混凝土性能。

(3)外加剂质量

符合《混凝土外加剂》(GB 8076)标准中规定的各项技术指标要求；用于混凝土中的粉煤灰质量符合《用于水泥和混凝土中的粉煤灰》(GB/T 1596)标准中规定的各项技术指标要求。外加剂和粉煤灰在混凝土中的适宜掺量，通过试验确定。

(4)限制粗骨料粒径

为抑制混凝土中的孔隙，减少分层离析，需要限制最大石子粒径。在混凝土硬化过程中，石子不收缩，周边的水泥砂浆收缩。因此，石子与砂浆变形不一致。石子越大，周边越长，与砂浆收缩的差值越大，致使砂浆与石子界面间产生微细裂缝。由于这些裂缝的存在，使混凝土的有效阻水截面显著折减，压力水也就容易透过。因此，防水混凝土的石子粒径不宜过大，石子粒径过大对混凝土抗渗性不利。在防水混凝土中，采用的石子最大粒径不大于 40 mm。

(5)加强养护

养护对防水混凝土极为重要,是混凝土获得强度和抗渗性的必要条件。良好的养护条件能使混凝土工程充分发挥其防水作用,养护不良会大幅度降低其抗渗性。因此,混凝土终凝后,立即进行湿润养护,养护时间不少于 14 d。

在开挖成形后仰拱施作前,利用地质雷达进行底部 15 m 内的地质探测,预测预报仰拱地质情况,与设计不符或存在隐患时及时进行变更,对基底采取加固措施后进行仰拱的施工。

## 第八节　辅助坑道施工

### 一、大安隧道辅助坑道

大安隧道起讫里程为 DK243+950~DK249+004,中心里程 DK246+477,全长 5 054 m。隧道位于半径为 10 000 m 左偏的曲线上,隧道进口纵坡为 0.3%的上坡,出口纵坡为 0.4%以及 1.05%的下坡,变坡点里程分别为 DK245+400 及 DK248+400。

本隧道于 DK246+100 线路左侧设计斜井一座,斜井与隧道小里程方向夹角 30°,长 652 m,井身坡度 10%。隧道净空尺寸设计为 5 m(宽)×6 m(高),考虑出渣工效经变更设计后,净空尺寸调整为 6.5 m(宽)×6 m(高)。

采用单车道无轨运输。

### 二、缙云山隧道辅助坑道

缙云山隧道起讫里程为 DK275+355~DK278+530,全长 3 175 m。隧道位于一半径为 8 000 m 右偏的曲线上,隧道为 0.35%的上坡。

隧道设计无斜井,经综合分析工期后于 DK277+300 线路左侧变更增设斜井一座,与正线交角 76°,长 180 m,井身坡度 5.93%,净空尺寸为 7 m(宽)×6.2 m(高)。

采用双车道无轨运输。

斜井洞身采用台阶法开挖施工,锚喷施工支护采用,ZL50 型装载机装渣,PC120 挖掘机配合人工找顶,10 t 自卸汽车运输出渣。

### 三、璧山隧道辅助坑道

璧山隧道起讫里程为 DK283+185~DK286+650,全长 3 465 m。隧道位于直线上,隧道进口为 0.62%的上坡,出口为 0.3%下坡,变坡点里程为 DK285+400。

隧道设置贯通斜井一座,位于线路左侧,斜井与正洞相交里程为 DK283+780,斜井长 60 m,最大坡度 8%。

斜井先施工约 80 m 明槽后进洞,斜井洞身采用台阶法开挖施工,锚喷施工支护,采用 ZL50 型装载机装渣,PC120 挖掘机配合人工找顶,10 t 自卸汽车运输出渣。

## 第九节　沉降变形控制与评估

客运专线无砟轨道对隧道等线下工程的工后沉降要求严格、标准高。施工期必须按设计要求进行系统的沉降变形动态观测。通过对沉降观测数据系统综合分析评估、验证或调整设计措施,使隧道工程达到规定的变形控制要求。分析、推算出最终沉降量和工后沉降,合理确定无砟轨道开始铺设时间,确保无砟轨道结构铺设质量。

### 一、观测断面和观测点的设置原则

(1)隧道工程沉降观测是指隧道内线路基础的沉降观测,即隧道的仰拱部分。

(2)隧道的进出口进行地基处理的地段，从洞口起每 25 m 布设一个断面。

(3)隧道内一般地段沉降观测断面的布设根据地质围岩级别确定，一般情况下Ⅲ级围岩每 400 m，Ⅳ级围岩每 300 m，Ⅴ级围岩每 200 m 布设一个观测断面。

(4)明暗交界处、围岩级别和衬砌类型变化段及沉降变形缝位置应至少布设两个断面。

## 二、观测元件与埋设

隧道工程完成后，每个观测断面在相应于两侧边墙处设一对沉降观测点，如图 4-4-50 所示，原则上设于高于水沟盖板 0.2 m 处。

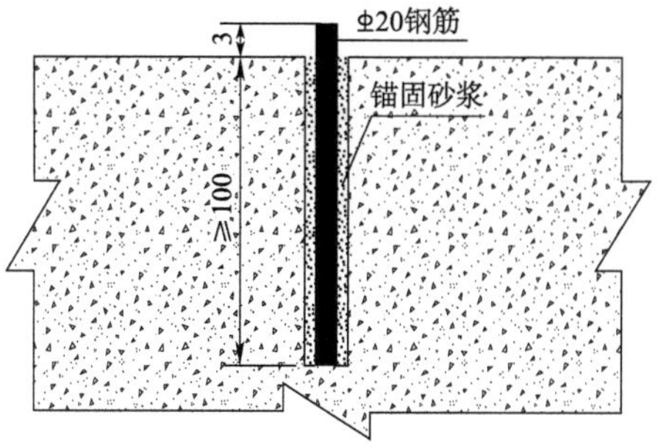

图 4-4-50　隧道观测标设置参考图(单位：mm)

## 三、观测频次

隧道沉降观测频次见表 4-4-15。

表 4-4-15　隧道沉降观测频次表

| 观测阶段 | 观测频次 | | |
|---|---|---|---|
| | 观测期限 | | 观测周期 |
| 仰拱施工完成至无砟轨道铺设前 | 6 个月 | | 1 次/周 |
| 无砟轨道铺设期间 | 全程 | | 1 次/天 |
| 无砟轨道铺设完成至试运营开始的观测 | 全程 | | 1 次/天 |
| 试运营期间 | 24 个月 | 0～1 个月 | 1 次/周 |
| | | 1～3 个月 | 1 次/2 周 |
| | | 3～6 个月 | 1 次/月 |

# 第十节　新工艺、新工法、新装备、新材料的应用及效果

## 一、城市浅埋隧道单臂掘进机开挖施工工法

随着高速铁路、城市轨道交通大规模建设，下穿城市繁华地带的地下工程越来越多。对于埋深较浅、开挖轮廓线距既有建(构)筑物较近而且拆迁工作又难以开展的地段，无法实施爆破作业。采用机械开挖将开挖作业对围岩的扰动降到最低值，保证了建(构)筑物正常使用的安全性，同时由于其开挖作业噪声低，最大限度地减小了施工对周边居民正常生活的影响。

(一)工法特点

(1)机械开挖作业对围岩扰动极小，保证邻近建(构)筑物的安全。

(2)机械开挖作业噪声小，不影响附近居民的日常生活。

(3)机械开挖超欠挖易控制，开挖后洞壁光滑美观，同时节约初支成本。

(二)适用范围

适用于埋深 15 m 以下、周边建筑物密集、开挖轮廓线距既有建(构)筑物较近、拆迁工作困难、振速控制要求极其严格的地下工程作业地段。

(三)经济效益

浅埋地表房屋密集段采用单臂掘进机进行机械开挖，能确保地表建筑物的安全，施工期间未影响到当地居民的正常生产生活。

(四)工程实例

新红岩隧道 GDK298+185.8～GDK298+228 采用单臂掘进机进行机械开挖施工试验。试验段全长42.2 m，通过开挖揭露为黄灰、青灰色弱风化砂岩，中～细粒结构，钙质胶结。岩体完整，岩质较硬，强度约 30 MPa。

EBZ260H 型单臂掘进机于 2011 年 7 月中旬进场，于 2012 年 9 月中旬开始拼装，并于 15 日后拼装完毕。经过厂家人员为期一个月的现场培训后，于 11 月 3 日投入使用，开始试验段机械开挖作业。

截至 2013 年 1 月 28 日，累计使用单臂掘进机进行机械开挖 338.2 h，累计上台阶掘进 42.2 m(DK298+185.8～DK298+228)，机械开挖 1 575 $m^3$。

## 二、城市浅埋隧道机械掏槽与数码电子雷管爆破组合法开挖施工工法

随着我国铁路建设事业的迅猛发展，爆破作为岩土开挖的一种必要手段所面临的环境越来越复杂。重庆市作为我国西部经济的龙头，近年来铁路建设取得突飞猛进的发展，规划建成的重庆铁路枢纽规模宏大，成渝客专新红岩隧道埋深浅，上部高楼林立、人口密集，重要建(构)筑物和精密设备保护点较多。重庆市做为我国著名山城，受特殊地形地貌限制，在市区修建隧道，上方紧临高层建筑、矮旧居民区、学校、变电站、医院等各种建(构)筑物；下部有市政管网、桩基础和立交隧道；左右面临地质滑坡体、市政道路等，其技术难度在国内尚属少见，对工程建设带来巨大挑战。通过在一系列减振开挖新技术，在实践中得出：采用机械与数码电子雷管控爆组合法开挖，可兼备机械开挖与控爆开挖的各自优点，既可以最大限度降低爆破振动，又能够保证施工进度，是一种新型地下工程开挖技术。

### (一)工法特点

(1)使用单臂掘进机机械开挖的方式，在掌子面开挖一个小导洞，开挖小导洞时对地表扰动基本为“0”。

(2)利用数码电子雷管，对掌子面剩余部分进行逐孔微差起爆。由于掏槽区已经开挖，掌子面有足够临空面，剩余炮孔均打直眼爆破，振速会得到有效控制。

(3)利用组合式除尘技术，可有效改善机械开挖的作业环境。

(4)数码电子雷管及起爆系统具有网路检测功能，可以准确定位网路错误，方便施工人员进行错误排查，确保起爆前网路连接正常，保证每次起爆能顺利进行。

(5)由于机械开挖方量较小、渣体较碎，在机械掏槽开挖完成后无需安排出渣工序，待其他区域爆破后，出渣工序可一次性完成。

### (二)适用范围

适用于隧道覆盖层厚度 15～20 m，岩性为砂岩或泥岩夹砂岩，岩石强度在小于 40 MPa，地表或周边建筑物密集区段的爆破作业。

### (三)经济效益

本工法相对于全断面机械开挖，工序用时明显加快，施工效率大大提高。例如成渝客专新红岩隧道，在采用全断面机械开挖时，隧道每掘进 1 m 就需要消耗近 40 h；而采用机械与控爆组合法开挖只需消耗 16～18 h，经测算每延长米节约直接成本 5 894 元。

### (四)工程实例

成渝客专新红岩隧道 DK297+838～826 段利用本工法共进行 11 个循环的开挖试验。该段落最小覆盖层厚度为 16.3 m，最大 21 m，开挖岩性主要以泥岩夹砂岩为主，强度为 30.5～39.1 MPa，属中硬岩。地表建筑物多为修建于二十世纪六七十年代的矮旧居民区，年久失修，部分房屋在施工前就已出现不同程度的裂缝。根据《爆破安全规程》此段爆破振速控制在 1.2 cm/s 以内。在此类工况下，采用爆破手段已无法满足要求，而全断面机械开挖施工效率低，成本高。在机械与控爆组合法实施期间，机械掏槽时无法触发振速监测仪，振速应小于 0.1 cm/s；剩余部分起爆时爆破振速在 0.67～0.93 cm/s 之间，符合规范要求。

## 三、城市浅埋隧道数码电子雷管控制爆破开挖施工工法

通过一系列的减振开挖新技术实践中得出：采用数码电子雷管控制爆破开挖，可最大限度降低爆破施工对地表建筑物的影响，是一种新型地下工程降振爆破开挖技术。

### (一)工法特点

(1)数码电子雷管爆破最主要的特点为逐孔、微差、精确起爆，大大降低了爆破产生的振动效应，减少对周边建筑物的扰动。

使用传统的导爆管雷管施工，起爆网路设计受雷管规格、延期时间、段位等因素制约，最终施工方案往

往并不理想，主要是由于单段起爆药量过大，而影响到周边建筑物的安全。应用数码电子雷管，延期时间可在 0～16 000 ms 范围内以 1 毫秒间隔任意设置，不但爆破网路设计简单，施工方便，而且避免了因重段而引起的振速超标问题。

(2)数码电子雷管内部的电子控制器内嵌抗干扰隔离电路，可以将外界意外能量和雷管的点火头隔离开来，使得雷管具有很强的抗静电、抗射频、抗杂散电流等外来电的能力，避免了早爆、误爆的危险，降低了施工风险。

(3)数码电子雷管及其起爆系统具有网路检测功能，可以准确定位网路错误，方便施工人员进行错误排查，确保起爆前网路连接正常，保证每次起爆能顺利进行。

(4)数码电子雷管爆破提高了炸药能量的利用率，提高了炮眼的利用率，节省炸药，可提高施工效率和经济效益。

(二)适用范围

适用于隧道覆盖层厚度 20～30 m 段落，岩性为石灰岩、砂岩或泥岩夹砂岩，岩石强度在 30～70 MPa 之间，且地表或周边建筑物密集区段的爆破作业。

(三)工程实例

成渝客专双碑隧道下穿凉亭变电站，隧道距变电站开关场最小净距仅 21 m，地质岩性主要以灰岩为主，强度均超过 60 MPa，采用机械开挖效率极低。而采用爆破，按照《爆破安全规程》中相关要求，变电站主控设备爆破振速不应超过 0.5 cm/s，振速一旦超标，就可能造成变电站开关跳闸断电，直接影响数万居民正常用电，后果不堪设想。经反复论证及试验，决定采用数码电子雷管控爆法对此段落进行开挖。实践证明，在此段落利用数码电子雷管进行控爆开挖，最大爆破振速仅为 0.39 cm/s，符合规范要求。下穿段已安全通过，为成渝客专按期开通打下基础。

## 四、城市浅埋隧道数码电子雷管与导爆管毫秒雷管组合法控制爆破开挖施工工法

通过一系列的减振开挖新技术实践中得出：采用普通数码电子雷管与毫秒雷管组合法爆破开挖，既可发挥数码电子雷管降低爆破振速的优点，又可在一定程度上节约开挖成本，是一种新型地下工程降振爆破开挖技术。

(一)工法特点

(1)地表振速监测数据表明，传统爆破方式振速峰值出现在炸药相对集中区域，如掏槽、扩槽等区域。因此，在炸药集中区域采用数码电子雷管进行延时错峰起爆，可有效降低爆破对地表振动。

(2)数码电子雷管爆破最主要的特点为逐孔、微差、精确起爆，大大降低了爆破产生的振动效应，减少了对周边建(构)筑物的影响。

(3)利用延时 0 ms 的数码电子雷管将周边孔的毫秒雷管串联引爆，可达到数码电子雷管与导爆管毫秒雷管同时起爆的目的。

(4)数码电子雷管结合导爆管毫秒雷管同样可做到孔内延时起爆，光爆效果良好。

(5)使用组合法开挖，可减少数码电子雷管用量，在隧道特定埋深下可降低浅埋隧道开挖成本。

(二)适用范围

适用于隧道覆盖层厚度 30～40 m，岩性为砂岩或泥岩夹砂岩，岩石强度在 30～50 MPa 之间，地表或周边建筑物密集区段的爆破作业。

(三)经济效益

此工艺通过利用导爆管毫秒雷管与数码电子雷管串联工艺，实现掌子面同时精确起爆，颠覆了传统浅埋隧道分部爆破的开挖工法，大大节约了开挖循环用时，从而节约了人工、机械台班、风水电等间接费用。以成渝客专田家湾 1 号隧道为例，在采用常规分部法开挖时，隧道开挖进尺 1 m 需消耗 9.5 h，而采用组合法同时起爆，则只需耗时 4.5 h。

(四)工程实例

成渝客专新红岩隧道 DK297＋861～＋849、DK298＋267～＋289 最大覆盖层厚度 39.8 m，最小 29.5 m，地质岩性为砂岩或泥岩夹砂岩，岩石强度为 29.6～43 MPa，属中硬岩，地表建筑物多为修建于 20 世纪六七

十年代的矮旧居民区,年久失修,部分房屋在施工前就已出现不同程度的裂缝,根据《爆破安全规程》此段爆破振速控制在 1.2 cm/s 以内。在此类工况下,传统爆破已无法满足要求,爆破振速已超过 3 cm/s,已高于规定值。采用数码电子雷管与导爆管毫秒雷管组合法爆破开挖后,爆破振速控制在 0.43~0.98 cm/s,符合规定要求。

## 五、其他“四新”的应用及效果简介

### (一)仰拱移动模架

采用仰拱移动模架施工仰拱,效果主要有以下几方面:

(1)可有效控制安全步距。

(2)大大缩短每循环时间。

(3)提高施工质量。仰拱移动模架采用端头梁定位固定,整体模板,模架刚度好,有效避免了上述问题,使仰拱混凝土达到了内实外美的效果。

(4)为隧道快速掘进提供了保障。

(5)优化洞内施工组织和工序分区,利于标准化作业和安全文明施工。仰拱移动模架施工工艺只需保留一个仰拱作业面,减少了工序分区间的相互干扰,减小了掌子面与二衬之间的作业面数量和总长度,利于二衬及时跟进,保障了隧道施工安全;双车道栈桥保持了洞内开挖出渣作业的交通畅通,文明施工和标准化作业水平显著提高。

### (二)水沟电缆槽仰拱移动模架

水沟电缆槽移动模架的应用,可以提高隧道水沟电缆槽的施工效率,节约施工成本,减少施工过程中人为因素的不利影响,确保结构物实体质量和外观质量。

### (三)格栅钢架“8”字筋加工机械

成渝客专隧道Ⅲ级、Ⅳ级围岩初期支护钢架采用格栅钢架,格栅钢架由主筋、箍筋、“8”字筋组成。项目部自行设计“8”字筋制作,采用弯曲、顶压一体式操作平台进行加工生产的工艺方法,摆脱传统模型加工速度慢、成本高、费人工、费工时、工期不能保证的制作方法。

### (四)隧道混凝土湿喷机械台车

成渝客专 5 标隧道混凝土湿喷机械台车,采用澳大利亚生产的捷肯 MAXIJETE2 型湿喷机械台车,该台车性能优良,操作方便,施工效率高,回弹率低,职业健康危害小,主要体现在:

1. 喷射混凝土质量

(1)经工地试验室多次钻芯取样,喷射混凝土强度能达到 95%以上,完全符合相关设计及验收标准。

(2)采用湿喷机械台车喷射混凝土,表面平顺、密实,无裂缝、脱落、漏喷、空鼓及掉渣现象,平整度符合相关标准。

2. 工序时间及经济适用性

每次喷射作业只需配备 3 个人即可,一人操作遥控器,一人放料,一人做辅助工作,如调整速凝剂掺量、移动管线、堵管时参与清理等。与小隧道使用的小型湿喷机 TK600 型相比较,综合回弹率由 23.5%降低至 11%,单循环时间由 8~10 h 降低至 3 h,单循环用工由 8 个降低至 2~3 个,速凝剂掺量由 8%降低至 5%。

### (五)隧道防水板作业台车

隧道防水板作业台车的应用,最明显的效果是防水板铺设进度快,质量高,劳动强度低,铺设时人员安全风险低。

### (六)隧道仰拱摄像系统

隧道仰拱摄像系统主要采集仰拱基底围岩、积水、开挖标高、虚渣清理及模板安装、混凝土浇筑情况,通过信号传输至洞外控制室,便于施工管理及过程监督检查。

### (七)隧道门禁和视频监控系统

隧道视频监控系统,依托 TMIGS 隧道考勤定位系统,让施工人员佩戴人员识别卡,对进出隧道人员进行登记;通过视频监控可实时了解施工人员在隧道内的位置,非常方便隧道施工现场的人员管理和安全维护。

(1)系统能够及时、准确地将隧道内各个区域、各个掌子面附近的人员情况动态反映到管理中心，使管理人员能够随时掌握隧道内人员的总数及分布情况，以便于进行更加合理的调度管理。

(2)本系统独有的管理人员收发短消息功能极大地方便了隧道内外人员之间的沟通。

(3)系统具有强大的考勤能力，对每个人员的进出隧道时间都可以准确记录，并统计生成各种考勤报表，真正实现全自动化考勤，从而提高效率。

(4)隧道一旦发生安全事故，监控中心能在第一时间内了解被困人员的基本情况、地点，便于事故救助工作的开展，提高应急救援工作的效率。

# 第五章 轨道工程

正线无砟轨道 596.356 单线公里,有砟轨道 40.274 单线公里;站线无砟轨道 16.337 单线公里,有砟轨道 27.898 单线公里;成渝客专反发联络线、成贵成渝联络上下行线有砟轨道 9.562 单线公里。

## 第一节 有砟轨道道床施工

重庆枢纽沙坪坝与莱园坝车站范围内铺设混凝土宽轨枕轨道结构;联络线有砟轨道无缝线路;梨莱线还建工程还建铺设有砟轨道有缝线路;黄莱线的还建工程还建铺设有砟轨道的无缝线路;共 6.64 km,铺设面砟 18 155.98 $m^3$,底砟 5 268.3 $m^3$,有砟轨道及站线铺轨采用换铺法施工。

有砟轨道无缝线路铺设施工工序为:施工准备→摊铺底层道床→铺轨机铺设 25 m 轨排→换铺长轨条→单元轨焊接→分层上砟整道→应力放散→锁定焊接→锁定线路。

### 一、施工准备

对施工设计文件和施工资料进行会审,并据以编制实施性施工组织设计,指导施工。

复核线下施工单位移交的线下工程竣工资料,并据此对其路基面、中线桩和所铺底砟等进行现场复测,检查验收。

根据核准的施工文件及资料,编制轨节铺设计划表,提出铺轨轨料计划,并按施工组织设计要求下达施工计划,下达铺轨作业指导书并对工人进行技术交底,落实铺轨施工所需的人员、工具、机械设备,并调迁到位。

道砟摊铺:采用自卸汽车将道砟运送到工后沉降达到设计要求的路基上,人工配合机械分层碾压整平。道床摊铺压实后,应对其进行质量检测,判断是否达到质量标准。检测内容主要包括:砟面外形:铺设完成的砟面其纵横坡度、宽度、厚度及中间凹槽等外形方面均需达到规定要求。平整度:用 3 m 靠尺检查砟面平整度,宽枕地段误差不大于 10 mm,其他地段不大于 20 mm。密度:宽枕位置处不低于 1.7 g/$cm^3$,其余地段不低于 1.6 g/$cm^3$。

### 二、人工铺轨

施工准备:按照设计文件和施工规范进行配轨计算。对在铺砟施工中损坏的中桩进行恢复;钢轨、轨枕进行几何尺寸检查,作好标记配对。

用平板车从存料地点将钢轨及枕木、配件运至铺设地点,再用人工抬运,按配轨计算数量均匀散布。

混凝土轨枕锚固:准备工作完成后进行混凝土轨枕锚固。

混凝土轨枕锚固在铺架基地进行,按照图 4-5-1 轨枕锚固工艺流程图进行混凝土轨枕锚固。

人工铺轨:按设计轨枕用量,在每节钢轨上划出轨枕中心位置,调整摆放好已锚固合格轨枕,用撬棍将钢轨撬入轨枕承轨槽内,依次放正轨枕。

上扣件拧紧,连接好钢轨连接夹板,而后进行补砟整道。

在钢轨轨腰内侧(曲线在外轨轨腰的内侧)用白油漆标示轨枕位置,按标示准确位置散布轨枕,并与轨道中线垂直。

钢轨及轨枕铺设地段长度、类型按设计和规范要求及配轨计算结果进行。预留轨缝采用钢塞片填隙,预留轨缝宽度按铺轨时的轨温计算。

钢轨接头位置应符合规范要求,个别短轨的铺设长度、位置以及轨距加宽值要按规范设置。

人工铺轨施工流程如图 4-5-2 所示。

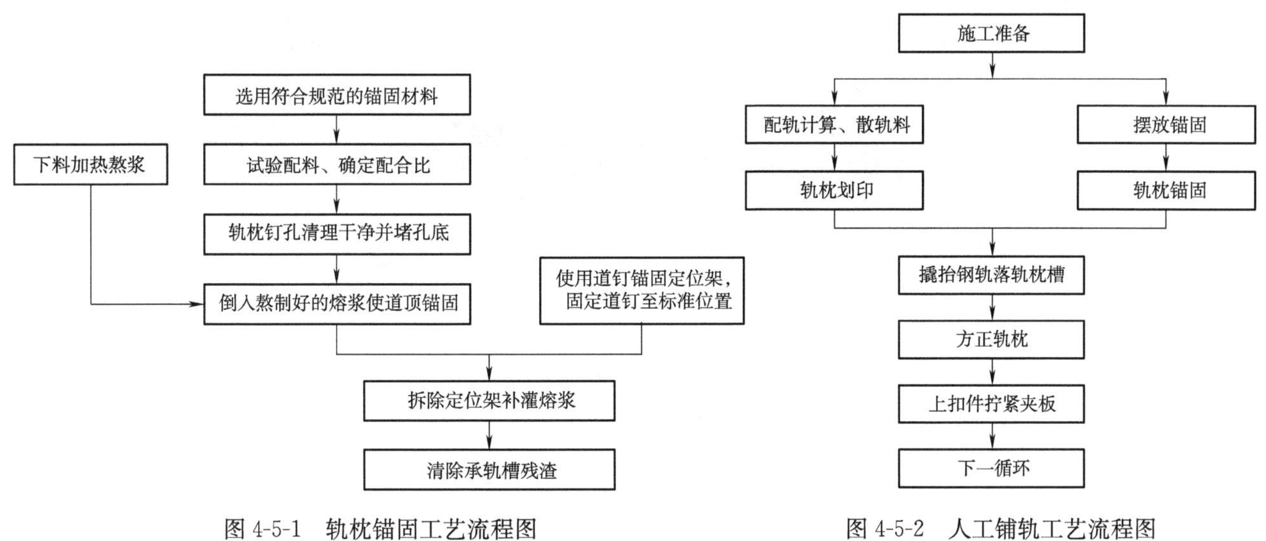


图 4-5-1 轨枕锚固工艺流程图　　图 4-5-2 人工铺轨工艺流程图

**三、分层上砟整道**

施工机具设备包括：K13 风动卸砟车、SPZ-200 型配砟整形车、09-32 自动起拨道捣固车、WD-320 型动力稳定车及小型捣固机具。

线路上砟整道分四至五次完成。

第一次上砟整道：K13 风动卸砟车卸砟，上砟量为总上砟量的 40%，人工配合与小型捣固机具整道，起道量为 80～100 mm，目标是消除反超高、空吊板、三角坑等影响行车安全的隐患，保障工程列车行车安全，同时保证枕底有一定厚度的道砟，为大型养路机械施工提供条件。

第二次上砟整道：上砟量为总上砟量的 40%，大型养路机械整道，起道量为 60～80 mm 左右，使线路初步平顺，初步稳定线路。

第三次上砟整道：上砟量为总上砟量的 10%，起道量为 60～80 mm 左右，大型养路机械整道，目标是使轨道进一步抬高，曲线地段外股超高基本成形，线路基本平顺，道床基本稳定。

第四次上砟整道：上砟量为总上砟量的 10%，起道量为 30～50 mm 左右，大型养路机械整道，目标是使轨面达到设计标高，线路平顺，道床稳定，使轨道几何尺寸和道床参数满足线路锁定的要求。

第五次精细整道：上砟整道在线路锁定之后进行，为线路的最后一次上砟整道，属精细整道，起道量 20 mm 左右，目标是消除线路局部的小量不平顺，使线路完全达到设计文件和验收规范的要求，直线平直、曲线圆顺。

## 第二节 无砟轨道施工

本线正线无砟轨道结构形式为 CRTSⅠ型双块式无砟轨道。

**一、设计概况**

CRTSⅠ型双块式无砟轨道自上而下依次由：钢轨、扣件、轨枕、道床板和支撑层构成，如图 4-5-3 所示。

1. 路基上 CRTSⅠ型双块式无砟轨道

(1)结构组成

路基上 CRTSⅠ型双块式无砟轨道主要由钢轨、扣件、双块式轨枕、道床板、支承层、端梁等部分组成。图 4-5-4 和图 4-5-5 为相关设计简图。

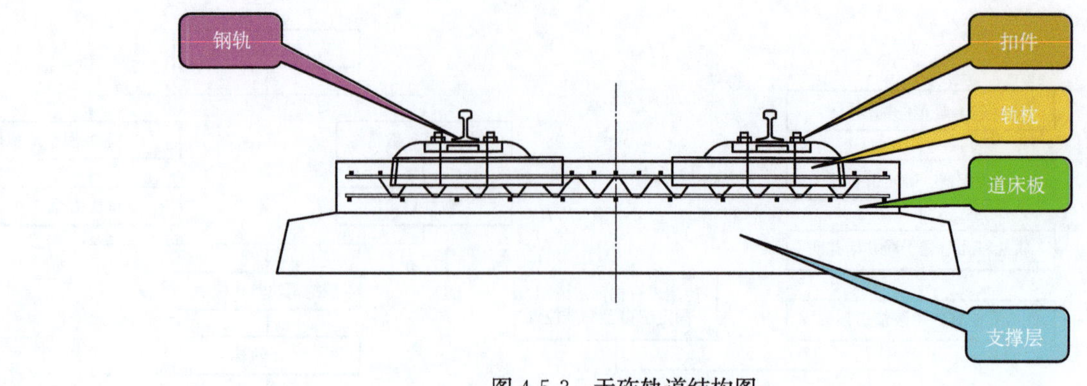


图 4-5-3　无砟轨道结构图

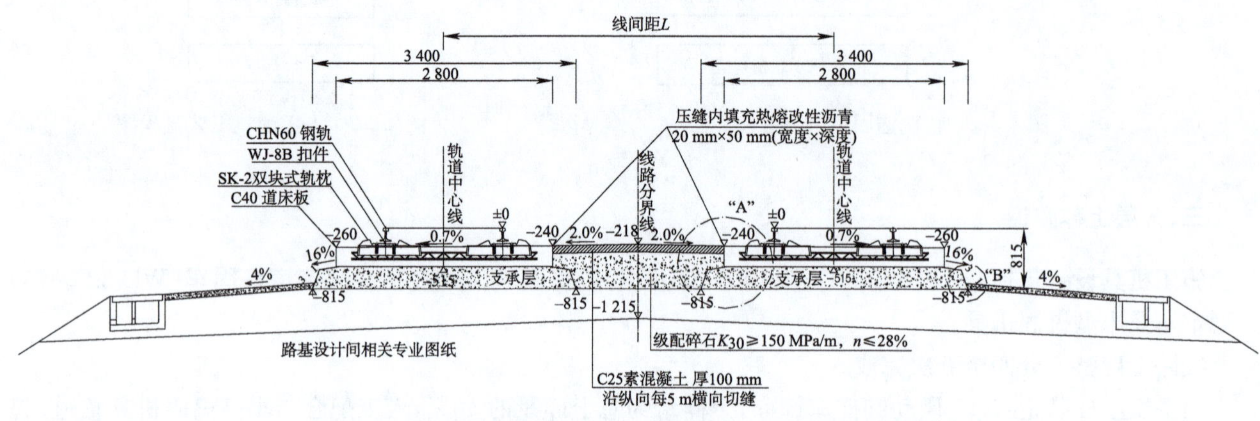


图 4-5-4　直线路基地段 CRTSⅠ型双块式无砟轨道设计横断面

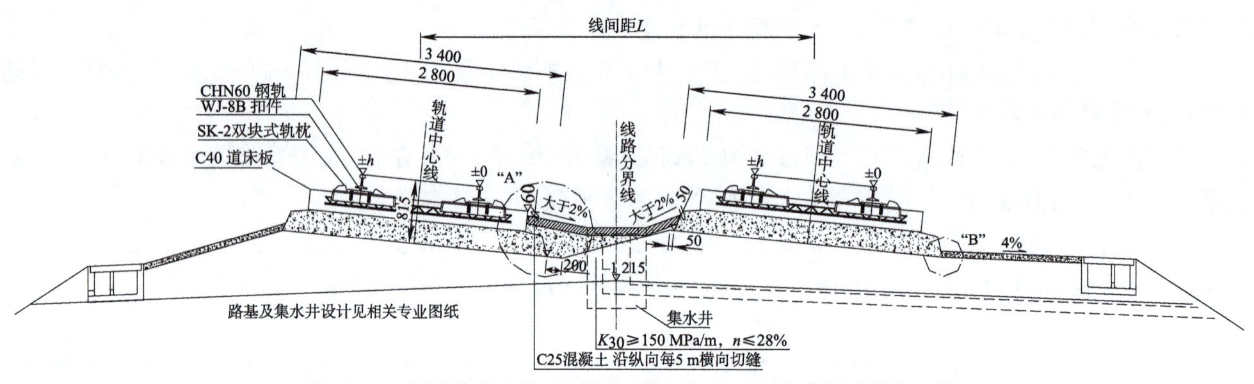


图 4-5-5　曲线路基地段 CRTSⅠ型双块式无砟轨道设计横断面图

(2)技术要求

1)轨道结构高度(内轨轨顶面至支承层底面)为 815 mm,曲线超高在基床表层上设置。

2)道床板为纵向连续的混凝土结构,在支承层上构筑。道床板宽度为 2 800 mm,厚度为 260 mm。道床板纵横向钢筋及纵向钢筋间根据综合接地和轨道电路绝缘要求设置焊接接头和绝缘卡。

3)支承层顶面宽度为 3 200 mm,底面宽度为 3 400 mm,厚度为 300 mm,沿线路纵向,每隔不大于 5.2 m 设一横向伸缩假缝,缝深不小于 105 mm,伸缩缝位置在两轨枕的正中间,误差不超过 30 mm,道床板宽度范围内的支承层表面进行拉毛处理。

4)路桥、路隧过渡段在路基地段连续道床板两端设置端梁,30～100 m 长路基两端各设一个端梁,超过 100 m 长的路基两端各设两个端梁,端梁与道床板浇筑为一个整体,混凝土强度等级为 C40,端梁宽度为 3.4 m,端梁结构在路基基床表层内的埋置深度为 1 m,端梁内钢筋笼与道床板底层钢筋绝缘绑扎固定,钢筋保护层厚度为 50 mm。

路基起终点至端梁后 20 m 范围内道床板下设置钢筋混凝土底座,底座与道床板间通过预埋“Z”形钢筋进行连接。底座宽度为 3 400 mm,厚度为 300 mm,混凝土强度等级为 C25。

在路基地段连续道床板端部与桥梁或隧道地段无砟轨道间设置 20 mm 的预留缝,预留缝处采用 20 mm

的挤塑聚苯烯发泡材料板填充，并在表面 30 mm 范围内采用聚氨酯填充。

5)线间排水。直线地段道床板上表面向轨道外侧设 0.7%的排水坡，两线之间设细石纤维混凝土封层，其上设 2%的人字坡，将水排到线路两侧的排水设施内。C25 混凝土封层与道床板间采用聚氨酯进行封层处理。

曲线地段在两线之间每隔约 50 m 设置一集水井，线间水汇集到集水井后，沿排水管排到线路两侧的排水设施内。

2. 桥梁地段 CRTSⅠ型双块式无砟轨道

(1)结构组成

桥梁地段 CRTSⅠ型双块式无砟轨道主要由钢轨、扣件、双块式轨枕、道床板、隔离层、底座及凹槽周围弹性垫层等部分组成，如图 4-5-6 和图 4-5-7 所示。

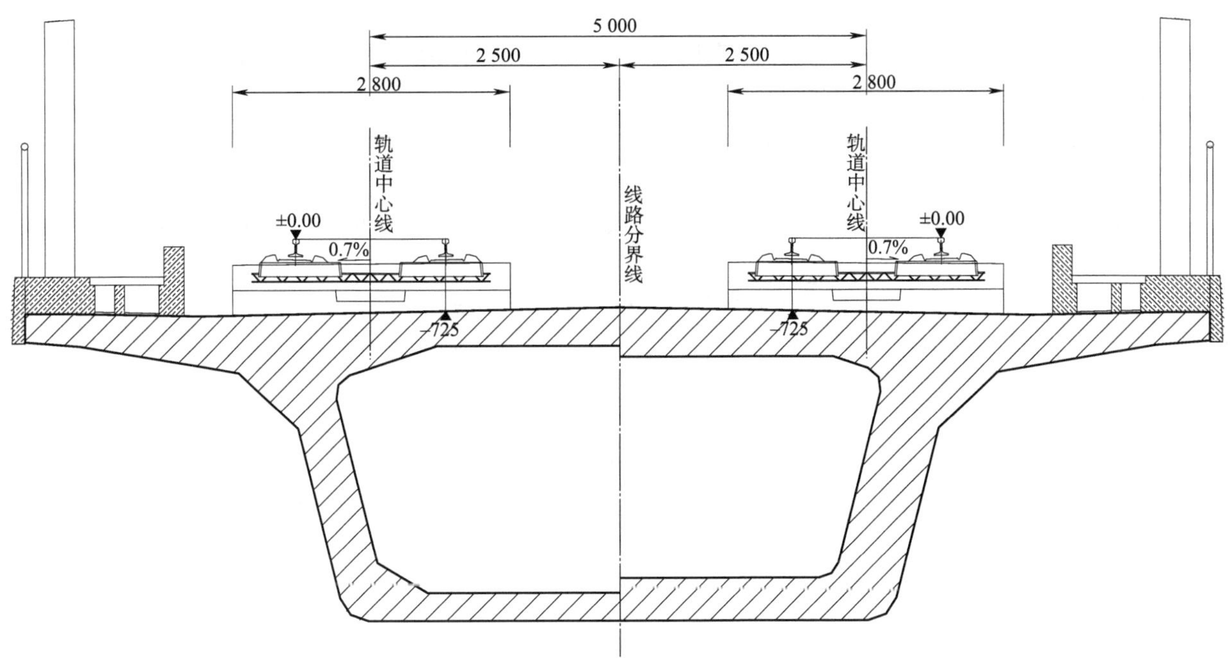


图 4-5-6　直线桥梁地段 CRTSⅠ型双块式无砟轨道设计横断面图

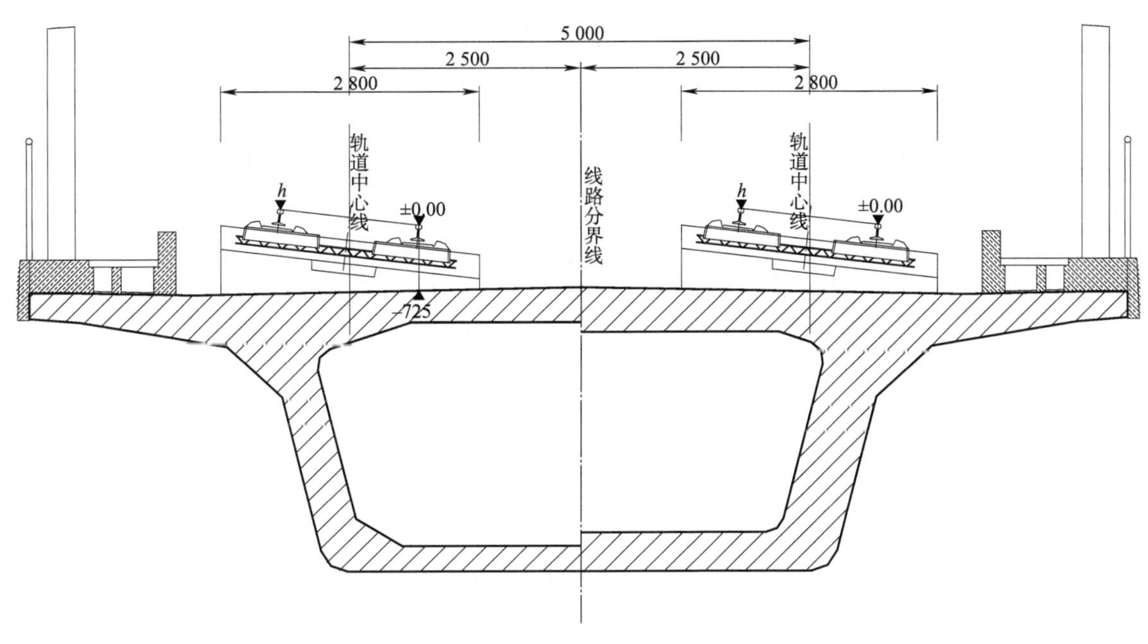


图 4-5-7　曲线桥梁地段 CRTSⅠ型双块式无砟轨道设计横断面图

(2)技术要求

1)轨道结构高度为 725 mm(内轨轨顶面至混凝土底座底面),曲线超高在无砟轨道底座上设置。

2)道床板、底座沿线路纵向在梁面上分块构筑,分块长度为 5.0~7.0 m 范围,相邻道床板及底座的间隔缝为 100 mm。道床板宽度为 2 800 mm,厚度为 260 mm。底座宽度为 2 800 mm,直线地段靠近线路中心线侧轨下厚度为 210 mm。

3)道床板及底座采用 C40 混凝土现场浇筑,道床板顶面设置 0.7%的横向排水坡。道床板纵横向钢筋及纵向钢筋间根据综合接地和轨道电路绝缘要求设置焊接接头和绝缘卡。桥上每块道床板沿线路方向设置两个凸形限位挡台,限位挡台在高度方向呈四棱台形,倾角为 1∶10,上下面的尺寸分别为 1 022 mm×700 mm、1 000 m×678 mm,高为 110 mm。

4)底座顶面设置隔离层,隔离层采用 4 mm 厚的聚丙烯土工布。对应每块道床板,底座设置限位凹槽,凹槽形式尺寸与道床板的限位挡台相匹配,凹槽侧面设弹性垫层和挤塑板。

5)底座通过梁体预埋筋与桥梁连接,轨道中心线 2.6 m 范围内,梁面应进行拉毛处理。底座范围内,梁面不设防水层和保护层,桥面排水系统按桥梁专业施作。

3. 隧道地段 CRTSⅠ型双块式无砟轨道

(1)结构组成

主要由钢轨、扣件、双块式轨枕、道床板等部分组成。图 4-5-8 和图 4-5-9 为相关设计简图。

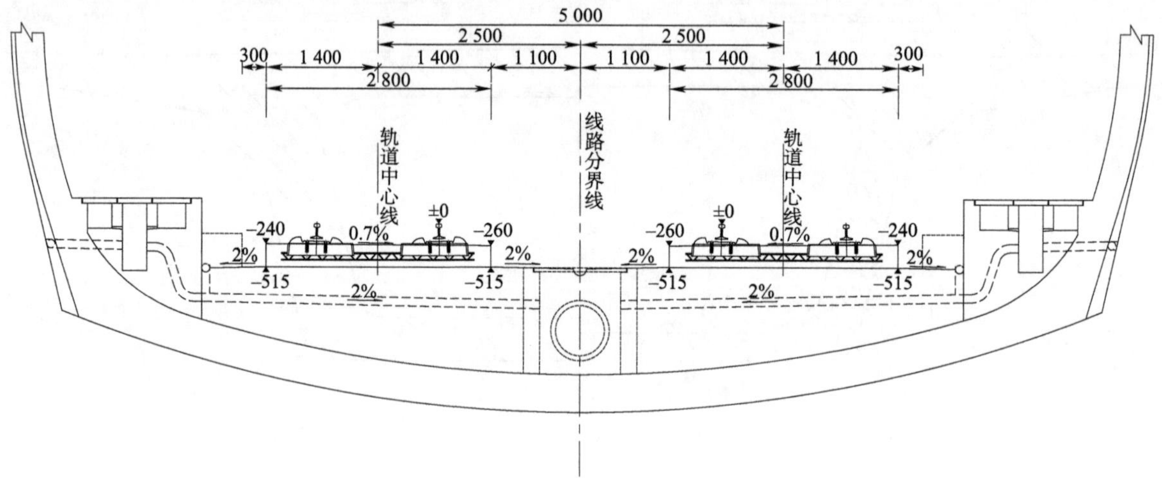


图 4-5-8 隧道地段 CRTSⅠ型双块式无砟轨道(双线直线地段)

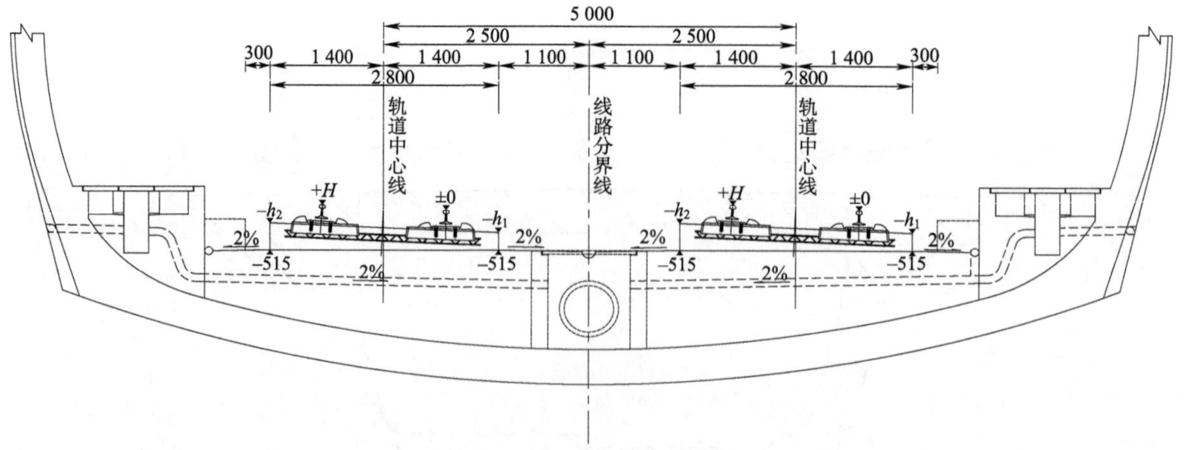


图 4-5-9 隧道地段 CRTSⅠ型双块式无砟轨道(双线曲线地段)

(2)技术要求

1)隧道内轨道结构高度为 515 mm(内轨轨顶面至道床板底面),曲线超高在无砟轨道道床板上设置。

2)道床板为纵向连续的混凝土结构，直接在隧道仰拱回填层(有仰拱隧道)或底板(无仰拱隧道)上构筑。道床板宽度为 2 800 mm，厚度为 260 mm，在其宽度范围内，仰拱回填层或底板表面应进行拉毛处理。道床板纵横向钢筋及纵向钢筋间根据综合接地和轨道电路绝缘要求设置焊接接头和绝缘卡。

4. 绝缘处理措施

根据无绝缘轨道电路的相关要求，无砟轨道需要进行绝缘处理：

(1)扣件系统的绝缘性能需要满足相关的技术要求。

(2)道床板内采用绝缘夹绝缘处理。

(3)底座板工程的绝缘性能应满足无绝缘轨道电路的相关要求及规定。正线底座钢筋按不进行绝缘处理措施设计，岔区底座钢筋按绝缘设计。

5. 综合接地设计

(1)道床板内设置纵向接地钢筋，并焊接接地端子，构成板内接地系统。

(2)无砟轨道纵向原则上按照每 100 m 连接成一个接地段，各接地段中部通过板内预埋的接地端子与贯通地线连接。

(3)两个接地段之间电气互不连通。

## 二、施工程序与工艺流程

1. 施工程序

第一步：对工后沉降和梁体收缩徐变情况进行评估，满足设计要求时，可进行无砟轨道施工。

第二步：复测 CPⅠ、CPⅡ控制点并布设测量加密桩控制点，布设测量 CPⅢ控制网，并进行控制网分段测量、评估。

第三步：路基支撑层及桥梁底座施工。

第四步：组装轨排框架。

第五步：道床板混凝土施工。

2. 工艺流程

CRTSⅠ型双块式无砟轨道轨排框架法施工工艺流程如图 4-5-10 所示。

## 三、施工要求

1. 施工准备

(1)原材料进场检验与存放

1)无砟轨道原材料及轨道部件进场时提供质量证明文件，按有关要求进行抽检，合格后使用。

2)所有原材料及轨道部件进场后分类、标识存放，存放场地及措施满足有关技术条件和现场施工要求。

(2)线下工程验收

线下主体工程全部完工，验收合格后进行无砟轨道施工。

(3)机械设备和模具的检查验收

无砟轨道施工前，所有进场机械设备经相关部门检验合格，施工所用模具进场验收合格，进场数量满足施工需要。

2. 路基支承层及端梁施工

(1)配合比设计

在经过验收的混凝土搅拌站内进行搅拌；搅拌均匀，通过试拌证实配合比设计可行；在配料或铺筑过程中，达到最佳含水率。

(2)搅拌工艺

混凝土充分搅拌，使混凝土的各种材料混合均匀。投料顺序：混凝土原材料计量后，先向搅拌机投入细骨料、水泥和粉煤灰，搅拌均匀后，加水并将其搅拌成砂浆，再向搅拌机投入粗骨料，充分搅拌至均匀，搅拌时间不少于 120 s。

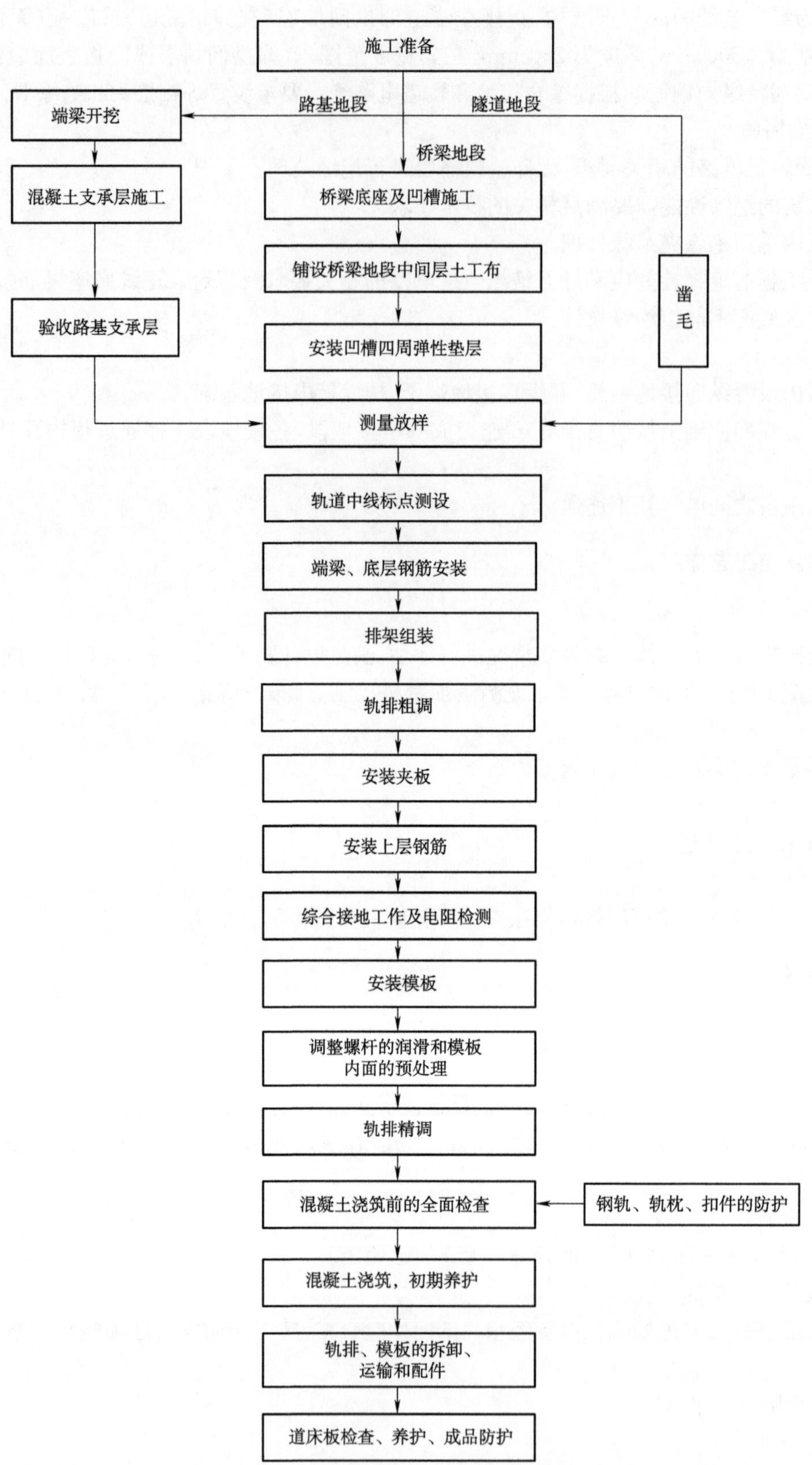


图 4-5-10　无砟轨道轨排框架法施工工艺流程图

(3)混凝土运输

混凝土由运输汽车从搅拌站内运输到施工现场,在运输过程中为防止水分蒸发,覆盖防水油布。

(4)支承层施工

采用模筑法施工,支承层施工前对路基进行验收,表层平整度为 20 mm/4 m,高程允许偏差为±20 mm。

1)施工前通过 CPⅢ控制网测设出两侧模板边线，根据放样出的边线，支立两侧模板，再次测量复核模板位置和高程。待模板安装完成后在模板内侧做好支承层标高控制标记，以保证支承层的顶面标高符合设计要求。

2)支承层采用的混凝土运输至工地，到达现场后应先做试验，其数据符合要求后才能进行施工。

3)施工过程中要划分作业范围确保捣固到位，路基支承层成形后在初凝前对其两侧边缘各 304 mm 的区域应进行收面处理，其余表面均要进行拉毛处理，如图 4-5-11 所示。

图 4-5-11 支承层两侧各 304 mm 区域收面处理

4)支承层应连续施工，确因外界因素影响而中断时，设施工缝。施工缝处设端模，留直茬，对接缝表面进行凿毛，并保持湿润，以保证新老混凝土能更好的黏结。

5)支承层混凝土达到初凝状态后，复测支承层的各项几何尺寸。

6)模筑法施工采用专业钢模板，人工安装加固牢靠，采用振捣器捣固，振捣梁提浆找平，人工拉毛。

(5)端梁施工

1)测量放线

施工前，根据线下工程单位提供的测量数据由测量人员将端梁位置放样出来，用白石灰标示在基床表面，以便于基坑的开挖。

2)端刺开挖

根据开挖边线下挖，特别注意曲线处，要与支承层倾斜角度保持一致，全站仪进行检查。基础采用人工配合机械进行开挖。开挖至设计标高以上 20 cm，剩余部分采用人工挖除，以保证底部原填筑土不被扰动破坏。

3)端刺施工

基础开挖至设计标高以下 10 cm，之后在端梁底施工 10 cm 厚的 C20 混凝土垫层，垫层混凝土达到一定强度后在其上绑扎端梁基础钢筋，端梁内钢筋笼与道床板底层钢筋绝缘绑扎固定，钢筋保护层厚度为 50 mm。

端梁与道床板一同浇筑，混凝土浇筑时应分层振捣密实，每层厚度约为 30～40 cm，在浇筑前洒水润湿，确保混凝土施工质量。

3. 桥梁底座施工

(1)梁面处理

桥上底座施工前对桥面进行验收，桥面满足铺设无砟轨道的要求。其顶面平整，高程允许偏差为±10 mm，梁面进行凿毛，以保证混凝土连接质量；整个梁面处理完成后再次用高压水冲洗。

(2)测量放线

梁面清洁后，按设计底座位置在梁面上放出底座边线和底座凹槽位置，并弹墨线进行标识。按设计要求在梁面上放线定位出纵横向钢筋的位置。

(3)连接钢筋安装

桥面验收合格后，将梁面预埋“Z”形钢筋还原。如有损坏的，进行植筋处理，植筋满足规范及设计要求。

(4)底座钢筋加工与安装

1)钢筋加工

钢筋网片工厂加工送至工地,其余钢筋采用集中加工,平板车运输。钢筋加工精度满足规范要求。运送过程中钢筋保持平直,不允许扭曲或扭弯。钢筋运输时没有严重的锈蚀和油污及其他杂质的污染。

2)钢筋安装

将加工好的钢筋运输到施工现场,按规格、型号分类堆码在指定位置。根据放样位置将钢筋铺安放在画线处进行现场绑扎,钢筋绑扎完成后在钢筋网下安装混凝土垫块。在具备整体运输、吊装条件的段落,可采取集中绑扎钢筋网架,整体吊装安放就位的方式,减少现场施工干扰。整体吊装过程中,采用专用吊具,防止钢筋网架变形。

钢筋网架底部设C40混凝土保护层垫块,垫块厚度3.5 cm,每平方米不少于4块;钢筋网架采用绑扎、焊接满足相关技术要求,如图4-5-12所示。底座钢筋允许偏差见表4-5-1。

图4-5-12　桥梁底座钢筋绑扎

**表4-5-1　底座钢筋允许偏差**

| 序号 | 检验项目 | 标准要求 | 检验方法 |
|---|---|---|---|
| 1 | 钢筋间距 | ±20 mm | 观察、尺量 |
| 2 | 保护层厚度 | +10 mm,−5 mm | 观察、尺量 |

(5)底座混凝土模板安装

底座混凝土应采用钢模板,其刚度、平整度需满足保证结构尺寸的要求,底座凹槽钢模板需按设计尺寸定制,且要方便安装和拆卸。

钢筋经监理检查验收合格后,按照放线位置安装纵、横向模板和凹槽模板,安装后要进行加固,防止混凝土施工过程中模板变形和移位,凹槽模板安装需重点控制,严格按设计位置安装,并采取措施防止其上浮。

(6)底座混凝土

底座混凝土由拌和站集中拌制,采用泵送法或混凝土罐车直接抵达浇筑点分段进行浇筑混凝土施工。采用插入式振动棒进行振捣,振动梁进行收面,按照设计标高控制混凝土抹面高度。振捣过程中,防止对钢筋和模板的撞击。

混凝土连续均匀浇筑,混凝土接近初凝时进行抹面。施工后的混凝土保护层表面达到平整度为10 mm/3 m的要求,待保护层达到设计强度的75%以后进行下一步的施工作业。

混凝土浇筑完成后,采取保水养护措施,避免失水太快。自然养护时,桥面采用土工布覆盖,并在其上覆盖厚塑料布,洒水次数能保持表面充分潮湿。

(7)铺设隔离层及凹槽内弹性垫板安装

铺设隔离层前对底座混凝土进行检查验收,包括底座混凝土结构尺寸、凹槽位置、结构尺寸等,验收合格后,进行隔离层铺设。对不符合验收标准要求的部位进行处理,直至合格。底座混凝土顶面和凹槽面的高程允许偏差值为±10 mm。

1)隔离层土工布铺设

隔离层采用 4 mm 的聚丙烯土工布。按照图纸设计要求,土工布设计 2 800 mm 宽。根据底座尺寸进行切割,每边预留 50 mm 富余量,保证土工布铺上后满足要求;根据限位凹槽位置,在土工布上做出标记,按标记进行切割完成后,将土工布铺设于设计位置,并在边缘进行粘贴固定。根据限位凹槽底面尺寸切割土工布铺设于凹槽底部。土工布接缝应与轨道方向垂直,采用对接方式并用胶带粘贴。土工布铺设完成后应表面平整,无折皱、重叠等现象。

2)凹槽弹性垫板安装

根据验收合格后的凹槽尺寸,按设计要求,截取合格的弹性缓冲垫层和泡沫板,安装于凹槽内,并用胶带纸封闭所有间隙,凹槽周围的弹性垫板和泡沫板黏接,保证密贴,防止鼓起。弹性缓冲垫层和泡沫板满足相关技术条件要求,见表 4-5-2。

**表 4-5-2 底座混凝土及凹槽外形尺寸允许偏差表**

| 序号 | 检验项目 | 标准要求 | 检验方法 |
|---|---|---|---|
| 底座混凝土 | | | |
| 1 | 顶面高程 | ±10 mm | 水准仪 |
| 2 | 宽度 | ±10 mm | 尺量 |
| 3 | 中线位置 | 3 mm | 全站仪 |
| 4 | 平整度 | 10 mm/3 m | 尺量 |
| 凹槽 | | | |
| 1 | 中线位置 | 3 mm | 全站仪 |
| 2 | 两凹槽中心间距 | ±3 mm | 尺量 |
| 3 | 横向宽度 | ±5 mm | 尺量 |
| 4 | 纵向宽度 | ±5 mm | 尺量 |
| 5 | 凹槽底面高程 | ±10 mm | 水准仪 |

4. 测量定位

根据设计线路资料,用全站仪每隔 5 m 放出线路中线,并做好明显标记,同时利用几何关系用墨线弹出中线、两侧轨枕边线、模板边线,进入下道工序。

5. 轨枕装卸、运输与储存

轨枕在厂内装车前组织质检人员进行验收,验收的项目包括轨枕外观质量和尺寸检查,尺寸检查采用抽检的方式,使用专用检具检验,检验合格后装车。轨枕按 4 层一跺,每层 5 根的方式用平板汽车运送到施工现场。轨枕装卸时采用汽车吊,吊装过程中使用简易吊架,一次吊装一层,每层 5 根,防止轨枕在吊装过程中发生变形。在轨枕和地面、轨枕和轨枕之间放置 10 cm×10 cm 垫木,放置位置在轨枕承轨槽中部,存放轨枕位置必平整。运输过程中,采用柔性绳索对轨枕进行捆绑,捆绑位置在两侧承轨槽内,严禁在轨枕中部的桁架上进行捆绑。其存放位置选择在路基支承层外侧路肩上(桥梁电缆槽上),轨枕放置高度以不影响 CPⅢ点测量为原则,不超过三层。轨枕运输、存放如图 4-5-13 和图 4-5-14 所示。轨枕外观质量要求见表 4-5-3。

图 4-5-13 轨枕运输

图 4-5-14 轨枕存放

在轨枕运输过程中注意:吊卸过程中严禁碰撞轨枕;吊卸前必检查吊具,防止货物坠落;维持物流道路的通畅;运输通道必满足重型货物的运输要求。

**表 4-5-3 轨枕外观质量要求**

| 序号 | 检查项目 | 检验标准及允许偏差 |
|---|---|---|
| 1 | 预埋套管内 | 不允许堵塞 |
| 2 | 承轨台表面 | 不允许有长度>10 mm、深度>2 mm 的气孔、粘皮、麻面等缺陷 |
| 3 | 挡肩宽度范围内的表面 | 不允许有长度>10 mm、深度>2 mm 缺陷 |
| 4 | 其他部位表面 | 不允许有长度>50 mm、深度>5 mm 的气孔、粘皮、麻面等缺陷 |
| 5 | 表面裂纹 | 不得有肉眼可见裂纹 |
| 6 | 周边棱角破损长度 | ≤50 mm |

6. 道床板钢筋加工与绑扎

(1)钢筋加工

同底座钢筋加工。

(2)铺设纵向底层钢筋

路基段落在支承层上按设计图纸、钢筋规格型号、规定间距铺设道床板底层钢筋。

桥梁地段土工布及限位凹槽四周弹性垫板铺设完成,经质量检查验收合格后,根据道床板钢筋布置图在土工布上画出道床板底层钢筋网边线及钢筋位置控制点。根据钢筋网边线及控制点绑扎道床板底层钢筋和限位凹台钢筋。

布置钢筋时应注意钢筋在纵向搭接时搭接长度的要求,每根钢筋搭接长度不小于 700 mm,两根相对钢筋搭接距离不小于 1 000 mm,钢筋搭接要用绝缘卡进行逐点连接绝缘。

7. 排架组装及道床板施工

(1)排架简介

轨道排架由工厂制造,其主要部件有:托梁、工具轨、定位夹板、楔形夹板、调整夹板、双块式轨枕定位标、中心标、螺柱支腿和轨向锁定器等。螺柱支腿进行轨道排架的高低、水平的调整;轨向锁定器进行轨道排架的横向调整和固定。轨道排架为道床施工关键机具,排架的轨距、轨向、轨面平直度、轨排方正度、挂篮外缘间距、挂篮底面与钢轨底部的密贴状况、线间距等关键尺寸必须符合设计技术要求。在施工前还要特别检查轨排两侧轨向锁定器调整范围及灵活程度,支腿螺杆调整范围,支腿套筒在施工中的变形程度等。排架对上述指标检验后作出状态标识。对于未达到精度要求的机具,坚决不投入使用。排架布设示意如图 4-5-15 所示。轨枕专用吊具如图 4-5-16 所示。轨道排架的具体检验项目及标准见表 4-5-4。

图 4-5-15 排架布设示意图

图 4-5-16 轨枕的专用吊具

**表 4-5-4　轨道排架法技术标准**

| 序号 | 验收项目 | 允许偏差值 |
|---|---|---|
| 1 | 轨道排架间距 | (1 435±0.5)mm、顺坡率<0.3% |
| 2 | 轨底坡坡度 | 1∶(40±2) |
| 3 | 排架长度 | $L$±1 mm、方正度<1 mm |
| 4 | 相邻轨枕定位间距 | ±5 mm |
| 5 | 钢轨直线度及平面度 | <0.5 mm/m，钢轨高度偏差<0.3 mm |
| 6 | 接头钢轨错牙 | ≤1 mm |
| 7 | 中心标必须以两钢轨对称偏差 | <0.2 mm |

(2)排架组装

按轨枕布置图组装轨排，并按顺序铺设。

1)吊装，将待用轨枕使用龙门吊和轨枕吊具吊放在轨排组装平台上，每次起吊 5 根轨枕，吊装时需低速起吊、运行。

2)匀枕，按照分枕平台上轨枕块的定位线匀枕，并对轨枕表面进行清理。

3)检查调整轨枕块位置，并弹线将一侧的螺栓孔布成一条线，偏差小于 1 mm。门吊吊起。

4)使用轨排吊具吊装轨道排架，人工配合龙门吊，将空排架移动至组装平台上方，排架扣件螺栓孔位置与轨枕上螺栓孔位置对齐后，平稳、缓慢地将排架放置于轨枕上，如图 4-5-17 和图 4-5-18 所示。

图 4-5-17　吊装排架及排架扣件螺栓孔对位

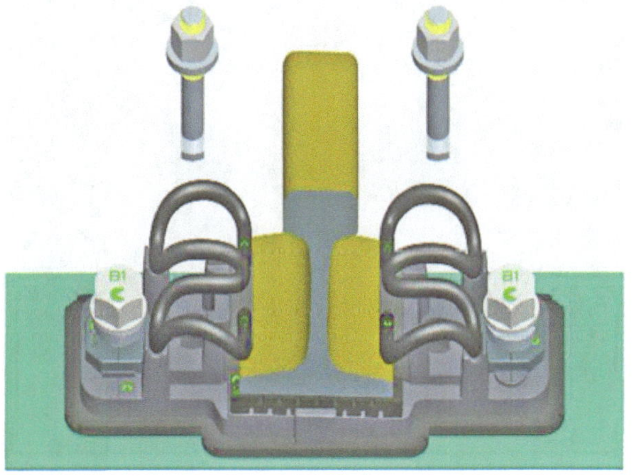

图 4-5-18　轨枕扣件安装

5)复查轨枕间距并上紧扣件。扣件安装应注意：

①安装前检查螺栓孔内是否有杂物，螺栓螺纹上是否有砂粒等，并在螺栓螺纹上涂抹专用油脂。

②将螺栓旋入螺栓孔内,用手试拧螺栓,看是否能顺利旋进,若出现卡住现象,则调整后重新对准、旋入。

③使用专用扳手按照160 N·m左右扭矩要求上紧螺栓,扣件与轨枕顶、钢轨底必须密贴,弹条前端三点要与轨距块密贴(双控措施),如图4-5-17所示。

6)对轨排螺栓安装质量及轨枕间距进行检查。合格后龙门吊吊起组装好的轨排运至预定地点进行定位铺设。

(3)轨排就位

利用龙门吊吊起组装好的轨排运至预定地点,人工配合龙门吊按照轨排位置依次布设(图4-5-19和图4-5-20),根据测设的底板轨道中心点位、辅助弹线,使轨排架准确就位,误差控制在高程−10~0 mm、中线±10 mm。充分利用相邻的两轨排轨枕间距允许误差范围调整轨缝。

图4-5-19 轨排就位

图4-5-20 轨排中线及高程调整

(4)轨排粗调及安装鱼尾板

配备全站仪和测量手簿,采用自由设站法定位,设站时应至少观测附近6个CPⅢ点。采用手簿及道尺提供的轨排状态数据进行调整作业。

使用轨道排架横向、竖向调整机构完成轨排的粗调工作,按照先中线后水平的顺序循环进行,如图4-5-21和图4-5-22所示。粗调后的轨道位置误差控制在高程−5~0 mm,中线5 mm。

图4-5-21 相邻轨排处轨头夹板安装

图4-5-22 相邻轨排处及轨枕间距检查

中线和轨顶标高具体操作如下:根据测量组在防护墙壁标注放样高程及支距,先粗调排架几何中心至线路中线,误差控制在5 mm之内;再根据防护墙壁上用墨线画出的轨面线,按照内轨顶面标高对轨排进行粗调定位；然后锁定内侧排架横向调节器，调节定位后，每接头按 1→3→2→4 顺序拧紧 4 套螺栓，完成竖向和横向支撑螺杆的固定。其中轨距 1 435 mm 为定值不可调，高低、水平竖向螺杆调整，高低差可调＋100～－50 mm。轨向左右差可调±45 mm。轨排架粗调后，拧紧排面与调节器螺栓。

轨排粗调应先对偏差较大处进行调整。当轨排横向偏差较大时，粗调应分多次调整到位，避免在钢轨横向出现硬弯。

粗调完成后，相邻排架用鱼尾板进行连接，接头螺栓按 1→3→4→2 顺序拧紧。轨缝控制在 10～30 mm。钢轨接头处平顺，不得有错牙及错台。

(5)上层钢筋安装、接地焊接及电阻测试

1)上层钢筋安装

轨道粗调工序完成后，按设计要求进行道床板上层纵横向及接地钢筋安装。对纵向钢筋与横向钢筋及轨枕桁架上层钢筋交叉处以及上、下层纵横向钢筋搭接范围的搭接点按设计要求设置绝缘卡，用绝缘尼龙自锁带绑扎；绑扎过程中不得扰动粗调过的轨排。

现以 6 400 mm 道床板为例，介绍上层钢筋绑扎施工过程。先将提前安放在框架里的 9 根 N1(HRB335-$\phi$20)道床板纵向钢筋以轨道中线对称进行铺设，铺设在双块式轨枕桁架钢筋上，钢筋间距设计为 150 mm、955 mm、110 mm。在纵向钢筋交叉点处位置安装上绝缘卡，等整根钢筋绝缘卡安装完毕后，将钢筋抬起并通过绝缘卡卡在轨枕桁架钢筋上。在 N1 钢筋下面沿按图纸要求横向插入 20 根 N2(HRB335-$\phi$16)钢筋，每块轨枕之间两根，端部一根，轨枕间相邻钢筋间距设计为 200 mm。先对纵向钢筋与横向钢筋交叉处按设计要求设置绝缘卡，然后再对上、下层纵横向钢筋搭接范围的搭接点按设计要求设置绝缘卡，最后用绝缘尼龙自锁带绑扎，绑扎后对扎带多余的部分利用剪刀剪掉。道床板侧面混凝土净保护层厚度 50 mm，采用 C40 混凝土保护层垫块支垫，如图 4-5-23 和表 4-5-5 所示。

图 4-5-23 上层钢筋安装

**表 4-5-5 混凝土净保护层厚度控制表**

| 序号 | 控制部位 | 设计标准(mm) | 允许偏(mm) | 检测方法 |
|---|---|---|---|---|
| 1 | 道床板顶面、侧面 | 50 | 0～＋10 | 尺量 |
| 2 | 道床板底面 | 40 | | 尺量 |
| 3 | 凸台四周 | 35 | | 尺量 |

2)接地焊接

钢筋绑扎完毕后，用电焊机将每块道床板上层轨道中心一根钢筋和最外侧两根钢筋和任一根横向钢筋采用 L 形钢筋焊接，单面焊接长度不小于 100 mm，焊接厚度至少 4 mm。接地端子采用焊接方式固定在道床两侧接地钢筋上；接地端子的焊接应在轨道精调完成后进行，端子表面应加保护盖，焊接时应保证其与模板密贴，并保证接地端子不受污染。焊接时避免焊渣烧损土工布，接地端子如图 4-5-24 所示。

3)钢筋绝缘检测

道床板钢筋绑扎及接地钢筋焊接完成后，应进行绝缘电阻测试。先目测检查绝缘卡安装是否良好，有无脱落现象;然后用兆欧表进一步测量钢筋间的绝缘数据,任意两根非接地钢筋间电阻必须达到 2 MΩ 以上,如图 4-5-25 所示,通过电阻测定后方可进入下道工序。钢筋绝缘检测设专人按照规范实测,将实测数据填写在绝缘测试记录表上。

图 4-5-24　接地端子

图 4-5-25　钢筋绝缘检测

(6)纵横向模板安装

本工序主要作业内容包括:模板检验及清理;安装横向模板;安装纵向模板,横向模板和纵向模板连接。

1)模板检查

道床板模板分横向模板和纵向模板。道床板模板安装加固前应先进行以下检查工作:模板平整度;模板清理情况;脱模剂涂刷情况;更换损坏或弯折的模板,不满足技术要求的模板不能进行安装使用。

2)安装横向模板

横向模板同底座板横向模板,模板上端通过定位器与轨排工具轨连接,下端采用木块支撑。横向模板提前利用小龙门吊装至所需位置的线路中间位置,横向模板由 2 块拼接组成。钢板与纵向模板间连接、拼接严密。

3)安装纵向模板

纵向模板提前利用龙门吊按照模板安装顺序依次存放在线路道床板边线的两侧,存放时模板底部需垫平,面板朝上,专人对模板进行打磨,涂抹脱模剂。龙门吊将模板吊起,人工配合将模板就位后,将模板底部支撑面清扫干净,使模板底面在一个平面上,保证模板边沿与底座板混凝土侧表面密贴,避免浇筑混凝土时漏浆。相邻的两块模板用螺栓连接,螺栓连接时一定要保证相邻两块模板之间不出现错台,并在两模板连接面处贴双面胶或胶带条,以防止模板间出现缝隙漏浆。纵向模板安装到位后,将纵向模板与支撑系统加固连接,模板内侧用墨线标示道床板顶面线。纵向模板安装精度宽度±5 mm、中线位置 2 mm、顶面高程不低于混凝土顶面高程。

纵向模板安装完毕后,再将横向模板和纵向模板进行连接,让纵向模板和横向模板密贴,道床板模板安装完成后,进行检查验收签认,如图 4-5-26 和表 4-5-6 所示。

图 4-5-26　道床板模板安装

表 4-5-6　道床板模板安装允许偏差

| 序　号 | 项　目 | 允许偏差(mm) | 备　注 |
| --- | --- | --- | --- |
| 1 | 顶面高程 | ±5 | 均为模板内侧面的允许偏差 |
| 2 | 宽度 | ±5 | |
| 3 | 中线位置 | 2 | |

模板安装过程中为了不影响粗调完毕的轨排精度，尽量避免人为因素造成模板与粗调完毕的轨排之间的碰撞。

(7)排架精调

轨道精调作业以无砟轨道专业精调检测小车为测量与操作指示，通过人工调节螺栓精调装置实现轨道的精确定位。轨道时间安排及调整长度：最终线形调整须在混凝土浇筑之前大约 1.5～2 h 完成。调整长度比当班计划浇筑段长度必须保持不少于 10 m 的距离。

工序的主要内容：全站仪设站；测量轨道数据；调整轨道中线；调整高程及锁紧轨排。

1)站仪设站

全站仪观测 4 对连续的 CPⅢ点，自动平差、计算确定设站位置，如偏差大于 1 mm 时，应重新设站。改变测站位置后，必须至少交叉观测后方利用过的 4 个控制点，并复测至少已完成精调的一组排架。全站仪设站如图 4-5-27 所示。

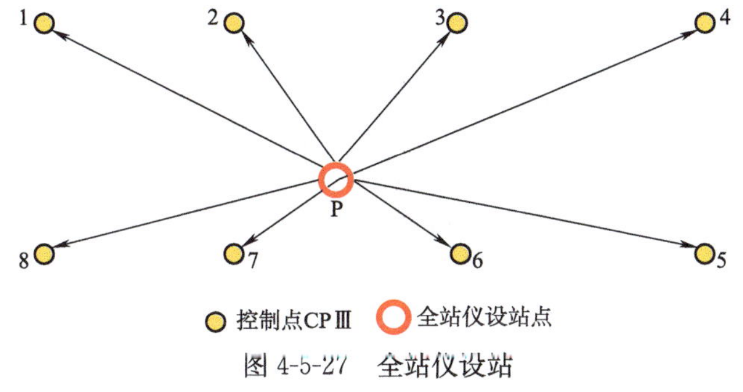


图 4-5-27　全站仪设站

2)测量轨道数据

轨检小车放置于轨道上，安装棱镜。使用全站仪测量轨道状态测量仪棱镜。小车自动测量轨距、超高、水平位置，接收观测数据，通过配套软件，计算轨道平面位置、水平、超高、轨距等数据，将误差值迅速反馈到轨道状态测量仪的电脑显示屏幕上，指导轨道调整，如图 4-5-28 所示。

3)调整中线

采用专用开口扳手调节左右轨向锁定器，调整轨道中线，一次调整 2 组，左右各配 2 人同时作业。

4)调整轨道高程

用普通六角螺帽扳手，旋转竖向螺杆，调整轨道水平、超高。粗调后顶面标高应略低于设计顶面标高。调整螺柱时要缓慢进行，旋转 90°为高程变化 1 mm，调整后用手检查螺柱是否受力，如未受力则拧紧调整附近的螺柱，如图 4-5-29 所示。

图 4-5-28　轨排精调

图 4-5-29　螺杆调节

5)顺接过渡方法

前一站调整完成后,下一站调整时需重叠上一站调整过的 8～10 根轨枕。

在 CPⅢ点精度、设站精度、全站仪精度、测量小车精度符合规范要求的情况下,两设站点测量同测点的绝对偏差值中线不大于 0.5 mm、高程不大于 2 mm;若偏差大于以上数据,则需要查找分析原因,首先是检查设站点 1 和设站点 2 的设站精度,如设站精度没有问题,则需要对 CPⅢ控制点进行复测,以确保 CPⅢ点的整体精度;过渡段从顺接段后的第一个轨排架开始,每枕的数据递减值宜小于 0.2 mm,直到绝对偏差约为零为止,见表 4-5-7 和表 4-5-8。

**表 4-5-7 无砟轨道精调允许偏差**

| 控制目 | 序号 | 检查项目 | 允许偏差 | 检验方法 |
|---|---|---|---|---|
| 主控项目 | 1 | 轨距 | ±0.5 mm,变化率不得大于 0.66%(0.3%) | 轨检小车 |
| | 2 | 水平 | 1 mm | |
| | 3 | 轨向 | 1 mm/10 m 弦 | |
| | 4 | 高低 | 1 mm/10 m 弦 | |
| 一般项目 | 1 | 轨面高程 | ±1 mm | |
| | 2 | 轨道中线 | 1 mm | |
| | 3 | 线间距 | +5 mm,0 mm | |
| | 4 | 轨枕间距 | ±5 mm | 钢尺 |

注:每个轨排架支撑处检查一次。

**表 4-5-8 无砟轨道静态平顺度允许偏差**

| 设计速度 | 高　　低 | 轨　　向 | 水　　平 | 扭曲(基长 9.75 m) | 轨距(mm) |
|---|---|---|---|---|---|
| 200～250 km/h | 2 mm | 2 mm | 2 mm | 2 mm | ±1 |
| 弦长(m) | 10 m | — | — | — | — |

6)轨排精调完成后,通过轨向锁定器对轨道排架进行固定。

7)注意事项:

①所有测量仪器必须按相关标准实行定期检定。

②测量区域尽量减少其他施工作业。

③轨排精调后应采取防护措施,严禁踩踏和撞击。

④轨排精调后应尽早浇筑混凝土,如果轨排受到外部扰动,或放置时间过长,或环境温度变化超过 15 ℃时,必须重新检查确认合格后,方能浇筑混凝土。

(8)道床板混凝土浇筑

1)施工准备

浇筑前清理浇筑面上的杂物,浇筑前洒水润湿后的隔离层上不得有积水。为确保轨枕与新浇混凝土的结合良好,需在浇筑前 6 h 内在轨枕表面洒水 3～4 次。对轨枕、扣件采用防护罩防护,防止浇筑混凝土过程中污染,并对道床板进行全面检查,检查合格后方可进行道床板混凝土浇筑。

2)检查和确认轨排复测结果

浇筑混凝土前,进行轨道几何参数的复核,超过允许偏差应重新调整。

3)混凝土拌和

混凝土拌和前,应准确测定粗、细骨料的含水率,计算出施工配合比,特别注意对用水量的计量,待试验室通知单到达后拌和站方可进行拌和。

①每次生产混凝土时应密切监视与检测开拌初始的前三盘混凝土拌和物的和易性,如不符合规范要求时,应及时分析处理,直至符合要求后方可持续生产和用于主体工程上。

②搅拌站应根据试验室出具的底座板混凝土试验配合比,严格按照配合比拌制。

4)混凝土运输

混凝土运输采用混凝土罐车运送至施工现场。运输过程中以 2～4 r/min 的转速搅动,混凝土到达现场后，混凝土坍落度控制在 160～200 mm，以满足泵送施工需要。

5)道床板混凝土浇筑

①道床混凝土模板应固定牢靠，不移位、不上浮、不变形。模板与底板面密贴，不漏浆，两模板间的接缝应严密。混凝土脱模剂应涂刷均匀，不遗漏。

②混凝土由拌和站集中拌制，采用混凝土罐车运至施工现场，混凝土泵车泵送法浇筑混凝土施工。

③浇筑混凝土应符合下列规定：

a. 混凝土浇筑从一侧向另一侧连续进行，当混凝土从轨枕下自动漫流至下一根轨枕后，方可前移至下一根轨枕继续往前浇筑。

b. 施工时严格地要求在第一个轨枕下混凝土未密实之前，不要将浇筑口移至下一个浇筑口。

c. 混凝土浇筑应连续进行，因故间歇时间应小于前层混凝土的初凝时间或能重塑的时间。

6)混凝土振捣

采用插入式振动棒进行振捣，每个作业面准备 6 台 50 型插入式振捣器，8 名熟练振捣工轮流操作 4 台振捣器进行混凝土振捣，实行分区作业，其中底座板两侧各 1 人，各负责轨枕外侧的振捣区域，中间 2 人负责轨枕内侧的振捣区域。振捣时以混凝土表面不再下沉、无气泡、表面泛浆为宜，避免漏振、过振。振捣过程中，应避免振捣棒接触轨排与支撑架。同时派专人(技术人员 1 人、作业工班模板工 1 人)负责检查轨排几何状态的变化和绝缘卡有无脱落，保证轨排、模板、支撑架的稳定牢固和钢筋绝缘效果，如有变位，立即停止浇筑和振捣，并在混凝土初凝前完成调整工作。混凝土振捣如图 4-5-30 所示。

图 4-5-30　混凝土振捣

如在浇筑过程中，间隔时间超过 24 h 时，在最后的 2 根轨枕之间应设置施工缝，利用金属网，以使施工缝表面粗糙，保证新老混凝土之间有足够的黏结力。

7)抹面及清洗

表层混凝土振捣完成后，及时修整、抹平混凝土裸露面，混凝土入模振捣后及时用木抹完成粗平，1 h 后再用钢抹抹平。为防止混凝土表面失水产生细小裂纹，在混凝土初凝前(入模后 4 h 左右)进行第三、四次抹面、压光。抹面时严禁洒水润面，按设计要求设置排水坡，并严格控制道床板顶面的标高和平整度。抹面过程中要注意加强对轨道下方、轨枕四周等部位的施工。

抹面完成后，及时清刷钢轨、轨排、轨枕、螺杆调整器上残留的混凝土，保持轨道的整洁，如图 4-5-31 所示。

8)混凝土初凝后

及时松开支承螺栓 1/4～1/2 圈，同时松开扣件和鱼尾板螺栓，释放钢轨温度应力，避免温度变化时钢轨伸缩对混凝土造成破坏。

9)混凝土养护

混凝土抹面后，及时进行土工布覆盖洒水养护，洒水次数根据天气情况定，确保混凝土表面能保持充分潮湿状态。养护时间不少于 7 d。混凝土终凝前应避免与流动水接触，如图 4-5-32 所示。

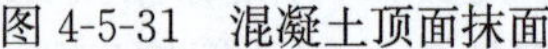

图 4-5-31 混凝土顶面抹面

图 4-5-32 混凝土覆盖土工布洒水养护

(9)轨排框架、模板的拆除、清理

当道床板混凝土达到一定强度后,首先顺序旋升螺柱支腿 1～2 mm;然后松开轨道扣件,按照拆除顺序拆除排架,拆卸模板,最后经过确认扣件全部松开后,龙门吊吊起排架运至轨排组装区清理待用,进入下一循环施工。安排专人负责对拆卸的模板、排架及配件等用毛刷进行清洁处理,配件集中储存在集装筐中,备下次使用。

(10)无砟轨道成品保护

无砟轨道混凝土浇筑完成后,进行保温保湿养护,派专人进行养护,养护用水不能污染、损害混凝表面。混凝土浇筑完成 24 h 后,且其表面及棱角不因拆模而受损时,方可拆模。

1)在拆除过程中,防止工人拆模时生扳硬撬野蛮施工。

2)模板拆除完之后,在后续施工过程中应防止施工机具及模板等碰撞损坏成品道床板,派专人看护防止损坏。

3)在混凝土浇筑之前,仔细检查模板的各部尺寸,检查无误后,方可浇筑。

4)仔细检查模板的平整度,对模板表面进行打磨、清理,涂抹隔离剂之后方可安装模板。

5)施工Ⅱ股道时严禁将模板、机具放在已浇筑好的道床板上,禁止在成品上进行其他作业。

6)对现场施工人员进行培训,提高成品保护意识,防止损坏道床板外观。

## 四、施工控制要点

(1)施工前根据质量控制需要设置检测机构,并配备相应的检测设备,所有检测设备必须在使用前效验并鉴定。

(2)轨道几何形位检测时使用的全站仪及轨检小车必须在效验期内,在每班工作之前,要进行仪器的各项常规检查,严格按照仪器使用规范操作。

(3)曲线段精调时,设站时应相应提高测量标准,每站调整的有效长度缩短,调整完毕后,仔细检查固定设施。

(4)为保证测量精度和相互校核,上一循环的最后一榀排架不拆除,与下一循环的轨道排架顺联和固定。

(5)在作业环境恶劣的情况下,要采取防护仪器的措施,减少测段长度和选择适合精调的时间段来提高测量精度。

(6)精调轨道之后,应尽早浇筑混凝土,如果轨道放置超过 12 h 或环境温度超过 15 ℃,或受到外部条件影响,必须检查确定是否需要重新调整。

(7)吊装轨排时必须要用现场配备的专用吊具进行吊装,不得随意倒运,以免破坏轨道排架结构。

(8)混凝土在振捣时避免振捣棒触碰轨排与支撑架,插点布置应均匀,不漏振。在浇筑混凝土过程中,必须设专人对轨排的几何状态的变化和绝缘卡有无脱落进行检查。

(9)在混凝土初凝时,必须对支脚螺栓、扣件、鱼尾板拧松,分散应力,避免裂纹。

(10)在拆除轨道排架时,必须检查锚固螺栓是否全部拆除,确认所有扣件松开后方可起吊。

## 五、保证措施

1. 防止钢筋骨架上浮的措施

(1)保证螺杆调节器的锥度,经常检查,发现螺杆调节器下部粘有混凝土块或下部磨平的要及时清理或更换,以免振捣时混凝土进入螺杆调节器的下部,使整个骨架抬高。

(2)振捣时不要碰螺杆调节器的托盘与钢筋骨架,以免骨架跳动,使其抬高。

(3)在轨排桁架钢筋上加地锚钢筋,间隔一根轨枕进行点焊防止轨排上浮。

2. 雨季施工质量保证措施

雨季施工前,根据现场具体情况编制实施性雨季施工计划,并做好防水、排水工作。

现场排水设施形成系统,并确保施工中排水状况良好。对易受雨水影响的施工场区和材料采取重点防护措施。成立雨季施工领导小组,设立专职值班人员,并随时与当地气象部门取得联系,预知预防。备齐各种防雨设施,加强对便道的检查和养护,保证雨季道路畅通。

混凝上施工现场备好遮盖物资,现场钢筋绑扎、钢轨、螺杆调节器等在雨水来临前必进行覆盖,以防雨水淋湿泡浸而锈蚀;如果在混凝土施工中雨水来临,对已施工的混凝土进行覆盖,以免被雨水侵蚀或冲刷,影响混凝土施工质量。大雨时停止施工作业。

做好道路维修和材料储备,保障混凝土的供应。做好施工安排,路基道床施工尽量避开雨季,雨后不得在路基上安排机械作业,以免施工作业对路基道床造成污染,雨期主要安排桥梁、隧道内无砟轨道施工。

3. 高温季节施工质量保证措施

由于道床板的混凝土是高强度等级的,容易产生裂缝,所以需要在混凝土的配合比和现场施工中采取措施。

(1)混凝土配合比的设计优化

1)掺加粉煤灰。粉煤灰使混凝土水化热在一定程度上延缓释放,对大体积混凝土的温度控制较为有效,同时增加了混凝土的和易性,促进了混凝土的后期强度,施工也较为方便,费用相对便宜。

2)选用低水化热的水泥。在满足混凝土设计强度的前提下尽量减少水泥用量,降低水化热。

3)掺加缓凝型减水剂能有效延缓水化热的释放时间,减少混凝土内部水化热峰值并减小温度应力,避免出现冷接缝。

4)使用混凝土外加剂掺量5%,能有效补偿混凝土干缩,并在一定程度上补偿混凝土冷缩,减小混凝土应力,同时可有效改变混凝内部分子结构,增加密实度,提高混凝土抗渗、抗裂能力。

(2)降低混凝土施工浇筑温度,加强道床板混凝土的养护

由于混凝土内外是一体,降低混凝土内部的最高温度和提高混凝土表面温度相矛盾,这就要求正确掌握保温时间,通过测量混凝土的内外湿度来确定保温时间,在一般的工程施工中,水泥水化热在1~3 d释放出的热量最高,大约占总热量的50%左右,浇筑后3~5 d之间内部温度最高。混凝土内部温度是浇筑温度、水泥水化热的绝热温度和结构的散热湿度等各种温度的叠加和组成。浇筑温度与外界气温有着直接关系,外界气温愈高,混凝土的浇筑温度也愈高;如外界气温下降,会增加混凝土的温度梯度,特别是气温骤然下降,会大大增加外层混凝土与内部混凝土的温差,因而产生过大的温度应力,易使大体积混凝土产生裂缝。

(3)控制措施

1)在温度较高的季节,通过对原材料和粗骨料进行遮阳覆盖以及采用低于5 ℃的拌和水喷淋、冷却、降温来降低混凝土的浇筑温度,削弱混凝土内部的最高温度,减小总温差。

2)浇筑后2 h采用塑料膜对表面覆盖,可有效增加混凝土的表面温度,减小总温差。

# 第三节 跨区间无缝线路施工

## 一、无缝线路长轨铺设

### (一)长轨条铺设施工

长轨条铺设施工工艺流程如图4-5-33所示。

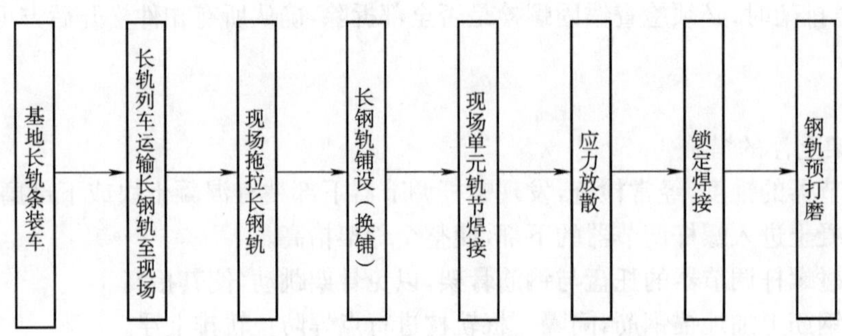


图 4-5-33　长轨铺设施工工艺流程图

(二)施工准备

1. 施工复测

铺设长轨前,轨道工程道床板主体应基本完工,检验合格。未完成的无砟道床板采用过渡轨排法代替。

整体道床铺设无缝线路前应对全线的整体道床进行复测,测量的主要内容包括整体道床中线偏位、承轨面高程、预埋件位置等,确认复测项目均符合要求后方可进行轨道施工。

2. 钢轨移动闪光焊接形式试验

出现下列情况之一时应进行型式检验:

(1)焊轨组织初次焊接铁路钢轨。

(2)调整工艺时。

(3)钢轨生产厂、或钢轨型号、或钢轨牌号、或钢轨交货状态改变,首次焊接时。

(4)生产检验结果不合格。

(5)停产一年后,恢复生产前。

型式检验的项目及试件数量见表 4-5-9。

表 4-5-9　型式检验的项目及试件数量(单位:个)

| 外观 | 超声波探伤 | 落锤 | 静弯 | | 疲劳 | 拉伸 | 冲击 | 硬度 | | 显微组织 | 断口 |
|---|---|---|---|---|---|---|---|---|---|---|---|
| | | 移动式闪光焊 | 轨头受压 | 轨头受拉 | | | | 焊缝硬度 | 软化区宽度 | | |
| 全部试件 | 全部试件 | 15 | 12 | 3 | 3 | 1 | 1 | 1 | 1 | 1(利用硬度试件) | 15(利用落锤试件) |

(1)型式检验受检试件用钢轨的生产厂、型号、牌号、交货状态应与焊接生产用钢轨相同,受检试件应是相同工艺焊接的接头。

(2)不同牌号钢轨之间的焊接,焊接接头的质量要求按照强度级别较低的钢轨执行;热轧钢轨与热处理钢轨之间的焊接,焊接接头的质量要求按照热轧钢轨执行。

(3)型式检验结果的试件为合格试件。静弯受检试件、疲劳受检试件应连续试验合格。一次型式检验中,应在各检验项目全部合格后,方可判定本次型式检验合格。型式检验合格后方可批量生产。

(4)型式检验报告中,应明示以下内容:焊轨组织名称、焊接材料的型号及生产厂、主要焊接操作人员姓名及操作许可证编号、钢轨生产厂、钢轨型号、钢轨牌号、钢轨交货状态、检验设备、详细的检验结果等。

(三)长轨铺设施工工艺

1. 长钢轨存储、装车及运输

500 m 长钢轨存放区设有 32 台固定式龙门吊,龙门吊电动葫芦采用单控和集中控制相结合。长轨存放区的轨垫间距不大于 5 m,多层存放时,应保持轨垫的上下对齐稳定。从辊轮线上吊轨时,确保每一个夹具夹紧钢轨轨头后,使用集中控制系统将长轨起吊、横移、下落放置在轨台上,并逐一摘去夹具。在长钢轨吊起行走过程中,设专人检查 32 台龙门吊电动葫芦统一运行情况,保证相邻两个夹具高度差不大于 15 cm、水平位置直线偏差不大于 15 cm,防止长钢轨吊装过程中变形。不同类型的长钢轨分开存放。装车时,应确认长钢轨运输车停放在正确位置,并逐一将长钢轨的每个吊点顺序落入槽中,摘去夹具,移开龙门吊电动葫芦。长钢轨吊装时,轻吊轻放,避免碰撞伤长钢轨。长钢轨运输时,运输速度控制在 30～40 km/h 左右,在高路基和反向曲线处,运输速度控制在 30 km/h 以内,并设领车员。

2. 长钢轨的铺设

(1)施工方法

采用通用型无砟道床铺轨机与钢轨运输车进行联挂,组成长钢轨铺设机组,后端联挂一台机车组成铺轨列车,进行长钢轨运输及铺设。

铺轨列车由机车推送进入铺轨现场。由分轨推送车将两根长钢轨推入滚轮小车Ⅰ、滚轮小车Ⅱ、滚轮小车Ⅲ推轨器中,推送至引导车钢轨夹钳处。再由引导车进行牵引至卸车位置停止。

人工撤除每根长钢轨下的50个滚轮使长钢轨落入承轨槽内,然后每隔5根轨枕位上齐一根轨枕位的扣件。

(2)施工工艺

1)准备工作:

①钢轨运输车组推送到位(前滚轮小车前轮中心线距已铺好钢轨末端约350 mm),并停好、制动、打铁靴。

②放倒全车间隔铁。

2)松开要拖拉的一对钢轨锁定装置与安全挡板(拖拉结束后需恢复安全挡板)。如拖拉上层钢轨,首先还预先将升降滚轮架调整到合适高度。

3)将分轨导框对准要拖拉的一对钢轨(拖拉钢轨顺序为3/10,4/9,2/11,1/12,5/8, 6/7)。

4)用拖拉卷扬机 (带夹轨器),从钢轨运输车(首车)上拖拉钢轨,将钢轨拖至钢轨推送装置,夹紧钢轨,卸掉夹轨器。

5)用推送装置将钢轨推送至引导车钢轨夹钳处。

6)将钢轨头与引导车钢轨夹钳锁固好。

7)引导车前行、与推送装置联合推送钢轨。在有砟轨道承轨槽之间,每隔10 m放置一对滚轮(卡口定位)。

8)钢轨拖出钢轨推送装置时,引导车速度降速至1~1.5 km/h,钢轨末端滑下前分轨小车滑槽后立即停车。

9)用拉轨器把钢轨拖拉到位,与已铺好的轨道连接,安装夹板及无孔夹轨器。

10)重复2)、3)、4)。

11)从后往前依次取出滚轮(放在道心即可)。

12)上15%扣件(其余在铺轨机组后面上齐)。

13)钢轨就位距离超过300 m时,运输车组以5 km/h左右的速度向前推进,同时收集散放在道心处的滚轮(也可提前用小推车收集滚轮)。

14)将滚轮码放到引导车后平台上(也可用小推车跟机前行置放滚轮)。

15)钢轨运输车组推送到铺轨位置(前滚轮小车前轮中心线距已铺好钢轨末端约350 mm)后,并停好、制动、打铁靴。

16)重复5)~9),进行下一轮铺轨循环。

无砟道床长钢轨铺设工艺流程框图如图4-5-34所示。

## 二、胶结绝缘接头施工

(1)确定胶结绝缘的位置,在钢轨上做好标记,并做好锯轨的准备。锯轨前要观察钢轨胶结1 m内不得有硬弯,并要保证轨缝距轨枕边缘不小于100 mm。

(2)钢轨锯开后,在轨端50 cm范围内用角磨机打磨钢轨与鱼尾夹板的接触面,并清理金属碎屑,清除氧化层。钢轨打磨后要检查端面垂直度和水平度,胶结端的端面垂直度与水平度偏差均不大于0.15 mm。

(3)松开钢轨的弹条扣件(轨缝两侧各5 m范围内的扣件要卸掉),垫起钢轨,安装钻孔钢尺及钻孔机,钻孔时注意钻孔机钻速的均匀,钻孔完毕后对钢轨端部和螺栓孔边缘进行倒棱处理。倒棱范围:轨端处轨顶及轨头两侧边,螺栓孔处两侧周边。倒棱标准:角度45°,倒棱后斜边宽度1.5 m左右。

(4)松开接头10 m范围内扣压钢轨的扣件(所有扣压钢轨的扣件),使钢轨能自由移动,安装拉轨器,人

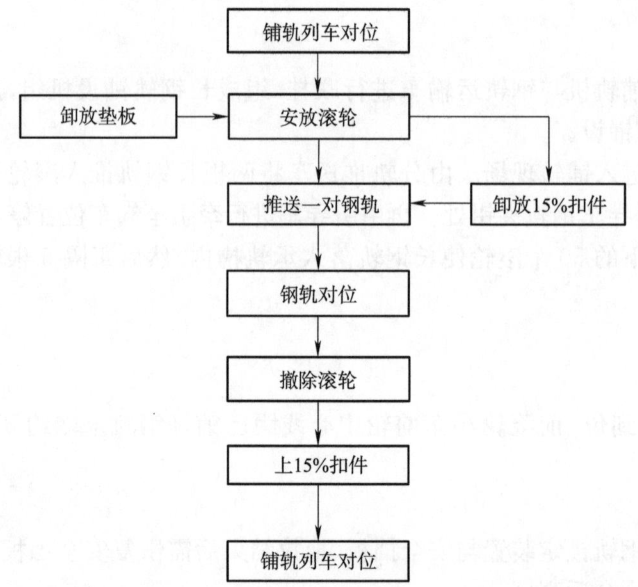


图 4-5-34　无砟道床长钢轨铺设工艺流程框图

工操作拉轨器调节轨缝，当轨缝缩小至 1.2 cm 左右时，把绝缘塞片小心的塞入钢轨轨缝并扶正，保持塞片与钢轨断面吻合。继续调节轨缝，使钢轨挤紧塞片。用一米的平钢尺检查钢轨的对正情况。

(5)试装鱼尾板和高强度螺栓，确认六根螺栓能顺畅穿入。否则，对偏位螺栓孔进行扩孔处理。

(6)利用喷火枪干燥钢轨与绝缘鱼尾板接触的区域，绝缘鱼尾板同样需经过干燥处理。将喷火器的火焰颜色调节至淡蓝色，均匀加热钢轨及鱼尾板，加热鱼尾板时不要过分加热预留孔位处及轨缝塞片处。

(7)用百叶片再次打磨钢轨与鱼尾板接触面和鱼尾板表面。用干燥的布擦干净打磨表面的碎渣。

(8)搅拌并涂抹合成胶泥。将合成胶泥均匀涂抹在鱼尾板结合层上，每一套合成胶泥只适用于一片鱼尾板用量。胶泥涂抹要均匀。

(9)将一片鱼尾板先轻放于轨底顶面，调节横向位置使孔位对应，然后轻推使鱼尾板与钢轨充分接触，安装六个绝缘套管，安装另一片鱼尾板，最后安装高强螺栓，螺栓交替设置。

(10)人工初次紧固螺栓，按由内向外的顺序逐一紧固。先用活动扳手拧紧，再用扭力扳手紧固，并用小铁锤轻击配合紧固，扭力为 1 100 N·m。紧固螺栓过程中要及时检查钢轨对位情况，如有偏位应及时调整。螺栓初次紧固必须在合成胶泥固化前完成。

(11)用油灰刀刮除外溢的混合胶泥并填塞鱼尾板与钢轨接触的间隙，清理鱼尾板表面。

(12)待合成胶泥最终硬化后拆除拉轨器，上紧原先松开或卸掉的扣件。测量胶结绝缘电阻，并做好记录。清理施工现场。

## 三、现场单元轨节焊接施工

### (一) 钢轨焊接工序

1. 拆扣件、安放滚筒

(1)拆除待焊轨头前方长钢轨全部及轨头后方 10 m 范围内的扣件，并校直钢轨。

(2)根据轨枕和扣件类型适当垫高待焊轨头后方的钢轨，以保证焊头轨顶平直度。

(3)待焊轨头前方长钢轨下每隔 12.5 m 安放一个滚筒，以便钢轨可以纵向移动焊机。

2. 钢轨焊前检查

(1)检查钢轨表面质量，应符合《客运专线 250 km/h 或 350 km/h 钢轨检验及验收暂行标准》(铁建设函〔2005〕402 号)的规定。

(2)检查左右股单元轨节接头相错量，不宜超过 100 mm，对超出部分在焊接前进行锯轨。

3. 轨端打磨

松开扣件，当轨缝太大时用液压拉轨器拉轨。将钢轨头部用垫木支垫，对钢轨端面和轨腰钳口夹持处进行打磨，轨腰打磨位置为距轨端 100～350 mm 范围内，经打磨的表面见金属光泽，没有锈斑。如此范围内有凸出的厂标、字母等符号必须用砂轮机磨平。

4. 焊机对位

(1)每班由调车员联系和协调，将移动式焊轨机和工班作业人员运抵焊接作业区。

(2)根据轨枕和扣件类型，在钢轨下加楔子将两焊接轨端抬起一定高度，便于焊机对位夹轨。

(3)推进移动焊轨车初定位，载有移动式焊轨机的平板车第一个轮对距焊接位置 3.2 m 左右，并由设置在该车底板上的四个液压油缸将整车顶起，使其车轮离开 150～220 mm。

(4)移动式焊机对位完成后，作业人员应迅速打好车辆止轮器，并应保证在焊接作业中车辆不会发生溜车现象。

5. 焊接和推凸

(1)焊前必须检查焊机的供电电压，供电电压值必须在规定的允许范围内，在生产过程中也应随时检查。

(2)严格按焊轨机安全操作规程进行焊轨作业。待焊钢轨进入焊机后，对中时首先要保证钢轨顶面和工作面平顺。对中后，作用面错位偏差不大于 0.5 mm，非作用面错位偏差不大于 1 mm，焊缝中心不偏离焊机钳口中心。

(3)焊机夹紧钢轨并自动对正。焊机自动焊接钢轨、顶锻并推除焊瘤。

(4)焊机监控人员应认真观察焊接记录，分析每个焊接接头曲线，与形式试验通过时的焊接曲线仔细对比，发现异常及时汇报给有关部门，不得擅自变更焊机的技术参数。

(5)焊接结束后，应立即检查焊机钳口部位及钢轨钳口接触处有无打火烧伤，被钳口烧伤的焊接接头应判为不合格。如发现焊接接头存在表面烧伤、严重错位、推瘤推亏、裂纹等缺陷都应判为不合格。

(6)焊机的导电钳口表面必须光洁、平整，发生烧伤时应及时处理，必要时更换，更换后方可再进行焊接。每焊完一个焊接接头应对钳口清理，不得留有尘渣。

(7)每班前应该对焊接设定的参数进行核实，确认无异常后方可进行下一步的作业。

6. 正火

待焊缝温度冷却到 500 ℃以下，对焊缝进行正火处理。正火温度为 850～900 ℃。正火温度采用红外线测温仪进行测量控制，同时做好正火记录。

调节瓶装氧气的输出压力在 0.5 MPa；调节瓶装乙炔的输出压力在 0.15 MPa；乙炔流量在 4.6～4.8 格($m^3/h$)，氧气流量在 3.5～3.6 格($m^3/h$)。

7. 焊缝打磨

待焊缝正火完成后，温度降低到 300 ℃以下时，对钢轨进行调直，要求在焊缝两侧各 500 mm 范围内，水平及垂直方向的作用面直线度每米不大于 0.3 mm。

利用仿形打磨机打磨焊接接头的轨顶面、各侧面。轨头、轨底上圆角在 1 m 范围内应圆顺，不允许横向打磨，母材打磨深度不超过 0.3 mm。

焊头在轨底上表面焊缝两侧各 150 mm 范围内及距两侧轨底角边缘各为 35 mm 的范围内应打磨平整。焊缝两侧各 100 mm 范围内不得有明显压痕、碰痕、划伤缺陷，焊头不得有电击伤。

打磨时不能使钢轨“发蓝”。打磨时若温度过高，要适当暂停打磨，待温度适宜时再进行打磨。

8. 焊缝探伤

钢轨冷却到 50 ℃以下对钢轨焊头进行探伤。焊缝探伤分为目测和仪器检测。焊缝表面的缺陷主要有电击伤、划伤、碰伤的，可以通过目测判断；焊缝内部的缺陷主要有过烧、灰斑、夹杂、未焊透等，通过仪器进行探伤。

探伤前，首先对工件表面进行处理，使其达到表面无锈蚀、斑点、氧化层、油和焊接溅射物等污物存在，表面光洁度通常要求在▽6 以上，这样可以保证探伤的准确度，并保护探头。

(二)焊缝验收

1. 平直度要求

轨头工作面 1 m 长度平直度允许的最大偏差应符合表 4-5-10 规定。

表 4-5-10 平直度允许的最大偏差

| 线路设计速度 $v$ (km/h) | 轨顶面垂直方向最大偏差(mm) | | 轨头侧面工作边水平方向最大偏差(mm) | |
|---|---|---|---|---|
| | $a_1$ | $a_2$ | $b_1$ | $b_2$ |
| $v \leqslant 120$ | 0.3 | 0 | 0.4 | 0.4 |
| $120 < v \leqslant 200$ | 0.3 | 0 | 0.3 | 0.3 |
| $v > 200$ | 0.2 | 0 | 0.3 | 0 |

注:1. $a_1$、$a_2$分别代表测量长度范围高出、低于钢轨母材轨顶基准面最大允许偏差。
2. $b_1$、$b_2$分别代表测量长度范围轨头内侧工作面凹进、凸出钢轨母材基准最大允许偏差。

2. 表面质量要求

(1)焊接接头的轨头工作面经过外形精整后的表面不平度应满足:在焊缝中心线两侧各 100 mm 范围内,表面不平整度不大于 0.2 mm。轨顶面及轨头侧面工作边母材打磨深度不应超过 0.5 mm。

(2)焊接接头及其附近钢轨表面不应有裂纹、明显压痕、划伤、碰伤、电极灼伤、打磨灼伤等伤损。

## 四、无缝线路放散与锁定施工

钢轨焊联成单元轨后,对单元轨进行应力放散,并在设计锁定轨温范围内将单元轨锁定。单元轨节锁定焊接除区间两端与道岔相接的接头采用铝热焊外,均采用移动闪光焊接方式。

### (一)施工工艺

应力放散及锁定施工工艺流程如图 4-5-35 所示。

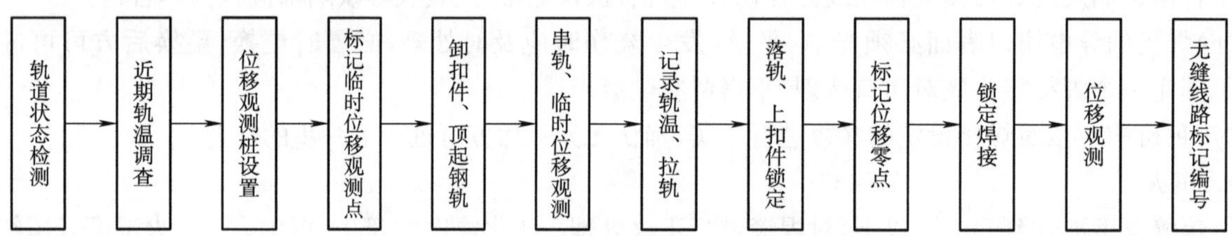


图 4-5-35 应力放散及锁定施工工艺流程图

### (二)施工工艺说明

1. 轨道状态检测

在应力放散前全面对轨道进行检测,检测项目有:轨道几何尺寸、轨面标高、线路中线位置、横向阻力、焊接质量等,通过全面的质量检测,确认线路已达到初步稳定,方可准备进行线路锁定施工。

2. 近期轨温调查

通过调查,了解当地轨温的变化规律,确定锁定施工时间。

3. 位移观测桩设置

位移观测桩采用混凝土预制桩,就近利用接触网基础、桥梁防护墙或凸形挡台或双块式轨枕承轨槽边缘设置,单元轨节起终点的位移观测桩与单元轨节焊接接头对应,纵向相错量不得大于 30 m。

4. 标记临时位移观测点

根据设置好的位移观测桩,在钢轨上标记,并根据现场条件适当加密观测点,每 100 m 设 1 处临时位移观测点,作为钢轨应力放散时的临时位移观测点,通过对钢轨位移的观测,以判定应力放散是否彻底。

5. 卸扣件、顶起钢轨

在本次放散单元轨节,每隔 10 m 置一滚筒,将钢轨扣件卸除,用起道机顶起钢轨落于滚筒上,钢轨顶面高于承轨面 5 cm 左右。

6. 串轨、临时位移观测

由于铺设长轨与正在进行的作业轨温不一致,弹条卸除、钢轨顶起后,钢轨的束缚解除,钢轨将产生位移,使钢轨自由伸缩,此时钢轨内部应力仍不为零。

7. 记录轨温、拉轨

钢轨内部应力为零，此时作业轨温低于锁定轨温，单元轨节起点端用拉轨器固定，终点端用拉轨器拉伸钢轨长度 $L=\alpha\times(l_1+l_2)\times(t_1-t_2)$（$\alpha$：钢轨的线膨胀系数，取 0.0118；$l_1$：本次放散单元轨节长度；$l_2$：上一单元轨节伸缩区长度，取 100 m；$t_1$：设计锁定轨温；$t_2$：拉轨时轨温），拉轨到位后用拉轨器固定。

8. 落轨、上扣件锁定

钢轨内部应力为零，轨温正处于锁定轨温范围或单元轨节拉伸至锁定轨温范围内时，由放散起点向终点方向依次去除滚筒，将钢轨落到轨枕上，上好扣件，紧固钢轨，记录轨温和拉伸量。

9. 标记钢轨位移零点

钢轨锁定后，立即进行位移零点的标记。在设有位移观测桩处的左右股钢轨轨头外侧面胶黏一段小钢尺，小钢尺刻度为−50～50 mm，零刻度与位移观测桩拉线竖向重合。

10. 锁定焊接

采用接触焊接工艺，将放散单元轨节与上一放散单元轨节焊连起来。

11. 位移观测

单元轨节放散的第一个月内每星期观测一次钢轨位移，以后每月观测一次，当钢轨位移超出允许范围时，要查找原因，并重新放散锁定钢轨位移超标区段。

为提高钢轨焊接质量。现场采用 K922 移动式焊轨车组负责工地单元轨节焊接。

无缝线路放散锁定采取先放散锁定区间单元轨节，再放散锁定站内正线和到发线及无缝道岔，在设计锁定轨温允许范围内将无缝道岔与区间线路进行合龙锁定焊接，最后形成跨区间无缝线路的施工方案。

无缝道岔铺设后，对道岔进行精调，保证道岔始端和尖轨尖端，方正差不得大于 4 mm；限位器两侧缝隙偏差不得大于 1.5 mm；尖轨尖端、直线尖轨刨切起点处轨距为 1 435 mm±1 mm，其余部位的轨距亦为 1 435 mm±1 mm；直、曲尖轨跟端支距偏差为±1 mm，其余部位的支距偏差为±2 mm；尖轨尖端的缝隙不大于 0.2 mm，尖轨其余部位不大于 0.8 mm，心轨尖端的缝隙不大于 0.5 mm，其余部位不大于 0.1 mm，顶铁与尖轨、心轨的轨腰间隙不得大于 1 mm。

道岔内钢轨及锁定焊接采用铝热焊接。应力放散时，由于心轨辙叉部分整体刚度很大，且较短，不进行应力放散，锁定时将道岔与其前后的短轨一起放散锁定并焊接，使道岔处于固定区。

为确保道岔区位于固定区，锁定前设置好位移观测桩，锁定后立即标识并按规定进行位移观测（最高温和最低温）和相对位移记录（尖轨和基本轨，心轨和翼轨）位移观测状设置于尖轨尖端，限位器，心轨尖端，岔尾跟端，以及岔区前后 50 m。

道岔放散锁定在设计锁定轨温范围内，采取等温锁定，先锁定尖轨部分，再锁定基本轨。焊接时先焊接岔内锁定焊接头，再焊接岔外锁定焊接头。

12. 注意事项

锁定轨温原设计方案 28～30 ℃为基准值，按“−5～+3 ℃”范围控制。隧道线路设计锁定轨温：隧道外单元轨条取“−5 ℃设计轨温基准值”范围，隧道口过渡段比隧道外单元轨条降低 2～3 ℃，隧道内比隧道口过渡段降低 3～5 ℃。当实测轨温超过设计锁定轨温允许范围时，须在设计锁定轨温范围时段对焊头后方 110 m、前方 100 m 线路松开扣件进行应力调整。严禁在设计锁定轨温范围之外将无缝道岔与前后线路焊联，道岔与两端无缝线路钢轨焊接前应在轨面高程、轨向和水平达到设计标准后，方可施焊，并准确记录实际锁定轨温。无缝线路锁定及放散原始记录须由工务段现场人员签字确认。

## 五、轨道精调整理施工

### （一）轨道状态检查

铺设无缝线路之后至线路开通之前，对轨道几何尺寸、钢轨焊头质量、轨道部件完好状态进行检查量测，并做好检查记录。

### （二）轨道整理

（1）根据施工图要求，在规定的作业轨温范围内，对线路进行精细调整，继续做好未完成的工作，使之达到验交标准。

（2）对不符合施工图的道床断面，应采取措施进行局部整修处理。

(3)调整轨距、水平、高低、方向,补齐扣、配件。线路高低和水平通过调高垫板或充填式垫板进行调整,轨距可通过轨距调整块进行调整。

(4)缓和曲线、竖曲线区段应调整圆顺。

(5)整修打磨不平顺焊缝,提高轨面平顺性。

(6)测取钢轨爬行量,符合锁定轨温。

(7)进行无缝线路整理作业,必须掌握轨温,观测钢轨位移,分析锁定轨温变化,按实际锁定轨温,根据作业轨温条件进行作业,严格执行"作业前,作业中,作业后测量轨温"制度。

(8)无缝线路整理作业,必须遵守下列作业轨温条件:

当轨温在实际锁定轨温减 30 ℃以下时,伸缩区和缓冲区禁止进行整理作业。

在跨区间无缝线路上的无缝道岔尖轨及其前方 25 m 范围内综合整理,允许在实际锁定轨温±10 ℃内进行作业。

(9)无缝线路应力放散和调整后,应按实际锁定轨温及时修改有关技术资料和位移观测标记。

(10)桥上无缝线路整理作业应注意做好以下各项工作:按照施工图,保持扣件布置方式和拧紧程度。对桥上钢轨焊缝应加强检查,发现伤损应及时处理。对桥上伸缩调节器的伸缩量应定期观测,发现异常爬行,应及时分析原因并整治。

(11)无缝线路养护维修及故障处理参照客运专线维修相关规定执行。

(三)静态检测

轨道整理完毕,采用便携式轨道几何尺寸检测仪对轨道几何尺寸进行检测。检测方法及频率应符合质量验收标准要求。

## 六、钢轨预打磨

(一)钢轨预打磨原则

钢轨预打磨是对铺设上道的新钢轨的打磨,目的是去除轨面脱碳层,消除钢轨在生产、焊接、运输和施工过程中产生的表面缺陷,优化轨头廓形,改善焊接接头平顺性。钢轨打磨应根据打磨前钢轨状态,在满足目标廓形、保证打磨深度和消除病害的前提下使打磨切削量最小。

(二)技术要求

(1)在线路验收前,应对全线钢轨进行预打磨作业。

(2)成渝客运专线钢轨打磨的目标廓形设计以西南交通大学设计交底为准。

(3)打磨工艺要求:

1)钢轨应严格按目标廓形打磨,同一线路的钢轨打磨目标廓形应一致。

2)打磨面粗糙度应不大于 10 μm。

3)打磨平面最大宽度应符合以下要求:

①轨顶纵向中心线两侧 10 mm 区域为 10 mm,10～25 mm 区域为 7 mm,其余打磨区域为 5 mm。

②沿钢轨纵向 100 mm 范围内,打磨平面宽度最大变化量不应大于打磨平面最大宽度的 25%。

4)打磨后轮轨接触光带:直线和曲线下股钢轨应基本居中,宽度为 20～30 mm;曲线上股钢轨应偏向内侧。

5)钢轨打磨后应无肥边、无疲劳裂纹、无连续发蓝带。

(4)钢轨头部工作面实际横断面线形应符合钢轨廓形设计断面。

(5)质量检查:

1)在使用打磨列车时,必须用安装在打磨列车上的测量设备做打磨后测量。

2)打磨后必须对打磨前确定的较大波纹和波形磨耗的范围,进行钢轨纵断面的重点测量。

# 第四节 道岔施工

## 一、无砟道岔及过渡段铺设

无砟道岔在无缝线路铺设施工到达前提前铺设,采用原位法施工。安排专业队伍承担施工。

轨枕埋入式道岔铺设施工的工艺流程为：制造厂内组装道岔→将组装好的道岔拆成若干阶段→通过铁路运输至铺轨基地→通过汽车沿施工便道运输至岔位→使用吊车将节段吊至岔位→在岔位节段组装道岔→初调道岔→绑扎岔位钢筋→安装模板→精调道岔定位→浇筑道床混凝土。

采用预组装施工方法：岔区线下工程施工完毕，工程质量经验收合格，沉降变形经评估合格，无砟道岔区精测网测设完毕，开始无砟道岔施工；岔区控制网复测，埋设加密基桩；钢筋混凝土底座施工；道床板底层钢筋布设；在铺岔基地预组装道岔与精调；道岔轨排分段运输；安装 TSS 移动系统（包括走行线）；道岔轨排吊装推送就位；道岔轨排连接并粗调到位；道床板钢筋网与模板施工；预安装转辙设备、调试；道岔二次精调；道床板混凝土浇筑与养生；道岔焊接与长钢轨焊接锁定成跨区间无缝线路；安装转辙设备与调试；道岔整修至验交。

(1)施工前期准备工作

1)技术准备：开工前完成必备的技术资料、文件、施工技术交底、业务技能培训、岗前安全教育。各工序操作人员需持证上岗。

2)施工机具准备：24 kg 走行轨、TSS 移动系统、螺杆调节器支架、横向调节杆、定位三脚架、轨距拉杆等加工，道床模板及固定钢管架。

3)根据确定的道岔施工方案，落实机械设备、工具及材料按照计划分批到达指定地点。

4)管理人员及作业人员按计划到位。

5)道床板钢筋等材料集中加工，采用汽车转运到施工现场。

6)混凝土制品委托具备资质的混凝土厂商预制，加强中间环节控制和出厂验收，联系好车泵。

7)在建设单位统一组织下，按照有关程序和规范要求，对线下工程施工质量、无砟轨道精测量网、沉降变形观测与评估等事项进行检查和确认，办理相关交接手续。

8)在车站道岔区布置照明系统，满足施工需要。

9)准备一台水车，便于冲洗底座混凝土表面及道床板混凝土养生。

10)参加道岔生产厂的厂内拼装及调试工作，熟悉每组道岔的状态。并完成预组装道岔的检查。

11)就接口工程施工顺序、施工便道、施工厂地、道岔运输与吊卸、道岔工电联调、跨区间无缝线路施工等事宜与有关单位做好沟通、协调，划分施工界面，明确各自的工作内容和配合事宜。

(2)基标测设方案

基标是控制道岔几何尺寸的依据，基标测设精度是控制轨道质量的关键所在，基标按以下要求测设：

1)道岔位置测量，应以无砟轨道控制网（CPⅢ控制点）为基准，根据站场设计图进行道岔区控制基桩测量，确认无误后进行道岔桩位放样。

2)道岔铺设位置应符合设计要求。站场内各组道岔中心控制基桩宜与站线轨道一次测设完成，并复核道岔间相互位置，误差的调整应在站线测量中消除。

3)道岔区控制基桩测设应满足下列要求：

①道岔区应在道岔始端、道岔中心、道岔终端直股和侧股的两侧位置及道岔直股前后 100 m 范围内设置控制基桩，距线路中线的距离应为 3～4 m，按坐标直接测设。

②道岔区控制基桩的测量方法和精度要求应符合下列规定：

按 CPⅢ基桩控制网导线测量或后方交会法施测，测量的主要技术要求应符合《客运专线无砟轨道铁路工程测量暂行规定》的规定，并按规定进行平差（分配调整误差、下同）。

道岔方向观测不应少于两测回，道岔直股前后 100～200 m 控制点间夹角与 180°较差（二次测量值比较之差，下同）应小于 8″。

距离往返观测各两测回，控制点间的距离允许偏差为 1/20 000。

水准测量应按《客运专线无砟轨道铁路工程测量暂行规定》中精密水准测量的要求施测，并按二等水准测量的规定平差。

4)控制基桩可参照 CPⅢ桩位的要求埋设，设置在稳固、可靠、不易破坏和便于测量的地方，并应防冻、防沉降和抗移动，控制点标识应清晰、齐全，便于准确识别和使用。

5)无砟道岔施工前应增设加密基桩。加密基桩测设应满足下列要求：

①依据道岔控制基桩在道岔混凝土底座上测设加密基桩，应采用光学准直法和精密水准测量方法，逐一测定加密基桩的位置和高程，并标定点位。

②加密基桩一般 5～10 m 设置一个，直股应布置不少于 5 个，侧股不少于 2 个。加密基桩宜设置在线路中线的两侧。

③加密基桩测设精度应符合下列规定：

加密基桩垂直于线路中线方向的限差(极限误差，下同)为±1 mm；每相邻加密基桩间距离的限差为±2 mm；每相邻加密基桩间高差的限差为±1 mm；加密基桩间偏差应在两相邻控制基桩内调整。

6)铺岔前应复核道岔中心控制基桩的中线、里程和标高，检查路面高程。

7)道岔与区间或站线无砟轨道衔接时应以道岔控制基桩为依据进行调整。

(3)道岔运输及吊装方案

1)道岔轨排的运输，采用轴线车运输，每组道岔分三段五节按铺设顺序装车，两个轴线车运输到现场指定的吊装位置。道岔轨节分段示意如图 4-5-36 所示。

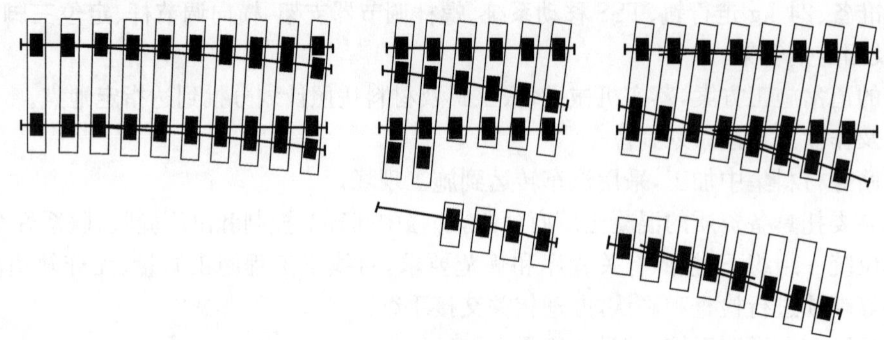

图 4-5-36　道岔轨节分段示意图

2)道岔组装轨排工地运输，都必须采用专用的夹具固定。

3)汽车运输路线提前考察、测算，对小半径曲线地段进行拓宽；对路基软弱地段进行加固；并且控制行车速度。特别是各站便道需要平整加宽的地方，需要请大件运输公司到现场查看，根据提供的意见进行提前处理。

4)道岔运输平车要设置侧向防滑装置，对装车的道岔部件都必须进行捆绑固定。

5)使用大型起重机械(200 t 吊车)吊装道岔轨排，起吊时需使用吊装扁担梁和柔性吊带，绳索的吊点必须是厂家标记的吊点处，不允许任意或单点起吊。起吊时应缓缓起落，防止部件碰撞。

6)吊装扁担梁根据 18 号和 42 号道岔最长的轨排进行设计，每 3 m 左右对称吊点，吊点柔性吊带的角度≥65°，吊点至扁担底的高度>1.3 m。

7)轨排吊放到事先已经安装好的 TSS 移动系统上，必须保证安放在准确位置，以便减少道岔移动到设计位置后的横向调整量。

(4)轨枕埋入式道岔施工工艺

轨枕埋入式道岔施工工艺如图 4-5-37 所示。

1)基标测设

①用全站仪与导线点进行联测，精确测设 3 个控制基标：岔前、岔心、岔尾。

②道岔前后各 100 m 过渡段线路应同道岔区完成联测，以便控制线路同道岔平顺连接。

③为满足道岔区无砟轨道线路精确调整的要求，在道岔两侧的岔前、岔心、岔尾、过渡段起点、终点横向距线路中线 1.8 m 处测放控制基标，在控制基标间间隔 5～10 m 测放加密基标。

④所有控制基标点应满足防沉降、防移动的要求。

2)钢筋混凝土底座施工

①道岔底座钢筋应按设计和规范安装，预埋钢筋及部件位置正确、牢固定位，按设计要求做钢筋节点的绝缘处理和绝缘性能测试。

②根据道岔区线路控制基标测放钢筋混凝土底座施工边桩，检查无误后安装模板。

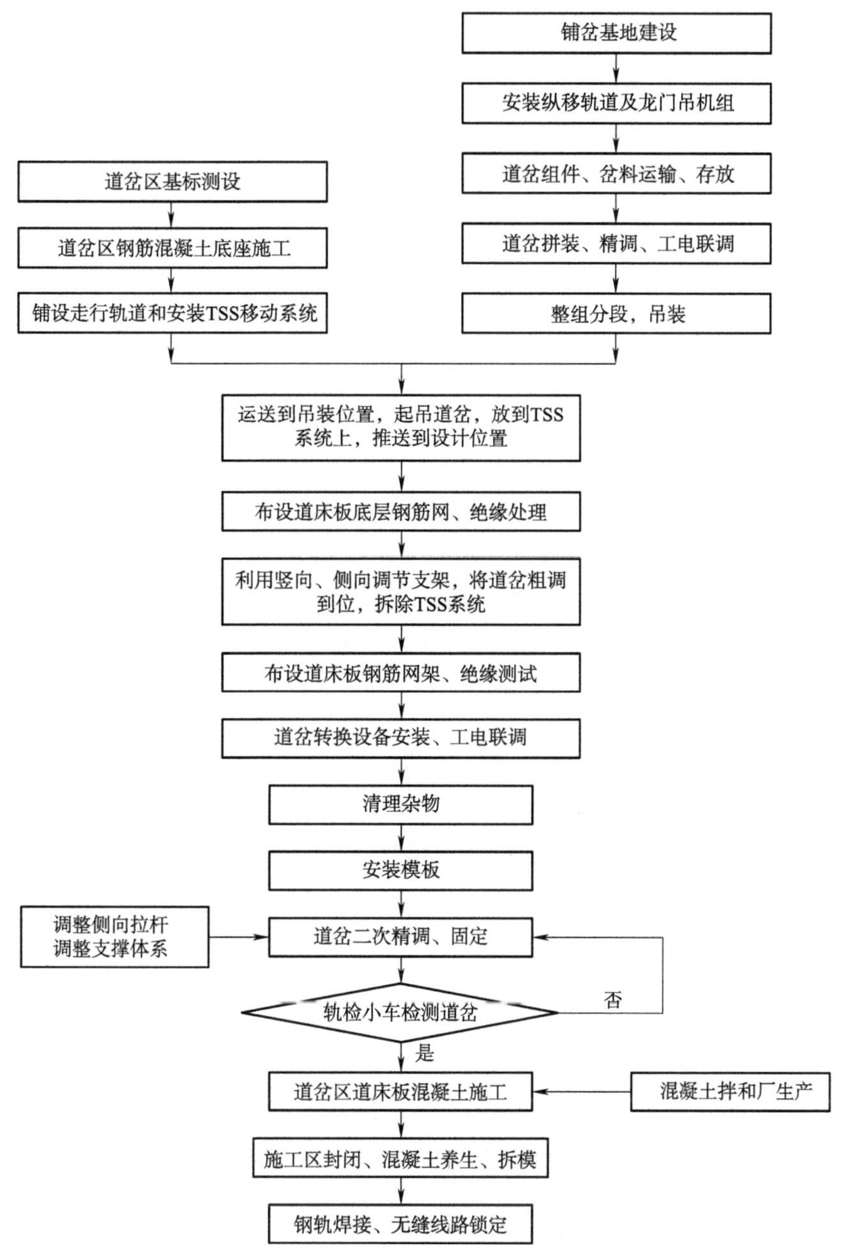


图 4-5-37　轨枕埋入式道岔施工工艺

③底座混凝土应由拌和站集中供应，搅拌运输车运输，泵送入模，机械振捣。

④混凝土浇筑完毕须及时覆盖保湿棉垫，覆盖养生，保证混凝土表面湿润，且不受阳光直射和风吹。

⑤在钢筋混凝土底座浇筑完毕 12 h 以内，采用锯缝机在底座表面锯切伸缩缝，伸缩缝间距、深度及宽度需符合设计要求。同时，应按照四电工程相关专业设计图预留道岔区配置的电缆沟槽。

3)绑扎道床板底层钢筋

①根据设计的道岔钢筋布置图清算出钢筋规格、数量；材料进厂后，对钢筋的型号、规格、力学性能，按规定进行出厂检查和常规检查，经报检合格后正式使用。

②根据设计图纸下料，使用除锈调直机对钢筋进行除锈调直切割。

③用钢筋弯曲机进行钢筋弯曲加工(弯曲长度符合相关规范的要求)。

④使用汽车将已加工的钢筋运至现场，按设计和规范布设道床板下层钢筋；钢筋铺设在底座混凝土上，以不影响道岔的纵移小车走行和调整螺栓固定块的安放。待道岔安装并最终调整完毕之后再进行钢筋的固定，并按设计要求安装绝缘卡；注意上下层钢筋的混凝土保护层厚度(采用预制砂浆混凝土块支垫)。

⑤检查钢筋成形情况，钢筋按设计进行绝缘处理，重点检查钢筋间距，绝缘卡的安装位置。

4)安装 TSS 移动系统

TSS 移动系统包括走行及桁架小车两部分。

①走行线铺设

在底座混凝土上设置走行线中心桩(即道岔直股线路中心桩),沿中心桩对称铺设 24 kg 走行轨,在底座混凝土段用木板支垫,使道岔推送到位后轨顶标高基本满足设计高度,并保持走行线左右水平一致;在路基段采用枕木支撑,枕木块间距 600 mm,左右股基本水平。

走行线间距按照 3 m 设置,走行线纵向用特制钢夹板带螺栓连接,横向用两头带丝的拉杆连接,保持线间距不变,增加稳定性;走行轨下用木板或枕木块(400 mm 长)支撑,间距 600 mm,用道钉将钢轨扣压在枕木上,使用薄木片垫平走行面。

注意在长岔枕(>3.3 m)按分开式混凝土枕(长、短枕)由钢板连接的地方开始在外侧加一根走行线,保证道岔长枕地段走行平稳。

走行线的铺设从底座混凝土范围开始至每组道岔选定的吊装位置,并周全考虑道岔轨节吊装次序打乱后能避让的长度。

②桁架小车安装

TSS 移动系统桁架小车按照从下向上的顺序安装,先安装纵向走行梁,稳住后安装横梁(即抬轨梁),这样形成一定刚性结构的移动平台;注意横梁之间的间距为 1.2~1.8 m。

道岔移动小车依照道岔轨排分三段安装,每段要保持水平一致,不偏移、扭曲,并且稳固。

5)道岔的吊装就位

TSS 移动系统小车按照道岔轨排分三段安装到位后,依据道岔铺设顺序依次推送到道岔吊装位置,用木楔子稳定,不让其前后移动。

当道岔轨排运输到现场指定的吊装位置后,检查轨排几何尺寸,检查通过后,双方签字确认;人工配合用大吨位吊车依次吊装轨排放到相应的 TSS 移动系统上(人工移动小车就位),注意短枕轨节的吊装就位连接(短枕轨 22.761 m 分两段与轨排连接)。按照道岔的铺设顺序(如岔前到岔尾)依次推送装载轨排的移动小车到底座混凝土上道岔的设计位置。

注意现场有专人指挥吊装,吊点必须是厂家标记的吊点处,不允许任意起吊,起吊时应慢慢起落,防止工件碰撞。

道岔轨排吊装即将就位在 TSS 移动系统上时,要有一定的人数扶助轨排不让其随意晃动,轨排直股中心线要与 TSS 移动系统横梁中心一致,才能落放轨排到位,这样减少道岔的调整时间。

在推送轨排时动作要轻,两边人员用力要一致;专人随时观察走行线是否偏离,TSS 系统是否有变化。第一个轨节到设计位置时,一定要准确对位,用方尺靠两股钢轨头,要平齐才行,并用木楔子锁住走行轮,或在前方安装一块挡板,控制道岔纵向精确位置。

第二、第三轨排依照顺序和相同措施推送到位。

6)道岔轨排粗调

①道岔铺设就位前,应在成形的底座表面测放线路中线,用墨线标出道岔对位线,侧向支撑支座等预埋位置。

②各段道岔轨排纵向定位后,利用 TSS 移动系统、竖向调节器、侧向支撑调节道岔轨顶标高和方向,并在长岔枕区域安装钢轨辅助支撑架(竖向调节器)。

③道岔轨排水平和方向定位时,用 L 尺对应基标控制标高和方向,万能道尺对水平;旋转竖向支撑螺杆逐段调平道岔。由边线基桩拉钢弦线控制道岔方向,旋转侧向支撑丝杆调整轨排初步对中。

④道岔轨排标高、方向调整初步定位后,应方正左右股钢轨,检查道岔全长,符合要求后再连接钢轨,注意钢轨轨缝的控制(塞间隙片),轨排连接采用鱼尾板带夹工形式,注意错压,轨顶平齐。

⑤侧向支撑安装按照预先标记位置定位,注意连接牢固。

⑥调整前,应将侧向支撑丝杆套管居中,丝杆涂油。

⑦对中调整应在左右两侧对称进行,并沿线路方向逐步调整。

⑧道岔轨排粗调到位后,用侧向支撑和 TSS 系统上的横向螺杆锁定方向,将定位螺栓旋入岔枕端部的

预留孔内，使螺栓端头与支撑垫板顶紧、承力。使轨排轨顶标高符合要求。

⑨定位螺栓旋入前应涂油，埋入道床板部分加装 PVC 套管，便于施工后拆除。

⑩定位调节螺栓端头与基础层间应安装支撑垫板，以使支撑螺栓受力均匀。

⑪道岔粗调精度达到横向±2 mm，竖向±2 mm，纵向±1 mm。

7）拆除移出道岔移动小车

①待道岔粗调到位后，拆除道岔移动小车。

②拆除按照从上向下的顺序进行，依次拆除抬轨梁、走行轮及走行轨道。

③拆除的杆件和零部件放置指定位置，分类存放零部件，妥善保管转到下组道岔安装使用。有损坏零部件，做好更换备料工作。

8）绑扎道床板上层钢筋

①按照设计钢筋布置图，把弯制好的钢筋，先按设计间距、数量从岔枕桁架钢筋内穿入上层纵向钢筋，控制纵向钢筋高度符合设计。再依次摆放横向钢筋和架立钢筋，纵横向钢筋搭接范围安装绝缘卡。在特别施工区段，钢筋会和每一轨枕绑接。

②按照设计图布置钻孔设置底座混凝土和道床板的连接钢筋。

③道床板钢筋网架设完毕，应进行绝缘性能测试，符合要求后方可进入下道工序施工。

④因道床板分成 5 段，按照设计位置在底座混凝土上弹线；注意钢筋按照设计位置断开，变形缝用泡沫板隔断，传力杆按照设计横向位置穿过泡沫板。

⑤完成钢筋绑扎后即可进行混凝土模板的安装固定。

9）转辙器设备的预安装与调试

混凝土施工前应先安装调试好转辙器设备，转辙器设备的调试要与相关单位配合进行。

10）道床板模板安装

①道床板混凝土边模板采用定形钢模板，相邻模板拼缝保证密贴。

②模板固定装置应同基础层预埋件牢固连接，防止跑模。

③模板安装前，应清理道床板钢筋网片内遗留的杂物。

④混凝土浇筑前和浇筑过程中，需进行模板加固状态检查，确保混凝土浇筑施工顺利进行。

⑤道岔转辙机基坑模板根据设计道岔转辙机基坑结构形式选配。

⑥转辙机基坑两侧岔枕之间加设临时支撑，固定岔枕间距。

⑦混凝土浇筑前，在钢轨需要焊接位置必须安装预留焊接所需的沟槽模板。

⑧钢模板固定后，应检查转辙机基坑长度、宽度和深度，符合设计后方可进入下道工序。

⑨所有钢模板表面需要涂刷脱模剂。

11）道岔精调定位

①转辙机调试工作完成后，模板施工和精调工作可以同时进行。

②用全站仪配合 GRP1000 轨道轨检小车进行道岔全面检测（精调），包括高低、方向、水平、轨距、支距、尖轨和心轨转换性能、密贴程度等。根据轨检小车检测数据确定精调数值。

③随轨检小车移动，根据检测反馈数值逐点对道岔水平、方向进行微调定位。

调整定位螺栓丝杆高度，精调起平道岔，道岔高低在规定范围，道岔钢轨水平满足要求。

调整侧向支撑丝杆，对道岔方向超限点作局部精调。直股工作边直线度符合规定指标、曲股工作边曲线段应圆顺无硬弯。

滑床台板坐实坐平，垫板与台板的间隙不超标。

轨距及支距调整。调整时应以直基本轨一侧为基准，按照先调支距再调轨距的步骤进行，使尖轨跟端起始固定位置支距、尖轨跟端支距和导曲线支距（包括尖轨密贴段以后、跟端以前范围）允许偏差符合设计要求。

密贴调整。调整尖轨、心轨密贴和顶铁间隙应同调整轨距、支距相结合。确保尖轨与基本轨密贴、可动心轨在轨头切削范围内应分别与两翼轨密贴、开通侧股时，叉跟尖轨尖端与短心轨密贴。尖轨或可动心轨轨底应与台板接触。顶铁与尖轨或可动心轨轨腰间隙和限位器两侧的间隙值不超限。轨撑的顶面应与翼轨轨头下颚密贴。

轨向调整。直线尖轨工作边的直线度,密贴段每米不大于 0.3 mm,全长不大于 2.0 mm。曲线尖轨圆顺平滑无硬弯。

可动心轨辙叉,直股工作边直线度为 0.3 mm/m,全长(可动心轨尖端前 500 mm 至弹性可弯中心后 500 mm)直线度为 2.0 mm,心轨尖端前后各 1 m 范围内不允许抗线。可动心轨辙叉,曲股工作边曲线段应圆顺,不允许出现硬弯。

间隔调整。可动心轨辙叉咽喉宽度、趾跟端开口、护轨轮缘槽宽度、查照间隔、尖轨非工作边与基本轨工作边的最小间距等需调整到位,不得大于设计允许偏差值。

道岔精细调整到位后,线路几何形位指标应符合 4-5-13 的规定。

**表 4-5-11　无砟轨道平顺度铺设精度标准(静态)**

| 项　目 | 高　低 | 轨　向 | 水　平 | 轨　距 | |
|---|---|---|---|---|---|
| 幅值(mm) | 2 | 1 | 2,无反超高 | ±1(直股) | +2.0,−1.0(侧股) |
| 弦长(m) | 10 | | | | |

④整组道岔精调完毕应对弹条螺栓、岔枕螺栓、限位器螺栓、翼轨间间隔铁螺栓、长短心轨间间隔铁螺栓进行复紧,扭矩达到设计值。

调整后的道岔需由监理单位会同施工单位按照道岔铺设技术条件中的检测验收项点逐项检测道岔,混凝土浇筑前的道岔需完全满足道岔铺设验收的要求。

12)道床板混凝土浇筑及养护

①道岔精调到位并固定后,做好混凝土浇筑前准备工作

检查模板安装及加固状态,钢筋网检查,变形缝处理(分段间隔)。

底座混凝土表面应清除杂物,同岔枕一道洒水湿润。

检查搅拌站、混凝土泵车、混凝土运输车、捣固棒(电机)、及发电机性能工况。

对道岔钢轨部件、垫板、滑床垫板、扣件等应加装临时防护膜,防止混凝土浇筑时的污染。

混凝土拌和站给出配合比检测报告,经监理确认。

准备工作完后,自检,报监理,征得同意后实施。

②道床板混凝土浇筑(混凝土浇筑时的道岔轨温满足设计中和温度范围)

混凝土由统一拌和站集中供应,采用混凝土搅拌运输车运输,泵送入模,机械振捣。

每车混凝土到场后先做坍落度检查及混凝土温度检查(35 ℃以下),不符合要求不能浇筑。

混凝土浇筑按照道床板分段顺序间隔进行,循序进行,直到完成。

混凝土灌注过程中,保证振捣密实的同时,应有专人随时检查道岔轨排的固定装置、防止移位;要有监护人员随时检测道岔几何尺寸,并校正。

混凝土浇筑过程中注意观察混凝土流动情况,从前到后,枕木盒浇筑满后,再移动泵管至下一处;要有专人赶平混凝土表面,高度不够(混凝土面距枕木面 2 cm)的地方要补充混凝土。

混凝土入模后,立即插入振动棒振捣。振动棒必须作垂直运动,间距不可超过 600 mm,如此可帮助混凝土水平流动,并移除空气。对岔枕底部位置混凝土要加强振捣,确保混凝土的密实性。转辙机坑位置应加强捣固。

捣固时要防止过捣,防止混凝土离析;同时防止捣固棒触碰支撑螺杆、侧向装置、模板及加固设施。

道床板混凝土表面采用 2 次压光抹面,确保道床板顶面高程、平整度和排水坡度符合设计标准。污染的道岔扣配件派专人及时清洗。

同一配合比每班次应制作 5 组试件。

在混凝土浇筑过程中,若检查发现局部轨道线形有所变化的,则混凝土浇筑必须马上停止,测量检查要立即进行,同时监护人员重新进行调整,如果时间拖得较长,考虑就近设置施工伸缩缝,伸缩缝以外的混凝土立即清走。

③道床板混凝土的养生

道床板混凝土浇筑后，压光抹面完成，等到初凝，松开扣件螺栓(辙叉部分除外)，拆除竖向定位螺杆(清理干净涂油)，遗留的孔洞用同级砂浆填充密实。

道床混凝土初凝后，立即喷洒混凝土养护液，用保湿棉被或土工布覆盖洒水养生，保证混凝土表面湿润，且不受阳光直射和风吹。

在道床板混凝土养生期间，施工区严格封闭，严禁行人车辆在道岔上通过。

混凝土浇筑后一天，拆除道床板边模和转辙机坑模板，清理干净涂油，堆码整齐；拆模时动作要轻，以免道床板边角磕坏、掉块，钢模有变形的要及时整修。

(5)道岔前后过渡段施工

1)道岔前后过渡段单独一个作业面，安排一组队伍施工。

2)道岔前后过渡段应在道岔区施工完毕后，与区间或站线无砟轨道一并施工。

3)道岔前后过渡段施工程序和道岔大同小异，所有材料拉到现场原位，绑扎下层钢筋、布枕、上钢轨扣配件、升起轨排、安装竖向和侧向调节支架、粗调、绑扎上层钢筋、关模、精调、浇筑混凝土等。

4)过渡段道床板施工前，应加强已完工的无砟道岔和区间(或站线)无砟轨道的复测、联测工作，消除其偏差，在过渡段内调整好轨道的平顺，使轨道几何尺寸和平面位置偏差满足有关规范要求。

## 二、有砟道岔铺设

在既有线车站将从厂家发到的道岔，用专用卡车通过吊车或货场龙门吊按道岔的铺设顺序进行装车，并将道岔进行加固。

### (一)人工现场预铺普通道岔施工

人工现场预铺普通道岔施工流程如图 4-5-38 所示。

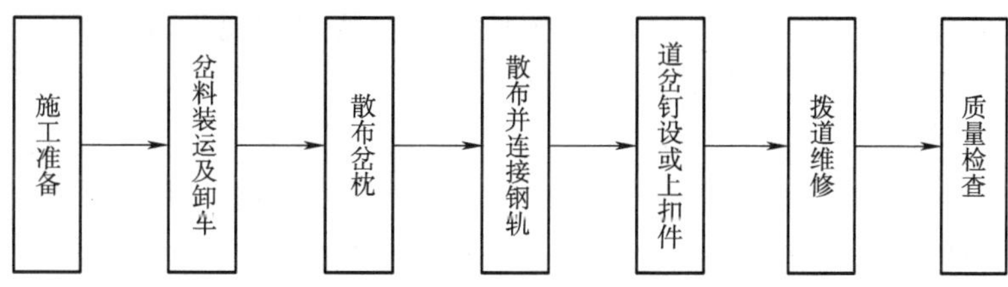


图 4-5-38　普通道岔铺设施工流程

### (二)人工现场预铺道岔施工方法

1. 施工准备

施工技术人员对平面图和站场设计说明书进行认真审核，确定道岔型号、道岔开向及采用的标准图，绘制施工平面图，提出道岔铺设材料表，编制施工计划和铺岔作业指导书。明确道岔铺设作业所需的劳动力及工器具的配备，并组织调迁到施工现场。施工技术人员对路基施工队伍移交的岔位桩，依据站场平面图进行复测、验证，并对所铺道砟，按有关规定进行自我验收。

2. 岔料的装、运、卸

岔料装运采用拖车将钢轨运至现场，轨枕、零配件用汽车运至现场，装车时将尖轨与基本轨捆牢装车。岔轨料装好车后，按有关规定进行捆扎加固，对装运长钢轨和长岔枕的车辆，要按长大货物运输的规定加设标志。卸车时，要首先确认岔位各桩号，将各钢轨对准其相应位置，利用 8～10 t 汽车吊将岔料按序卸下。

3. 散布岔枕

混凝土岔枕按标准图检查、摆放。

4. 散布并连接钢轨

按标准图中钢轨排列顺序从岔头起，先直股后弯轨顺序散放，然后连接钢轨，并拨正位置，再用起道机将钢轨打起方正岔枕。

5. 安装配件

按照道岔图安装配件。先安装直股，直股安装完成后，拨正拨顺；然后以直股为基准，用轨距道尺和支距尺量出各部位轨距及曲线支距，由转辙部分、导曲线、辙叉部分顺序安装。

6. 拨道整修

道岔钉设完毕后,按中线桩将道岔拨到设计位置,按照验标要求,对道岔各部位进行整修。

(三)质量检查

检查材料数量、道岔位置、轨距、扣件安装、导曲线支距、附带曲线支距、轮缘槽宽度、尖轨密贴程度等项目是否符合规定。

1. 道岔铺设质量控制

道岔结构件、轨枕、配件等均需有产品出厂合格证,外观及尺寸必须符合设计要求,材料数量齐全。

2. 道岔铺设后应符合的要求

铺设位置正确,基本轨、尖轨、辙叉及配件铺设符合标准图。转辙器搬动灵活,尖轨与基本轨密贴,在转杆连接处,尖轨与基本轨的间隙不得大于 2 mm,尖轨无损伤,尖轨顶面宽 50 mm 以上断面处,不低于基本轨顶面 1 mm。轨距允许误差:装有控制设备的道岔,除尖轨尖端处为±1 mm 外,其余各部均为+3 mm、−2 mm。辙叉心作用边至护轨头部外侧的距离(查照间隔)不小于 1 391 mm,翼轨作用边至护轨头部外侧距离(护背距离)不大于 1 348 mm。道岔的大方向与其连接线路的中线一致,与道岔偏差不大于 30 mm。导曲线应圆顺,支距正确,其误差不大于 2 mm,连接曲线用 10 m 弦量,连续正矢量不大于 3 mm。接头处轨面高差和错牙不大于 1 mm,轨缝实际平均与检算值误差控制在±2 mm,岔头或岔尾接头相错量不大于 20 mm。基本轨落槽、滑床板平直,滑床板与尖轨间有 2 mm 以上空隙者,不多于 1 块。道岔铺设完毕,串砟找平,逐步捣固,全部滑床板在同一平面上,轨面平顺,在道岔全长内高低差不大于 4 mm。导曲线没有反超高。

(四)现场注意事项

使用吊车及其他机械卸岔轨料时,必须执行装吊作业安全操作规章,吊点要选准挂牢,起吊时两端设专人稳定控制平衡,由专人统一指挥,在吊起的岔轨料下面或移动的范围内禁止人员进行作业。装运钢轨、岔枕的车辆,必须按有关规定进行捆扎、加固牢靠,并按长大货物装运的规定,加设醒目的防护标志。押运人员要随时观察岔料变化情况,发现异常位移及捆扎失效等情况,及时通知停车予以处理,严防岔料滑落发生意外。人工拨岔轨时,作业人员全部站在钢轨的同一侧,统一指挥。翻转钢轨时用撬棍敲击轨头示警,待全部人员离开钢轨确认安全时,再开始翻轨,撬棍前后严禁站人,叫号时两人要一致,防止撬棍伤人。拨道时,需将撬棍放在轨底,与钢轨轴向相交角度不小于 45°,插入深度不小于 20 cm,以免滑撬摔伤。起道时,起道机应平衡地放在道砟上,不得歪斜俯仰,以免倾斜,放落时作业人员不得将手脚放在轨枕或钢轨上,以免压伤。上扣件时,禁止将手伸入承轨槽和轨底之间,拨动扣件和岔枕时,用手推撬,防止手拉撬棍碰伤头部。

## 第五节　轨道及道岔精调

### 一、轨道精调的主要内容

轨道静态调整和动态调整(主要是静态调整)。其中静态调整主要包括:轨道几何状态测量、数据整理、模拟调整、出具书面调整报表、统计调整/更换扣件种类、现场调整扣件、调整完成后扣件紧固、调整后复测轨道调整效果、回收更换下来的扣件、清理轨道板。

静态调整达到静态验收标准后,才能开始联调联试。开始联调联试后,精调工作进入轨道动态调整阶段,该阶段主要通过轨检车和动车组对轨道状态进行检测和评估。动态调整阶段主要通过对动态轨检车的数据进行分析,采用静态调整的方式对轨道进行调整。通过两个阶段的调整,最终使得无砟轨道状态满足动车组高速运行的舒适性和安全性要求。

### 二、主要材料

WJ-8B 型扣件由螺旋道钉、平垫圈、弹条、绝缘轨距块、轨距挡板、轨下垫板、铁垫板、铁垫板下弹性垫板和预埋套管组成。此外为了钢轨高低位置调整的需要,还包括轨下微调垫板和铁垫板下调高垫板,如图 4-5-39 所示。

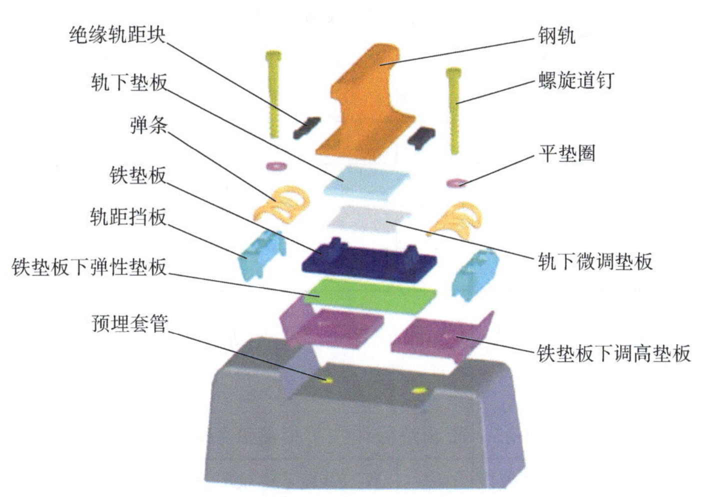


图 4-5-39 WJ-8B 扣件图

(1)轨距和轨向调整

根据设计要求，单股钢轨左右位置调整量为±5 mm，轨距调整范围为±10 mm。单股钢轨左右位置调整量为±2 mm 以内时，采用调换不同规格的绝缘轨距块，具体配置见表 4-5-12。

**表 4-5-12 绝缘轨距块轨距和轨向调整配置表**

| 单股钢轨调整量股(mm) | 钢轨外侧 | | 钢轨内侧 | |
|---|---|---|---|---|
| | 轨距挡板 | 绝缘轨距块 | 绝缘轨距块 | 轨距挡板 |
| −2 | 7 | 11 | 7 | 7 |
| −1 | 7 | 10 | 8 | 7 |
| 0 | 7 | 9 | 9 | 7 |
| +1 | 7 | 8 | 10 | 7 |
| +2 | 7 | 7 | 11 | 7 |

单股钢轨左右位置调整量为大于±2 mm 时，采用调换不同规格的轨距挡板和绝缘轨距块，具体配置见表 4-5-13。

**表 4-5-13 轨距挡板和绝缘轨距块轨距和轨向调整配置表**

| 单股钢轨调整量股(mm) | 左股钢轨 | | 右股钢轨 | |
|---|---|---|---|---|
| | 轨距挡板 | 绝缘轨距块 | 绝缘轨距块 | 轨距挡板 |
| −5 | 10 | 11 | 7 | 4 |
| −4 | 10 | 10 | 8 | 4 |
| −3 | 10 | 9 | 9 | 4 |
| +3 | 4 | 9 | 9 | 10 |
| +4 | 4 | 8 | 10 | 10 |
| +5 | 4 | 7 | 11 | 10 |

(2)钢轨高低位置调整

根据设计要求，高低位置调整量为−4～+26 mm。通过更换轨下垫板，在轨下垫板与铁垫板之间垫入轨下微调垫板和在铁垫板下弹性垫板与轨道板(轨枕)承轨面之间垫入铁垫板下调高垫板实现钢轨高低位置调整。

1)通过更换不同规格的轨下垫板实现−4 mm～0 调整，具体配置见表 4-5-14。

表 4-5-14　轨下垫板高低调整配置表

| 钢轨高低位置调整量(mm) | WJ-8B 轨下垫板厚度(mm) | WJ-8B 轨下垫微调板总厚度(mm) | WJ-8B 铁垫板下调高垫板厚度(mm) |
|---|---|---|---|
| −4 | 2 | 0 | 0 |
| −3 | 3 | 0 | 0 |
| −2 | 4 | 0 | 0 |
| −1 | 5 | 0 | 0 |
| 0 | 6 | 0 | 0 |

2)通过更换轨下垫板,垫入轨下微调垫板和铁垫板下调高垫板实现 0～＋26 mm 调整,具体配置见表 4-5-15。

表 4-5-15　微调垫板和铁垫板高低吊坠配置表

| 钢轨高低位置调整量(mm) | WJ-8B 轨下垫板厚度(mm) | WJ-8B 轨下垫微调板总厚度(mm) | WJ-8B 铁垫板下调高垫板厚度(mm) |
|---|---|---|---|
| 0 | 6 | 0 | 0 |
| ＋1～＋6 | 6 | 1～6 | 0 |
| ＋7 | 3 | 0 | 10 |
| ＋8 | 4 | 0 | 10 |
| ＋9 | 5 | 0 | 10 |
| ＋10 | 6 | 0 | 10 |
| ＋11～＋16 | 6 | 1～6 | 10 |
| ＋17 | 3 | 0 | 20 |
| ＋18 | 4 | 0 | 20 |
| ＋19 | 5 | 0 | 20 |
| ＋20 | 6 | 0 | 20 |
| ＋21～＋26 | 6 | 6 | 20 |

## 三、静态调整方案

1. 静态调整工艺流程

轨道精调应先调整轨向基本轨的平面位置和高低基本轨的高程,确保轨向平顺性指标和高低平顺性指标合格,再调整两个基本轨相对应的另一根钢轨的平面位置和高程,使轨距和水平(超高)达标,工艺流程如图 4-5-40 所示。

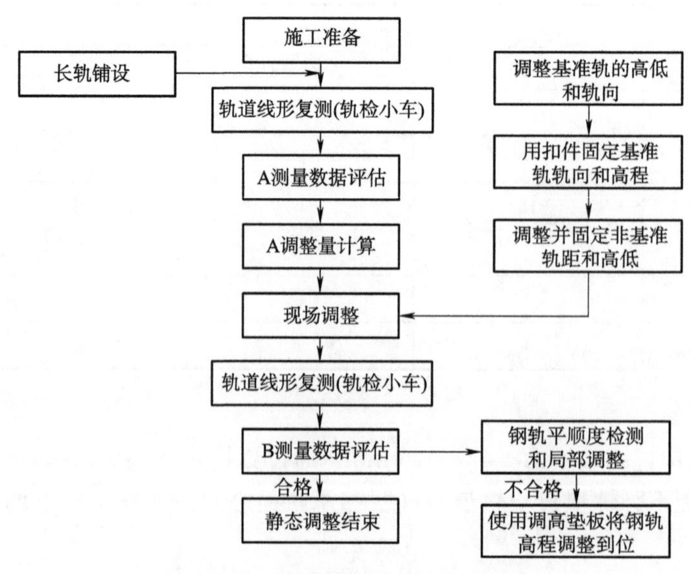


图 4-5-40　轨道精调施工工艺流程图

2. 控制网复测

CPⅢ控制网是轨道精调作业的测量基准，在轨道精调作业前为保证精调作业的精密，实现轨道的平顺性要求，必须复测CPⅢ控制网。

CPⅢ控制网复测前，应先检查原建网的CPⅢ控制点是否存在毁坏，对已毁坏的CPⅢ控制点进行恢复。

CPⅢ平面网复测采用的网形和精度指标应与原测相同。CPⅢ点复测与原测成果的 $X$、$Y$ 坐标较差应≤±3 mm，且相邻点的复测与原测坐标增量 $\Delta X$、$\Delta Y$ 较差应≤±2 mm。较差超限时应分析判断超限原因，确认复测成果无误后，应对超限的CPⅢ点采用同精度内插方式更新成果。

CPⅢ高程复测采用的网形和精度指标应与原测相同。CPⅢ点复测与原测成果的高程较差≤±3 mm，且相邻点的复测高差与原测高差较差≤±2 mm时，采用原测成果。较差超限时应分析判断超限原因，确认复测成果无误后，应对超限的CPⅢ点采用同级扩展方式更新成果。

3. 施工准备

鉴于客运专线对轨道的高平顺性要求，轨道精调的高标准、高精度测量，轨检设备应采用高精度全站仪及获得国家承认满足要求的轨道几何状态测量仪作业。

(1)轨枕编号以1 km为单位，对扣件节点从小里程到大里程方向进行自然递增顺序编号。

(2)以每公里的第1个CPⅢ标志为基准，即编号“###301”的标志离该标志最近一根轨枕定义编号为1，并在前面加上公里数。

(3)每5根轨枕写一个编号，要标写的轨枕号数是1、5、10、15、…，除第1根加上公里数外，其余的都不用加公里数，单元长度内，最后1根轨枕编号要标识，其编号不一定刚好是5的倍数，是多少就写多少(即遇到下1 km的第1个CPⅢ标志，又开始进入下一个单元的扣件编号)。

(4)左右线的轨枕编号对称设置，其编号统一用黑色记号笔写在左轨内侧轨枕头上。

具体编号示意如图4-5-41所示。

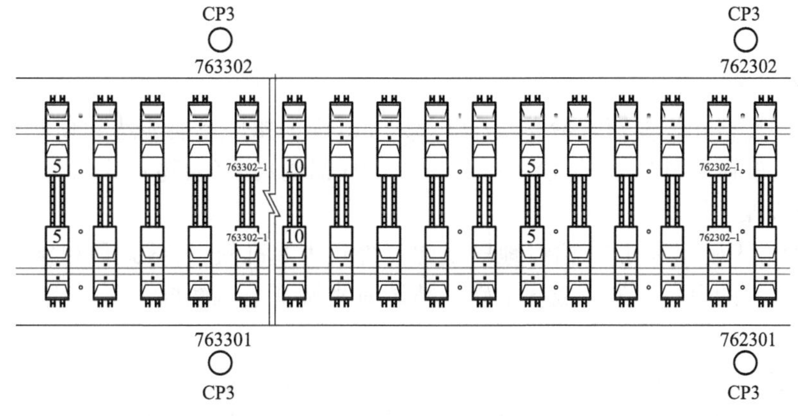


图4-5-41 编号示意图

组建轨道精调测量组，包括1名测量工程师和测量工，测量组能正确进行轨道精调测量的计算、实施、数据分析和调整量计算。

配备经校验合格的测量仪器，包括全站仪、电子水准仪、轨道板快速精调系统、轨检小车及配套棱镜、道尺、弦线绳等工具。

配备轨道精调作业组，包括作业队长、工程技术员和若干线路工。

配备不同规格的轨道调整扣件，包括轨下调高垫板、轨距挡块。

完成CPⅢ测量网的复测和贯通测量，并提供合格的成果报告，施工现场标定精确里程，使轨道板精调系统、轨检小车与人工检查所用的里程精确一致。

轨检小车测量轨道线形数据前要对轨道进行清理和检查。

(1)清理线路卫生。对黏附钢轨、扣件、轨枕上的污垢、油污等予以清除，包括钢轨预打磨留下来的铁屑，清除的方法用扫帚、高压风管。

(2)检查钢轨扣件的完好性。逐一检查钢轨零件的完整性，对缺损件进行更换，提前用内燃螺栓扳手完成对钢轨扣件的复紧。

(3)完成对钢轨焊接接头平顺度的检查和整修,接头平顺度达到要求。

4. 轨检小车复测轨道线形

(1)在轨检小车测量之前,将CPⅢ网测量成果及无砟轨道线形数据输送轨检小车系统软件。

(2)轨检小车与全站仪按"全站仪自由设站,后方交会法"测量。全站仪架设在线路中线上,通过后视线路两侧8个CPⅢ控制点进行自由设站,观测轨检车上的棱镜,之后全站仪将测量数据传递给轨检小车。轨检小车通过自身携带的传感器对轨道的超高、轨距进行测量,之后软件将所有测量数据进行处理,实时形成每个测量点的绝对坐标(竖向、横向)、轨距、方向、高低与设计数据的对照,并通过不同的界面予以显示。

(3)轨检小车测量时,一次设站最大测量距离80 m。前后两次测量的搭接区不小于5个测点,同一点不同测站的测量数据不超过1 mm。

(4)测量时,按每块轨道板扣件节点位置测量完成后,轨检小车系统可自动生成测量成果报表,该报表能反映每个测量点的绝对坐标(竖向、横向)、轨距、水平及方向、高低长短波与设计数据的差值,对超标处给予以显红标记。

5. 数据评估

轨道线形测量数据评估的判别依据是轨距±1 mm,水平偏差不超过2 mm,高低相差不超过2 mm。对超标的部分,视为轨道线形不合格。

对轨道线形测量数据的评估和调整量计算是同步完成的,将轨道线形测量数据导入专用计算程序,实时反映出轨道线形的偏差情况。当轨道线形数值超标时,通过程序计算出的各股轨道的方向调整量,该调整量计算是调整中不断优化的过程,当所有数据都在合格范围内,即可完成调整量计算。最后,可通过计算程序输出调整量清单。

6. 现场调整

(1)调整要求

现场调整对照调整量清单,按"先高低,后水平;先方向,后轨距"的原则进行精调施工。

每次拆除扣件不得连续超过10~12个承轨台(防止胀轨),并且在更换扣件区段两端各松开4个以上扣件(只是松开,不拆除)更换扣配件钢轨抬高量小于25 mm,确保扣件更换能达到预期目的和平滑过渡。扣件更换调整工序,按"摆(调整件)、松(螺栓)、拆(扣件)、顶(钢轨)、清(杂物)、装(调整件)、紧(螺栓)、查(扭矩)、记(台账)"九个步骤进行。

①轨道精调作业应先确定基准轨,曲线地段轨向以外轨为基准轨,直线地段以测量前方曲线外轨为基准轨,相对于轨向基本轨的另一轨为高低基本轨。精调时先调基准轨轨向和另一轨的高低,再调两根轨的轨距和水平。

②根据调整量表在现场对应位置标记基准轨调整量(方向、高低)。通过更换轨距挡板来实现轨距、轨向调整;使用微调高垫板、铁垫板调整轨道高低。然后用道尺检查水平,并调整另外一股钢轨,调整后的轨道水平应满足轨距±1 mm,水平±1 mm。

调整时不能两股钢轨同时松开,应先保证一股钢轨不动,作为参照,通过道尺检查调整点位的轨距、水平相对关系,确定调整后的轨距、水平相对数据,再进行相应调整。

(2)高低水平的调整

钢轨高低位置调整时,应根据调整量的大小采用对应的扣件配件合理搭配。

①对于所需调整量在-4~0 mm区间范围时,应采用更换轨下垫板实现高低位置的调整。

②对于所需调整量在0~+26 mm区间范围时,应同时嵌入塑料调高垫板和垫入轨下微调垫板实现调整。

(3)轨向和轨距调整

松开并取下轨枕螺栓、弹条、绝缘垫片、轨距挡板,更换所需规格的轨距挡板予以调整,使轨距和轨向达到要求。

另一股钢轨精调在错开基准轨50 m以上进行,主要通过对轨距、水平进行,操作方法同上。

根据测量数据,使用轨下调高垫板调整轨道高低,之后用道尺检查水平,并调整另外一股钢轨,调整后的轨道水平应满足轨距±1 mm、高低 2 mm，调整水平的同时检查并调整轨距。

现场调整过程中，同时修正轨道扣件离缝、扭力不足等问题。

7. 复测轨道线形

(1)复测前准备

①对第一次调整记录整理，以便复测时复核。

②对调整区段的扣件、垫板进行全面检查，确认安装正确，扣压力达到设计标准。

(2)测量

复测的外业采集和第一次测量方法一样，采用轨检小车进行，测量点位可跟第一次交叉。

(3)数据分析、二次调整

①对相同区段两次测量数据，进行分析对比，不满足要求的地段重新调整。

②通常无砟轨道的调整工作量与轨道板铺设精度与扣件安装精度有关，如安装精度高调整工作重复 3～4 次循环可达到要求，每次循环的调整量会越来越少。

8. 轨道精调的原则和标准

轨道精调遵循“将轨道线形调整至线形合格状态”的原则，即：无砟轨道线形调整不是将轨道的各项指标调整至设计绝对位置，而是将轨道线形的方向、高低、水平、轨距及轨距递减率、高低递减率调整至规格允数值范围，保证轨道平顺。无砟轨道状态静态检测铺设精调应达到以下标准，具体见表 4-5-16。

**表 4-5-16　轨排调整后几何形位允许偏差**

| 序号 | 项　目 | | 允许偏差 | 备　注 |
|---|---|---|---|---|
| 1 | 轨距 | | ±1 mm | 相对于标准轨距 1 435 m |
| | | | 1/1500 | 变化率 |
| 2 | 轨向 | | 2 mm | 弦长 10 m |
| | | | 2 mm/测点间距 $8a$(m) | 基线长 $48a$(m) |
| 3 | 高低 | | 2 mm | 弦长 10 m |
| | | | 2 mm/测点间距 $8a$(m) | 基线长 $48a$(m) |
| 4 | 水平 | | 2 mm | 不包含曲线、缓和曲线上的超高值 |
| 5 | 扭曲 | | 2 mm | 基长 3 m。包含缓和曲线上由于超高顺坡所造成的扭曲量 |
| 6 | 轨面高程 | 一般情况 | ±2 mm | |
| | | 紧靠站台 | 0，+2 mm | |
| 7 | 轨道中线 | | 2 mm | |
| 8 | 线间距 | | 0，+5 | |

注：表中 $a$ 为扣件节点间距(m)。

## 四、动态调整方案

1. 主要工作流程

(1)轨道检测车调整

①全线防护，大约 500 m 设置一人，主要道口增加 1 人。

②派人驻站，负责要点和相关联络工作

③20 km 轨道检测车派员跟车，获取初步数据。

④组织人员进行轨道(利用轨检车测量数据→利用软件分析数据确定调整量→松开扣件，更换垫板或轨距挡块进行调整→按要求拧紧扣件→复测数据)如此反复几次。调整完成后通知驻站人员，上报上级单位(这个程序时间比较长，工作量大，估计 1～2 个月左右，中途轨道车会复测，间隔时间 3～5 d 不等)。

(2)轨道检测车调整

①全线防护，大约 500 m 设置一人，主要道口增加 1 人。

②派人驻站，负责要点、销号和相关联络工作

③140 km 动检列车派员跟车，获取数据(数据与上述速度不同)。

④驻站人员请点，获得调整时间。

⑤组织人员精调，步骤同上。

⑥调整完成销号，完成一个循环。若不能及时完成，临时锁紧轨道，让动检车通行，重新要点直至完成(动检测大约每天一次往返)。

以后以每 20 km/h 速度递增，直到最高速度。程序与上述相同，精调方法与粗调相同。

2. 主要技术指标

(1)轨道动力学检测无超标处。

(2)轨道平顺度指标 TQI 值不能超限。TQI 值要求：按照铁科院经验介绍，对动检车资料里 TQI 值大于 2.1 的段落和轨检车资料里 TQI 值大于 3.6 段落进行整改。TQI 质量指数正确严格讲应说：线路几何质量指数。主要有七项水平、左高低、右高低、左轨向、右轨向、三角坑和曲率。从数学公式讲它是均方差公式，就其描述线路几何形态的意义为几何形态偏离均线的程度。

(3)轨道动态检测波形平顺，无突变、无周期性多波不平顺。

3. 技术要点

(1)低速检测资料分析

首先是根据轨道Ⅰ级～Ⅳ级超限报告表在波形图(轨道检测图形)中确定准确里程范围，分析长波不平顺、波形突变点、连续多波不平顺及轨向、水平不平顺等，轨检车资料里面主要处理轨距和轨向两种超限类型。

(2)高速动检资料分析

首先根据铁科院动检提供的检测图形，分析超限处所分布情况与轨道检测的不平顺信息之间是否存在对应关系，动检资料主要处理三角坑、水平、高低等超限类型

4. 检测调整

(1)首先必须全面检查区段范围内的扣件、垫板，扣件应安装正确，无缺少、损坏、无污染、无空吊，扭力矩达到设计标准，弹条中部前端下颏与轨距块凸台间隙≤0.5 mm，确认无异常后再开始轨道几何尺寸检查。

(2)长波不平顺的检查：根据轨道检测报告和波形图分析的轨向、高低长波(波长 70 m)不平顺，采用轨检小车在波峰或波谷里程前后各 300 m 范围内进行测量。

(3)连续短波不平顺的检查：根据轨道检测车波形图分析，轨向、高低存在的连续短波不平顺(波幅 1.5～4 mm，波长 6～9 m)，可以采用轨道小车测量，也可以采用人工拉弦线的方法进行测量。

# 第六章 站场及运营设备工程

本章主要介绍内江北站、隆昌北站、资阳北、资中北、沙坪坝站、重庆站等车站施工技术。

## 一、内江北站和隆昌北站

### (一)工程概况

内江北站中心里程为DK152+404,起DK151+337.39,讫DK154+700.00,长3 362.61 m。到发线有7条(含正线),有效长650 m。折返线1条有效长度480 m,设综合维修1处,安全线1条,有效长50 m。设450 m×12 m×1.25 m基本站台1座,450 m×12 m×1.25 m中间站台2座,地道2处,每处宽8 m,站房场坪250 m×100 m一座,牵引变电所场坪98 m×50 m 一座,公安派出所场坪70 m×90 m一座。

隆昌北站,中心里程为DK178+182.00,起DK177+400.00,讫DK178+900.00,长1 500 m。设到发线4条(含正线),有效长650 m。设450 m×8.0 m×1.25 m基本站台1座,450 m×8.0 m×1.25 m中间站台1座,跨线设施1处,宽度12 m,站房场坪180 m×80 m一座。

两个车站站场挖方共有3 772 534 $m^3$,填方有166 359 $m^3$;改移道路1.59 km,路面混凝土6 677 $m^2$。

内江北站和隆昌北站站场路基属丘陵地貌,地表上覆第四系人工填土碎石土、粉质黏土,人工弃土层等,第四系全新统坡洪积、坡残积,全新统坡洪积层软土、松软土、膨胀土、碎石土,角砾土;下伏基岩为侏罗系中统上沙溪庙组泥岩夹砂岩、砂岩;全风化带($W_4$)厚0~4 m,强风化带($W_3$)厚4~16 m。地表水主要为沟槽沟水、水田水及塘水,地下水主要为第四系上层孔隙水和基岩裂隙水,水量较丰富,水中硫酸根离子与侵蚀性$CO_2$对混凝土结构侵蚀等级均为Ⅲ,相关工程应采用抗腐蚀性材料,施工阶段加强地表水、地下水的水质复查。

设计采取的工程措施如下:

(1)路基基床表层填筑0.4 m厚级配碎石,基床底层填筑A、B组土。

(2)路堤边坡采用铺砌C15混凝土空心块,块内种紫穗槐防护。

(3)地基加固采用抛填片石。

(4)板顶铺设一层复合排水网,板两侧设置渗水盲管。

(5)路基与桥台连接处按设计位置设路桥过渡段,过渡段级配碎石纵向坡度为1∶5.0。

(6)按设计要求的位置设沉降观测断面。

(7)路堤基床底层填筑完成,基床表层填筑前填筑预压土,预压土高度3.5 m,预压时间6个月,以沉降观测评估满足工后沉降要求为准。

### (二)施工顺序

施工顺序:施工准备、征地拆迁→站场地基处理和土方开挖填筑→站场通道施工、框架桥涵施工→土方填筑和预压→站房、站场设备安装及调试→轨道工程。

### (三)施工工艺

(1)冲击碾压施工

路基地基处理采用冲击碾压进行处理。

冲击碾压在大面积施工前,先作试验路段,以确定冲击碾压的施工工艺、施工参数和检测、验收标准。冲击碾压前路基表面必须平整,无坑槽;冲击碾压深度2 m内无涵洞。

刚冲碾完毕的路段看上去已凹凸不平,局部已结块脱层,此时应对该路段用平地机重新刮平,用光轮压路机碾压,待该层检验合格后方可进行下层填筑。

靠近结构物台背处2.0 m及填土高度不大于2.0 m的结构物顶部处禁止碾压。

松软地基的地基加固处理是重点路基的关键工程,为保证工程质量,施工过程中严格执行施工工艺,检查施工记录,施工完毕进行随机抽检并通过试验确定地基加固质量。

(2)路基工程施工

基床以下路堤优先选用A、B组填料和碎石、砾石类填料,当选用细粒土填料时,根据土源性质进行改良后填筑,同时采用坡面防护等加固措施。基床底层填料为A、B组料和掺5%水泥改良土。路基基床表层填料为级配碎石(级配砂砾石),其厚度为:无砟轨道正线40 cm(不含30 cm厚水硬性混凝土支承层)。填料分类、鉴定、检测按照有关标准进行。各类填料现场填筑前,进行工艺性试验,确定施工参数及检测方法、掺加料的比例、质量控制标准,以满足各种填筑试验要求。

基床以下路堤、基床底层、基床表层填料要求及施工方法、施工工艺同正线路基填筑部分,路基各部位填筑施工工艺、施工方法及技术措施详见路基施工方案、方法、工艺及技术措施的部分。

(四)工期安排

站场建设涉及到站前站后多专业工程,需统筹协调好各专业各工序环节工作。路基土石方工程和各种管线沟槽应于房建施工前1个月完成,以避免或尽可能减少站前、站后、四电和房建等多专业工程施工干扰。

(五)施工注意事项

(1)施工组织的控制重点应保证运输能力,是保证工期的关键。首先要保证使用的便道能满足施工运输的需要。

(2)现场的作业班组较多,要规划进出场线路,统筹安排,减少施工的互相干扰。

(3)混合料集中拌和站的设置考虑运输路线的优化。

(4)改良土的施工应避开雨季进行。

(5)站场水沟及其他地埋管线设施均是在路基填筑完成后切槽施工,应注意不得破坏路基的稳定性,开挖时减少超挖,回填时采用人工配合小型机械夯实。

(6)施工完成应加强保护,防止大型设备碾压损坏。做好施工区域的环境保护工作。

## 二、资阳北和资中北

(一)工程概况

资阳北和资中北车站均为直线站,均位于平坡上。各站情况见表4-6-1。

表4-6-1 车站性质、类型及股道数量表

| 序号 | 站名 | 主站房左右侧 | 车站中心里程 | 性质 | 类型 | 到发线数量 |
|---|---|---|---|---|---|---|
| 1 | 资阳北 | 右 | DK81+861 | 中间站 | 横列式 | 5条 |
| 2 | 资中北 | 右 | DK123+122 | 中间站 | 横列式 | 2条 |

(二)施工顺序

施工顺序安排:施工准备、征地拆迁→站场地基处理和土方填筑→站场通道施工、框架桥涵施工→土方填筑和预压→站房、站场设备安装及调试→轨道工程。

(三)工期安排

站场建设涉及到站前站后多专业工程,需统筹协调好各专业各工序环节工作。路基土石方工程和各种管线沟槽应于房建施工前1个月完成,以避免或尽可能减少站前站后四电和房建等多专业工程施工干扰。

(四)施工注意事项

(1)站场路基施工前首先应作好天沟、排水沟、涵洞等防排水设施,保证施工场地排水畅通。疏通地表水,统筹安排好排水系统工程与路基主体工程,互相配合、协调施工,以免浸泡路基,影响路基稳定。

(2)各类排水设施应沟基稳固,严禁将排水沟挖筑在未加处理的虚渣上、弃土上。新建排水系统应与原有排水系统适应,排出的水不得危及附近建筑物地基、道路和农田。

(3)站内取弃土应结合房屋、给排水等站后设备的布置,以及地方城镇规划、道路规划统筹考虑,并尽可能给车站远期发展留有余地。

(4)为避免或尽量减少站后工程施工破坏已完的站前工程或给站前工程留下质量隐患,尽量做到站后工程与站前工程统筹施工,路基路肩按通信、信号、电力专业要求设置电缆沟槽,路基两侧按接触网专业要

求施工完接触网支柱位置，以及电力、通信、信号、给排水等专业预埋的过轨钢管等。站内路基电缆沟槽应与区间路基电缆沟槽及站台电缆沟槽平滑顺接。

(5)站台铺面在通信电缆埋设完成后施工，以免造成重复施工，形成废弃工程。

(6)设轨道电路的线路，与信号机有关的轨道绝缘位置，应按信号专业设计图要求设置。

(五)站场工程主要施工方案、方法及工艺

1. 雨棚主要施工方案与施工方法

由于我国现阶段钢结构的发展及其自身独特的大跨度、大空间的优势，无站台柱钢结构雨棚结构在全国各地兴建。在此以大跨度钢管曲线桁架结构的无站台柱雨棚为例介绍施工方案及方法。

(1)桁架工厂预拼装

通过对构件的预拼装，及时掌握构件的制作装配精度，对某些超标项目进行调整，并分析产生原因，在以后的加工过程中及时加以控制。

构件拼装时，采用多点吊装方法，将三根弦杆依次架到胎具的支架上，采用水准仪对各点标高尺寸进行测量，利用铅坠将各方向的尺寸投影到平台上，使用经纬仪在一个平面上进行测量，以此控制桁架的三维空间尺寸。腹杆安装时，由于所有腹杆之间都存在空间角度，为方便拼装，采取在上下弦杆相贯节点处弹出中心线，确保腹杆位置的正确。各杆件拼装后，采用水准仪、铅坠和钢卷尺对各点尺寸进行检验，合格后进行施焊。

(2)桁架吊装施工过程

1)钢桁架的扶直和就位

钢桁架吊装单元在制作现场处于平卧状态，吊装前先要将钢桁架扶直；然后将钢桁架吊到平板承重胎架上。因钢桁架的侧向刚度相对差一些，扶直时起吊速度不宜大于 0.2 m/s，以防止速度过快造成桁架杆件变形，捆绑扎牢固后拉到安装现场。

2)捆绑

吊车吊装时，起重机吊钩对准上弦中心，吊索左右对称，并与水平面夹角≥45°。吊装捆绑点选在上弦节点处，采用四点捆绑法。捆绑扎点通过计算及现场试吊确定，使构件起吊后空中相对位置与设计弧度基本相同。

3)吊升、对位

吊装时，在起重工的指挥下，先将钢桁架吊离平板 300 mm 后，检查起重机、吊具吊索状态完好后可继续向上提升。超过承重胎架约 300 mm 后，将钢桁架与承重胎架相平行，然后起重机向前爬杆，将钢桁架缓缓吊装就位。安装人员在起重工的指挥下，一端固定在承重脚手架上，一端悬空，使用葫芦等工具使桁架与承重脚手架及立柱固定，并在两侧各设置四道缆风绳拉牢。

4)桁架高空拼装、焊接

钢桁架在高空拼装时，要严格对准上下弦杆件的钢管接口，防止错边反复调整夹板抱包箍和 U 托，保证标高及钢管错口的位置，使用两台全站仪监测，分别对两个接口上下左右四个方向进行监控；并对桁架上下弦杆件的直线度、杆件的扭曲、上下弦的拱高进行监控。校正后的钢桁架先进行拼装对接接口的焊接，所有分段桁架拼装接口处均采用外径比接口处杆件内径小 1～2 mm 的同材质、等壁厚的钢管开成的半圆形作内衬板焊接，桁架钢管对接接头采用 V 形坡口，焊接时采用多层多道焊，分两个弧面交叉进行，以减少焊接变形。

焊接接头完成后，须重新对杆件的直线度、杆件的扭曲、上下弦的拱高及标高参数等进行检测，并记录整理成各项施工记录。

2. 站台墙施工

站台墙采用经纬仪准确定位，施工时严格控制结构，不得侵限。

浆砌片石选用无风化的优质片石砌筑。基础和墙身砌筑时，做到砂浆饱满，面平墙直，曲线圆顺，直线顺直，勾缝均匀。勾缝统一勾凹缝，缝深 1～1.5 cm，缝宽 3 cm。泄水孔位严格按照设计要求设置，保证泄水孔流水畅通。伸缩缝每隔 15～20 m 留一道，宽窄要一致。

待浆砌站台墙强度达到 70%以上时，才能开始进行墙背回填施工。主要采用 12 t 光轮压路机碾压，离墙1 m范围内及边角等压路机压不到的部位,采用蛙式打夯机分层夯实。机械压实分层厚度不大于30 cm;小型机具或人工夯实分层厚度不大于20 cm。

3. 站台面施工

站台面层按设计要求施工,基础垫层施工完毕后打灰饼并用刮尺(靠尺)推好冲筋。浇水湿润基层。根据冲筋厚度,用1∶3干硬性水泥砂浆(以手握成团,不泌水为准)抹铺结合层。结合层用刮尺及木抹子压平打实。

对照中心线(十字线)在结合层面上弹上面块料控制线。根据控制线先铺贴好左右靠边基准行(封路)的块料,以后根据基准行由内向外挂线逐行铺贴。挤出的水泥膏及时清理干净(缝子比砖面凹1 mm)。

施工时,采取人工配合小型机械作业。路面以下土方填筑由土石方机械化综合作业队施工。混凝土由拌和站集中拌和,混凝土输送车运输,面层施工时严格按设计坡度及厚度进行控制,采用混凝土平板振动器进行振捣。密实后用碾压滚筒整平、抹光。采用覆盖法保湿养护。

4. 综合管沟

根据管路型号采用挖掘机或人工开挖,预留20 cm人工清底,复测沟底中心线、高程;符合要求后浇筑底板和检查井基础混凝土,待强度达到设计强度的80%后开始安装首节管路;调整管路的中心,用手动葫芦将第二节钢筋混凝土管路放入第一节管路承插口内,拉紧直至承插口全部进入第一节管路。采用此方法依次将其他管路连接,浇筑护管混凝土,在检查井的位置将管路断开,用砖砌筑检查井,并粉刷好,待所有的管路和检查井施工完成后,分段进行闭水试验,符合要求后随即回填夯实。

5. 站名牌

站名牌的结构件在预制场预制。为保证结构件的质量美观,模板采用自制钢模板。各种结构件在安装前要检查结构尺寸和质量,不合格的结构件禁止安装。安装时严格按设计要求进行,与站台等设备同时施工。

6. 围墙

围墙基槽采用人工开挖,开挖时放样准确,挂线控制线形和开槽尺寸,槽底人工夯实。围墙砌筑方法同房屋主体施工方法。

7. 栅栏

围挡栅栏采用集中采购,样式和栅栏材质符合设计要求。运输至施工现场,吊车配合人工进行安装。栅栏立柱基础人工开挖,混凝土浇筑完成,预埋件要定位准确,确保安装标高、线形符合设计。

8. 站场道路施工

(1)基础施工

道路路基施工按铁路路基填土标准与站场土方同时填筑。

施工前,疏干、排除原地面积水,清除杂物。路基填土不得使用腐殖土、生活垃圾、淤泥等。不同种类的土分类分层填筑,不得混填。

(2)路面施工

①施工程序

面板的施工程序为:施工前检查→安设模板→安设传力杆→混凝土的拌和与运送→混凝土的摊捕和振捣→接缝的筑做→表面整修、养护。

a. 混凝土搅拌及运输

装运混合料车辆不得漏浆,敞开的料斗在夏季和冬季设遮盖或保温设施。出料及铺筑时卸料高度不超过1.5 m。当有明显离析时,在铺筑前重新拌匀。

b. 施工前检查

根据设计文件及控制桩和水准点,复测平面位置及高程。测量应符合有关规范的规定。立模板前应复查基层平整度,不符合铺筑要求应处理补平,使达到要求。

c. 立模板

模板在浇筑混凝土前一天支立完毕。模板可用钢模或木模,模板应无缺损,且有足够刚度,其内侧和顶底面均需光洁、平整顺直，局部变形不大于 3 mm，振捣时模板的横向最大挠曲应不大于 4 mm，高度应与混凝土板厚度一致，允许偏差为 2 mm。

模板穿拉杆的孔眼应位置准确。立模的平面位置和高程，应符合设计要求。模板支立必须稳固，接头紧密平顺，接头和与基层接触处不得漏浆。在模板外侧或顶面做好各类接缝位置的记号，使锯缝位置准确。

浇筑混凝土前，模板内侧涂脱膜剂。路上的井盖框等外围同时立模，立模形状按设计要求并按设计设置加强钢筋。

拆模后，在其边壁及井盖框四周涂布隔离剂或预制填缝板，然后补混凝土使平齐。补浇时必须注意接茬平顺。其高差符合质量要求。

d. 浇捣混凝土

混凝土应一次摊铺、一次振实和整平。混合料在运输和浇筑过程中，应防止混合料离析。每仓混凝土混合料在运输和浇筑过程中，应连续进行，不得中断。如因故中断，必须设施工缝，施工缝应设在设计接缝处。送到工地的混合料，按检测频率要求，测定坍落度，混凝土强度测定试件必须在料到达工地 40 min 内完成制作。先用插入式振捣器初步振实。混合料应紧接用重、轻两种平板振实和振平，自一边振向另一边。行程要前后重叠 10～20 cm，接着用振动夯样板整平，整个浇筑、振实及整平工作，必须在混凝土初凝前完成。

采用真空吸水作业时不增加混合料的水灰比，并注意下列各点：真空吸水作业不宜超过 30 cm；放置吸水垫时，吸水垫四周应紧贴密致。在两次吸水垫放设位置之间，不能有未经吸水的脱空部位；开机后应逐渐增加真空度，真空度达到 67～80 kPa 时，维持稳定，直到出水量达到要求并做记录，然后逐渐减少真空度，并略提起吸垫四角，以排除表面的残余水分，再关机；真空吸水时间（以 min 计）为板厚的（以 cm 计算）1～1.5 倍；真空吸水后，用抹面机抹面。

e. 拆模板

拆模时间根据气候和混凝土强度增长速度而定。拆模时仔细操作，不得损坏混凝土的边、角，模板应保持完好，清除干净后才能复用。

f. 表面装修、养护及工程保护

收浆必须在混凝土终凝前完成，不少于四遍，第一遍于整平完毕后约 15 min 进行（根据气候掌握），主要是排除泌水及压石子，第二遍和第三遍继续排除泌水和进行整平抹光，第四遍是当混凝土处于初凝状态，表面呈潮湿状态时，将混凝土表面砂浆进一步压抹紧密；收浆必须在工作跳板上进行，严禁站在混凝土上操作。收浆时，严禁采用洒水、撒干水泥等方法进行修整。

在混凝土经初步修整后，用长度不小于 3 m 的直尺检查新铺混凝土的表面。直尺检查出来的高处用手镘法清除高出的混凝土。用直尺进行的每一次检查都应与前一次检查带至少重叠 1/2 的直尺长度。

混凝土路面需做纹理，在表面泌水基本排除蒸发后，用食指轻轻按混凝土路面，能出现 2 mm 左右深的压痕时，即可拉毛或压槽。拉毛或压槽时，中途不能停顿，不得来回推拉，应一行一行顺序进行。每操作一次，将拉毛刷或压槽机用水冲洗一遍。

混凝土板的养护，用保湿养护或塑料薄膜养护。养生时间为 7～14 d。

②接缝

a. 横向施工缝

横向施工缝的位置设在胀、缩缝处，并垂直于中线。摊铺作业中断时间超过 30 min 时，就应设置施工缝。横向施工缝若与横向缩缝分开设置时，其距离不得小于 3.0 m。必要时，为了保证获得最小间距，在项目监理授权下可改变横向缩缝的间距。横向施工缝在做纹理之前修整出光顺整齐的表面。

b. 横向缩缝

横向缩缝应横过路面全宽设置。缩缝一般采用假缝形式，此缝做成一整条直线，不得有任何中断，用 3 m 直尺沿接缝量测，其偏差不得大于 5 mm。假缝形式的横向缩缝应为锯缝。锯出的细渣在混凝土干硬之前用水洗出路面。锯缝完成并彻底清除所有锯屑和杂物后，用聚乙烯胶泥填缝。

c. 横向胀缝

横向胀缝应按设计尺寸设置混凝土枕垫并贯通路面全宽，横向胀缝和其他横缝的距离不得小于 2.0 m。

在设置缝料时,横向胀缝应彻底扫净并用经项目监理批准的合格厂家产品。

d. 纵缝

纵缝按图纸所示部位或项目监理指示位置设置,纵缝一般采用平缝。当铺筑多板宽度时,纵向缩缝应锯成或用机械插入裂缝诱导条的方法成形。纵缝是否锯缝,按设计及项目监理要求执行,如采用锯缝,其各方面均同前述横向锯缝。所有纵缝的缝线与平面图所示位置之间的偏差不得大于 5 mm。

9. 旅客地道施工

根据地道工程特点以及工期要求,采用明挖基坑,现场原位模筑、二次浇筑成形的工艺方法施工。施工顺序为:基坑开挖→地基处理与碎石垫层→基础施工→现场绑扎框架钢筋→框架混凝土→防水层→回填。

(1)测量放线

工程定位依据设计提供的测量控制点,用全站仪采用坐标放样方法将控制点引入场区,施工前在场地基坑四周布设龙门桩定位,在施工中使用 J2 经纬仪采用通道主轴线控制法控制测量。采用水准仪用重物悬挂钢尺法与全站仪相互认证传递高程,根据已知水准点并将其传递至附近结构物上,施工中随时控制。

(2)土方施工

土方施工以机械施工为主,人工施工为辅。在确定测量成果无误且经施工监理允许后,方可进行施工。首先采用挖土机沿基坑一端向基坑另一端依次开挖,同时由人工配合清理基坑边坡及基坑坑底。基坑开挖的同时,做好坑内排水和地面截水。

(3)钢筋工程

各种规格、级别的钢筋必须将出厂合格证及材质检验报告上报到试验室归档,并经复检后,方可进场。

钢筋加工前将黏着的油污、浮锈、泥土清理干净。钢筋采用钢筋调直机调直。钢筋弯钩采用机械弯曲、钢筋下料时充分考虑弯曲伸长值。

基础底板钢筋网的绑扎,四周两行钢筋交叉点每点扎牢,中间部分每隔一根相互成梅花式扎牢,双向主筋的钢筋,必须将全部钢筋相互交点扎牢,基础底板采用双层钢筋网时,在上层钢筋网下设置钢筋撑脚(马凳)。

剪力墙钢筋的绑扎,将墙身处预留钢筋调直理顺,并将表面砂浆等杂物清理干净。先立 2～4 根竖筋,并划好横筋分档标志,然后在横筋上划好分档标志,然后绑其余竖筋,最后绑其余横筋。

梁与板纵向受力钢筋出现双层或多层排列时,两排钢筋之间垫以直径 25 mm 的短钢筋,如纵向钢筋直径大于 25 mm 时,短钢筋直径规格与纵向钢筋相同规格。箍筋的接头交错设置。板上部的负钢筋(面加筋)要防止被踩下。板、次梁与主梁交叉处,板的钢筋在上,次梁的钢筋在中层,主梁的钢筋在下;当有圈梁或梁垫时,主梁钢筋在上。

(4)模板工程

采用组合钢模板,达不到模数要求的钢模板采用木模内衬有机板配合使用,大面积墙板使用竹胶板作模板。模板按线支完后,认真复核、调校,确信无误后再进行加固。

剪力墙模板加固采用自制 M14 对拉螺杆,顶板的支撑系统采用满堂脚手架。

(5)混凝土工程

施工方法参照桥梁工程的混凝土施工。

(6)地下防水工程

卷材防水工艺如图 4-6-1 所示。

1)卷材铺贴时,先铺平面后铺立面。

2)阴阳角、转角等部位在铺设防水层之前,用砂浆找平处理,突出层面结构连接的连接处均做成圆弧形。

3)卷材在底板平面上连续铺贴至永久性保护墙上,并将甩茬卷材临时铺在临时性保护墙体上,并及时做保护层。

4)待主体结构墙体施工完毕,清理工作面,拆除临时性保护墙。

5)将甩茬部位防水卷材上部清理干净,露出防水层,沿结构外墙迎水面

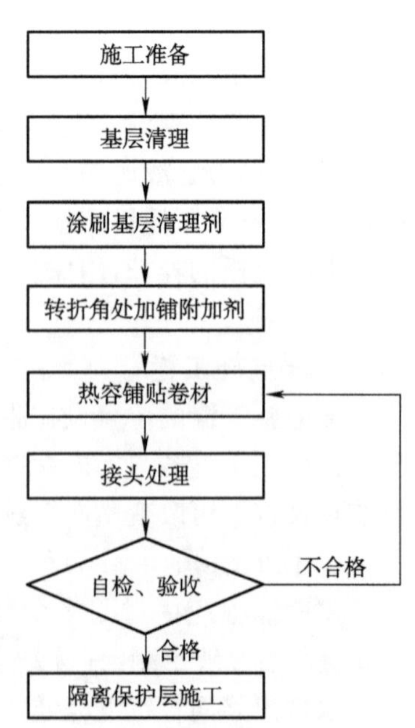


图 4-6-1 地下通道卷材防水工艺流程图

铺设防水卷材。上层卷材盖过下层卷材不小于 100 mm，复合卷材粘贴必须纵向粘贴，自上向下对正，自下向上排气压实，要求基层与卷材同时涂胶，卷材满粘。

(7)装饰工程

1)抹灰工程

材料的选用：水泥采用 425 号普通硅酸盐水泥，要有出厂合格证，经二次化验合格。砂不得含有木屑、草棍等杂物，使用不超过 5 mm 的筛子过筛。石灰采用袋装白灰，其熟化时间不少于 15 d。砂浆采用搅拌机搅拌。抹灰前，将墙面灰尘、污垢等清净，并洒水湿润，对有凹凸部位提前处理。抹天棚先抹顶棚四周，圈边找平，抹向中间，抹前先用 1∶2 水泥砂浆嵌实板缝，并在顶棚涂刷一道素水泥浆，如表面光滑要凿毛。

2)涂料油漆工程

墙面涂料施工的主要工序为：基层清扫→填补缝隙局部刮腻子→磨平→第一遍满刮腻子→磨平→第二遍满刮腻子→磨平→第一遍涂料→复补腻子→磨平→第二遍涂料。施工前，基层充分干燥，不得有起皮、松散等缺陷。粗糙处磨光、缝隙、小孔洞和凸凹不平处用腻子补平。基层的缺棱掉角处用 1∶3 水泥砂浆修补。涂料工程使用的腻子，坚实牢固，不得粉化、起皮和裂纹。

油漆工程作业条件：油漆工程施工时，环境清洁，抹灰地面、木作、水暖、电器等工程全部完工。涂刷油漆前，被涂物表面干燥，并做样板，经监理同意后再大面积施工。

油漆工程工艺：清除钉子、污染→缺陷刮腻子补平→磨砂纸→节疤外点漆片→涂刷清油→局部刮腻子磨光→第一遍满刮腻子→磨光→第一遍油漆→腻子→磨光→湿布擦净→第二遍油漆→磨光→湿布擦净→第三遍油漆。

10. 给排水工程施工

站场排水沟主要为钢筋混凝土排水沟，排水沟采用挖掘机配合人工开槽，预留 20 cm 由人工清理，避免扰动原土结构。

钢筋混凝土排水沟采用预制块现场集中预制，人工配以小型吊装设备安装，砂浆勾缝。安装前验收基槽尺寸，安装挂线控制，保证线形平顺，沟底纵坡和沟底、沟顶标高满足设计要求，以确保线形美观、排水畅通。

(1)钢筋混凝土排水管

1)施工工艺流程如图 4-6-2 所示。

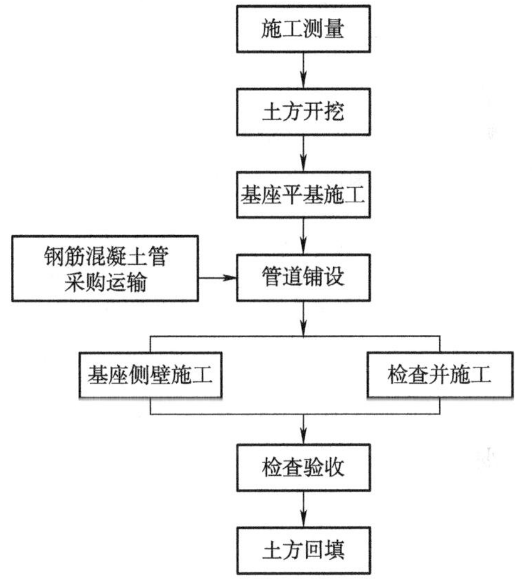


图 4-6-2　钢筋混凝土管排水施工工艺流程图

2)主要工序及其施工方法

①施工测量

排水管道根据相关构筑物定位，用经纬仪测放出管道中线，每隔 30 m 设一个中线控制桩。根据中线及开挖深度、沟槽底宽、放坡情况测放出中线两侧的开挖边界线，沿着开挖边界线外扩 1 m 的线每隔 15 m 设置一个标高控制桩(对称设置)。

②土方开挖

土方采用挖掘机开挖，开挖过程中测量员随机测量，以免土方超挖，机械扰动基土。槽底预留出 0.2～0.3 m 厚的土层人工清除、找平。沟槽开挖时，沟壁放坡系数定为 1∶0.8，槽底宽度 1.0 m。

③混凝土平基

混凝土平基为管道基础的一部分，为了易于管子的铺设及保证管道基座的施工质量，将管道基础分为两部分施工。首先进行平基施工。在碎石垫层上放测出管道中心线，设平基模板。模板采用 40 mm×60 mm×4 000 mm 木方，加固采用钢钎。模板经验收合格后，进行下道工序施工。

混凝土由拌和站供应，混凝土运输车运至现场，经滑槽入模。混凝土的振捣采用平板振动器振动密实，且表面采用木抹子拉出粗毛，以利于同上一部分基础混凝土紧密结合。

混凝土浇筑完毕后在 12 h 内及时对其进行覆盖、洒水养护，由于养护用水量较小，采用水车拉水。

④管道铺设

测放管道中心线于平基之上，且弹出墨线。管子下沟以前，仔细检查外观，发现裂缝不准铺设。管子铺设调正顺直后,用混凝土垫块将其稳固,混凝土垫块强度不低于管道基础的混凝土强度等级。

管子接口如为承插式水泥砂浆抹口,先用油麻填塞,再用水泥砂浆填塞,且将其捣实,然后将表面压光2～3遍,最后用草包将其覆盖并不断洒水养护,防止表面出现裂缝而渗水。

⑤土方回填

在外观检查、管道的严密性检查合格后方可进行土方回填。管道两侧及管顶以上0.5 m部分的土方采用人工分层回填、分层夯实,分层虚铺厚度为0.2 m,夯实采用木夯。回填土不允许含有直径大于100 mm的块石和大块,且从管道两侧填土分层夯实,不得损坏管子。

(2)给水管道安装

1)给水管道施工工艺流程:

施工准备→沟槽开挖→垫层铺设→管道安装→阀门、消火栓安装→水压试验→阀门井、消火栓井砌筑→管沟回填→管道系统吹洗→管道竣工验收。

2)沟槽开挖

当沟槽深度超过2.0 m时,对槽壁进行支挡。开挖标高重点控制。采取分段开挖,开挖后的沟槽立即铺管,如不能保证,沟底留20 cm暂不开挖,待铺管时再开挖到沟底标高,局部超挖部分用砂或砂砾石填补,密实度达到原土天然密实度。挖好后,沟底平整,核对中心线、标高、坡度,保证管道安装后符合要求,开挖过程中和敞沟期保持沟壁完整,必要时加设临时支撑。

3)下管

沟槽和管道基础验收合格,按图纸核对管节、管件无误后下管。给水承插铸铁管的承口朝向介质流来的方向,从下游开始铺设,用插口去对承口。下管的方法,根据管材种类、管件的重量和长度,采取人工下管和机械下管相结合的方式。机械下管时,注意起重机距沟槽边间隔一定的距离,确保沟壁稳固。

4)稳管

稳管时,主要是控制管道的轴线位置和高程,将管子按设计高程和位置稳定在地基和基础上。管道的轴线控制采用中心线法,在连接两块坡度板的中心钉之间的中心线上挂垂球,在管内放置一块带有中心刻度的水平尺,使垂球线对准水平尺的中心。高程控制是沿管线每12 m埋设一块坡度板,板上有中心钉和高程钉,坡度板设置在稳定地点,每一管段两头的检查处和中心部位放测的三块坡度板能通视,利用坡度板上的高程钉进行控制。

5)管道连接

给水管采用橡胶圈连接或电热熔法连接,管道与消火栓、阀门连接采用法兰连接。

①给水管橡胶圈连接

清理橡胶沟槽,插口端工作面及橡胶圈,不得有土或其他杂物,如有油污用丙酮溶液将其清理干净。

将橡胶圈正确安装在承口的橡胶圈沟槽中,不得装反或扭曲,为了安装方便可先用水浸湿胶圈,但不得在橡胶圈上涂黄油等润滑剂。

橡胶圈连接的管材在施工中被切断时,需在插口端另行倒角,并划插入长度标线,断管时管口必须平整。

用笔刷将润滑剂均匀地涂在装嵌在承口外的橡胶圈和管插口端外表面,但不得将润滑剂涂到承口的橡胶圈沟槽中,润滑剂可采用V形脂肪酸盐,禁止用黄油或其他油类作润滑剂。

将连接管道的插口对准承口,保持插入管段的平直,用平动葫芦或其他拉力机械将管一次性插入至标线。

②给水管电热熔接头施工

给水管就位后,将所需连接管的两端埋入有电热丝的套管中。将电热丝通电,将要连接的管材、管件加热至熔化温度,并固定直至接口冷却,形成严密牢固的接头。

③阀门、消火栓连接

阀门、消火栓与管道连接两端采用专用法兰接头。阀门和消火栓两端采用固定水平支座将其固定牢固。

6)系统水压试验

①采用SY-600A电动试压泵,试验压力为0.9 MPa。

②试压前检查供水或回水被试压管线分支终端是否封闭,被试压管线最高点是否设有排气阀,最低点

是否设有泄水阀。

③水压试验时，除管道接口、补偿器，管段可以回填 0.5 m 厚的原土，开始水压试验时，应逐步升压，升到工作压力时，停泵稳压检查有无渗漏。升到试验压力停泵检查，10 min 后，压降不超过 0.05 MPa，管道、附件、焊口等未发生渗漏情况，降到工作压力，进行外观检查，无渗漏试压合格。

④试压检修管道，试压时非操作人员必须远离危险区。

7)管沟回填

人工夯填，每 30 cm 一层。回填土中不得有大的石块、干土块及冻土。回填时必须拔掉沟槽加固时用的挡板等设施，沟槽内不得有积水。

(3)排水沟(槽)施工

1)浆砌片石排水沟(槽)

基础开挖采用机械为主，人工配合的方式进行开挖。开挖前首先进行测量放线，根据设计控制好开挖底部标高，严禁超挖。

浆砌工程施工时严格遵守设计及相关规范有关要求，砌筑时采用挤浆法分段砌筑，做到灰缝饱满，禁止出现竖向通缝。砌体勾缝一律勾凹缝，以确保美观耐久。砌体施工前，按设计放样挂线，保证砌体外观几何尺寸符合设计要求。备足符合设计及规范要求的各类材料。

为保证砌体砂浆质量，砌体砂浆一律采用机械拌和，每一砌筑工点配置一台砂浆拌和机及相配套的小型发电机。

砌筑基底时，如基底为土质，可只在已砌石块侧面挤塞砂浆，如基底为石质，则需先将其表面清洗，湿润后再坐浆砌筑。

采用分层砌筑间歇再砌时，要清扫砌体表面的浮浆、泥土等，然后洒水湿润再继续砌筑。砌筑保证砂浆的饱满度，严禁在砌体上抛掷、凿打。砌筑时按设计作泄水孔和伸缩缝、沉降缝，并认真做好泄水孔背后的隔水层及反滤层。

2)钢筋混凝土排水沟(槽)

施工工艺流程：测量放线→基底清理→侧壁模板及塑料泄水管安装→混凝土浇筑→养护、拆模→水沟底部混凝土找平→排水沟盖板预制及安装。

排水沟基础开挖采用机械为主，人工配合的方式进行开挖，开挖前首先进行测量放线，根据设计控制好开挖底部标高，严禁超挖。

将水沟基底的松渣、杂物、淤泥清理干净，装模浇筑底板，待浇筑混凝土已经初凝且强度达到 2.5 MPa 时，开始进行两边侧墙的浇筑。模板采用钢模板，内外层加固，混凝土由拌和站供应，混凝土运输车运至现场，经滑槽入模。在插捣过程中注意对塑料泄水管保护，避免对其损坏。并用木棒轻轻敲打模板，使附着在模板上的气泡逸出，保证混凝土外观质量平整，无气泡和蜂窝麻面产生。

塑料泄水管在安装排水沟壁模板时安装，要定位牢固，孔口采用土工布封堵，防止浇筑混凝土时塑料泄水管跑位或混凝土灌入孔内。混凝土拆模后及时找出孔位并疏通。

盖板在预制场用钢模板预制，混凝土密实，混凝土强度符合设计要求，配筋位置准确，使盖板内实外光，厚度一致，棱角分明，安装后水槽顶面平顺。在沟身混凝土施工后，盖板安装前，测量组对安装基座进行检查，对不合格部位进行修凿或砂浆找平，确保盖板安装基座平整，标高符合设计要求。盖板安装后平顺，不晃动。

11. 栽植草皮、灌木、乔木

站场范围内的绿化施工均在路基土方填筑完成后，且不影响站后工程施工的前提下开展，定位放样要准确，人工开挖灌木、乔木槽穴，深度直径满足设计要求，回填土有利于苗木生长为宜，在之后注意浇水、施肥、病虫害防止，使苗木成活率满足要求。

## 三、沙坪坝站

沙坪坝站为改造站场。

(一)景观围墙

该标段景观围墙根据所处位置不同分为以下三种情况:

1. 位于路基面

基础采用人工开挖,弃渣采用挖掘机装车,自卸汽车运至弃渣场,基础混凝土采用 37 m 臂架泵浇筑,砖墙墙身采用人工砌筑。

2. 位于浅路堑堑顶

基础采用人工开挖,弃渣采用吊车吊至路基面,挖掘机装车,自卸汽车运至弃渣场,基础混凝土采用 37 m 臂架泵浇筑,砖墙墙身采用人工砌筑,墙体材料采用吊车吊至路堑顶。

3. 位于桩板墙墙顶

基础混凝土采用 37 m 臂架泵浇筑,砖墙墙身采用人工砌筑,墙体材料采用吊车吊至路堑顶。

(二)排 水 沟

1. 测量放样

由测量队放出中心线,并引出护桩,护桩必须位于水沟开挖范围以外的可靠地点。根据水沟形式确定开挖边线,并撒白灰,以确定开挖范围。

2. 开挖

该标段共 1 段排水沟,位于 DK295+970.817～DK296+010 左侧,该处位于重庆高架特大桥桥尾,场地狭小,挖掘机无法进入,因此采用人工开挖。

3. 模板安装

排水沟模板采用竹胶板,模板采用楞木加以固定。模板制作和安装要具备支立牢固、板缝紧密、表面平整、线条顺直、标高一致、易支易拆等特点。

4. 混凝土浇筑

混凝土采用 37 m 臂架泵浇筑,振捣棒振捣密实,振捣顺序为从下往上单方向振捣,严禁过振、漏振。用振捣棒振实后,采用人工抹平,第一次在抹完后及时压光,第二次等混凝土初凝前再压光一次,以便做到内实外光,棱角分明,表面无蜂窝、麻面、砂眼、爆皮、龟裂等现象。

5. 拆模及养护

混凝土拆模时间以不损坏成品为宜,拆模后及时洒水并用塑料薄膜覆盖养护。

(三)侧沟、纵横向排水槽

1. 测量放样

由测量队放出中心线,并引出护桩,护桩必须位于水沟开挖范围以外的可靠地点。根据水沟形式确定开挖边线,并撒白灰,以确定开挖范围。

2. 开挖

路基基床表层填筑到位后采用人工开挖。

3. 模板安装

模板采用钢模板。

4. 混凝土浇筑

混凝土采用商混,罐车自卸浇筑,振捣棒振捣密实,振捣顺序为从下往上单方向振捣,严禁过振、漏振。用振捣棒振实后,采用人工抹平,第一次在抹完后及时压光,第二次等混凝土初凝前再压光一次,以便做到内实外光,棱角分明,表面无蜂窝、麻面、砂眼、爆皮、龟裂等现象。

5. 拆模及养护

混凝土拆模时间以不损坏成品为宜,拆模后及时洒水并用塑料薄膜覆盖养护。

6. 盖板预制、安装

盖板在场外小型构件预制场预制,随车吊运至施工现场,人工安装。

(四)站台施工

对沙坪坝既有站台拆除后重建,站台墙按照如下顺序组织施工:测量放线→垫层浇筑→底板钢筋绑扎→底板支模→底板浇筑→墙身钢筋绑扎、泄水孔及接地端子安装→墙身模板安装→墙身混凝土浇筑→伸缩缝施工。

（五）电 缆 槽

1. 电缆槽的布置

两侧路肩上设置电缆槽。电缆槽采用侧向排水，于外侧壁底部预留泄水孔，将槽内水引出路基外。

2. 电缆槽施工顺序

基床表层级配碎石填筑到设计标高，经过观测已满足沉降要求，并且接触网立柱的钢筋混凝土基础已经施工完毕后，在两侧路肩上把接触网立柱基础以外级配碎石全部切除。

电缆槽预制构件在预制加工场集中预制。

预留电缆槽泄水孔后，浇筑混凝土护肩。

3. 电缆槽施工注意事项

电缆槽的安装应在接触网立柱基础施工完成后进行。级配碎石采用人工开挖。

# 第七章　房屋建筑及给排水工程

## 第一节　一般站房施工

### 一、工程概况

(一)荣昌北站

荣昌北站站场规模为2岛3台面，线侧平式站房，地上一层(局部两层)，局部地下一层，建筑面积：6 000 $m^2$，风雨棚为有站台柱风雨棚，两侧悬挑为4 m，纵向柱距以9 m为主。雨棚中间净高为4.89 m，投影面积：8 160 $m^2$。旅客进出站流线为下进下出形式，一条进出站地道宽度8.4 m。站房面宽109 m，进深40 m，站房屋面最高点建筑高度为17.10 m，候车室内净高为11 m。

荣昌北站设有职工生活综合楼415 $m^2$，给水所Ⅱ型77 $m^2$，公安警务区120 $m^2$。

(二)大足南站

大足南站站房工程采用“线侧平式”布局，铁路旅客采用“上进下出”流线模式。车站以候车大厅为核心，站房、站前广场和跨线设施组成。

站房中心里程D2K220＋420，总建筑面积为5 996 $m^2$，站房屋脊高度17.3 m，站房建筑层数1层(局部两层)，建筑面宽112.20 m，建筑进深34.5 m。风雨棚为有站台柱风雨棚，两侧悬挑站台为4 m，纵向柱距以9 m为主。雨棚中间柱净高为5.025 m。投影面积：7 458.7 $m^2$。

大足南站设有职工生活综合楼415 $m^2$，公安警务区120 $m^2$。

(三)永川东站

永川东站站场规模为3岛5台面，线侧平式站房，地上两层(局部夹层)，局部地下一层，建筑面积：14 982 $m^2$，风雨棚为有站台柱风雨棚，两侧悬挑为6 m，纵向柱距以9 m为主。雨棚中间净高为4.7 m(部分5.10 m)，投影面积：16 200 $m^2$。旅客进出站流线为上进下出形式，一条进出站地道宽度8.4 m，一座跨线进站天桥。站房面宽155 m，进深43 m，站房屋面最高点建筑高度为22.3 m，一层候车室内净高为6 m，二层候车厅室内净高8 m。

永川东站设有：职工生活综合楼415 $m^2$；给水所Ⅰ型132 $m^2$。工务工区单身宿舍及食堂853 $m^2$，办公楼693 $m^2$，轨道车棚及机具库1 143 $m^2$，门卫室21 $m^2$，桶装油存放间35 $m^2$，消防水箱放置棚139 $m^2$，给水所Ⅲ型57 $m^2$，区间消防器材间14 $m^2$。

(四)璧　山　站

永川东站站场规模为3岛5台面，线侧平式站房，地上两层(局部夹层)，局部地下一层，建筑面积：14 982 $m^2$，风雨棚为有站台柱风雨棚，两侧悬挑为6 m，纵向柱距以9 m为主。雨棚中间净高为4.7 m(部分5.10 m)，投影面积：16 200 $m^2$。旅客进出站流线为上进下出形式，一条进出站地道宽度8.4 m，一座跨线进站天桥。站房面宽155 m，进深43 m，站房屋面最高点建筑高度为22.3 m，一层候车室内净高为6 m，二层候车厅室内净高8 m。

永川东站设有职工生活综合楼415 $m^2$；公安警务区120 $m^2$，给水所Ⅲ型57 $m^2$，共计两个，给水所Ⅳ型72 $m^2$。

(五)沙坪坝站

沙坪坝站站场规模为3岛5台面，高架上跨式站房，地上两层(局部夹层)，局部地下四层，建筑面积：13 974 $m^2$，站台雨棚为两端有柱中间无柱雨棚(铁路站场上盖)。旅客进出站流线为上进下出形式，一条进出站地道宽度15 m。站房面宽140 m，进深72 m，站房屋面最高点建筑高度为19.33 m，候车大厅室内净高为12 m。

## 二、工程施工

1. 地基与基础工程

各站主站房、站台雨棚、永川东及荣昌北职工生活综合楼、永川东工务工区轨道车棚机具库、消防水箱放置棚、永川东新增派出所采用桩基础，经检测符合设计要求，部分承台周围采用级配砂夹石分层回填，回填压实系数不低于0.94；其余生产生活房屋采用独立基础、条形基础、筏板基础，地基承载力经检测符合设计要求。

2. 主体结构工程施工

各站主站房、站台雨棚、永川东工务工区轨道车棚机具库、工区消防水箱放置棚、工区单身宿舍、办公楼、Ⅱ型执勤岗亭主体结构采用现浇混凝土框架结构；其余房屋主体结构采用砌体结构。

3. 屋面工程

主站房混凝土屋面（Ⅰ级防水），最薄处30 mm厚轻集料混凝土找坡2%，屋面保温采用65 mm厚挤塑聚苯板，防水层为3+3厚SBS改性沥青卷材防水，采用40 mm厚混凝土刚性保护层，内配钢筋；屋面排水采用有组织排水，雨水管采用PVC管及配件。上人屋面刚性层上贴地砖。主站房候车大厅屋面采用铝镁锰合金自防水屋面，屋面保温采用150 mm厚憎水玻璃保温棉，0.49 mm厚防水层为聚乙烯防水透气膜。

警务用房（含岗亭）屋面为坡屋面，部分为无组织排水，其余为有组织排水。职工生活综合楼采用坡屋面，有组织排水；工务工区房屋屋面未坡屋面/平屋面；所有给水所及消防器材间屋面为平屋面，有组织排水。

4. 装饰装修工程

办公区地面：为地砖地面，踢脚线为面砖踢脚，四电用房采用防静电地板，±0.000层设备用房采用水泥地面。墙面采用高级抹灰，内墙面为白色乳胶漆，办公室、四电用房、走廊、售票室顶棚为矿棉吸音板吊顶，卫生间采用铝合金龙骨铝条板吊顶。

售票厅：材料色彩和谐统一，造型元素简洁现代，设计综合考虑了售票窗口各种功能尺度以及无障碍设计因素。售票窗口上方风口造型采用圆形结合条形百叶风口的形式。售票厅室内整体净高达到6.0 m，达到客站有关舒适度的要求。售票窗台高度1 000 mm，台面石材为25 mm厚白麻石。售票窗玻璃12 mm厚夹胶钢化玻璃，地面石材采用25 mm厚白麻花岗石。吊顶沿用了铝板及铝条板的做法；票槽采用不锈钢材质。

候车厅：以满足使用功能为目标，根据建筑空间关系顺势而为，简洁洗练，塑造一个让旅客感到快捷、方便、舒适的候车空间。一层候车厅墙柱干挂石材采用25 mm厚光面花岗石，地面石材为25 mm厚白麻花岗石，吊顶采用白色铝条板，高度5.45 m，吊顶内喷涂深灰色漆起到很好的装饰效果；二层候车厅柱采用艾特板包柱，地面石材为25 mm厚白麻花岗石，墙面有1.2 m高挂贴石材墙裙；吊顶采用白色铝条板，标高16.20 m，吊顶内喷涂深灰色漆；进站集散厅吊顶高度为16.20 m，两侧铝板装饰，造型现代简洁大方。旅客服务区吊顶高度为6.0 m，并在透空处喷涂深灰色漆起到很好的装饰效果。

出站厅：根据建筑空间关系，构造一个简洁明快的空间，塑造一个让旅客感到快捷、方便、舒适的出站厅空间。为使出站厅整体大气，室内墙柱、地面、外幕墙石材水平及竖直方向均要求对缝。墙柱石材采用25 mm厚干挂花岗石，地面石材为25 mm厚麻面花岗石；吊顶采用白色铝垂片吊顶。

5. 建筑电气工程

电气工程包括：电力配电系统、照明配电系统、防雷及接地系统、电气火灾监控系统、接地端子板、综合布线及与四电专业设计分工部分。

6. 建筑给排水工程

根据需要设室内给排水及卫生设备。室内给水管采用PP-R管，室内重力流排水管采用阻燃型UPVC排水管，消防管采用热镀锌钢管，室内压力排水管采用热镀锌钢管。卫生间大便器采用脚踏式延时自闭冲洗阀大便器，小便器采用感应式。旅客开水间设净化型电开水器供应开水。

7. 暖通工程

主站房通信机械室、信号电源及继电器室、信号计算机房、信息机房、防灾机房、微机室、变电所、电力远动间等房屋采用机房专用空调。候车厅、售票厅设置中央空调系统;办公、售票室、VIP 候车室、旅客服务、间休、会议室、客运控制等机房采用变制冷剂流量多联机空调。水泵房、电力运动间等设备用房均设机械通风装置散热;电力远动室、通信机械室、继电器室、信息机房、信号微机室、信号电源室、防雷分线间等电气用房设置事故排风系统;站房设有防排烟系统。

8. 智能建筑

站房工程智能建筑设计主要分为两个系统:机电设备监控系统(BAS)、火灾自动报警系统(FAS)。

站房工程机电设备监控系统(BAS)采用直接数字控制技术,本系统所有线缆均采用低烟无卤阻燃线缆;管理系统采用集散式网络结构模式,为管理层、监控层两层网络结构;本设备监控系统主要设置于组合空调机组系统、热回收新风机组、新风机组系统、环境温湿度监测、送排风系统、电梯监测、集水坑潜污泵系统、变配电系统、VRV 空调系统。

火灾自动报警系统(FAS)由火灾自动报警系统,消防联动控制系统(包括消火栓系统、自动喷水灭火系统、气体灭火系统、水炮系统、防排烟系统、非消防电源强切、火灾应急广播系统、应急照明控制系统、电梯迫降控制系统、验票闸机联动控制、电动排烟窗联动控制 11 个子系统),消防专用电话系统。

9. 电梯工程

四站共设自动扶梯 16 台,无机房电梯 9 部。扶梯内、外侧材料为不锈钢,扶梯梯级宽度 1.2 m,运行速度 0.5 m/s。无机房电梯载重 1 000 kg,速度 1 m/s。

10. 主要重、难点工程

站房工程是一个综合性工程,包括站房土建及装饰安装工程、水电系统工程。工程整体工期紧张、结构复杂、立体交叉作业多、工序多、施工难度大、互相干扰多。

工程的重点、难点主要体现为:

(1)天桥钢结构施工

天桥钢结构吊装体量大,施工作业面广,是影响工程进度的主要因素。施工时项目部合理组织、合理安排工序确保施工的安全、质量和进度。

(2)金属屋面施工

站房候车厅采用钢网架,金属屋面板施工是工程质量控制重点及安全控制重点,施工时合理考虑施工机械的布置,钢构件的吊装顺序,合理组织施工,确保了施工安全和质量。

(3)现场交通组织

站房的施工进行时,与线路施工单位的协调、配合,现有正式或临时道路随时有可能截断或需改道,一旦发生此类情况,将对材料的运输、机械设备的调运产生严重影响,进而影响到工程工期。因此,项目部合理的布置现场交通路线、安排各部位的施工顺序,顺利的推进各项工程施工。

(4)预应力施工

预应力施工时严格按照设计矢高预埋波纹管和钢绞线,特别处理好预应力钢筋束交叉部位、钢筋密集处的预埋。混凝土浇筑时,专人负责检查预应力保护情况,保证波纹管的完好,不让普通混凝土浆进入波纹内。

预应力张拉时,严格按照规范要求,并做好张拉后的节点处理,确保预应力混凝土达到设计要求。

## 三、经验体会与问题探讨

### (一)铁路站房工程的特点

铁路站房作为综合交通枢纽,与常规公用建筑的施工有很多不同之处:工程规模大,构架截面尺寸大,空间尺度大,大跨度钢结构应用多,技术标准高,施工难度大;涉及专业多,专业接口多,智能化程度高的安装工程施工与调试难度大;玻璃幕墙、石材幕墙、吊顶龙骨等二次结构以及多个专业的施工要依附于主体结构工程之上,施工质量和观感易受主体结构工程变形影响。

### (二)站房质量控制经验体会

1. 施工组织设计编制

通过对施工图纸、周边环境条件、工期要求、质量创优目标的分析,对整个站房工程进行施工组织总策划，从组织机构、人员劳动力组织、机械设备配备、材料物资供应、质量安全保证体系等多方面进行部署，明确工程的重难点及质量关键控制工序，并编制关键工序施工专项方案，明确质量标准，使工程得以合理有序可控的进行，避免不必要的抢工、窝工情况，确保分部分项工程质量。

2. 深化设计，样板先行

应就设计中的关键工序和节点进行深化设计，例如钢结构深化设计、屋面工程深化设计、幕墙工程深化设计、内装修工程深化设计等，为工程建设的顺利进行，为保证工程质量创造条件。

3. 铁路站房施工测量管理

铁路工程与地方配套工程采用不同的坐标系统，务必测设在一张总图上核对；与线路施工及周边配套工程接口多，测量需要多复核；钢结构构件空间定位要求高，难度大，需要根据基准点多次校核，并且从时点上考虑变形、沉降等因素综合来确定。

4. 结合工程实际，采用专项技术

(1)模架系统：根据不同工程项目的特点，进行专项模架体系设计，做到既安全可靠、经济实用，又有利于保证工程质量。

(2)钢管混凝土：永川东站设计了钢结构天桥，其立柱为钢管混凝土，钢管混凝土常用浇筑工艺有三种：一是高抛免振；二是高处布料内部振捣；三是根部顶升。永川东站天桥钢柱采用第三种根部顶升浇筑工艺。对于钢管混凝土密实性的检测目前还没有可靠的方法，本工程采用敲击判别法时敲击对厚板的激励不足以判断内部混凝土的密实性；超声波法对不易密实的隔板节点区判定也不明确。根部顶升可以有效地保证钢管内部混凝土的密实。

(三)铁路站房常见质量问题探讨

1. 回填土

站房结构施工阶段的基坑回填土质量填筑不密实，会引起站房周围地面沉降；站台回填土以及路基与站房桥建结构的过渡段回填土不密实，会造成站台面沉降开裂，同时路基沉降会直接影响到行车安全；另外还会影响到基础坐落在回填区域的一些结构工程的质量如楼梯结构等。

改进措施：

(1)使用机械分层碾压密实。

(2)填筑料的选择宜采用保证质量的级配砂石、灰土或混凝土等。

2. 电梯、扶梯基坑渗漏水

根据以往部分站房投入使用后出现电梯、扶梯基坑渗漏水现象，影响设备的正常运转及使用寿命，由于设备已经投入使用，整改难度大。究其原因主要是施工过程中结构工程自防水与建筑防水工程质量管控不到位。

预防措施：

(1)施工过程中严格管控质量，保证结构与建筑防水工程的质量，而且在设备安装之前要检查是否存在渗漏现象，如有渗漏则采取针对性措施(注浆堵漏等)进行根治。

(2)电梯扶梯基坑底面找坡并增设集水坑，以防地面清洗及特殊情况下进入设备基坑的地面明水不好排除，增设的集水坑内配置自启动潜水泵，潜水泵的供电线路要与设备供电线路相对独立，保证其排水功能的独立性。

3. 屋面构造与渗漏水

站房工程大多采用金属屋面形式。金属屋面渗漏的原因主要是节点处理不好、出屋面构件多，接缝处理不合理、极端天气情况下虹吸雨水系统启动前蓄水量急速增大等。

采取措施：

(1)深化设计上加大屋面的排水坡度。

(2)铝镁锰屋面与出屋面构件的接缝处处理专门做节点设计。

(3)深化设计增加防水层。

4. 金属压型屋面板抗风问题

铁路站房屋面采用金属屋面系统，随着近年来极端天气发生频率的增大，部分站房金属屋面出现质量问题,最为严重的是屋面板被掀开、剥落,危及线路运营。

对此采取了以下措施:

(1)屋面系统的主次檩条的设置、连接与紧固件的选择要经过设计计算确定,以满足受力性能的要求。

(2)屋面板的材质要与配件材料一致。紧固件的选用应考虑各项性能,包括结构性能、使用厚度、耐久性等。螺钉头部裸露于室外,应采用不锈钢螺钉或不锈钢复合螺钉。

(3)按照《金属压型板工程应用技术规范》(GB 50896)的规定,压型金属屋面系统应经抗风揭试验验证其整体抗风能力满足设计要求。

(4)檐口等容易产生正压风力的部位进行专项设计。

(5)施工中对檩条与主结构的连接质量、连接件与檩条的连接质量、金属板间的咬合质量重点管控,严格每道工序的检查验收。

## 第二节　采暖与通风施工

### 一、风　道

(1)管材、制作、安装

①空调新风管、送风管、回风管与通风送、排风管均采用镀锌钢板制作,风管配件、钢板厚度和允许漏风量等均应符合低压系统风管的规定。

②消防排烟管道采用镀锌钢板制作,风管配件、钢板厚度和允许漏风量等均应符合规范《通风与空调工程施工质量验收规范》(GB 50243)的要求。

③消防排烟、通风井等采用土建风道的部分,必须配合土建,要求内壁表面用水泥砂浆抹平、粉光,并应保证它的气密性。

(2)风管上的部件(防火阀、消声器等)安装时,气流方向应正确、设有单独的支吊架,保证阀板转动灵活,连接风管不变形,阀柄操作方便,保温层应不影响阀杆和阀柄的运动。

(3)风管支、吊、托架的安装不得损坏绝热层和隔汽层。

(4)一般风管上用的软管采用合金复合软管制作,排烟风管上使用的软管采用黑色防火织物双层铝箔复合材料(280 ℃耐热 30 min)制作。凡用于空调送风的软管均要求配带外保温(25 mm)。

(5)一般风管的法兰之间可采用厚 3～5 mm 的闭孔海绵橡胶板作密封垫圈;防火阀的法兰垫圈采用厚 3～5 mm 的硅钛合金橡胶板。

(6)风管止回阀安装时,必须保证其叶片吹起时有足够的直管段长度,确保叶片不受挡、不卡住;平衡杆活动不应受阻挡。

(7)风管穿屋面的支架和防雨泛水详见国标详图。

(8)与土建风道连接的钢板风道,当长边大于 400 mm 时,需采用至少厚 1.6 mm 的钢板制作,并应保证连接口的强度,防止变形;钢板风道应顺气流方向插入,插入管周围空隙应进行密封处理。

(9)保温风管穿过墙体、楼板时,应用厚度不小于 0.75 mm 的镀锌钢板做保护壳;保护壳与风管间的间隙尺寸为保温材料的厚度;保护壳端面应与墙面或楼板底面平齐或略高,但应比楼板面高 30 mm。

(10)与防火阀连接的过墙(楼板)风管,应采用厚度不小于 1.6 mm 的钢板制作。风管(保温风管的保护壳)与墙或楼板处的空隙应采用不燃材料进行密封处理。

### 二、水 管 道

(1)安装之前必须仔细检查阀门、配件的质量,凡不能满足工作压力要求或有变形、裂缝、砂眼等明显缺陷者不准使用;阀门在安装前还应作组装性能检查,其动作应正确和灵活,关断用的阀门需作严密性试验,不合格阀门严禁安装到系统中。

(2)空调冷凝水管应顺排水方向设置坡度安装,支管沿水流方向坡度不小于 0.01,水平干管坡度不小于 0.003,严禁倒坡;空调器的空气冷凝水管应设存水弯(有效水封高度不小于 80 mm)或其他隔气措施。

(3)立管及水平管翻高形成气囊的最高处均设置排气阀,在吊顶内的排气阀采用手动型,在机房、管道井等处采用自动放气型。立管及水平管翻低的最低处均设置排水阀,立管底部排水阀前应有不小于 100 mm 的集污管段的长度。

(4)管道穿墙或楼板处必须设置套管,其内径应比管道(不保温)或保温层外径大 20～30 mm。安装在墙体内的套管,其两端应与墙饰面相平;穿楼板的套管应比建筑面层高 30 mm。管道的接头焊缝不得设在套管内。在保温工程竣工后,套管与保温层外径之间的空隙用不燃保温材料塞紧。

(5)保冷管道与支吊架之间应垫经防腐处理的木衬垫,垫块厚度应与绝热厚度相同。

(6)钢管道的支、吊架的最大间距按照《通风和空调工程施工质量验收规范》(GB 50243)规定执行。

(7)管道系统按图施工完毕后必须进行水压试验,试压要求按照《通风和空调工程施工质量验收规范》(GB 50243)规定执行。

(8)空调冷凝水管必须作充水试验,无渗漏为合格。

## 三、油漆、保温

### (一)油　　漆

(1)管道在试压、清洗合格后方能进行除锈和油漆工作。

(2)所有非镀锌铁件均需除锈后刷防锈漆两度;非保温者再刷面漆两度。

(3)非镀锌支、吊架应在安装前完成除锈、刷漆工作。

(4)风管角钢法兰先进行两度防锈底漆处理后方可铆接到风管上。

(5)管道最外层应涂识别色或识别环,识别环最大间隔为 6 m。

### (二)保　　温

(1)所有保温及其辅助材料必须采用不燃或难燃型产品;穿越防火墙的保温风管,在防火墙两侧 2 m 范围内需采用不燃材料保温。

(2)非保温材料制作的空调送、回风管及经冷热处理的新风管需保温,保温采用厚 30 mm 夹筋铝箔覆面的离心玻璃棉板材,导热系数应不大于 0.036 W/(m·K),热阻不小于 0.81 $m^2$·K/W,密度为 48 $kg/m^3$。

(3)水管道保温工作需在试压、清洗、水循环正常之后,非镀锌钢管需除锈和刷二度防锈漆后进行。

(4)空调冷热水管和空调冷凝水管均需保温,保温要求如下:

1)空调冷热水管采用 B 级难燃闭孔发泡橡塑保温,20 ℃导热系数:$\lambda$=0.037 W/(m·K),烟密度等级小于等于 50、湿阻因子不小于 5 000,且满足燃烧产物毒性较小。施工时,用专用胶水黏合。

2)空调冷凝水管采用 B 级难燃型闭孔发泡橡塑保温,厚度均为 13 mm。

3)在冷冻水管的最高点设自动放气阀,最低点设放水阀。在冷凝水水平干管始端应设置扫除口。

## 四、设备安装

(1)所有设备安装前砼基础必须进行质量交接验收,合格后方可安装设备。包括设备基础尺寸、位置,基础的强度,基础表面的平整度、水平度均应符合要求。

(2)设备安装前应按设计要求检验其型号、规格,应有产品合格证和安装使用说明书,核对无误时方能进行安装。安装应按说明书要求进行或由供货商提供指导,吊装时应安全、稳妥,受力点不得使设备产生扭曲变形或损伤。

(3)空调箱、风机等均应按照设计要求设置橡胶隔振垫、减振器或减振吊架。

(4)空调器、风机吊装时,在混凝土楼板处必须采用预埋钢板或其他安全可靠的固定方法,并应经设计认可,严禁采用膨胀螺栓。

(5)所有设备安装用的预埋件、预留洞等应与土建施工单位密切配合,避免遗漏和返工。

(6)温度计采用表盘式,压力表采用 Y100 型,设于高位时采用 Y150 型,精度均为 1.0 级。压力表、温度计的量程应合适。

(7)管线穿墙体、楼板的孔洞设防火封堵要求按《建筑防火封堵应用技术规程》(CEC3 154),电力、通信、信号、信息用房(四电用房)电缆穿墙体,楼板的孔洞设专用防火封堵。

(8)空调机房等设有喷淋系统房间内的电机、控制柜、配电柜等,设备的防护等级应不低于IP54。

## 五、空调安装

### (一)总 程 序

人力组织、机具进场、会审图纸及技术交底、材料采购进场→支托架制作、墙上打洞→焊接安装主管线、支托架安装、主管线保温→分支管焊接、主管线焊接、凝结水管线安装、管线保温、控制线铺设→室内机固定及接口、室外机吊架固定及接口→管道系统的吹污、试压、凝结水管试漏、系统抽真空、系统充氟 →试机、调试、运行→系统最后整理、验收。

### (二)安装要点及技术要求

1. 打洞及处理

核准应开洞孔的位置及尺寸,无误后在要打洞孔的墙板上标出所开洞孔的大小,征得现场土建技术人员意见对建筑物结构无影响后才能去进行打孔作业。管线过墙洞,采用电锤打孔。若不适宜电锤打孔的墙壁在征得业主同意后方可用其他方式打孔。孔的大小以可以穿过管线(含保温层)为准,吊装室内机及支托架固定采用膨胀螺栓。

管线穿过墙体或楼板处应设镀锌铁皮套管,管道的焊缝不得设于套管内,镀锌铁皮套管应与墙面或楼板平齐,但应比地面高出20 cm,管道与管套的空隙应用隔热或其他不燃材料填塞,不得将套管作为管道的支撑。

2. 室内机的安装

步骤:决定室内机的位置→画线标志→打膨胀螺栓→装室内机。

3. 冷媒配管

(1)步骤:支架制作→按图纸要求配管→焊接→吹净→试漏→干燥→保温。

(2)原则上冷媒配管应严守配管三原则:干燥、清洁、气密性。干燥首先是安装前铜管内禁止有水分进入,配管后要吹净和真空干燥。清洁是施工时应注意管内清洁;焊接时氮气置换焊,最后是吹净。气密性一是保证焊接质量和喇叭口连接质量;二是最后的气密性实验。

(3)替换氮气的方法:根据麦克维尔的要求冷媒管钎焊时必须采用氮气保护,焊接时把微压(3.5 kg/cm$^2$)氮气充入正在焊接的管道内。这样会有效防止管内氧化皮的产生。

(4)冷媒管封盖:冷媒管的包扎十分重要,以防止水分、脏物、灰尘等进入管内,冷媒管穿墙一定要管头包扎严密,暂时不连接的已安装好的管子要把管口包扎好。

(5)冷媒管吹净:冷媒管吹净是一种把管内废物清除出去的最好方法,具体方法是将氮气压力调节阀与室内机的充气口连接好,将所有的室内机的接口用盲塞堵好保留。一台室内机接口作为排污口,用绝缘材料抵住管口,压力调节阀5 kg/cm$^2$向管内充气,至手抵不住时,快速释放绝缘物,脏物及水分即随着氮气一起被排出。这样循环进行若干次直至无污物,水分排出为止(每台室内机都要做)。

另外,对液管和气管要分别进行。

(6)冷媒管钎焊:

1)冷媒管钎焊前的准备:钎焊条的质量标准,焊接设备的准备,铜管切口表面要平整,不得由毛刺、凹凸等缺陷,切口平面允许倾斜,偏差为管子直径的1%。

2)冷媒管钎焊应该采用磷铜焊条或银焊条,焊接温度700～845 ℃,钎焊工作宜在向下或水平侧向进行,尽可能避免仰焊,接头的分支口一定要保持水平。

3)水平管(铜管)支撑物间隔标准见表4-7-1。

表4-7-1 水平管(铜管)支撑物间隔标准

| 标 称 | $\phi$20以下 | $\phi$25～$\phi$40 | $\phi$50 |
|---|---|---|---|
| 间隔 | 1.0 m | 1.5 m | 2.0 m |

注:铜管不能用金属支托架夹紧,应在自然状态下,通过保温层托住铜管,以防冷桥产生。

4)施焊人员应有必要的资格证明，才能上岗。

(7)直径小于 $\phi$19.05 mm 的铜管一律采用现场煨制、热弯或冷弯专用工具，椭圆率不应大于 8%，并列安装配管其弯曲半径应相同，间距、坡向、倾斜度应一致。大于 $\phi$19.05 mm 的铜管应采用冲压弯头。

(8)扩口连接：冷媒铜管与室内机连接采用喇叭口连接，因此要注意喇叭口的扩口质量。其中承口的扩口深度不应小于管径，扩口方向应迎冷媒流向，切管采用切割刀，扩口和锁紧螺母时在扩口的内表面上涂少许冷冻油，扩口尺寸和螺母扭力见表 4-7-2。

表 4-7-2

| 标称直径 | 管 外 径 | 铜管扩口尺寸 | 扭矩(N·m) |
|---|---|---|---|
| 1/4 | $\phi$6.4 | 9.1～9.5 | 14.4～17.6 |
| 3/8 | $\phi$9.5 | 12.2～12.8 | 33.3～40.7 |
| 1/8 | $\phi$12.7 | 15.6～16.2 | 50.4～61.6 |
| 5/8 | $\phi$15.9 | 18.8～19.4 | 63.0～77.0 |
| 3/4 | $\phi$19.05 | 23.1～23.7 | 99.0～121.0 |

4. 冷凝水管的安装

冷凝水管采用 PPR 管。

(1)步骤：连接水管→检查水泄漏→绝热。

(2)管道安装前必须将管内的污物及锈蚀清除干净，安装停顿期间对管道开口应采取封闭保护措施。

(3)冷凝水管的水平管应坡向排水口尽可能做到 1/100，实在困难时也要保证 0.5/100 以上。

(4)室内机与冷凝水管之间要做一段软连接，且室内机冷凝水排放应先抬高于冷凝水管后，再连接干管。冷凝水系统的渗漏试验可采用充水试验，无渗漏为合格。

(5)管道安装后应进行系统冲洗，系统清洁后方可去与空调设备连接。

5. 控制线作业

控制线全部采用无屏蔽线沿冷媒管捆扎敷设，室内控制部分穿管暗设，禁止电源线和控制线捆扎在一起，当电源线与控制线平行走时，应保证其在 300 mm 以上的距离防止干扰。

6. 绝热工作

绝热工作需按设计要求选材，施工时一起把保温套管穿好，留出焊接口处，最后处理焊口，施工时绝对禁止绝热层断段现象，保温套管连接处一定要用胶带捆扎好。

7. 室外机安装

(1)室外机设备的开箱检验，检查情况填入设备开箱检查记录表。

(2)室外机设备的搬运和吊装。

(3)室外机宜以槽钢作为基础，禁止四角支撑，可用纵向支撑。室外机与室外机之间、室外机与建筑物之间应按麦克维尔的技术规定做。

8. 气密性试验

(1)作业顺序：冷媒管完工→氮气加压→检查压力是否有下降→合格。

(2)检验人员的组织和分工。

(3)要领：冷媒管加压需用干燥的氮气，慢慢加压试验。

第一阶段：$3.0\times10^5$ Pa，加压 3 min 以上；

第二阶段：$15\times10^5$ Pa，加压 3 min 以上；

第三阶段：$28\times10^5$ Pa，加压 24 h(注意压力不能超过 $28\times10^5$ Pa)。

观察压力是否下降，若无下降即为合格，但温度变化压力会变化，每变化 10 ℃压力会有 $0.1\times10^5$ Pa 的变化，故应修正。检查有无泄漏可采用手感、听感、肥皂水检漏，氮气试压完成后将氮气放至 $3.0\times10^5$ Pa 后加 R22，至压力 $5\times10^5$ Pa 用电子检漏仪检漏。

(4)实验过程必须填写气密性试验记录(记录填写文字清晰，数据真实)

9. 真空干燥

(1)氮气试压合格要对系统进行真空干燥,真空干燥应达到质量要求。

(2)真空干燥要选用旋转式真空泵(排气量 4 L/min),使用前检查真空泵的抽真空能力需达到 $1.004\ 15\times10^5$ Pa,方可进行。

(3)按下列顺序:

将真空泵运转 2 h 以上(真空度应在 $1.004\ 15\times10^5$ Pa 以上),如达不到 $1.004\ 15\times10^5$ Pa 应继续抽 1 h,如达不到应检查有无泄漏处。达到 $1.004\ 15\times10^5$ Pa 后,即可放置 1 h,以真空表不上升为合格,如上升表明系统内有水分或有漏气口,应继续处理。

真空试验合格后,按计算的冷媒量加注,并打开阀门(注意抽真空时应从气管和液管两侧进行)。特殊情况下,可进行加隔氮气的特殊真空干燥法。

(4)将以上试验情况记录入相关表格。

10. 试机调试

(1)试机工作应在系统吹污、气密性、抽真空、充注氟利昂等工作进行后并达到要求后,各项记录齐全并经过主管人员核实签章后进行。

(2)因设备种类较多,调试时要每台进行调试和测试并调试交总承包单位。

(3)每台试机前首先检查设备紧固件是否拧紧,仪表和电气设备应调试合格。

(4)每台试机连续运转应达到 8 h 以上为合格。

## 第三节 给排水工程施工

包含生活给水系统、生活热水系统、饮水系统、生活排水系统、雨水系统、消防给水系统。

### 一、施工工艺流程

施工工艺流程如图 4-7-1 所示。

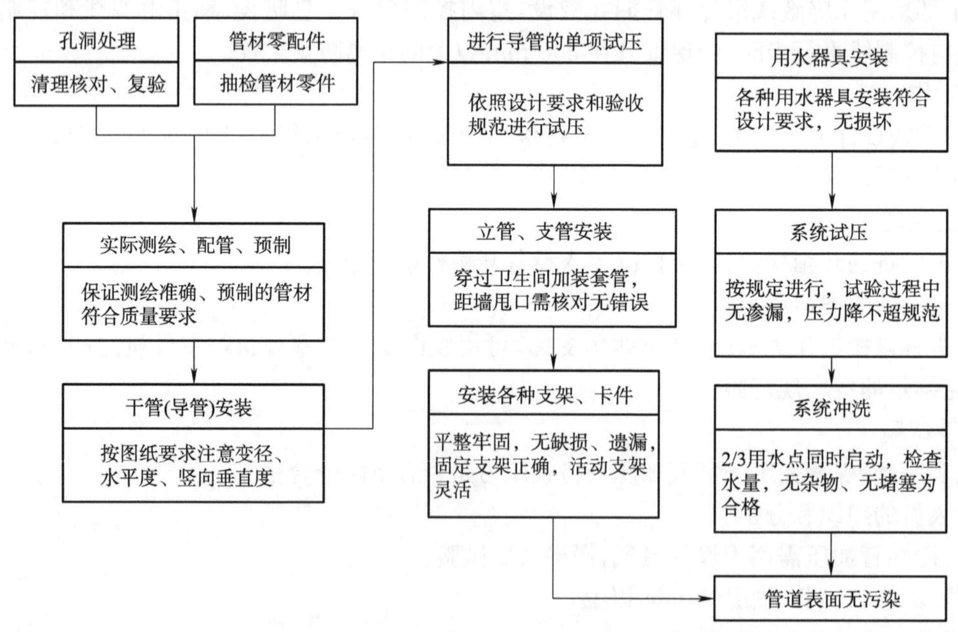


图 4-7-1 施工工艺流程

### 二、与土建配合

施工前,对给水、排水、暖通各专业比较集中的部位,应根据各专业安装的走向和位置,绘制出平面、剖面大样图,以便确定各自所占的空间位置,以确保施工的准确性。

从基础开始，安装就密切与土建配合，并建立严格的交接检查验收手续，以防出现失误，按土建进度规定的工期，尽心尽职，保质保量的完成安装任务，并做到以下几点：

(1)预留穿过楼板的孔洞时，在施工中与土建搞好协作配合，注意不把定位好的套管搞歪或移位。

(2)室内给水管需从立管的分支管暗敷进墙后，垂直向下再暗敷于现浇楼板中，在土建施工时协助土建作好保护，注意不要把水管碰伤或移位。

(3)卫生间在砌砖墙时，需预留暗敷冷热水管的水平和垂直槽，土建施工时，配合并按规定作好预留。

(4)各卫生间的给水管及排水管的立管，在补楼板洞时，一定要注意垂直度，一定要保证垂直。立管的上端需用堵头封闭，以防渣子掉入管口内。

(5)地漏安装，最好是安装在四块地砖的交叉处上，排水坡度要保证。地砖沿洞口周边一定要切割圆，大小与地漏外圆基本一致，周边必须要整齐、光滑，这样施工后，效果才好。

(6)排水管道(立管和水平管)安装完后，用塑料膜包好，土建在施工中，一定不要把塑料膜搞坏，以防对塑料管的污染。

## 三、预留、预埋

(1)预留、预埋工作应与土建紧密配合，每现浇一层混凝土隐蔽前，应与土建技术员共同协调一次，复核预留预埋的位置，并且查看是否与土建结构相冲突，充分考虑管道安装的合理性。

(2)上水立管和消防供水立管，各层需预埋套管，套管比施工穿越的管道≥1个规格以上，厨房、卫生间的套管应高出地坪50 mm。预埋套管应焊接在结构钢筋上，至少焊点要有三处以上，严禁切断土建结构点位置的钢筋。套管就位后，应将钢筋全部搭焊在套管表面。

(3)给水和消防供水的水平管穿墙和剪力墙时，必须加套管，套管比施工穿越的管道≥1个规格以上，套管两端与墙面相平，如是剪力墙，预埋套管应焊接在结构钢筋上，至少焊点要有三处以上，严禁切断土建结构点位置的钢筋，套管就位后，应将钢筋全部搭焊在套管表面。

(4)无论是套管的预埋，还是预留孔洞，均应根据设备订货的产品尺寸，进行预埋预留，不要盲目照施工图进行。应根据后期施工实际尺寸进行定点、复核，达到最佳安装位置。

## 四、给水管安装

(1)管子下料剪切时，根据所需长度用专用管钳在剪切处轻轻的垂直剪入，剪入塑料后，用不拿钳的手握住需要剪下的管子，并将其旋转一周剪断。

(2)管道沿墙明敷时，需在土建施工完毕后进行，安装时设置塑料管码，管码位置应准确，固定间距应符合规范要求。在管件和管道转弯部位，应适当增加管码固定。

(3)管道沿墙暗敷时，需与土建专业配合施工，管道应铺设在预设的沟槽内，用管码固定。沟槽深度，一般比管径深10～15 mm(便于抹灰用)。

(4)管道预埋在钢筋混凝土内时，管子可直接埋在混凝土层或面层的砂浆找平层，管段两端应留有足够的连接余量，并将管口封堵，布管和浇筑混凝土时注意不要损伤管道。

(5)管道埋地敷设时，应敷设在未经扰动的原土或经夯实后的回填土内，不得铺设在虚土或淤泥内。铺设的沟底应平整，不得有突出的坚硬物。管沟回填时，管道两侧及管顶上200 mm范围内的填土应采用无坚硬物的上壤，并洒水夯实，覆土深度在行车的地方不宜小于700 mm。所有埋地敷设的金属管件，均应作防腐处理。

(6)管道安装完毕应进行水压试验，试验合格后才可对沟槽进行封堵，封堵时根据现场情况，采用1∶2水泥砂浆或C20细石混凝土，将沟槽填抹密实。

(7)管道水压试验

水压试验前，对试验管道应采取有效的固定和保护措施，但接头部位必须明露。

(8)管道冲洗与消毒

管道试压合格后、竣工验收前用清洁水进行冲洗消毒。冲洗水浑浊度应小于5 NTU，流速不得小于1.0 m/s，连续冲洗直至出水口处的浑浊度、色度与入口进水相当为止。

管道冲洗后,采用游离氯浓度 20～30 mg/L 的清洁水灌满管道进行消毒。含氯水在管道中,应静置 24 h 以上。消毒后,再次用饮用水冲洗管道,并经水质管理部门取样检验,符合国家《生活饮用水标准》后,方可使用。

## 五、室内排水管安装

### (一)工艺流程

工艺流程如图 4-7-2 所示。

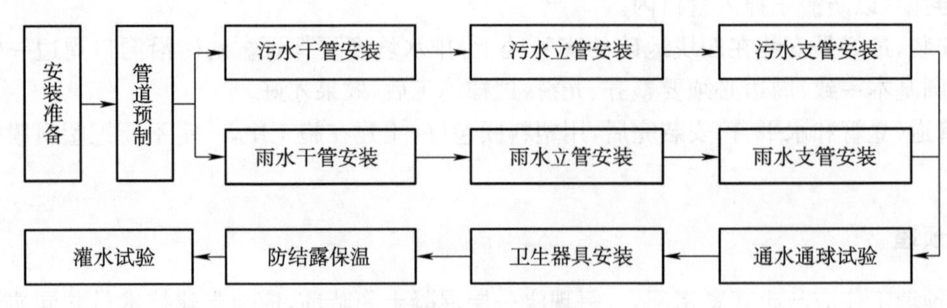


图 4-7-2 工艺流程

### (二)管道预制加工

为了加快管道的安装速度,对部分管材与管件,可预先按实际测绘的草图尺寸,进行预制,并编号码放在平坦的场地上,管段下用木枋垫平垫实。

### (三)干管安装

按施工图纸的坐标、标高找好位置和坡度,以及各预留管口的方向和中心线,将管段承插口相连、校直、校正以防承口管道位移。

立管安装:按设计坐标要求预留洞(不能损伤受力钢筋)等实际情况,作出配管简图,决定各种管件的实际安装位置,进行配管。

管道安装一般自下而上分层进行,安装立管时,应先将管段吊正,再安装伸缩节,将管端插口平直插入伸缩节承口橡胶圈中(一般预留胀缩量为 20～30 mm),用力应均衡,不得摇挤,避免橡胶圈顶歪,安装完毕后,校核三通甩口尺寸,应随即将立管固定,然后与土建配合,用 C20 细石混凝土分层将孔洞缝隙填实,作好防水处理。

### (四)支管安装

先将预制好的管段用铁勾吊挂,查看无误后,再进行黏结,黏结后,应迅速摆正位置,按规定校正坡度,临时加以固定,带黏结固定后,再紧固支承件。

### (五)器具连接管安装

根据预留口坐标、标高,然后按准确尺寸修理洞口,分部位实测尺寸记录,并预制加工。安装黏结牢固后找正、找直,封闭管口。

排水管道安装后,按规定要求必须进行闭水试验,卫生器具及设备安装后,必须进行通水通球试验。

### (六)排水管道的支吊架及管墩的安装

排水管道的支吊架及管墩的安装应排列整齐,支架与管子接触严密,托架距离应符合表 4-7-3 规定。

**表 4-7-3 支架间距**

| 公称直径(mm) | 50 | 75 | 100 |
|---|---|---|---|
| 支架间距(mm) | 0.6 | 0.8 | 1.0 |

### (七)最小坡度要求

为保证使用功能,排水管严禁倒坡,最小坡度要求见表 4-7-4。

表 4-7-4 最小坡度要求

| 管径(mm) | 标准坡度 | 最小坡度 | 备 注 |
| --- | --- | --- | --- |
| 50 | 3.5% | 2.5% | 按标准坡度施工 |
| 70 | 2.5% | 1.5% | 按标准坡度施工 |
| 100 | 2.0% | 1.2% | 按标准坡度施工 |
| 125 | 1.5% | 1.0% | 按标准坡度施工 |

管道安装完毕后，应将所有管口封闭严密，防止杂物进入堵塞，并用塑料或纸包裹，以免污染管道。

(八)灌水试验要求

(1)灌水高度不低于底层地面高度，满水 15 min 后，再灌满延续 5 min，液面不下降、管道不渗漏为合格。

(2)通水试验要求：按给水系统的 1/3 配水点同时开放，检查各排水点是否畅通，接口有无渗漏。高层建筑可根据管道布置采取分层、分区段做通水试验。

(3)通球试验要求：用硬质空塑料球，球径应为管内径的 2/3～3/4。排水立管：从顶端投球，底部检查口检查；排水横干管引出管，从检查管段始端投入，通水冲至引出管末端排出，试球通畅无阻为合格。

## 六、室内卫生洁具安装

(1)工艺流程

安装准备→卫生洁具及配件检验→卫生洁具安装→配件预装→洁具隐检→洁具与墙、地缝隙处理→洁具外观检查→通水试验。

(2)蹲便器安装时，正面与两侧垫砖要牢固，用炉渣堵充实。

(3)各器具安装要牢固，配件灵活有效。

(4)卫生洁具分系统、区段进行通水试验，要求 100%均应做满水排泄试验，并检查器具溢水口通畅能力及排水情况，给排水管道及卫生器具通水试验可同时进行。

## 七、屋面管道及虹吸排水工程

屋面所有管道应在土建施工屋面防水层前全部完成，屋面所有的管材、设备等及时吊装至屋面。待各系统立管和需穿至屋面的管道全部施工完后，即安排安装设备，设备就位再连接碰管，屋面水平给水管作水泥支承墩，做在现浇板上，其高度做出防水层、隔热层、面层等面上 0.20 m(以管中心计)。

屋面管道支承墩的间距，按全国通用给水排水标准图集 S161 实施。屋顶水箱及屋面上的外露金属管道安装完毕后，应按防雷要求做防雷接地。

虹吸式屋面排放系统和重力排放系统的比较：

虹吸式排放系统管道中的水为满管流，能很快的彻底排清。

虹吸式排放系统的水平管无需坡度，节省了安装空间；重力排放系统靠重力自流，水平管必须要有一定的坡度，浪费了安装空间。

虹吸式排放系统只需要很少的雨水斗和雨水立管，节省了建筑材料；重力排放系统中，一根雨水立管连接的雨水斗数量一般不超过 2 个，所以需要大量的雨水斗和立管。

虹吸排水施工方案由专业施工队伍提供具体施工方案，经相关单位同意后方可开始施工。

## 八、试 压

各系统管道的压力试验要求见表 4-7-5，试压安排宜早不宜迟，量完一部分，就试压一部分，作好试压记录。

表 4-7-5 压力试验要求

| 序号 | 名称 | 工作内容 | 技术参数 | | | 备注 |
|---|---|---|---|---|---|---|
| | | | 分段试验 | 干管试验 | 总体试验 | |
| 1 | 给水管道 | 水压试验 | 0.70 MPa | 0.90 MPa | 0.90 MPa | 10 min 降压≤0.05 MPa 合格 |
| 2 | 喷淋管道<br>消防管道 | 水压试验 | | 1.20 MPa | 1.20 MPa | 1 h 水压降≤0.05 MPa 合格 |
| 3 | 排水管道 | 通水试验 | | | | 不渗漏合格 |
| 4 | ±0.00 以下排水管道 | 水压试验 | | | | 续 5 min 液面满水 15 min 后，再灌满持不下降 |

(1)试压泵设在底层干管口。

(2)对立管、干管要求先进行压力试验，各层支管前都要加堵板隔断，试压前对立、干管用压缩空气先进行一次吹扫。

(3)立、干管试压合格后，在主管分段的拆卸口处加堵板截断，然后分别对底层支管进行压力试验，试压前进行一次吹扫。

(4)在试压充水前，注意将管内的空气排除掉，可采用将管网中最高处配水点阀门打开，待出水时关闭的办法，分层(分户)水压试验合格后，再装上喷头设备、配件等，再进行全系统的试压。

(5)试压泵的安装方法如图 4-7-3 所示。

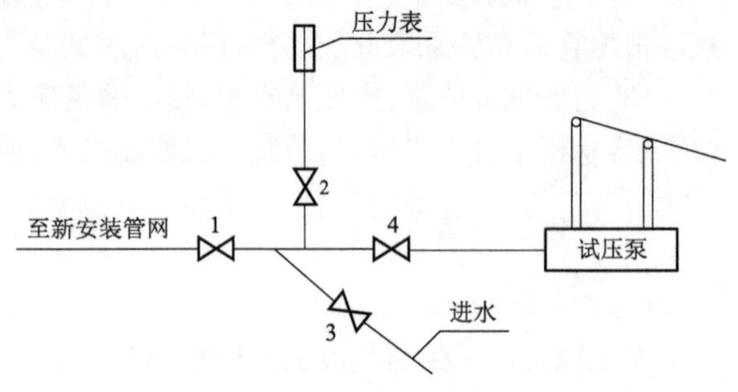

图 4-7-3 试压泵安装

打开阀门 1、2、3 系统进水，当管网中压力和自来水压相等，管网不在增压时，关闭阀 3，同时半开启阀 4，由泵桶经阀 4，阀 1 增水加压至试验压力后关闭阀 4，稳压一段时间，看压力降低多少；然后，将压力降至工作压力，作外观检查，以不漏为合格。

### 九、直饮水施工

(一)设备安装

(1)制水设备的安装必须严格按照工艺要求进行，注意工艺顺序、膜的安装方向、管道的接口位置等。必要的配件、检测仪表等不得少装、漏装。在线仪表安装位置合理，以保证其精确度。

(2)筒体、水箱、滤器及膜等的安装方向、位置需布置合理，考虑正常运行、换料、清洗和维修。

(3)设备与管道的连接及可能需要拆换的部分采用活接头连接方式。

(4)设备排水管应设置止回阀，出口处必须设置防护网罩，防止废水倒灌和虫类进入排水管。

(5)设备、水泵等安装时需采取可靠的避振装置，其噪声符合环保要求，避免影响周围的环境。

(6)设备中的阀门、取样口等应排列整齐，间隔均匀，不得渗漏。

(二)管道试压

(1)管道安装完成后，要分别对立管、连通管及室外管段进行水压试验。水压试验必须符合设计要求。

(2)设计未注明时，各种材质的管道系统试验压力均为工作压力的 1.5 倍，但不得小于 0.6 MPa。隐蔽管道必须在封蔽前进行试压及验收。热熔连接管道，水压试验时间应在连接完成 24 h 后进行。

(3)金属及复合管管道系统在试验压力下观察 10 min，压力降不应大于 0.02 MPa，然后降到工作压力进行检查，应不渗不漏。

(4)塑料管管道系统在试验压力下稳压 1 h，压力降不得超过 0.05 MPa，然后在工作压力的 1.15 倍状态下稳压 2 h，压力降不得超过 0.03 MPa，同时检查各连接处不得渗漏。

(三) 消毒、清洗

(1)直饮水系统经冲洗后，采用消毒液对管网灌洗消毒。消毒液可采用含 20～30 mg/L 的游离氯或过氧化氢溶液或其他合适消毒液。

(2)循环管出水口处的消毒液浓度应与进水口相同，消毒液在管网中应滞留 24 h 以上。

(3)管网消毒后,用直饮水进行冲洗,直至各用水点出水水质与进水口相同为止。

(4)制水设备的调试严格根据设计要求进行。石英砂、活性炭经清洗后才能正式通水运行;水箱、连接管道等正式使用前需压力试验、清洗消毒,方法参照直饮水系统的试压、清洗消毒方法。

(5)直饮水系统需用自来水进行通水冲洗。冲洗水流速宜大于 2 m/s,冲洗时应不留死角,保证系统中每个环节均能被冲洗到。系统最低点应设排水口,以保证系统中的冲洗水能完全排出。清洗标准为冲洗出口处(循环管出口)的水质与进水水质相同。

(6)直饮水系统较大时,宜利用管网中设置的阀门分区、分幢、分梯甚至分管道单独冲洗。

(7)用户支管部分的冲洗在用户开始使用前进行冲洗。

(8)在系统冲洗的过程中同时根据水质情况进行系统的调试。调试的目的:一是能顺利通水至系统中各个用水点;二是使管网内水流动循环均匀,不在管网内产生死水,影响水质。调试的方法根据设计要求进行。

(9)直饮水系统冲洗前,应对系统内的仪表如水表、龙头、压力表等加以保护,并将有碍冲洗工作的减压阀等部件拆除,用临时短管代替,待冲洗后复位。

# 第八章　通信、信息和防灾工程

## 第一节　工 程 概 况

### 一、概　　况

成渝客专综合了国内最先进的通信信号技术，采用了话音、数据、图像等多种媒体的通信手段，其特点表现为服务对象多元化、高安全可靠性、专用性。专用通信网为客运专线信号系统、综合调度系统等指挥行车的控制系统提供通信网络服务，同时还提供高质量的通信业务、信息系统等其他专业的业务应用系统。它包括传输系统、电话交换及接入系统、数据通信系统、专用移动通信系统、调度通信系统、会议电视系统、应急通信系统、时钟及时间同步系统、综合视频监控系统、通信电源防雷及接地系统、电源及环境监控系统、通信线路、车站段(所)综合布线系统等。其中 GSM-R 数字移动通信制式，为铁路提供专用移动通信系统，满足列车高速运行时语音、数据传输要求。

改建铁路重庆至贵阳线扩能改造工程引入重庆枢纽成渝代建部分：传输系统利用遂渝线既有传输系统，新增设 SDH622 Mb/s 传输设备和 ONU 设备；专用移动通信系统：利用既有 450 MHz B 制式无线列调系统，歌乐山至井口右联络线、歌乐山至 K141 线路所右联络线 450 MHz 无线列调补强。

### 二、通信系统主要技术标准

通信系统主要遵循以下技术标准：

《高速铁路竣工验收办法》(铁建设〔2012〕107 号)；

《高速铁路工程动态验收技术规范》(TB 10761—2013)；

《高速铁路联调联试及运行试验实施细则》(铁总办〔2013〕107 号)；

《铁路应急通信接入技术条件》(TB/T 3204—2008)；

《铁路综合视频监控系统技术规范》(铁运总〔2013〕71 号)；

《安全防范工程技术规范》(GB 50348—2004)；

《GSM-R 数字移动通信应用技术条件》(科技运〔2007〕116 号)；

《GSM-R 数字移动通信系统编号计划》(铁运〔2013〕3 号)；

《高速铁路通信工程施工质量验收标准》(TB 10755—2010)；

《基于以太网技术的局域网系统验收评测规范》(GB/T 21671—2008)。

### 三、主要工程内容

1. 通信工程

全线敷设 GYTZA53-32B1 光缆 704.8 条公里，GYTZA53-16B1 光缆 81.4 条公里，GYTZA53-12B1 光缆 11.75 条公里，GYTZA53-8B1 光缆 19.45 条公里；传输系统：新设 10 G 设备 7 台，2.5 G 设备 16 台，622 M设备 130 台，155 M 设备 4 台，网管新设；接入系统：新设重庆北 OLT 设备 1 台，新设 ONU 设备 64 台分别接入重庆 OLT 和西成客专新设成都 OLT，网管新设；数据网系统：沿线车站新设接入路由器设备 11 台，网管新设；调度通信系统：沿线新设 14 套车站 FAS 分系统；扩容成都调度所、通信站既有调度主系统；GSM-R 系统：新设 1 台 MSCSever 接入既有，扩容 2 台既有 MGW，搬迁 1 台既有 MGW。成都、重庆各新设 BSC/PCU/TRAU 设备 1 套，分别管理沿线基站设备 99 台，网管新设；沿线新设直放站设备 198 台，网管新设；新设接口监测系统；新设漏缆监测系统。新设 20 m 铁塔 35 座，30 m 铁塔 39 座，40 m 铁塔 42 座，50 m 铁塔 19 座，15 m 铁塔 8 座。架设漏缆 68.89 km；会议电视系统：新设车站分会场设备 11 套；综合视频监控系统：

新设Ⅰ类视频节点设备 2 套，Ⅱ类视频节点设备 9 套，半球 208 台，快球 98 台，枪机 226 台；新设 2 kVA 的 UPS 设备 141 套，新设 6 kVA 的 UPS 设备 11 套；应急现场系统：新设 3 套应急现场设备；动力环境监控系统：成都东、重庆北各新设动环中心 1 套，新设前端 SU 设备 170 套；通信电源系统：新设 200 A 高开电源 11 套，120 A 高开电源 83 套，90 A 高开电源 2 套，90 A 高开电源 44 套，3 kVA UPS 设备 11 套。

2. 信息工程

票务系统：本线票务系统采取局管模式，成都地区客票中心建设已由成绵乐工程实施，本线在 9 个车站新设票务系统分别通过铁路传输系统提供的 2 M 通道接入成都铁路局票务中心。

客票发售与预定系统（TRS）：本线设置 TRS 系统和票务系统共用通道，接入成都铁路局 TRS 中心系统。

旅客服务信息系统：在成都铁路局设置旅客服务系统集成平台，统一接入管理局管内各站旅服系统设备。

综合显示系统：列车到发通告自集成管理平台，通过以太网交换机，使用综合布线系统引至各个到发通告显示终端；综合显示系统按乘客进出站流向设置票额屏、售票窗口屏、进站大屏、检票大屏、出站屏、站台信息屏等显示终端。

客运广播系统：采用模拟广播系统，系统具备自动广播、人工广播、应急广播等模式。

视频监控系统：本工程站房监控系统接入通信视频监控系统。

入侵报警系统：各站报警主机采用 16 路输入报警主机，公安值班室设报警主机和主控键盘，售票室、进款室、票据室、补票室设报警按钮，进款室、票据室设双鉴探头和撤布防键盘。

时钟系统：车站时间同步信号由成都铁路局旅服中心系统提供，时间同步信息通过 IP 数据网同步成都铁路局旅服中心系统。

电源监控系统：电源信息监测由信息专业自行完成，并接入综合集成平台。

综合布线系统：采用六类非屏蔽布线标准，由工作区子系统、水平子系统、设备间子系统、管理子系统组成。

综合维修管理信息系统：实现线路除动车外的基础设施与设备的综合维修管理。

办公管理信息系统：本线新建车站、线路所、公安派出所、综合维修车间、综合维修工区等处设置办公管理信息系统，由微机、网络设备、UPS 和打印机等设备构成。

公安管理信息系统：在 9 个新设站房设公安管理信息系统。

电源、接地及防雷系统：机房、综控室、票务设备统一由 UPS 供电，显示大屏由电力专业直接供电至现场，其他系统及设备均采用交流稳压电源供电；设备通过预留地线排接入建筑物综合接地系统；机房、综控室进线端由电力专业设置防雷器，信息用房 UPS 进线端由信息专业设置防雷器。

3. 防灾工程

全线防灾安全监控系统采用统一的处理平台，包括风监测、雪监测、地震监控三个子系统；全线公跨铁桥梁、部分隧道口设置异物侵限监控系统，异物侵限监控系统与列控系统以继电接口方式联动，监测设备按冗余配置。

系统由防灾安全监控系统处理中心设备、监控单元、现场信息采集设备三部分组成。结合本线调度指挥区划及综合维修机构设置情况，在调度所设置防灾安全调度终端；沿线的工务处、工务段设置防灾安全工务终端。

风、雪、地震监测设备由风速风向计（含气温、气压监测功能）、雪深计、地震仪等组成。

参照近期实施的地震监控的情况，本线地震动峰值加速度大于等于 0.1$g$ 地区牵引变电所、分区所、AT 所设置地震监控系统。具体地震监测组网方案、控制方式结合铁路总公司确定的总体技术方案调整后实施。

主要工程数量见表 4-8-1。

**表 4-8-1　主要工程数量表**

| 序号 | 项目名称 | 单　位 | 数　量 | 备　注 |
|---|---|---|---|---|
| 1 | 敷设埋式长途光缆 GYTA5332 芯 | km | 735.6 | |

续上表

| 序号 | 项目名称 | 单　位 | 数　量 | 备　注 |
|---|---|---|---|---|
| 2 | 敷设埋式长途光缆 GYTA5316 芯 | km | 73.6 | |
| 3 | 敷设埋式长途光缆 GYTA538 芯 | km | 1.5 | |
| 4 | 敷设埋式低频对称电缆 HEYFLT233×4×0.9 | km | 48.5 | |
| 5 | 光缆接续≤36 芯 | 个 | 292 | |
| 6 | 安装与调测 SDH622 Mb/s 传输设备 | 套 | 130 | |
| 7 | 安装与调测 SDH2.5 Gb/s 传输设备 | 套 | 16 | |
| 8 | 安装与调测 SDH10 Gb/s 传输设备 | 套 | 7 | |
| 9 | 安装与调试车站型调度交换系统 | 套 | 14 | |
| 10 | 安装电源及环境监控车站设备 SU | 套 | 162 | |
| 11 | 安装与调测会议电视系统 | 套 | 11 | |
| 12 | 安装与调测应急通信设备 | 套 | 3 | |
| 13 | 安装事故报警电话终端 | 套 | 52 | |
| 14 | 安装室内半球摄像机 | 套 | 220 | |
| 15 | 安装一体化快球摄像机(室内) | 套 | 104 | |
| 16 | 安装调试室外带云台变焦枪形摄像机 | 套 | 240 | |
| 17 | 安装视频编码器 | 路 | 1 289 | |
| 18 | 安装交换机(24 口) | 台 | 154 | |
| 19 | 架设铁塔 | 座 | 138 | |
| 20 | 安装 GSM-R 移动通信天线 | 处 | 261 | |
| 21 | 安装 GSM-R 基站 | 套 | 97 | |
| 22 | 安装直放站 MU | 套 | 51 | |
| 23 | 安装直放站 RU | 套 | 105 | |
| 24 | 客票安全平台调试 | 套 | 9 | |
| 25 | 旅客服务系统调试 | 套 | 9 | |
| 26 | 综合维修管理 | 处 | 4 | |
| 27 | 公安管理 | 处 | 25 | |
| 28 | 办公信息 | 处 | 15 | |
| 29 | 防风、落物监测点 | 点 | 50 | |
| 30 | 调度所、工务监控终端 | 处 | 6 | |
| 31 | 防灾机房中心处理 | 处 | 1 | |

## 四、总体工期

开工日期:2014 年 3 月 15 日;竣工日期 2015 年 12 月 26 日。

本工程的主要工程包括通信线路、传输及接入设备的安装及调试、无线列调通信设备安装及调试、数字调度系统的安装及调试、公安办公管理信息系统安装与调测、视频监控信息系统安装与调测、客服信息系统安装与调测、防灾监控系统安装与调测,于 2015 年 5 月完工,2015 年 5 月 31 日全部达到联调联试条件。

## 五、工程重难点及特点

(1)本线通信干线光电缆工程量大,施工受站前铺架工程影响较大,因此通信干线光电缆施工是本工程通信专业的重点工程。

(2)涉及专业多,需提前开通,通信系统需要给信号专业提供 CTC、微机监测通道,需要给电力专业提供远动控制通道等。必须在别的专业调试开通前,通信专业先行开通。

(3)客服、信息系统走线涉及面广,需在站房装修包封前预留大量管线沟槽,需在施工前与站前单位进行细致周密的对接。

## 第二节　工 程 施 工

### 一、总体施工组织安排

1. 总体施工规划

本项目为新建成都至重庆客运专线“四电”项目总承包工程,中国铁建电气化局北方公司、五公司项目部分别负责四川段、重庆段通信、客服信息、信号、接触网、牵引变电等施工安装、调试、试运行、验收、技术服务、培训、缺陷责任期内服务等,负责满足对设备性能、运营要求、系统接口、责任范围等的具体规定和要求,保证于 2015 年 11 月 31 日前完成成渝客专成都东至重庆北站后“四电”集成工程的联调联试工作。

总体施工规划按照“高起点开局、高标准管理、高效率推进”的建设原则,系统规划,统筹安排;进场后积极联系站前、站房等施工单位,按照有关接口要求对站前、站房专业提前施工的沟、洞、管及预埋件进行现场确认,确保有序施工。

2. 施工工序

施工工序:图纸审核→现场定测→铁塔基础浇筑及安装→光电缆敷设→传输、同步、接入设备安装→电话交换设备安装→通信各子系统设备安装、调试→通信系统试验→联调联试→试运行→验收及安全评估。

### 二、施工过程

1. 光、电缆线路工程施工

(1)光、电缆到货后,组织测试人员进行单盘测试,技术人员按照径路图进行配盘。敷设光电缆前,安排人员按照施工图进行过路、过轨检查工作,保证施工工序前后衔接;对于需要直埋敷设地段,用地下管线探测仪探明重点地段缆沟径路的地下管线情况,并划出双线径路,重点标明有地下管线的地点,采用人工方式进行光、电缆沟的开挖,及时敷设,及时回填,敷设完成一定长度后,及时组织接续班组进行接续工作。

光电缆线路施工流程如图 4-8-1 所示。

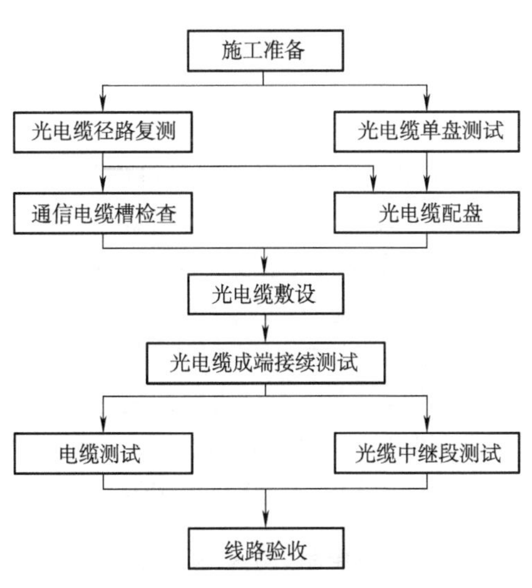


图 4-8-1　光电缆线路施工流程图

(2)施工方法、施工准备:熟悉图纸→光电缆径路复测→实地确定电缆槽的具体位置、在管道中的孔位→施工机具、仪表、材料准备。

光电缆单盘测试:光电缆开盘检验,核对到货光电缆的盘号、型号、规格、盘长、端别、数量,外观包装有无破损,缆线有无损坏、压扁等情况并详细记录。光缆单盘测试:用光时域反射仪(OTDR)对光缆进行测试,光缆单盘每千米衰耗满足要求;根据测试值,做好光缆单盘测试记录。

电缆测试项目:外观检查、芯线对号、线间及对地绝缘电阻测试、线间及对地耐压性能测试、环线电阻及不平衡电阻测试、电容耦合系数测试。

光电缆配盘:根据不同区间的不同长度,对光电缆进行定位、配盘,在缆盘上标明敷设区间、敷设方向(上行侧或下行侧);在单盘测试记录上写明敷设区间、敷设方向(上行侧或下行侧)。

光电缆敷设:采用人工敷设方法,按配盘表,从区间端头开始敷设向区间另一方向前进,速度不宜过快,保持均匀,避免出现“背扣”和“浪涌”现象,当光电缆被全部展放拉出后,将光电缆滤直并放置于通信电缆槽内;一端的光电缆被引入机房后,顺着一端沿着区间向另一端将光电缆摆放到位。

光电缆接续:光缆接续采用电弧熔接法,接续时用光时域反射仪(OTDR)双向监测;电缆接续,电缆芯线接续采用扭绞加焊并热缩密封或用电缆接续机接续的方法。

光电缆测试:光缆中继段测试在两端站的光纤配线架(ODF)上进行,对每根光纤进行衰减、色散、回波损耗等项指标的测试,观察特性曲线情况;电缆测试采用绝缘电阻测试仪、电桥、万用表等对电缆进行绝缘、对号、环阻等方面的测试。

2. 无线铁塔施工

进场后,首先根据设计文件,对铁塔位置进行复查,准确了解铁塔基础所在位置的地质情况,为基础设计和施工提供科学、准确的资料。根据铁塔基础的设计文件,综合考虑与沿线环境的统一,合理确定杆塔位置及形式,进行铁塔基础部分的施工,预埋铁塔地脚螺栓,为铁塔架设做好准备。在铁塔基础保养期后,进行铁塔架设,包括相关附属设备的安装,为天馈系统安装做好准备。

3. 设备安装施工

设备到货后,采取汽车集中装车,逐站卸车方案进行运输,设备进入站点后,对设备采取防潮、防盗临时存放措施;设备安装时再进行开箱检验及安装工作。安装工作开始后,首先进行首站定标工作,确定施工工艺和施工方法;然后按确定的工艺方法分组逐站进行全线的设备安装工作。安装工作完成三分之二后,组织进行设备单机调试工作,单机调试结束后进行系统调试。

(1)施工准备:核对施工设计图纸和相关文件→检查现场机房环境满足设备安装条件→制定施工技术方案和施工安全措施,如图 4-8-2 所示。

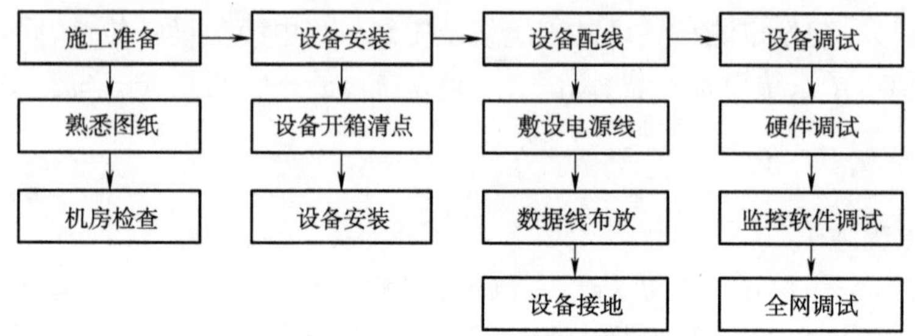


图 4-8-2 设备安装施工流程图

(2)设备安装:设备安装按设备检验→底座固定→机架固定→机盘安插→安装清理的顺序进行。注意事项:底座固定时先进行适当紧固,再进行水平、方位及高度调整,各方面均达到要求时,再做最终紧固;机架固定后要检查机架垂度是否在允许范围内(如有偏差需要再次调平);机盘安插时特别注意采取防静电措施。

(3)设备配线:设备配线按接地线的制作→电源线敷设→光纤敷设→光纤连接和标识→同轴线的布放→用户电缆的布放→电缆的连接和标识→架间电缆插接与布线的程序进行,注意事项:接地线的连接引线两端要镀锡,以保证金属表面的良好接触;直流电源线的连接牢固,接触良好,不得在中间接头;光纤布放时,尾纤弯曲半径不得小于 50 mm,光纤排列整齐有序,绑扎松紧适度;同轴线的布放外皮无损伤,电缆转弯的最小曲率半径大于 60 mm,外观平直整齐,线扣间距均匀,松紧适度。

### 三、客服信息、防灾施工过程

参照上述通信工程施工过程,此处不再赘述。

## 第三节 工程接口管理

### 一、通信子系统内部接口管理

长途通信线路为传输系统骨干汇聚层设备、区段接入层设备提供光纤资源,站场通信线路为传输系统站内接入层设备提供光纤资源。传输系统与通信线路的接口位于通信机房(通信站或通信机械室)ODF 架或 ODF 模块上。

通信线路为电话交换及接入系统提供电缆资源,供地区自动电话、2/4 线音频业务用户接入。电话交换及接入系统与通信线路的接口位于通信机房(通信站或通信机械室)MDF 架或设备配线模块上。

通信线路为调度通信系统提供电缆资源,供调度电话、专用电话、站场电话用户接入,调度通信系统与通信线路的接口位于通信机房(通信站或通信机械室)光电缆综合柜配线模块上。

传输系统为电话交换及接入系统提供 2 Mb/s 传输通道,传输设备的 2 M 端口与电话交换及接入系统设备的 2 M 端口互连,同时电话交换及接入系统新设接入网设备从传输系统提供的 2 M 链路中提取时钟同步信号。

传输系统为数据通信系统提供 155 Mb/s 传输通道,数据通信系统的光口与传输设备的 155 Mb/s 光口互连。

传输系统为专用移动通信系统提供 2 Mb/s 传输通道,专用移动通信系统的 2 M 端口与传输设备的 2 M 端口互连。同时专用移动通信系统从传输系统提供的 2 M 链路中提取时钟同步信号。

传输系统为调度通信系统提供 2 Mb/s 传输通道,调度通信系统的 2 M 端口与传输设备的 2 M 端口互连。同时调度通信系统从传输系统提供的 2 M 链路中提取时钟同步信号。

传输系统为应急通信系统提供 2 Mb/s 传输通道,应急通信系统的 2 M 端口与传输设备的 2 M 端口互连。同时应急通信系统从传输系统提供的 2 M 链路中提取时钟同步信号。

传输系统为综合视频系统提供 FE(E)接口,接口位于通信机房(通信站或通信机械室)RJ45 配线模块上。

传输系统为通信电源及环境监控系统提供 FE(E)接口,接口位于通信机房(通信站或通信机械室)RJ45 配线模块上。

数据通信系统为综合视频系统提供以太网接口,接口位于通信机房(通信站或通信机械室)RJ45 配线模块上。

数据通信系统为通信电源及环境监控系统提供以太网接口,接口位于通信机房(通信站或通信机械室)RJ45 配线模块上。

同步及时钟分配系统为传输系统提供时钟同步信号,通信站骨干汇聚层传输设备的时钟同步输入端口与同步及时钟分配系统 BITS 设备的同步输出端口互连。

电源系统为传输系统设备提供可靠的－48 V 直流电源以及 220 V 交流电源,传输系统通过电源线与电源系统开关电源设备直流输出端子、UPS 交流输出端子互连。

电源系统为电话交换及接入系统设备提供可靠的－48 V 直流电源以及 220 V 交流电源,电话交换及接入系统通过电源线与电源系统开关电源设备直流输出端子、UPS 交流输出端子互连。

电源系统为数据通信系统设备提供可靠的－48 V 直流电源以及 220 V 交流电源,数据通信系统通过电源线与电源系统开关电源设备直流输出端子、UPS 交流输出端子互连。

电源系统为专用移动系统设备提供可靠的－48 V 直流电源以及 220 V 交流电源,专用移动系统电源线与电源系统开关电源设备直流输出端子、UPS 交流输出端子互连。

电源系统为调度通信系统设备提供可靠的－48 V 直流电源以及 220 V 交流电源,调度通信系统通过电源线与电源系统开关电源设备直流输出端子、UPS 交流输出端子互连。

电源系统为会议电视系统设备提供可靠的－48 V 直流电源以及 220 V 交流电源,会议电视系统通过电源线与电源系统开关电源设备直流输出端子、UPS 交流输出端子互连。

电源系统为应急救援指挥系统设备提供可靠的－48 V 直流电源以及 220 V 交流电源,应急救援指挥系统通过电源线与电源系统开关电源设备直流输出端子、UPS 交流输出端子互连。

电源系统为电源及环境监控系统设备提供可靠的－48 V 直流电源以及 220 V 交流电源,电源及环境监控系统系统通过电源线与电源系统开关电源设备直流输出端子、UPS 交流输出端子互连。

电源及环境监控系统对电源系统设备进行监测,电源及环境监控设备与电源系统的接口位于电源系统设备的 RS485 端口处。同时电源系统为电源及环境监控系统提供可靠的－48 V 直流电源以及 220 V 交流电源,动力及环境监控系统设备通过电源线与电源系统开关电源设备直流输出端子、UPS 交流输出端子互连。

**二、通信子系统外部接口管理**

1. 传输系统为信号 CTC 和集中监测提供 2 Mb/s 传输通道,接口为 2 Mb/s(G. 703)和 FE(O),界面位于信号设备中的综合数字配线单元外线侧。

2. 通信系统利用低压供电系统为通信设备提供可靠的交流供电，通信系统设备与低压供电系统的接口位于通信机房的电力配电箱出线端。

3. 传输系统为电力与供电专业提供 2 Mb/s 传输通道，接口为 FE(E)和 FE(O)，界面位于电力专业交换机外线侧。

4. 综合地线系统

根据需要，通信系统需接地的设备接口位于综合地线的地线排引接端子处。各通信站或通信机械室、区间通信机械室的通信设备，以及区间的通信线路、铁塔等设施均应设地线。

5. 与土建工程的接口配合

(1)路基：路基为本系统在线路提供通信电缆槽，并间隔一定距离或在特殊地段(如大中桥、隧道两头)设置光电缆接头/预留手孔井，在手孔井处预埋过轨、分支引下钢管，以便通信光缆过轨及分支引出。

(2)隧道：隧道专业为本系统在隧道两侧提供通信电缆槽，并在长大隧道间隔一定距离在大避车洞内底部设置余长电缆腔，设置光电缆接头/预留手孔井，在手孔井处预埋过轨、分支钢管，以便通信光缆过轨及分支引出。

(3)桥梁：桥梁为本系统在桥一侧提供通信电缆槽，并间隔一定距离预留通信光缆上、下桥条件。

(4)车站：车站范围内为本系统站台和自站台端头至出站信号机在站场两侧设置站场通信电缆槽，并与区间及站台电缆槽相连。

(5)房建：沿线在车站、段所等处设置通信机房，并满足抗百年不遇洪水水位要求，通信机房的环境、装修应满足相关的技术指标；为避免光、电缆布线及通信设备安装对建筑物结构造成破坏，土建工程中应为通信系统预留沟槽管洞；在车站内提供满足通信系统建设要求的光缆进线、配线室；各新建站站台由房建专业设置通信管道入孔以及提供站台电缆槽道并引至通信机械室引入口处。

在进场后，工程技术部各专业人员对各专业进行深入调查，积极与设计沟通，并成立以各专业工程师为主要成员的接口调查小组。

工作内容：接口检查小组根据业主和监理要求，针对站前单位相关接口依据接口检查资料、手册，对接口实施有效检查、确认，负责内部接口问题的协调解决。

工作程序：与站前单位建立有效沟通，一旦发现问题按照：站前单位→专业负责→项目部→管段站后监理(设计，如需要)→建设指挥部，报送次序进行上报，确实在控制时段内得以有效解决的问题，可以不再向上一级报送；各专业检查人员务必在现场与站前单位取得最大程度沟通，根据本专业施工的时间控制要求，及早介入相关接口检查，给站前单位以充分时间完成不合格接口的整改；各专业副指挥长负责组织本专业接口检查手册的编制工作并按指挥部要求及时上报；各专业现场接口检查人员根据本专业制定的接口检查手册，按检查时间、地点、内容、质量、纠正措施及时如实填写检查手册；对有问题接口必须有后续的跟踪检查记录，直至接口符合专业要求为止；定期进行接口复查工作，复查中新发现的接口问题及时采取站前单位沟通、上报专业负责、指挥部协调、管段监理协调、业主协调等不同级别的有效处理手段，及时解决接口问题。内部接口问题依照我方为接口划分制订的操作处理流程，对难于明确所属专业的接口问题或工程中出现的四电内部接口问题，采取专业间协商，按指挥部最终协调确定的方式落实解决。

# 第九章　信 号 工 程

## 第一节　工 程 概 况

### 一、主要设计特点

（一）车站联锁系统

1. 联锁制式

华兴村线路所、简阳南、资阳北、资中北、内江北、隆昌北、荣昌北、大足南、永川东、璧山、半边山线路所11个正线车站（含线路所）分别设置一套独立的硬件冗余型计算机联锁设备。

成都东站、成都南站、成都动车所在既有联锁设备的基础上，根据站场变化情况进行相应的改造。

维修工区及保养点道岔、存车线均纳入集中联锁控制。

2. 站内轨道电路及电码化

正线各站采用与区间制式一致移频轨道电路，维修工区道岔区段采用97型25 Hz相敏轨道电路，配套二元二位继电器。

为了防止因钢轨生锈引起轨道电路分路不良，对正线间渡线道岔采用轨面喷涂措施，非列车进路轨道电路区段采用熔覆合金方式。

3. 转辙设备

配合站场专业设计，正线18号及以上道岔、60 kg/m—12号道岔的牵引设备均采用三相交流电液转辙机，按多转辙机分线分动方式控制并采用钩式外锁闭安装装置；其他12号AT道岔、9号道岔暂采用ZD-6系列电动转辙机。18号及以上的道岔设密贴检查装置。

4. 信号机

根据相关技术政策设置地面信号机。正常情况下，地面列车信号关闭，动车组行车凭证为车载信号显示。

本线信号机均采用铝合金机构、双焦灯泡，电缆箱盒采用SMC型箱盒。

5. 电源

各站（含中继站）采用综合电源系统，集中整合配套的UPS不间断电源设备。

（二）行车指挥系统

新设一个成渝调度台，按纳入成都局调度所设计。管辖范围为成都东（不含）至璧山站（不含）计9站（其中1个线路所）。

成都枢纽内的成都东站、成都南站仍归属成绵乐台管辖。

（三）区间闭塞设备及列车运行控制系统

本线正线、各联络线采用自动闭塞，满足双线双方向运行，正向运行追踪间隔满足运输要求，反方向运行按自动站间闭塞设计。其他线路维持既有闭塞方式。

地面不设通过信号机，车载信号作为列车运行的凭证。区间采用计算机编码控制的ZPW-2000系列无绝缘轨道电路，根据高速铁路设计规范规定，当区间轨道电路的集中控制长度超过7.5 km时设区间中继站，本线共设置13个信号中继站。

成都东至重庆正线采用CTCS-3级列控系统，并兼容CTCS-2级列控系统。CTCS-2为CTCS-3车载无线故障的动车组提供备用列控系统，并满足只装配CTCS-2车载设备动车组的上线运行需求。列车运行控制系统地面设备按CTCS-3级系统设计，采用目标-距离控制模式，满足本线列车最高运行速度的要求。

至相邻线联络线采用CTCS-2级列控系统。成都南联络线设计速度120 km/h，在联络线上设置CTCS-

3/ CTCS-2 级间转换点，实现 CTCS-3 级与 CTCS-2 级列控系统的自动切换。

地面设无线闭塞中心 RBC、列控中心(TCC)、地面电子单元(LEU)及应答器，满足装设有 CTCS-3 级车载设备的动车组上线运行。

设置临时限速服务器，对列控中心执行的临时限速进行集中管理，保证临时限速命令存储、拆分、下达与撤销的安全性。

地面应答器设置满足《CTCS-3 级列控系统应答器应用原则(V2.0)》(科技运〔2010〕21 号)的要求进行设置。

设置 4 套 RBC，覆盖范围为正线成都东至重庆共计 14 个车站(含 2 各线路所)，成都南联络线、重庆西联络线、重庆北联络线的级间转换点的临站，分别为成都南站、重庆西站、芭蕉沟线路所。

成都枢纽 C2\C3 级间转换设置：C3→C2 级间转换点 8 个。成都东站 XA、XB、XC、XD、XF、XL；成贵成渝客专联络线 2 个(上、下行线)。

C2→C3 级间转换点 2 个，华兴村线路所 S、SN。

(四)调度集中系统

根据铁鉴函〔2010〕652 号、铁鉴函〔2011〕682 号初步设计批复及成铁总工〔2015〕38 号《成都铁路局关于新建成都至重庆铁路客运专线调度区划调整的请示》，本线新设一个成渝调度台，管辖范围为成都东(不含)至璧山站(不含)，计 9 站(其中 1 个线路所)；成都枢纽内的成都东站、成都南站仍归属成绵乐台管辖。

(五)信号集中监测系统

成渝客专全线新建车站、中继站均设置集中监测车站设备，监测功能参照执行铁路信号微机监测系统技术条件规定，考虑道岔缺口检查功能。

配置 11 套集中监测车站站机，分别设置于华兴村线路所、简阳南、资阳北站、资中北站、内江北站、隆昌北站、荣昌北站、大足南站、永川东站、璧山站、半边山线路所。

配置 13 套集中监测中继站站机，分别设置于中继站 1～中继站 13。

成都电务段、重庆电务段微机监测总机设备在既有基础上改造。内江北车间、内江北、资阳北、永川东 3 个集中检修工区均设置集中监测终端设备，并联网引入电务段。对设于成都铁路局电务处的远程终端设备进行修改。

(六)综合智能电源系统

各车站、线路所、中继站、RBC 中心采用信号智能电源屏和大功率不间断电源。CTC 自律机、列控中心、安全数据网、车站计算机联锁采用独立双电源供电。

(七)电务综合监督系统

正线车站(所)设置电务综合监督车站服务器，中继站设置中继站服务器。成都东站 RBC 机房内设置中心服务器。

成都东、重庆北设置通信前置机。

成都局电务处、成都电务段、重庆电务段调度中心及成都电务段、重庆电务段分析中心设置电务综合监督终端设备。

## 二、工程施工质量控制技术标准

1.《高速铁路竣工验收办法》(铁建设〔2012〕107 号)；

2.《高速铁路工程动态验收技术规范》(TB 10761—2013)；

3.《铁路信号维护规则》(铁运〔2008〕142 号)；

4.《高速铁路信号维护规则(试行)》(铁运〔2012〕305 号)；

5.《高速铁路设计规范(试行)》(TB 10621—2009)；

6.《铁路信号产品运用管理暂行办法》(铁总运〔2015〕105 号)；

7.《中国铁路总公司关于印发〈铁路技术管理规程〉的通知》(铁总科技〔2014〕172 号)(高速铁路部分)；

8.《主体机车信号系统技术条件(暂行)》(科技运函〔2004〕114 号)；

9.《机车信号车载系统设备》(TB/T 3287—2013)；

10.《列控中心技术规范》(科技运〔2010〕138 号)；

11.《关于印发〈CTCS-3 级列控系统应答器应用原则(V2.0)〉的通知》(科技运〔2010〕21 号)；

12.《高速铁路信号系统安全数据网技术规范 V3.0》(铁总运〔2014〕353 号)；

13.《客专列控系统 TSRS 接口规范》(运基信号〔2010〕534 号)；

14.《临时限速服务器技术规范》(铁运〔2012〕213 号)；

15.《调度集中系统(CTC)数据通信规程(V1.0)》(运基信号〔2007〕696 号)；

16.《列车调度指挥系统(TDCS)、调度集中系统(CTC)组网方案和硬件配置标准(暂行)》(运基信号〔2009〕676 号)；

17.《调度集中车站自律机与计算机联锁接口通信协议(V1.1)》(运基信号〔2006〕312 号)；

18.《GSM-R 与 CTC/TDCS 系统数据传输接口规范(暂行)》(运基通信〔2006〕185 号)；

19.《CTCS-3 级列控车载设备技术规范(暂行)》(铁运〔2012〕211 号)；

20.《无线闭塞中心技术规范(暂行)》(铁运〔2012〕212 号)；

21.《关于印发〈CTCS-3 级列控系统系统评估规范〉的通知》(铁科技〔2011〕201 号)；

22.《关于印发〈CTCS-3 级列控车载设备补充技术规范(暂行)〉的通知》(铁总运〔2014〕327 号)；

23.《关于印发〈CTCS-3 级列控车载设备技术规范(暂行)补充规定〉的通知》(铁总运〔2014〕198 号)；

24.《关于印发〈高速铁路联调联试及运行试验实施细则〉的通知》(铁总办〔2013〕107 号)；

25.《列控中心区间占用逻辑检查暂行技术条件》(铁总运〔2015〕156 号)。

## 三、主要工程数量

成渝高铁信号工程新设 9 个车站、2 个线路所、13 个中继站，共完成信号电缆敷设 1 604 km，信号机安装 169 架，道岔安装 132 组，轨道电路区段 824 个，应答器 1 450 个，11 套联锁设备、11 套 CTC 站机设备、24 套列控设备、24 套集中监测设备、25 套电源设备、4 套 RBC 中心设备等信号设备的安装调试，以及各系统接入中心。成渝高铁主要信号设备概括见表 4-9-1。

**表 4-9-1　成渝高铁主要信号设备概况**

| 序号 | 车站名 | 股道数 | 联锁设备 | 列控设备(LKD2-2-TH) | 行车指挥系统 | 轨道电路 | 监测系统 | 电源系统 | 电务综合监督系统 | 车站中心里程 | 站间距离 |
|---|---|---|---|---|---|---|---|---|---|---|---|
| 1 | 成都东 RBC 房 | | | | | | | 30 kVA | XJD-JS | | |
| 2 | 华兴村线路所 | | DS6-K5B | CTCS-3 | FZy-CTC | 2000A | 2010 型 | | XJD-JS | K4+897 | 47.752 km |
| 3 | 183 号(原中继站 1) | | | CTCS-3 | FZy-CTC | 2000A | | 20 kVA | XJD-JS | K18+148 | |
| 4 | 303 号(原中继站 2) | | | CTCS-3 | FZy-CTC | 2000A | | 20 kVA | XJD-JS | K30+615 | |
| 5 | 409 号(原中继站 3) | | | CTCS-3 | FZy-CTC | 2000A | | 20 kVA | XJD-JS | K41+950 | |
| 6 | 简阳南站 | 4 | DS6-K5B | CTCS-3 | FZy-CTC | 2000A | 2010 型 | 45 kVA | XJD-JS | K52+649 | |
| 7 | 679 号(原中继站 4) | | | CTCS-3 | FZy-CTC | 2000A | | 20 kVA | XJD-JS | K67+570 | 30.012 km |
| 8 | 资阳北站 | 7 | DS6-K5B | CTCS-3 | FZy-CTC | 2000A | 2010 型 | 50 kVA | XJD-JS | K82+661 | |
| 9 | 981 号(原中继站 5) | | | CTCS-3 | FZy-CTC | 2000A | | 20 kVA | XJD-JS | K97+435 | 41.19 km |
| 10 | 1119 号(原中继站 6) | | | CTCS-3 | FZy-CTC | 2000A | | 20 kVA | XJD-JS | K111+607 | |
| 11 | 资中北站 | 4 | DS6-K5B | CTCS-3 | FZy-CTC | 2000A | 2010 型 | 45 kVA | XJD-JS | K123+851 | |
| 12 | 1385 号(原中继站 7) | | | CTCS-3 | FZy-CTC | 2000A | | 20 kVA | XJD-JS | K138+700 | 29.259 km |
| 13 | 内江北站 | 7 | DS6-K5B | CTCS-3 | FZy-CTC | 2000A | 2010 型 | 50 kVA | XJD-JS | K153+110 | |
| 14 | 1679 号(原中继站 8) | | | CTCS-3 | FZy-CTC | 2000A | | 20 kVA | XJD-JS | K167+614 | 25.668 km |
| 15 | 隆昌北站 | 4 | DS6-K5B | CTCS-3 | FZy-CTC | 2000A | 2010 型 | 45 kVA | XJD-JS | K178+778 | |
| 16 | 1903 号(原中继站 9) | | | CTCS-3 | FZy-CTC | 2000A | | 20 kVA | XJD-JS | K190+021 | 33.901 km |
| 17 | 2019 号(原中继站 10) | | | CTCS-3 | FZy-CTC | 2000A | | 20 kVA | XJD-JS | K201+375 | |
| 18 | 荣昌北站 | 4 | DS6-K5B | CTCS-3 | FZy-CTC | 2000A | 2010 型 | 45 kVA | XJD-JS | K212+679 | |

续上表

| 序号 | 车站名 | 股道数 | 联锁设备 | 列控设备(LKD2-2-TH) | 行车指挥系统 | 轨道电路 | 监测系统 | 电源系统 | 电务综合监督系统 | 车站中心里程 | 站间距离 |
|---|---|---|---|---|---|---|---|---|---|---|---|
| 19 | 大足南站 | 4 | DS6-K5B | CTCS-3 | FZy-CTC | 2000A | 2010 型 | 45 kVA | XJD-JS | K223＋401 | 10.722 km |
| 20 | 2331 号(原中继站 11) | | | CTCS-3 | FZy-CTC | 2000A | | 20 kVA | XJD-JS | K233＋371 | 21.244 km |
| 21 | 永川东站 | 7 | DS6-K5B | CTCS-3 | FZy-CTC | 2000A | 2010 型 | 50 kVA | XJD-JS | K244＋645 | |
| 22 | 2595 号(原中继站 12) | | | CTCS-3 | FZy-CTC | 2000A | | 20 kVA | XJD-JS | K260＋184 | 30.696 km |
| 23 | 璧山站 | 4 | DS6-K5B | CTCS-3 | FZy-CTC | 2000A | 2010 型 | 45 kVA | XJD-JS | K275＋341 | |
| 24 | 2831 号(原中继站 13) | | | CTCS-3 | FZy-CTC | 2000A | | 20 kVA | XJD-JS | K283＋208 | 17.164 km |
| 25 | 半边山线路所 | 5 | DS6-K5B | CTCS-3 | FZy-CTC | 2000A | 2010 型 | 50 kVA | XJD-JS | K292＋505 | |
| 26 | 芭蕉沟线路所 | | DS6-K5B | CTCS-2 | FZy-CTC | 2000A | 2010 型 | 45 kVA | | K12＋216 | 12.216 km |
| 27 | 歌乐山站 | 4 | DS6-K5B | CTCS-2 | FZy-CTC | 2000A | 2010 型 | 70 kVA | | JXK5＋589 | 4.991 km |
| 28 | 井口车站 | 5 | DS6-K5B | CTCS-2 | FZy-CTC | 2000A | 2010 型 | 50 kVA | | JXK0＋598 | |
| 29 | 重庆北渝怀场 | 13 | DS6-K5B | CTCS-2 | FZy-CTC | 2000A | 卡斯柯 | | | K18＋705 | |
| 30 | 重庆北渝万场 | 9 | DS6-K5B | CTCS-2 | FZy-CTC | 2000A | 卡斯柯 | | | K18＋560 | |

### 四、工程特点、难点及重点

1. LKJ、列控数据上报

LKJ、列控数据上报时间影响整个系统工程的开通和联调联试。因此 LKJ、列控数据填报要做到准确，与站前单位的数据复核一致。在编制 LKJ、列控数据时提前认真做好设备的定位测量工作，编制 LKJ、列控数据交电务段审核，然后与电务段共同到现场实际复测，确保数据无误，上报 LKJ、列控数据。

2. 重庆枢纽既有车站接入改造施工

为保证重庆枢纽既有车站接入改造安全及施工质量，在进点施工前，同电务段签定既有线施工安全协议，与电务段共同优化制定施工方案；强化施工组织，提前培训员工，坚持持证上岗。根据本工程的施工进度上报施工计划，按下达的施工计划组织人员进行施工。

停点施工准备：

(1)按成熟的施工方案进行室外敷设信号电缆、安装室外设备；室内设备安装，设备配线施工，对拆、配线进行详细核对，确保配线正确；各设备厂家进行软件编制。

(2)电务段对室内外设备进行验收，进行联锁软件仿真模拟试验。

(3)信点开通施工：电务段进行设备验收，联锁软件仿真模拟试验完成达到开通条件后。方可进行停点施工。

## 第二节 信号工程施工

### 一、总体施工组织安排

本着“协调配合、优化方案，工序衔接，合理安排”的原则，进行工程进度的总体计划安排。

服从建设单位对全线工期的统筹计划和对各专业施工进度的指导性安排。

总体施工安排时的原则是：前期充分做好施工准备工程，在具备施工条件时，合理安排隧道照明施工，逐步形成分区段平行流水作业。

在物资供应有保障的情况下，各项工序越早开始越好，不在工期末端搞会战，如果物资供应与施工进度计划冲突，则随时调整施工计划以保证工期。

充分考虑各专业间交叉施工的影响。

### 二、工程主要施工过程

(一)光电缆线路施工

1. 电缆敷设

信号电缆与通信电缆同槽敷设时，信号电缆在靠线路一侧，车站站内电缆敷设完毕，用沙袋对电缆进行防护，及时将盖板封盖，槽内同时敷设多条线缆时应互不交叉。电缆槽电缆敷设示意如图 4-9-1 所示。

电缆余留长度应符合验收标准相关规定，室外电缆余留应成 S 形布放，轨道电路用数字电缆和应答器电缆严禁盘成闭合圈，如图 4-9-2 所示。

图 4-9-1 电缆槽电缆敷设示意图

图 4-9-2 S形布放

2. 电缆防护

电缆槽引出的外露电缆、电缆槽至箱盒的电缆，应采用防护套管防护，需弯曲处，为保证电缆的弯曲半径，结合现场防撞墙及电缆槽高度，将方向盒电缆保护管进行了处理，同时对电缆外露部分用胶皮管防护，电缆过电缆井时，应采用 SMC 线槽防护。电缆外露防护如图 4-9-3～图 4-9-5 所示。

图 4-9-3 电缆外露防护(一)

图 4-9-4 电缆外露防护(二)

电缆通过桥梁接缝处，应在电缆槽断开处增加水泥槽或者玻璃钢槽防护，如图 4-9-6 所示。

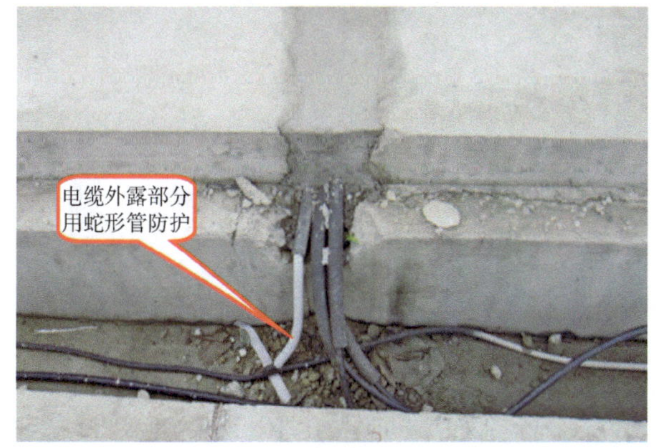


图 4-9-5 外露电缆防护(三)

图 4-9-6 电缆通过桥梁接缝处防护图

电缆上下桥固定时，采用钢槽防护并可靠固定于桥梁或桥墩上，爬架钢槽尽量顺直。地面以上电缆槽外部应采用砌砖防护，高度不小于 2 000 mm，钢槽内电缆分段固定，固定间距不大于 1 500 mm。

3. 电缆接续

电缆接续管，应标注 A、B 端，接续盒水平放置，接头两端各 300 mm 内不得弯曲，外设“电缆接续”标识。

4. 电缆成端

电缆成端除按照有关要求制作外，还应进行冷封胶灌注，如图 4-9-7～图 4-9-10 所示。

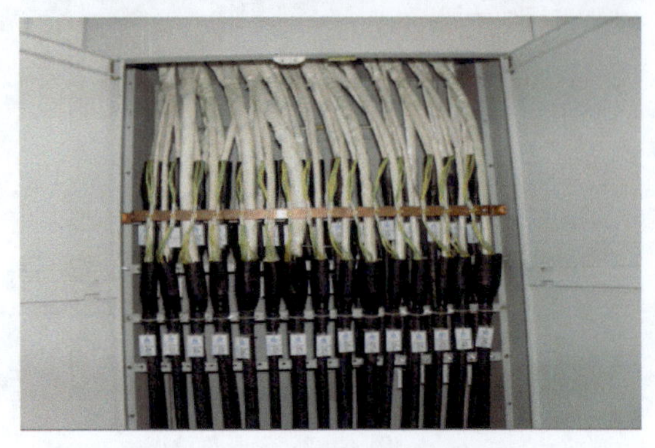

图 4-9-7　室内内屏蔽电缆成端

图 4-9-8　电缆引入口距分线柜大于 5 m 时电缆引入屏蔽连接示意图 1

图 4-9-9　电缆引入口距分线柜小于 5 m 时电缆引入屏蔽连接示意图 2

(二)箱盒安装

方向盒、终端盒、变压器箱盒应采用防盗型，箱盒基础架构采用热镀锌金属，箱盒名称应做标注，如图 4-9-11～图 4-9-15 所示。

图 4-9-10　室外箱盒电缆成端

图 4-9-11　方向盒安装示意图(一)

图 4-9-12　方向盒安装示意图(二)

图 4-9-13　ZPW-2000 轨道电路设备安装示意图(一)

图 4-9-14　ZPW-2000 轨道电路设备安装示意图(二)

图 4-9-15　信号机 XB 箱安装示意图

1. 桥梁地段箱盒安装

在防护墙外侧壁时,防护墙应钻通透孔,采用 M16 防松螺栓和补强板,将支架固定。桥梁地段箱盒安装示意如图 4-9-16～图 4-9-20。

图 4-9-16　桥梁地段箱盒安装示意图(一)

图 4-9-17　桥梁地段箱盒安装示意图(二)

图 4-9-18 桥梁地段箱盒安装示意图(三)

图 4-9-19 桥梁地段箱盒安装示意图(四)

2. 路基地段箱盒安装

路基面以上采用砖砌混凝土围台，箱盒支架高出围台顶面 100～200 mm。箱盒最突出边缘距邻近钢轨内沿不小于 1 500 mm，其金属基础顶面高出地面 250 mm±50 mm。路基地段箱盒安装示意如图 4-9-21 所示。轨旁设备安装示意如图 4-9-22 所示。

图 4-9-20 桥梁地段箱盒安装示意图(五)

图 4-9-21 室外有源应答器箱盒安装示意图

3. 隧道地段箱盒安装

调谐区设备应安装在电缆槽外壁上，定测调谐区位置时必须避开“踏步”，设备顶面高于轨面 250 mm±50 mm。隧道地段箱盒安装示意如图 4-9-23 所示。

图 4-9-22 轨旁设备安装示意图

图 4-9-23 隧道地段箱盒安装

4. 箱盒配线

箱盒内弹簧接线端子配线，应使用专用配线工具，弹簧接线端子的每个配线孔只能配 1 根导线，严禁一孔配多根导线，截面积小于 1 $mm^2$ 的多股铜芯线应压接冷压接线帽，并使用与冷压接线帽对应的压接钳压接。箱盒内端子应按排列要求编号，箱盒配线应整齐美观，电气连接良好。方向盒配线、终端盒配线、信号机箱盒配线分别如图 4-9-24～图 4-9-28 所示。

图 4-9-24 方向盒配线示意图(一)

图 4-9-25 方向盒配线示意图(二)

图 4-9-26 终端盒配线示意图

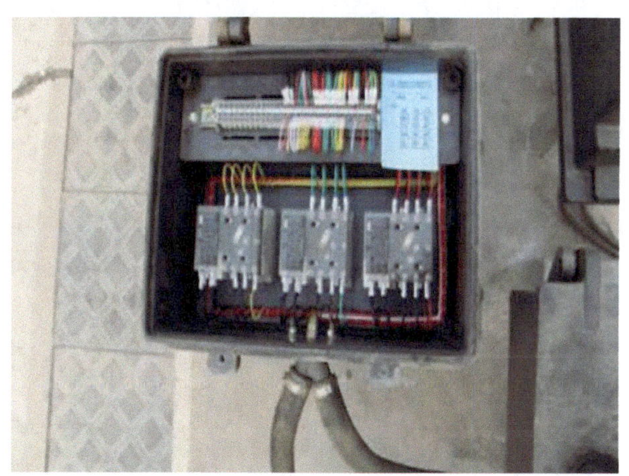

图 4-9-27 信号机箱盒配线示意图(一)

图 4-9-28 信号机箱盒配线示意图(二)

(三)地面信号机

1. 路基地段矮型信号机

(1)线路外侧信号机

线路外的进站和出发信号机安装高度不大于 1 100 mm，其最突出边缘距邻近线路中心宜大于 2 440 mm。信号机安装示意如图 4-9-29 和图 4-9-30 所示。

图 4-9-29　进站信号机安装示意图

图 4-9-30　出发信号机安装示意图

(2)线路间单机构信号机

线路间单机构矮型出发信号机高度不大于 1 100 mm,其最突出边缘距邻近线路中心宜大于 2 289 mm(一般信号机安装在线路中间),如图 4-9-31 所示。

(3)有砟路基地段矮型信号机

有砟路基地段矮型信号机安装示意如图 4-9-32 和图 4-9-33 所示。

图 4-9-31　线路间单机构信号机示意图

图 4-9-32　有砟路基地段矮型信号机安装示意图(一)

(4)线路间双机构信号机

线路间双机构矮型出发信号机高度不大于 1 100 mm,其最突出边缘距邻近线路中心宜大于 1 800 mm(一般信号机安装在线路中间),如图 4-9-34 所示。

图 4-9-33　有砟路基地段矮型信号机安装示意图(二)

图 4-9-34　线路间双机构信号机安装示意图

2. 桥梁地段矮型信号机

金属支架采用 M20 防松螺栓和补强板固定在防护墙外侧壁，防护墙应钻通透孔，金属支架严禁跨越桥梁伸缩缝安装。桥梁地段矮型信号机安装示意如图 4-9-35 所示。

3. 隧道地段矮型信号机

信号机设于线路两侧的隧道壁上，信号机安装在机柱上，机柱安装在三脚支架上，三脚支架用 M16 化学锚栓固定在隧道壁上，三脚支架采用 5×50×80 角钢焊接而成，表面热镀锌处理。隧道地段矮型信号机如图 4-9-36 所示。

图 4-9-35 桥梁地段矮型信号机

图 4-9-36 隧道地段矮型信号机

(四)转辙装置

1. 安装装置

安装装置方正平顺，无别劲、卡阻现象，绝缘管、垫齐全牢固无破损；基础托板安装与直股基本轨垂直，与轨枕平行不下垂，与道床连接牢固并具备减振措施；各部位紧固件、垫圈、开口销等齐全，开口销双臂对称劈开角度为 60°～90°。安装装置示意如图 4-9-37 和图 4-9-38 所示。

图 4-9-37 安装装置示意图(一)

图 4-9-38 安装装置示意图(二)

各种连接杆螺纹部分的内外调整余量不应小于 10 mm，表示杆的销孔旷量不大于 0.5 mm，其他销孔旷量不大于 1 mm。连接杆螺纹部分示意如图 4-9-39 所示。

2. 外锁闭装置

各牵引点的锁闭杆连接应平直，螺栓螺母垫圈齐全牢固，锁闭框安装方正、平顺，与基本轨连接紧密，各部位偏差及间隙应符合验收标准要求。外锁闭装置如图 4-9-40 所示。

图 4-9-39　连接杆螺纹部分示意图

图 4-9-40　外锁闭装置

3. 转辙机安装

转辙机的安装应符合设备自身的技术规格条件和验收标准,转辙机表面应有明显标识。转辙机安装示意如图 4-9-41 和图 4-9-42 所示。

图 4-9-41　岔尖处转辙机安装示意图

图 4-9-42　岔心处转辙机安装示意图

4. 密贴检查装置

安装方式应符合设计要求。安装牢固,螺纹清洁、润滑,无卡阻。密贴表示符合验收标准规定。密贴检查装置示意如图 4-9-43～图 4-9-45 所示。

图 4-9-43　密贴检查装置示意图(一)

图 4-9-44　密贴检查装置示意图(二)

图 4-9-45　密贴检查装置示意图(三)

(五)轨道电路

1. 钢轨钻孔

钢轨钻孔采用专用钻孔机具,专用 45°倒角工具进行倒角,倒角深度 1～2 mm,塞钉与钢轨连接处涂油漆封闭。孔与钢轨焊缝距离不得小于 400 mm。钢轨引接线第一塞钉孔距钢轨连接夹板边缘 100 mm,第二塞钉孔距第一塞钉孔 60 mm,第三塞钉孔距第二塞钉孔 80 mm,第四塞钉孔距第三塞钉孔 60 mm。钢轨钻孔示意如图 4-9-46 和图 4-9-47 所示。

图 4-9-46　钢轨钻孔示意图(一)

图 4-9-47　钢轨钻孔示意图(二)

2. 连接线的固定与防护

轨道设备与基础连接,卡具与轨枕板、道床板连接均采用双螺母(其中外部是防松螺母)紧固,露出螺母外的螺扣不应少于 5 mm。轨道板或道床板上的连接线、防护管,应采用卡具固定在轨道板或道床板平面上或 V 形槽内,固定螺栓必须采用胶管式化学锚栓。连接线的固定与防护示意如图 4-9-48～图 4-9-53 所示。

图 4-9-48　连接线的固定与防护示意图(一)

图 4-9-49　连接线的固定与防护示意图(二)

图 4-9-50 连接线的固定与防护示意图(三)

图 4-9-51 连接线的固定与防护示意图(四)

图 4-9-52 连接线的固定与防护示意图(五)

图 4-9-53 连接线的固定与防护示意图(六)

3. 轨旁设备的布置

轨旁设备的调谐区设备不得安装在无砟轨道两块轨道板的接缝处。路基地段设备防护罩边缘至钢轨内缘不应小于 1 500 mm,基础顶面应高于地面 250 mm±30 mm。设备防护罩顶面应不高于所属线路的钢轨顶面。调谐区设备安装示意如图 4-9-54 所示。

图 4-9-54 调谐区设备安装示意图

补偿电容安装，设于线路外侧，连接线应采用钢丝编织胶管进行防护，电容连接线套管应采用Ω形卡具固定轨道板或道床板上。补偿电容安装示意如图4-9-55和图4-9-56所示。

图4-9-55　补偿电容安装示意图(一)

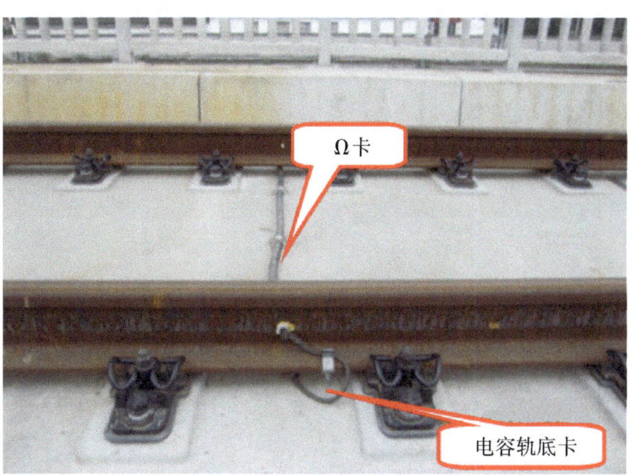


图4-9-56　补偿电容安装示意图(二)

4. 扼流变压器

路基地段安装时，基础埋深不应少于500 mm，基础顶面应高于地面250 mm±50 mm，基础埋设及防护围台应符合规定，扼流变压器最凸出边缘距钢轨内缘不应小于1 500 mm，如图4-9-57所示。

桥上安装时，扼流变压器安装在防护墙外侧，扼流变压器钢轨引接线端子朝向线路侧，金属基础采用M20通透式防松螺栓和补强板，固定在防护墙上。金属基础严禁跨建筑物伸缩缝。扼流变压器底部距电缆槽盖板上表面150 mm±50 mm。钢轨引接线应在防护墙上钻孔后穿出，防护墙穿线孔内的引接线应加PPR管防护，如图4-9-58所示。

图4-9-57　扼流变压器安装示意图(一)

图4-9-58　扼流变压器安装示意图(二)

(六)应答器及室外地面电子单元

1. 应答器设计要求

应符合设计要求，位置应与编号相符。设置位置允许偏差±0.5 m，应答器组内相邻应答器间的距离为5 m+0.5 m，如图4-9-59所示。

2. 应答器安装位置

应该安装在轨道中间，其周围无金属体，空间位置应符合：

(1)应答器平行于长边的中心线两侧无金属体距离不应小于315 mm，应答器平行于短边中心线两侧无金属体距离不应小于410 mm，如图4-9-60所示。

图 4-9-59　应答器安装示意图(一)

图 4-9-60　应答器安装示意图(二)

(2)应答器 X 轴基准标记点至下部无金属体距离正常情况下不应小于 210 mm,特殊情况下不小于 140 mm。

(3)应答器安装高度可通过调节底部衬垫数量,使其 X 基准标记至钢轨顶面的距离 $h$ 为 93～150 mm,如图 4-9-61 所示。

(4)正常情况下,应答器上平面应与两钢轨面连线平行,左右面应与钢轨平行,如图 4-9-62 所示。

图 4-9-61　应答器安装示意图(三)

图 4-9-62　应答器安装示意图(四)

3. 应答器尾缆长度

应符合现场实际需要,尾缆应采用加强型防护管防护,通过路肩的尾缆防护管应埋入路肩沥青防水层下,应答器连接口的尾缆应采用专用工具锁紧,靠近应答器下部尾缆固定点距应答器不应大于 150 mm,如图 4-9-63 所示。

4. 室外地面电子单元的安装

安装应符合验收标准的规定,如图 4-9-64 所示。

(七)室内设备

1. 室内设备的内容

包括无线闭塞中心(RBC)、列车运行控制中心(TCC)、地面电子单元(LEU)、临时限速服务器(TSRS)、调度集中(CTC)、计算机联锁(CBI)、信号集中监测(CSM)、电源等。室内设备安装内容包括控制显示、电源等设备安装,机柜(架)、走线槽安装、设备配线等。机械室设备安装示意如图 4-9-65～图 4-9-68 所示。

图 4-9-63 应答器尾缆长度

图 4-9-64 室外地面电子单元的安装示意图

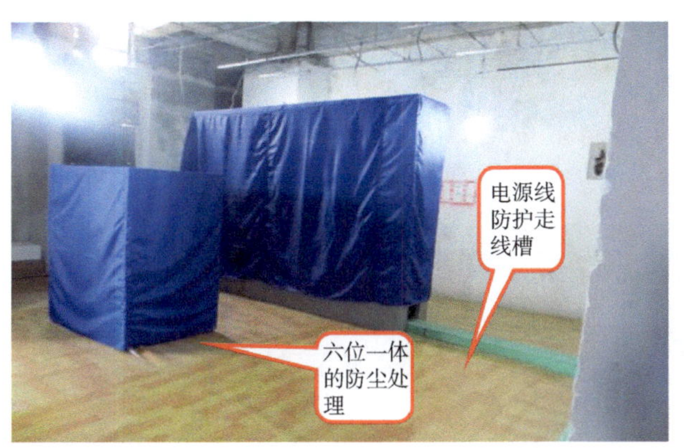


图 4-9-65 设备安装防尘处理示意图

图 4-9-66 RBC 室设备布置示意图

图 4-9-67 CTC 中心设备安装示意图

图 4-9-68 机械室设备安装示意图

机柜(架)、层、位及设备应设置铭牌,标识完整清晰,如图 4-9-69 所示。

2. 控制显示设备

安装位置、场地空间应符合设计要求。设备应固定在基础角钢上。相邻屏幕之间的间隙一般不大于 1.0 mm。多屏拼接的整墙屏幕应无凹凸不平现象,纵、横向边缘都应在一条直线。设备应安装牢固。放置在操作台上的显示设备其最外边沿不超出操作台的边沿。

图 4-9-69　铭牌设置

3. 电源设备

电源防雷箱及电源监测箱，箱体用膨胀螺栓与墙体之间连接牢固。箱体安装应垂直，调节其偏差不应大于箱体高度的1‰。箱体引线孔处应采用非金属材料防护，如图 4-9-70 所示。

电源屏安装应垂直，调节其偏差不应大于箱体高度的1‰。相邻电源屏正立面应在同一条直线上，并排列整齐、端正。电源屏与底座间连接平稳、牢固，如图 4-9-71～如图 4-9-73 所示。

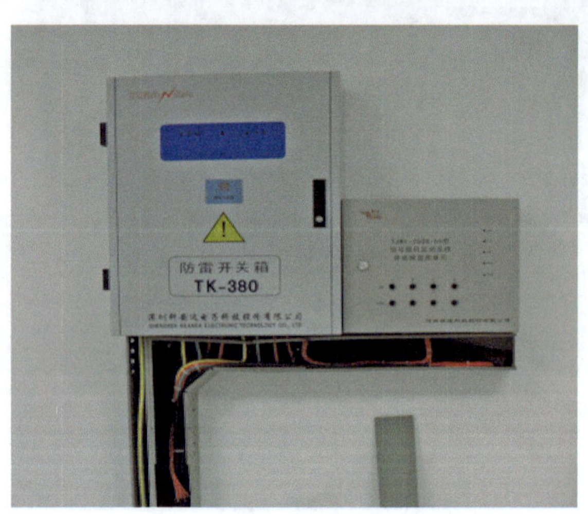


图 4-9-70　电源防雷箱及电源监测箱(一)

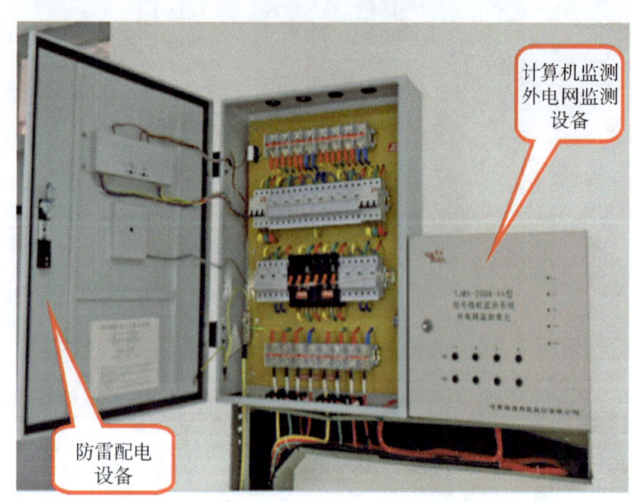


图 4-9-71　电源防雷箱及电源监测箱(二)

图 4-9-72　电源防雷箱及电源监测箱(三)

图 4-9-73　电源防雷箱及电源监测箱(四)

蓄电池安装，位置合乎设计文件要求。蓄电池各列应排放整齐，前后位置、间距适当。每列外侧应在一条直线上，其偏差不大于 3 mm。电池单体应保持垂直和水平，底部四角均匀着力。电池间隔偏差不大于 5 mm。电池之间的连接应平整，连接螺栓、螺母应拧紧，外罩塑料盒盖不得缺失。电池体安装在铁架上时，应垫缓冲胶垫，使之牢固可靠，如图 4-9-74 所示。

图 4-9-74 蓄电池安装

4. 机柜设备

机柜(架)底部：根据机柜底部几何尺寸加工金属底座。当地面铺设防静电地板时，底座应与防静电地板等高。底座在除锈、涂防锈漆后，再热镀锌处理。同排的底座前面应在同一直线上，主通道侧的纵向侧面应在同一直线上，如图 4-9-75 所示。

机柜(架)安装：机柜(架)位置、机柜(架)与墙体、电源屏间的安装距离及总体布局应符合设计规定。机柜采用角钢支架底座，底座与机柜间垫胶皮和酚醛板起到绝缘作用；施工完毕进行绝缘测试，保证机柜与底座间绝缘良好。在主通道侧的机柜(架)纵向侧面应在同一直线上。横向同排机柜(架)的正立面应在同一平面上。机柜(架)应与地面垂直。相邻机柜(架)间隙应紧密靠拢。各类机柜(架)、设备、电缆屏蔽层及金属钢管、线槽使用的接地体设置应符合设计要求，接地体的连接部位应紧密牢固。机柜中空闲的光缆接口应用遮光帽密封，如图 4-9-76～图 4-9-78 所示。

图 4-9-75 机柜设备(一)

图 4-9-76 机柜底座

5. 走线槽安装

走线槽应采用钢槽，其槽内拐角处及盖板应增垫橡胶垫。走线槽不应形成环状，走线槽闭合时，排间(盖板与走线槽间)必须进行绝缘处理。槽与槽之间、槽与盖之间、盖与盖之间的连接应严密，槽与各机柜(架)连接应牢固。走线槽应安装横平竖直，线槽应拼接成一条直线。走线槽安装示意如图 4-9-79～图 4-9-84 所示。

图 4-9-77　机柜设备(二)

图 4-9-78　机柜设备(三)

图 4-9-79　走线槽示意图(一)

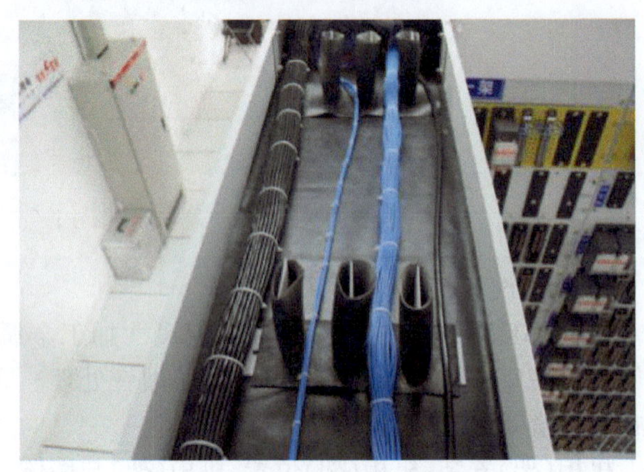

图 4-9-80　走线槽示意图(二)

图 4-9-81　槽道内胶皮防护

图 4-9-82　地槽采用镀锌钢槽

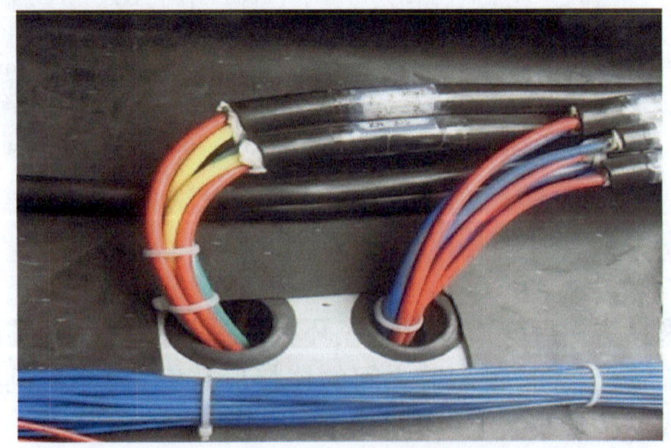

图 4-9-83　引线口处胶垫防护

图 4-9-84　防鼠板

从线槽底部引出线缆时，开口处应采用橡胶圈或其他保护措施。上走线槽外部颜色与机柜(架)颜色相协调。下走线槽应固定在防静电地板下，并在线缆引入口处采取必要的防护措施，如图 4-9-85 和图 4-9-86 所示。

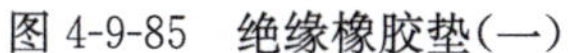
图 4-9-85　绝缘橡胶垫(一)

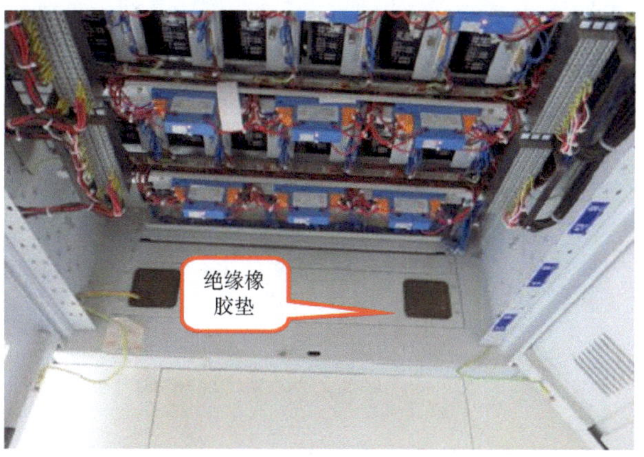


图 4-9-86　绝缘橡胶垫(二)

6. 室内配线

(1)机柜(架)线缆布放

线缆布放时应留有适量的作头余量。线缆应排列整齐，线条不得有中间接头和绝缘破损现象。

区间中继站箱式机房应采用下走线方式，车站信号机械室宜采用上走线方式。

电缆宜布放在下层，槽道内的配线不宜紧密绑扎。

移频轨道电路的接收、发送线缆布放采取下列防干扰措施：

①机柜顶部的走线槽道内的电源线、发送、接收线应分开走线。

②接收、发送传输通道的对绞屏蔽阻燃塑料软线应成对使用。

③载有移频信息条件的配线，在槽道内应与其他配线分开布放，单独绑把。

机架(柜)内组合侧面，应采用竖向线槽布线方式，组合侧面线槽引出的线把应用塑料线带绑扎，绑把应间隔均匀、整齐美观。防雷分线柜走线示意如图 4-9-87～图 4-9-91 所示。

图 4-9-87　CTC 机房机柜至电源屏电源线走线示意图

图 4-9-88　机械室机柜至电源屏电源线走线示意图

(2)设备配线

接线端子安装应牢固、紧凑，端子外壳无污渍、开裂及变形，导流条和弹簧夹无锈蚀。接线端子的规格应符合设计要求。

图 4-9-89　防雷分线柜走线示意图

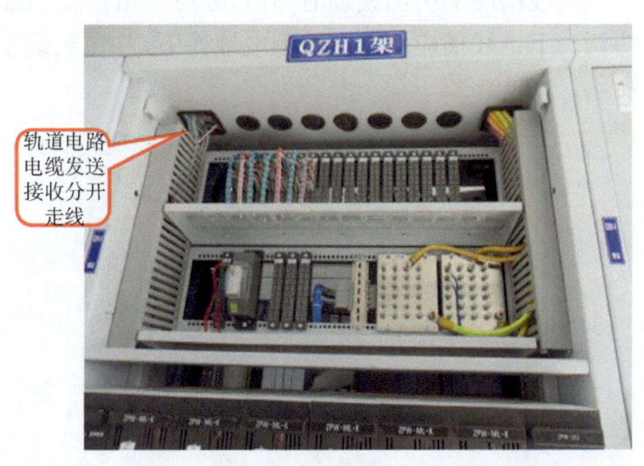


图 4-9-90　综合柜正面走线示意图

当配线采用截面积小于 1 $mm^2$的多股芯线时，应先用专用工具将冷压接线帽与多股芯线压接牢固后，再与弹簧接线端子连接。每个接线端子应一孔一线，线头不应加焊锡。配线端子应套有塑料软管保护，套管长度应均匀一致，套管上有去向标识。防雷配电箱配线示意如图 4-9-92～图 4-9-107 所示。

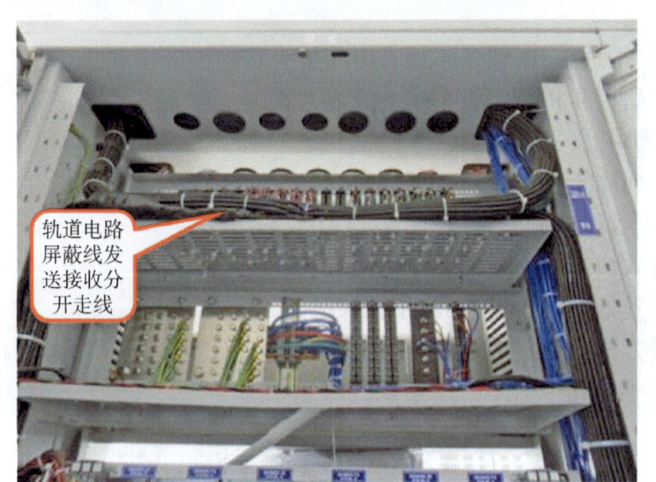


图 4-9-91　综合柜背面走线示意图

图 4-9-92　防雷配电箱配线图

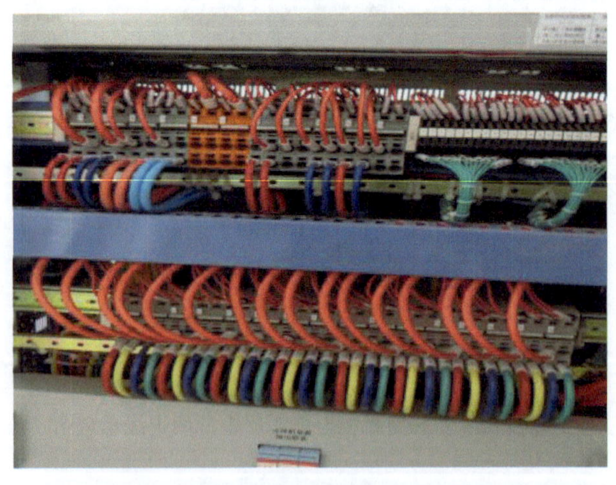

图 4-9-93　电源屏电源线配线示意图

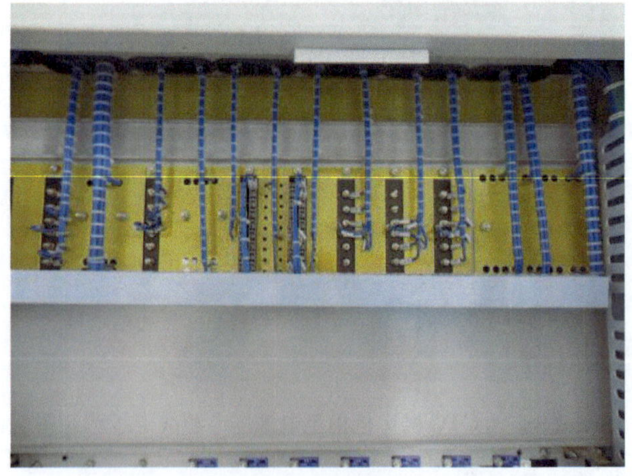

图 4-9-94　组合柜零层电源线背面配线示意图

图 4-9-95　组合柜零层电源线正面配线示意图

图 4-9-96　组合柜零层电源线正面配线示意图

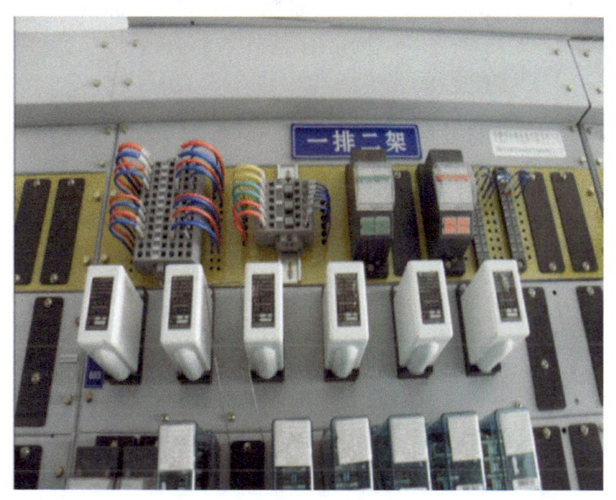


图 4-9-97　组合柜零层电源线正面配线示意图

图 4-9-98　列控机柜配线图

图 4-9-99　计算机监测道岔模块配线示意图

图 4-9-100　计算机监测信号机模块配线示意图

图 4-9-101　接口柜正面配线示意图

图 4-9-102　接口柜背面配线示意图

图 4-9-103　移频柜零层配线示意图

图 4-9-104　移频柜配线示意图

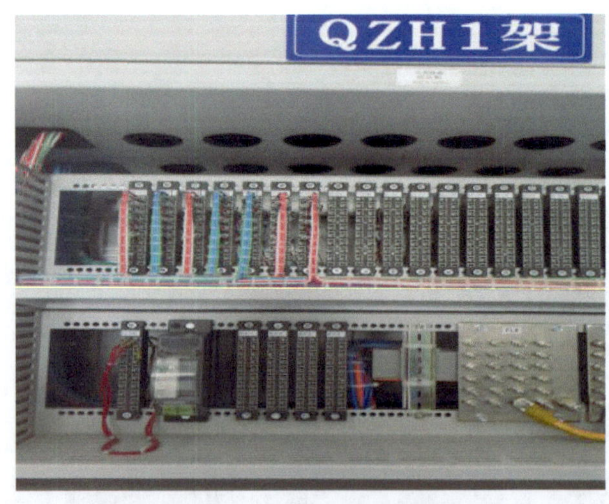


图 4-9-105　综合柜配线示意图

图 4-9-106　分线柜配线示意图

7. 电缆引入

室外引至信号设备房屋的电缆余留量不应小于 5 m。电缆间的电缆余留量应成“U”或“Ω”形布放，严禁盘成环状。在电缆井内时，可采用电缆托架分层固定，两端电缆宜分开。室外电缆井电缆余留示意如图 4-9-108

和图 4-9-109 所示。

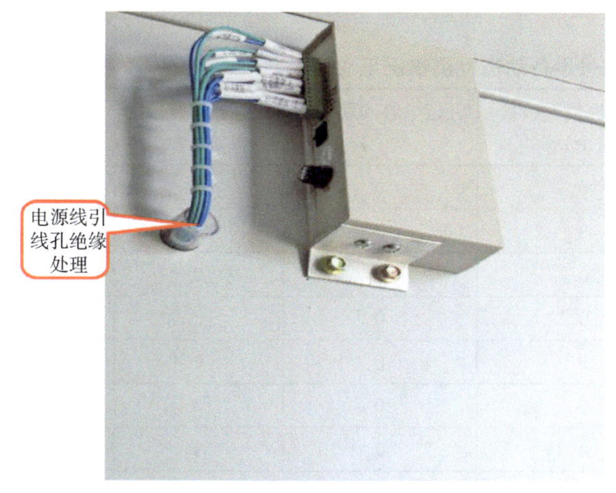


图 4-9-107 排架报警器配线示意图

图 4-9-108 室外电缆井电缆余留示意图(一)

电缆转弯及余留量的布放应均匀圆滑、整齐美观，不得有硬弯或背扣现象，并符合电缆弯曲半径的要求。楼层间电缆应分段固定，分段间距不宜大于 2 000 mm。电缆在引入口处内侧应用防火胶泥封堵，外侧应用泡沫填充剂封堵。电缆终端应加挂铭牌，并标明电缆编号及去向，如图 4-9-110 所示。

图 4-9-109 室外电缆井电缆余留示意图(二)

图 4-9-110 电缆间电缆固定示意图

(八)联调联试运行过程

1. 联调联试过程

信号系统动态检测从 2015 年 9 月 10 日开始，至 2015 年 11 月 27 日结束。动态检测过程中先后运用了 CRH1A-1024(200H)、CRH1A-1030(200H)、CRH1A-1146(200H)、CRH1A-1031(200H)、CRH1A-1034(200H)、CRH1A-1145(200H)、CRH1A-1026(200H)、CRH1A-1028(200H)、CRH1A-1040(200H)、CRH380A-2759(300S)、CRH380A-2768(300S)、CRH380A-2762(300S)、CRH380A-2763(300S)、CRH380A-2758(300S)、CRH380AL-2632(300H)、CRH2A-2403(200C)、CRH380A-2771(300T)、CRH2A-2265(200H)等动车组进行检测，共计完成了 1 580 个测试序列的测试，其中 C3 序列 488 个，C2 序列 1 092 个，检测里程 40 997 km。车站联锁系统测试、CTC 系统测试结合信号(列控)系统动态检测同期进行。2015 年 9 月 14 日至 11 月 23 日，采用 CRH380AJ-0202 综合检测列车对成渝客专、成贵成渝联络线、成渝高速反发联络线、井西联络线、井西线轨旁信号设备状态进行了动态检测，检测里程累计约 13 170 km。

2. 数据分析

(1)成渝客专检测数据分析

成渝客专轨旁信号设备状态检测期间，发现轨道电路问题 7 个，发现补偿电容问题 5 个，发现应答器问题 10 个。

检测情况统计见表 4-9-2～表 4-9-5。

**表 4-9-2　成渝客专下行正向轨旁信号设备动态检测情况汇总表**

| 检测日期 | 检测车 | 里程(km) | 轨道电路区段数(个) | 轨道电路问题数量(个) | 补偿电容问题数量(个) | 应答器问题数量(个) | 试验速度(km/h) |
|---|---|---|---|---|---|---|---|
| 2015.09.15 | CRH380AJ-0202 | 244 | 282 | 0 | 0 | 0 | 200 |
| 2015.09.16 | CRH380AJ-0202 | 244 | 282 | 0 | 0 | 0 | 240 |
| 2015.09.17 | CRH380AJ-0202 | 488 | 564 | 0 | 0 | 0 | 260 |
| 2015.09.21 | CRH380AJ-0202 | 244 | 282 | 0 | 0 | 0 | 220 |
| 2015.09.24 | CRH380AJ-0202 | 488 | 564 | 0 | 0 | 0 | 300 |
| 2015.09.25 | CRH380AJ-0202 | 488 | 564 | 0 | 0 | 0 | 300 |
| 2015.11.01 | CRH380AJ-0202 | 144 | 207 | 0 | 0 | 3 | 200 |
| 2015.11.02 | CRH380AJ-0202 | 96 | 138 | 0 | 0 | 0 | 240 |
| 2015.11.03 | CRH380AJ-0202 | 96 | 138 | 1 | 0 | 0 | 300 |
| 2015.11.04 | CRH380AJ-0202 | 96 | 138 | 1 | 0 | 0 | 300 |
| 2015.11.20 | CRH380AJ-0202 | 295 | 355 | 0 | 0 | 0 | 300 |
| 2015.11.23 | CRH380AJ-0202 | 295 | 355 | 0 | 0 | 0 | 300 |
| 合　计 | | 3 218 | 3 869 | 2 | 0 | 3 | |

**表 4-9-3　成渝客专下行反向轨旁信号设备动态检测情况汇总表**

| 检测日期 | 检测车 | 里程(km) | 轨道电路区段数(个) | 轨道电路问题数量(个) | 补偿电容问题数量(个) | 应答器问题数量(个) | 试验速度(km/h) |
|---|---|---|---|---|---|---|---|
| 2015.09.15 | CRH380AJ-0202 | 244 | 282 | 0 | 0 | 0 | 200 |
| 2015.09.16 | CRH380AJ-0202 | 488 | 564 | 0 | 0 | 0 | 240 |
| 2015.09.17 | CRH380AJ-0202 | 244 | 282 | 0 | 0 | 0 | 260 |
| 2015.09.21 | CRH380AJ-0202 | 244 | 282 | 0 | 0 | 0 | 280 |
| 2015.09.24 | CRH380AJ-0202 | 488 | 564 | 0 | 0 | 0 | 300 |
| 2015.09.25 | CRH380AJ-0202 | 488 | 564 | 0 | 0 | 0 | 310 |
| 2015.11.01 | CRH380AJ-0202 | 144 | 207 | 1 | 0 | 0 | 200 |
| 2015.11.02 | CRH380AJ-0202 | 96 | 138 | 1 | 0 | 0 | 240 |
| 2015.11.03 | CRH380AJ-0202 | 96 | 138 | 0 | 0 | 0 | 300 |
| 2015.11.04 | CRH380AJ-0202 | 96 | 138 | 0 | 0 | 0 | 300 |
| 2015.11.20 | CRH380AJ-0202 | 295 | 355 | 0 | 0 | 0 | 300 |
| 合　计 | | 2 923 | 3 514 | 2 | 0 | 0 | |

**表 4-9-4　成渝客专上行正向轨旁信号设备动态检测情况汇总表**

| 检测日期 | 检测车 | 里程(km) | 轨道电路区段数(个) | 轨道电路问题数量(个) | 补偿电容问题数量(个) | 应答器问题数量(个) | 试验速度(km/h) |
|---|---|---|---|---|---|---|---|
| 2015.09.14 | CRH380AJ-0202 | 244 | 275 | 0 | 2 | 0 | 200 |
| 2015.09.16 | CRH380AJ-0202 | 244 | 275 | 0 | 0 | 0 | 240 |
| 2015.09.17 | CRH380AJ-0202 | 488 | 550 | 0 | 0 | 0 | 260 |
| 2015.09.22 | CRH380AJ-0202 | 488 | 550 | 0 | 0 | 0 | 300 |
| 2015.09.26 | CRH380AJ-0202 | 488 | 550 | 0 | 0 | 0 | 300 |
| 2015.09.27 | CRH380AJ-0202 | 488 | 550 | 0 | 0 | 0 | 330 |
| 2015.11.01 | CRH380AJ-0202 | 144 | 213 | 0 | 2 | 4 | 200 |
| 2015.11.02 | CRH380AJ-0202 | 96 | 142 | 0 | 1 | 3 | 260 |

续上表

| 检测日期 | 检测车 | 里程(km) | 轨道电路区段数（个） | 轨道电路问题数量（个） | 补偿电容问题数量（个） | 应答器问题数量（个） | 试验速度(km/h) |
|---|---|---|---|---|---|---|---|
| 2015.11.03 | CRH380AJ-0202 | 96 | 142 | 0 | 0 | 0 | 300 |
| 2015.11.04 | CRH380AJ-0202 | 96 | 142 | 0 | 0 | 0 | 300 |
| 2015.11.20 | CRH380AJ-0202 | 295 | 345 | 0 | 0 | 0 | 300 |
| 2015.11.23 | CRH380AJ-0202 | 295 | 345 | 0 | 0 | 0 | 300 |
| 合　计 | | 3 462 | 4 079 | 0 | 5 | 7 | |

**表 4-9-5　成渝客专上行反向轨旁信号设备动态检测情况汇总表**

| 检测日期 | 检测车 | 里程(km) | 轨道电路区段数（个） | 轨道电路问题数量（个） | 补偿电容问题数量（个） | 应答器问题数量（个） | 试验速度(km/h) |
|---|---|---|---|---|---|---|---|
| 2015.09.14 | CRH380AJ-0202 | 244 | 275 | 0 | 0 | 0 | 200 |
| 2015.09.16 | CRH380AJ-0202 | 488 | 550 | 0 | 0 | 0 | 240 |
| 2015.09.17 | CRH380AJ-0202 | 244 | 275 | 0 | 0 | 0 | 260 |
| 2015.09.22 | CRH380AJ-0202 | 488 | 550 | 0 | 0 | 0 | 300 |
| 2015.09.26 | CRH380AJ-0202 | 488 | 550 | 0 | 0 | 0 | 300 |
| 2015.09.27 | CRH380AJ-0202 | 488 | 550 | 0 | 0 | 0 | 320 |
| 2015.11.01 | CRH380AJ-0202 | 192 | 284 | 0 | 0 | 0 | 220 |
| 2015.11.02 | CRH380AJ-0202 | 144 | 213 | 1 | 0 | 0 | 290 |
| 2015.11.03 | CRH380AJ-0202 | 96 | 142 | 1 | 0 | 0 | 300 |
| 2015.11.04 | CRH380AJ-0202 | 96 | 142 | 1 | 0 | 0 | 300 |
| 2015.11.20 | CRH380AJ-0202 | 295 | 345 | 0 | 0 | 0 | 300 |
| 合　计 | | 3 263 | 3 876 | 3 | 0 | 0 | |

①轨道电路问题分析

成渝客专检测期间发现轨道电路问题 7 个，具体如下：

a. 成渝客专下行线反向运行检测曾发现 2837AG 存在邻区段干扰，干扰信号幅值 350 mV，如图 4-9-111 所示。

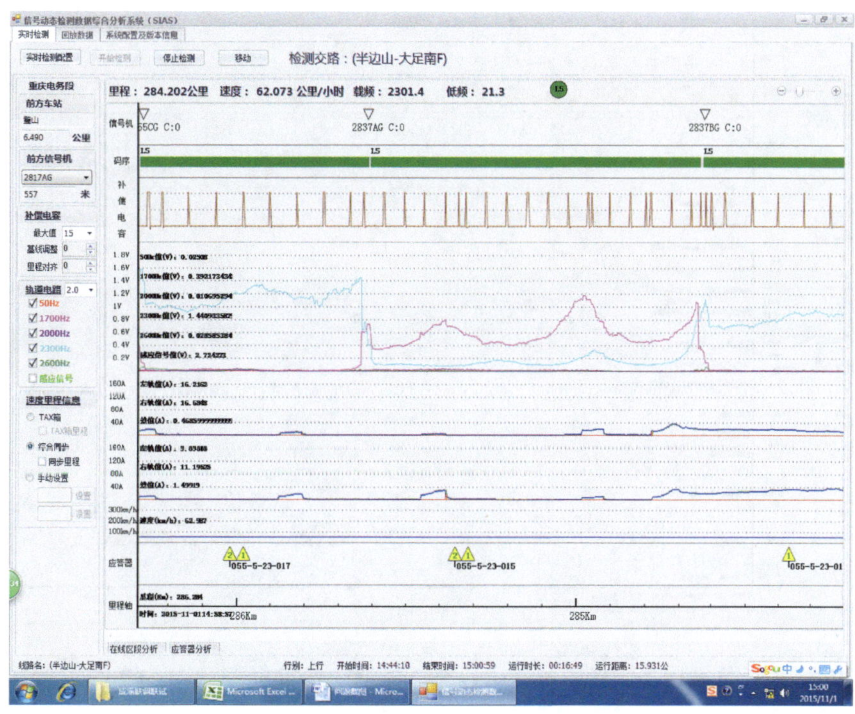


图 4-9-111　2837AG 干扰截图

b. 成渝客专上行线反向运行检测曾发现半边山站内区段存在邻区段干扰，干扰信号幅值 200 mV，如图 4-9-112 所示。

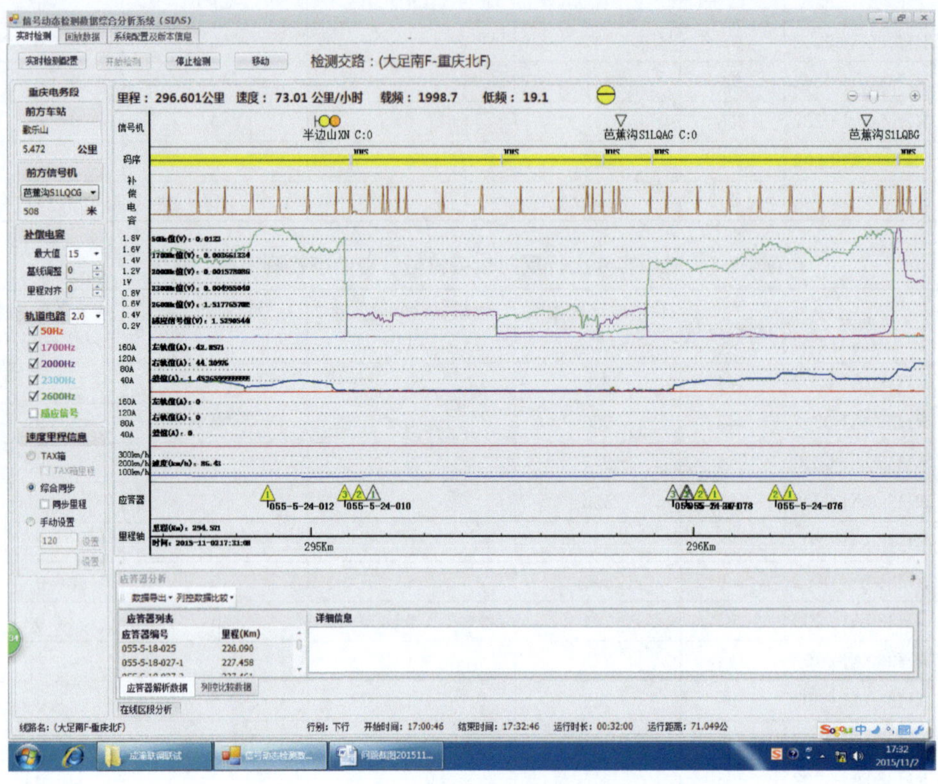


图 4-9-112 半边山站内区段干扰截图

c. 成渝下行线正向运行检测曾发现半边山站内区段主信号感应电压低，最小值 160 mV，如图 4-9-113 所示。

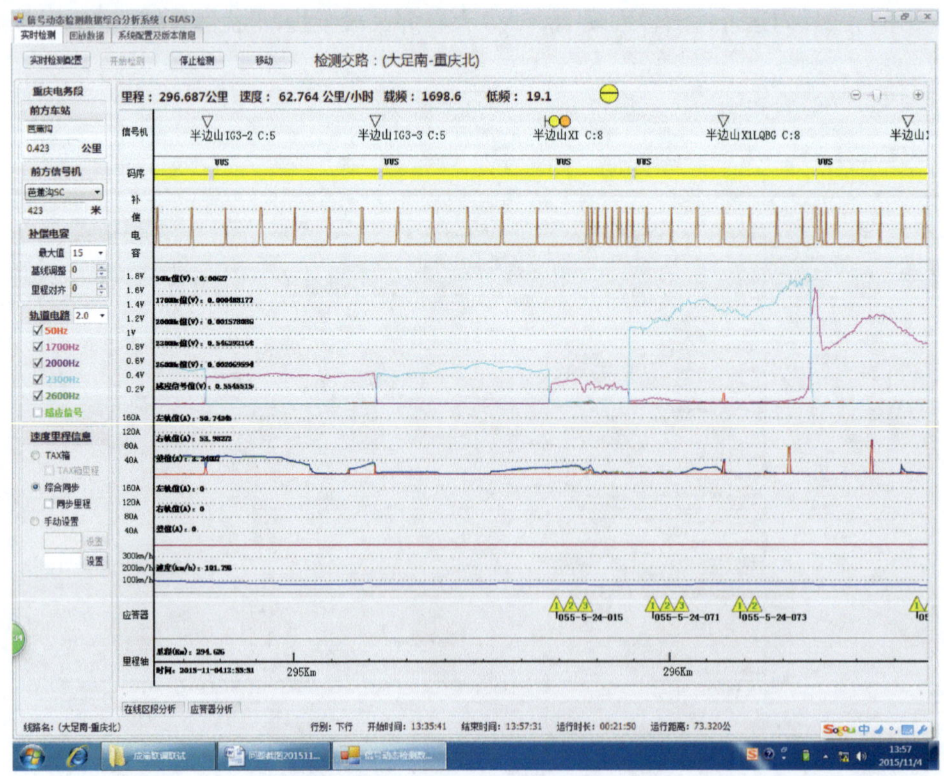


图 4-9-113 半边山站内区段截图

②应答器问题分析

检测期间发现应答器问题 10 个。其中应答器编号错误 9 个、应答器丢失 1 个。

③补偿电容问题分析

检测期间发现补偿电容问题 5 个。

(2)成渝高速井西联络线数据分析

成渝高速井西联络线轨旁信号设备状态检测期间，发现应答器问题 3 个，未发现轨道电路、补偿电容问题。

成渝高速井西联络线检测情况统计见表 4-9-6～表 4-9-9。

**表 4-9-6　井西联络线下行正向轨旁信号设备动态检测情况汇总表**

| 检测日期 | 检测车 | 里程(km) | 轨道电路区段数(个) | 轨道电路问题数量(个) | 补偿电容问题数量(个) | 应答器问题数量(个) | 试验速度(km/h) |
|---|---|---|---|---|---|---|---|
| 2015.11.01 | CRH380AJ-0202 | 2 | 4 | 0 | 0 | 0 | 100 |
| 2015.11.03 | CRH380AJ-0202 | 2 | 4 | 0 | 0 | 1 | 100 |
| 2015.11.04 | CRH380AJ-0202 | 2 | 4 | 0 | 0 | 0 | 100 |
| 2015.11.20 | CRH380AJ-0202 | 2 | 4 | 0 | 0 | 0 | 100 |
| 2015.11.23 | CRH380AJ-0202 | 2 | 4 | 0 | 0 | 0 | 100 |
| 合　计 | | 10 | 20 | 0 | 0 | 1 | |

**表 4-9-7　井西联络线下行反向轨旁信号设备动态检测情况汇总表**

| 检测日期 | 检测车 | 里程(km) | 轨道电路区段数(个) | 轨道电路问题数量(个) | 补偿电容问题数量(个) | 应答器问题数量(个) | 试验速度(km/h) |
|---|---|---|---|---|---|---|---|
| 2015.11.01 | CRH380AJ-0202 | 2 | 4 | 0 | 0 | 0 | 100 |
| 2015.11.03 | CRH380AJ-0202 | 2 | 4 | 0 | 0 | 0 | 100 |
| 2015.11.04 | CRH380AJ-0202 | 2 | 4 | 0 | 0 | 0 | 100 |
| 2015.11.20 | CRH380AJ-0202 | 2 | 4 | 0 | 0 | 0 | 100 |
| 2015.11.23 | CRH380AJ-0202 | 2 | 4 | 0 | 0 | 0 | 100 |
| 合　计 | | 10 | 20 | 0 | 0 | 0 | |

**表 4-9-8　井西联络线上行正向轨旁信号设备动态检测情况汇总表**

| 检测日期 | 检测车 | 里程(km) | 轨道电路区段数(个) | 轨道电路问题数量(个) | 补偿电容问题数量(个) | 应答器问题数量(个) | 试验速度(km/h) |
|---|---|---|---|---|---|---|---|
| 2015.11.01 | CRH380AJ-0202 | 2 | 5 | 0 | 0 | 0 | 100 |
| 2015.11.02 | CRH380AJ-0202 | 2 | 5 | 0 | 0 | 1 | 100 |
| 2015.11.03 | CRH380AJ-0202 | 2 | 5 | 0 | 0 | 1 | 100 |
| 2015.11.04 | CRH380AJ-0202 | 2 | 5 | 0 | 0 | 0 | 100 |
| 2015.11.20 | CRH380AJ-0202 | 2 | 5 | 0 | 0 | 0 | 100 |
| 2015.11.23 | CRH380AJ-0202 | 2 | 5 | 0 | 0 | 0 | 100 |
| 合　计 | | 12 | 30 | 0 | 0 | 2 | |

**表 4-9-9　井西联络线上行反向轨旁信号设备动态检测情况汇总表**

| 检测日期 | 检测车 | 里程(km) | 轨道电路区段数(个) | 轨道电路问题数量(个) | 补偿电容问题数量(个) | 应答器问题数量(个) | 试验速度(km/h) |
|---|---|---|---|---|---|---|---|
| 2015.11.01 | CRH380AJ-0202 | 2 | 5 | 0 | 0 | 0 | 100 |
| 2015.11.02 | CRH380AJ-0202 | 2 | 5 | 0 | 0 | 0 | 100 |
| 2015.11.03 | CRH380AJ-0202 | 2 | 5 | 0 | 0 | 0 | 100 |
| 2015.11.04 | CRH380AJ-0202 | 2 | 5 | 0 | 0 | 0 | 100 |

续上表

| 检测日期 | 检测车 | 里程(km) | 轨道电路区段数(个) | 轨道电路问题数量(个) | 补偿电容问题数量(个) | 应答器问题数量(个) | 试验速度(km/h) |
|---|---|---|---|---|---|---|---|
| 2015.11.20 | CRH380AJ-0202 | 2 | 5 | 0 | 0 | 0 | 100 |
| 2015.11.23 | CRH380AJ-0202 | 2 | 5 | 0 | 0 | 0 | 100 |
| 合　计 | | 12 | 30 | 0 | 0 | 0 | |

①轨道电路问题分析

检测未发现轨道电路问题。

②应答器问题分析

检测发现应答器编号错误问题 3 个。

③补偿电容问题分析

检测未发现补偿电容问题。

(3)井西线检测数据分析

井西线轨旁信号设备状态检测期间,发现轨道电路问题 20 个,发现补偿电容问题 2 个,应答器问题 2 个。井西线检测情况统计见表 4-9-10～表 4-9-13。

**表 4-9-10　井西线下行正向轨旁信号设备动态检测情况汇总表**

| 检测日期 | 检测车 | 里程(km) | 轨道电路区段数(个) | 轨道电路问题数量(个) | 补偿电容问题数量(个) | 应答器问题数量(个) | 试验速度(km/h) |
|---|---|---|---|---|---|---|---|
| 2015.11.01 | CRH380AJ-0202 | 11 | 15 | 0 | 1 | 1 | 100 |
| 2015.11.02 | CRH380AJ-0202 | 11 | 15 | 0 | 0 | 1 | 100 |
| 2015.11.03 | CRH380AJ-0202 | 11 | 15 | 0 | 0 | 0 | 100 |
| 2015.11.04 | CRH380AJ-0202 | 11 | 15 | 0 | 0 | 0 | 100 |
| 2015.11.20 | CRH380AJ-0202 | 11 | 15 | 2 | 0 | 0 | 100 |
| 2015.11.23 | CRH380AJ-0202 | 11 | 15 | 0 | 0 | 0 | 100 |
| 合　计 | | 66 | 90 | 2 | 1 | 2 | |

**表 4-9-11　井西线下行反向轨旁信号设备动态检测情况汇总表**

| 检测日期 | 检测车 | 里程(km) | 轨道电路区段数(个) | 轨道电路问题数量(个) | 补偿电容问题数量(个) | 应答器问题数量(个) | 试验速度(km/h) |
|---|---|---|---|---|---|---|---|
| 2015.11.01 | CRH380AJ-0202 | 11 | 15 | 0 | 0 | 0 | 100 |
| 2015.11.02 | CRH380AJ-0202 | 11 | 15 | 3 | 0 | 0 | 100 |
| 2015.11.03 | CRH380AJ-0202 | 11 | 15 | 3 | 0 | 0 | 100 |
| 2015.11.04 | CRH380AJ-0202 | 11 | 15 | 3 | 0 | 0 | 100 |
| 2015.11.20 | CRH380AJ-0202 | 11 | 15 | 1 | 0 | 0 | 100 |
| 2015.11.23 | CRH380AJ-0202 | 11 | 15 | 0 | 0 | 0 | 100 |
| 合　计 | | 66 | 90 | 10 | 0 | 0 | |

**表 4-9-12　井西线上行正向轨旁信号设备动态检测情况汇总表**

| 检测日期 | 检测车 | 里程(km) | 轨道电路区段数(个) | 轨道电路问题数量(个) | 补偿电容问题数量(个) | 应答器问题数量(个) | 试验速度(km/h) |
|---|---|---|---|---|---|---|---|
| 2015.11.01 | CRH380AJ-0202 | 11 | 17 | 1 | 1 | 0 | 100 |
| 2015.11.03 | CRH380AJ-0203 | 11 | 17 | 1 | 0 | 0 | 100 |
| 2015.11.04 | CRH380AJ-0202 | 11 | 17 | 0 | 0 | 0 | 100 |
| 2015.11.20 | CRH380AJ-0202 | 11 | 17 | 0 | 0 | 0 | 100 |
| 2015.11.23 | CRH380AJ-0202 | 11 | 17 | 0 | 0 | 0 | 100 |
| 合　计 | | 55 | 85 | 2 | 1 | 0 | |

表 4-9-13　井西线上行反向轨旁信号设备动态检测情况汇总表

| 检测日期 | 检测车 | 里程(km) | 轨道电路区段数(个) | 轨道电路问题数量(个) | 补偿电容问题数量(个) | 应答器问题数量(个) | 试验速度(km/h) |
|---|---|---|---|---|---|---|---|
| 2015.11.01 | CRH380AJ-0202 | 11 | 17 | 0 | 0 | 0 | 100 |
| 2015.11.03 | CRH380AJ-0202 | 11 | 17 | 3 | 0 | 0 | 100 |
| 2015.11.04 | CRH380AJ-0202 | 11 | 17 | 2 | 0 | 0 | 100 |
| 2015.11.20 | CRH380AJ-0202 | 11 | 17 | 1 | 0 | 0 | 100 |
| 2015.11.23 | CRH380AJ-0202 | 11 | 17 | 0 | 0 | 0 | 100 |
| 合　计 | | 55 | 85 | 6 | 0 | 0 | |

1)轨道电路问题分析

井西线检测期间发现轨道电路问题 20 个,分析如下:

①井西线上行正向检测曾发现 78BG 存在邻区段干扰,干扰信号幅值 1 000 mV,如图 4-9-114 所示。

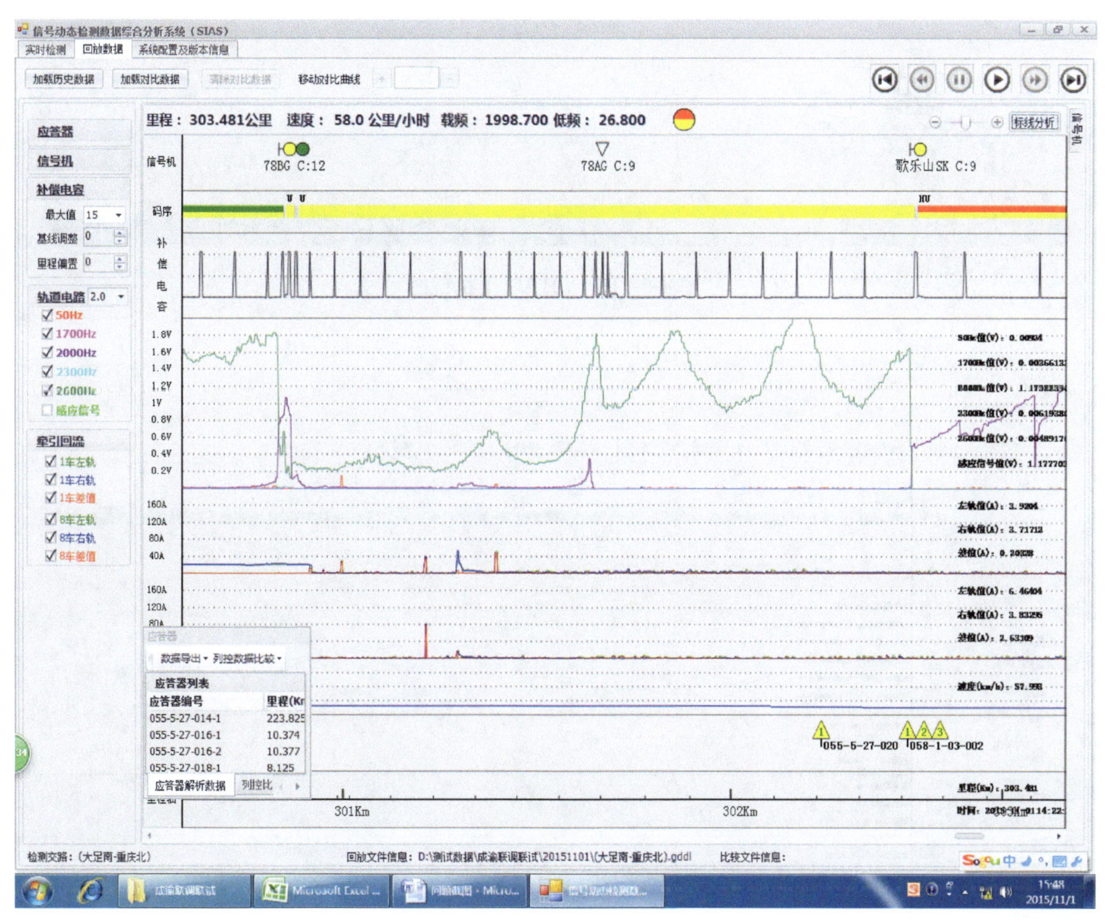


图 4-9-114　78BG 干扰截图

②井西线下行反向运行检测曾发现 101AG 存在邻线 2 600 Hz 干扰,干扰信号幅值 210 mV,如图 4-9-115 所示。

③井西线下行反向运行检测曾发现 87AG 存在邻线 2 600 Hz 干扰,干扰信号幅值 230 mV;曾发现 87BG 存在邻线 2 000 Hz 干扰,干扰信号幅值 210 mV,如图 4-9-116 所示。

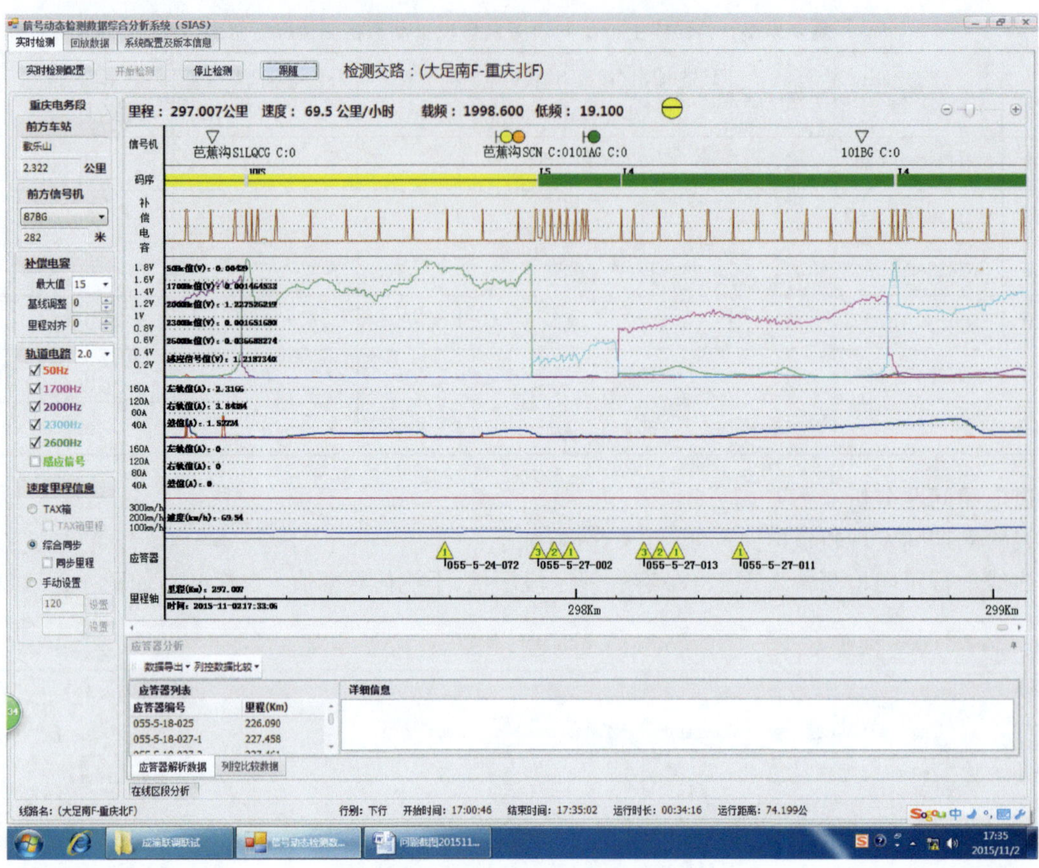


图 4-9-115 101AG 干扰截图

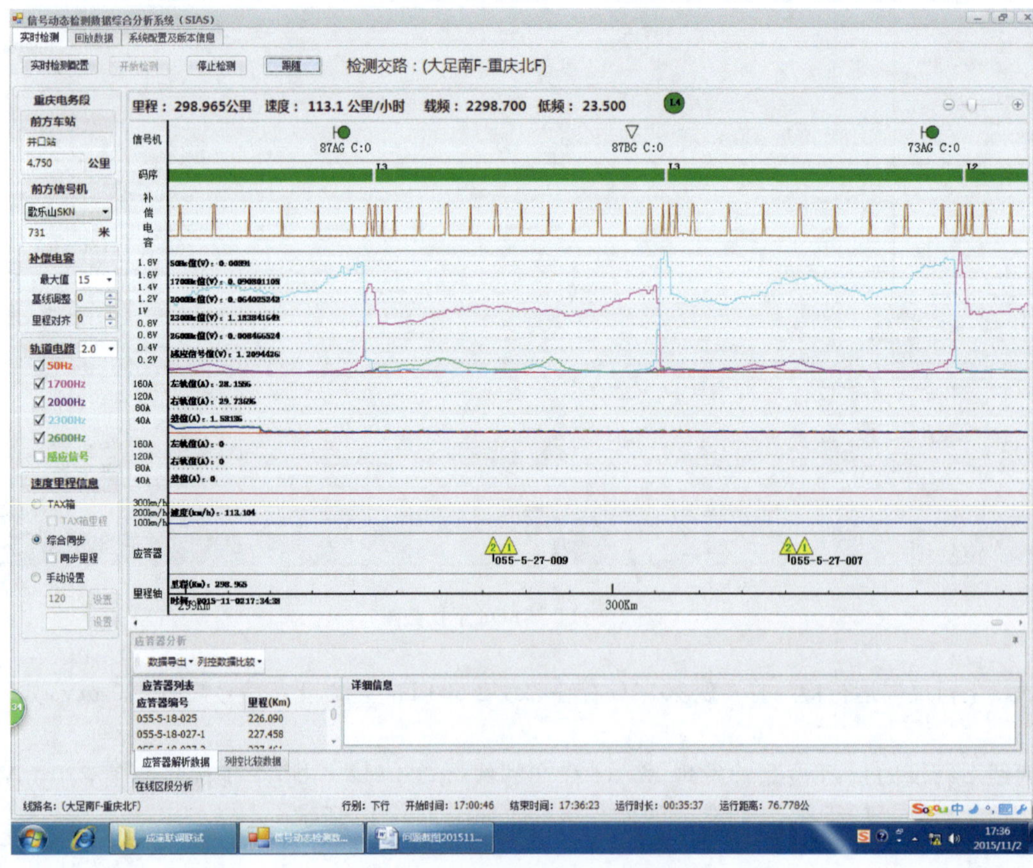


图 4-9-116 87AG、87BG 干扰截图

④井西线下行反向运行检测曾发现芭蕉沟站内区段主信号感应电压低，最小值 80 mV，如图 4-9-117 所示。

图 4-9-117　芭蕉沟站内区段截图

⑤井西线下行正向运行检测曾发现 101AG 存在邻线 2 600 Hz 干扰，干扰信号幅值 210 mV，如图 4-9-118 所示。

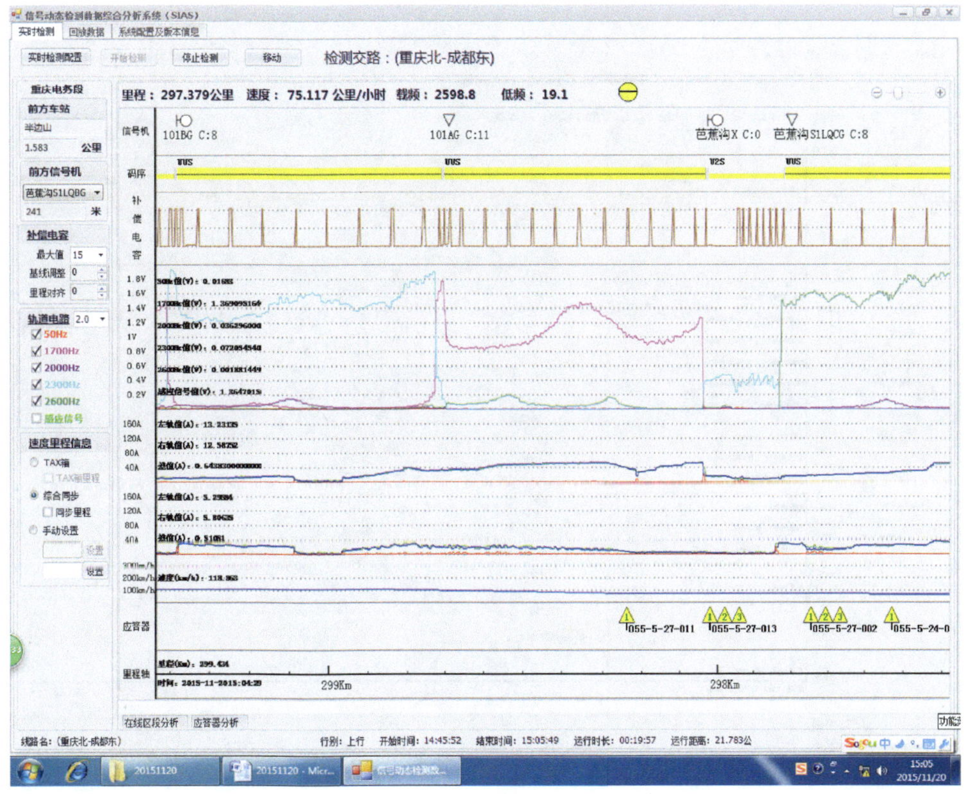


图 4-9-118　101AG 干扰截图

⑥井西线下行正向运行检测曾发现87AG存在邻线2 600 Hz干扰,干扰信号幅值300 mV,如图4-9-119所示。

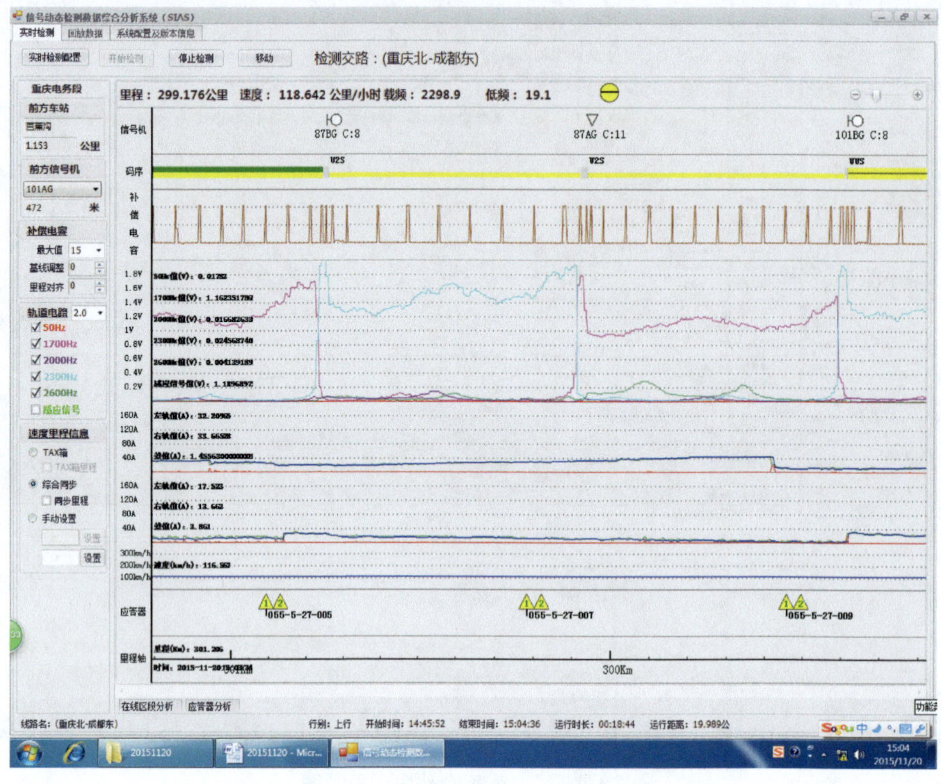


图4-9-119 87AG干扰截图

⑦井西线上行反向运行检测曾发现92BG存在邻线2 300 Hz干扰,干扰信号幅值210 mV;存在邻区段2 600 Hz干扰,干扰信号幅值220 mV,如图4-9-120所示。

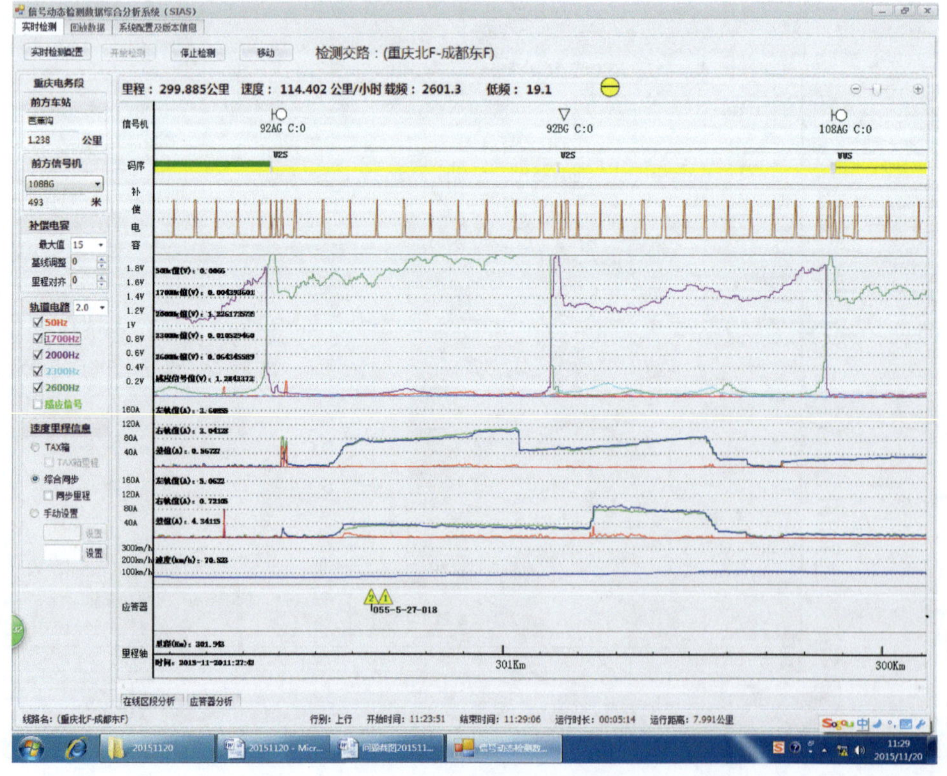


图4-9-120 92BG干扰截图

⑧井西线上行正向、反向运行检测曾发现歌乐山站内区段掉码，如图 4-9-121 和图 4-9-122 所示。

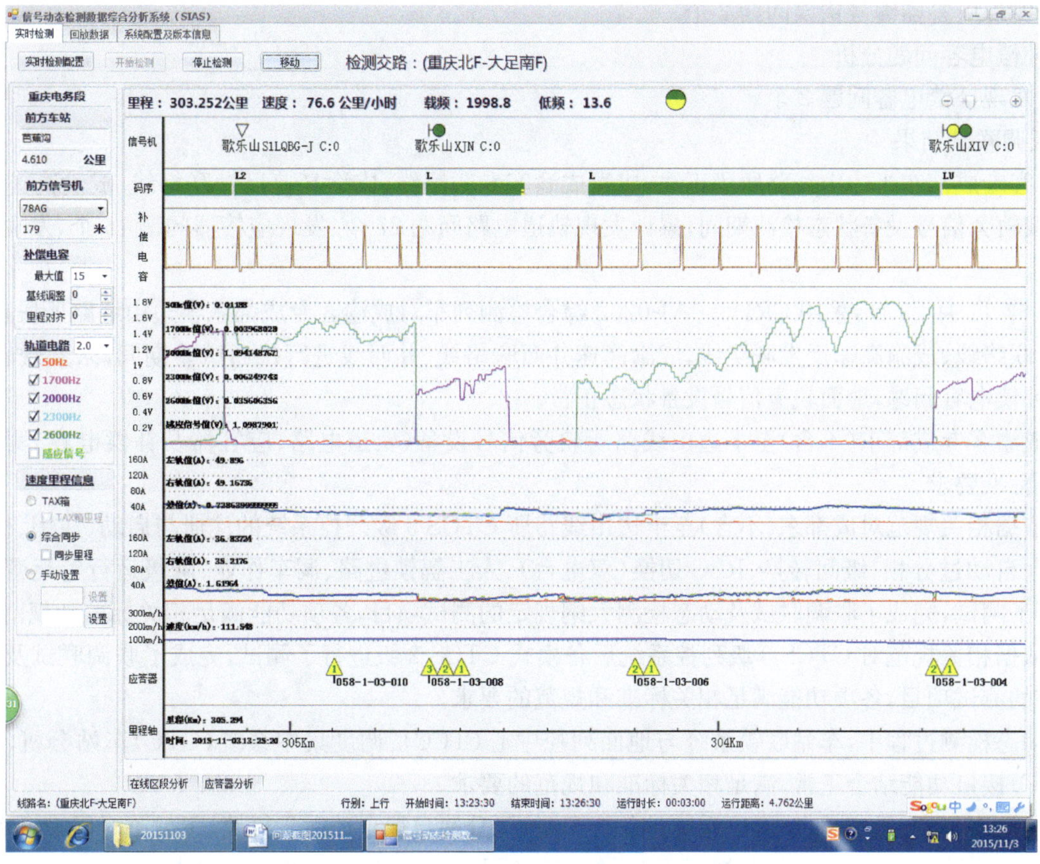


图 4-9-121　歌乐山站内区段掉码截图

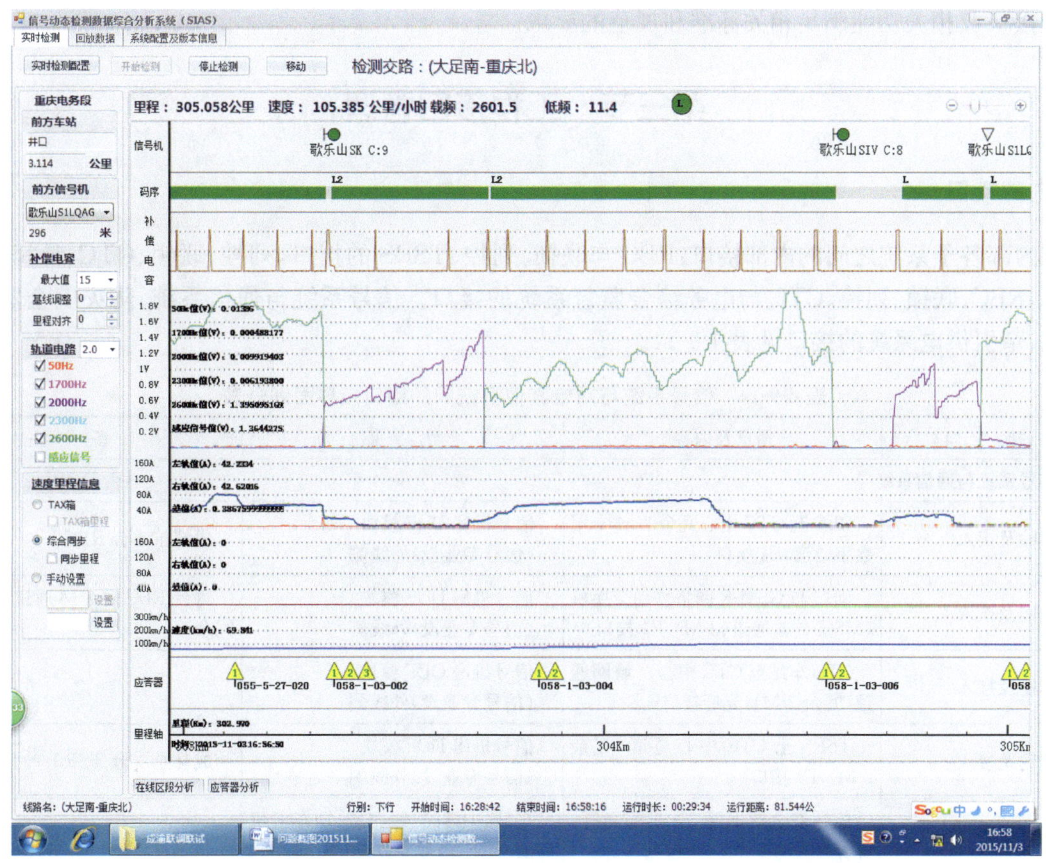


图 4-9-122　歌乐山站内区段掉码截图

(4)应答器问题分析

检测发现应答器编号错误问题 2 个。

(5)补偿电容问题分析

检测发现补偿电容问题 2 个。

3. 联调联试结果

成渝客专成都东半边山线路所段正线、成贵成渝客专联络线、成渝高速反发联络线、成渝高速井西联络线、井西线轨旁信号设备状态检测期间,累计发现轨道电路问题 27 个、发现应答器问题 15 个、发现补偿电容问题 7 个。

2015 年 11 月 23 日,采用 CRH380AJ-0202 综合检测列车对成渝客专成都东半边山线路所段正线、成贵成渝客专联络线、成渝高速反发联络线、成渝高速井西联络线、井西线进行拉通试验期间,未发现轨道电路、应答器、补偿电容问题,地面轨旁信号设备状态正常。

(1)成渝客专成都东(不含)至半边山线路所轨旁信号设备(轨道电路、应答器及补偿电容)测试结果均符合相关标准要求。

(2)依据相关规范对成都东(不含)至半边山线路所 CTCS-3 级列控系统的注册与启动、注销、行车许可、临时限速、自动过分相、级间转换、RBC 切换(双电台)、人工解锁进路、调车作业、降级运行等运营场景下的功能进行了测试,完成了联调联试及动态检测大纲规定的测试项目,各项功能满足相关标准和规范的要求。

(3)依据相关规范对 CTCS-3 级列控系统后备模式 CTCS-2 级进行了测试,完成了联调联试及动态检测大纲规定的测试项目,各项功能满足相关标准和规范的要求。

(4)动态检测过程中,车站联锁系统与地面列控中心(TCC)、调度集中系统(CTC)车站分机、无线闭塞中心(RBC)接口功能结合正常,满足相关标准和规范的要求。

(5)成渝客专台、重庆 1 台 CTC 系统具备行车指挥、分散自律自动触发排路、下发临时限速命令、无线调令上传机车、进路预告、列车运行监视、CTC 系统 C3 拓展等功能,满足相关标准要求。

综上所述,成渝客专成都东(不含)至半边山线路所列控系统功能、车站联锁系统接口功能、CTC 系统与列控系统接口及相关功能满足相关标准和规范的要求。

## 第三节 工程接口管理

### 一、内部接口

系统内部各子系统之间的内部接口:RBC 与联锁、列控、TSRS 的接口,列控、联锁、CTC、计算机监测之间的接口,RBC、联锁、列控、CTC 与电务综合监督系统的接口。信号系统与通信系统、防灾安全监控系统、电力系统、牵引供电系统的接口见表 4-9-14。

表 4-9-14 信号系统与四电其他系统间的接口接界面划分表

| 序号 | 接口 | 需求及内容 | 界面 | 备注 |
|---|---|---|---|---|
| 一 | 信号系统与通信系统 | | | |
| 1 | 传输及接入 | RBC 至 CTC 中心冗余 2 M 专用数字通道,E1 接口 | 信号机房 DDF 模块(信号专业设)外线侧 | 成都东 4 台 RBC |
| 2 | 传输及接入 | RBC 与 GSM-R 网络移动交换机(MSC)传输通道(2 M),E1 接口 | 信号机房 DDF 模块(信号专业设)外线侧 | 每台 RBC 需 2 M 通道:4+1(冷备冗余) |
| 3 | 传输及接入 | CTC 车站至 CTC 中心广域网通道(冗余 2 M),光纤接口 | 信号机房 ODF 模块(信号专业设)外线侧 | |
| 4 | 传输及接入 | TSRS 至 CTC 中心通道(冗余 2 M),E1 接口 | 信号机房 DDF 模块(信号专业设)外线侧 | 成都东 1 台 TSRS |
| 5 | 通信线路 | 信号安全数据网 2×6 芯光纤,部分区段为 2×10 芯光纤 | 车站、中继站、线路所、动车所机房的 ODF(信号专业设)外线侧 | |

续上表

| 序号 | 接　　口 | 需求及内容 | 界　　面 | 备　　注 |
|---|---|---|---|---|
| 6 | 传输及接入系统 | RBC中心网管服务器至电务段网管监测分机(专用2 M),E1接口 | RBC中心机房DDF(信号专业设)外线侧;电务段传输设备 | 成都东RBC中心分别至成都电务段、重庆电务段 |
| 7 | 传输及接入 | 车站至电务段集中监测通道(2 M),光纤接口 | 信号机房ODF模块(信号专业设)外线侧 | |
| 8 | 电源及环境监控 | 集中监测(2 M),光纤接口 | 信号机房ODF模块(信号专业设)外线侧 | 成都、重庆环境监控服务器分别与与成都、重庆电务段监测总机 |
| 9 | GSM-R系统 | CTC(2 M),光纤接口 | GSM-R系统的GPRS接口服务器GRIS与信号CTC系统连接,分工界面在信号机房传输设备的光接口外线侧 | 利用既有 |
| 10 | GSM-R系统 | 空中接口 | | C3控车信息传输 |
| 二 | 信号系统与防灾安全监控系统 | | | |
| 1 | 异物侵限灾害报警 | 电缆通道 | 信号机械室分线盘进线端 | |
| 2 | 地震监控系统 | 与列控系统接口 | | 预留,待地震监控系统总体技术方案明确后在确定接口方式 |
| 三 | 信号系统与电力供电系统 | | | |
| 1 | 信号电源设备 | 信号设备供电回路电源线,一级负荷 | 信号专用配电箱出线开关 | |
| 2 | 信号用房防雷 | 防雷接地 | 避雷网、等电位端子排;地网接入综合接地系统 | |
| 3 | 铁路20 m范围内建(构)筑物接地 | 系统接地 | 综合接地系统端子(含端子) | 接地端子由站前预留 |
| 四 | 信号系统与牵引供电系统 | | | |
| 1 | 接触网杆位 | 路基、桥梁地段信号标志牌设置在接触网杆上 | 接触网专业将网杆位置提供给行车专业,由行车专业将区间信号点调至网杆位置 | |
| 2 | 吸上线 | | 信号专业提供安装位置(含空扼流或空芯线圈) | |
| 3 | 电分相 | 提供电分相位置 | 信号专业设置自动过分相应答器组 | |
| 4 | 电气化干扰防护 | 交流电力牵引区段信号设备外绝缘要求 | 交流电力牵引区段,信号设备外缘距接触网带电部分的距离不得少于2 m | |
| 五 | 信号系统与房建、暖通系统 | | | |
| 1 | 室内顶层电磁屏蔽 | | 房建专业根据信号专业要求设置并预留与墙内屏蔽层的连接条件 | |
| 2 | 室内空调、消防 | 信号电源室、计算机室、继电器室24 h不间断专用空调及消防措施 | 暖通专业设置 | |
| 3 | 生产用房 | | 房建专业设置 | |

## 二、外部接口

在进场后,工程技术部各专业人员对各专业进行深入调查,积极与设计沟通,并成立以各专业工程师为主要成员的接口调查小组。

工作内容:接口检查小组根据业主和监理要求,针对站前单位相关接口依据接口检查资料、手册,对接口实施有效检查、确认,负责内部接口问题的协调解决。

工作程序:与站前单位建立有效沟通,一旦发现问题按照:站前单位→专业负责→项目部→管段站后监理(设计,如需要)→建设指挥部,报送次序进行上报,确实在控制时段内得以有效解决的问题,可以不再向上一级报送;各专业检查人员务必在现场与站前单位取得最大程度沟通,根据本专业施工的时间控制要求,及早介入相关接口检查,给站前单位以充分时间完成不合格接口的整改;各专业副经理负责组织本专业接口检查手册的编制工作并按项目经理部要求及时上报;各专业现场接口检查人员根据本专业制定的接口检查手册,按检查时间、地点、内容、质量、纠正措施及时如实填写检查手册;对有问题接口必须有后续的跟踪检查记录,直至接口符合专业要求为止;定期进行接口复查工作,复查中新发现的接口问题及时采取站前单位沟通、上报专业负责、项目经理部协调、管段监理协调、业主协调等不同级别的有效处理手段,及时解决接口问题。内部接口问题依照为接口划分制订的操作处理流程,对难于明确所属专业的接口问题或工程中出现的四电内部接口问题,采取专业间协商,项目经理部最终协调确定的方式落实解决。信号系统与站前专业接口见表 4-9-15。

**表 4-9-15 信号系统与站前专业接口**

| 序号 | 接　口 | 需求及内容 | 界　面 | 备注 |
|---|---|---|---|---|
| 一 | 与桥梁专业 | | | |
| 1 | 电缆敷设 | 桥上双侧预留通信信号电缆槽(合槽净尺寸不小于 350 mm 宽×300 mm 深) | 桥梁专业设置 | |
| 2 | 电缆过轨 | 桥梁两端梁端电缆槽预留锯齿口、相应箱梁预留电缆爬架 | 桥梁专业设置 | |
| 3 | 转辙机安装 | 桥上防护墙开口预留 | 桥梁专业设置 | |
| 4 | 综合接地 | 综合接地贯通电缆敷设及接地、测试端子预留、桥墩接地体要求 | 桥梁专业设置 | |
| 二 | 与隧道专业 | | | |
| 1 | 电缆敷设 | 隧道双侧预留通信信号电缆槽(合槽净尺寸不小于 350 mm 宽×300 mm 深) | 隧道专业设置 | |
| 2 | 电缆过轨、分支引出 | 预留过轨防护管 | 隧道专业设置 | |
| 3 | 隧道内洞室 | 设备洞室、洞室内接地预留 | 隧道专业设置 | |
| 4 | 转辙机安装 | 隧道内转辙机安装条件预留 | 隧道专业设置 | |
| 5 | 综合接地 | 综合接地贯通电缆敷设及接地端子预留、隧道接地体要求 | 隧道专业设置 | |
| 三 | 与路基专业 | | | |
| 1 | 光、电缆敷设 | 路基双侧预留通信信号电缆槽 | 路基专业设置 | |
| 2 | 光、电缆过轨 | 过轨管、过轨处电缆井设置 | 路基专业设置 | |
| 3 | 路基地段引上、引下电缆防护 | 分支电缆槽道至防护栅栏内侧、防护栅栏维修通道开门 | 路基专业设置 | |
| 4 | 综合接地 | 综合接地贯通电缆敷设及接地端子预留、路基接地体要求 | 路基专业设置 | |
| 四 | 与站场专业 | | | |
| 1 | 电缆敷设 | 电缆过轨管、手孔及电缆井、电缆槽、电缆管涵(不包括站台区电缆槽) | 站场专业设置 | |
| 2 | 胶接绝缘 | 到发线无缝线路、道岔 | 站场专业设置 | |
| 3 | 补偿电容专用枕 | 到发线有砟轨道 | 站场专业设置 | |
| 4 | 综合接地 | 综合接地贯通电缆敷设及接地端子预留 | 站场专业设置、站台接地预留由房建专业设置 | |
| 五 | 与轨道专业 | | | |
| 1 | 胶接绝缘 | 正线无缝线路、道岔 | 轨道专业设置 | |

续上表

| 序号 | 接　口 | 需求及内容 | 界　面 | 备注 |
|---|---|---|---|---|
| 2 | 补偿电容、电气绝缘专用枕 | 正线有砟轨道 | 轨道专业设置 | |
| 3 | 综合接地 | 轨道板接地及钢筋网的绝缘防护 | 轨道专业设置 | |
| 六 | 其他 | | | |
| 1 | 区间信号用房场坪 | | 信号专业提供区间范围中继站、线路所初步位置给房建专业，相关专业确认后，路基出征地图 | |

## 三、接口管理与协调

成渝客专信号集成工程由中国铁建电气化局集团有限公司成渝客专项目经理部负责组织施工，据项目经理部设置接口管理工程师，负责接口管理与协调工作。

专业内部与四电专业的接口，在四电集成过程中予以解决，包括系统接口的集成方案、接口设备的采购及接口设备的安装分工及调试由项目经理部统一组织项目部实施完成。

与站前、房建及其他专业的接口由项目经理部组织专业工程师，根据业主提供接口设计图，编制统一的接口检查标准及接口检查表，对站前等预留工程进行逐段逐点核对和检查，对不合格项及时反馈到站前施工单位及业主，以便及时整改，杜绝在下一步施工中重复发生，加强与站前施工单位的联系，取得站前单位的支持，保证接口检查工作顺利进行，确保接口部位的施工质量。

# 第十章 电力工程

## 第一节 工程概况

### 一、线路概况

全线新建 2 回 10 kV 电力贯通线，给沿线用电负荷供电，一条综合负荷贯通线，一条一级负荷贯通线。贯通线采用电缆方案，在电缆沟内敷设。

新建简阳南、资阳北、资中北、内江北、荣昌北、永川东、璧山、沙坪坝 8 座 10 kV 配电所，向所在车站及新建贯通线供电。利用相关项目建成的成都东配电所供电。

### 二、主要技术指标

车站综合负荷由配电所供电，各站与行车有关的信号、通信等系统设双台专用变供电，电源取自贯通线。其他一级负荷和其他重要负荷均采用 2 路电源供电。车站供电变压器采用室内变电所。

变、配电所采用综合自动化系统，配电所、变电所均按无人值班设计。配电所高压设备采用空气绝缘开关柜。

设置电力远动系统，沿线 10 kV 变配电所、10/0.4 kV 变电所、10/0.4 kV 箱式变电站、电抗器负荷开关实施远动，距离通信接入点较远的二、三级负荷箱变不纳入远动系统。新建 10/0.4 kV 站房变电所的高压回路及通信、信号等重要的低压回路纳入电力远动系统。

与接触网工区合建电力工区。

### 三、主要工程内容和数量

主要工程内容和数量见表 4-10-1。

表 4-10-1 主要工程内容和数量

| 项　目 | 单　位 | 数　量 |
|---|---|---|
| 高压电缆线路 | km | 753.03 |
| 低压电缆线路 | km | 194.33 |
| 电源线路 | km | 97.39 |
| 箱式变电站 | 座 | 144 |
| 10 kV 配电所 | 座 | 8 |
| 10/0.4 kV 变电所 | 座 | 39 |

## 第二节 工程施工

### 一、总体施工组织安排

有直引入外电或与牵引变电所合建的电力变电所应根据站后车站施工安排，应尽可能提前施工，保证站后施工用电。

电力供电外部电源与变、配电所同步施工，适度超前，以保证工程各系统调试用电为目标。

电力远动安装采取程序化、标准化施工，调试采用同步分级方式，确保按时高质量完成电力远动调试任务。

为保证上述施工组织安排的实现，电气设备及材料要保证供应及时，相应的招标及组织工作要提早安排。

以电力变、配电所施工为电力工程区段内的关键工程，其他各单项工程平行施工，最后通过 10 kV 贯通线路组成电力配电系统。

房建主体完成后即可进行设备的安装与调试。其他电力工程(通信、信号工点，站场供电工程)随站后工程进度平行开展，满足站后工程施工调试的需要。

## 二、施工准备

(1)物资材料准备(表 4-10-2)

**表 4-10-2 物资材料准备**

| 序号 | 产品名称 | 产品型号 |
|---|---|---|
| 1 | 10 kV 进线，计量柜 | ZX0 开关柜，配置 1250A 三工位开关，3 相 CT，馈线侧 3 相 PT，馈线侧 3 相避雷器，带电显示，柜宽 600 mm(不含保护) |
| 2 | 10 kV 受电柜 | ZX0 开关柜，配置 1250A25KAVCB，1250A 三工位开关，3 相 CT，带电显示，柜宽 600 mm(不含保护) |
| 3 | 10 kV 主母互/联络母互柜 | ZX0 开关柜，配置 1250A 三工位开关，母线侧插接 PT，母线侧插接 SA，带电显示，柜宽 600 mm(不含保护) |
| 4 | 母联 | ZX0 开关柜，配置 1250A25KAVCB，1250A 三工位开关，3 相 CT，带电显示，柜宽 600 mm(不含保护) |
| 5 | 隔离 | ZX0 开关柜，配置 1250A 三工位开关，带电显示，柜宽 600 mm(不含保护) |
| 6 | 10 kV 馈出柜 | ZX0 开关柜，配置 1250A25KAVCB，1250A 三工位开关，3 相 CT，3 相 SA，带电显示，柜宽 600 mm(不含保护) |
| 7 | 站房综合变 | ZX0 开关柜，配置 1250A25KAVCB，1250A 三工位开关，3 相 CT，带电显示，柜宽 600 mm(不含保护) |
| 8 | 调压器馈线柜 | ZX0 开关柜，配置 1250A25KAVCB，1250A 三工位开关，3 相 CT，带电显示，柜宽 600 mm(不含保护) |
| 9 | 贯通馈出柜 | ZX0 开关柜，配置 1250A25KAVCB，1250A 三工位开关，3 相 CT，1 只 ZCT，馈线侧 3 相避雷器，馈线侧 3 相 PT，带电显示，柜宽 600 mm(不含保护) |

(2) 机械设备及工器具配置(表 4-10-3)

**表 4-10-3 机械设备及工器具配置**

| 序号 | 机械设备名称 | 型 号 | 数 量 | 备 注 |
|---|---|---|---|---|
| 1 | 叉车 | 5 t | 1 台 | 运输设备 |
| 2 | 吊车 | 12 t | 1 台 | 吊装设备 |
| 3 | 起吊用钢绳 | | 4 | 吊装设备 |
| 4 | 测量卷尺 | 5 m | 4 | 检验安装水平、垂直度 |
| 5 | 滑动滚杆 | | 20 | 运输、调校盘柜位置 |
| 6 | 撬棍 | 450 | 10 | |
| 7 | 电工工具 | | 8 | |

(3)施工队伍准备(表 4-10-4)

**表 4-10-4 每个作业组主要人员配备表**

| 作业工种 | 人 数 | 任 务 |
|---|---|---|
| 施工负责人 | 1 人 | 现场整体负责协调 |
| 技术负责人 | 1 人 | 技术指导 |
| 专、兼职安全员 | 1 人 | 安全防护 |
| 工人 | 8～10 人 | 安装施工 |

(4)施工图优化

施工图设计完成后，由中国铁建电气化局成渝客专项目经理部牵头，组织设计、施工和监理单位四方召开技术设计交底会议，设计单位就审查合格的施工图设计文件向施工单位作出详细说明，交底前施工、监理单位应认真审图,到现场核对,并列出问题清单,通过技术交底应达到明确设计意图、地质地形特征、施工方法、施工程序、技术要求、质量标准、所用材料、施工注意事项等目的。

施工图核对是消除设计文件差、错、漏、碰等问题,提高设计文件质量,确保建设工程质量的法定程序,施工、监理单位收到施工图,在认真阅读后应根据国家和相关规程、规范、标准和有关规定对施工图进行现场核对了解设计意图、地质地形情况、施工程序、施工方法、技术要求、质量标准、所有材料、施工注意事项等;核对各部尺寸、标高、平面位置、相互关系、工程量等,收集并研究所采用的标准图、参考图的基础上,提出存在问题、疑问,在认真讨论的基础上就施工图与现场实际、地质等情况不符和有关建议,向成渝铁路客运专线有限责任公司、设计单位书面报告并提出建议意见,从而提高施工图的完整性、准确性和符合性。

## 三、施工过程

### (一)电缆配盘施工流程

1. 施工准备

检查清点定测所需的图纸、工器具及仪器。

2. 控制点定测

在设计提出的线路控制点(线路起点、终点、转角点、设备安装点)的桩位上,钉上测量标桩或做好测量标记,当附近有永久性建筑时,需测出二者之间的距离;若没有时,要设置做好辅助标记。

3. 线路定测

(1)桩点的复测

进行线路测量时,必须对作为控制点的标桩进行复核测量,当检测结果表明桩点正确可靠时,方可进行后续的测量工作。

(2)采用人工测量方式,使用测量绳及测量尺进行测量。

(3)根据事先确定的电力线路走向测量各控制点间的距离,并做好记录。记录应采用双记录复核制。记录员应按照记录表格逐项计算,严禁采用只计算第一测量值而其他测量值照抄第一测量值的记录方法,以防止计算错误。

(4)路基、桥梁、隧道的结合处及电缆上下桥等重要部位,均应标记为线路的重要控制点,在以上重要地段的测量长度要考虑适当的余量,一般要在每处根据实际测量确定的长度加 5 m。

(5)现场测量数据必须由 2 人分别记录,以便资料整理及数据确认工作。

4. 测量资料整理

(1)将线路测量采集的数据,进行整理,建立详细的线路定测台账,作为指导施工、物资申请、工程预算的基础资料。

(2)测量原始记录、资料、计算书、图表必须真实完整,并应由专人妥善保管,同时测量记录必须规范。

(3)作为线路的重要控制点,在以上重要地段的测量长度要考虑适当的余量,一般要在每处根据实际测量确定的长度加 5 m;当发现图纸数据与复核结果不符合时应及时与设计单位联系解决,以防止设计图纸中设计施工数据错误导致计算结果发生错误。严禁使用未经设计部门认可的非正式图纸中的数据作为测量成果计算的依据。

(4)测量结果交付使用前应进行必要的交接,将该测量资料使用中应注意的问题给资料使用部门(人)讲解清楚,测量桩点应现场逐个交接,交接清楚后应签署交接记录。

5. 电缆配盘

(1)由工程技术人员根据测量结果进行电缆物资申请计划并编制电缆配盘计划。

(2)电缆配盘计划中应明确:电缆型号、电缆长度、电缆敷设地点及电缆相序等。

(3)在下一步的电缆敷设工作中,应严格按电缆配盘计划进行相应的电缆敷设工作,以免造成增加电缆接头制作等的额外工作。

### (二)电缆敷设施工流程

1. 施工准备

(1)编制电缆敷设明细表,确定电缆的型号规格、编号、敷设顺序。

(2)规划电缆敷设路线图，根据线路图结合现场实际情况来安排部署人员到位，在电缆的起点和终点或者关键部位上安排专业电工操作，其他地方就由其他非电专业工人员操作，由专业技术人员现场统一指挥。

(3)电缆敷设人员到达施工现场，作业人员全员必须接受施工技术交底并办理交底签证手续。

(4)用运输车辆将特制电缆拖车、牵引车、电缆支架及电缆盘运至施工现场，电缆堆放区域 10 m 内无明火或易燃易爆物。

2. 电缆敷设

一般常用的电缆敷设方式：采用电缆拖车敷设和采用人工敷设。

(1)采用电缆拖车敷设方式

电力电缆一般敷设于桥梁、路基两侧的电力电缆沟内，而在铁路线路两侧一般有施工便道，此种情况下，采用电缆拖车敷设电缆是最佳选择。

电缆拖车由牵引车(一般为拖拉机)、拖车斗及固定在车斗上的电缆放线支架组成。电缆放线支架可为 1 组或 3 组。

采用电缆拖车敷设电缆的施工方法及要求如下：

1)将电缆拖车及电缆盘运抵至电缆敷设起点处。

2)架设电缆盘，将要敷设的电缆盘(1 盘或 3 盘)吊放到电缆拖车上，电缆盘要牢固固定在电缆拖车放线架上，电缆要从盘上引出。

3)敷设电缆设指挥员 1 人，负责电缆敷设的统一指挥。放线前，先从盘上拉出一定长度作缓冲段，其端头固定在地面坚固物上。指挥员要与牵引车司机约定好信号，根据电缆敷设情况指挥车辆的开动、停止及运行速度。

4)放线车开动后，1～2 人在车上转动电缆盘，使其在敷设时保持动态平衡，车速与电缆展放速度作良好配合(车速约 30 m/min，即 1.8 km/h)，电缆展放在地面上。

5)电缆展放施工完毕后，再用绳索将电缆人工吊拽至桥面或路基电缆槽内。

(2)人工敷设电缆方式

人工敷设电缆的方式不受地形条件的限制，一般情况下均可采用。

采用人工敷设方法和要求如下：

①将电缆放线支架固定于电缆敷设起点处，将电缆盘架放在支架上，注意电缆头要从电缆盘上引出。

②将电缆从盘上引出适当距离，3～4 人牵引电缆终端徐徐前进。

③在电缆支架处设作业人员 3 人以电缆抽出方向滚动电缆盘，减小对盘及电缆的牵引力。

④敷设人员跟随电缆引出长度加入(加入密度根据电缆重量确定)，沿线路每隔一定距离设通信指挥人员并及时以报话机通知电缆支架处及敷设人员电缆敷设状况。

⑤电缆拉出一段后，安排作业人员安放地滚滑轮，尽量防止电缆在地面上摩擦，损坏电缆外皮。

⑥参与电缆敷设的人员，必须有保证身体平衡的措施(比如，每人拿一木棒，用木棒支找平衡)。

3. 电缆整理、固定及标识

(1)电缆敷设完后，要将电缆排列整齐，按设计要求进行固定。

(2)单芯 10 kV 电缆敷设完后，应按品字形进行固定(按设计要求)，将电缆每隔 3 m 左右用绑扎带进行绑扎。

(3)在电缆的转弯、接头、终端处均应设置电缆标示牌，标示牌上的文字应清晰，内容应符合要求(按运营管理单位的要求)。

(4)路基段的直埋电缆在直线每隔 50～100 m 处，电缆接头、转弯或分歧处，进入建筑物处，穿过铁路、公路、河流的两侧及其他管路处有明显的方位标志或标桩。

(5)桥梁上的电缆中间接头处也应设有明显的标识(在电缆沟盖板上标识)。

(三)电缆头制作施工流程

1. 电缆测试

制作前应用 2 500 V 兆欧表测量电缆绝缘电阻，绝缘应合格，一般应大于 5 000 MΩ。

2. 剥切电缆外护套、铠装和内护套

自电缆端头剥除电缆外护套,长度为 800～1 200 mm。保留 20 mm 铠装(铠装断口用恒力弹簧包紧)及 10 mm 内护套(注意:剥切内护套时走刀不要太陡,以免破坏铜屏蔽),其余剥去,用 PVC 胶带将每相铜屏蔽带端头临时包扎,清理填充物,将三相分开。

3. 接地线

清除铠装表面涂层;用恒力弹簧将一接地线固定在钢铠上,把恒力弹簧绕一圈后反折回接地线再绕恒力弹簧。用填充胶以半叠方式将第一个恒力弹簧及钢铠包覆。将另一接地线用恒力弹簧与铜屏蔽可靠捆扎,并与前根接地线错位。用填充胶绕包第二个恒力弹簧。用填充胶把电缆分叉处缝隙填满。并绕包到电缆外护套离分叉口约 120 mm 长止,外形饱满光滑,再在填充胶下部包两层密封胶,使两根接地线夹在密封胶之间(约 20 mm)。用绝缘自粘带把填充胶表面包一层,在离外护套断口大约 50～60 mm 处将接地线固定。剥切电缆内垫层。

4. 收缩分支手套

将三指套分支手套套至三叉口的根部,逆时针方向均匀抽掉衬管条,先收缩三指部分,然后在手套下端用 DJ-20 绝缘带包绕 4 层,再加绕 2 层 PVC 胶带,加强密封、定形。

5. 收缩冷缩管

在收缩冷缩管前保持电缆平整不要弯曲,三相电缆尽量分开,将一根冷缩管套入电缆一相(衬条管伸出的一端后入电缆),一端与三指套搭接 20 mm,逆时针方向均匀抽掉袖管条,收缩该冷缩管,其他两相电缆按照上述方法操作。

6. 剥铜屏蔽层、半导电层

自冷缩管端口向上量取 $L+215$ mm($L$ 为接线端子孔深),其余截除,并自冷缩管端口往上剥除铜屏蔽层。自冷缩管端口向上量取 25 mm 长半导电层,其余半导电层去掉;将绝缘表面用砂布打磨以去除吸附在绝缘表面的半导电粉尘,半导电层末端用砂纸或砂布打磨成小斜坡,使之平滑过渡。

7. 剥线芯绝缘层

自电源末端剥去线芯绝缘及内屏蔽层,长度为 $L+30$ mm($L$ 为端子孔深);将绝缘层端头倒角,用砂布将绝缘层表面磨光。在冷缩管端口以下 20 mm 处用 PVC 胶带做好标记(以上 4～6 工序中的电缆相关剥切尺寸可用所配标尺量取)。用 PVC 胶带将线芯端头临时包好。

8. 安装终端、相色罩帽

用清洁巾从上至下把各相清洗干净,以半叠方式绕包二层半导电带,将铜屏蔽层与半导电层之间的台阶覆盖住。待清洁剂挥发后,在绝缘层表面均匀地涂上一层硅脂,将冷缩终端套入电缆,衬条伸出一端后入电缆,逆时针方向抽掉衬条使终端收缩(注意:终端收缩好后,其下端与标记齐平);抹尽挤出的硅脂。将罩帽内腔台阶顶住绝缘,再将罩帽大端复原罩住终端。此处户内终端和户外终端的冷缩终端有所区别,户外终端的防雨伞沿较大,而户内终端伞沿较小。

9. 压接接线端子

除去临时包在线芯端头上的 PVC 胶带,将接线端子套在线芯上,在压接接线端子;按此工艺处理其他两相。户内和户外的接线端子也有所区别,压接时注意区分。

10. 电气性能测试

用 2 500 V 兆欧表测试电缆绝缘电阻,作直流耐试验及泄露电流试验,应符合标准。

(四)箱式设备安装施工流程

1. 施工准备

对设备运输通道的检查,为吊车吊装就位利用现有的施工便道尽量创造条件;依据设计图纸和技术标准的要求,对先期工程的基础进行检查和核实工作,以保证箱式电力设备的基础螺栓预埋位置符合设计图纸要求。依据设计图纸、技术标准和以往的施工经验,对制造厂家的箱体和设备进行检查和核实工作,以保证箱体安装预留孔与基础预留螺栓对位。安装箱体前,应检查基础面的平整度,保证箱体底座与基础接触密贴,以防箱体变形。

2. 设备运输

依据前期施工调查情况，尽量采用汽车运输方法，进行箱体的运输，利用吊车将箱体设备吊装就位。设备进场通道上，车辆进出的路径范围内，道路畅通，地面平整并压实。拆除路径范围内相应的障碍物。基础周围的场地平整压实，无其他任何杂物。

3. 箱体检查

设备开箱由业主(或监理工程师)、施工方、设备供货方一起进行，依据设备装箱清单、说明书仔细核对设备型号、规格以及全部零部件、附属材料和专用工具。仔细检查零部件表面及主体结构有无缺损和锈蚀情况。设备验收后专用工具、技术文件、合格证移交业主保管，安装需要时向业主办理借用手续。验收后办理中间交接手续。

一般按下列项目检查清点。并填写设备验收记录。

(1)箱号、箱数及包装情况；

(2)设备名称、类别、型号及规格；

(3)设备外形尺寸及管口方位；

(4)设备内件及附件的规格、尺寸及数量；

(5)表面损坏、变形及锈蚀状况。

4. 设备就位及安装

安装施工前，设备基础需经交接验收。测量基础预埋槽钢的相对位置。利用水平仪对设备基础上面进行水平检查。在基础的表面每隔 0.5 m 选择一个基准点，作为测试点，相邻基准点的水平度应不大于±1 mm，全长的不平度应不大于±3 mm，确保箱体安装的稳定性。

依据现场调查的运输路线，用汽车运抵安装现场。设备箱体的就位需将箱体由运输车辆上移至基础的安装位置。利用吊车将箱体吊起，安装在箱体基础上。

设备的箱体构件大部分体积大、重量大，利用吊车吊装箱体安装在设计要求的基础位置。起吊绳安装的位置应严格按照箱体设计的要求，吊装点要在箱体标示的承重点，保证起吊过程中，箱体外形不因受力而变形。在箱体吊装时，应有专业人员对整个吊装过程统一指挥，严格遵守货物起吊管理程序及施工规范，保证人员、设备的安全。当箱体吊到基础上方，且距基础表面的高度稍高于基础螺栓时，指挥人员应要求吊车减慢吊装速度。在箱体的四个角各安排一名施工人员，利用圆木棒的一端以地为支点，小心的推动箱体，靠近标示箱体具体位置的红线，使箱体徐徐落在安装位置。用水平尺检测箱体水平度和垂直度，边调整边测量，至箱体水平符合设计要求，固定箱体。

5. 尾工处理

箱体安装完毕后，确认各部的安装位置及尺寸是否符合设计要求，并清除箱体内的所有的工机具和杂物，保持箱体内的清洁。

(五)变配电所盘柜安装施工流程

1. 施工准备

安装施工前，对盘柜基础底座进行检查。

2. 开箱检查

盘柜到达现场后拆除盘柜四周及顶部的包装。检查盘柜外表有无损伤及变形，油漆是否均匀完整，柜门开闭是否灵活可靠，柜内电气元件有无脱落、锈蚀、损伤、裂纹等。

对盘柜配件、附件、专用工具进行全面检查，收集各种技术资料和合格证，并做好开箱检查记录。

3. 盘柜组立

盘、柜在搬运和安装时应采取防振、防潮、防止柜架变形和漆面受损等安全措施，必要时可将装置性设备和易损元件拆下单独包装运输。

盘柜拼装可从中间向两边展开，也可从一侧向另一侧拼装。按照设计文件规定，将盘、柜按顺序搬放到安装位置。首先把每面盘、柜大致调水平；然后从成列盘、柜一端的第一面开始调整，调整合格后按照设备的要求与基础槽钢进行固定。

按照设计顺序组立盘柜，保证水平度和垂直度符合规范和验收标准；盘柜组立后即可安装附带的附件和电气设备。屏柜及设备接地端与底座接地端与接地母线可靠连接,按照设备厂家要求将盘、柜内接地铜排连接牢固。盘柜安装的允许偏差应满足施工及验收规范要求。

盘柜清扫维护:安装工作结束后,将盘内外清扫干净,关闭配电盘的通道门,防止灰尘侵入。

(六)二次电缆敷设及接线施工流程

1. 施工准备

(1)熟悉工作地点、环境。

(2)弄清一次设备与二次设备相互对应关系。

(3)电缆标示牌应清晰,内容齐全(电缆编号、起始点、电缆型号)。

(4)编号头用专用号头机打出,长度应力求一致,字迹清晰,不易褪色,编号头直径应与电缆芯线截面相匹配。

(5)编号头应注明端子排号及回路编号。

(6)参加施工的人员必须先熟悉图纸,掌握二次盘柜及高压开关柜安装方法,施工人员必须参加过技术和安全方面的培训,并经考试合格后方可上岗作业。同时根据工程量的大小配备足够的人员,现场指派安全负责人。

2. 电缆敷设

(1)根据电缆清册填写领料单,核实电缆型号与数量无误后,领用出库,运至敷设现场;

(2)电缆型号及敷设位置应符合设计要求。

3. 电缆整理

(1)进入盘柜的电缆顺序应排列整齐,弯曲弧度应一致,使用的绑扎物必须统一,方向一致,多余部分应剪除。

(2)根据端子排图,接线位置较低的电缆排在盘内侧,接线位置较高的排在盘的外侧。

(3)铠装电缆钢带不应进入盘柜内,铠装钢带切断处端部应平滑,不得残留毛刺,钢带的剥口位置应力求一致,并应将钢带接地。

(4)电缆整理应避免交叉,要固定牢固,防止所接端子受到机械应力而损坏。

4. 电缆头制作

(1)剥除电缆外皮时,用力适当,刀具不得损伤电缆线芯绝缘。

(2)电缆开剥位置高度应一致。

(3)按电缆芯线号或颜色穿号头,穿号头前必须用试灯查对正确,每根线芯导通良好,并保证每根线芯的两端号头相符,依次穿上号头,注意号头的方向要正确。

(4)电缆芯线破束后应及时剪除中间的加强绳。

(5)芯线拉直时,应略有伸长,切勿用力过大,以免影响导线截面。

(6)电缆头包扎长度应一致,美观大方,电缆头直径不大于电缆护套外径 2 mm。

(7)电缆做头时将塑料带对折后,紧密有序的缠绕在芯线上,成形后用黑色粘胶带封口,同一盘内塑料带颜色应一致。

(8)电缆头位置应低于电缆最低接线位置 150～200 mm,同一盘内电缆头高度应一致。

5. 电缆接线

(1)电缆标示牌用白色尼龙绳绑在电缆头上方,且线绳长度应一致。

(2)线芯绑扎间距在 70 mm±10 mm 之间,绑扎应松紧适当、均匀,且同一盘内绑扎间距应一致。

(3)盘内线芯绑扎统一使用尼龙扎带,扎带的结头应放在线束的里侧,同屏内使用同一规格的绑扎材料。

(4)当盘内线芯特别多时,应按单元或回路分束绑把,以方便施工接线、查线和检修方便,尽量避免出线特大把束。

(5)按图纸对照号头进行分线,分线位置应准确无误。

(6)备用芯长度应能保证接至本侧最远一个端子处。

(7)芯线进入端子前应手工依次弯曲成弧度相同的线排,导线的弯曲半径>3 倍的导线直径,排列一致无交叉(圆弧半径约 20 mm,线段周长约 120～150 mm)。

(8)线芯不得剥出太长，以刚刚插满端子排插孔或正好弯制压接圆圈为宜，导线不得有接头。

(9)线头弯圈大小应适合接线螺丝直径，弯曲方向应顺应螺丝拧紧方向，每个端子接线根数≤2 根。

(10)正确使用工具，芯线不能有咬痕及损伤现象，线芯压接应牢固可靠。

(11)紧固件应配置完好、齐全。

(12)编号头正确、齐全，方向正确一致。

(13)电气回路连接(压接、插紧、焊接)紧固可靠。

(14)多股软导线应使用与芯线截面相同的线鼻子，用压线钳压接牢固，导线不能有断股现象。

(15)对屏蔽电缆及其他有接地要求的电缆应将屏蔽层可靠接地。

(16)导线裸露部分对地距离≥4 mm，表面漏电距离≥6 mm。

(17)对于需要临时隔离的导线，需用绝缘胶带包好，并远离带电导体。

6. 复查电缆接线

(1)接线不准错位；

(2)接线不准有漏芯；

(3)电缆数量应符合图纸要求；

(4)接线牢固可靠，导通应良好。

### (七)防雷接地装置安装施工流程

1. 施工准备

检查接地极焊接是否满足有关要求，接地线是否有损伤等缺陷。检查接地电阻测试仪是否合格。

2. 挖接地沟

采用人工开挖方式，开挖深度及位置应符合设计要求，深度为 1 m。

3. 敷设接地极

将事先预制好的接地装置在开挖好的沟内展开敷设，垂直打入接地极，在打入接地极时，要检查接地体与接地线间的焊缝是否开裂，若开裂时要及时补焊或更换，接地极打入符合要求的深度后回填接地沟，不得将砖头、石块等杂物回填在沟内。

4. 测接地电阻

在接地极的反方向将测试线拉直，探针全部插入地下，接好接地电阻测试仪的地线和测试线。将测试仪放平，右手摇动手柄约 120 r/min，从大到小调好倍率，左手转动刻度盘，由大数值向小数值转动，直到测试仪指针居中，读出读数。

### (八)综合自动化调试施工流程

1. 施工准备

(1)熟悉工作地点、环境；

(2)调度台至各远动终端间的通信通道符合相关技术标准的规定，并提供使用；

(3)调度台至各远动终端间的电调电话应交付使用并畅通；

(4)调度台、远动终端的电源稳定可靠。

2. 设备带电自检、功能测试

(1)对服务器和工作站设备进行硬件、软件的初始化，优化软件运行环境，使其符合系统运行要求；

(2)路由器、集线器、网络中继器的规格、性能应符合相关技术标准的要求；网线连接正确可靠，对以太网通道状态的监视功能应正常；

(3)打印机自检打印结果应符合要求；

(4)对存储器的自检，应自动完成；

(5)对系统各硬件模块的自检，功能良好，符合产品设计要求。

3. 调度台设备调试、远动终端调试、系统调试

配合相关设备厂家技术人员，结合现场情况，统一协调，按相关技术标准要求进行系统调试。

装置在默认画面中将实时显示当前线路中各电压、电流、开关状态、时间、日期。图形及相关内容可以根据配置文件灵活选择。

在默认画面下按〔ENT〕键即可进入主菜单,主菜单如下:

进入主菜单后,可以用〔∧〕键、〔∨〕键、〔<〕键、〔>〕键选择相应的菜单项,按〔ENT〕键进入下一层菜单或执行相应的操作,按〔ESC〕键退回上一层菜单(默认画面)。

监控数据页:监测界面主要用于显示装置检测到的实时数据。在监测界面下总共有 3 个子选项:遥测量、数字量、脉冲量。

## 第三节 工程接口管理

与非四电专业的接口见表 4-10-5。

**表 4-10-5 与非四电专业的接口**

| 专业名称 | 接口检查和进场条件 |
| --- | --- |
| 电力子系统 | (1)路基、桥梁、站台、车站房屋内的沟、槽、管、洞按图纸要求预留,预埋件位置、尺寸、标高符合图纸要求。<br>(2)车站房屋暗装配电箱预留位置准确,尽量避免二次剔凿;土建工程范围内的电缆吊架、电缆管具备电缆敷设条件。<br>(3)变配电所房屋门窗安装和墙面粉刷完毕,地面为毛地面,具备基础槽钢安装条件。室外道路已成形,具备设备运输条件。与车站合建的变配电所,应预留设备运输通道。土建工程范围内的电缆吊架、电缆管具备电缆敷设条件。<br>(4)区间贯通线路电缆沟施工完毕,电缆预留管道齐全,具备电缆施放条件。<br>(5)预留的沟、槽、管、洞在站后进场施工前,应按照设计要求全部验收完毕,尤其预留的电缆沟槽要确保整个区间连续 |

四电集成内部接口见表 4-10-6。

**表 4-10-6 四电集成内部接口**

| 配合工序 | 施工技术配合内容 | 施工技术配合措施 |
| --- | --- | --- |
| 变电-电力 | 协助办理变电所用电协议 | 提供技术数据,通报施工情况,施工时请求现场配合 |
| 电力-通信、信号 | 电力工程给通信、信号工程提供可靠的电源 | 在通信、信号设备调试之前提供可靠的电源,保证设备正常运行 |

# 第十一章 电气化工程

## 第一节 工 程 概 况

### 一、线路概况

成渝客运专线部分新建牵引变电所5座:李家湾、陈家湾、内江北、荣昌北、璧山。新建分区所5座:江源镇、资中北、古墙村、永川东、菜园坝,其中菜园坝分区所兼做开闭所。新建AT所10座:龙泉、白河村、学堂湾、回湾村、高屋基、核桃村、荣隆、双石镇、镇云水库、沙坪坝。

### 二、主要技术指标

成渝客专正线(K5+672.644~K296+084.88)采用AT供电方式,联络线、动车走行线采用直接供电方式。

(一)接触网

1. 悬挂类型

正线K5+672.644~沙坪坝(不含):JTMH-120(21 kN)+CTMH150(28.5 kN)全补偿弹性链形悬挂。

站线、渡线、联络线、动车走行线:JTMH-95(15 kN)+CTMH-120(15 kN)全补偿简单链形悬挂。

沙坪坝(含)至重庆站(含)正线:JTMH-120(15 kN)+CTMH-150(15 kN)全补偿简单链形悬挂。

附加导线采用抗拉强度高、耐腐蚀性能好的铝包钢芯铝绞线,截面积310/20 mm$^2$、120/20 mm$^2$、70/10 mm$^2$,额定张力分别为12 kN、10 kN、6.5 kN。

2. 接触线高度及坡度

正线K5+672.644~沙坪坝(不含)接触线悬挂高度为5.3 m,沙坪坝(含)至重庆站(含)接触线悬挂高度为5.5 m,接触线悬挂点高度的设计坡度为0。

3. 结构高度

高速区段:接触网结构高度(含双线隧道)一般为1 600 mm,单线隧道接触网结构高度一般为1 200 mm,跨线建筑物或其他困难区段可适当降低结构高度,但最短吊弦长度不得小于600 mm。

低速区段:联络线、枢纽内改建及还建线路的隧道外接触网结构高度一般为1 400 mm,跨线建筑物、隧道内或其他困难区段可适当降低结构高度,但区间和站场正线最短吊弦不宜小于500 mm,隧道内最短吊弦长度不宜小于400 mm。

4. 跨距

跨距根据悬挂类型、曲线半径、受电弓摆动量、风偏、受流质量等因素确定。正线路基区段接触网标准跨距一般为60 m,最大跨距为65 m,最小不宜小于40 m,相邻跨距差不大于10 m。箱梁桥上跨距需根据桥梁孔跨的形式进行配合确定,一般为49 m。隧道内接触网跨距根据隧道净空要求进行配合确定,一般不大于55 m。

5. 锚段长度、补偿方式、中心锚结

正线接触网锚段长度一般不大于2×700 m,单边补偿的锚段长度,应为上述值的50%;困难时不宜大于2×750 m。

站线接触网最大锚段长度不宜大于2×800 m,困难时不宜大于2×900 m。

附加导线锚段长度一般不超过2 000 m。

正线区段下锚补偿一般采用1∶3棘轮补偿装置,坠砣采用铁坠砣。

枢纽内既有线改建区段比照既有线标准,隧道内、隧道外一般采用 1∶3 滑轮补偿下锚装置,T 梁桥下锚补偿一般采用 1∶3 棘轮补偿装置,坠砣采用铁坠砣。同一锚段两端的补偿下锚采用相同类型的补偿装置;同一锚段补偿装置分别位于路基上与桥上时,路基上下锚柱采用棘轮补偿装置;同一锚段补偿装置分别位于隧道内与桥上时,桥上下锚柱采用滑轮补偿装置;T 梁桥下锚增设防坠砣防坠落装置。

车站、区间中心锚结采用两跨式防窜防断中心锚结。中心锚结辅助绳与承力索同材质,接触线中心锚结辅助绳采用 JTMH-95。

6. 侧面限界

正线路基段采用大型机械养护的有砟轨道区段的接触网支柱侧面限界不小于 3.1 m;正线无砟轨道区段的接触网支柱侧面限界不小于 3.0 m。

车站内采用线间立柱时,直线地段支柱对正线侧面限界不小于 3.0 m,对站线侧面限界不小于 2.8 m。

7. 绝缘距离

27.5 kV 接触网绝缘子爬电距离不小于 1 600 mm。

上下行接触网带电体间的距离,正常情况下不应小于 2 000 mm,困难时不应小于 1 600 mm。

海拔高度小于 1 000 m,空气绝缘间隙值不需进行修正。

接触网的空气绝缘间隙见表 4-11-1。

**表 4-11-1 接触网的空气绝缘间隙**

| 序号 | 项 目 | 正常工况下最小值(mm) |
|---|---|---|
| 1 | 接触网、供电线、正馈线等带电部分至接地体的间隙 | 300 |
| 2 | 接触网带电部分至机车车辆的间隙 | 350 |
| 3 | 接触网、供电线、正馈线等带电部分至跨线建筑物的间隙 | 500 |
| 4 | 受电弓振动至极限位置和导线被抬起的最高位置距接地体的瞬间间隙 | 200 |
| 5 | 25 kV 带电绝缘子接地侧裙边距接地体间隙 | 100 |
| 6 | 43.3 kV 绝缘间隙(120°相位电分相间,如分相关节) | 400 |
| 7 | 50 kV 绝缘间隙(180°相位电分相间,如 AT 区段正馈线与接触网间) | 540 |
| 8 | 同回路自耦变压器供电线带电体距接触悬挂或供电线带电体间隙 | 500 |
| 9 | 隔离开关引线、电连接接线(包括跨另一支接触悬挂时)及自耦变压器供电线、供电线跳线距接地体间隙 | 330 |

附加导线对地面及相互间距离见表 4-11-2。

**表 4-11-2 附加导线对地面及相互间距离(单位:mm)**

| 序号 | 有关情况 | | 供电线、正馈线 | 回流线、保护线、架空地线 |
|---|---|---|---|---|
| 1 | 导线在最大弛度时距地面的高度 | 居民区及车站站台处 | 7 000 | 6 000 |
| | | 非居民区 | 6 000 | 5 000 |
| | | 车辆、农业机械不能到达的山坡峭壁、挡土墙和岩石 | 5 000 | 4 000 |
| 2 | 导线距离峭壁、挡土墙和岩石 | 无风时 | 1 000 | 500 |
| | | 计算最大风偏时 | 300 | 75 |
| 3 | 导线跨越铁路 | 跨非电化股道(对轨面) | 7 500 | 7 500 |
| | | 跨不同回路电化股道(对承力索或无承力索时对接触线) | 3 000 | 2 000 |
| 4 | 不同相或相同分段两导线悬挂点间距离 | 水平排列 | 2 400 | — |
| | | 垂直排列 | 2 000 | — |
| 5 | 与建筑物间的最小距离 | 导线与建筑物间最小垂直距离(计算最大弛度时) | 4 000 | 2 500 |
| | | 边导线对建筑物最小水平距离(计算最大风偏时) | 3 000 | 1 000 |

附加导线对铁路沿线树木之间的最小距离见表 4-11-3。

表 4-11-3　附加导线对铁路沿线树木之间的最小距离(单位:mm)

| 附加导线类型 | 供电线、正馈线 | 回流线、保护线、架空地线 |
| --- | --- | --- |
| 与铁路沿线树木之间的最小水平距离 | 3 500 | 3 000 |

8. 锚段关节

除分相关节外,正线区段绝缘及非绝缘锚段关节一般采用五跨形式,个别困难地段的非绝缘关节采用四跨形式。

枢纽内联络线、改建线路锚段关节一般采用四跨形式,困难条件下非绝缘锚段关节采用三跨形式。

9. 道岔区接触网布置方式

与客专正线连接的 18 号道岔接触网采用无交叉方式定位布置,42 号道岔区采用第三辅助式无交叉布置方式,其他道岔采用交叉线岔布置。

10. 电分相

电分相采用六跨锚段关节形式,每处电分相设置 2 台单极电动隔离开关并纳入远动。电分相处设置地面磁感装置感应列车车载设备,从而实现列车自动过分相。满足双列重联动车组双弓间距 200～215 m、中性段不大于 200 m。

(二)牵引变电

(1)新建牵引变电所引入两路独立电源进线,220 kV 侧采用线路变压器组接线,每组牵引变压器由两台单相变压器组成三相 V/X 接线,一主一备,固定备用,设置主变及电源自投装置。

(2)220 kV 侧设置电动隔离开关、氧化锌避雷器、电压互感器及电流互感器。2×27.5 kV 侧采用单母线分段接线,上下行馈线断路器通过电动联络隔离开关可实现互为备用。

(3)AT 分区所同方向的供电臂上、下行馈线之间用开关相连,实现上、下行馈线并联和分开供电。来自不同变电所的供电臂上下行之间设置电动隔离开关,可实现越区供电。分区所设置四台自耦变压器,两台运行,两台备用。

(4)AT 所上、下行馈线之间用开关相连,实现供电臂上下行并联和分开供电。AT 所设置两台自耦变压器,一台运行,一台备用。

(三)供电 SCADA 调度系统

牵引变电所、分区所、AT 所、接触网电动隔离开关及电力远动设备纳入设置在成都铁路局的成渝客专调度台,由成都铁路局供电调度管辖。

## 三、主要工程内容和数量

1. 接触网工程

成渝正线部分:接触网 H 型钢柱 10 077 根,腕臂安装 14 096 套,正馈线 593.792 条公里,保护线 576.621 条公里,承导架设 760.333 条公里,供电线 85.34 条公里;隔离开关 166 台,避雷器 1 176 台,分段绝缘器 17 台。

重庆枢纽成渝部分:接触网工程:接触网钢柱 341 根,腕臂安装 488 套,正馈线 4.9 条公里,保护线 6.595 条公里,承导架设 11.497 条公里;隔离开关 16 台,避雷器 4 台,供电线 1.2 条公里。

2. 牵引变电工程

新建 AT 牵引变电所 5 座、AT 分区所 4 座、AT 所 10 座,设置综合 SCADA 系统,对全线牵引供电设施及电力供电进行集中监控,综合 SCADA 系统纳入成渝客专调度台。

## 四、电气化工程总体工期

(1)成渝客专正线 K5+672.644～K296+084.88 段电力牵引供电工程于 2014 年 3 月 15 日开工,2015 年 5 月 31 日完成主体工程。

(2)成渝客专引入重庆枢纽电力牵引供电工程于 2014 年 6 月 10 日开工,2015 年 5 月 20 日完成主体工程。

(3) 成渝高铁井西左右联络线接触网工程于 2015 年 4 月 1 日开工,2015 年 9 月 15 日完成主体工程。

(4)井口(不含)至重庆北Ⅰ类变更范围内接触网工程于2015年4月1日开工,2015年9月20日完成主体工程。

(5)2015年9月16日至10月20日完成半边山线路所(不含)—芭蕉沟线路所—歌乐山站成都方向进站信号机接触网工程静态验收。

(6)2015年9月21日至10月20日完成井口(不含)至重庆北Ⅰ类变更工程静态验收。

### 五、电气化工程重难点及特点

1. 外电接入牵引变电所的配合工作

牵引变电所外部电源引接施工能否按期完成,是影响工程能否顺利开通的控制因素,要作为重点工程进行管理。公司、指挥部及施工单位均应明确专人负责牵引变电所外电引入的协调工作,与设计院、监理密切配合,同相关电力部门建立定期联系沟通机制,加强与地方电力公司的联系沟通,掌握外电工程推进计划、施工进展和存在问题,及时协调解决相关问题,确保牵引变电所外电引入按期完工和送电。

针对该制约因素,成渝客专公司成立专门的外电协调小组,设专门领导负责,与施工单位、电力部门和设计单位一道抓好外部电源各项工作的落实,保障工程的顺利进行,确保工程按要求开通运行。

2. 牵引变压器运输

牵引变压器是变电所里单体最重大的电气设备。本体的运输质量,因电压等级、接线形式、容量和充气/充油介质的不同,在38～90 t之间,是变电所的心脏设备。

一般采用的主要方法有:"液压推进滑行法""大吨位拖车运输法""轨行车辆吊运法"等。施工前要详细勘查现场实际情况,并结合主变运输技术规程,拟定详细主变运输方案,报监理、建设单位审批。

3. 牵引供电系统送电开通

牵引供电系统送电是一项组织性、技术性很强,涉及面广的复杂工作,要求组织严密、准确无误、安全可靠。因此,必须集中领导、统一指挥,确保送电一次开通成功。

4. 接触网隧道施工

接触网工程在隧道施工具有施工环境特殊、材料运输不方便、技术要求高,施工程序复杂等特点,将隧道段的接触网工程施工作为本标段的关键和重、难点工程进行控制,它的按期完成是整个工程按期完成的关键。

## 第二节 工程施工

### 一、总体施工组织安排

贯彻统筹安排、科学组织、重点先行、均衡生产、有序推进的原则,以电气化接触网、联调联试和运行试验为主线统筹安排各项工程。

接触网工程安排应统筹与站前、铺轨作业交叉配合施工、整体施工按照"大循环、小流水"的紧跟工序方式进行安排,应提前进场,接触网支柱基础等与路基、桥梁、铺轨等工程同步安排,站前施工应加强对接触网预留的基础、桥梁预埋件的精度控制。

按长钢轨铺设施工作业单元划分设置接触网挂网作业区段,接触网导线架设紧随铺轨施工安排,从接触网支柱立杆开始安排流水作业,为接触网放线和最后调试创造条件。

### 二、施工准备

1. 物资材料准备

成渝客专电气化工程物资设备设置两个中心料库,由项目经理部负责本工程施工物资设备选型、配套、安置、协调、指导、督促、检查和制定管理制度等工作,见表4-11-4和表4-11-5。

**表4-11-4 接触网主要设备材料供应计划**

| 序号 | 设备、材料名称 | 第一批设备、材料 | 最后一批到货时间 | |
|---|---|---|---|---|
| | | 到货时间 | 到货数量比例 | |
| 1 | H型钢柱 | 2014年6月15日 | ≥50% | 2014年8月5日 |

续上表

| 序号 | 设备、材料名称 | 第一批设备、材料到货时间 | 最后一批到货时间到货数量比例 | |
|---|---|---|---|---|
| 2 | 腕臂及定位管 | 2014 年 6 月 30 日 | ≥70% | 2014 年 8 月 25 日 |
| 3 | 棒式绝缘子 | 2014 年 6 月 20 日 | ≥70% | 2014 年 7 月 25 日 |
| 4 | 悬式绝缘子 | 2014 年 7 月 1 日 | ≥70% | 2014 年 8 月 5 日 |
| 5 | 合成绝缘子 | 2014 年 7 月 30 日 | ≥70% | 2014 年 8 月 25 日 |
| 6 | 供电线、正馈线、架空地线等附加导线 | 2014 年 7 月 5 日 | ≥70% | 2014 年 8 月 15 日 |
| 7 | 承力索、接触线 | 2014 年 8 月 1 日 | ≥70% | 2014 年 10 月 25 日 |
| 8 | 限位定位器及线夹 | 2014 年 6 月 15 日 | ≥70% | 2014 年 8 月 5 日 |
| 9 | 整体吊弦 | 2014 年 6 月 15 日 | ≥70% | 2014 年 8 月 5 日 |
| 10 | 终端锚固线夹 | 2014 年 8 月 15 日 | ≥70% | 2014 年 10 月 5 日 |
| 11 | 中心锚结线夹 | 2014 年 7 月 15 日 | ≥70% | 2014 年 9 月 5 日 |
| 12 | 电连接线夹 | 2014 年 7 月 15 日 | ≥70% | 2014 年 9 月 5 日 |
| 13 | 棘轮补偿装置 | 2014 年 6 月 15 日 | ≥70% | 2014 年 9 月 5 日 |
| 14 | 隔离开关 | 2014 年 6 月 18 日 | ≥70% | 2014 年 9 月 15 日 |
| 15 | 分段绝缘器 | 2014 年 6 月 30 日 | ≥70% | 2014 年 9 月 5 日 |
| 16 | 线岔 | 2014 年 6 月 30 日 | ≥70% | 2014 年 9 月 15 日 |

**表 4-11-5 牵引变电主要设备材料供应计划**

| 序号 | 设备、材料名称 | 第一批设备、材料到货时间 | 最后一批到货时间到货数量比例 | |
|---|---|---|---|---|
| 1 | 构架及设备支架 | 2014 年 5 月 15 日 | ≥90% | 2014 年 6 月 5 日 |
| 2 | 接地装置及避雷针 | 2014 年 5 月 30 日 | ≥70% | 2014 年 7 月 25 日 |
| 3 | 牵引变压器 | 2014 年 6 月 30 日 | ≥90% | 2014 年 7 月 5 日 |
| 4 | 互感器 | 2014 年 5 月 30 日 | ≥90% | 2014 年 6 月 25 日 |
| 5 | 110 kV 六氟化硫断路器 | 2014 年 7 月 3 日 | ≥90% | 2014 年 7 月 25 日 |
| 6 | 27.5 kV 真空断路器 | 2014 年 6 月 5 日 | ≥90% | 2014 年 7 月 15 日 |
| 7 | 隔离开关 | 2014 年 5 月 5 日 | ≥70% | 2014 年 6 月 15 日 |
| 8 | 电容补偿装置 | 2014 年 5 月 15 日 | ≥70% | 2014 年 5 月 25 日 |
| 9 | 母线 | 2014 年 6 月 15 日 | ≥70% | 2014 年 7 月 5 日 |
| 10 | 设备防护网栅 | 2014 年 7 月 15 日 | ≥70% | 2014 年 8 月 5 日 |
| 11 | 成列盘柜 | 2014 年 8 月 15 日 | ≥70% | 2014 年 8 月 25 日 |

2. 机械、车辆准备见表 4-11-6。

**表 4-11-6 电气化专业施工机械、车辆准备清单**

| 序号 | 设备名称 | 单位 | 数量 | 规格型号 | 计划进场时间 |
|---|---|---|---|---|---|
| 1 | 工程指挥车 | 辆 | 2 | 广本 | 2014 年 1 月 |
| 2 | 汽车吊 | 辆 | 2 | 25 t | 2014 年 3 月 |
| 3 | 载重汽车 | 辆 | 4 | 5 t | 2014 年 3 月 |
| 4 | 汽车起重机 | 辆 | 2 | 8 t | 2014 年 3 月 |
| 5 | 客货两用车 | 辆 | 4 | 2.5 t | 2014 年 3 月 |
| 6 | 附加导线展放机 | 辆 | 4 | 10 kN | 2014 年 5 月 |
| 7 | 电气化架线、安装作业车 | 辆 | 4 | JW-6 | 2014 年 5 月 |
| 8 | 接触网恒张力架线车 | 组 | 2 | 泰斯美克 | 2014 年 5 月 |

续上表

| 序号 | 设备名称 | 单位 | 数量 | 规格型号 | 计划进场时间 |
|---|---|---|---|---|---|
| 9 | 轨道动力车 | 辆 | 2 | 金鹰 290 | 2014 年 4 月 |
| 10 | 轨道平板车 | 辆 | 4 | 60 t | 2014 年 4 月 |

3. 施工队伍准备

作业人员根据各施工队、施工班组的实际需要统一管理，在施工计划中，合理安排单位工程、分部分项工程的施工衔接顺序，保证施工人员施工的连续性，避免出现反复上下场的现象发生。在各工作面进度不均衡的情况下，保持施工队间的劳动力合理调配，确保实现总工期目标。

4. 施工图优化

施工图设计完成后，由项目经理部牵头，组织设计、业主、分项目部和监理单位四方召开技术设计交底会议，设计单位就审查合格的施工图、设计文件向施工单位作出详细说明。交底前项目部、监理单位应认真审图，到现场核对，并列出问题清单，通过技术交底应达到明确设计意图、地质地形特征、施工方法、施工程序、技术要求、质量标准、所用材料、施工注意事项等目的。

施工图核对是消除设计文件差、错、漏、碰等问题，提高设计文件质量，确保建设工程质量的法定程序，施工、监理单位收到施工图，在认真阅读后应根据国家和相关规程、规范、标准和有关规定对施工图进行现场核对，了解设计意图、地质地形情况、施工程序、施工方法、技术要求、质量标准、所有材料、施工注意事项等；核对各部尺寸、标高、平面位置、相互关系、工程量等、收集并研究所采用的标准图、参考图的基础上，提出存在问题、疑问，在认真讨论的基础上就施工图与现场实际、地质等情况不符合有关建议，向成渝铁路客运专线有限责任公司、设计单位书面报告并提出建议意见，从而提高施工图的完整性、准确性和符合性。

## 三、施工过程

1. 接触网施工流程

成都东(不含)至重庆北段接触网高速段采用全补偿弹性链形悬挂，低速段采用直供＋回流；接触网施工流程为：施工测量→接触网基坑开挖→基础浇筑→支柱安装和整正→底座、肩架拉线安装→附加线架设→支柱及线路参数测量→支持结构计算和预配→支持结构安装→承力索架设→承力索中心锚结安装→承力索就位→接触线架设→接触线中心锚结安装→承力索高度测量和吊弦计算预制→吊弦和定位装置安装→悬挂调整→设备安装→冷滑试验→热滑试验→送电开通→克服缺陷→联调联试→试运行测试和验收。

2. 接触网主要工序的施工过程及要点

(1)基坑开挖、基础浇筑

1)基坑开挖：注意确认基坑的类型、限界、地下有无管线电缆等和安设防道砟挡板；开挖时由前往后或由后往前按层次进行开挖，坑深时可采用吊篮吊运弃土(石)，及时填写工程记录。

2)基础施工安装模型板：先将安装模型板的地面清理干净、平整，复核限界、标高、型号等是否符合设计；模型板安装时要考虑支柱安装时垫片的影响，安装基础螺栓框架：根据基础型号选择框架类型，将框架固定到模型板上口，安装基础螺栓：按要求选择基础螺栓型号、数量等，将基础螺栓由框架孔中穿入；浇制基础按配合比的规定进行混凝土搅拌，将拌和完的混凝土推送基坑中，每推入基坑 200～300 mm 深混凝土用振捣器振捣一遍，在基础浇制的过程中制作试块，填写隐蔽工程记录并经监理工程师签字确认。

(2)接触网支柱安装整正

对于电气化接触网专业而言，支柱组立是制约整个施工的关键工序，为保证成渝客专按期开通，通过认真分析和研究，决定采用两种施工方法相结合的形式，一是在已铺轨可进车的路基部分，采用安装列车利用轨道吊进行组立；二是在未铺轨的路基，靠近公路或者是有施工便道的部分，采用汽车吊进行支柱组立。

支柱安装整正的主要技术标准：支柱整正要严格控制支柱的斜率，重点是锚柱、转换柱、曲线区段支柱等情况，整正完成后，地脚螺栓螺母要配齐，整正时垫片不能超过 2 片。

(3)支柱装配采用孔内安装，附加线底座、拉线及设备安装底座一般是支柱安装完成后，然后在支柱上安装。

腕臂预配需要测量外轨超高、支柱斜率、支柱侧面限界等现场参数；硬横梁腕臂上下底座安装位置需横梁安装完成后实际测量计算，支持结构计算采用计算机计算，需准确无误的输入各项参数，计算完毕后输出预配数据表，所有表格注意保存管理。

支持结构的预配采用专用的预制平台进行，预配的各项长度尺寸偏差不得大于 10 mm，预配完毕后进行复测；支持结构各连接螺栓顺线路方向的穿向与行车方向一致，垂直于线路上方的螺栓由下往上穿，且各连接件螺栓紧固力矩符合设计要求。组装腕臂及定位完成后，应标记安装区间及支柱号，当为双腕臂安装时，需注明安装在那一侧。

腕臂安装：两人抬起斜腕臂，将斜腕臂棒瓷的连接板插入腕臂底座，一人扶住底座配合，斜腕臂棒瓷连接板的孔与下底座连接板孔对齐，把螺栓销穿入，将腕臂支撑与平、斜腕臂上的套管单耳连接好，按照力矩要求紧固螺帽。

支持结构安装完毕后进行复核检查，上、下底座应与线路平行，腕臂安装后，平腕臂不得低头，可适当抬头，且各部分连接螺栓符合设计要求，穿钉及开口销安装符合设计要求；安装硬横梁上支持结构时，首先进行吊柱装配，其倾斜度不得大于 1°。

(4)正线区段接触网下锚安装采用棘轮补偿安装；枢纽除 T 梁桥采用棘轮补偿外其他采用滑轮补偿。

下锚底座在拉线安装时已安装到位，进行棘轮组装前，轮体必须垂直，用水平尺检测；制动卡块咬住轮齿；通过螺栓轴和固定底座上的调节板调整轮体。轮体状态符合设计要求，并完整无损，转动灵活，补偿绳不得有松股、断股、背扣等缺陷，不得有接头；坠砣完整，表面光洁平整，坠砣串排列整齐，其缺口相互错开 180°，并保证坠砣不被支柱或其他物件卡滞，坠砣串重量允许偏差为±1%；棘轮补偿装置必须满足产品安装规定的其他各项标准。

(5)承导线架设

主要工序及方法：架线准备，核对安装的线盘号和长度是否与施工锚段相符，检查施工范围内的干扰情况及腕臂加固情况，设定恒额定张力，起锚前，加满全部坠砣并堆放整齐，采用起锚坠砣防窜技术，补偿和坠砣限制装置安装后，用 1.5 t 链条葫芦将坠砣串提升至设计高度，用钢绞线将坠砣串与防窜装置可靠连接，承导线与补偿装置连接后，完成起锚工作；起锚后，作业车以 5 km/h 的速度行驶，当接近悬挂点时，车组平缓前行，并适当抬高作业平台，在每个悬挂点处将承力索用放线滑轮通过尼龙绳套挂在平腕臂上。挂好后，适当降低作业平台，车组起步前行；每到一悬挂点时，重复以上操作；放线过程中始终保持起锚处的葫芦要处于不受力状态。架线车运行至距锚柱适宜处断线并连接线索与下锚装置；然后张力慢慢释放直至无张力，下锚结束后，要全面检查承导线悬挂状态，确定无误后，转入下一道工序。

承力索架设完成后，按设计要求及时入槽和安装承力索中锚绳；在整个架线过程中，应派专人进行巡回检查，发现问题及时向施工负责人报告，以便及时处理。施工完毕，对线路进行一次全面检查，确认安全无误后，方可消令并及时作好施工记录。

(6)附加线架设

由于站前站后交叉作业，轨道占用时间内仅能进行承导线架设，附加线均采用人工架设方式，附加线架设顺序，先安装正馈线肩架再架设正馈线，根据附加导线张力曲线表，确定附加线的弛度；为提高正馈线架设的质量和工效，附加线耐张段采取无接头技术，实行锚段量级物资配盘。

(7)设备安装

接触网主要设备有：隔离开关、避雷器、分断绝缘器，利用接触网作业车进行安装。

(8)冷滑检测及缺陷克服

制定详细的冷滑方案，人员的职责分工明确，并制定相关的安全技术措施，抢修材料、工具、设备应准备齐全，抢修人员提前到位；试验时，车顶人员必须戴安全帽、防护镜，时刻注意受电弓的状态；试验前，应全面检查接触网及线路的状态；试验过程中，应保持通信畅通，统一指挥，有问题及时停车，做好记录；隧道内试验时应有充足的照明设备；在带电接触网的邻近区段进行试验时，应采取可靠的接地；送电开通前，应先检查绝缘距离是否满足要求，临时接地线是否已经全部拆除，隔离开关开合位置是否正确，各种电气设备的安全距离是否符合规定；送电开通前，应通过各种媒体作好开通宣传，在重要地段设置醒目标志，确保当地居民人身安全；试验中发现的缺陷必须在送电开通前处理完毕；送电时在重要区段应加强巡视，发现问题及时报告;进行绝缘测试时,应将所有接地线拆除,网上不得有人,测完后应充分放电;送电开通后,所有网上作业必须按停电作业程序进行;夜间或恶劣气候条件下,禁止冷滑试验。

3. 牵引变电的施工流程

牵引变电所主要施工流程:基坑开挖、基础浇筑→接地网敷设→支架安装→网栅安装→防雷接地装置安装→主变安装→组合开关柜 GIS 安装→软母线制作安装→电缆桥架安装→电缆敷设→27.5 kV 电缆头制安→所内盘柜安装→安全监控安装→电缆二次配线→所实验受电启动。

4. 牵引变电施工主要工序的施工过程及要点

(1)基坑开挖、基础浇筑

支模、浇制、捣固、养护符合工艺要求;混凝土强度等级符合设计要求;内部钢筋型号和绑扎符合设计要求;基础的位置、标高及外形尺寸符合设计要求;预埋件位置误差符合设计要求。同一安装中心线上的构架基础应位于同一中心线上,施工偏差不大于 10 mm。

(2)接地网敷设

接地极采用铜棒材料,接地体采用铜绞线,接头采用化学超高温放热熔接法取代以往的电焊法。在 2 500～3 500 ℃高温下,在耐高温的石墨熔模中,使接头熔为一体形成分子结合;熔合接头没有接触表面、没有残余应力,具有良好的机械强度、良好的载流能力,能经受反复多次的大浪涌电流而不退化。

水平、垂直接地体的位置和埋设深度符合设计要求;接地电阻值符合设计要求;扁铜的放热焊符合规范,焊接牢固。

(3)防雷接地装置安装

避雷针接地线与主接地网连接距变压器和主接地网的连接点、35 kV 及以下设备的连接点的距离符合规范;避雷针应安装牢固;倾斜度符合规范;各接地引下线、连接线与主接地网的连接牢固可靠;连接焊接无裂纹、气孔或假焊;螺栓连接齐全、牢固。

避雷器应安装垂直、牢固;瓷件无裂纹;三相并列安装的避雷器,其中心线在同一垂直平面;节间接触紧密;放电计数器安装位置正确,计数器动作可靠、密封良好;设备连接线连接可靠,防腐涂层完好;母线引下线与避雷器的连接可靠;均压环安装水平。

(4)牵引变压器安装

牵引变压器规格型号符合设计要求,器身完整、无锈蚀、铭牌齐全、油位正常、色相标志正确;油路通畅无杂物;调压切换装置动作正确,分接头与远动指示器指示位置一致;器身本体、附件及阀门不漏油,阀门的开闭灵活、指示正确;冷却装置及测温的动作准确可靠;法兰连接处密封良好,连接面平整清洁,无渗油现象;高压套管顶部密封结构安装正确,连接面密封良好,连接母线后,顶部结构无松动现象;吸湿器、净油器内吸附干燥剂干燥,管道通畅。

牵引变压器必须采用真空注油,当器身内的真空度达到 0.101 MPa 或产品规定要求之后,应停机持续保持真空度在 8 h 内无变化,即可开始按速度不大于 100 L/min 或产品规定的注油速度注油,注油全过程应保持器身内规定的真空度;抽真空时,凡不能承受机械强度的主变附件应与器身隔离;允许承受真空强度的附件应于器身同时抽真空;在抽真空过程中应注意观察器身的弹性变化,其最大值不得超过壁厚的 2 倍;测量及保护回路接线正确,应能及时准确反映设备的状态。

(5)组合开关柜 GIS 安装

GIS 的装配必须在无风沙、无雨雪、空气相对湿度小于 80%的条件下进行,施工现场需搭建工棚,并搭建围栏将安装现场与周围环境分开,以达到防尘、防潮的效果。

1)开箱检查:组合电器元件的所有部件应完整无损;瓷件无裂纹,绝缘件无受潮、变形、剥落及破损;元件的接线端子、插接件及载流部分应光洁、无锈蚀;各分隔气室的压力值和含水率应符合产品的技术规定;密度继电器和压力表应经检验合格;紧固螺栓应齐全,无松动;密封良好,对每一充气运输部件应进行气压检查,如发现问题,则应返修;各部件回路及主回路电阻符合出厂技术要求。

2)设备支架安装:在 GIS 基础上按照设计尺寸确定支架的安装位置,并在预定位置打眼埋设膨胀螺栓,然后将支架连接在螺栓上。

3)间隔单元就位:按照安装说明书,将每个间隔的就地控制柜、隔离开关操作机构、断路器操作机构、电缆终端、电压互感器、电流互感器、母线管道等模块进行组装。组装时先释放出运输时充入的 150 kPa 氮气(其中电压互感器内充 150 kPa $SF_6$气体,需回收)。气体释放后用 99%浓度酒精对各模块内壁及电气连接件进行清洗。连接时必须使用力矩扳手对连接螺栓进行紧固。

4)抽真空充入 $SF_6$:每个模块安装后使用真空泵对其进行抽真空。使其气压达到 0.1 kPa 以下。并进行真空检漏。

真空检漏通过后,往 GIS 充入额定压力的 $SF_6$气体。充气 24 h 后,用灵敏度不低于 $1\times10^{-6}$(体积比)的检漏仪对各气室密封部位、管道接头等处进行检测。

5)母线管道对接:两个间隔分别安装后需将两个母线管道对接。对接时必须保证二者轴线在一条直线上,且接口处的密封圈对接紧密。

6)检查试验:各模块 $SF_6$水分含量的测量应在封闭式组合电器充气 24 h 后进行。有电弧分解的隔室,微量水含量应小于 150 mg/L,无电弧分解的隔室,微量水含量应小于 500 mg/L。在主回路电阻合格、检漏通过、水分含量和操作试验合格后进行交流耐压试验,耐压试验的程序和方法,按产品技术条件的规定进行,试验电压值为出厂试验电压的 80%。

(6)软母线制作安装

软母线的安装没有损伤、扭结和断股现象;所用金具零件齐全、表面光滑、无裂纹、沙眼及锌层脱落现象;软母线与压接型线夹连接时,导线端头伸入耐张线夹或设备线夹的长度达到规定的长度;安装弛度、相间及对地距离应符合设计要求。

(7)电缆桥架安装

电缆桥架应紧贴建筑物表面,固定牢靠,横平竖直,布置合理,盖板无翘角,接口严密整齐,拐角、转角、丁字连接、转弯连接正确严实,电缆桥架内外无污染。可用金属膨胀螺栓固定或焊接支架与吊架,也可采用万能卡具固定电缆桥架,支架与吊架应布置合理、固定牢固、平整。电缆线路穿过梁、墙、楼板等处时,电缆桥架不应被抹死在建筑物上;跨越建筑物变形缝处的电缆桥架底板应断开。电缆桥架两端必须进行可靠接地,直线距离超过 30 m 必须增加接地点。

(8)电缆敷设

电缆出口处用防渗水和防火材料封堵;电缆的最小牵拉半径和最小安装半径符合产品的技术要求;电缆牵拉力必须小于最大允许牵拉力;电缆敷设排列整齐;电缆头的制作符合技术和工艺要求;电缆之间及电缆与建筑物之间的距离符合有关规定;电缆保护管及其他金属夹具之间的距离符合有关规定。

(9)所内盘柜安装

盘柜安装位置与设计图纸相符,排列正确、整齐美观、放置平稳、固定牢固;二次配线工艺美观,接线正确;盘柜接地符合设计要求,接地连接充分、牢固。

(10)安全监控安装

设备安装位置符合设计要求,与高压设备的安全净距符合设计要求;设备安装应严格按照设备说明书进行;管线布线正确、美观,安全距离满足规范要求。

(11)牵引变电所实验

牵引变电所采用先单体、后整体,在综合的方法进行试验,分为三个步骤:第一步是设备单体测试,以保证变电所或分区所内所有的设备状态良好、符合设计要求;第二步是变电所或分区所整体交直流传动试验,系统联调,以确保系统能正常运行;第三步是综合自动化系统的调试,包括远动系统的联调,保证自动化系统可靠的运行,达到变电所、分区所、开闭所有人值守、有人值班的状态的特点。

## 四、动态检测的过程及结果

### (一)牵引供电系统

(1)检测过程

2015 年 9 月 14 日～2015 年 10 月 8 日,在成渝客专运行 CRH380AJ-0202 综合检测列车、CRH380A-2813+CRH380A-2801(重联动车组)期间,与动车组不同运行速度相对应的,内江北变电所主变压器原、次边典型运行参数进行统计分析;2015 年 9 月 14 日～10 月 8 日测试资中北分区所、高屋基 AT 所、两侧供电臂末端运行参数;2015 年 10 月 11 日,在成渝线内江北牵引变电所—高屋基 AT 所—资中北分区所供电臂上共进行 16 次短路试验(含复测)。

(2)检测结果

1)内江北牵引变电所 220 kV 母线电压正偏差低于 10%,符合相关标准要求;220 kV 母线的正常电压不平衡度短时低于 2%,符合相关标准要求。

2)测试期间接触网电压最大值为 28.7 kV、最小值为 23.9 kV,符合相关标准要求。

3)测试供电臂内接触网电流综合畸变率,随馈线电流增加呈衰减趋势,供电臂内不存在明显的谐波电流放大现象,动车组于该区段的牵引取流没有引起谐振过电压。

4)AT 所附近的短路试验和分区所附近的短路试验,无论是 AT 供电方式还是直供方式的跳闸,均满足阻抗Ⅰ段保护和电流速断保护的动作条件(分开直供分区所 F-R 短路、直供迂回 T-R 是阻抗Ⅱ段保护动作),保护准确可靠动作。

5)全并联 AT 故障测距误差满足相关技术文件要求。

6)直供方式下的故障测距装置经调整参数,测距误差满足相关技术文件要求。

(二)接 触 网

(1)检测过程

2015 年 11 月 1 日～11 月 4 日,使用 CRH380AJ-0202 综合检测列车对成渝高速井西联络线及井西线井口站至芭蕉沟线路所段接触线进行检测,井西联络线最高检测速度 80 km/h,井西线井口站至芭蕉沟线路所段最高检测速度 132 km/h。井西联络线上行线正向、下行线反向受电弓开口方向运行,下行线正向、上行线反向受电弓后弓闭口方向运行;井西线井口站至芭蕉沟线路所段上行线正向、下行线反向受电弓闭口方向运行,下行线正向、上行线反向受电弓后弓开口方向运行。

2015 年 11 月 8 日,使用 CRH380A-2813+CRH380A-2801 重联动车组对成渝高速井西联络线及井西线井口站至芭蕉沟线路所段接触线进行检测,成渝高速井西联络线最高检测速度 80 km/h,井西线井口站至芭蕉沟线路所段最高检测速度 120 km/h。成渝高速井西联络线上行线正向、下行线反向受电弓开口方向运行,下行线正向、上行线反向受电弓后弓闭口方向运行;井西线井口站至芭蕉沟线路所段上行线正向、下行线反向受电弓闭口方向运行,下行线正向、上行线反向受电弓后弓开口方向运行。

(2)检测结果

1)接触网几何参数

①拉出值

根据 2015 年 11 月 20 日检测结果,成渝高速井西联络线上下行、井西线井口站至芭蕉沟线路所段(上行 K0+000～K12+271、下行 K0+000～K11+449)无拉出值超限。

②接触线高度与高差

根据 2015 年 11 月 20 日检测结果,成渝高速井西联络线上下行、井西线井口站至芭蕉沟线路所段(上行 K0+000～K12+271、下行 K0+000～K11+449)无接触线高度超限,无一跨内接触线高差超限。

2)接触线平顺性及弓网受流性能

单弓受流及双弓受流动车组以试验大纲规定的速度级运行时,成渝高速井西联络线接触线硬点数值基本分布在 19.6～215.6 $m/s^2$ 区间,小于相关标准限值,接触网一跨内动态高差小于 150 mm,接触线平顺性指标满足相关标准要求;井西线井口至芭蕉沟线路所段接触线硬点数值基本分布在 19.6～205.8 $m/s^2$ 区间,小于相关标准限值,接触网一跨内动态高差小于 150 mm,接触线平顺性指标满足相关标准要求。

单弓受流及双弓受流动车组以试验大纲规定的速度级运行时,成渝高速井西联络线接触线弓网动态接触力最大值、最小值、平均值及标准偏差分布符合相关标准要求,燃弧次数小于 1 次/160 m、燃弧率小于 5%,最大燃弧时间小于 100 ms,弓网受流性能满足相关标准要求;井西线井口至芭蕉沟线路所段接触线弓网动态接触力最大值、最小值、平均值及标准偏差分布符合相关标准要求,燃弧次数小于 1 次/160 m、燃弧率小于 5%,最大燃弧时间小于 100 ms,弓网受流性能满足相关标准要求。

(三)运动系统测试

(1)检测过程

2015 年 10 月 18 日～19 日,对成渝客专远动系统进行检测,重点抽样检测成都铁路局调度所、内江北牵引变电所(含接触网隔离开关)、永川东分区所、镇云水库自耦变压器所、永川东配电所、内江远动间、K156箱变。

(2)检查结果

成渝客专远动系统遥控、遥信、遥测项目功能正常。

(四)自动过分相装置

(1)检测过程

2015年11月3日,使用CRH380AJ-0202综合检测列车对成渝高速井西联络线、井西线井口至芭蕉沟线路所段地面磁感应器自动过分相性能进行检测。

(2)检查结果

动车组在成渝高速井西联络线上下行线及井西线井口至芭蕉沟线路所段上下行线正反向运行时与地面磁感应器配合正常,能够实现动车组磁感应器自动过分相功能。

## 第三节　工程接口管理

### 一、外部接口

主要是与动车组的接口;明确本线动车组形式、升弓模式及受电弓参数。

### 二、与非四电专业的接口

主要包括与桥梁、隧道、行车、路基、房建、环评、精测、站场、线路、信号等专业的接口。

(1)与桥梁专业接口

客运专线箱梁桥钢柱及拉线基础一般采用桥梁面预留基础,拉线基础与锚柱在同一片梁上(由站前专业预留)。

联络线及改建线路桥钢柱一般采用桥墩台预留螺栓基础(由站前专业预留)。

桥梁区段的供电线一般采取与接触网支柱合架方式。

跨越电气化铁路的钢、钢筋混凝土桥梁应在跨越范围内设置防护网栅。

箱梁桥上桥钢柱基础、拉线基础及接触网综合接地参见相关通用图进行设置。

接触网专业向桥梁专业提供接触网下锚、开关安装的具体方位及尺寸要求,由桥梁专业考虑桥上的护栏、避车台、电缆槽等桥梁附属设施与接触网钢柱、隔离开关操作机构箱、下锚坠砣串、下锚拉线安装不受影响。

接触网基础每根地脚螺栓配三个螺母、两个垫圈,拉线基础每根地脚螺栓配两个螺母、一个垫圈,站前完工后交给接触网施工单位使用。

施工单位在进场后应对桥梁预留基础进行验收。

(2)与隧道专业接口

隧道内接触网吊柱底座通过后植化学锚栓方式固定,支持装置与腕臂柱相同;上、下行吊柱错开独立设置,转换柱采用双吊柱方式。

DK5＋000～沙坪坝区段隧道,在安装隔离开关处,隧道专业根据接触网专业要求加高加宽隧道断面;下锚及锚段关节处不加宽加高。

重庆枢纽(沙坪坝—重庆及联络线)隧道,在安装隔离开关处,隧道专业根据接触网专业要求加高加宽隧道断面;下锚及锚段关节处均加宽加高。

隧道专业应根据接触网专业吊柱基础位置及下锚位置预埋加强钢筋网片,并与综合接地系统进行可靠连接。

隧道专业应根据接触网专业要求在线路上方的隧道顶部每隔300 m左右预留两处(上、下行各一处)接地端子,接地端子与综合接地系统相连。

施工单位在进场后应对隧道预留基础及预留的综合端子进行验收。

(3)与行车专业接口

接触网根据变电专业提供的所亭位置、结合供电专业的供电计算结果确定具体分相位置,并提供行车专业检算是否满足运行时分能力要求,以便确定最终的接触网电分相位置。

(4)与路基专业接口

H 型钢柱基础采用机械钻孔成形灌注钢筋混凝土基础;下锚拉线采用机械钻孔成形灌注钢筋混凝土基础。

硬横跨柱采用现浇钢筋混凝土扩大基础。

接触网基础需要考虑与电缆槽位置的配合,并与路基一体化施工。路基区段接触网支柱位置由路基专业根据侧面限界、电缆槽位置、声屏障位置等各种因素综合确定。

正线两侧路基上支柱基础侧面预留接地端子,接入综合接地系统。

DK5+000～沙坪坝(不含)路基上的 H 型钢柱基础(包括供电线路基上 H 型钢柱基础)由站前预留。沙坪坝—重庆段、联络线、襄渝增建二线、梨菜线、黄菜线等路基支柱基础由站后施工;管段内所有车站内硬横跨柱基础由站后施工。

接触网 H 型钢柱基础每根地脚螺栓配三个螺母、两个垫圈,拉线基础每根地脚螺栓配两个螺母、一个垫圈,站前完工后交给接触网施工单位使用。

施工单位在进场后应对 DK5+000～沙坪坝(不含)路基上的基础进行验收。

(5)与房建专业接口

简阳南、资阳北、资中北、内江北、隆昌北、荣昌北、大足南、永川东、璧山车站站台范围内采用线间立柱方式,与房建专业无接口。

(6)与环评专业接口

接触网专业向环评专业提供接触网下锚、开关安装的具体位置及详细尺寸要求,由环评专业考虑声屏障与接触网设施的配合。当声屏障与接触网设施有冲突时,由接触网提供支柱设置里程及接触网安装尺寸给声屏障专业,声屏障专业采取特殊设计避免声屏障与接触网冲突。

(7)与精测专业接口

精测专业应向接触网专业提供精测设备与接触网设备合架的要求。

(8)与站场专业接口

简阳南、资阳北、资中北、内江北、隆昌北、荣昌北、大足南、永川东、璧山车站站台范围内采用线间立柱方式,支柱采用 H 型钢柱。股道间有水沟时,应考虑避让水沟或采取水沟从支柱基础内通过的方式。

在站场两端,需给接触网隔离开关预留过轨管。

当车站内接触网支柱基础位于股道间时,站场专业应埋设热镀锌扁钢供接触网基础接入综合接地系统。

(9)与线路专业接口

根据《铁路技术管理规程》,本线跨线建筑物的净空不小于 7 250 mm。

(10)与信号专业接口

信号专业应提供信号机布点位置,以避免与接触网支柱相互干扰。接触网专业向信号专业提供接触网电分相位置。接触网专业与信号专业共同配合,一起确定吸上线扼流变压器位置。

## 三、四电集成内部接口

(1)供电接口

变电所、分区所、AT 所的馈线数量、馈线电流及回流。接触网向供电专业提供电分相设置的具体里程位置,由供电专业检算是否满足供电能力要求。

(2)变电所接口

变电所的平面位置、总布置图、电动隔离开关的设置。接触网专业向变电专业提供接触网隔离开关位置、远动控制要求;变电专业向通信专业提供设备监控点、监控要求等。

(3)电力专业接口

接触网专业向电力专业提供接触网隔离开关位置及用电要求。

(4)信号接口

接触网专业向信号专业提供扼流变设置要求,信号专业反馈具体设置位置及相关要求。接触网 PW 线按最大每隔 1 500 m 上下行并联一次并通过扼流变中性点接钢轨并连接至综合接地。当接触网 PW 线接入综合接地时,通信、信号宜采用非磁性材料的铠装电缆护层,(铠装)应预留足够大的铜当量截面,且信号电缆的耐压应大于钢轨电位可能的最高电压。交流电力牵引区段,信号设备外缘距接触网带电部分的距离不得少于 2 m。

接触网专业向信号专业提供列控数据所需的电分相正反向断合标、地面磁钢位置里程。

**四、建设接口**

(1)四川正线:接触网在 DK4+632.79~DK4+830 关节处与成都枢纽接口,支柱、腕臂、附加导线等其他工程在 DK5+056.13 支柱上与成都枢纽接口。

(2)梨菜线:接触网接入既有梨树湾车站关节。

(3)黄菜线:接触网接入既有黄沙溪车站关节。

(4)重庆西左联络线:接触网在中梁山隧道外 K824+564.6~K824+686.8 关节处与既有襄渝线(西永—重庆东)接口。

(5)襄渝二线增建二线:接触网在歌乐山站外 YDK6+742~YDK6+892 段预留关节,与渝黔线接口。

**五、土建预留接口**

全线区间路基、区间桥梁、车站、隧道及明洞区段的接触网基础预留图纸及要求分别详见“成渝施网 LJYL”“成渝施网 QJYL”“成渝施网 ZYL”“成渝施网 SYL”“成渝施网 MDYL”等。

接触网工程施工前,应对现场进行调查,完成对土建单位对接触网专业的预留、预埋件的质量验收,若发现不合格时,应及时与建设单位、监理单位和设计单位联系,进行整改。

# 第十二章　综合接地系统

## 一、工程技术及施工情况

### (一)内业技术准备

综合接地工程主要参照《铁路综合接地系统》(通号〔2009〕9301 号)通用设计图,结合成渝客专公司以及设计单位技术交底内容。在施工前组织项目部技术及现场管理人员认真学习,熟悉通用设计图纸相关设计规定及建设、设计单位技术文件。

### (二)外业施工准备

(1)配置必备工装及人员设备,满足专业化施工需要。提前做好物资材料的储备和供应计划,满足施工需求。

(2)对现场环境详细调查、密切跟踪土建施工进度,准确把握施工节点及步骤,便于经济、合理的安排工期。

## 二、贯通地线敷设施工程序及工艺

### (一)路基地段

1. 路基地段贯通地线埋设

(1)一般路基地段沿线路两侧各设一根贯通地线,位于通信信号电缆槽外侧内壁正下方的基床底层中,接地极充分利用接触网支柱基础。

(2)路堤、土质及软质岩路堑地段的贯通地线埋深距基床底层顶面－30～－40 cm 处;硬质岩路堑地段,将贯通地线埋设于通信信号电缆槽下约 20 cm,沟中回填细粒土。

(3)涵洞地段的贯通地线敷设在通信信号电缆槽靠线路侧面的下部位置。

(4)贯通地线纵向通过路基地段的电缆井(不含过渡段电缆井)时,从电缆井下约 20 cm 通过。在电缆井施作时,应避免机械对贯通地线的损伤。

2. 贯通地线的主要埋设工序和工艺

(1)路堤、土质及软质岩路堑地段

路基填筑并压实至高于贯通地线埋设深度约 60 mm 高程的同时,预留出 60 mm 深、宽度略大于贯通地线直径的“小槽”,以敷设贯通地线并与灌注在电缆槽中的接地端子尾端 C 形压接。

(2)硬质岩路堑地段

在硬质岩路堑地段切割安装电缆槽时,同时切割 0.2 m×0.2 m 的小槽,铺设贯通地线,槽内回填细粒土并人工夯实。在敷设贯通地线时,同时在接触网基础处预留分支引接线,一端与贯通地线 C 形压接,另一端与电缆槽侧壁预留的接地端子尾端 C 形压接。

(3)涵洞地段

在电缆槽施作前,将贯通地线直接敷设在通信信号电缆槽靠线路侧面的下部,在上部回填细粒土并人工夯实。

(4)刚性路基地段,贯通地线敷设参照隧道地段贯通地线的敷设方式。贯通地线铺设在两侧通信信号电缆槽内靠电力电缆槽侧。

3. 两侧贯通地线间的横向连接

(1)长度超过 1 000 m 的路基地段,每间隔 500 m 左右将上下行贯通地线连接一次。

(2)长度为 500～1 000 m 的路基地段,在路基段中间将上下行贯通地线连接一次。

(3)长度小于 500 m 的路基地段,不考虑贯通地线的横向连接。

(4)横向连接线的规格、埋设深度、埋设工序及工艺与贯通地线相同。

(5)在工程实施时,若横向连接线与接触网支柱基础埋设里程冲突,可适当移动连接线,避开支柱基础。

4. 分支引接线的埋设和接地极、接地端子的设置

(1)贯通地线通过分支引接线侧向水平引至路基边坡,沿护肩底以及电缆槽底引至与通信信号电缆槽靠线路侧内壁位置预留的接地端子引接线压接。分支引接线材质、接地端子引接线材质与贯通地线相同。

(2)每个接触网支柱、通信信号电缆槽、电力电缆槽接地端子处,跨线建筑物处及桥梁与路基、隧道与路基过渡段处均埋设一根分支引接线。

(3)路基地段利用接触网支柱基础作为接地极使用。在施作接触网支柱基础时,在基础沿线路方向小里程侧面预制接地端子(B端子),接地端子的连接钢筋要求与基础内结构钢筋和至少两根接触网支柱基础螺栓可靠焊接。

(4)在每个接触网基础处的通信信号电缆槽靠线路侧内壁预埋接地端子,供与接触网支柱基础(接地极)的连接及轨旁设备接地,接地端子尾端应通过分支引接线与贯通地线和接触网支柱基础(接地极)进行连接。

(5)对电力电缆槽内的接地端子,原则上1 000 m设置一处,小于1 000 m的路基不考虑,大于1 000 m的路基等分设置,并需在沿线路基每座箱式变电站、变电所(含AT所、分区所)处电力电缆槽内侧壁预埋接地端子,供电力设施接地。接地端子尾端应通过分支引接线与贯通地线和接触网支柱基础(接地极)进行连接。

(6)接触网支柱基础上的接地端子采用桥隧型接地端子,并与接触网基础内的结构钢筋可靠焊接。路基地段电缆槽内的接地端子采用路基型接地端子。

分支引接线的埋设和接地极、接地端子的设置参照通号〔2009〕9301-31g图。

(二)桥梁地段

桥梁地段贯通地线按照《关于进一步加强客专工程桥梁地段综合贯通地线防盗工作的通知》(铁总运〔2013〕64号)的要求进行敷设。

贯通地线铺设在两侧通信信号电缆槽内靠电力电缆槽侧并埋设在保护层内。贯通地线施工于桥面防水层铺设和保护层铺设间进行,即在防水层涂刷后,敷设贯通地线,贯通地线与接地端子连接后再进行保护层施工。在桥梁伸缩缝处,综合贯通地线应考虑余量,并采用内径20 mm橡胶套管防护。

(三)隧道地段

1. 隧道地段贯通地线埋设

隧道地段贯通地线敷设根据《成都铁路局铁路贯通地线工程补充标准》(成铁电〔2012〕352号)要求:贯通地线铺设在两侧通信信号电缆槽内靠线路侧直角处,每隔10 m采用U形卡将贯通地线固定于电缆槽内,并采用水泥砂浆直角贯通包封,包封厚度大于50 mm,如图4-12-1所示。包封用水泥不得低于R32.5。

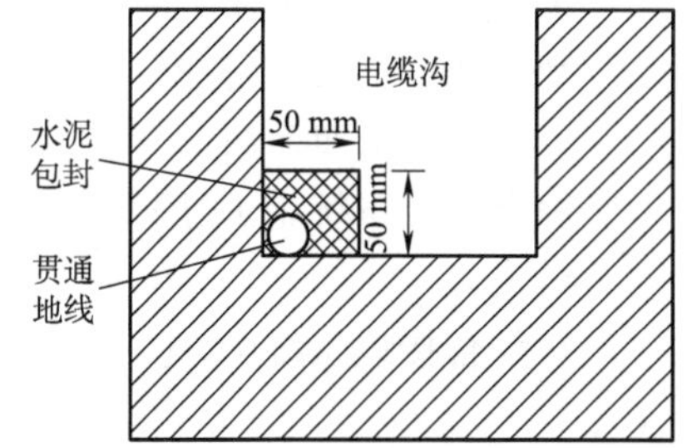


图4-12-1　隧道贯通地线埋设

2. 隧道地段贯通地线敷设

(1)接地端子采用桥隧型接地端子。

(2)从隧道进口2 m处开始,在两侧通信信号电缆槽底部,每间隔100 m设置一个接地端子,小于100 m的隧道在中部设一处。接地端子供隧道接地装置与贯通地线的连接。

(3)从隧道进口2 m处开始,在两侧通信信号电缆槽靠线路侧壁上,每间隔50 m设置一个接地端子,小于50 m的隧道在中部设一处。接地端子供轨旁设备、设施接地。

(4)所有的接地端子均通过连接钢筋与电缆槽外缘的纵向接地钢筋连接。

(5)以上参照通号〔2009〕9301-24g图。

(四)路基与桥梁、路基与隧道过渡段贯通地线连接

(1)在邻近过渡段的路基通信信号电缆槽侧壁处预留接地端子,并预埋分支引接线将接地端子与贯通地线连接(参照通号〔2009〕9301-29g、30g图)。

(2)桥梁、隧道地段的贯通地线沿通信信号电缆槽敷设至路基段,采用L形连接器将贯通地线与路基段通信信号电缆槽预留的接地端子连接(参照通号〔2009〕9301-29g、30g图)。

(3)过渡段的渐变段贯通地线敷设采用同桥梁地段电缆槽内防水层和保护层未施工时贯通地线敷设的方式。

(五)车站咽喉区路基地段贯通地线敷设

(1)贯通地线、分支引接线、横向连接线的埋设及施工工艺要求与区间路基地段相同。

(2)贯通地线及分支引接线的敷设,站台范围内的贯通地线与咽喉区贯通地线同径路敷设,自站台墙一侧纵向贯穿整个站台区。分支引接线约每100 m设置一处,一端与贯通地线C形压接,另一端与站台墙预留的接地端子栓接。

(六)贯通地线接续及与接地端子的连接

贯通地线的接续和"T"形引接线接续均采用两个铜质"C"形连接件进行连接,彼此之间相隔适当距离,压接钳的压接压力应不小于12 t,并应具有压接力未达到规定值时不能自行解锁的功能。压接后应满足接续处的电阻比率小于1,接续处能承受3 500 N的拉力且3 min不松动。

(1)压接钳使用前应按所压接产品选用并安装好合适的模具。

(2)压接线鼻或钢钢转换件时,把综合接地贯通地线插入线鼻或钢钢转换件,然后距离线鼻或钢钢转换件外头1 mm处压接一次,压接时先使模具轻微接触线鼻或钢钢转换件,观察无误后在加力至自行解锁后,顺时针旋转加力杆卸掉压力退回模具,旋转综合接地贯通地线90°后距离前一次压痕2 mm处再压接一次。

(3)压接"C"形连接件时,把综合接地贯通地线放入两个"C"形连接件中,两个"C"形连接件应方向相反,两个"C"形连接件间距$L$=45~50 mm,"C"形连接件边离贯通地线端头15 mm。"C"形连接件应放在模具的中间进行压接以防止加力不均导致模具变形损害。

(4)压接"L"形连接件时,把综合接地贯通地线放入"L"形连接件中,压接时应将"L"形连接件放在模具的中间进行压接,以防止加力不均导致模具变形损害。压接完两处后应在两压点中间再压接一次,压接后采用自黏性胶带做密封防腐处理。

(5)贯通地线压接后采用自黏性胶带做密封防腐处理。自黏性胶带需缠绕贯通地线两圈,第一圈从离一端地线端头35 mm开始缠绕至离另一端地线端头35 mm处,第二圈从离一端地线端头45 mm开始缠绕至离另一端地线端头45 mm处。在每圈缠绕时,后一次缠绕的胶带要覆盖前一次缠绕的胶带的一半。贯通地线T形连接的,端部开口处采用"8"字缠绕的方法进行密闭处理。

(七)贯通地线与接地端子的连接

贯通地线与接地端子通过防盗螺栓连接,拧紧防盗螺栓前,应依次放一个平垫圈、线鼻或"L"形连接件、一个平垫圈、一个弹簧垫圈,然后再拧紧。

(八)接地电阻的测试

综合接地系统施工过程中和施工完成后应实测接地电阻,并详细记录,填写《成渝铁路客运专线接地电阻测试表》。

在综合接地系统中,建筑物、构筑物及设备在贯通地线接入处(预留接地端子位置)的接地电阻不应大于1 Ω。

1. 接地电阻测试记录

1)测试仪表、测试方法(方法、测试电极棒距测试点的距离)和环境描述(时间、气候、土质等)。

2)土壤电阻率测试记录,包括测试仪表、测试方法(方法、测试电极棒之间的距离)和日期、气温、土壤干湿情况。

3)接地电阻、土壤电阻率的测试应按照相关规范进行。

2. 接地电阻的测试方法

参照《铁路信号设备雷电及电磁兼容综合防护实施指导意见》(铁运(2006)26号)的附录2。

接地体的接地电阻等于其在泄放电流时接地体上的电位与所泄放电流的比。目前用得最多的是ZC系列(ZC-8,ZC-9,ZC-28,ZC-29)接地电阻测试仪(简称地阻仪)。接地电阻值测试的准确性,与地阻仪测量电极布置的位置有直接关系,按测量电极的不同布置方式,有直线布极法和三角形布极法等。首选直线布极法，受测试场地限制时，还可以选择三角形布极法。

(1)ZC 系列接地电阻测试仪测试接地体时接线图如图 4-12-2 所示。

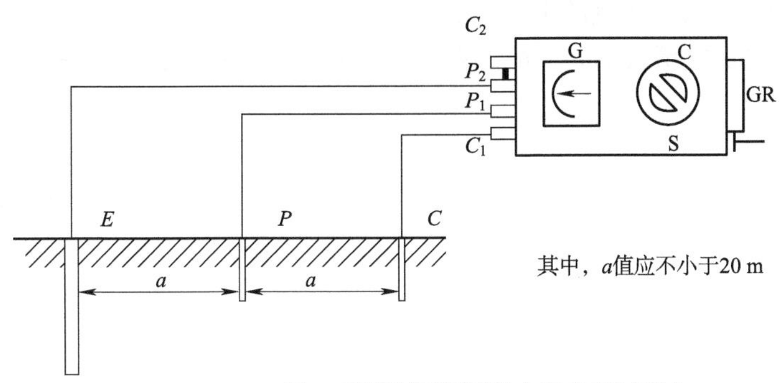


(a) 用ZC-系列地阻仪测接地电阻（直线布极）

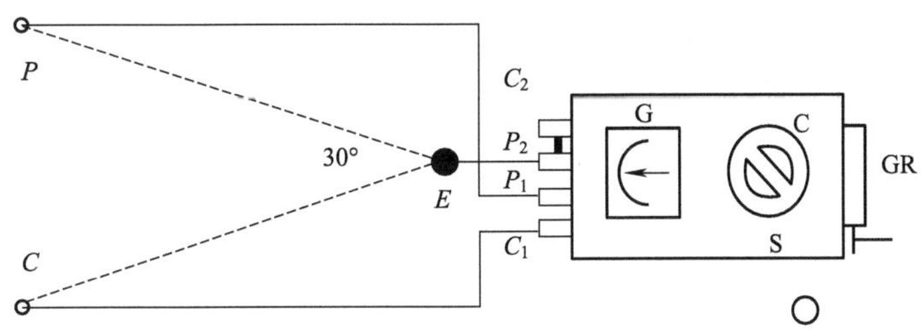


(b) 用ZC-系列地阻仪测接地电阻（三角形布极，夹角30°）

图 4-12-2　ZC 系列接地电阻测试仪接线图

(2)当被测接地装置的面积较大而土壤电阻率不均匀时，为了得到较可信的测试结果，宜将电流极离被测接地装置的距离增大，同时电压及离被测接地装置的距离也相应地增大。

(3)使用地阻仪进行接地电阻值测量时，应将地阻仪平放，调整 G 的指针至零位。然后将倍率调整旋钮 S 放在较高挡位，慢摇发电机 GR，同时转动测量度盘 C，使指针至零时测量度盘 C 示数乘以倍率调整旋钮倍数之积即为接地电阻值。若 C 转至读数最小而指针不为零，这时应将倍率调整旋钮 S 换到较小倍率挡后继续调整测量度盘 C 直至指针正好为零，这时测量度盘 C 示数乘以倍率调整旋钮倍数之积即为接地电阻值。

(4)对于地网，应当改变测试极棒的布放方向和测试点，至少测试 4 次后，每次记录，然后取平均值作为该地网的接地电阻值。所有测试值应当在接地电阻档案中记录。

(5)当测试现场不是平地而是斜坡的话，测试电极棒距测试点的距离应是水平距离投影到斜坡上的距离。

(6)在测量时，必须记录测量的日期、气温、土壤干湿情况、测量前一周内的晴雨情况以及最近一个月的雨量等。

(九)贯通地线敷设施工要求

(1)装卸时严禁从高处抛下装综合接地贯通地线的线盘，产品在运输中应避免线盘间碰撞、摩擦或其他机械损伤。线盘不允许平放贮存及以平放方式吊装及运输，以防线盘损坏伤及产品。综合接地贯通地线线盘滚动方向应与线盘所标方向一致。

(2)贯通地线应在环境温度不低于 10 ℃时敷设。敷设时，严禁压、折、摔、扭曲贯通地线，不得在地上拖拉综合接地贯通地线，敷设过程中，应避免使地线受各种外来冲击力和摩擦力，以防伤及产品缩短其使用寿命。贯通地线敷设后禁止形成环状。

(3)贯通电缆使用前施工单位必须进行外观检查、电气特性测试，并作好记录备查，凡测试损伤、特性不达标的，严禁使用。

(4)贯通电缆敷设原则上尽量采用陪盘敷设，尽量减少电缆接续点，确需分段敷设的，接续点可安排在桥梁端、路基电缆井处。

(5)贯通地线接续及与接地端子连接时要保持作业环境干净，施工人员必须佩戴手套，防止泥土、水等污染、腐蚀贯通地线。

(6)贯通电缆敷设、接续、接地端子、横向连接等隐蔽工程、关键施工时,提前报告联系监理单位,实行监理旁站。准确记录接续点、横向连接点的里程位置。

(7)在贯通电缆完成测试或铺设后,对每一端进行密封处理,密封处理可采用热缩端帽封端,防止水浸入电缆。

(十)材料要求

贯通地线、C形压接件属甲供材料外,其他连接件系施工单位自购材料,根据要求必须采购使用在中国铁路总公司公布目录内的厂家,并有高铁工程业绩的单位相关产品。

# 第十三章　工 程 接 口

电缆沟槽、综合接地、声屏障基础、接触网立柱基础、过轨管线、隧道内与“四电”相关的预埋结构与站前工程同步设计、同步施工、站后单位施工前由建设单位组织对接口工程进行验收。

## 一、站前与站后各专业工程的接口关系

站后施工单位进场前要与站前施工单位取得联系，共同确认站前施工单位建筑设施现状，站后施工单位对破坏的站前工程要按要求恢复，恢复合格后，监理单位组织站前站后单位共同确认。站后与站前工程各专业间的接口与配合关系见表 4-13-1。

**表 4-13-1　站后与站前工程各专业间接口与配合关系表**

| 项　　目 | 路基 | 桥梁 | 隧道 | 无砟轨道 | 无缝轨道 | 站场建筑 |
|---|---|---|---|---|---|---|
| 接触网立柱基础 | ● | ● | ● | △ | △ | ● |
| 综合接地预埋件 | ● | ● | ● | ● | △ | ● |
| 电缆槽 | ● | ● | ● | ● | △ | ● |
| 过轨管线 | ● | □ | △ | ● | ● | ● |
| 声屏障基础 | ● | ● | ○ | ○ | ○ | ○ |
| 设备安装基础 | ● | ● | △ | ○ | △ | ● |
| 管线及设备入室 | △ | △ | △ | ○ | ○ | ● |
| 通信设备安装 | ○ | △ | ● | △ | ○ | ● |
| 信号设备安装及联锁 | ● | ● | ● | △ | ● | ● |
| 牵引所所址、场坪道路 | ● | □ | ○ | ○ | ○ | ● |
| 电力变配电所、箱变 | ● | ● | ● | ○ | ○ | ● |

注：●表示强相关，△表示弱相关，○表示不相关。

## 二、相关专业间的技术配合

站前专业与“四电”专业要进行沟通和协调，进度计划要协调，接口作业项目要统一组织进行，避免返工。各相关专业配合关系见表 4-13-2，各相关专业间的施工技术配合见表 4-13-3。

**表 4-13-2　各相关专业配合关系表**

| 配合专业 | 施工配合内容 | 施工配合措施 |
|---|---|---|
| 路基-接触网 | 接触网基桩定点、开挖 | 参加技术交底，现场配合，保证基坑标准和质量 |
| 接触网-桥梁 | 桥墩预留接触网钢柱位置，在桥梁上的电缆槽道要绕过接触网钢柱 | 共同核对资料，现场配合 |
| 远动-通信 | 通信工程给电力、电气化提供远动通道 | 电力、电气化远动系统调试之前提供可靠的传输通道，并配合调试 |
| 电力-通信、信号 | 电力工程给通信、信号工程提供可靠的电源 | 在通信、信号设备调试之前提供可靠的电源，保证设备正常运行，电缆径路的协调配合 |
| 变配电-房建 | 配合预留出室内墙上设备预埋地脚螺栓的孔位，减少后期变电施工中对房建已完工程的破坏，做好综合接地预埋、预留工作 | 房建施工时，督促施工单位向各所派驻工程技术人员进行施工配合，内容包括设计图纸的核对，沟、槽、管、洞的预留及预埋件等 |
| 变配电-电力 | 协助办理变电所用电协议 | 提供技术资料，通报施工情况，施工时请求现场配合 |

续上表

| 配合专业 | 施工配合内容 | 施工配合措施 |
|---|---|---|
| 接触网-通信、信号 | 接触网与信号机的绝缘距离、信号显示要求。变电所回流电缆与信号扼流变压器的连接。支柱或基础与通信、信号电缆沟位置冲突 | 互相提供平面布置图、共同核对专业设施的位置关系,接触网施工定测邀请通信、信号配合。设计方案向通信、信号专业通报,施工时请求配合 |
| 接触网-三电迁改 | 三电迁改应满足接触网施工要求 | 三电迁改应根据接触网施工进度,做好施工组织安排,保证接触网施工及送电开通的进行 |
| 接触网-变电 | 变电所回流电缆与接触网回流线的连接,变电所馈线方向与接触网供电方向一致 | 共同核对图纸,共同进行施工定测,共同确定材料申请的名称、规格、数量和施工范围 |
| 接触网-隧道 | 隧道预留接触网下锚位置,预埋隧道滑槽,按图施工,做好综合接地预埋、预留 | 共同核对图纸,接触网施工单位派人配合隧道施工 |
| 变电所-隧道 | 预留隧内分区所、AT所位置,预留电缆过轨方式 | |
| 电力-隧道 | 预留电力电缆沟和箱盒位置 | 共同核对图纸,配合隧道施工 |
| 电力-接触网 | 接触网隔离开关。负荷开关操作电源 | 接触网提供资料给电力,现场交底和配合 |

**表 4-13-3 各相关专业间的施工技术配合**

| 配合工序 | 施工技术配合内容 | 施工技术配合措施 |
|---|---|---|
| 接触网基础-路基 | 接触网在路基上进行下部工程施工 | 施工时注意保护路基、保证水沟畅通、路基清洁,施工后恢复至原样或按设计规定施工,保证路基稳定 |
| 接触网-隧道 | 接触网隧道预埋滑槽的施工 | 了解隧道断面结构,必要时请求配合,施工后保证隧道表面清洁、完美和美观 |
| 接触网-桥梁 | 桥钢柱预留基础螺栓的技术状态 | 派技术员提前指导,对已完部分共同确定技术方案,施工中注意对桥梁的保护 |
| 接触网-轨道 | 接触网的上部施工基准 | 获取交桩数据,接触网施工前请求提供轨道竣工数据 |
| 变电-电力 | 协助办理变电所用电协议 | 提供技术数据,通报施工情况,施工时请求现场配合 |
| 接触网-通信、信号 | 接触网与信号机的绝缘距离、信号显示要求。变电所回流电缆与信号扼流变压器的连接。支柱或基础与通信、信号电缆沟位置冲突 | 互相提供平面布置图、共同核对专业设施的位置关系,接触网施工定测邀请通信、信号配合。设计方案向通信、信号专业通报,施工时请求配合 |
| 接触网-变电 | 变电所回流电缆与接触网回流线的连接,变电所馈线方向与接触网供电方向一致 | 共同核对图纸,共同进行施工定测,共同确定材料申请的名称、规格、数量和施工范围 |
| 变电-通信 | 变电专业与通信专业共同确定远动通信道接口 | 共同核对设计图纸及定测,互相提供调试条件,调试后相互提供调试结果 |
| 变电-房建 | 变电专业的墙上或地面孔洞沟槽、预埋件的预留及二次预埋 | 共同核对设计图纸,房建施工时变电专业负责配合,变电专业二次预埋应保持房屋建筑的完整和美观 |
| 通信-信号 | 通信工程给信号行车指挥系统提供传输通道 | 在信号行车指挥系统调试之前提供可靠的传输通道,并配合调试 |
| 电力-通信、信号 | 电力工程给通信、信号工程提供可靠的电源 | 在通信、信号设备调试之前提供可靠的电源,保证设备正常运行 |
| 通信-远动 | 通信工程给电力、电气化提供远动通道 | 电力、电气化远动系统调试之前提供可靠的传输通道,并配合调试 |

## 三、站前各标段间的施工配合

站前各标段施工单位进场后要互相取得联系,共同做好以下工作:

(1)测量控制桩的搭接测量复核。

(2)做好土石方调配利用。

(3)便道等大临的利用。

(4)综合接地的连通。

## 四、工程接口施工

### (一)路基施工接口

1. 接触网

(1)基础型号及方向

接触网专业主要涉及的内容有接触网基础,容易搞错的是基础型号,有通用图里面的,有工点设计图里面的,需要现场一一对应,接触网基础螺栓纵、横向排数或间距不一样,图纸上标有“顺线路方向”或“垂直线路方向”,需要认真解读图纸。

(2)基础位置精度控制

接触网要求基础施工时除应注意其平面位置不得侵限之外,还得注意其螺栓出露的长度、预埋螺栓间距的控制。

(3)过轨管道

接触网过轨手孔施工图一般到图很晚,过轨材质是需要严格按设计要求来办理,施工一定要注意节点、必须在无砟轨道施工前完成。过轨里程点与其他专业的里程点有无冲突、过轨电缆井与电缆槽的相对位置和顺接都是施工过程中注意的重点。

(4)接触网基础预留接地端子

根据设计要求,接触网施工时必须预埋接地钢筋(≥$\phi$16)及在基础上大小里程侧各预埋一个接地端子,并与接地钢筋有效连接,对地测试电阻满足设计要求。一个供综合接地工程贯通地线接地连接,另一个供轨旁其他设备连接使用。

2. 电力

电力专项涉及的内容主要是电力电缆槽及电力过轨,以及电缆槽内预留接地端子。客运专线路基的电力电缆槽一般布置在路基两侧与通信信号槽平行布设,主要涉及的问题是电力电缆槽与桥梁、隧道顺接及跨水沟的问题。电力过轨一般常见的问题是管口被堵、接头错位、钢管横向位置偏差、毛刺等,导致无法穿缆或划伤电缆。

3. 通信、信号

通号过轨管及电缆井设置位置,必须避开线间集水井、接触立柱基础及其下锚基础的位置。过轨管道及手孔的外缘距集水井、接触立柱基础及其下锚基础外缘不少于 5 m。

4. 其他

(1)盖板问题,因四电单位太多,各类电缆也多,施工期间、盖板反复地开启、覆盖,过程之中损坏较多,建议类似工程最好把盖板承包给站后四电单位施工,可以减少很多事务。

(2)分支电缆槽问题

分支电缆槽主要涉及的专业有通信信号、电力、接触网等,设计图纸上不明确,再加上好多设备位置不明确,并且方案多变。分支电缆槽施工站前施工单位较为被动,建议以后的施工最好将此部分内容转入站后施工单位。

(3)综合接地贯通线问题

客运专线施工任务划分上,业主把该项工作划给了土建单位施工。贯通地线需注意的是路基上的贯通地线一般设在通信信号电缆槽底部,但现场的通信信号电缆槽安装进度缓慢,放缆却是一次性放完,防盗看护投入成本巨大,要合理安排工期和时间节点,减少看护成本。

### (二)桥梁四电接口

1. 墩(台)综合接地系统

包括钻孔桩、基础、墩台身预留接地钢筋、接地端子。

桥梁为桩基础时,在每根桩中选用一根钢筋做接地钢筋,并利用承台底层钢筋网与桥墩内专用接地钢筋焊接相连。桥墩台中设两根接地钢筋(可用桥墩台内不小于 $\phi$16 mm 的结构钢筋)一端与承台底层钢筋网的钢筋焊接相连,另一端与墩帽处的接地端子相连。在每个桥墩的墩帽处适当位置设两个接地端子;在每个桥墩垂直于线路方向的某个侧面、距地面以下(可设于桥墩台上)300 mm 处,设接地端子,供测试之用。

在墩顶预留供 M16 螺母连接用的接地端子。顶面和混凝土表面垂直平齐或略高于混凝土表面 2～3 mm,连接采用标准焊接方式。梁体与桥墩的连接导线采用截面为 200 $mm^2$ 的不锈钢连接线。

2. 桥梁梁部预留锯齿形槽及槽道

2.5 km 以上桥梁每隔 500 m,通信专业需要引下预留时含电力预留,梁端设置锯齿形槽口,箱梁及桥墩设电缆爬架至地面,以便在桥梁相应位置,光缆引下至桥下设置的区间通信机械室(包括区间基站、区间无线中继站)。所有区间桥梁地段,若信号(区间信号中继站)、电气化所亭(AT 所、分区所、开闭所、牵引变电所等)设置区间桥梁引下的锯齿形槽口、电缆爬架,则应同时考虑配套的区间电力供电引下的锯齿形槽口、电缆爬架。

3. 梁体综合接地系统

利用梁体结构钢筋,在梁体两端各布置横向接地钢筋 1 根,纵横向钢筋采用 L 形焊接连通,不够长时采用搭接焊连接。焊接梁体两端防护墙底部纵向专用接地钢筋,并与横向接地钢筋可靠焊接。

4. 桥面系综合接地系统

保护层施作前,在梁两端各布置横向接地钢筋一根,梁体布置纵向接地钢筋 4 根,纵、横向钢筋采用 L 形焊接在一起。在梁两侧小里程端横向接地钢筋通信信号槽底部位置、防护墙线路侧防护墙引上接地钢筋位置焊接接地端子。

5. 桥上接触网支柱基础

接触网支柱跨距一般为 50 m 左右,实际设置根据《接触网基础预留接口设计图》及梁体技术交底书执行。如需在桥上设置接触网一般支柱基础,预制梁体时,在相应的位置预埋接触网锚固螺栓及加强钢筋,支柱基础混凝土可在梁体吊装到桥位后与电缆槽竖墙一同灌注。如在桥面板设置接触网锚柱,除预埋锚固螺栓及加强钢筋外,还需注意在相应位置设置下锚拉线基础预留钢筋。

(三) 隧道预留四电接口

隧道四电接口主要包含:综合接地及防闪络接地,接触网预埋槽道安装、过轨管线埋设等施工。

1. 综合接地接口

纵向接地钢筋及接地端子的设置

采用两侧通信信号电缆槽侧墙上部纵向贯通的 $\phi16$ 结构钢筋作为纵向接地钢筋,此钢筋 100 m 断开并做一次贯通连接,100 m 断开处对应于防闪络纵向接地钢筋 100 m 断开的截面。贯通处每侧设置 3 个接地端子,50 m 处设置 1 个接地端子,进出口洞门处每侧设置 4 个接地端子。

接地端子安装时采用塑料薄膜等包裹严实,防止灌注混凝土时水泥浆进入端子螺丝口内。端子顶面与混凝土最终顶面平齐。

2. 综合洞室(变压器洞室)接地设置

结构钢筋绑扎时,在二衬内洞室两侧各设一个接地端子,端子顶面与侧面二衬平。接地端子距底板高度 30 cm,接地端子通过 $\phi16$ 连接钢筋连接,预留长度引至通信信号电缆槽侧墙上部纵向接地钢筋,长度不够时采用搭接焊连接。

3. 综合接地及防闪络接地钢筋的焊接

隧道综合接地及防闪络接地钢筋的接续采用搭接焊,接地端子与接地钢筋连接采用搭接,纵横向钢筋的连接采用 $\phi16$ 钢筋“L”焊接,做为接地极的环向锚杆和钢拱架除按结构要求焊接牢固外,还要通过直径 $\phi16$ 的 L 形钢筋与钢拱架进行有效连接,焊缝长度满足规定要求。做为接地极的钢拱架除按设计要求采用螺栓连接,连接板之间加垫橡胶板,为保证钢架之间的可靠接地连接,两钢架之间采用直径 $\phi16$ 弓形钢筋连接,焊缝长度满足规定要求。

4. 接地电阻的检测

隧道综合接地及防闪络接地中每个接地极接地电阻$\leqslant$10 Ω,综合贯通地线上任一点的接地电阻$\leqslant$1 Ω,贯通性$\leqslant$0.1 Ω。每个部位混凝土浇筑前、浇筑后,量测接地电阻、贯通性电阻值并做好记录。

(四)接触网预埋槽道施工

槽道的里程、位置、型号根据设计图要求确定。施工中应严格控制各项技术指标执行。

槽道定位前准备→槽道基础分块(复核设计里程及槽道的位置、台车类型)→槽道类型选定→隧道中心线位置确定→槽道在工作台上的位置确定→槽道与钢筋网的连接→槽道位置的复核→槽道后部的锚钉与钢筋网位置的确定→T 形螺栓与钢模板之间的固定→槽道位置的复核→锁紧 T 形螺栓使之紧贴模板→槽道位置的精确定位→衬砌浇筑、脱模→槽道位置误差的检测。

(五)过轨管线埋设施工

1. 管材形式严格按照设计要求,并保证强度要求。

2. 过轨管道设置位置:

电力过轨管设置:隧道内电力变电室处均设置过轨管,过轨管采用镀锌钢管。

通信过轨管设置:隧道内光纤直放站(含壁挂式光纤站点)、GSM-R 基站处均设置通信过轨,每处设 2 组,每组 2 根。

信号过轨管设置:隧道信号电缆槽原则上每隔 400 m 左右垂直于线路方向预埋 2 根 $\phi$100 的热浸钢管过轨管,两侧分别与信号电缆槽沟通。

3. 强、弱电过轨管间应保证一定间距(≥40 cm)。

过轨管的两端向上弯曲应为立体(螺旋)弯曲,确保弯曲半径满足电缆最小弯曲半径的要求。

# 第十四章　高性能混凝土及耐久性施工

高性能混凝土是一种新型高技术混凝土，是在大幅度提高普通混凝土性能的基础上采用现代混凝土技术制作的混凝土。它以耐久性作为设计的主要指标，具有极好的耐久性、工作性、适用性、强度、体积稳定性和经济性，广泛应用于高铁桥梁桩基、承台、墩身、箱梁和连续梁、涵洞以及隧道仰拱填充、二次衬砌等。

## 第一节　高性能混凝土配合比的设计

### 一、配合比的设计原则

(1)满足结构设计和施工进度要求的混凝土强度等级。

(2)保证混凝土拌和物具有良好的工作性能，以满足施工条件要求。

(3)保证混凝土具有良好的耐久性，满足抗冻、抗渗、抗裂、抗腐蚀等要求，从而使混凝土达到经久耐用的使用目的。

(4)在保证混凝土质量和施工方便的前提下，尽量节约水泥，合理使用原材料从而降低工程成本，取得良好的经济效益。

### 二、配合比设计依据

(1)《普通混凝土配合比设计规程》(JGJ 55—2000)。

(2)《铁路混凝土工程施工质量验收标准》(TB 10424—2010)。

(3)《铁路混凝土工程施工技术指南》(铁建设〔2010〕241 号)。

(4)《客运专线预应力混凝土预制梁暂行技术条件》。

(5)《铁路混凝土结构耐久性设计规范》(TB 10005—2010)。

(6)其他有关文件和规定。

### 三、配合比设计的主要控制指标

(1)混凝土的最大水胶比。

(2)每方混凝土胶凝材料的最低用量。

(3)胶凝材料总量。

(4)混凝土最大碱含量。

(5)混凝土氯离子总含量。

### 四、配合比设计的注意事项

(1)为提高混凝土的耐久性，改善混凝土的施工性能和抗裂性能，混凝土中应适量掺加优质的粉煤灰、磨细矿渣粉或硅灰等矿物掺合料。不同矿物掺合料的掺量应根据混凝土的性能通过试验确定。一般情况下，矿物掺合料掺量不宜小于胶凝材料总量的 20%。当混凝土中粉煤灰掺量大于 30%时，混凝土的水胶比不宜大于 0.45。预应力混凝土以及处于冻融环境中的混凝土的粉煤灰的掺量不宜大于 30%。

(2)C30 及以下混凝土的胶凝材料总量不宜高于 400 $kg/m^3$，C35～C40 混凝土不宜高于 450 $kg/m^3$，C50 及以上混凝土不宜高于 500 $kg/m^3$。

(3)混凝土中宜掺加符合要求且能提高混凝土耐久性能的混凝土外加剂，优先选用多功能复合外加剂。

### 五、配合比选定的主要试验检测项目

高性能混凝土的配合比选定的主要试验检测项目主要包括：坍落度、泌水率、含气量、抗裂性、电通量、弹性模量、抗冻性、抗渗性、抗压强度、抗蚀系数、耐磨性。

## 第二节　高性能混凝土的施工控制

### 一、原材料的质量控制

1. 水泥

(1)水泥宜选用硅酸盐水泥、普通硅酸盐水泥。在有充分实践经验证明可行的情况下，大体积混凝土也可选用矿渣水泥。有耐硫酸盐侵蚀要求的混凝土也可选用中抗硫酸盐水泥或高抗硫酸盐水泥，不宜使用早强水泥。

(2)水泥的技术要求除应满足国家标准(GB 175—2007)的有关规定外，还应满足表 4-14-1 的规定。

**表 4-14-1　水泥的技术要求**

| 序号 | 项　目 | 技术要求(客专 160 号文) | GB 175—2007 |
| --- | --- | --- | --- |
| 1 | 比表面积 | ≤350 $m^2/kg$ 硅酸盐水泥、抗硫酸盐水泥 | ≥300 $m^2/kg$ 硅酸盐水泥、普通硅酸盐水泥 |
| 2 | 80 μm 方孔筛筛余 | ≤10.0%(硅酸盐水泥) | ≤10%矿渣硅酸盐水泥、火山灰硅酸盐水泥、粉煤灰硅酸盐水泥、复合硅酸盐水泥 |
| 3 | 45 μm 方孔筛筛余 | — | ≤30%矿渣硅酸盐水泥、火山灰硅酸盐水泥、粉煤灰硅酸盐水泥、复合硅酸盐水泥 |
| 4 | 游离氧化钙含量 | ≤1.0% | — |
| 5 | 碱含量 | ≤0.80%当骨料具有碱-硅酸反应活性时，碱含量不应超过 0.60%，C40 以上混凝土碱含量不应超过 0.60% | 若用活性骨料碱含量不应超过 0.60%，或有买卖双方协商确定 |
| 6 | 熟料中的 $C_3A$ 含量 | 非氯盐环境下≤8.0%，氯盐环境下≤10.0% | — |
| 7 | $Cl^-$ 含量 | 钢筋混凝土不宜大于 0.10%；预应力混凝土≤0.06% | ≤0.06% |

(3)水泥的常规项目和型式检验

同厂家、同品种、同强度等级、同出厂日期且连续进场的散装水泥每 500 t，袋装水泥每 200 t 为一批，不足上述数量时也按一批计。任何新选货源、使用同厂家、同品种水泥达 3 个月及出厂日期达 3 个月的水泥必须进行一次型式检验。

2. 细骨料

(1)碱活性检验

细骨料必须进行岩相法分析，确定其是硅酸类岩石骨料或碳酸盐类岩石骨料，再确定其用砂浆棒法(硅酸盐类岩石骨料)和岩石柱法(碳酸盐类岩石骨料)进行检验，然后根据试验结果判断是否是活性骨料。

(2)细骨料的选择

细骨料应选用级配合理、质地均匀、吸水率低、空隙率小的洁净天然河砂，也可以选用采用专门磨机机组生产的人工砂，不宜使用山砂。

(3)细骨料的常规项目检验和型式检验

连续进场的同料源、同品种、同规格的细骨料每 400 $m^3$ 或 600 t 为一批，不足上述数量时也按一批计。任何新选料源，连续使用同料源、同品种、同规格的细骨料达 1 年必须进行一次型式检验。

(4)细骨料的常规检验项目

颗粒级配、含泥量、泥块含量、云母含量、轻物质含量、有机物含量、石粉含量、压碎指标。

(5)细骨料的型式检验项目

颗粒级配、吸水率、含泥量、泥块含量、坚固性、云母含量、轻物质含量、有机物含量、硫化物及硫酸盐含量、$Cl^-$含量、石粉含量、压碎指标。

(6)细骨料的各项检验项目应符合客运专线标准、规范、技术指南、设计的有关规定。

(7)应建立细骨料检验台账,台账内容包括进货日期、材料名称、品种、规格、数量、生产厂家、供货单位、质量证明文件(编号)、试验报告(编号)、检验结果等。

3. 粗骨料

(1)碱活性检验

粗骨料首先应采用岩相法进行分析,若骨料碱—硅酸反应活性矿物,其砂浆棒法膨胀率应小于 0.10%,否则应按要求采取抑制碱—骨料反应的技术措施,不得使用具有碱—碳酸盐反应的活性骨料。

(2)粗骨料的选择

粗骨料应选用级配合理、粒形良好、质地均匀坚固、线膨胀系数小的洁净碎石,也可以采用碎卵石,不宜使用砂岩碎石,粗骨料的最大公称粒径不宜超过钢筋混凝土保护层厚度的 2/3,且不得超过钢筋最小间距的 3/4。配制强度等级 C50 及以上预应力混凝土时,粗骨料最大公称粒径不应大于 25 mm;应采用二级或三级级配的粗骨料,其松散堆积密度应大于 1 500 $kg/m^3$,紧密空隙率宜小于 40%,吸水率应小于 2%;当粗骨料为碎石时,母岩的抗压强度与混凝土设计强度之比不小于 1.5。当为预应力混凝土预制梁时,母岩的抗压强度与混凝土设计强度之比不小于 2。

(3)粗骨料的常规项目检验和型式检验

连续进场的同料源、同品种、同规格的粗骨料每 400 $m^3$ 或 600 t 为一批,不足上述数量时也按一批计。任何新选料源,连续使用同料源、同品种、同规格的粗骨料达 1 年必须进行一次型式检验。

(4)粗骨料的常规检验项目

颗粒级配、压碎指标、针片状颗粒含量、含泥量、泥块含量。

(5)粗骨料的型式检验项目

颗粒级配、岩石抗压强度、吸水率、紧密空隙率、压碎指标、坚固性、针片状颗粒含量、含泥量、泥块含量、硫化物及硫酸盐含量、$Cl^-$含量、有机物含量(碎卵石)、碱活性。

(6)粗骨料的各项检验项目应符合客运专线标准、规范、技术指南、设计的有关规定。

(7)应建立粗骨料检验台账,台账内容包括进货日期、材料名称、品种、规格、数量、生产厂家、供货单位、质量证明文件(编号)、试验报告(编号)、检验结果等。

4. 矿物掺合料

矿物掺合料应选用品质稳定的产品,其品种宜为粉煤灰、磨细矿渣粉、硅灰等。

(1)粉煤灰的常规检验项目和型式检验项目

1)粉煤灰的常规检验项目:细度、烧失量、需水量比。

2)粉煤灰的型式检验项目:细度、烧失量、含水率、需水量比、$SO_3$含量、CaO 含量、$Cl^-$含量、碱含量、安定性、活性指数、游离 CaO。

(2)粉煤灰的常规检验项目和型式检验项目频次

1)粉煤灰的常规检验项目和检验频次:同厂家、同批号、同出厂日期的产品每 120 t 为一批,不足 120 t 也按一批计。

2)粉煤灰的型式检验项目和频次:任何新选货源,使用同厂家、同批号、同品种的产品达 3 个月及出厂日期达 3 个月的产品要进行一次型式检验。

(3)磨细矿渣粉的常规检验项目和型式检验项目

1)磨细矿渣粉的常规检验项目:比表面积、烧失量、需水量比。

2)磨细矿渣粉的型式检验项目:比表面积、烧失量、MgO 含量、$SO_3$含量、$Cl^-$含量、含水率、需水量比、碱含量、活性指数。

(4)磨细矿渣粉的常规检验项目和型式检验项目频次

1)磨细矿渣粉的常规检验项目和检验频次:同厂家、同批号、同品种、同出厂日期的产品每 120 t 为一批,不足 120 t 也按一批计。

2)磨细矿渣粉的型式检验项目和频次:任何新选货源,使用同厂家、同批号、同品种的产品达 3 个月及出厂日期达 3 个月的产品要进行一次型式检验。

(5)硅灰的常规检验项目和型式检验项目

1)硅灰的常规检验项目:烧失量、比表面积、需水量比、活性指数。

2)硅灰的型式检验项目:烧失量、$Cl^-$ 含量、$SiO_2$ 含量、比表面积、需水量比、含水率、活性指数。

(6)硅灰的常规检验项目和型式检验项目频次

1)硅灰的常规检验项目和检验频次:同厂家、同批号、同品种、同出厂日期的产品每 30 t 为一批,不足 30 t 也按一批计。

2)硅灰的型式检验项目和检验频次:任何新选货源,使用同厂家、同批号、同品种的产品达 3 个月及出厂日期达 3 个月的产品要进行一次型式检验。

5. 外加剂

外加剂应采用减水率高、坍落度损失小、适量引气、能明显改善或提高混凝土耐久性能的质量稳定产品,且与水泥之间有良好的相容性。

(1)外加剂的常规检验项目和型式检验项目

1)外加剂的常规检验项目:减水率、常压泌水率、含气量、抗压强度比。

2)硅灰的型式检验项目:匀质性、水泥净浆流动度、$Na_2SO_4$ 含量、$Cl^-$ 含量、碱含量、减水率、坍落度保留值、常压泌水率、压力泌水率、含气量、抗压强度比、对钢筋的锈蚀作用、耐久性指数、收缩率比。

(2)外加剂的常规检验项目和型式检验项目频次

1)外加剂的常规检验项目和检验频次:同厂家、同批号、同品种、同出厂日期的产品每 50 t 为一批,不足 50 t 也按一批计。

2)外加剂的型式检验项目和检验频次:任何新选货源,使用同厂家、同批号、同品种的产品达 6 个月及出厂日期达 6 个月的产品要进行一次型式检验。

6. 水

(1)水的常规检验项目和型式检验项目

1)水的常规检验项目:pH 值、不溶物含量、可溶物含量、氯化物含量、硫酸盐含量、碱含量。

2)水的型式检验项目:pH 值、不溶物含量、可溶物含量、氯化物含量、硫酸盐含量、碱含量、凝结时间、抗压强度比。

(2)水的常规检验项目和型式检验项目频次

1)水的常规检验项目频次:同一水源的涨水季检验一次。

2)水的型式检验项目频次:新水源、同一水源的水使用过一年进行一次型式检验。

## 二、施工配合比的确定

(1)混凝土拌制前,施工单位试验人员应测定粗、细骨料的含水率,并根据测试结果、环境条件、工作性能等计算出施工配合比,然后填写《混凝土施工配合比施工配料通知单》并由施工技术主管复核签字确认。

(2)施工单位试验人员测定粗细骨料的含水率时应通知监理单位见证试验,并经监理单位签字确认后方可施工。

(3)准确测定因天气变化而引起的粗细骨料的含水率的变化,以便及时调整施工配合比。

## 三、原材料的存储和标识

(1)粗骨料应分级采购、分级运输、分级堆放存储,标识牌应标识清楚名称、品种、规格、数量、生产厂家、进场日期、检验状态(合格、不合格、待检、已检待定)、检验报告(编号)等。

(2)细骨料的存储标识牌应标识清楚名称、品种、规格、数量、生产厂家、进场日期、检验状态(合格、不合格、待检、已检待定)、检验报告(编号)等。

(3)水泥的运储按不同厂家、不同品种、强度等级和出厂日期的水泥应分别储运。水泥不宜露天存放,储存水泥的库房必须干燥,堆垛应架离地面 0.2 m 以上,堆垛高度不宜大于 1.5 m,并距离四周墙壁 0.2～0.3 m 以上。标识牌应标识清楚名称、品种、数量、生产厂家、进场日期、检验状态(合格、不合格、待检、已检待定)、检验报告(编号)等。

(4)外加剂不能露天存放,应放在专用库房或固定的场所内妥善保管,以易于识别,包装容器上均应在明显位置上注明以下内容:产品名称、型号、净重量、生产厂名。标识牌应标识清楚产品名称、数量、生产厂家、进厂日期、检验状态(合格、不合格、待检、已检待定)、检验报告(编号)等。

## 四、拌和站计量误差的控制

(1)原材料每盘称量允许误差(表 4-14-3)

表 4-14-2 原材料每盘称量允许误差

| 序号 | 原材料名称 | 允许偏差(%) |
|---|---|---|
| 1 | 水泥、矿物掺合料 | ±1 |
| 2 | 粗、细骨料 | ±2 |
| 3 | 外加剂、拌和水 | ±1 |

(2)搅拌站应对计量器具定期进行检定,搅拌机经大修、中修或迁移至新的地点后,必须对计量器具重新进行检定。

(3)每一工班正式称量前,应对计量设备进行复秤校核,监理单位见证检验。

(4)搅拌站应建立原材料误差记录台账,能充分证明称量误差超标混凝土的走向(应有监理单位人员确认),应具有可追溯性。

## 五、高性能混凝土拌和物性能的测试

(1)首盘混凝土的测试

对首盘混凝土应进行坍落度、含气量、泌水率、水胶比、拌和物温度测试。

(2)施工过程拌和物性能测试频次

每拌制 50 m$^3$混凝土应对坍落度、混凝土入模温度、含气量、水胶比测试不少于一次。

(3)冬季施工时,混凝土入模温度每工班至少测温 3 次。

(4)混凝土各类检查试件的制作按《铁路混凝土工程施工质量验收标准》《客运专线高性能混凝土暂行技术条件》和《客运专线预应力混凝土预制梁暂行技术条件》等有关规定制作。

## 六、高性能混凝土的搅拌

(1)高性能混凝土搅拌的投料顺序

细骨料→水泥+矿物掺合料(搅拌均匀)→水(搅拌成砂浆)→粗骨料→外加剂。

(2)高性能混凝土的最短搅拌时间(表 4-14-3)

表 4-14-3 高性能混凝土的最短搅拌时间(单位:min)

| 搅拌机容积(L) | 混凝土坍落度(mm) | | |
|---|---|---|---|
| | <30 | 30~70 | >70 |
| ≤500 | 1.5 | 1.0 | 1.0 |
| >500 | 2.5 | 1.5 | 1.5 |

(3)冬季或夏季混凝土的搅拌按有关规定执行。

## 七、高性能混凝土的运输

(1)混凝土运输设备的运输能力应适应混凝土的凝结速度和浇筑速度需要,保证浇筑过程连续进行。

(2)运输过程中应确保混凝土不发生离析、漏浆、严重泌水及坍落度损失过多等现象。

(3)当运至施工现场的混凝土坍落度发生离析时,应在浇筑前对混凝土进行二次搅拌,但不能再次加水。

(4)混凝土在运输过程中,应尽量减少混凝土的转运次数和运输时间。混凝土从加水拌和到入模的时间,应由试验室根据水泥初凝时间及施工气温确定。

(5)为避免日晒、雨淋和寒冷气候对混凝土质量的影响,防止局部混凝土温度升高(夏季)或降低(冬季),需要时应将运输混凝土的容器加上遮盖物或保温隔热材料,以确保混凝土正常工作性能。

## 八、高性能混凝土的浇筑

(1)应预先制定浇筑工艺,明确结构分段分块的间隔浇筑顺序(尽量减少后浇带或连接缝)和钢筋的混凝土保护层厚度控制措施;明确浇筑进行方向和入模点,尽可能实行对称入模浇筑混凝土。

(2)基底为非黏性土或干土时,应浇筑垫层;基底为岩石时,应加以润湿,并铺一层厚 20～30 mm 的水泥砂浆,然后于水泥砂浆凝结前浇筑第一层混凝土。

(3)应预先根据结构截面尺寸、环境条件等研究确定必要的降温防裂措施。

(4)混凝土入模温度宜为 5～30 ℃,大体积混凝土入模温度不宜超过 28 ℃。新浇混凝土与邻接的已硬化混凝土或岩土介质之间的温差应不大于 15 ℃。在炎热的夏季,确保混凝土入模温度不宜超过 30 ℃,避免高温期混凝土施工,尽量安排在晚上浇筑。

(5)混凝土应分层进行浇筑,不得随意留置施工缝。其分层厚度(指捣实后厚度)应根据搅拌机的能力、运输条件、浇筑速度、振捣能力和结构要求等条件确定,表 4-14-4 中的数值可供参考,但最大摊铺厚度不宜大于 400 mm,泵送混凝土的摊铺厚度不宜大于 600 mm。

**表 4-14-4　混凝土的浇筑层厚度**

| 振捣方法 | | 浇筑层厚度(mm) |
|---|---|---|
| 插入式振动 | | 振捣器作用部分长度的 1.25 倍 |
| 表面振动 | 无筋或配筋稀疏的结构 | 25 |
| | 配筋较密的结构 | 15 |
| 附着式振动 | | 30 |

注:表列规定可根据结构物和振动器型号等情况适当调整。

在新浇筑完成的下层混凝土上再浇筑新混凝土时,应在下层混凝土初凝或能重塑前浇筑完成上层混凝土。上下层同时浇筑时,上层与下层前后浇筑距离应保持 1.5 m 以上。在倾斜面上浇筑混凝土时,应从低处开始逐层扩展升高,保持水平分层。

(6)自高处向模板内倾卸混凝土时,为防止混凝土离析,一般应满足下列要求:从高处直接倾卸时,混凝土自由倾落高度不宜超过 2 m,以不发生离析为度;当倾落高度超过 2 m 时,应通过串筒、溜管或振动溜管等设施铺助下落;串筒出料口距混凝土浇筑面的高度不宜超过 1 m。

(7)混凝土浇筑应连续进行。当因故间歇时,其间歇时间应小于前层混凝土的初凝时间或能重塑的时间。对不同混凝土的允许间歇时间应根据环境温度、水泥性能、水胶比和外加剂类型等条件通过试验确定。当允许间歇时间已超时,应按浇筑中断处理,同时应留置施工缝,并作出记录。

(8)在混凝土施工缝处接续浇筑新混凝土时,一般应满足下列要求:

1)凿除处理层混凝土表面的水泥砂浆和松弱层,但凿除时,处理层混凝土须达到下列强度:用水冲洗凿毛时,须达到 0.5 MPa;用人工凿除时,须达到 2.5 MPa;用风动机凿毛时,须达到 10 MPa。

2)经凿毛处理的混凝土面应用水冲洗干净,但不得存有积水。在浇筑新混凝土前,对垂直施工缝宜在旧混凝土面上刷一层水泥净浆,对水平施工缝宜在旧混凝土面上铺一层厚 10～20 mm、水胶比比混凝土略小的 1∶2 水泥砂浆,或铺一层厚约 30 cm 的混凝土,其粗骨料宜比新浇筑混凝土减少 10%。

3)混凝土结构或钢筋稀疏的结构,应在施工缝处补插锚固钢筋。钢筋直径不小于 16 mm,间距不大于 200 mm。有抗渗要求的结构,施工缝宜做成凹形、凸形或设置止水带。

4)施工缝为斜面时,旧混凝土应浇筑成或凿成台阶状。

5)施工缝处理后,需待处理层达到 1.2 MPa 后才能继续浇筑混凝土。当结构物为钢筋混凝土时,处理层混凝土强度不得低于 2.5 MPa。混凝土到达强度的时间宜通过试验确定。

(9)浇筑梁板式结构混凝土时应使用快速、稳定、连续、可靠的浇筑方式分层浇筑成形。每片梁浇筑时间不宜超过 6 h。

(10)浇筑混凝土期间,应设专人检查支架、模板、钢筋和预埋件等的稳固情况,当发现有松动、变形、移位时,应及时处理。

(11)混凝土浇筑过程中应按要求及时测试混凝土的坍落度、含气量、泌水率、入模温度等拌和物性能,在浇筑地点取样制作试件,留置足够数量的混凝土试件按规定进行同条件养护或标准养护,及时填写施工记录。

## 九、高性能混凝土的振捣

(1)混凝土在浇筑过程中,应随时对混凝土进行振捣并使其均匀密实。混凝土较黏稠时(如采用斗送法浇筑的混凝土),应加密振点。

(2)混凝土的捣实,一般均应使用插入式振捣棒振捣;混凝土构件顶面部分,预应力混凝土构件或其他薄层部位可用平板振捣器振捣。

(3)混凝土振捣密实的一般标志是混凝土液化泛浆后,其表面基本不再下沉、气泡不持续涌出、泛浆,表面平坦。

(4)不得在模板内利用振捣棒使混凝土长距离流动或运送混凝土,以致引起离析。混凝土捣实后 1.5~24 h 之内,不得受到振动。

(5)混凝土振捣过程中,应避免重复振捣,防止过振。应加强检查模板支撑的稳定性和接缝的密合情况,防止在振捣混凝土过程中产生漏浆。

(6)应根据结构尺寸和钢筋间距情况,合理选择振捣工艺,选择不同型号的振捣工具,如振捣棒直径、频率等。为确保钢筋保护层混凝土质量,应选用小直径的振捣棒或采用人工铲对保护层混凝土进行专门振捣和铲实。

(7)表层混凝土振捣完成后,应及时修整、抹平混凝土裸露面,待定浆后再抹第二遍并压光或拉毛。抹面时严禁洒水,并防止过度操作影响表层混凝土的质量。尤其寒冷地区受冻融作用的混凝土和暴露于干旱地区的混凝土,更要注意施工抹面工序质量的保证。

(8)插入式振捣棒操作要点

1)振动棒一般应安放在牢固的脚手板上,不应在启动状态下放置于模板支撑或钢筋上。不得将软轴插入到混凝土内部和使软轴折成硬弯。应避免振动棒碰撞模板、钢筋、吊环、预埋件等。振动棒与模板的距离不应大于其作用半径的 0.5 倍。

2)使用振动棒时,前手应紧握在振动棒上端约 50 cm 处,以控制插入点,后手扶正软轴,前后手相距 40~50 cm 左右,使振动棒自然沉入混凝土内。插入式振动器操作时,应做到“快插慢拔”。“快插”是为了防止混凝土表层先振实,而下层混凝土发生分层,离析现象。“慢拔”是为了使混凝土能填满振动棒抽出时形成的“空隙”,防止形成空洞。

3)振动棒插入混凝土后,应上下移动变换位置,幅度为 5~10 cm,以利于排出混凝土中空气,振捣密实。每插点应掌握好振捣时间,过短过长都不利,每点振捣时间一般为 20~30 s,使用高频振动器时,也不应少于 10 s。待混凝土表面基本液化泛出灰浆,不再下沉、不再出现气泡时,方可拨出振动棒。

4)振动棒插入点布置应排列均匀,可采用“行列式”或“交错式”,按顺序移动,不应混用,以免造成混乱而发生漏振。每次移动位置的距离应不大于振动器作用半径($R$)的 1.5 倍。振动棒的作用半径(通常为振动棒半径的 8~10 倍)一般为 300~400 mm。

5)棒振捣应垂直地插入新浇筑混凝土内,并进入尚未凝固的前一层混凝土 50~100 mm。振捣过程中振捣棒与侧模应保持 50~100 mm 的距离。

6)当振动完毕变化振动器在混凝土拌和物中的位置时,应边振动边竖向缓慢提出振动棒,不得将振动棒放在拌和物内平拖。不得用振动棒驱赶混凝土。

(9)平板振捣器操作要点

1)平板式振动器在每一位置上应连续振动一定时间,正常情况下约为 25~40 s。以混凝土表面出现浮浆为准。

2)移动时应成排依次振捣前进,移动速度通常 2～3 m/min。前后位置和排间相互搭接应为 3～5 cm,防止漏振。振动倾斜混凝土表面时,应由低处逐渐向高处移动,以保证混凝土振实。

3)平板式振动器的有效作用深度,在无筋及单筋平板中约为 200 mm,在双筋平板中约为 120 mm,且振捣时不应使上层钢筋移位。

(10)附着式振动器操作要点

1)附着式振动器振动作用深度约为 250 mm 左右。如构件较厚,需要在构件两侧安设振动器同时进行振捣。

2)附着式振动器的转子轴应水平地安装在模板上,每个固定点的螺栓应加装防振弹簧垫圈。在一个构件上安装几台振动器时,振动频率必须一致,在两侧安装时,相对应的位置应错开,使振捣均匀。

3)混凝土入模后方可开动振动器,混凝土浇筑高度应高于振动器安装部位,当钢筋较密时和构件断面较深较窄时,亦可采取边浇边振动的方法。

4)振动时间和设置间距,随结构形式、模板坚固程度、混凝土坍落度及振动器功率等因素通过试验确定,一般每隔 1～1.5 m 距离设置一个振动器。

## 十、高性能混凝土的养护

(1)混凝土养护用水除不溶物、可溶物不作要求外,其他质量要求应与拌和水一致。养护用水不得使用海水。

(2)混凝土的养护包括自然养护和蒸汽养护。混凝土养护期间,应重点加强混凝土的湿度和温度控制。混凝土振捣完成后,应及时对混凝土暴露面进行紧密覆盖(可采用篷布、塑料布等进行覆盖),尽量减少暴露时间,防止表面水分蒸发。暴露面的保护层混凝土初凝前,应卷起覆盖物,用抹子搓压表面至少二遍,使之平整后再次覆盖,此时应注意覆盖物不宜直接接触混凝土表面,直至混凝土终凝为止。

(3)混凝土的蒸汽养护可分静停、升温、恒温、降温四个阶段。静停期间应保持环境温度不低于 5 ℃,灌注结束 4～6 h 后方可升温,升温速度不宜大于 10 ℃/h,恒温期间混凝土内部温度不宜超过 60 ℃,最大不得超过 65 ℃,恒温养护时间应根据构件脱模强度要求、混凝土配合比情况以及环境条件等通过试验确定,降温速度不宜大于 10 ℃/h。

(4)混凝土带模养护期间,应采取带模包裹、浇水、喷淋洒水或通蒸汽等措施进行保湿、潮湿养护。

(5)混凝土去除表面覆盖物或拆模后,应对混凝土采用蓄水、浇水或覆盖洒水等措施进行潮湿养护,并保证养护时间满足表 4-14-5 的要求。也可在混凝土表面处于潮湿状态时,迅速采用麻布、草帘等材料将暴露面混凝土覆盖或包裹,再用塑料布或帆布等将麻布、草帘等保湿材料包覆(裹)完好。包覆(裹)期间,包覆(裹)物应完好无损,彼此搭接完整,内表面应具有凝结水珠。有条件地段应尽量延长混凝土的包覆(裹)养护时间。

(6)混凝土采用喷涂养护液养护时,应确保不漏喷,施工缝混凝土不得喷涂养护液。

(7)混凝土终凝后的持续保湿养护时间应满足表 4-14-5 的要求。

**表 4-14-5　不同混凝土湿养护的最低期限**

| 混凝土类型 | 水胶比 | 大气潮湿($RH\geqslant50\%$),无风,无阳光直射 | | 大气干燥($RH<50\%$),有风,或阳光直射 | |
|---|---|---|---|---|---|
| | | 日平均气温 $T$(℃) | 潮湿养护期限 (d) | 日平均气温 $T$(℃) | 潮湿养护期限 (d) |
| 胶凝材料中掺有矿物掺合料 | ≥0.45 | $5\leqslant T<10$ | 21 | $5\leqslant T<10$ | 28 |
| | | $10\leqslant T<20$ | 14 | $10\leqslant T<20$ | 21 |
| | | $20\leqslant T$ | 10 | $20\leqslant T$ | 14 |
| | <0.45 | $5\leqslant T<10$ | 14 | $5\leqslant T<10$ | 21 |
| | | $10\leqslant T<20$ | 10 | $10\leqslant T<20$ | 14 |
| | | $20\leqslant T$ | 7 | $20\leqslant T$ | 10 |
| 胶凝材料中未掺矿物掺合料 | ≥0.45 | $5\leqslant T<10$ | 14 | $5\leqslant T<10$ | 21 |
| | | $10\leqslant T<20$ | 10 | $10\leqslant T<20$ | 14 |
| | | $20\leqslant T$ | 7 | $20\leqslant T$ | 10 |

续上表

| 混凝土类型 | 水胶比 | 大气潮湿($RH \geqslant 50\%$),无风,无阳光直射 | | 大气干燥($RH < 50\%$),有风,或阳光直射 | |
|---|---|---|---|---|---|
| | | 日平均气温 $T$(℃) | 潮湿养护期限(d) | 日平均气温 $T$(℃) | 潮湿养护期限(d) |
| 胶凝材料中未掺矿物掺合料 | <0.45 | $5 \leqslant T < 10$<br>$10 \leqslant T < 20$<br>$20 \leqslant T$ | 10<br>7<br>7 | $5 \leqslant T < 10$<br>$10 \leqslant T < 20$<br>$20 \leqslant T$ | 14<br>10<br>7 |

(8)在任意养护时间,淋注于混凝土表面的养护水温度低于混凝土表面温度时,二者间温差不得大于15 ℃。

(9)混凝土养护期间应注意采取保温措施,防止混凝土表面温度受环境因素影响(如曝晒、气温骤降等)而发生剧烈变化。养护期间混凝土的芯部与表层、表层与环境之间的温差不宜超过 20 ℃(截面较为复杂时,不宜超过 15 ℃)。大体积混凝土施工前应制定严格的养护方案,控制混凝土内外温差满足设计要求。

(10)混凝土在冬季和炎热季节拆模后,若天气产生骤然变化时,应采取适当的保温(寒季)隔热(夏季)措施,防止混凝土产生过大的温差应力,使表面产生裂纹。

(11)混凝土拆模后可能与流动水接触时,应在混凝土与流动的地表水或地下水接触前采取有效保温保湿养护措施养护 14 d 以上,且确保混凝土获得 75%以上的设计强度。养护结束后及时回填。

(12)直接与海水或盐渍土接触的混凝土,应保证混凝土在强度达到设计等级以前不受侵蚀。并尽可能推迟新浇混凝土与海水或盐渍土直接接触的龄期,一般不宜小于 6 周。

(13)对于严重腐蚀环境下采用大掺量粉煤灰的结构构件,在完成规定的养护期限后,如条件许可,在上述养护措施基础上仍应进一步适当延长潮湿养护时间。

(14)混凝土养护期间,应对有代表性的结构进行温度监控,定时测定混凝土芯部温度、表层温度以及环境气温、相对湿度、风速等参数,并根据混凝土温度和环境参数的变化情况及时调整养护措施,确保混凝土的内外温差满足要求。

(15)混凝土养护期间,施工和监理单位应建立严格的岗位责任制,加强对养护工作的管理和检查,并各自对混凝土的养护过程作详细记录。

## 十一、高性能混凝土的拆模

(1)混凝土拆模时的强度应符合设计要求。当设计未提出要求时,应符合下列规定:

①侧模应在混凝土强度达到 2.5 MPa 以上,且其表面及棱角不因拆模而受损时,方可拆除。

②底模应在混凝土强度符合表 4-14-6 的规定后,方可拆除。

**表 4-14-6 拆除底模时所需混凝土强度**

| 结构类型 | 结构跨度(m) | 达到混凝土设计强度的百分率 |
|---|---|---|
| 板、拱 | ≤2 | 50% |
| | 2~8 | 75% |
| | >8 | 100% |
| 梁 | ≤8 | 75% |
| | >8 | 100% |
| 悬臂梁(板) | ≤2 | 75% |
| | >2 | 100% |

(2)芯模或预留孔洞的内模应在混凝土强度能保证构件和孔洞表面不发生塌陷和裂缝时,方可拆除。

(3)混凝土的拆模时间除需考虑拆模时的混凝土强度应满足规定的要求外,还应考虑拆模时混凝土的温度不能过高(由水泥水化热引起),以免混凝土接触空气时降温过快而开裂,更不能在此时浇筑凉水养护。

混凝土内部开始降温以前以及混凝土内部温度最高时不得拆模。

(4)一般情况下，结构或构件芯部混凝土与表层混凝土之间的温差、表层混凝土与环境之间的温差大于 20 ℃(截面较为复杂时，温差大于 15 ℃)时不宜拆模。大风或气温急剧变化时不宜拆模。在寒冷季节，若环境温度低于 0 ℃时不宜拆模。在炎热和大风干燥季节，应采取逐段拆模、边拆边盖的拆模工艺。

(5)拆模宜按立模顺序逆向进行，不得损伤混凝土，并减少模板破损。当模板与混凝土脱离后，方可拆卸、吊运模板。

(6)当拆除拱架、拱圈及跨度大于 8 m 梁式结构的模板或特殊设计的模板时，应按设计要求的程序及措施进行。

(7)拆除临时埋设于混凝土中的木塞和其他预埋部件时，不得损伤混凝土。

(8)拆除模板时，不得影响或中断混凝土的养护工作。

(9)拆模后的混凝土达到 100%的设计强度后，方可承受全部设计荷载。

## 第三节 高性能混凝土的质量检验

### 一、混凝土拌和物性能

施工过程中应按表 4-14-7 的要求对混凝土拌和物的质量进行检验。

**表 4-14-7 混凝土拌和物质量检验要求**

| 检验项目 | 频 次 |
|---|---|
| 坍落度(±20 mm) | ①搅拌站首盘混凝土。<br>②在浇筑地点每 50 $m^3$混凝土取样检验一次。<br>③每班或每一结构部位至少 2 次 |
| 水胶比 | |
| 入模温度(冬季≥5 ℃，夏季≤30 ℃) | |
| 含气量(≥2.0%无抗冻) | |
| 泌水率 | 每班至少一次 |
| 匀质性 | 搅拌站首次使用或使用周期达一年时 |

### 二、混凝土力学性能

施工过程中应按表 4-14-8 的要求对混凝土力学性能的质量进行检验。

**表 4-14-8 混凝土力学性能质量检验要求**

| 检验项目 | | 检验频次 |
|---|---|---|
| 桩体及墩台体混凝土 | 同条件养护试件脱模抗压强度 | 每班、每一结构部位至少各 1 组；<br>每 100 $m^3$混凝土至少各 1 组 |
| | 同条件养护试件抗压强度 | |
| | 56 d 标准养护试件抗压强度 | |
| 梁体混凝土 | 同条件养护试件脱模抗压强度 | 每件预制梁至少各 1 组 |
| | 同条件养护试件初张拉时抗压强度及弹性模量 | |
| | 同条件养护混凝土终拉/放张时抗压强度及弹性模量 | |
| | 同条件养护试件抗压强度 | 每件预制梁至少 2 组 |
| | 标准养护试件 28 d 抗压强度 | 每件预制梁至少 4 组 |
| | 标准养护试件 28 d 弹性模量 | 每件预制梁至少各 1 组 |
| | 28 d 同条件养护转标准养护试件抗压强度 | |
| | 28 d 同条件养护转标准养护试件弹性模量 | |
| | 28 d 标准养护试件弹性模量 | |

## 三、混凝土耐久性能

施工过程中应按表 4-14-9 的要求对混凝土耐久性能质量进行检验。

**表 4-14-9　混凝土耐久性能质量检验要求**

| 检验项目 | 频　次 |
|---|---|
| 电通量 | 同标段、同施工工艺、同配合比混凝土至少进行一次抽检。每 5 000 $m^3$ 混凝土取样检验一次 |
| 抗冻性(当有抗冻要求时) | |
| 抗渗性(当有抗渗要求时) | |

# 第五篇

## 科研与技术创新

# 第一章　科研与技术创新工作管理

## 一、成立工程科技创新包保领导小组

成渝公司为了确保公司工程科技创新工作的顺利推进，明确了各相关单位、部门在工程科技创新工作中的职责和义务，根据铁道部和公司有关工程科技创新管理的要求，结合建设项目的特点，成立了工程科技创新包保领导小组。领导小组负责：

(1)研究制定公司工程科技创新管理办法。

(2)定期研究、分析工程科技创新项目推进情况，及时采取相应的对策措施。

(3)针对建设工程特点，确定专项技术攻关和“四新技术”课题，开展技术攻关。

(4)对工程科技创新包保情况进行考核。

## 二、确定工程科技创新分级包保管理的范围

成渝公司将工程科技创新分级包保管理的范围：铁道部立项的科研项目；公司立项的科研和科技创新项目；专项技术攻关及“四新技术”运用。

## 三、制定工程科技创新分级包保管理的原则

立项的科研和科技创新项目：以批准的科研项目建议书为纲领，以年度推进计划为阶段控制目标，动态掌握，月度跟踪、季度考核，确保年度计划的落实。专项技术攻关及“四新技术”，以确定的课题为目标，制定工作计划，开展技术攻关，解决技术难题。

(1)每年年初，公司提出当年重点研究课题，报部科技司，经部科技司核准并纳入当年度科技研究开发计划的课题，按照部科技项目管理。

(2)每年年初，公司立项研究课题，由各部门提出研究课题，经公司科技创新管理委员会审核同意后，纳入当年公司科研计划。公司负责课题立项、督促检查和审查验收。

(3)公司急需的专项技术攻关及“四新技术”课题，且未纳入当年科研开发计划的科研与试验项目，经公司科技创新管理委员会审核同意后，纳入当年公司科研计划。

(4)工程科研项目课题选择应结合建设项目的特点，重点为：高速铁路关键技术研究、检测测量技术研究、关键施工工艺和方法的研究、施工安全技术研究、信息化技术的研究及“四新技术”的运用。

## 四、注重科技创新的实施

(1)抓好前期工作：及时研究确定课题；编制、审定实施方案和推进计划；落实资金来源；明确人员、设备配置；制定物资材料供应计划和安全质量保障措施，以及信息化和后勤保障等。

(2)注重现场过程控制：全面、全过程收集检测试验数据，做到真实、有效。

(3)及时分析总结：针对各工程科技创新项目实施情况及时进行分析总结，形成阶段性研究、试验成果，并及时将研究试验成果运用到工程建设中；在完成全部研究工作后，应及时提报结题申请、研究报告以及其他相关文件。对课题组织评审、验收或鉴定工作。

# 第二章　科研与技术创新项目

科研与技术创新项目见表 5-2-1。

表 5-2-1　科研与技术创新项目

| 序号 | 项目名称 | 项目编号 | 项目类别 | 主持单位 | 参研单位 |
| --- | --- | --- | --- | --- | --- |
| 1 | 城市区铁路工程岩石路堑与浅埋隧道安全控爆技术 | 2010G016-L | 中国铁路总公司重点课题 | 铁科院 | 成渝公司<br>经规院<br>北京交大<br>铁二院<br>中铁十局<br>中铁十二局<br>中铁十七局 |
| 2 | 客运专线长大瓦斯隧道综合施工技术研究 | | | | 中铁八局<br>中铁三局 |
| 3 | 客运专线新型快速制梁技术研究 | 2012CD00085 | 四川省重点课题 | 成渝公司 | 中铁八局 |
| 4 | 新中梁山隧道大断面渐变段及近接既有隧道综合施工技术 | 11-26C | 中国铁建重点课题 | 成渝公司 | 中铁十七局 |
| 5 | 复杂施工条件下大跨度连续梁-拱桥及道岔变宽连续梁综合施工技术 | | | | 中铁十六局 |
| 6 | 成渝客运专线大跨度连续梁拱桥及岔区连续梁施工关键技术研究 | | | | |

## 一、"城市区铁路工程岩石路堑与浅埋隧道安全控爆技术"项目

(一)课题来源

随着城市化的不断发展,轨道交通的发展也逐步趋向于城区化和西部化,其中涉及的爆破工程所面临的环境也越来越复杂,如:爆区周边有大量的建(构)筑物、市政管线、运营的既有线路等不利因素。需研发和利用新技术、新材料、新工艺,采取精细的控制爆破技术,在提高爆破效率、加快施工进度的同时,将振动、飞石、噪声、冲击波、粉尘等危害效应控制到最低,杜绝可能发生的一切事故。目前铁路新线建设主要面临的问题是:城市爆破的安全环保、浅埋隧道的安全快速掘进、铁路建设典型建(构)筑物爆破拆除、建筑物爆破振动安全控制标准的确定、电子雷管爆破降振技术以及城区铁路隧道减振施工技术,针对以上问题,由铁道部资助,中国铁道科学研究院牵头,联合北京交通大学等多家单位成立了《新线建设关键技术研究——城市区岩石路堑与浅埋隧道安全控爆技术研究》课题,结合重庆铁路枢纽工程,对复杂环境下铁路建设爆破工程面临的关键技术进行研究,以便对以后类似工程提供借鉴参考。

(二)研究现状

1. 城市石方爆破安全环保技术

爆破在取得大量工程建设目的的同时,也对周边环境产生着巨大的影响。长期以来,人们对如何控制爆破振动、爆破飞石、爆破粉尘及爆破噪声等危害效应进行了许多研究,也取得了较为丰富的研究成果。例如,在爆破振动方面,建立了国内外较为通用的预测爆破振动的萨道夫斯基公式,我国以及美、德、日等一些发达国家也都制定了自己的爆破振动安全允许标准;在飞石控制上,试验研究了多种材料的飞石防护体系,尤其是近年来,国外一些研究人员正在利用可视化技术研究精确检测前排炮孔最小抵抗线的大小和变化情况,从而实现爆破飞石的主动控制,目前我国铁道科学研究院爆破室也正在积极开展此项技术的研究;对爆破粉尘的控制研究主要集中在拆除爆破方面,一般采用地面洒水、炮孔上挂水袋幕帘、爆后消防车洒水,直

升飞机抛水袋等措施减少了爆破粉尘对环境的污染，目前国内也有关于采用化学泡沫法降尘的报道，但由于其成本过高而难以推广应用；在爆破噪声方面，美国、日本规定城市中爆破噪声不应大于 90 dB，我国《爆破安全规程》(GB 6722—2003)中规定城镇爆破作业噪声应控制在 120 dB 以下，但关于如何控制爆破噪声的研究却很少见。

2. 浅埋隧道安全控爆掘进技术

铁路隧道穿越城区时，由于其埋深浅，爆破开挖将对上部及周边建(构)筑物产生较大的振动影响，该问题已成为浅埋隧道爆破掘进技术的瓶颈。国内外许多爆破工作者都在积极寻求隧道爆破减振技术，也创造出一些成功的减振实例，如：日本在初狩隧道开挖中通过采用刻槽隔振技术减轻了爆破对围岩和地表的振动影响；瑞典 Langefors 提出加大掏槽区空孔体积，减小掏槽爆破的夹制作用，从而降低爆破振动；我国在广州地铁三号线的施工过程中采用微振动控制爆破技术成功地穿越了上覆高大楼群的复杂环境地段；宁波招宝山隧道采用先拉槽后光面的微振动控制爆破技术，解决了间隔 4 m 的近距离双管隧道钻爆开挖安全问题，保证了邻近 35 m 的文物和 4 m 厚隔墙的安全稳定；浙江杭州引水隧洞穿越埋深 26 m 的复杂环境段，采用电子雷管精确控制延时，实现爆破减振后，将半断面 1.2 m 进尺改进为全断面 2.8 m 进尺，且地表爆破振动从 3 cm/s 减小到 1.5 cm/s。

重庆铁路枢纽有众多的浅埋高风险隧道需要爆破开挖，如火风山隧道、人和场隧道、新红岩隧道等。这些隧道埋深浅、上部和周边往往有大量的建(构)筑物，诸如别墅区、高层居民区、桥梁桩基、水库以及既有隧道等，爆破环境十分复杂。由于爆破条件和爆破环境的不同，使得重庆枢纽浅埋隧道有着自己的开挖特点，故以往的隧道爆破减振技术不能生搬硬套，必须研究适于重庆浅埋隧道自身特点的减振控爆技术，才能真正起到指导施工的作用，但前期成功的实例将为重庆浅埋隧道减振技术的研究起到借鉴意义。

3. 铁路建设典型建(构)筑物爆破拆除安全技术

近些年来，拆除爆破在城市建设中得到了良好的发展和应用。在长期的工程实践中，人们总结了一些拆除爆破安全施工工艺，并且取得了许多成功的爆破拆除实例。然而，在取得成功的背后，由于拆除爆破技术本身的复杂性和其他多种因素的影响，也暴露出了许多安全问题和事故隐患。拆除爆破出现的安全问题往往会给民众带来心理上的压力和负担，从而产生较大的社会反响，因此，安全问题仍是拆除爆破领域需要高度重视和长期研究的课题。

在新线和复线铁路建设中经常会遇到如征地拆迁、站房改建、旧桥重建等建(构)筑物爆破拆除工程。在这些拆除工程中以旧桥拆除和施工质量有缺陷的桥墩局部拆除最为常见。工程上对拆除这些建(构)筑物的要求极其严格，有时既要将旧桥破解，又要保护既有线运营安全；拆除桥墩时，甚至要使没有缺陷的桥墩部位保留并继续使用。在复杂环境下如何拆除这些工程以及如何保证爆破安全则是十分值得关注的问题。

4. 建筑物爆破振动安全控制标准

关于爆破振动对建筑物安全影响的研究由来已久，以往的研究也已取得了较为丰富的研究成果。研究结果表明，表征爆破振动的参量应包括振动幅度(峰值振动速度)、振动的频谱特征(主振频率)和爆破持续时间。目前多以地表介质质点运动最大速度值作为衡量爆破振动破坏的参量。质点振动速度与一次爆破的单段最大起爆药量、测点至爆源的距离、地质地形条件和爆破方法等因素有关。在判断爆破产生的振动强度对建筑物和构筑物的影响时，许多国家都根据本国的工程特点和要求制定了爆破振动安全控制标准，如美国的 USBM、OSMRE 标准和德国的 DIN4150 爆破振动安全标准等。我国的《爆破安全规程》(GB 6722—2003)中对各类建(构)筑物允许的最大质点振动速度都作了明确的规定。

《爆破安全规程》(GB 6722—2003)中的振动控制标准虽能对施工起到一定的指导作用，但它是一个粗线条的标准，在很多情况下存在较大的局限性。实际上由爆破振动引起建筑物或构筑物破坏所涉及到的因素很多，诸如地基的性质、建筑物所采用的材料、建筑物的结构、建筑物的新旧程度和施工质量等，因此，并不能完全用一个统一的数量来规定不同建筑物所允许的安全振动速度，要根据实际情况进行适当的调整。重庆铁路枢纽多条线路穿越城市繁华区，重要建(构)筑物和精密设备保护点较多，对于这些保护物不能简单套用《爆破安全规程》(GB 6722—2003)的振动标准，需要进行更为细致的研究和论证。

5. 电子雷管爆破降振技术

目前，世界许多国家正在进行以电子雷管取代传统化学延期药剂的雷管的研究与应用。澳大利亚 Orica

公司、南非 AEL 公司和 Sasol 公司、瑞典 Dynamit Nobel 公司、法国 Davey BickFord 公司和日本旭化成工业公司等都研制和开发了电子雷管及其起爆系统。我国第一个自主研发的电子雷管专用集成电路"隆心 1 号"也已研制成功,并依此研制了电子雷管、铱钵起爆器和铱钵表。如今,电子雷管及其起爆系统已在澳大利亚、加拿大、美国、非洲等国家获得了实际应用,我国先后在三峡工程三期上游碾压混凝土围堰爆破拆除、内蒙古准格尔煤矿、江西德兴铜矿、杭州引水隧洞以及贵广线牛王盖隧道中进行了试验和应用。试验结果表明,采用电子雷管可有效降低爆破振动,改善破碎效果,提高爆破效率,加快施工进度。

然而,电子雷管在我国的生产及应用均处于起步阶段,仅在一些典型工程中进行了试验应用,尚未形成一项通用的技术。同时,还有许多问题需要解决,诸如如何利用电子雷管实现真正意义上的错峰干扰降振就有待于进行深入细致的研究。

6. 城区铁路隧道减振施工新技术

目前开挖隧道工程主要有两种施工方法,一种是传统的钻爆法(缩写 D/B),一种是国际流行的而在我国也已开始使用的掘进机施工方法(缩写 TBM)。两者在不同的范围内,不同的条件下表现出各自不同的施工特点。采用钻爆法施工,灵活、方便、成本低廉,可应用于各种自然环境和地质结构,可掘进任何形状、长短的巷道,适合我国国情。采用 TBM 法施工快速、安全、文明、对周围环境影响小,施工时对围岩和周围建筑物扰动少,但价格昂贵,且设备往往需要进口,后期维护费用高。

现今,国际上许多国家(日本、西欧、北美)对城市浅埋隧道的施工主要采用非爆破的开挖方法,即使用单臂掘进机、铣挖机等机械进行切削法施作,且已形成了比较完善的工法体系。但目前在我国铁路系统尚未对"非爆破"切削法隧道开挖施工进行系统的实验和研究,更没有完整的、成功的工程实例。

(三)主要研究内容及拟解决的关键技术

1. 经过对目前研究现状的分析,得到课题的主要研究内容

(1)城市石方爆破安全环保精细技术

①石方爆破噪声影响因素和控制技术研究。

②粉尘控制技术和工艺研究。

③复杂环境条件下飞石控制技术研究。

(2)浅埋及邻近建(构)筑物隧道安全快速爆破技术

①隧道爆破安全风险等级标准研究。

②隧道钻爆施工近区振动衰减规律研究。

③隧道钻爆施工围岩损伤范围研究。

④浅埋隧道爆破开挖对邻近建(构)筑物的振动和损伤影响。

⑤隧道爆破减振技术的研究。

(3)铁路建设典型建(构)筑物爆破拆除安全技术

①建(构)筑物塌落振动计算方法研究。

②静态破碎剂在特殊结构体拆除爆破中的应用研究。

③邻近运营铁路建(构)筑物拆除爆破的安全评价方法和评价体系研究。

(4)重庆枢纽区域常见建筑物爆破振动施工安全控制标准

①重庆枢纽区域常见建(构)筑物抗振能力统计分析研究。

②爆破振动作用下建筑物的动力响应和破坏机理研究。

③城区常见建筑物爆破振动安全控制标准研究。

④地表建筑物爆破振动远程监测和安全预报技术研究。

(5)电子雷管爆破降振综合技术

①电子雷管干扰降振技术的研究。

②复杂环境下露天石方爆破电子雷管降振技术研究。

③浅埋隧道钻爆施工电子雷管降振技术研究。

(6)城区铁路隧道减振施工新技术研究

①浅埋隧道机械开挖的环境振动影响研究。

②“非爆破”开挖适用条件和施工工艺研究。

③机械与爆破组合减振施工技术研究。

④城区铁路隧道减振施工经济分析研究。

2. 拟解决的关键技术

(1)复杂环境条件下的安全环保爆破技术，主要包括爆破粉尘、噪声和飞石的控制措施。

(2)浅埋隧道安全快速掘进中控制爆破的降振措施。

(3)城区常见建筑物的爆破振动安全控制标准。

(4)电子雷管的干扰降振技术。

(5)复杂环境段非爆破开挖隧道减震施工技术。

(四)主要研究方法

1. 城市石方爆破安全环保精细技术

(1)分析深孔爆破和浅孔爆破等不同方式下爆炸噪声产生的原因，找出影响爆破噪声的主要因素。通过测试和分析爆破噪声的衰减规律，确定爆破噪声的危害范围，提出爆破噪声的主动控制和被动防护技术措施。

(2)研究爆破粉尘的产生和控制爆破粉尘的原理。采用炮孔孔口水袋覆盖和爆破体表层水体覆盖的方法降尘，试验研究水体厚度、水体布设方式等对降尘效果的影响。试验应用细水雾喷射技术降低烟尘的措施。形成一套完整的露天深孔爆破降尘控制施工工艺。

(3)利用数字视频监测技术，对爆破过程中的粉尘和飞石进行监测，在分析监测结果的基础上优化调整合理的装药参数。实现复杂环境条件下爆破粉尘和飞石的全程监测和控制。达到安全环保爆破目标。

2. 浅埋及邻近建(构)筑物隧道安全快速爆破技术

为了实现铁路浅埋或邻近建(构)筑物隧道的快速安全钻爆施工的目的，并借鉴以往的研究经验，本子项的主要研究方法：

(1)根据现场地质条件和隧道周围环境的复杂程度，将隧道爆破分为：风险 A 级爆破、风险 B 级爆破和隧道控制爆破段。根据不同风险级别，研究确定合理的爆破进尺、装药量和钻爆参数。

(2)测试浅埋隧道钻爆施工中不同类型围岩的爆破振动衰减规律，为调整优化隧道爆破参数和建立隧道钻爆施工安全振动标准奠定基础。

(3)测试爆炸荷载作用下围岩的损伤范围和隧道的变形情况，从而建立浅埋隧道围岩稳定性的判断标准。

(4)结合火风岩隧道浅埋段上覆桥梁桩基、下穿既有隧道等重要构筑物情况，研究隧道爆破引起邻近构筑物的损伤破坏情况，通过围岩超声波检测和爆破震动检测，判断它们的稳定性；结合人和场隧道或新红岩隧道上覆地表建筑物较多的情况，研究隧道爆破引起建筑物的振动损伤破坏情况，以及邻近建(构)筑物的加固保护措施。

(5)通过振动测试对比不同掏槽部位、掏槽形式及掏槽参数的爆破振动规律；研究全断面法、台阶法和其他开挖方法的爆破布孔方案及相关爆破减振技术。

3. 铁路建设典型建(构)筑物爆破拆除安全技术

(1)在新线或既有线的铁路建设中，当爆破拆除建(构)筑物时，既要保证爆破效果，更要注重爆破安全。降低建(构)筑物塌落振动对周边环境的影响是降低爆破振动研究的重点。根据典型建(构)筑物模型建立塌落振动计算方法，确定塌落振动的危害范围，提出降低塌落振动的有效控制措施。

(2)静态破碎剂不产生噪声、振动和粉尘等公害，在一些特殊环境的结构体拆除中能够发挥作用。结合特殊结构体拆除项目现场应用，总结出一套有针对性的高效静态爆破施工方法。

(3)建立邻近运营铁路建(构)筑物拆除爆破的安全评价方法和评价系统。结合拆除爆破自身的特点，应用安全系统工程基本知识，对建(构)筑物拆除爆破系统的主要危险、有害因素进行系统的辨识，建立建(构)筑物拆除爆破的安全评价体系或评价模型，对建(构)筑物拆除爆破的安全进行综合评判，从而得出评价等级并提出对策措施。

4. 重庆枢纽区域建筑物爆破振动施工安全控制标准

重庆铁路枢纽区域周边建筑物数量巨大，且各种建筑物千差万别，抗震能力差异很大；不同爆破条件下，爆破振动的特征也各不相同。因此，建立建筑物爆破振动施工安全控制标准，对保证爆破施工安全具有极其重要的意义。

(1)对重庆枢纽区域铁路沿线的建(构)筑物进行大量的现场调查统计和损伤检查，根据建筑物的结构、材质、修建年限等因素进行统计分析并分类，然后给出各种建筑类型的抗震能力。

(2)利用网络通信技术建立远程爆破振动监测系统，测试各种爆破条件下(诸如小药量、近距离、高频率等)爆破振动的特征及传播规律，确定爆破振动的衰减和影响范围(包括对人和结构的影响)。

(3)通过现场检测和理论分析，研究建筑物在爆破振动作用下的动力响应，探索不同爆破振动作用下建筑物破坏机理和模式。

(4)根据爆区周边建筑物的地质地形条件，建筑物的功能、结构类型、建筑质量、爆破振动特征以及爆破振动叠加损伤效应等多种因素综合确定城区常见建筑物爆破振动施工安全控制标准。

(5)建立建筑物爆破振动安全预报模型，从而控制爆破振动和爆破振动安全距离，实现对爆区周边建筑物的安全保护。

5. 电子雷管爆破降振综合技术研究

(1)在分析已有文献的基础上，并结合电子雷管的发展现状，探索爆破干扰减振机理。首先进行单孔爆破振动波形检测试验，建立单孔爆破振动计算模型，在此基础上进行多孔爆破振动叠加试验，利用波峰与波谷叠加干扰降振理论，并结合现代化的爆破振动监测手段，确定控制爆破振动的主要参数的合理取值。

(2)根据电子雷管任意选定爆破延时的特点，确定合理的爆破参数，并将爆破振动监测和爆破参数调整相结合，从而建立露天石方爆破电子雷管信息化优化施工技术。

(3)浅埋隧道钻爆施工电子雷管降振技术研究。根据电子雷管的降振特点，确定合理的钻爆参数、起爆顺序和微差时间，建立隧道爆破电子雷管安全快速施工工法。

6. 城区铁路隧道减振施工新技术研究

重庆铁路枢纽多条隧道周围建(构)筑物密布，且部分区段埋深极浅，诸如新修成渝铁路的新红岩隧道，部分段落最小埋深仅 5 m。本课题拟对该隧道部分段落采用“非爆破”切削法进行施工，需要对其进行较为系统的试验和研究，主要研究方法如下：

(1)调查、分析和确定铁路隧道采用“非爆破”切削法开挖施工的机械设备的配套体系、参数与适用条件。

(2)试验研究在不同强度围岩中隧道切削法开挖施工的最佳掘进速度。

(3)隧道采用切削法开挖施工时，统计和分析不同围岩强度或不同掘进速度与工程成本(消耗成本、时间成本)的关系。

(4)通过试验总结，提出隧道采用切削法施工时的快速开挖步骤。

(5)利用“非爆破”开挖中心槽或周边槽，并与爆破法开挖相结合，形成新的隧道施工技术，研究浅埋复杂环境段机械和爆破组合开挖减振施工的应用方法。

(五)科研成果及前景展望

1. 科研成果

本项目以重庆铁路枢纽为依托，针对特定地质条件和特殊复杂环境，通过理论研究、数值模拟、现场试验及工程实践，对铁路新线建设城市区的岩石路堑与浅埋隧道安全控爆进行了全面系统的研究，最终形成了以下关键技术：

(1)对爆破粉尘的形成以及湿式捕尘机理进行了理论分析，进而提出了爆破前、爆破中和爆破后的除尘措施，并在重庆火车北站爆破扩挖工程中进行了试验，通过检测结果看出，达到了很好的除尘效果。其次提出了有效的冲击波和噪声的控制技术和防护措施，通过现场应用，起到了良好的效果。

(2)对飞石的控制贯穿于整个爆破过程。从爆破方案和参数的设计选取到爆破施工的实施都严格控制爆破飞石，尤其在钻孔、装药、填塞、联网、覆盖等施工过程中，采取了相应的控制爆破飞石的措施，取得了明显的成效，这对以后类似工程能起到良好的借鉴作用。

(3)总结和分析了国内外目前关于塌落振动的计算方法，进而采用力学、波动学、量纲分析的方法，并结合实测，分析了塌落振动的形成、传播和衰减，提出了相应的计算方法，并提出了塌落振动的控制措施。

(4)通过超声波无损检测的方法，对隧道非电雷管和电子雷管爆破的围岩损伤进行了研究，得到：①非电雷管引起的松动圈为 1.5～2.3 m，电子雷管引起的松动圈为 0～1.4 m。②非电雷管引起的松动圈内岩体波速下降为 23%～36%，电子雷管引起的松动圈内岩体波速下降为 12%～17%。③通过理论分析认为：爆破产生的破裂范围主要与爆炸应力、岩石抗拉强度和装药半径有关，隧道周边眼采用光面爆破主要是降低爆破应力强度和装药半径，以便最大限度地保护围岩。

(5)根据拆除爆破的特点，对主要的危险因素进行了识别，建立了拆除爆破安全评价指标体系，将其中的评价因素以爆区环境、安全管理、安全技术、施工安全划分为四大部分，四个层次。之后利用模糊评价法建立了拆除爆破安全综合评价模型，在全面考虑各个因素的影响和全面考虑各单因素评判结果的基础上，得出风险等级，进而采取相应的风险应对策略。

(6)对城区内铁路沿线的建(构)筑物进行大量的现场调查和试验研究，结合实际实施结果，考虑室内人对振动的接受程度，给出了铁路沿线既有建筑物、既有线隧道、铁路桥梁、铁路涵洞、铁路边坡、接触网支柱、轨道等各种建(构)筑类型的振动标准。为铁路工程爆破振动控制标准的编制提供了参考依据。

(7)通过在建筑物不同高程的振动监测发现，建筑结构相近时，振动速度随高程增加逐渐衰减，不存在振动高程放大现象；而在结构骤变、存在明显的末端时，且随着塔顶的自振频率与衰减后的爆破振动频率相接近时，发生共振，高耸结构出现振动的“鞭梢效应”，局部可能出现振动高程放大效应。

(8)采用有限元方法模拟了隧道爆破开挖对地表建筑物的影响，数值模拟结果显示：隧道爆破施工对上部楼房产生的振动控制在 2 cm/s 以下时对房屋结构不产生损伤。采用电子雷管单孔起爆时，与非电雷管起爆相比，振动速度降低 50%，楼房所受力降低一个数量级。

(9)根据爆破地震波的传播叠加原理，以实测单炮孔爆破振动波形为基础，考虑预测点位置与各炮孔的相对位置关系，并按照实际起爆网路设计的各炮孔起爆时差和实测的地震波传播速度等参数，建立了新型爆破振动预报模型，利用开发的软件对信号解析和叠加计算，实现不同位置的爆破振动波形预测。该模型不仅可以预测爆破振动速度峰值，而且可获知爆破振动持续时间及主振频率分布范围。通过现场应用电子数码雷管的深孔爆破实验，该方法计算的预测波形与实测波形相当吻合。

(10)采用波动理论，对爆破振动波的传播、应力分布、波形叠加进行了探讨，从理论上对波形叠加干扰降振的机理进行了分析，提出了最佳延时间隔的确定方法。通过理论和对比试验结合的方法，得到深孔控制爆破孔间延时 17 ms，排间延时 100～120 ms 可以达到干扰降振的效果，每排超过 10 个孔，则可采用孔间 17 ms 延时的方式，满足微振控制爆破的要求。对于隧道爆破，掏槽眼单孔起爆，间隔在 2～10 ms 之间；周边眼孔间间隔 3 ms；每段之间的延时时间为 50 ms；大段内部的炮孔单孔起爆，间隔 3 ms，其他“大段”内部炮孔延时间隔 2 ms。采用电子雷管比采用普通雷管能将抑制振动的效果由后者的 30%提高到 50%。通过多工点的大量应用，总结出了电子雷管微振控制爆破技术施工工艺，为以后类似工程提供参考。

(11)在重庆新红岩隧道进行了机械开挖试验，试验选用了 EBZ260H 型单臂掘进机进行挖掘，通过多种形式的开挖试验，总结出了高效的开挖参数；通过采用高压水降尘系统、干式除尘系统、自动隔尘系统相组合的方式取得了良好的降尘效果。机械与控爆组合法可运用于埋深在 15～20 m 段落。采用机械掏槽进尺可为多榀形成超前一定深度的导洞，后续控制爆破宜分为多个循环，爆破振速可控制在 1 cm/s 内，符合爆破安全规程要求。对于埋深 15 m 以下且地面建筑物密集段或者下穿滑坡等有地质问题带，建议采用全断面或上半断面全机械法开挖减少振动的影响。机械开挖法验证本型号单臂掘进机适用在 30 MPa 左右的岩层条件，能取得较好施工效率；试验结果表明：通过掌子面核心部或者机械开挖整个上半断面形成大的凌空面和减振空间，消除掏槽爆破的振动，减少爆破的用药量，能够有效降低整个隧道开挖的振动。试验结果表明：通过掌子面核心部或者机械开挖整个上半断面形成大的凌空面和减振空间，消除掏槽爆破的振动，减少爆破的用药量，能够有效降低整个隧道开挖的振动。

(12)通过多点振动检测，得到了重庆地区平行于隧道走向的地表的爆破振动衰减公式和垂直于隧道走向的地表爆破振动衰减公式，平行于隧道走向的振动衰减速度略大于垂直于隧道走向方向的振动衰减速度。拱顶围岩的振速一般为边墙振速的 1.2～1.3 倍。

(13)采用量纲分析法建立爆破振动频率的相似准数方程，并对实测波形的主振频率进行回归分析，得到了主频率的预测公式。

2. 前景展望

本技术通过应用各种新技术、新工艺、新材料，有效解决了城区复杂环境铁路建设爆破工程遇到的各种难题，如：爆破危害效应对环境的影响；城区浅埋隧道、紧邻既有小近距隧道的高效安全开挖；铁路建设过程中特殊结构建(构)筑物的爆破拆除等，为重庆铁路枢纽建设起到了重要的作用。同时，本项研究成果随着铁路建设的进一步推进，尤其是二、三线城市路网的改扩建建设高潮必将持续维持在高位水平，在城区复杂环境下进行爆破施工不可避免，且数量很大。因此，该项研究成果可以为今后类似工程提供技术支撑，其潜在技术市场前景广阔，随着该技术的应用，必将产生巨大的经济和社会效益，对于铁路建设的发展具有重要而深远的意义。

## 二、"客运专线长大瓦斯隧道综合施工技术研究"项目

### (一)任务来源

成渝客专龙泉山隧道属于长大高瓦斯隧道，是成渝客专线上最长的高瓦斯隧道。隧道起讫里程 DK22＋485～DK29＋813，全长 7 328 m，最大埋深 285 m。隧道为双线隧道，于隧道进口右侧 30 m 设置一座平导，长度 3 825 m。按时速 350 km 客运专线标准设计。

成渝客专龙泉山隧道为集团公司目前施工长度最长、开挖断面最大的高瓦斯隧道，其主要特点是：隧道区域瓦斯含量大，涌出浓度高，为总公司极高风险隧道，设计探明龙泉山隧道浅层天然气可能溢出量为 $1\ 251\times10^4\ m^3$，掌子面单位时间最大涌出量 $2.2\ m^3/min$；1 号、2 号斜井设计纵坡 40%，施工期间采用提升式有轨运输，施工功效低，安全风险极大。

客运专线长大瓦斯隧道综合施工技术研究成果以成渝客专龙泉山高瓦斯隧道工程为载体，对高瓦斯隧道施工监控与防治、高瓦斯隧道施工通风、高瓦斯隧道施工风险评估和高瓦斯隧道大坡度有轨运输进行技术研究。

### (二)应用范围和技术原理

客运专线长大瓦斯隧道综合施工技术研究成果技术适用于长大高瓦斯隧道及相似工程的施工。该成果的主要技术原理为：通过对高瓦斯隧道施工监控与防治、高瓦斯隧道施工通风、高瓦斯隧道施工风险评估和高瓦斯隧道大坡度有轨运输的技术研究，确保龙泉山隧道建设任务快速、安全、顺利地完成。

### (三)客运专线长大瓦斯隧道综合施工技术的主要技术性能指标

1. 采用自动监测和人工实时监测相结合的方式，对高瓦斯隧道施工期间的瓦斯进行监控，掌握隧道各关键部位瓦斯浓度，当出现瓦斯涌出时，采取有效措施进行处理，确保瓦斯在可控范围。

2. 开展通风方案设计，邀请国内瓦斯隧道方面的专家对方案进行评审，选择先进的通风设备，成立专门的通风班组，过程中对隧道内风速和风量进行实时监测，确保隧道内通风满足设计要求。

3. 对瓦斯隧道施工进行风险评估，及时消除或降低风险，确保龙泉山隧道顺利施工。

4. 对大坡度提升式有轨运输技术进行研究，提高现场施工效率，保证施工安全。

### (四)国内外同类技术比较

近几年来，随着国民经济的发展，交通量也在持续增长，为了适应交通量不断增长的需要，迎来了铁路建设的高潮，在线路选择时就不可避免地穿过含油气瓦斯地层地区，也就伴随着越来越多的长大瓦斯隧道的施工技术难题亟需解决。

龙泉山隧道全长 7 328 m，分为四个作业工区，分别为进口工区、1 号 2 号斜井工区、3 号斜井工区、出口工区。其中进口工区和 1 号 2 号斜井工区为高瓦斯工区，3 号斜井工区和出口工区为低瓦斯工区。1 号 2 号斜井设计纵坡为 40%，施工中采用提升式有轨运输。

龙泉山隧道在每个工区都安设了 KJ90NA 瓦斯自动监控系统、门禁及视频监控系统，加强对瓦斯的监控和防治。在每个工区均配置了瓦斯检测员，定时对隧道容易出现瓦斯聚集点进行检测，同时完成"一炮三检"工作。这是龙泉山隧道与其他瓦斯隧道的显著区别。

龙泉山隧道右侧 30 m 处设置一座 3 825 m 长的平导，每隔 500 m 设置一横通道与正洞相连。利用平导、横通道、正洞的联通关系进行隧道通风设计。针对龙泉山隧道高低瓦斯工区分段设计，有轨无轨运输布置共存，大坡度斜井及平导通风系统布置复杂，通过采用混合式的通风方法，使龙泉山高瓦斯隧道在通风效

果上取得了良好的效果。在实施过程中实施对各工作面的风速、风量进行测定，收集数据进行分析，根据分析结果及时调整通风布置。该技术成果有特长瓦斯隧道施工的特性，成功运用于龙泉山隧道的施工中，技术先进，为同类型高瓦斯隧道施工提供了一定的参考价值。

龙泉山隧道风险评估引入了数学方法对风险源进行量化评判，一定程度上弥补了经验主义对隧道施工风险造成错误判断。利用预先分析法、数值模拟法、专家调查法进行了高瓦斯隧道施工风险评估的研究。此技术在国内同类隧道施工处于领先。

龙泉山隧道1号2号斜井设计纵坡为40%，采用提升式有轨运输，且涉及瓦斯防治和反坡排水。随着信息技术的发展，更为先进的技术设备引进到施工管理中，如视频监控、语音交互、自动报警等系统，大大提高大坡度有轨施工的效率和安全性。填补了瓦斯隧道大坡度施工技术空白。

（五）科研成果及应用

1. 成果的创新性、先进性

(1)瓦斯隧道采用KJ90NA瓦斯自动监控系统，使得采集的瓦斯检测信息及时、准确、全面，为信息化施工取得了可靠的技术参数。

(2)采用混合式通风满足瓦斯隧道施工通风要求，为瓦斯隧道的安全施工提供了保证。

(3)利用预先分析法、数值模拟法、专家调查法对高瓦斯隧道施工风险进行评估。及时采取措施降低风险。

(4)大坡度有轨运输技术为填补了同类隧道施工技术空白。

2. 推广应用

该成果涵盖了高瓦斯隧道瓦斯监控与防治技术、高瓦斯隧道施工通风技术、高瓦斯隧道施工风险评估、高瓦斯隧道大坡度有轨运输技术。采取了KJ90NA瓦斯自动监控系统、大坡度有轨提升设备和混合式通风措施等，解决了瓦斯监测预报困难、大坡度运输、隧道施工通风等难题，减少了设备投入，又加快了施工进度，对于客运专线长大高瓦斯隧道及相似隧道类型的施工具有很强的指导和推广作用。

### 三、"客运专线新型快速制梁技术研究"项目

（一）任务来源

该课题来源于2012年四川省重点技术创新项目计划——企业技术中心创新能力提升专项。

（二）应用范围和技术原理

客运专线新型快速制梁技术研究成果技术适用于环境温度大于5 ℃的客运专线箱梁预制及相似类型高速铁路箱梁的预制。

该成果的主要技术原理为：通过优化钢筋编架吊装、芯模入模，配合比设计、养护等工艺，并通过强度预报及时掌握梁体强度，结合工序间无缝隙衔接施工，促进了整个施工作业链的高效运行，加快了整个施工段的作业时间，提高生产效率，缩短箱梁预制周期。

（三）客运专线新型快速制梁技术的主要技术性能指标

1. 采用低碱硅酸盐水泥优化混凝土配合比，在保证产品质量的前提下提高混凝土强度的上升速度，加快模型的周转使用率。

2. 钢模型采用固定式外模，专用轨道整体滑移入模及出模式芯模技术，缩短模型重复安装时间。钢筋骨架整体绑扎，整体吊装技术。

3. 钢绞线单根自动穿束技术，减少占用生产台位时间和钢筋吊装次数，缩短制梁周期。

4. 混凝土养护采用篷布覆盖的保温养护技术，自动测温系统对混凝土养护温度进行监控。箱梁混凝土强度预测预报系统及时预报脱模、初张强度时间，保证模型与生产台位及时周转。

5. 箱梁信息化管理系统，实现技术资料系统化和信息化管理，资料可追溯可查询。

（四）国内外同类技术比较

目前，国内箱梁生产的主要工艺主要有侧模固定法和移动法，钢筋骨架绑扎采用整体绑扎和分体绑扎，养护采用蒸汽养护和自然养护。

1. 侧模移动法主要适用于移梁小车移梁，跨墩门吊装梁。其主要优点是可减少提梁机的使用频率，减

少外模的配置数量,但此工艺对模型拼装要求高,且外形尺寸不易控制,移梁轨道变更方向频繁。故侧模移动法现已很少采用。

2. 钢筋骨架分体绑扎时,底腹板和顶板绑扎胎具可按 1∶1 或 2∶1 配置,因为其工作面的扩大,可同时绑扎底腹板钢筋和顶板钢筋,因此可节约编架时间。但由于分别入模,导致该工序作业时间长,几乎达到整体入模的 2 倍,增加占用台座时间,并且顶板和腹板钢筋连接较差,顶腹板交接处的倒角筋绑扎难度大。

3. 蒸汽养护对混凝土强度的增长确实有很大作用,可以大幅度提前达到初张强度的时间,也适用于北方天气寒冷时保温防止混凝土受冻。根据现有资料表明,最快 34 h 即能达到初张强度,而用自然养护,基本需要 72 h 左右,除去蒸养的降温时间,蒸养比自然养护能节约时间 30 多小时,极大了减少了生产台位的占用时间。根据计算,采用蒸汽养护,每榀梁消耗标煤 14.65 t,排放二氧化碳 38.383 t,无论是从企业自身的生产成本讲,还是从社会大环境的节能减排讲,采用蒸汽养护都不是最佳选择。经过统计,采用自然养护降低了生产台位的周转率,平均降低 40%在任务相同条件下,采用自然养护时占用工装、设备、土地的时间比采用蒸汽养护增加了 1/3 的时间。

随着近两年铁路建设的放缓,各施工企业的成本压力逐渐增大,如何实现快速制梁,做到少投入,节能减排,都是施工企业急迫需要解决的。部分施工企业广为采用的就是通过蒸汽养护促进混凝土早期强度快速发展,缩短箱梁占用台位的时间,以达到快速制梁的目的。

国外高铁尚未见快速制梁方面的施工工艺,并未进行过相关的技术研究。

(五)科研成果及应用前景

1. 成果的创新性、先进性

(1)梁体钢筋骨架采用整体绑扎和整体吊装的技术;芯模采用专用轨道滑移入、出模的方式;钢绞线采用单根自动穿束工艺。减少占用制梁台座时间,缩短箱梁预制周期。

(2)开发基于 B/S 结构的箱梁信息化管理系统,实现技术资料系统化和信息化管理,方便追溯与查询。

(3)箱梁混凝土强度预测预报系统,采用温度传感器采集温度,无线电台传送数据,中央处理器接收数据后,软件实时计算混凝土当前时刻的强度,并以图文形式实时预报混凝土强度。

(4)混凝土养护采用篷布覆盖的保温措施进行保温养护,并采用自动测温系统对混凝土养护温度进行监控。

2. 推广应用前景与措施

该成果与传统简支箱梁生产相比,环保型快速生产线的研发设计,具有占地面积少、布局合理、环保节能、效率高的特点。通过优化工艺以及设备的配置,实现 72 h 一循环的工效,生产工艺效率高。根据箱梁预制技术要求,采用优化配合比设计、钢筋绑扎和吊装、模型调整、混凝土标准养护,保证了简支箱梁产品质量。成功开发的客运专线简支箱梁快速预制技术在行业是首次采用,达到了节能环保、降低成本、提高效率的目的。该项目成果技术先进,实用性强,有良好推广应用前景,总体技术达到国内领先水平。

## 四、"新中梁山隧道大断面渐变段及近接既有隧道综合施工技术"项目

(一)项目来源

新中梁山隧道为成渝客专引入重庆枢纽的控命小性工程,采用左右线分修方案,设计时速 250 km,该隧道八处上跨六处下穿既有或在建隧道,隧道间竖向最小净间距为 1.1 m;新建隧道与既有铁路、公路隧道小间距立交多层次上跨或下穿,形成地下立交网络,隧道内共设直 6 处大跨段,多次穿越煤窑采空区和岩溶富水地段,局部地段赋存低瓦斯和天然气,且围岩破碎,Ⅳ、Ⅴ级围岩占 88%,地质复杂、多变;出口浅埋段上部为居民聚集区,施工环境非常复杂,初设批复为极高风险隧道。为此,中铁十七局开展了"新中梁山隧道大断面渐变段及近接既有隧道综合施工技术"研究,课题列入中国铁建股份有限公司 2011 年度科研项目计划。

(二)项目研究内容

本课题主要研究了导坑超前的大断面渐变段成套施工技术、特大断面可调式衬砌模板台车设计、上跨、下穿及近邻既有隧道机械掏槽与减振控制爆破技术等一整套大断面渐变段及近接既有隧道综合施工技术。

(三)国内外技术比较

近年来,随着隧道断面的不断增大,大断面隧道的开挖技术取得了大量的研究成果。大跨度扁平隧道

和地下洞室的开挖方法多种多样，但对于软弱岩土层均需经过适当的地层预加固处理，并采用双侧壁导洞法、CD或CRD工法、台阶法、弧形导洞超前法或其中的组合方法开挖。在爆破控制、开挖工法和围岩支护等方面进行了大断面道施工技术的研究，大断面隧道施工技术已经比较成熟，但大断面渐变段和多次上跨、下穿及邻近既有隧道，地质复杂、断面变化及工法转换频繁的新建隧道施工在国内较为罕见，没有现成的工程可类比。

（四）科研成果及应用前景

1. 成果的创新性、先进性

（1）对立体交叉大跨段施工进行研究、理论计算分析及对单洞进入渐变大跨段双侧壁导坑法、CD或CRD工法、台阶法等不同工法的转换技术，提出了导坑超前的大断面渐变段成套施工技术，解决了地质复杂、断面变化及工法转换频繁等方面的施工难题，实现快速、安全通过渐变大跨段。

（2）针对岔区大跨段衬砌各种断面的边墙尺寸与弧度一致，拱部尺寸与半径差异较大的特点，研制了适合大跨段变断面整体式液压台车。台车边墙模板通用，左右顶模板间加入可调节模板，顶模和侧模之间采用铰接、通过组合椅架及丝杆调节技术，台车宽度调整范围为9.5～18.11 m，高度可调整2.42 m，以适应不同衬砌断面。衬砌总成本和劳动强度大大降低。

（3）针对邻近既有隧道长距离并行施工和小净距立体交叉隧道施工振速要求高的特点，通过采用机械掏槽与减振控制爆破技术，结合既有隧道加固及实时监测，将爆破振速拉制在4.77 cm/s，满足5 cm/s标准要求值，保证了近邻既有隧道运营安全。

2. 推广应用前景

“新中梁山隧道大断面渐变段及近接既有隧道综合施工技术”为工程的快速施工和安全控制提供了理论依据和技术指导，解决了施工过程中遇到的各种难题。一是通过对羊洞进入大跨段双侧壁导坑法和大跨段不同工法的转换技术的研究与实施，提出导坑超前的大断面渐变段成套施工技术，解决了地质复杂、断面变化及工法转换频繁等施工难题，为以后的大断面渐变段施工提供了宝贵的施工经验。二是采用组合街架及丝杆调节技术，研制了适合特大断面可调式衬砌模板台车，保证了衬砌质量，提高了工效。二是采用机械掏槽与减振控制爆破技术，结合既有隧道加团及实时监测，成功实施了对邻近既有隧道以及小净距立体交叉隧道控制爆破施工。

本项目研究成果对同类型隧道施工提供了一套既安全又经济的施工方法，特别是为在城区施工铁路、公路互相交叉的枢纽工程提供了很好的借鉴。因此，本套施工技术具有很好的推广应用前景。

# 第三章　(拟)申报科研成果奖

| 项　　目 | 获国家级奖励等级 | 获省部级奖励等级 |
|---|---|---|
| 城市区铁路工程岩石路堑与浅埋隧道安全控爆技术 | | 中国铁道学会科学技术一等奖 |

# 第四章 技术创新

## 一、技术创新项目

1. 发明专利项目

发明专利项目见表 5-4-1。

**表 5-4-1 发明专利项目**

| 序号 | 专利名称 | 申 请 号 | 授权公告号 | 专利权人 |
|---|---|---|---|---|
| 1 | 瓦斯隧道防治方法及其系统 | 201310701603X | CN103696806B | 中铁八局 |
| 2 | 一种 8 字钢筋加工设备及其加工方法 | 2013104827127 | CN103521662B | 中铁八局 |
| 3 | 一种大坡度斜井有轨运输系统及其运输方法 | 2013106197979 | CN103628910B | 中铁八局 |
| 4 | 一种瓦斯隧道混合式通风方法 | 2013104827273 | CN103527236B | 中铁八局 |
| 5 | 一种利用反光片的支架现浇梁预压观测办法 | 201310139499X | | 中铁十六局 |

2. 实用新型项目

实用新型项目见表 5-4-2。

**表 5-4-2 实用新型项目**

| 序号 | 专利名称 | 申 请 号 | 授权公告号 | 专利权人 |
|---|---|---|---|---|
| 1 | 一种 8 字钢筋加工设备 | 2013206368997 | CN203495082U | 中铁八局 |
| 2 | 一种大坡度斜井有轨运输系统 | 2013207677396 | CN203626882U | 中铁八局 |
| 3 | 一种弓背成形设备 | 201320636879X | CN203679095U | 中铁八局 |
| 4 | 一种瓦斯隧道混合式通风系统 | 2013206369025 | CN203685248U | 中铁八局 |
| 5 | 用于瓦斯隧道防治的瓦斯监测系统 | 2013208389983 | CN203626890U | 中铁八局 |
| 6 | 一种 8 字成形设备 | 2013206368802 | CN203679096U | 中铁八局 |
| 7 | 一种支架结构高度调整用钢楔 | 2013202034713 | | 中铁十六局 |
| 8 | 裸露基岩栈桥施工时钢管桩打设的导向框架 | 201320209720X | | 中铁十六局 |

3. 工程建设工法

工程建设工法见表 5-4-3。

**表 5-4-3 实用新型项目**

| 序号 | 名 称 | 编号 | 级别 | 编写单位 |
|---|---|---|---|---|
| 1 | 大跨度钢管拱桥先竖转后高位提升施工工法 | SCGF 031-2014 | 省部级 | 中铁八局 |
| 2 | 钢混结构梁新型步履式整体顶推施工工法 | SCGF 061-2014 | 省部级 | 中铁八局 |
| 3 | 客运专线长大高瓦斯隧道钻爆开挖施工工法 | SCGF 078-2014 | 省部级 | 中铁八局 |
| 4 | 接触网人跨度拨移施工工法 | SCGF 121-2014 | 省部级 | 中铁八局 |
| 5 | 新型铁路自锁式玻璃复合材料电缆槽生产工法 | SCGF 167-2014 | 省部级 | 中铁八局 |
| 6 | 复杂多样截面、无缝道岔现浇梁支架结构施工工法 | | 省部级 | 中铁十六局 |
| 7 | 梁柱式支架配合滑移式侧模现浇多榀并排简支梁施工工法 | | 股份公司 | 中铁十六局 |

## 二、“四新”运用情况

本工程共运用了建筑业十项新技术中的 6 大项、16 个分项技术，施工过程中积极推广新技术和创新技术,取得了较好的经济效益和社会效益。

1. 新技术应用

新技术应用见表5-4-4。

**表5-4-4 新技术应用**

| 序号 | 新 技 术 | 子 项 |
|---|---|---|
| 1 | 地基基础和地下空间工程技术 | 土工合成材料应用技术 |
| 2 | | 复合土钉墙支护技术 |
| 3 | | 高边坡防护技术 |
| 4 | 混凝土技术 | 高耐久性混凝土 |
| 5 | | 高强高性能混凝土 |
| 6 | | 自密实混凝土技术 |
| 7 | | 纤维混凝土 |
| 8 | | 混凝土裂缝控制技术 |
| 9 | 钢筋及预应力技术 | 有黏结预应力技术 |
| 10 | 模板及脚手架技术 | 组拼式大模板技术 |
| 11 | | 预制箱梁模板技术 |
| 12 | | 挂篮悬臂施工技术 |
| 13 | 钢结构技术 | 钢与混凝土组合结构技术 |
| 14 | | 模块式钢结构框架组装、吊装技术 |
| 15 | 信息化应用技术 | 高精度自动测量控制技术 |
| 16 | | 塔式起重机安全监控管理系统应用技术 |

2. 其他创新技术

(1)提出了一种适用于裸露基岩、大流速通航栈桥钢管桩施工时的导向框架技术。

(2)提出了一种主、被动防护网,刚性防护和柔性防护相结合的综合防护技术,适用于紧邻铁路进行深基坑开挖、高边坡土石方施工的防护。

(3)设计了一种适用于现浇梁支架高度调整的钢楔。

(4)提出了一种利用反光片及高精度测量仪器配合使用的支架预压观测技术。

(5)提出了一种复杂多样截面、无缝道岔现浇梁梁柱式支架滑移侧模多榀并排施工技术。

3. 发表论文

(1)《大体积混凝土温度裂缝的控制》,《国防交通工程与技术》2012年增刊发表。

(2)《临近既有线土石方施工防护技术》,《国防交通工程与技术》2012年增刊发表。

(3)《连续梁桥硫磺砂浆复合支座的应用研究》,《铁道标准设计》2012年发表。

(4)《0号块二次浇筑托架法应用研究》,《铁道标准设计》杂志发表。

(5)《大跨度连续梁拱组合桥梁钢管拱拱肋拼装线形控制技术》,中国铁建优秀论文二等奖。

(6)《浅谈跨江栈桥的设计与施工》,集团公司优秀科技论文二等奖。

(7)《C50拱肋填充混凝土配合比设计》,集团公司优秀科技论文二等奖。

(8)《大体积0号块二次浇筑托架法应用研究》,公司优秀论文一等奖。

## 三、技术创新具体应用

### (一)旋挖钻机捞渣筒

1. 目前施工现状

目前旋挖钻机大量用于桥梁桩基础施工,该类型钻机具有施工速度快、扩孔率小、噪声小、场地要求不高等特点,钻桩完毕后,一般采用循环泥浆进行清孔、钻头清孔、人工下至孔底进行清孔三种方式,但三种方式进行孔底沉渣清除均较困难,难以达到设计及规范要求桩基沉渣厚度不得大于5 cm的规定,致使桥梁沉降难以得到保证。

针对这一问题，项目部成立 QC 小组，研发一种能有效地解决孔底沉渣厚度难以满足设计及规范要求的旋挖钻捞渣筒，并且这种捞渣筒清理沉渣的方法比泥浆循浆方式更节约、更环保，也符合如今提倡节能减排的要求，节约了成本，减少了排放。

2. 采取的改进措施

(1)根据现场旋挖钻机钻头结构，制作与旋挖钻机钻头相同的捞渣筒，捞渣筒用钢管为主体，钢管壁厚 10 mm，外直径 1 200 mm(适用于直径 1 250 mm 的桩基，其他直径的桩基相应减小钢管外直径即可)，高度 1 m。采用 20 mm、10 mm 的钢板做钢护筒上部连接、加强及下部底板。在捞渣筒底部设 $\phi$40 mm 的眼孔，上铺设一层眼孔为 $\phi$3 mm 铁丝网，以利于捞渣过程中排水，具体如图 5-4-1 所示。

(2)采用 20 mm 厚钢板，制作成与钻头底部相同的底板，并在底板上钻孔，钻孔直径为 40 mm，并在底部设扇形进渣口、扇形斜口、扇形挡渣板，以上工作完成后，将底板焊接在筒体上具体形状如图 5-4-2 所示。

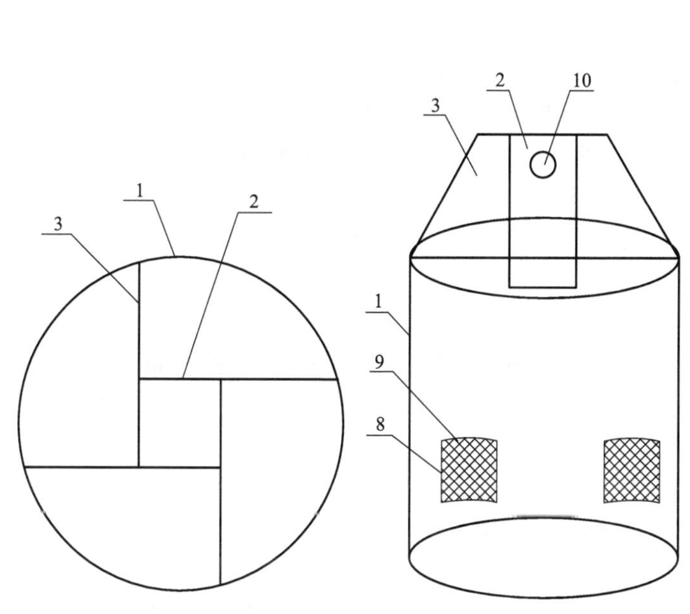


图 5-4-1　捞渣筒结构示意图

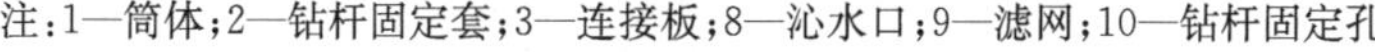
注：1—筒体；2—钻杆固定套；3—连接板；8—沁水口；9—滤网；10—钻杆固定孔

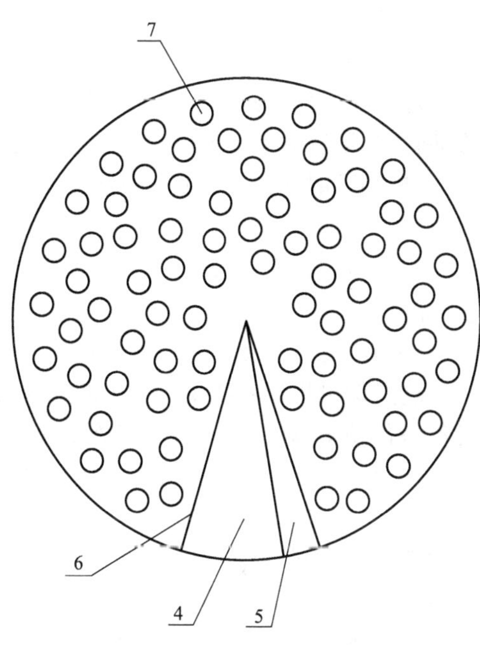


图 5-4-2　捞渣筒结构示意图

注：4—进渣口；5—斜口；6—挡渣板；7—沁水孔

(3)在筒体侧壁切割 15 cm×15 cm 方孔 4 个，方孔距筒体底部 30 cm 左右，并在内部采用直径 12 mm 圆钢焊制 3 cm×3 cm 的钢筋网，以便于铺设过滤网。

(4)在底板上采用 3 mm 钢丝网，网格间距 10 mm×10 mm，双层布置，并采用直径 12 mm 圆钢施焊固定钢丝网，作为过滤设施。

3. 效果检查

此捞渣筒利用旋挖机的工作原理，将捞渣筒底部设置为带进渣口的平板结构，通过旋转将沉渣装入捞渣筒并提出，从而有效地解决了孔底沉渣厚度难以满足设计及规范要求的难题。

通过在成渝客专梅江河双线特大桥上的应用，取得在无水情况下，沉渣厚度为 3 cm；在有水的情况下，沉渣厚度为 4 cm 的成果，无论在有水还是无水的情况下，沉渣厚度均小于 5 cm，满足设计要求的桩基沉渣厚度不大于 5 cm，可以在施工中广泛运用。

(二)仰拱移动模架应用及效果

采用仰拱移动模架施工仰拱，效果主要有以下几方面：

1. 可有效控制安全步距。

2. 大大缩短每循环时间。

3. 提高施工质量。仰拱移动模架采用端头梁定位固定，整体模板，模架刚度好，有效避免了上述问题，使仰拱混凝土达到了内实外美的效果。

4. 为隧道快速掘进提供了保障。

5. 优化洞内施工组织和工序分区、利于标准化作业和安全文明施工。仰拱移动模架施工工艺只需保留一个仰拱作业面,减少了工序分区间的相互干扰,减小了掌子面与二衬之间的作业面数量和总长度,利于二衬及时跟进,保障了隧道施工安全;双车道栈桥保持了洞内开挖出渣作业的交通畅通,文明施工和标准化作业水平显著提高。

(三)隧道混凝土湿喷机械台车应用及效果

成渝客专5标隧道混凝土湿喷机械台车,采用澳大利亚生产的捷肯 MAXIJET E2 型湿喷机械台车,该台车性能优良,操作方便,施工效率高,回弹率低,职业健康危害小,主要体现在:

1. 喷射混凝土质量

(1)经工地试验室多次钻芯取样,喷射混凝土强度能达到95%以上,完全符合相关设计及验收标准。

(2)采用湿喷机械台车喷射混凝土,表面平顺、密实,无裂缝、脱落、漏喷、空鼓及掉渣现象,平整度符合相关标准。

2. 工序时间及经济适用性

每次喷射作业只需配备3个人即可,一人操作遥控器,一人放料,一人做辅助工作,如调整速凝剂掺量、移动管线、堵管时参与清理等。与小隧道使用的小型湿喷机 TK600 型相比较,综合回弹率由23.5%降低至11%,单循环时间由8~10 h降低至3 h,单循环用工由8个降低至2~3个,速凝剂掺量由8%降低至5%。

(四)隧道防水板作业台车应用及效果

隧道防水板作业台车的应用,最明显的效果是防水板铺设进度快,质量高,劳动强度低,铺设时人员安全风险低。

(五)隧道仰拱摄像系统应用及效果

隧道仰拱摄像系统主要采集仰拱基底围岩、积水、开挖标高、虚渣清理及模板安装、混凝土浇筑情况,通过信号传输至洞外控制室,便于施工管理及过程监督检查。

(六)隧道门禁和视频监控系统应用及效果

隧道视频监控系统,依托 TMIGS 隧道考勤定位系统,让施工人员佩戴人员识别卡,对进出隧道人员进行登记,通过视频监控可实时了解到施工人员在隧道内的位置,非常方便隧道施工现场的人员管理和安全维护。

1. 系统能够及时、准确地将隧道内各个区域、各个掌子面附近的人员情况动态反映到管理中心,使管理人员能够随时掌握隧道内人员的总数及分布情况,以便于进行更加合理的调度管理。

2. 本系统独有的管理人员收发短消息功能极大地方便了隧道内外人员之间的沟通。

3. 系统具有强大的考勤能力,对每个人员的进出隧道时间都可以准确记录,并统计生成各种考勤报表,真正实现全自动化考勤,从而提高效率。

4. 隧道一旦发生安全事故,监控中心能在第一时间内可以知道被困人员的基本情况、地点,便于事故救助工作的开展,提高应急救援工作的效率。

(七)水沟电缆槽仰拱移动模架应用及效果

水沟电缆槽移动模架的应用,可以提高隧道水沟电缆槽的施工效率,节约施工成本,减少施工过程中的人为因素的不利影响,确保结构物实体质量和外观质量。

(八)格栅钢架"8"字筋加工机械应用及效果

成渝客专隧道Ⅲ级、Ⅳ级围岩初期支护钢架采用格栅钢架,格栅钢架由主筋、箍筋、"8"字筋组成。项目部自行设计"8"字筋制作采用弯曲、顶压一体式操作平台进行加工生产的工艺方法,摆脱传统模型加工速度慢、成本高、费人工、费工时、工期不能保证的制作方法。

# 附录1 大事记

## 2010 年度

2010 年 1 月，铁二院编制完成了“新建铁路成都至重庆客运专线初步设计”，并于 2010 年 3 月通过了铁道部鉴定中心组织的审查。

2010 年 6 月，铁道部下达了《关于新建成都至重庆铁路客运专线初步设计的批复》(铁鉴函〔2010〕652 号)批复意见。

9 月 14 日，成渝公司组织标准化管理驻地建设相关培训学习。

9 月 21 日，成渝公司组织“高性能混凝土专题讲座”培训。

10 月 16 日，吴家沟双线大桥钻孔桩基础开始施工，桥梁工程施工正式拉开序幕。

11 月 1 日，全线重点控制性工程龙泉山隧道出口正式开工。

12 月 26 日，在璧山制梁场举行成渝客专首孔箱梁灌注暨“成渝客专党旗红、创先争优当先锋”党建主题活动启动仪式。

## 2011 年度

1 月 5 日～1 月 8 日，成渝客专项目经理部组织了特种作业人员培训班。

1 月 6 日，重点工程成都高架特大桥桥梁桩基第一桩成功浇筑。

1 月 6 日，中国铁建安全质量工作视频会议。

1 月 12 日，成渝公司副总经理王树强等领导到中铁十六局集团成渝客专项目部检查指导工作。

1 月 13 日～1 月 14 日，成渝公司检查组到中铁十六局集团成渝客专项目部进行“六位一体”月度检查考核和第二阶段标准化开工检查。

1 月 26 日，成渝公司计财部到中铁十六局集团成渝客专项目部计财部检查指导工作。

1 月 27 日，成渝公司及监理公司到中铁十六局集团成渝客专项目部检查指导工作。

1 月 31 日，成渝公司总经理、工程部长、资阳段落指挥部指挥长、监理公司总监等领导携慰问品到中铁十六局集团成渝客专项目部管段施工工地慰问春节期间坚守岗位的职工并指导工作。

1 月 31 日，成渝公司总经理、副总经理一行到新龙泉山隧道现场检查指导工作，对龙泉山隧道一线参建员工致以节日的慰问，并颁发了慰问品。

2 月 13 日，成渝公司安质部、成都局质监站、资阳段落指挥部和监理公司对中铁十六局集团成渝客专项目部进行安全质量检查。

2 月 17 日，渝客公司质量安全大检查活动部署安排电视电话会议。

2 月 22 日，成渝公司副总经理率检查组一行到中铁八局集团成渝客专项目部进行安全质量大检查。

2 月 22 日，召开成渝客专资阳站及沱江多线铁大桥暨全市重大项目集中开工仪式，四川省副省长、资阳市委书记、市长、副市长和成渝公司总经理、副总经理等领导参加了开工仪式。

2 月 24 日、2 月 25 日，成渝公司安全质量检查组到中铁十六局集团成渝客专项目部进行第一阶段安全质量大检查。

2 月 25 日，成渝公司召开安全质量进度周交接班电视电话视频会议。

3 月 4 日，成渝公司安全质量检查组到中铁十六局集团成渝客专项目部管区检查工作。

3 月 5 日、3 月 6 日，成渝公司副总经理率检查组对中铁八局集团成渝客专项目部进行安全质量大检查第二阶段的检查。

3 月 10 日，成渝公司在资阳召开征地拆迁工作经验交流会。

3 月 14 日,铁道部工程管理中心副总工程师刘斌、成渝公司总经理等领导到中铁十六局集团成渝客专项目部检查安全质量工作。

3 月 14 日晚,铁道部工管中心副部长刘彬检查组一行在成都铁路局副局长、成渝公司总经理、副总经理以及集团公司党委书记徐敦美、副总经理赵智的陪同下,对新龙泉山隧道进行了安全质量大检查。

3 月 16 日,成渝公司综合检查组到中铁十六局集团成渝客专项目部进行月度“六位一体”平推考核检查。

3 月 22 日,成渝公司组织召开了资阳沱江多线特大桥跨既有线安全防护方案现场研讨会。

3 月 23 日,成渝公司综合部副部长彭谊一行到中铁十六局集团成渝客专项目部检查指导工点视频监控系统建设工作。

3 月 23 日,成都铁路局副局长周东伟、成渝公司副总经理敬洪武在中铁八局集团公司副总经理、总工程师赵智的陪同下对标准化现场会所涉及的工点进行了检查。

3 月 23 日,成渝公司对龙泉山隧道视频监控系统、门禁系统进行第一次验收。

3 月 26 日,成渝公司组织在中铁八局集团成渝客专项目部举行现场观摩会,中铁十六局、中交二航局、中建铁路公司、武汉大桥监理参加了此次观摩会。

3 月 30 日,龙泉山隧道进口工区顺利进洞施工。

4 月 1 日,成渝客专标准化施工现场观摩会在中铁八局集团成渝客专项目部 3 号斜井召开。

4 月 6 日,四川省铁路产业投资集团、成渝公司到中铁八局集团成渝客专项目部进行四川段征地拆迁工作调研。

4 月 13 日,成渝公司总经理对中铁八局集团成渝客专项目部进行检查。

4 月 20 日,成渝公司计财部在中铁十六局集团成渝客专项目部召开了财务对接工作会议,资阳段落指挥部高超杰指挥长,成渝公司计财部梁波部长一行、中铁十六局、中建铁路公司成渝客专项目部和各分部计财人员。

4 月 21 日,成渝公司物设部杨义克部长带检查组到中铁十六局集团成渝客专项目部管区检查甲供材料管理工作。

4 月 22 日～4 月 24 日,成渝公司敬洪武副总经理、计财部雷东风副部长、资阳指挥部余昌金副指挥、总监办邹诹主任等组成检查组对中铁十六局集团成渝客专项目部进行验工计价检查。

4 月 24 日,成都铁路局委托中路华会计师事务所有限责任公司对成渝客专项目建设资金的使用情况进行审计,中路华会计师事务所的邓军副所长、吴丽华和涂琪审计师以及成渝公司蔡安国会计师对中铁十六局集团成渝客专项目部进行了审计。

4 月 25 日,资阳沱江多线特大桥 1 号、2 号主墩承台全部完工。

4 月 26 日、4 月 27 日,成渝公司总经理到中铁十六局集团成渝客专项目部管段检查指导工作。

4 月 27 日,成渝公司对中铁十六局集团成渝客专项目部开展 2011 年上半年施工单位信用评价检查。

5 月 5 日,成都铁路局标准化管理现场会在中铁八局集团成渝客专项目部顺利召开。

5 月 6 日,成渝公司召开成渝客专建设工作月度电视电话会议。

5 月 11 日,中国铁建股份有限公司法律事务部王甲国部长莅临中铁十六局集团成渝客专项目部检查指导工作。

5 月 11 日,成渝公司组织了路基防护、级配碎石、AB 组填料情况现场观摩会,并就路基人字形截水骨架、锚杆框架梁的施工方案及级配碎石、AB 组或 C 组填料的技术标准进行了研究讨论。

5 月 11 日,成渝公司在中铁八局集团成渝客专项目部举行首件认可现场观摩研讨会。

5 月 12 日,成渝客专项目部以领导班子民主生活(扩大)会议形式,召开了安全质量大反思、大整改主题会议。

5 月 13 日,成渝公司物设部对中铁十六局集团成渝客专项目部物设部工作进行检查。

5 月 14 日,成渝公司工程部到中铁十六局集团成渝客专项目部检查指导工作。

5 月 20 日,成渝公司召开安全生产进度周交班视频会。

5 月 20 日,成渝公司雷东风副部长一行对中铁十六局集团成渝客专项目部进行专项检查。

5月23日，四川省总工会、省新闻出版局、简阳市委、成渝公司、股份公司、集团公司组织的“送一份关爱给他、带一本好书回家——向农民工赠书仪式”和“当开路急先锋，做时代火车头”劳动竞赛启动仪式在中铁八局集团成渝客专项目部简阳梁场举行。

5月24日～5月25日，成渝公司物资部、工程部、安质部对中铁十六局集团成渝客专项目部进行检查。

5月26日，成渝客专资阳现场指挥部联合监理一标对中铁十六局集团成渝客专项目部的管理状态进行检查、考核。

5月27日，水利部长江水利委员会检查组对中铁十六局集团成渝客专项目部资阳沱江多线特大桥和余家湾弃土场水土保持工作进行了专项检查。

6月2日，成渝公司对中铁十六局集团成渝客专项目部标段线下工程沉降观测与评估工作开展情况进行了现场检查和指导。

6月6日，资中梁场第一片32 m双线预应力混凝土简支箱梁顺利浇筑成功，标志着资中梁场正式投产。

6月8日，成都铁路局局长对中铁八局集团成渝客专项目部三分部、四分部进行检查。

6月8日，成都铁路局局长到成渝5标现场检查工作。

6月8日，成都铁路局局长武勇、成渝公司总经理等领导率路局总工办、计划处、建设处等单位负责人到资阳沱江多线特大桥视察。

6月15日，成渝公司隧道专项检查组到中铁十六局集团成渝客专项目部进行隧道施工专项检查。

6月19日，成渝公司敬洪武副总经理率检查组对中铁十六局集团成渝客专项目部进行“六位一体”平推检查考核。

6月19日，成渝公司对中铁十六局集团成渝客专项目部标段桥梁工程进行施工安全、质量、进度大检查。

6月20日，成渝公司总经理莅临中铁八局集团成渝客专项目部视察工作。同时，成渝公司路基、桥梁、隧道检查组分别对中铁八局集团成渝客专项目部进行了检查。

6月29日，成渝公司于良副总经理带领综合部等相关部门对中铁十六局集团成渝客专项目部标段进行业务考核检查。

7月6日，四川省内江市市长任晓春率市国土局、市交通局、市铁建办、资中县县长及资中县政府办、县国土局、县交通局、县铁建办的领导一行三十人到中铁十六局集团成渝客专项目部组织调研。

7月6日～7月12日，由铁道部工管中心党委书记黄弟福任组长，白晓春任副组长，杨建龙为组员的部协调维稳巡查组对成渝客专建设维稳工作进行了专项巡查。专项巡查组赴成都高架特大桥现场进行了检查，并召开了成渝客专建设四川境内协调维稳工作座谈会。

7月18日，成渝公司召开成渝客专建设工作会议。

7月23日，成渝公司暗察组对中铁十六局集团成渝客专项目部中心试验室进行抽查。

7月27日，成渝公司对中铁十六局集团成渝客专项目部管段路基、桥梁、隧道工程、防洪工作等进行检查验收。

7月27日，成渝公司副部长张伟勇、杨喜鹏等对中铁十六局集团成渝客专项目部进行月度平推考核、新设备推广使用及防洪等工作大检查。

7月30日，中铁文工团到成渝客运专线慰问演出。

7月30日，中国铁路文工团团长刘志江、党委书记赵奇克和铁道部工管中心张超美部长率中国铁路文工团演出三团赴成渝客专简阳梁场慰问演出，成渝公司副总经理于良、中铁八局集团公司成渝客专项目经理部经理赵智与中铁十六局、中建铁路公司、中交二航局成渝客专项目经理部和武汉大桥监理、四川铁科监理成渝客专项目部有关负责人以及专门组织的600余名职工队伍一起观看了演出。由于事前做好了观看慰问演出组织工作，不仅充分展示了成渝客专参建单位和职工的良好形象，而且演出取得了圆满成功。

8月8日，成渝公司总经理带队，组织建设、咨询、设计、监理等单位共计30余人到中铁十六局集团成渝客专项目部管段工地现场办公。

8月11日，成渝公司王树强副总经理、监理公司负责人对中铁十六局集团成渝客专项目部工地进行安全大检查。

8月16日,成渝公司于良副总经理等领导一行到中铁十六局集团成渝客专项目部检查指导工作。

8月20日,国务院进行高铁安全大检查,建设检查组对资阳沱江多线特大桥工地进行检查。

8月20日、8月21日,国务院高速铁路安全大检查第十组建设检查组组长杨昆,组员黄士苓、郑刚、殷宁骏、李国盛一行5人,在成都铁路局副局长周东伟等陪同下,开始对成渝客专进行了历时2天的专项检查。

8月24日,资阳市重点项目服务推进会的近百名代表在资阳市陈华强副市长,市委常委、组织部部长王荣木,资阳市人大、市政协、雁江区区委、区政府等各级领导率领下到资阳沱江多线特大桥工地观摩检查。

8月26日,四川省安监局安监执法总队黄德灿副总队长与资阳市安监局侯聪明副局长率检查组到成渝客专资阳沱江多线特大桥工地就安全管理、文明施工等进行了全面检查。

8月28日,成渝公司对中铁十六局集团成渝客专项目部进行2011年下半年施工单位信用评价第一次平时检查。

8月30日,四川省铁建办张建平主任到资阳沱江多线特大桥工地检查工作。

9月14日,渝黔(渝万)客专公司到龙泉山隧道出口观摩指导工作。

9月15日,成渝公司组织铁二院、中国银行、建设银行、农业银行、工业银行、国家开发银行共同对中铁十六局集团成渝客专项目部工地进行观摩。

9月16日,成渝公司召开建设工作月度电视电话会议。

9月16日,成渝公司对中铁十六局集团成渝客专项目部混凝土拌和站进行专项检查。

9月16日,西南铁道报记者和成渝公司综合部一行到资阳沱江多线特大桥、资中梁场、梯子湾隧道工地进行采访。

10月13～10月15日,铁道部检查组一行在成渝公司总经理等陪同下,到资阳沱江多线特大桥工地视察工作。

10月14日,铁道部副部长卢春房、工管中心主任张梅一行莅临中铁八局集团成渝客专项目部检查指导工作。

10月15日,铁道部副部长卢春房到成渝客专杜家坝隧道检查指导工作。

10月15日,铁道部副部长卢春房到璧山车站施工现场视察工作。

10月15日,成都铁路局在成都组织召开铁路建设专题座谈会。

10月17日,成渝公司物设部到中铁十六局集团成渝客专项目部管段检查指导工作。

10月18日,成渝公司工程部到中铁十六局集团成渝客专项目部管段检查工作。

10月24日,成渝公司召开成渝铁路客运专线建设工作会议。

10月25日,成渝公司进行2011年下半年施工单位信用评价第二次平时检查。

10月26日～10月28日,成渝公司在成都组织“甲控材料调差专题会议”。

10月26日,为顺利推进成渝客专建设,成渝公司在成渝5标举行路基填筑观摩研讨会。

10月26日,为了落实最高人民检察院铁路运输检察厅要求,开展“举报宣传周”活动,最高人民检察院铁路运输检察厅处长冯惠一行在四川省人民检察院成都铁路运输分院副检察长顾斌陪同下莅临中铁八局集团成渝客专项目部检查指导工作,并就推动管内党风廉政建设和反腐败斗争深入开展,加强职务犯罪查办和预防召开了座谈会。成渝公司副总经理于良、中铁八局集团公司纪委副书记兼纪检监察部部长韩甫臣、经理部党工委书记常忠清、各分部党支部书记等参加了会议。

11月2日,成渝公司和铁道部审计小组对中铁十六局集团成渝客专项目部进行审计,审计组查阅了项目部、分部的审计材料并到工地视察。

11月7日,成渝公司召开铁道部建设工作座谈会精神传达会议。

11月8日、11月9日,成渝公司召开成渝客专现场问题协调会议。

11月10日,成渝公司组织召开成渝客专资中梁场现场观摩及取证经验交流会。

11月15日,成渝公司总经理到中铁十六局集团成渝客专项目部现场办公。

11月16日上午,成渝公司总经理、工程部金军部长、综合部彭谊副部长、资阳段落指挥部高超杰指挥长、监理一标张春亮副总监等领导出席在梯子湾隧道进口工地举行庆祝隧道提前顺利贯通仪式。

11 月 18 日，成渝公司对中铁十六局集团成渝客专项目部进行隧道防水板专项检查。

11 月 28 日，国家审计署驻成都特派办正式对中铁十六局集团成渝客专项目部进行事中跟踪审计。

12 月 2 日～12 月 4 日，由铁道部质检中心专家孙璐等一行 4 人组成的审核小组在桥梁公司董事长、党委书记杨长岭、总工程师杨先凤、副总经理彭良等人的陪同下，对成渝客专简阳制梁场后张法预应力混凝土铁路桥箱型简支梁取证工作进行了实地核查和产品检验，最终简阳梁场顺利通过验收。

12 月 7 日，成渝公司物设部对中铁十六局集团成渝客专项目部大型设备及材料厂进行检查。

12 月 7 日，成渝公司对中铁十六局集团成渝客专项目部进行 2011 年下半年度的梁场、混凝土拌和站（级配碎石拌和站）、文明施工、内业资料、沉降观测、精密测量等六项专项检查。

12 月 13 日，成渝公司召开中建铁路项目部工程质量扩大分析会。

12 月 14 日，成渝公司召开成渝客专改良土试验段施工情况分析会。

12 月 16 日、12 月 17 日，中国铁建股份有限公司刘汝臣副总裁率股份公司工程部、安质部等部门领导来到中铁十六局集团成渝客专项目部检查指导工作。

12 月 19～12 月 21 日，成渝公司总经理一行 4 人在中铁十六局集团成渝客专项目部管段进行领导分片包保路基专项检查和隧道安全检查。

12 月 22 日，中铁设计二院陈华军副总带领成渝客专相关设计人员一行到中铁十六局集团成渝客专项目部进行现场设计调研。

12 月 29 日，成渝公司在成渝 2 标段组织召开资阳、郑家坝沱江特大桥主桥施工图及施工方案审查会，铁道部工管中心及专家组、成渝公司、资阳现场指挥部、铁二院、铁四院、武汉大桥监理公司相关领导以及项目部经理、总工程师、桥梁专工参加了审查会议。

## 2012 年度

1 月 6 日，龙泉山隧道斜井正洞施工首板二衬混凝土浇筑成功。

2 月 17 日，成渝客专路基边坡绿化现场会观摩会在中铁八局集团成渝客专项目部八分部举行。

3 月 12 日，成铁运输检察分院检察长、副检察长、成渝公司总经理、副总经理在简阳梁场检查工作。

3 月 22 日，成都高架特大桥跨绕城高速连续梁第一主墩连续梁浇筑顺利完成。

4 月 16 日，成渝公司总经理莅临中铁八局集团成渝客专项目部展开拉网式检查。

4 月 17 日，四川省安监执法大队莅临中铁八局集团成渝客专项目部视察工作。

5 月 10 日，成渝客专濑溪河双线大桥连续梁首件工程顺利通过铁道部工程管理中心终评。

5 月 10 日，成渝公司在大安隧道进口组织隧道施工质量现场会。

6 月 6 日，四川省总工会经济技术部部长朱庭军在成渝公司副总经理、工会主席于良，中铁八局集团公司工会副主席曹德双、项目经理部党工委书记常忠清的陪同下，率检查组来到中铁八局成渝客专项目经理部检查“当开路急先锋、做时代火车头”劳动竞赛第一竞赛年各项工作的开展情况。

6 月 11 日，成渝公司总经理、副总经理率检查组一行，在项目经理部项目经理赵智、常务副经理但友春、党工委书记常忠清等的陪同下，对成渝 1 标各分部近期工地建设情况进行了检查。

6 月 26 日，邀请老红军、中铁二局原工会副主席彭强和老干部、中铁二局原副局长朱立中重走成渝并举办恳谈会。

6 月 26 日，成渝公司副总经理吴忠、安质部部长王琪率“六位一体”平推考核检查组在项目经理部常务副经理杜文斌、党工委书记常忠清的陪同下对中铁八局集团成渝客专项目部二分部、三分部、六分部正在施工的实体质量、安全防护、原材料、实验检测及其他内业资料方面进行考核检查。

7 月 8 日，铁道部工程管理中心副主任邹振华一行 4 人检查组，在成渝公司总经理和项目经理部项目经理赵智、常务副经理杜文斌等人的陪同下，莅临成渝客专项目经理部施工现场检查指导工作。

7 月 26 日，全线重点控制性工程成都高架特大桥跨绕城高速公路连续梁 65 号墩 1 号、1′号块成功完成首次挂篮悬臂浇筑。

7 月 31 日，成渝客专全线第一块双块式轨枕试生产仪式在中铁八局成渝客专项目经理部简阳制枕场隆重举行。

8月1日,龙泉山隧道出口与3号斜井顺利贯通。

8月22日,成渝公司安质部部长王琪、专业工程师严川,参加中铁十六局集团成渝客专项目部标段一、二分部汲取"8.1"事故教训,开展大反思、大排查、大整改百日安全大检查活动安委会。

8月23日,成渝公司副总经理吴忠、安质部副部长周贤荣,参加中铁十六局集团成渝客专项目部汲取"8.1"事故教训,开展大反思、大排查、大整改百日安全大检查活动安委会。

8月28日,成都市龙泉驿区人大主任陈理江、副主任张祖权,对龙泉山隧道进口工区进行了检查。

8月29日,成渝公司工程部副部长李小兵,参加中铁十六局集团成渝客专项目部汲取"8.1"事故教训,开展大反思、大排查、大整改百日安全大检查活动安委会。

8月30日,成渝公司物设部部长杨义克到资阳梁场检查桥梁支座及预埋件使用及质量情况。

9月7日,铁道部工程质量安全监督总站成都监督站检查组谢主任对梁场进行了工程质量安全检查。

9月8日,成都质量安全监督站到中铁十六局集团成渝客专项目部进行月度检查。

9月11日上午,成渝公司在中铁十六局集团成渝客专项目部组织召开了"成渝客运专线(四川段)土地复垦研讨会"。

9月12日下午,成渝公司在中铁十六局集团成渝客专项目部召开成渝客专桥面系、路基栅栏及路堤边坡防护现场观摩会。

9月12日,成渝1标龙泉山隧道1号、2号斜井平导及3号斜井工区方向工作面获得批准全面开始施工。

9月20日,成渝公司桥梁、路基、隧道、既有线、原材料及试验、提运架设备检查组到项目部进行三季度"六位一体"平推检查考核。

9月21日,铁道部监督总站第九检查组、铁道部监督总站成都监督站、成渝公司、武汉大桥监理和中铁八局项目经理部班子成员、各部门,各分部主要负责人召开了大会。

9月25～9月27日,璧山轨枕厂一次顺利通过铁道部上道技术审查,成为成渝客专全线第一家通过铁道部上道审查的单位,获成渝公司绿牌嘉奖。

10月10日,成渝公司召开防护栅栏施工专题会。

10月12日,第二届"成渝客专杯"职工篮球联赛在中铁十六局集团成渝客专项目部开幕。

10月13日,项目部召开项目经理办公会,项目部领导、各部室副部长以上人员参加会议。

10月16日、10月17日,成渝公司组织设计、咨询、监理及施工单位对成渝1标段内危岩落石、硬质岩绿化改变、桥隧路结合部顺沟顺坡、桥梁范围内边坡刷方处理等现场存在的问题进行了现场办公。

10月24日,四川省总工会副主席武晓鹏、唐科伟一行到中铁八局成渝客专项目经理部各分部检查指导工作。

10月24日,四川省铁建办铁建管理处处长杜义、调研员王本万等,在成渝公司副总经理的陪同下,到中铁十六局集团成渝客专项目部调研成渝客专资阳段建设进展情况。

10月25日,成渝公司桥梁专业组到中铁十六局集团成渝客专项目部检查。

10月27日,泰国政府总理署秘书长助理及铁路局负责人一行4人光临中铁八局集团公司成渝项目经理部参观考察。

10月28日,成渝公司路基专业组到中铁十六局集团成渝客专项目部检查。

11月2日,成渝公司组织中央电视台、新华社、人民日报、人民铁道报等十三家媒体到中铁八局成渝客专项目经理部采访。

11月2日,中央电视台、新华社等13家媒体到中铁十六局集团成渝客专项目部资阳梁场、资阳沱江特大桥、刘家湾隧道等施工现场联合采访。

11月6日,全长3 175 m的缙云山隧道顺利贯通。

11月8日,中铁十六局集团成渝客专项目部组织全体干部员工收看十八大开幕式并聆听十八大工作报告。

11月19日,铁道部工管中心到中铁十六局集团成渝客专项目部资阳沱江特大桥检查。铁道部工管中心副主任孔文亚对成渝客专进行维稳大检查。

11月22日，铁道部建设司罗伟司长一行到成渝项目部检查中央建设资金使用情况。在永川区委常委、区政法委书记刘义全的带领下，150余名政协委员到施工现场视察工作。

12月4日上午，成渝客专全线最高墩——盐井沟双线大桥全桥架通。

12月7日，成都高架特大桥跨绕城高速连续梁大里程边跨顺利合龙。

12月14日，成渝公司总经理、副总经理敬洪武、综合部副部长彭谊对成渝1标段中铁八局项目经理部检查指导工作。

12月17日，铁道部科技司组织召开了“成渝客运专线大跨度连续梁拱桥及岔区连续梁施工关键技术研究”阶段检查及专家研讨会。

12月18日～12月25日，运架队JQ900型架桥机顺利穿越曾家沟隧道。在中铁十六局范围内首次完成900 t架桥机穿越隧道。

12月21日，铁道部工管中心线路工程管理部张先军、刘好正，质量安全部黄雄军在成渝公司副总经理敬洪武、成渝客专项目经理部常务副经理杜文斌等人的陪同下到成渝客专进行检查指导工作。

12月25日，成渝公司吴忠副总经理带队到中铁十六局集团成渝客专项目部进行四季度“六位一体”平推检查考核。

## 2013年度

1月11日18时，随着最后一车混凝土的浇筑完毕，成都高架特大桥跨绕城高速路连续梁中跨顺利合龙。

1月23日，成渝公司桥梁专业组到中铁十六局集团成渝客专项目部检查。

1月23日，大安隧道安全地实现了进口与横洞的顺利贯通。

1月24日，成渝公司路基专业组到中铁十六局集团成渝客专项目部检查。

2月1日，成渝公司副总经理等到龙泉山隧道施工现场慰问坚守在施工一线全体参战员工。

2月6日，成渝公司副总经理吴忠到中铁十六局集团成渝客专项目部郑家坝沱江桥慰问一线员工。

3月6日，成渝公司在召开“建精品工程、服务川渝经济”重点工程劳动竞赛部署会。

3月7日，简阳制枕场双块式轨枕上道审查顺利通过。

3月14日，重庆市政协副主席童小平到成渝客专项目部对高铁建设带动城镇经济发展构想进行调研。

3月16日，璧南河双线特大桥跨璧青路连续梁(40＋56＋40)m成功合龙。

3月19日，人民铁道报专题中心主任刘江涛一行到中铁二局成渝客专项目进行施工现场实地采访。

3月21日，四川省委“十八大”精神宣讲团走基层宣讲活动在中铁八局成渝客专简阳制梁场举行。

3月25日，成渝1标段无砟轨道先导段正式开工。

3月26日，成渝公司“六位一体”平推检查组到中铁十六局集团成渝客专项目部检查工作。

3月26日，成渝客专参建单位预防职务犯罪座谈会在中铁十六局集团成渝客专项目部召开。

3月29日，成渝公司总经理到中铁十六局集团成渝客专项目部现场办公。

4月8日～4月10日，成渝客专副总经理吴忠带队到中铁十六局集团成渝客专项目部开展桥面系、防护展览和小型构件预制厂生产及安全质量专项整治检查。

4月10日，成渝公司副总经理吴忠一行在中铁十六局集团成渝客专项目部召开小型预制构件、防护栅栏检查总结会。

4月25日上午，中铁八局成渝六分部CRTSⅠ双块式无砟轨道施工先导段施工顺利完成底座混凝土的浇筑。

5月9日，狮子沱绛溪河双线特大桥连续梁中跨顺利合龙。

5月10日，中天浩会计师事务所对中铁十六局集团成渝客专项目部进行验工计价专项审计，审查了中央预算内资金使用的合法、合规性，对资阳沱江特大桥、郑家坝沱江特大桥以及资中北站的实际完成工作量到工地现场进行了核查。

5月15日，资阳沱江多线特大桥主跨顺利合龙。

5月16日,中铁八局集团成渝客专项目部"学习贯彻十八大精神暨无砟轨道施工技术知识竞赛"隆重举行。

5月22日,成渝公司组织绿色通道首件工程及无砟轨道施工现场会。成渝公司组织绿色通道建设及无砟轨道施工现场会参观中铁十六局集团成渝客专项目部施工现场。

5月24日,中铁八局成渝六分部一次性通过成渝公司无砟轨道开工条件验收。

5月25日,由重庆市委宣传部、政府新闻办、发改委联合举行的"重庆交通进行时"系列宣传报道活动到中铁二局成渝5标进行现场采访。

6月7日,成渝公司召开资阳沱江多线特大桥、郑家坝沱江双线特大桥主桥拱部结构施工方案专家评审会。

6月28日,中国铁路工程总公司质量安全监督总站一行三人对成渝1标进行了安全、质量专项检查。

7月1日,全长5 054 m的大安隧道顺利贯通,成为全线贯通的第一座5 km以上长大隧道。

7月2日,四川省委宣传部组织四川省内媒体重点工程采访组采访资阳沱江桥和成渝客专无砟轨道建设。

7月3日,成铁检查分院领导在成渝公司总经理、集团公司纪委书记尹成莅临龙泉山隧道和简阳枕场进行工作调研。

7月3日,成铁运输检察分院检察长王红、副检察长李岗一行五人,在成渝公司总经理、副总经理于良等领导陪同下到中铁十六局集团成渝客专项目部调研成渝客专建设廉政风险防控工作。

7月4日,国资委召开中央企业安全生产大检查工作视频会。

7月5日,成渝公司梁场、拌和站、小型预制件检查组到中铁十六局集团成渝客专项目部进行半年工作检查。

7月28日,铁道部质监站盛站长到成渝高铁项目龙泉山隧道检查指导工作。

8月2日,四川省总工会副主席武晓鹏在成都铁路局工会副主席章曼琳对成渝公司开展的"创建精品工程、服务川渝经济"重点工程劳动竞赛进行了检验。

8月8日,重庆市总工会副主席鞠飞到成渝5标检查项目施工建设及"创建精品工程、服务川渝经济"重点工程劳动竞赛活动开展情况。

8月10日,璧山制梁场完成全部522孔后张法预应力混凝土箱型简支梁预制工作,成为全线首个完成500孔以上箱梁预制的梁场。

8月28日,龙泉山隧道平导顺利贯通。

8月29日,成渝客运专线无砟轨道首件工程(DK213+148.279～DK215+179.662段)通过铁路总公司工程管理中心终评。

9月6日,成都高架特大桥跨成花铁连续梁顺利实现合龙任务。

9月9日,国家发改委副主任徐宪平、发展规划司司长徐林在四川省副省长王宁,成都铁路局局长武勇、党委书记王晓洲陪同下,视察了中铁八局成渝客专项目经理部无砟轨道施工现场。

10月27日,完成站房工程招标。

11月25日,元宝山隧道进口处,何家沟双线大桥最后一片箱梁缓缓落下,成渝客专简阳境内全部架通。

12月6日,全长5 770 m(单线)的缙云山隧道内无砟轨道完成全部铺装任务。在施工中创下了单日最高施工185.5 m、单周最高施工825 m、月最高施工3 516 m的成绩。

12月25日,成都段首架段无砟轨道道床板全部浇筑完成。

12月27日～12月29日,成渝公司邀请成都铁路局电视台到中铁十六局集团成渝客专项目部进行线下主体工程及无砟轨道施工采访拍摄。

12月29日,简阳段首架段无砟轨道道床板全部浇筑完成。

12月30日下午,成渝公司副总经理吴忠一行到中铁十六局集团成渝客专项目部进行2013年度四季度"六位一体"平推考核检查。

## 2014 年度

1月16日，重庆市发改委、市铁路建设指挥部裴正凯巡视员带队在永川、璧山就成渝高铁建设检查调研。

1月19日，完成四电工程(含四电用房)招标。

1月23日，资阳市发改委陈天华主任、铁建办高飞主任代表资阳市委、市政府到中铁十六局集团成渝客专项目部沱江桥架子二队看望慰问一线员工，并为6名特困员工发放了春节慰问金。

2月10日，成都铁路局副局长、成渝公司总经理在成渝公司副总经理敬洪武、副总经理金军等人的陪同下，到中铁十六局集团成渝客专项目部检查指导工作。

2月10日～2月12日，成都铁路局副局长，成渝公司董事长、总经理、党委书记，成渝公司副总经理敬洪武、金军一行对成渝客专建设进行现场办公，并作相关工作安排。

3月11日，成渝公司总经理陪同中国铁路工程总公司工管中心副主任何志军到永川东站现场视察工作。

3月12日，成渝公司组织的站房施工标准化建设暨施工管理现场观摩会在永川东站举行。

3月17日，四川省总工会武晓鹏副主席和重庆市总工会鞠飞副主席来到成渝客专项目进行川渝总对成渝公司开展的“创建精品工程、服务川渝经济”重点工程劳动竞赛进行了检验。

3月18日，四川省总工会副主席武晓鹏、重庆市总工会副主席鞠飞携川渝两总工会现场检查指导“创建精品工程、服务川渝经济”主题劳动竞赛活动。

3月30日，永川东、璧山站站房混凝土主体封顶。

4月30日，全线重点控制性工程龙泉山隧道进口工区与1号、2号斜井实现贯通，实现了全隧的贯通。

5月13日，中国铁路总公司质量安全监督总站和成都铁路局质量安全监督站的领导一行，在成渝公司副总经理金军的陪同下检查永川东站。

5月19日、5月20日，中国铁路总公司工管中心主任李志义到现场检查成渝客专剩余工程、静态验收及消缺、联调联试准备等情况。

5月26日，由重庆市委宣传部牵头，中新社、重庆市电视台、重庆日报、重庆晚报、重庆时报等12家新闻媒体组成的记者团对永川东站进行了专题采访。

8月12日，重庆市璧山区人大常委会副主任甘昌旭，区发改委主任、党组书记陈荣彬，区发改委副主任、区支铁办主任蒋永福等一行来到正在建设中的成渝客专璧山站进行视察。

9月11日，铁路总公司副总经理卢春房到成渝客专进行现场检查。

9月12日，成渝客专第一阶段成都东至永川东联调联试开始。

9月24日，中国铁路工程总公司工管中心张广平部长一行视察了永川东站、璧山站。对存在的一些细节问题提出了要求和建议，并鼓励项目部再接再厉，力争取得更好的成绩。

10月24日，铁路总公司安全总监黄钢对成渝客专现场检查。

11月1日，成渝客专第二阶段永川东至重庆北联调联试开始。

11月26日，成渝客专开始初步验收和安全评估。

12月30日，成都高架桥后架段无砟轨道道床板全部浇筑完成，31日龙泉山隧道无砟轨道道床板全部浇筑完成。标志着中铁八局集团成渝客专项目部标段无砟轨道施工任务顺利结束。

## 2015 年度

1月19日，中国铁路总公司工程质量安全监督总站检查组一行莅临永川东站进行质量监督视察。

1月26日，重庆市永川区人大常委会党组书记王志飞率正在出席永川区人代会的40余位人大代表莅临正在施工的成渝客专永川东站现场视察。

3月3日，重庆铁路运输检察院党组副书记、常务副检察长陈久红一行进行现场进行调研。

4月19日～4月25日，成渝客专工务静态验收在中铁八局集团成渝客专项目部标段进行。

9月12日，中国铁路总公司副总经理卢春房一行莅临永川东站现场视察，对装饰装修的整体效果、细部做法等表示满意,对站房石材幕墙的色差、对缝、平整度、整体观感等给予高度赞赏。

9月14日～11月24日,成都铁路局和成渝公司组织完成了成渝客专动态验收工作。

11月9日,重庆市副市长陈和平在副秘书长唐慎,成都铁路局及成渝公司领导陪同下添乘综合检测列车莅临由永川东站、璧山站进行现场视察,并作讲话,对各参建单位为成渝高铁建设所作出的贡献表示肯定,同时指出成渝客专对于促进成渝地域经济意义重大。

11月24日,成都铁路局和成渝公司组织完成了成渝客专动态验收工作。

12月9日～12月11日,中国铁路总公司组成初步验收委员会对成渝客专工程进行现场检查并召开了初步验收会议,同意通过初步验收。

12月11日,中国铁路总公司组成初步验收委员会对成渝客专工程进行现场检查并召开了初步验收会议,同意通过初步验收。

12月26日,随着G8501次列车从成都东站驶出,成都至重庆高铁正式开通运营,成渝两地从此正式跨入高铁时代。

# 附录 2　项目批复等重要文件目录

2008 年 10 月 31 日，国家发改委《关于印发中长期铁路网规划（2008 年调整）的通知》（发改基础〔2008〕2901 号）

2009 年 3 月至 7 月，中国铁路建设投资公司《新建成都至重庆铁路客运专线可行性研究报告》

2009 年 6 月 4 日，重庆市国土房管局《关于印发〈新建成都至重庆客运专线（重庆段）建设项目压覆矿产资源评估报告〉审查意见的函》（渝国土房管函〔2009〕778 号）

2009 年 8 月 19 日，四川省国土资源厅《关于新建铁路成都至重庆客运专线（四川段）压覆矿产资源情况的复函》（川国土资函〔2009〕1132 号）

2009 年 10 月 23 日，国家发改委《关于新建成都至重庆铁路客运专线项目建议书的批复》（发改基础〔2009〕2668 号）

2009 年 10 月 26 日，四川省建设厅核发《建设项目选址意见书》，并下发《关于新建铁路成渝客运专线（四川段）项目选址要求》

2009 年 11 月 11 日，重庆市规划局核发《建设项目选址意见书》

2009 年 12 月 7 日，铁道部和四川省、重庆市人民政府《关于报送新建成都至重庆铁路客运专线可行性研究报告的函》（铁计函〔2009〕1685 号）

2009 年 12 月 25 日，国土资源部《关于新建成都至重庆铁路客运专线工程建设用地预审意见的复函》（国土资预审字〔2009〕476 号）

2010 年 3 月 13 日，国家发展改革委《关于新建成都至重庆铁路客运专线工程可行性研究报告的批复》（发改基础〔2010〕482 号）

2010 年 4 月 9 日，铁道部《关于新建成都至重庆铁路客运专线水土保持方案报告书的预审意见》（铁计函〔2010〕424 号）

2010 年 5 月 30 日，铁道部《关于新建成都至重庆铁路客运专线初步设计的批复》（铁鉴函〔2010〕652 号）

2010 年 6 月 12 日，国家发展改革委《关于新建成都至重庆铁路客运专线工程可行性研究报告的批复》（发改基础〔2010〕482 号）

2010 年 6 月 30 日，铁道部工程管理中心《关于〈新建铁路成都至重庆客运专线指导性施工组织设计〉的审查意见》（工管工〔2010〕128 号）

2010 年 7 月 15 日，水利部《关于新建成都至重庆铁路客运专线水土保持方案的复函》（水保函〔2010〕188 号）

2010 年 7 月 20 日，环境保护部《关于新建成都至重庆铁路客运专线环境影响报告书的批复》（环审〔2010〕217 号）

2010 年 9 月 5 日，国土资源部办公厅《关于新建成都至重庆铁路客运专线重庆段控制工期单体工程先行用地的复函》（国土资厅函〔2010〕925 号）

2010 年 9 月 6 日，国土资源部办公厅《关于新建成都至重庆铁路客运专线四川段控制工期单体工程先行用地的复函》（国土资厅函〔2010〕924 号）

2010 年 11 月 14 日，铁道部《关于开工建设新建成都至重庆铁路客运专线控制工期的双河口双线特大桥等 59 处单体工程的批复》（铁计函〔2010〕1518 号）

2011 年 9 月 29 日，铁道部《关于新建成都至重庆铁路客运专线修改初步设计的批复》（铁鉴函〔2011〕682 号）

2011 年 10 月 29 日，国土资源部《关于成都至重庆铁路客运专线工程建设用地的批复》（国土资函〔2011〕805 号）

2012年3月11日，铁道部工程管理中心《关于新建铁路成都至重庆客运专线资阳和郑家坝特大桥主桥施工图及施工方案审查意见》(工管桥隧函〔2012〕33号)

2012年3月11日，铁道部工程管理中心《关于成渝客专新中梁山和龙泉山隧道施工图审查意见》(工管桥隧函〔2012〕34号)

2012年7月26日，重庆市发展和改革委员会《关于沙坪坝铁路枢纽综合改造工程可行性研究报告的批复》(渝发改交〔2012〕1275号)

2012年10月30日，铁道部《关于新建成都至重庆铁路客运专线轨道超高设置方案的批复》(铁鉴函〔2012〕1447号)

2013年4月2日，铁道部工程管理中心《关于重庆铁路枢纽现场检查情况的函》(工管线路函〔2013〕113号)

2013年4月10日，中国铁路总公司《关于新建成都至重庆铁路客运专线防护栏Ⅰ类变更设计的批复》(铁总办函〔2013〕75号)

2013年4月16日，中国铁路总公司《关于新建成都至重庆铁路客运专线简阳南站等9座车站站房及相关工程修改初步设计的批复》(铁总办函〔2013〕110号)

2013年5月16日，中国铁路总公司《关于新建成都至重庆铁路客运专线路基改良土改为AB组填料Ⅰ类变更设计的批复》(铁总办函〔2013〕215号)

2013年5月23日，中国铁路总公司《关于新建成都至重庆铁路客运专线列车控制系统等Ⅰ类变更设计的批复》(铁总办函〔2013〕231号)

2013年6月3日，中国铁路总公司《关于新建成都至重庆铁路客运专线重庆西右联络线接入渝黔铁路新双碑隧道轨道工程Ⅰ类变更设计的批复》(铁总办函〔2013〕268号)

2013年8月27日，铁道部工程管理中心《关于新建铁路成都至重庆客运专线简阳南站等9座车站站房及生产生活(不含"四电")用房等相关工程施工图审核报告审查意见的函》(工管工技函〔2013〕297号)

2014年3月3日，中国铁路总公司《关于新建成都至重庆铁路客运专线沙坪坝至重庆站改线工程Ⅰ类变更设计批复》(铁总办函〔2014〕250号)

2014年4月15日，中国铁路总公司《关于新建成都至重庆铁路客运专线工程提高供电可靠性引起Ⅰ类变更设计的批复》(铁总办函〔2014〕380号)

2014年7月4日，中国铁路总公司《关于新建成都至重庆铁路客运专线隧道防灾救援疏散工程Ⅰ类变更设计的批复》(铁总办函〔2014〕862号)

2014年12月21日，中国铁路总公司《关于新建成都至重庆铁路客运专线内自宜铁路引入内江北车站同步实施工程变更设计的批复》(铁总办函〔2014〕1822号)

2015年1月27日，中国铁路总公司《关于新建成都至重庆铁路客运专线重庆市范围征地拆迁费用及全线35千伏及以上电力线路迁改费用阶段调整的批复》(铁总办函〔2015〕71号)

2015年1月28日，中国铁路总公司运输局《关于新建成渝客专线名、里程体系及线路允许速度等四电数据的复函》(运工综技函〔2015〕74号)

2015年1月31日，中国铁路总公司《关于新建成都至重庆铁路客运专线增加接触网作业车变更设计的批复》(铁总办函〔2015〕80号)

2015年4月29日，中国铁路总公司《关于新建成都至重庆铁路客运专线调整钢轨预打磨费用的批复》(铁总办函〔2015〕399号)

2015年6月2日，中国铁路总公司《关于新建成都至重庆铁路客运专线墩高大于3米桥梁地段增设防护栅栏变更设计的批复》(铁总办函〔2015〕587号)

2015年6月11日，中国铁路总公司《关于新建成都至重庆铁路客运专线成都东至重庆北段联调联试、动态检测及运行试验大纲的批复》(铁总工管函〔2015〕622号)

2015年8月10日，四川省环境保护厅《关于尽快完善新建铁路成都至重庆客运专线相关环保工作的函》(川环建函〔2015〕114号)

2015年8月21日，中国铁路总公司《关于新建成都至重庆铁路客运专线井口站至重庆北站改造工程Ⅰ

类变更设计的批变》(铁总办函〔2015〕919 号)

2015 年 11 月 6 日,中国铁路总公司《关于新建成都至重庆铁路客运专线引入重庆枢纽调度区划调整Ⅰ类变更设计批复》(铁总办函〔2015〕1233 号)

2016 年 5 月 27 日,中国铁路总公司《关于新建成都至重庆铁路客运专线增设动车组运行故障图像检测系统及相关工程Ⅰ类变更设计的批复》(铁总办函〔2016〕392 号)

2015 年 11 月 8 日,中国铁路总公司《关于成渝铁路客运专线拟按 300 公里/小时速度目标值开通运营的函》(铁总计统函〔2015〕1303 号)

2015 年 12 月 7 日,重庆市交通委员会《关于成渝铁路客运专线拟按 300 公里/小时速度目标值开通运营的请示》(渝交委文〔2015〕184 号)

2015 年 12 月 8 日,四川发展和改革委员会《关于成都至重庆铁路客运专线按照速度目标值 300 公里/小时开通运营的请示》(川发改〔2015〕555 号)

2017 年 10 月 30 日,成都铁路局建设处《关于成渝客专运营初期基础变形监测及精测网复测方案的审查批复》(建设函〔2017〕347 号)